VICHY ET LES JUIFS

Collection dirigée par Jean-Paul Enthoven

MICHAËL R. MARRUS
ROBERT O. PAXTON

Vichy et les Juifs

TRADUIT DE L'ANGLAIS PAR MARGUERITE DELMOTTE

CALMANN-LÉVY

La première édition de cet ouvrage est parue dans la collection « Diaspora » dirigée par Roger Errera, aux éditions Calmann-Lévy.

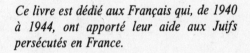

*Ce livre est dédié aux Français qui, de 1940
à 1944, ont apporté leur aide aux Juifs
persécutés en France.*

« On nous alléguait, à une époque affreuse, qu'on ne se faisait l'agent des lois injustes que pour en affaiblir la rigueur, que le pouvoir dont on consentait à se rendre le dépositaire, aurait fait plus de mal encore, s'il eût été remis à des mains moins pures. Transaction mensongère, qui ouvrait à tous les crimes une carrière sans bornes ! Chacun marchandait avec sa conscience, et chaque degré d'injustice trouvait de dignes exécuteurs. Je ne vois pas pourquoi dans ce système, on ne se rendrait pas le bourreau de l'innocence, sous le prétexte qu'on l'étranglerait plus doucement. »

Benjamin CONSTANT,
Principes de politique
applicables à tous les gouvernements
représentatifs et particulièrement
à la constitution actuelle
de la France, 1815.

INTRODUCTION

Il est peu de sujets aussi pénibles que celui de ce livre : le rôle joué entre 1940 et 1944 par l'État français et par une fraction de la population pour assujettir les Juifs de France à diverses incapacités juridiques, faire apposer une mention particulière sur leurs documents d'identité et finalement, pour près de 76 000 d'entre eux, les livrer à la déportation dans les camps de la mort. La charge affective d'un tel sujet ne nous paraît pas devoir justifier l'abstention des historiens de métier, au contraire. Nous pensons qu'il mérite les efforts les plus consciencieux de la part des chercheurs compétents et que le moment est venu de le traiter : l'essentiel des archives qui s'y rapportent peuvent enfin être consultées, et beaucoup de survivants peuvent encore apporter leur témoignage.

Les lecteurs français ne devraient pas être surpris de l'identité des auteurs, dont l'un est Canadien et l'autre Américain. Notre sujet est, à proprement parler, international. Les sources écrites sont rédigées en allemand, en anglais, en italien et en yiddish autant qu'en français. La « solution finale » était une entreprise internationale, dont les bourreaux, œuvrant dans de nombreux pays, n'étaient pas uniquement allemands mais appartenaient à beaucoup de nationalités. Les préjugés raciaux et ethniques ne sont le monopole d'aucun pays : en ce domaine rien ne permet aux étrangers de s'instituer légèrement en accusateurs de la France, et réciproquement. La tâche que nous nous sommes assignée est simplement d'établir, avec toute l'exactitude possible, ce que furent la politique et l'action de Vichy à l'égard des Juifs.

Partout où nous l'avons pu, nous nous sommes appuyés sur les documents émanant du gouvernement de Vichy. Nous avons eu accès à une partie importante de ces archives. Nous avons étudié les volumineux dossiers du Commissariat général aux questions juives aux Archives nationales ainsi que dans les collections indispensables du Centre de documentation juive contemporaine à Paris. Aux Archives nationales également, les dossiers des cabinets civil et militaire du chef de l'État nous ont renseignés sur l'opinion qu'avaient du Commissariat d'autres éléments du régime de Vichy et en particulier sur le rôle du maréchal Pétain et de son cabinet dans les affaires juives. Les rapports mensuels adressés par les préfets au ministère de l'Intérieur pendant les années 1940-1944 nous ont permis d'examiner les effets du programme antijuif de Vichy au niveau local et les réactions publiques qu'il a suscitées. Nous avons étudié la presse de la zone non occupée pour voir comment Vichy a expliqué sa politique à la population.

Les dossiers de l'instruction et du procès des deux Commissaires généraux aux questions juives, Xavier Vallat et Louis Darquier de Pellepoix, ont été indispensables à notre travail. Nous avons examiné aussi le dossier d'instruction du procès de R. Alibert, garde des Sceaux en 1940 et auteur du premier statut des Juifs et l'arrêt de non-lieu relatif au troisième Commissaire général aux questions juives, Charles Mercier du Paty de Clam. Le Centre de documentation juive contemporaine a mis à notre disposition le dossier réuni lors des poursuites engagées après la guerre contre Joseph Antignac qui détint le pouvoir réel au Commissariat en 1944.

La politique de Vichy ne peut être comprise à partir des

seules sources françaises. Nous avons voulu établir de façon certaine si les autorités d'occupation allemandes avaient exercé des pressions sur Vichy pour lui faire prendre ses premières mesures antijuives, et apprécier le poids de l'influence allemande sur celles qui ont suivi. Des parties capitales des archives de l'autorité allemande suprême en France, le Commandant militaire (« Militärbefehlshaber in Frankreich ») avec son administration civile (« Verwaltungsstab ») et d'autres services allemands à Paris comme la Sûreté (« Sicherheitspolizei ») et son bureau spécial pour les affaires juives, le « Judenreferat », ont été conservées au Centre de documentation juive contemporaine. Nous avons également trouvé des renseignements sur les autorités d'occupation et la police allemandes en France dans les archives de la République fédérale d'Allemagne à Coblence (« Bundesarchiv »).

En ce qui concerne le côté militaire des autorités d'occupation allemandes, le Dr Hans Umbreit, de l'Institut de recherches d'histoire militaire de Fribourg-en-Brisgau, a publié dans son ouvrage *Der Militärbefehlshaber in Frankreich, 1940-1944* (Boppard-am-Rhein, 1968) des informations sur les rares occasions où l'armée allemande s'est trouvée directement impliquée dans la question juive (comme le conflit qui l'opposa à la police à la fin de l'année 1941 à propos de l'incendie des synagogues à Paris). Il nous a précisé qu'il n'avait pas découvert dans les archives militaires allemandes de Fribourg d'autres documents afférents à notre sujet depuis la publication de son livre. Nous avons consulté directement les microfilms des archives des commandements militaires allemands (« Oberkommando der Wehrmacht », OKW ; « Oberkommando des Heeres », OKH) et des commissions allemandes d'inspection et de contrôle de l'armistice en France, aux Archives nationales des États-Unis à Washington (Microcopy T-77, T-78) bien que ces services ne fassent que rarement allusion aux Juifs. Les représentants de Vichy à la Commission franco-allemande d'armistice de Wiesbaden ont souvent soulevé avec les Allemands la question des réfugiés juifs à la fin de 1940 ; le gouvernement français a publié ces documents dans l'ouvrage suivant : Délégation française auprès de la Commission allemande d'armistice, *Recueil de documents publié par le gouvernement français*, 5 vol., Paris, 1947-1959.

L'ambassade allemande à Paris, qui occupait la seconde place après le « Judenreferat » du « Sicherheitsdienst », fut très activement impliquée dans les mesures antijuives. Les télégrammes et les lettres adressés plusieurs fois par jour à Berlin par l'ambassadeur Abetz et le consul général Schleier, de même que les rapports du consul à Vichy Roland Krug von Nidda, traitaient souvent de la question juive, de même que les hauts fonctionnaires de la diplomatie à Berlin comme le secrétaire d'État au ministère des Affaires étrangères, Ernst von Weizsäcker, son adjoint Woermann et le spécialiste des affaires juives dans ce ministère, le Dr Martin Luther. Une proportion importante de leurs archives a été microfilmée par les Alliés après la guerre. Nous les avons lues sous cette forme aux Archives nationales des États-Unis (Microcopy T-120) et complété notre documentation en consultant les pièces originales aux archives du ministère des Affaires étrangères à Bonn. Certains documents internes de l'ambassade d'Allemagne à Paris, comme les rapports de Carl-Theo Zeitschel, ancien médecin de la marine devenu expert permanent sur les Juifs à l'ambassade, se trouvent au Centre de documentation juive contemporaine.

Les Allemands n'ont pas été la seule puissance occupante en France ; les Italiens eurent à appliquer l'armistice à l'est du Rhône et occupèrent directement cette région de novembre 1942 jusqu'à ce que l'Italie se retire de la guerre en septembre 1943. Nous avons examiné les archives de la Commission italienne d'inspection de l'armistice, situées à Turin, sur un microfilm des Archives nationales des États-

Unis (Microcopy T - 586) ; en fait les officiers italiens affectés en France ne font allusion qu'en passant à l'accroissement de l'antisémitisme populaire qu'ils constataient dans la région du sud-est qu'ils occupaient. Les sources allemandes et françaises déjà citées sont beaucoup plus riches d'indications sur l'obstruction des autorités italiennes contre les mesures antijuives de Vichy dans leur zone d'occupation.

Le Comité d'histoire de la Seconde Guerre mondiale, à Paris, a rassemblé une abondante collection de documents sur le gouvernement de Vichy et ses actes, sans compter sa collection, connue par tous, de documents et d'interviews sur la Résistance. Parmi d'autres dossiers examinés par nous à Paris figurent ceux de Fernand de Brinon, délégué général du gouvernement de Vichy dans les territoires occupés, aux Archives nationales, et certaines archives de la préfecture de police sur la question des réfugiés jusqu'en juillet 1940.

Les rapports d'observateurs étrangers nous ont été également utiles. Les diplomates américains ont envoyé des dépêches de Vichy jusqu'à ce que leur mission se termine en novembre 1942 ; un grand nombre d'entre elles ont été publiées dans les volumes annuels des *Foreign Relations of the United States*. Nous avons examiné aussi les dossiers inédits du Département d'État aux Archives nationales des États-Unis, à Washington. Bien que le Foreign Office britannique n'ait eu aucun observateur direct en France après la rupture des relations diplomatiques en juillet 1940, le Public Record Office de Londres contient des rapports dus à des personnalités s'occupant des réfugiés et à des émigrés ainsi qu'à des diplomates britanniques des pays voisins bien informés des événements qui se déroulaient en France. Nous avons trouvé aussi des informations significatives dans les rapports des personnes chargées de l'aide aux réfugiés étrangers à l'Y.M.C.A. (Association chrétienne de jeunes gens), chez les Quakers, dans les organismes de secours suisses, à l'Organisation du secours aux enfants (O.S.E.) et à la H.I.C.E.M., organisation juive d'assistance aux réfugiés, rapports que nous avons pu consulter à Londres et à New York.

Les Juifs eux-mêmes observaient les événements de France avec une inquiétude croissante. Nous avons puisé de riches informations dans les documents personnels des survivants à Londres (Wiener Library) et à New York (Leo Baeck Institute, YIVO, Jewish Theological Seminary Library). La vie des Juifs dans la France de Vichy et leurs réactions aux mesures antisémites n'étaient cependant pas notre principal centre d'intérêt. C'est là une question très différente, qui pourrait constituer le sujet d'un autre livre, et d'un gros livre. C'est pour cette raison que nous n'avons pas étendu notre recherche aux documents et aux souvenirs provenant des survivants et figurant dans les collections de l'Institut Yad Vashem à Jérusalem.

Nous n'avons guère tenté de recourir à des entretiens. Une bonne part de ceux qui ont élaboré la politique de Vichy à l'égard des Juifs sont morts. Parmi les survivants, Darquier a prouvé, dans l'interview publiée par *L'Express* en octobre 1978 et qui a soulevé tant de controverses, qu'il n'avait rien appris et rien oublié depuis 1942. Si l'un des auteurs a passé un après-midi avec Xavier Vallat il y a vingt ans, la discussion porta alors sur le mouvement des anciens combattants à Vichy plutôt que sur les affaires juives. En tout cas, la version de chacun des participants a été si souvent répétée et plaidée depuis 1945 qu'elle a perdu depuis longtemps la spontanéité qu'un sujet moins chargé d'affectivité aurait suscitée.

De nombreuses personnes et institutions nous ont aidés dans notre travail. Le Connaught Fund de l'université de Toronto et l'American Council of Learned Societies ont pourvu à nos voyages et à nos recherches. Le Killam Program du Canada Council a pris à sa charge les recherches et le travail de Michaël R. Marrus. La Fondation Rockefeller de New York en a fait autant pour Robert O. Paxton pendant un an. Nous devons des remerciements tout particuliers à M. Pierre Cézard, directeur de la section contemporaine des Archives nationales. MM. Alain Peyrefitte, garde des Sceaux, Christian Bonnet, ministre de l'Intérieur, et Jean-Philippe Lecat, alors ministre de la Culture et de la Communication, ont bien voulu nous autoriser à consulter les archives de leurs départements ministériels. Nous exprimons notre très profonde gratitude à M. Jean-Claude Casanova, professeur des facultés de droit et des sciences économiques, conseiller auprès du Premier ministre, dont l'aide nous a été précieuse, et à M. Bruno Cheramy, maître des requêtes au Conseil d'État, chargé de mission auprès du garde des Sceaux. Nous sommes aussi très reconnaissants à M. Stanley Hoffmann, professeur à l'université Harvard, à MM. Georges Wellers et Hessel du Centre de documentation juive contemporaine de Paris, et à MM. Henri Michel et Claude Lévy, du Comité d'histoire de la Seconde Guerre mondiale. Nous avons été assistés dans nos recherches par Vicki Caron et Paula Schwartz.

Robert O. Paxton a bénéficié en outre de l'aide de Mme Maria Keipert, chargée des archives politiques au ministère des Affaires étrangères à Bonn, de MM. Daniel P. Simon, directeur du Centre de documentation de Berlin et Werner Pix, archiviste de ce centre, du Dr Ritter des Archives fédérales à Coblence, du Dr Hans Umbreit de l'Institut de recherches d'histoire militaire de Fribourg-en-Brisgau, du Dr Robert Wolff des Archives nationales des États-Unis et du Dr Hanno Kremer du département des publications de la station de radio R.I.A.S. à Berlin.

Michaël R. Marrus a reçu l'aide du Dr Elizabeth Eppler de l'Institute of Jewish Affairs de Londres, de maître Serge Klarsfeld, et des conservateurs des collections d'archives et de journaux du Royal Institute of International Affairs, de la Wiener Library et du Public Record Office. Il a bénéficié de la généreuse hospitalité du directeur et des membres de St Antony's College à Oxford et du soutien moral inlassable de Carol Randi Marrus.

Les deux auteurs ont tiré profit d'entretiens avec leurs collègues et leurs étudiants, notamment à New York, Toronto, Paris et Oxford. Trop nombreux pour pouvoir être nommés, ils ont été pour nous une source permanente et très bienvenue d'encouragement et de suggestions.

Nous sommes très reconnaissants à notre traductrice, Sœur Marguerite Delmotte, qui a veillé avec un soin particulier à l'établissement du texte français de ce livre. La dactylographie du manuscrit doit beaucoup à l'extrême diligence de Mme Myriam Nicolaÿ et à la qualité de son travail. M. Michel Carrière s'est acquitté avec toute sa compétence de la traduction et de la transcription de l'index.

Enfin nous tenons à adresser tout particulièrement nos remerciements à M. Roger Errera, directeur de la collection «Diaspora», dans laquelle cet ouvrage est publié. Du commencement jusqu'à la fin nous avons bénéficié de sa vaste culture et de son aide, accordée avec autant de compétence que de générosité.

Toronto - New York,
janvier 1981.

CHAPITRE PREMIER

LES PREMIÈRES MESURES

Pendant l'été et l'automne de 1940, le gouvernement de Vichy lança une offensive d'ordre législatif contre les Juifs résidant en France. La plus spectaculaire de ces mesures fut le statut des Juifs du 3 octobre 1940[1]. Cette loi avait en fait une portée constitutionnelle. Sur la base de critères raciaux, elle assignait à toute une catégorie de citoyens français et d'autres personnes résidant en France une condition juridique et sociale inférieure. Le statut des Juifs définissait pour commencer qui était juif aux yeux de l'État français ; il excluait ensuite les Juifs des postes de commande dans les services publics, du corps des officiers et de celui des sous-officiers, ainsi que des professions exerçant une influence sur l'opinion publique : l'enseignement, la presse, la radio, le cinéma et le théâtre. Les Juifs pouvaient occuper des fonctions subalternes dans les services publics s'ils avaient servi dans les armées françaises en 1914-1918 ou s'ils s'étaient distingués dans la campagne de 1939-1940. Enfin la loi annonçait l'instauration d'un système de quotas afin de limiter le nombre des Juifs dans les professions libérales.

Le statut des Juifs n'était cependant pas la première mesure législative prise par Vichy contre les Juifs. Le 27 août 1940, Vichy avait abrogé la loi Marchandeau[2]. Ce décret-loi du 21 avril 1939, modifiant la loi de 1881 sur la presse et dû à Paul Marchandeau, alors ministre de la Justice, punissait toute attaque par la voie de la presse « envers un groupe de personnes qui appartiennent par leur origine à une race ou à une religion déterminée, lorsqu'elle aura pour but d'exciter la haine entre les citoyens ou habitants[3] ». Tant que la loi Marchandeau fut en vigueur, les articles de presse antisémites disparurent effectivement. Mais après le 27 août 1940, « l'antisémitisme sûr de lui et dominateur », selon la paraphrase par Pascal Ory d'une célèbre remarque du général de Gaulle[4], fut libre de se répandre dans les journaux français.

D'autre lois, elles aussi antérieures au statut, sans mentionner explicitement les Juifs, avaient apporté des restrictions aux possibilités dont jouissaient auparavant les citoyens naturalisés français. La loi du 22 juillet 1940[5] — hâtivement adoptée douze jours seulement après que le maréchal Pétain, devenu chef de l'État, ait été investi du pouvoir constituant — instituait une commission chargée de réviser toutes les naturalisations accordées depuis 1927 et de retirer la nationalité française à tous les naturalisés jugés indésirables. En fin de compte, plus de 15 000 citoyens, dont environ 6 000 Juifs, perdirent ainsi la nationalité française[6]. Une loi du 17 juillet 1940 limita aux citoyens nés de père français l'accès aux emplois dans les administrations publiques[7]. La loi du 16 août 1940[8] institua un Ordre national des médecins et limita aux citoyens nés de père français l'accès aux professions médicales. La loi du 10 septembre 1940[9] réglementa de la même manière l'accès au barreau. Ces deux dernières mesures furent appliquées aux Juifs avec une rigueur particulière ; même si le mot « Juif » n'apparaît pas dans ces textes, ils furent généralement interprétés de telle sorte que les Juifs fussent spécialement visés parmi ceux dont les lois avaient pour but de réduire les libertés.

La législation postérieure au statut des Juifs fut beaucoup plus explicite. La loi du 4 octobre 1940[10] « sur les ressortissants étrangers de race juive » représentait pour beaucoup de Juifs un danger encore plus immédiat que le statut du jour précédent. Elle autorisait les préfets à les interner « dans des camps spéciaux » ou à les assigner à résidence, forme d'exil intérieur sous la stricte surveillance de la police dans des petites villes ou des villages écartés (voir le texte en annexe, p. 613). Pour compléter cette première vague de lois antijuives, la loi du 7 octobre 1940[11] abrogea le décret du gouvernement de la défense nationale du 24 octobre 1870 dit « décret Crémieux », texte républicain fondamental qui avait accordé aux Juifs algériens la nationalité française. Français à part entière depuis soixante-dix ans, ces Juifs non seulement se trouvèrent en butte aux incapacités juridiques et aux restrictions imposées aux autres Juifs sur le territoire français, mais perdirent également leurs droits de citoyens français.

D'où venaient ces lois qui semblent si étrangères à la pratique politique française ? Depuis l'abrogation en 1846 des dispositions concernant le serment « more judaïco », jusque-là imposé aux Juifs en justice, aucune loi française n'avait distingué de groupe religieux ou ethnique dans la métropole pour le frapper d'incapacité légale. Les distinctions ethniques ou religieuses étaient devenues si étrangères au droit civil français qu'il est, maintenant encore, pratiquement impossible de parvenir à des chiffres exacts pour dénombrer les Juifs sous la troisième République, ou d'étudier des questions telles que le mariage entre Juifs et non-Juifs, faute d'éléments suffisants tirés de l'état civil. Quelle est donc l'explication de ces procédés qui semblent radicalement nouveaux ?

L'opinion publique, même bien informée, a généralement attribué ces mesures à des instructions allemandes. Maurice Druon, accueillant Maurice Rheims à l'Académie française en février 1977, déplorait cette « triste période où les lois de l'occupant furent relayées, hélas, par un État captif[12] ». Les mémoires de certains dirigeants de Vichy ont confirmé le sentiment de pressions directes des Allemands. Le grand romaniste Jérôme Carcopino, recteur de l'Académie de Paris en 1940, plus tard secrétaire d'État à l'Éducation nationale, a écrit que le statut des Juifs « ne déshonorait que les Allemands[13] ».

Toute idée d'un simple « diktat » allemand peut être écartée sommairement. Lorsque Raphaël Alibert, garde des Sceaux en 1940 et auteur du premier statut des Juifs, fut jugé en 1947, le procureur général découvrit, à sa grande surprise, que le dossier de l'accusé ne contenait aucune preuve de contacts, officiels ou non, avec les Allemands. Il fut contraint d'abandonner, parmi les chefs d'accusation, celui d'intelligence avec l'ennemi[14]. Des années d'examen minutieux des archives laissées à Paris et à Berlin par les services allemands n'ont permis de déceler aucune trace d'instructions qui auraient été données à Vichy par les Allemands en 1940 — ni, sur ce point et cette année-là, à aucun autre pays occupé ou satellite — pour lui faire adopter une législation antisémite[15].

D'ailleurs, les dirigeants allemands, qui improvisaient à la hâte l'organisation de leurs services à Paris pendant l'été 1940, avaient d'autres soucis en tête. La principale autorité allemande dans la France occupée, le « Militärbefehlshaber in Frankreich » (MBF) se préoccupait avant tout d'assurer une base solide pour la poursuite de la guerre contre l'Angleterre. La Commission d'armistice de Wiesbaden, où Vichy entretint ses contacts les plus réguliers avec les autorités allemandes jusque vers la fin de l'automne 1940, se souciait d'abord de la démobilisation française et de l'économie. Les services allemands les plus actifs au plan politique — et nous verrons que les services allemands différaient souvent très fortement entre eux et étaient en concurrence pour obtenir des avantages administratifs — ne s'établirent qu'à la fin de l'été. L'ambassade allemande à Paris ne fut rouverte que le 7 août, lorsque Otto Abetz qui, jusque-là, n'avait été que conseiller diplomatique du MBF, revint d'un conseil tenu à Berlin avec la qualité d'ambassadeur, et l'autorité et l'autonomie attachées à cette fonction[16]. Quant aux services de police allemands, ils ne détournèrent que très progressivement leur attention de la sécurité militaire immédiate au profit des affaires politiques à plus long terme. Ce n'est que le 12 août que Theodor Dannecker, officier SS de vingt-sept ans chargé d'organiser un service spécial de la police pour les questions juives — le « Judenreferat » — au siège parisien du « Reichssicherheits-hauptamt » (RSHA), reçut de Berlin le concours d'une dactylographe[17].

Parmi les dirigeants allemands influents en France en 1940, Abetz était le plus ardent à promouvoir la « purification » raciale de la France. Ayant fait des études artistiques, indolent, aimant les plaisirs, lié à des groupes français d'extrême-droite par son mariage avec la secrétaire de Jean Luchaire et par des années d'activité pour le Comité France-Allemagne (activité qui avait provoqué son expulsion en juillet 1939), il n'acquit jamais la toute-puissance qu'il espérait détenir dans la détermination de la politique allemande à l'égard de la France. Sa nomination comme ambassadeur illustrait l'influence des personnes recrutées à l'extérieur et groupées autour de von Ribbentrop sur les diplomates professionnels, dont beaucoup ne pouvaient le souffrir.

Dès le 20 août, Abetz envoya au ministre des Affaires étrangères, von Ribbentrop, une proposition urgente relative à une série de mesures antisémites immédiates dont il estimait qu'elles pourraient aussi servir plus tard de base pour l'« éloignement » des Juifs de la zone non occupée : interdiction de rentrer en zone occupée pour les Juifs qui avaient fui au sud ; obligation pour les Juifs de la zone occupée de se faire inscrire à la préfecture ; apposition d'une affiche spéciale sur les entreprises juives ; désignation d'administrateurs pour les entreprises juives dont les propriétaires avaient fui. Toutes ces mesures devaient être

21

mises à exécution par l'administration française dans la zone occupée.

Cependant ces propositions semblent n'avoir suscité que peu d'intérêt à Berlin dans l'immédiat. Les banquiers et les économistes du Plan de quatre ans s'accordèrent le 31 août pour penser que les autorités d'occupation devaient, bien entendu, nommer des administrateurs pour toutes les entreprises laissées vacantes en raison du départ de leurs propriétaires, mais jugèrent que des mesures spéciales visant à distinguer les entreprises juives n'étaient pas appropriées. Il fallut consulter une deuxième fois le RSHA pour avoir son avis. Finalement, le 20 septembre, Reinhard Heydrich, adjoint d'Himmler et chef de la police allemande, répondit qu'il n'avait rien à objecter aux mesures proposées par Abetz, ni à leur application sous la « responsabilité première » des services français, pourvu que ces derniers fussent étroitement surveillés par la police allemande[18].

Ainsi, c'est seulement le 27 septembre 1940 que fut prise la première ordonnance allemande en zone occupée qui visât explicitement les Juifs[19]. Elle suivait de près les propositions antérieures d'Abetz. Après avoir défini qui était juif aux yeux des autorités d'occupation, elle interdisait aux Juifs qui avaient fui la zone occupée d'y retourner et exigeait que tous ceux de la zone occupée se fassent inscrire à la sous-préfecture de leur domicile habituel. Les dirigeants des communautés juives étaient tenus de fournir, sur demande des autorités françaises, les informations nécessaires à l'application de l'ordonnance. C'est en exécution de celle-ci que les autorités allemandes exigèrent en décembre 1941 l'apposition de la mention « Juif » sur les documents d'identité des Juifs en zone occupée.

Lorsque parut cette première ordonnance allemande, Vichy avait déjà abrogé la loi Marchandeau et s'employait à réviser les naturalisations et à épurer les professions médicales et judiciaires. Il est certain que Vichy a inauguré sa propre politique antisémite avant la publication du premier texte allemand, et sans avoir reçu d'ordres directs des Allemands.

Peut-être cependant des pressions indirectes étaient-elles à l'œuvre. La frénésie antisémite de Hitler n'était un secret pour personne, et certaines autorités allemandes n'avaient pas tardé à montrer qu'elles comptaient en tirer les conséquences dans la partie occupée du territoire français. Dès que la « Propagandaabteilung » prit le contrôle de la station de radio de Paris, des flots de propagande antisémite s'en déversèrent. Même avant l'ordonnance du 27 septembre, les gardes-frontière allemands refusaient de laisser revenir les Juifs dans la zone occupée[20]. En juillet, plus de 3 000 Juifs alsaciens furent brutalement expulsés de l'ancien territoire français vers la zone non occupée. Le 7 septembre, le général de La Laurencie, délégué général du gouvernement français dans la zone occupée et homme de confiance de Vichy à Paris pendant les premiers mois, fit un rapport à Vichy sur les plans d'Abetz concernant une ordonnance antijuive[21].

L'aspect le plus alarmant de ce rapport se rapportait à l'intention des Allemands de désigner des administrateurs (probablement allemands ou sympathisants de l'Allemagne) pour gérer les biens juifs abandonnés dans la zone occupée. Certes, une ordonnance allemande du 20 mai 1940[22] avait déjà habilité le MBF à désigner des administrateurs pour les entreprises laissées vacantes par la fuite de leurs propriétaires. Bien que cette ordonnance visât ostensiblement à assurer la stabilité économique sans référence explicite aux Juifs, une bonne partie des propriétés vacantes appartenait à des Juifs qui ne pouvaient retourner en zone occupée. L'affaire prit une tournure plus grave avec la publication de la seconde ordonnance allemande du 18 octobre 1940[23]. Selon le nouveau texte, toutes les entreprises juives en zone occupée devaient être déclarées et placées entre les mains de commissaires-administrateurs, et non plus simplement celles qui avaient été abandonnées par leurs propriétaires en fuite.

Parmi les firmes concernées, certaines étaient des entreprises de première importance (comme les Galeries Lafayette), des éléments essentiels de la défense nationale (les avions Bloch) ou bien détenaient une part importante des investissements (comme la banque Rothschild ou Lazard frères). Il paraissait possible que, sous le couvert de l'armistice, les intérêts allemands en arrivent à s'emparer d'éléments importants de l'économie nationale. Le fait qu'une équipe spéciale, l'« Einsatzstab Rosenberg », fût déjà à l'œuvre en opérant la saisie d'œuvres d'art appartenant à des Juifs de France, rendait vraisemblable cette supposition.

Les ministères des Finances et de la Production industrielle entreprirent immédiatement des démarches pour contrecarrer la saisie des biens par les Allemands. Leurs mesures furent d'ordre technique, dépourvues de tout contenu antisémite manifeste. Le ministère de la Production industrielle mit sur pied un Service du contrôle des administrateurs provisoires (S.C.A.P.), situé 5 rue de Provence, à Paris, qui avait pour fonction d'assurer une présence administrative française dans les projets allemands concernant les propriétés juives en zone occupée. Le S.C.A.P. choisit des administrateurs provisoires français à la place d'éventuels « Treuhänder » allemands, soumit leur gestion au contrôle de l'administration et s'efforça de refuser les transferts de propriété au profit d'étrangers sans le consentement du ministère des Finances. Il faut souligner que ce service, à ses débuts, ne fonctionnait que dans la zone occupée et qu'il y appliquait la législation allemande. C'est du MBF qu'émanait juridiquement la désignation des administrateurs provisoires présentés par le S.C.A.P. En retour, Vichy reçut en octobre 1940, du Dr Blanke, membre de l'administration civile du MBF, l'assurance que l'Allemagne n'utiliserait pas l'aryanisation des biens des Juifs pour introduire des capitaux étrangers dans l'économie française[24] — promesse qui fut souvent violée.

Les autorités allemandes ne voyaient aucune objection à

la stratégie de Vichy consistant à fournir les ressources administratives nécessaires à une tâche telle que l'aryanisation. Comme on l'a vu, telle était bien, depuis le début, l'intention d'Abetz. Les Allemands souhaitaient se décharger, dans toute la mesure du possible, des corvées et des dépenses de l'administration dans les régions occupées à condition d'être les seuls à déterminer la politique suivie. Nous nous efforcerons par la suite de déterminer quel fut le gagnant de ce marché implicite. Poursuivant le plan français, le général de La Laurencie adressa au préfet de police et aux préfets des départements de la zone occupée, par circulaires des 27 octobre, 5 novembre et 15 décembre 1940, des instructions au sujet du recensement et de la mise sous administration provisoire de toutes les entreprises juives. Il insistait pour que cette action fût menée de manière complète et énergique. Le zèle était le meilleur moyen de faire tenir aux Allemands leur promesse de limiter la portée de l'aryanisation ; le rôle des Juifs dans l'économie française serait réduit d'autant, mais la France ne perdrait pas les biens qui leur avaient appartenu[25].

À la fin de 1940, c'est à un éminent haut fonctionnaire, Pierre-Eugène Fournier, ancien gouverneur de la Banque de France et directeur de la S.N.C.F., que fut confiée la charge du S.C.A.P. et de ce que son successeur, le contrôleur général de Faramond, nommait en août 1941 « cette tâche ingrate et délicate ». On peut considérer le S.C.A.P. pour reprendre les termes de J. Billig, comme une tentative « de gagner le droit de présence dans une action qui lui [le gouvernement français] fait craindre la mainmise allemande sur une partie du patrimoine français ». M. de Faramond la dépeignait comme un moyen de substituer la réglementation française à la réglementation allemande en matière d'aryanisation[26].

Cette sorte de stratégie préventive, consistant à prendre certaines mesures pour dissuader les Allemands d'en prendre de pires, fut souvent revendiquée après la guerre en faveur du statut des Juifs et d'autres mesures antijuives de Vichy. Lors du procès de Xavier Vallat en 1947, André Lavagne, ancien chef du cabinet civil du maréchal Pétain, compara le statut des Juifs à la tactique des pompiers revenant à « allumer des contrefeux pour préserver la forêt de l'incendie ». Tout en parlant ostensiblement du statut des Juifs, M. Lavagne semble avoir pensé au S.C.A.P. car il ajouta : « Au ministère des Finances il y a des dossiers très complets sur la question[27]. » La théorie du contrefeu a bénéficié d'une vogue généralisée dans les procès de l'après-guerre et les mémoires de ceux qui ont participé à l'action de Vichy. Si Vichy n'avait rien fait, écrit Paul Baudouin, ministre des Affaires étrangères à l'automne 1940, « les Allemands [allaient] prendre en zone occupée des décisions brutales, peut-être même étendre purement et simplement à la France occupée l'application de leurs lois raciales[28] ».

Quoi qu'on puisse penser de la stratégie préventive pour la zone occupée — et pour notre part nous sommes convaincus que l'action des Allemands aurait été beaucoup plus limitée s'ils n'avaient pu disposer de l'aide des administrations françaises —, il n'était sensé de l'étendre à la zone sud que si les Allemands projetaient d'appliquer leurs lois raciales et la saisie des biens au-delà de la ligne de démarcation. Les responsables allemands n'avaient pas cette intention en 1940 et n'en donnaient pas l'impression aux Français. L'ambassadeur Abetz avait, il est vrai, fait allusion en août à une exclusion « future » des Juifs de la zone non occupée. Mais les intentions des autorités allemandes étaient, dans l'immédiat, à l'opposé.

Au moins jusqu'au milieu de 1941, la stratégie allemande consista à encourager l'émigration des Juifs hors d'Allemagne, des territoires occupés par elle et de ceux qui étaient destinés à une implantation allemande. Ce n'est qu'après la conférence de Wannsee, le 20 janvier 1942, que le régime nazi commença à pratiquer la déportation systématique des Juifs européens à l'Est et leur extermination, et ce n'est qu'à partir de juin 1942 que cette politique fut étendue aux territoires occupés d'Europe occidentale et à la France non occupée. Le terme «Endlösung» (solution finale) apparaît certes plus tôt et les potentialités meurtrières de l'antisémitisme nazi sont évidentes dans certains documents de travail des services allemands. Mais jusqu'au milieu de l'année 1941, même les antisémites nazis les plus déterminés discutaient, y compris entre eux, du sort final des Juifs en termes d'exclusion. Ils entendaient les envoyer quelque part ailleurs dans le monde. Dans un mémorandum du 5 février 1941, Reinhard Heydrich concevait, pour l'avenir, «la solution ultérieure d'ensemble du problème juif comme un processus conduisant à les transférer dans le pays à déterminer plus tard». Il expliquait le 14 février 1941 à Martin Luther, du ministère des Affaires étrangères, qu'«après la conclusion de la paix ils [les Juifs internés dans l'Europe dominée par les Allemands] quitteront les premiers le continent lors de l'évacuation générale de l'Europe[29]». Luther expliqua par la suite aux diplomates allemands à l'étranger que la politique allemande avait été, jusqu'au milieu de l'année 1941, d'empêcher l'émigration des Juifs hors des régions non allemandes de façon à conserver tout le tonnage disponible pour permettre l'émigration des Juifs hors d'Allemagne[30]. Les mesures définitives dont l'ambassadeur Abetz discuta la préparation en août 1940 avec un MBF plutôt réticent comprenaient l'«expulsion de tous les Juifs de la zone occupée[31]». Dans son application quotidienne en 1940-1941, la politique allemande à l'égard des Juifs — quelle que soit l'étape finale à laquelle pouvait conduire son effrayante logique interne — se traduisait par l'expulsion des Juifs hors d'Allemagne et des territoires occupés par elle.

Cela signifiait l'expulsion des Juifs vers la zone non occupée. Les autorités allemandes, méprisant la tolérance raciale de la France et soucieuses de ne faire entrer dans leur futur grand espace économique que les régions industrielles du nord et de l'est de la France[32], ne pensaient pas encore à la zone sud comme à une région d'où les Juifs devraient être exclus. C'était peut-être, pour la plupart d'entre eux, plus d'honneur qu'ils ne voulaient accorder aux Français, qu'ils considéraient comme une « race métissée ». Jusque tard en 1941, les autorités allemandes considéraient la zone sud comme un lieu où elles pourraient se défaire de leurs Juifs indésirables.

Nous avons déjà fait allusion aux 3 000 Juifs alsaciens expulsés en zone non occupée en juillet 1940. Le 8 août, le commandant de la police allemande de Bordeaux, Walter Krüger, agissant de toute évidence de sa propre initiative, envoya 1 400 Juifs allemands de l'autre côté de la ligne de démarcation, les assurant qu'ils y seraient libres. Les autorités françaises les internèrent dans le camp de Saint-Cyprien (Pyrénées-Orientales), d'où certains d'entre eux, anciens combattants de 1914-1918, en appelèrent à Berlin pour être sauvés de la réclusion humiliante que leur imposait l'ennemi français[33]. Le 22 octobre 1940 à l'aube, les Gauleiters Josef Bürckel et R. Wagner firent arrêter 6 504 Juifs du pays de Bade et de Sarre-Palatinat, avec un préavis allant d'un quart d'heure à deux heures, et les expédièrent à Lyon avec un seul bagage à main dans des wagons plombés, sans en informer les autorités françaises. Le plus âgé avait cent quatre ans (ou quatre-vingt-dix-sept selon les archives allemandes), 2 000 avaient plus de soixante ans et beaucoup étaient des enfants. Derrière cette mesure était en germe le projet d'envoyer en France jusqu'à 270 000 Juifs d'Allemagne (dans les frontières antérieures à l'Anschluss), d'Autriche, et du Protectorat de Bohême-Moravie[34].

L'arrivée inopinée de ces Juifs allemands parut à Vichy constituer une violation grossière de l'armistice, d'autant plus grave que Hitler venait finalement d'accéder aux requêtes de Pétain et d'accepter une entrevue cette même semaine, ce qui semblait promettre une atmosphère plus propice à la coopération. Les protestations françaises à

Wiesbaden à propos de cet incident ne furent dépassées en violence et en nombre que par celles qui concernèrent l'expulsion des Français d'Alsace-Lorraine[35]. Quant aux malheureux occupants des trains, ils subirent de la part de tous les services un traitement inhumain. Après avoir été ballottés en tous sens dans leurs wagons plombés, pendant que les autorités françaises et allemandes se querellaient, ils furent finalement débarqués le 25 octobre dans le camp d'internement français de Gurs, dans les Pyrénées. Certains des wagons à bestiaux contenaient des cadavres quand ils furent descellés à Pau. À Gurs, d'autres moururent de froid, de malnutrition, de tuberculose et d'autres maladies avant que les survivants ne soient finalement déportés en 1942 et 1943.

Les documents allemands indiquent que l'intensité des protestations de Vichy fit supprimer la prochaine déportation de Juifs allemands prévue, celle des Juifs de Hesse. Toutefois, les responsables locaux allemands continuèrent, plus discrètement, à déverser en zone sud des réfugiés juifs de la France occupée. Le 30 novembre 1940, des responsables allemands de Bordeaux envoyèrent à Pau un train de 247 réfugiés juifs du Luxembourg, à l'insu des Français ou sans leur autorisation. Le ministre de l'Intérieur les fit renvoyer à Orthez et le général Doyen, délégué français à la Commission d'armistice à Wiesbaden, transmit une protestation officielle[36]. Les autorités françaises, en éveil, relevèrent un nouveau cas le 11 février 1941, lorsque la police allemande de Châlons-sur-Marne fit embarquer 38 réfugiés juifs du Luxembourg à bord d'un train à destination de la zone sud et les dissémina parmi les passagers réguliers de façon à ce qu'ils passent inaperçus de la police française[37]. En avril 1941, les autorités allemandes de la côte de l'Atlantique expulsèrent environ 300 réfugiés juifs du Luxembourg, certains en Espagne et les autres en zone sud bien que le sous-préfet de Bayonne n'ait pu obtenir d'informations très précises[38]. Tels sont les cas que nous connaissons. Il y en eut d'autres sans aucun doute, et les responsables de Vichy semblent avoir été aussi ardents à fermer la zone non occupée aux réfugiés juifs que leurs homologues allemands à les empêcher de retourner dans la zone occupée. En fait, constate une étude publiée en 1941 et portant sur la nouvelle réglementation applicable aux Juifs de France, « la ligne de démarcation est fermée dans les deux sens aux Juifs[39] ».

Il y avait donc un conflit entre la politique de Vichy à l'égard des Juifs dans la zone non occupée et ce que souhaitaient les Allemands en 1940. Pour parler sans détours, les Allemands voulaient rejeter les Juifs dans la zone sud et Vichy ne voulait pas les y recevoir. Dès lors que l'on comprend exactement la politique allemande de 1940, il devient manifeste que la politique de Vichy n'en était pas une simple copie. Vichy installait un antisémitisme concurrent ou rival plutôt qu'il ne se mettait à la remorque de l'antisémitisme allemand.

À la vérité, le statut des Juifs du 3 octobre (voir le texte en annexe, p. 609) allait plus loin que l'ordonnance allemande de la semaine précédente. Là où l'ordonnance allemande définissait pudiquement le Juif par la religion, le statut de Vichy parlait ouvertement de race. Il avait aussi un champ d'application plus étendu. Pour l'ordonnance allemande, était juif celui qui avait plus de deux grands-parents juifs, c'est-à-dire au moins trois grands-parents qui avaient pratiqué les observances juives. Le statut de Vichy étendait sa définition à ceux qui n'avaient que deux grands-parents « de race juive » au cas où l'épouse était juive aussi. Ainsi, certaines personnes qui avaient échappé aux mesures antijuives des Allemands en zone occupée tombaient sous le coup du statut de Vichy en zone sud. Tandis que l'ordonnance allemande allait plus loin que la loi de Vichy quand elle exigeait qu'une affiche spéciale fût apposée sur les entreprises juives, la loi de Vichy du 4 octobre surpassait tout ce qui avait été décidé en zone occupée en autorisant l'internement des Juifs étrangers.

Bien loin de parer les coups portés par les Allemands, la campagne antisémite de Vichy a peut-être, en fait, précipité l'ordonnance allemande du 27 septembre 1940. Les autorités d'occupation, dont les mesures antisémites avaient consisté jusque-là en actes sporadiques de propagande et en contrôles frontaliers plutôt qu'en une action systématique, avaient bien conscience que Vichy instaurait des lois antijuives. Elles n'avaient besoin, pour le savoir, que d'ouvrir les yeux et les oreilles. De plus, comme les dirigeants de Vichy essayaient désespérément, à la fin de l'été 1940, de trouver des voies d'accès auprès des rouages centraux des autorités allemandes qui ne leur étaient pas encore familiers (et qui n'étaient que partiellement mis en place), ils s'empressèrent de parler de leurs plans antijuifs. Peut-être escomptaient-ils entrer ainsi dans les bonnes grâces de leurs interlocuteurs ; peut-être espéraient-ils adoucir les termes du futur traité de paix[40]. À la fin de juillet, Laval envoya un émissaire à la Commission d'armistice de Wiesbaden pour proposer une coopération plus étendue en matière économique et dans le domaine colonial ; au cours de la visite, il fut dit aux Allemands que Vichy projetait des mesures antimaçonniques, antiparlementaires et anti-juives[41]. Finalement, le 28 août, Laval se rendit lui-même à Paris où il tenta, avec toute son éloquence, de persuader le Dr Friedrich Grimm, historien et propagandiste allemand, de la sincérité de la nouvelle attitude française. L'Angleterre, dit-il, était désormais l'ennemi, particulièrement en Afrique. Pour garantir le sérieux du nouvel esprit de la France, il appela l'attention du Dr Grimm sur ce que la France faisait déjà contre les francs-maçons, l'ancien système parlementaire, et contre les Juifs[42]. Werner Best, chef de l'état-major administratif du MBF en zone occupée, affirmait même en octobre 1940 que les Allemands avaient publié leur ordonnance le 30 septembre parce qu'ils craignaient qu'un statut des Juifs français ne vînt précéder le leur.

Il fut établi que le gouvernement français, de son côté, voulait publier prochainement une loi complète contre les Juifs. Quant à sa teneur, l'ordonnance du chef de l'Administration militaire en France [c'est-à-dire l'ordonnance allemande du 27 septembre 1940] a été publiée sur l'ordre du Führer, et c'est consciemment qu'on a jugé nécessaire de la faire paraître avant la loi française, afin d'obtenir que le règlement de la question juive émane des autorités allemandes[43].

Les mesures de Vichy contre les Juifs sont d'origine française. Ce furent des actions autonomes décidées en vue d'atteindre les objectifs propres au pays. Le premier de ces buts était d'empêcher toute nouvelle immigration de réfugiés, en particulier de réfugiés juifs, dans un pays qui s'estimait à peine en mesure de nourrir et d'employer ses propres nationaux. Le 5 juillet 1940, le ministre de l'Intérieur, Adrien Marquet, ferma les frontières de la France « afin que les étrangers ne puissent troubler l'ordre public[44] ». Comme nous l'avons fait remarquer, l'expulsion par les Allemands de nouveaux réfugiés juifs vers la zone sud avait soulevé à Vichy d'énergiques protestations. Se plaignant de ce que les notes de son gouvernement n'aient pas reçu de réponse, le général Doyen, représentant de la France à la Commission d'armistice, déclara en novembre que « le gouvernement français ne pouvait plus donner asile à ces étrangers ». Il demanda au gouvernement allemand d'accepter leur retour et de prendre en charge leur séjour en France[45].

Le deuxième but de Vichy était d'encourager le départ des réfugiés se trouvant en France, dans la mesure où les restrictions du temps de guerre le permettaient. En juillet 1940, les autorités françaises renvoyèrent aux Allemands vingt et un Juifs dont dix-neuf avaient été arrêtés, prétendait-on, « en raison d'actions en faveur de l'Allemagne ». Les Allemands forcèrent les Français à les reprendre, soutenant à leur tour qu'en ce qui concernait les Juifs « le principe du libre choix prévaut » et qu'aucun Juif ne pouvait être envoyé de force par les Français en zone occupée[46]. Les autorités préfectorales essayèrent aussi d'expédier les Juifs vers le nord, quitte à se voir contrecarrées lorsqu'ils revenaient franchir subrepticement la ligne de démarcation[47]. En décembre 1940, Vichy négocia l'émigration de près de 150 000 réfugiés républicains espagnols au Mexique, projet dont les Allemands redoutaient qu'il ne fournît des recrues aux forces anglaises[48]. Les services de police français affirmèrent à plusieurs reprises leur empressement à faciliter un départ des Juifs[49]. Des études, officielles et non officielles, furent soumises au cabinet du maréchal Pétain au sujet de l'installation de Juifs à Madagascar, en Indochine, et même en Palestine par l'intermédiaire d'un mouvement sioniste hostile aux Alliés, intitulé « Massada », avec lequel le cabinet de Pétain fut en contact en 1943. (Voir chapitre VII, « Vichy, l'abbé Catry et les sionistes de « Massada ».)

Le troisième but était la réduction de l'élément étranger, inassimilable, « non-français » dans la vie publique, dans l'économie et dans la vie culturelle française. L'attitude de repli, l'attachement proclamé aux seules valeurs « nationales » imprégnaient les premiers actes de Vichy. Nous avons déjà fait allusion à la révision des naturalisations qui, promettait le *Temps*, « permettra d'éliminer rapidement des éléments douteux et même nuisibles qui s'étaient glissés dans la communauté française à la faveur de certaines complaisances administratives ou politiques dont le gouvernement actuel entend faire table rase[50] ». Nous avons aussi cité les lois de juillet qui fermaient l'accès aux administrations publiques et à certaines professions libérales à ceux qui n'étaient pas nés de père français. Le statut des Juifs du 3 octobre, en fermant aux Juifs l'accès aux emplois publics supérieurs et en annonçant un « numerus clausus » dans les professions libérales, était en harmonie avec ces autres mesures. Les Juifs avaient été distingués parmi les autres, « si réelles que soient d'honorables exceptions », disait une note officielle sur le statut des Juifs que la presse reproduisit largement, parce que leur influence « s'est fait sentir insinuante et finalement décomposante ». Les Juifs avaient assumé « une part prépondérante » dans la vie publique française au cours des dernières années, et le désastre national actuel obligeait le gouvernement à « regrouper les forces françaises dont une longue hérédité a fixé les caractéristiques[51] ».

Dans ce climat de repli inhospitalier et même xénophobe de l'été 1940, on perçoit l'écho de la défaite. Les lois raciales de Vichy de 1940-1941 sont inconcevables sans le séisme de juin 1940. Tout était bouleversé. Les troupes allemandes occupaient les trois cinquièmes de la France. Les destructions et les morts étaient beaucoup moins massives qu'en 1914-1918, bien que les dévastations aient été considérables dans les zones de combat : ainsi la moitié des maisons de Beauvais avaient été détruites et les quatre cinquièmes d'Abbeville rasés. Mais c'est la dislocation humaine qui était la marque principale de ce désastre. Quatre millions de Français, de Belges et d'autres réfugiés étaient sur les routes ou campaient dans des abris de fortune, ayant fui devant l'avance allemande. Beauvais avait été évacué deux fois ; Orléans avait souffert des pillages successifs ; il ne restait au Mans que sept médecins sur quarante[52]. Un million et demi de jeunes Français étaient prisonniers de guerre, en route vers les stalags et les oflags d'Allemagne. Les autres militaires étaient démobilisés. Ils ne pouvaient cependant guère espérer retrouver des activités normales, car l'économie commençait à être considérablement perturbée par l'occupation. Les frais d'occupation, s'élevant à 400 millions de francs par jour, faisaient des forces armées allemandes les principaux clients d'un marché noir naissant. Ce que leurs services officiels n'acquéraient pas en fait de nourriture, de boisson et d'habillement, les soldats allemands l'achetaient de leur côté. L'armée allemande réquisitionnait aussi les animaux de trait, les wagons de chemin de fer, les navires et les véhicules motorisés. Des exigences désordonnées se heurtaient à des ressources inadéquates. Le blocus britannique fermait l'accès aux sources habituelles de mazout, de caoutchouc et des denrées tropicales. Il n'y avait pas de matières premières pour l'industrie, pas de mazout pour faire fonctionner les machines, trop peu de travailleurs agricoles. Les quatre années les plus maigres, les plus amères dans l'histoire de la France moderne commençaient.

Il aurait été surprenant que l'exode et les autres épreuves de l'été 1940 ne missent pas à jour, chez certains, les pires tendances. Les frictions de ce terrible été furent rendues plus aiguës encore par la recherche généralisée des « responsables » ; le plus souvent cette recherche n'allait pas plus loin que des figures familières et impopulaires. L'antisémitisme réapparut dans l'atmosphère acrimonieuse de Bordeaux où ministres et députés se rassemblèrent après le 14 juin. Il fit surface parmi l'équipage du « Massilia » lorsque Jean Zay et Georges Mandel montèrent à bord avec près de trente députés qui persistaient le 21 juin à tenter de gagner l'Afrique du Nord. « Il est certain, disait le 5 août dans un rapport le préfet de Seine-et-Oise, Robert Billecard, que l'antisémitisme fait des progrès dans les milieux populaires[53]. »

On ne peut cependant pas dire que Vichy ait pris ses mesures contre les Juifs, les francs-maçons et les étrangers pour répondre à des pressions populaires insistantes. Un tiers seulement des préfets se réfèrent au statut des Juifs dans leurs rapports mensuels de 1940. Neuf préfets de la zone sud font état d'une approbation publique de celui-ci, mais trois seulement en zone occupée, où l'action de Vichy tendait à paraître à la fois plus lointaine et moins importante. Les quatre préfets qui se réfèrent à une certaine désapprobation publique (ceux du Calvados, de la Seine-et-Marne, des

Deux-Sèvres et des Vosges) étaient en zone occupée, hors d'atteinte de la propagande de Vichy ; dans cette zone, l'antisémitisme prenait une coloration un peu plus nettement allemande. Trois préfets de la zone sud et autant de la zone occupée notaient que les lois raciales de Vichy n'avaient suscité aucune réaction dans l'opinion. Les deux tiers des préfets ne trouvèrent rien à dire sur le sujet en 1940. Lorsque l'activité antijuive et antimaçonnique commença à se faire sentir à Paris à la fin du mois de juillet, le préfet de police, Roger Langeron, pensa que c'était le résultat des intrigues allemandes et non celui de l'élan populaire[54]. De plus, jusqu'au 27 août les journaux furent relativement discrets, car la loi Marchandeau demeurait en vigueur[55].

L'indifférence semble avoir été l'attitude dominante. Après tout, la plupart des gens avaient autre chose à l'esprit, au moment où ils s'efforçaient de reprendre leur existence disloquée. La population est « accablée », affirmait le 28 juillet dans son rapport le préfet de l'Aube, « elle ne parle de rien ». Le préfet de l'Ain, en octobre, qualifiait de générale « l'anesthésie intellectuelle et morale ». En Seine-et-Oise, la population semblait « sceptique, aigrie, désabusée » et dominée par ses soucis personnels[56].

Mais cette indifférence généralisée pouvait aisément s'appliquer aux souffrances des autres, en particulier si les autres étaient perçus comme responsables, en quelque manière, du désastre. Beaucoup dépendait alors en grande partie du ton adopté par les nouveaux dirigeants et, surtout, par le maréchal Pétain qui jouissait en 1940 d'un mandat personnel illimité, tel qu'aucun dirigeant français n'en avait eu depuis Napoléon après la Paix d'Amiens. Ces dirigeants allaient-ils conférer respectabilité et cohérence à ces explosions dispersées d'antisémitisme populaire, ou les priveraient-ils de l'approbation officielle ?

Les discours du maréchal Pétain des 13 août et 11 octobre et la série d'articles publiée par lui dans *la Revue des deux mondes* à l'automne 1940 et où il donnait les grandes lignes de l'ordre nouveau, ne faisaient aucune allusion aux Juifs. À la vérité, le maréchal ne parla jamais publiquement, à notre connaissance, des Juifs. Il préférait voir les choses de très haut en mentionnant une politique générale d'exclusion :

La révision des naturalisations, la loi sur les sociétés secrètes, la recherche des responsables de notre désastre, la répression de l'alcoolisme témoignent d'une ferme volonté d'appliquer, dans tous les domaines, un même effort d'assainissement et de reconstruction[57].

Assainissement, reconstruction, c'étaient là des termes éminemment positifs et qui invitaient la population à apporter son soutien. Qui était pour la maladie ou le chaos ? Les auteurs des brochures officielles décrivant le programme du maréchal évitaient consciencieusement des mots tels qu'antisémitisme ou même juif. Nous n'en donnerons qu'un seul exemple : une brochure de grand format de 79 pages destinée au « Français moyen, parfois si léger ou si distrait », soulignait que les restrictions touchant les Juifs (travesties en « défense de la race, de la famille, de la jeunesse, de la profession ») n'étaient pas ce qu'elles semblaient être : « Il ne s'agit pas, de la part des chefs, de facile vengeance, mais d'une indispensable sécurité. » Les dérogations en faveur de ceux qui avaient rendu à l'État des services exceptionnels absolvaient le gouvernement de tout soupçon quant à ses motifs : « Elle(s) prouve(nt) qu'il n'est jamais entré dans les intentions du maréchal Pétain de pénaliser, en raison de leur origine, des hommes qui, dans le domaine de la pensée, ont accru le prestige de la France[58]. » La dure réalité de l'exclusion tendait à être voilée derrière des formules d'une prudente généralité. Mais l'exclusion n'en était pas moins nette. Dans un essai où le maréchal Pétain s'efforçait « d'ouvrir les yeux [des Français] » sur l'abus « de grands mots et d'espérances illusoires » du régime déchu, comme Liberté, Égalité, Fraternité, il avertissait qu'« il ne saurait y avoir de fraternité véritable qu'à l'intérieur de ces groupes naturels que sont la famille, la cité, la Patrie[59] ».

En privé, le maréchal Pétain ne répugnait pas à la compagnie de gens beaucoup moins discrets dans l'expression de leur mépris pour les Juifs. Son médecin personnel et secrétaire particulier, fils d'un vieux compagnon d'armes, le docteur Bernard Ménétrel, devait dire au représentant officiel de la police allemande, Hagen, en juin 1943, que bien que Pétain insistât pour une solution humaine, lui, Ménétrel, « admirait » la résolution avec laquelle les Allemands mettaient en œuvre l'« extirpation finale » des Juifs[60]. Les bureaux du cabinet du maréchal, à l'Hôtel du Parc, étaient un lieu où il était nécessaire de faire précéder d'excuses les interventions occasionnelles que presque tous les dirigeants de Vichy firent, une fois ou l'autre, en faveur de certains Juifs : « Vous connaissez de longue date... mes sentiment à l'égard des Juifs », écrivait le chef du cabinet civil du maréchal, André Lavagne, en octobre 1941 à M. Guionin, chef adjoint du cabinet du secrétaire d'État aux colonies ; « le seul fait que j'intervienne en faveur d'un Juif constitue donc une recommandation tout à fait exceptionnelle[61] ». Un couple américain, M. et Mme Alfred D. Pardee, qui avaient été à Cannes de bons amis de Pétain, avertirent le maréchal en mars 1941 que « la juiverie [faisait] aussi bien des ravages de l'autre côté de l'Atlantique ». M. Pardee voulait faire savoir au maréchal qu'il allait faire pression financièrement sur sa vieille université, Yale, pour avoir engagé comme professeur le « fossoyeur » Pierre Cot, ajoutant : « N'est-il pas Juif[62] ? » Si l'on en croit le témoignage de Paul Baudouin après la guerre, Pétain lui-même fut « le plus sévère » de tous les participants au conseil des ministres qui discuta la législation contre les Juifs le 1er octobre. « Il insiste pour que la Justice et l'Enseignement ne contiennent aucun Juif[63]. » Nous ne savons pas comment le maréchal réagissait aux lettres pathétiques qui lui parvenaient d'anciens combattants et d'autres pour lesquels il était le dernier espoir ; il ne semble pas qu'il ait répondu à aucune d'entre elles. Il faut probablement voir en lui un homme qui considérait comme allant de soi un certain antisémitisme poli dans les milieux sociaux où il était finalement parvenu et dont il goûtait si manifestement la compagnie. Il trouvait l'invective de mauvais goût, mais il consentit parfaitement à laisser les mains libres à ceux dont l'hostilité aux Juifs était déterminée.

Pierre Laval — il faut souligner que son influence au gouvernement n'augmenta que lentement jusqu'à l'époque de l'entrevue avec Hitler à Montoire, en octobre — n'était pas parmi ceux qui y attachaient une grande importance. Il n'avait pas d'antécédents antisémites déclarés et il n'avait joué aucun rôle dans l'élaboration des premières lois raciales de Vichy. Certains avaient même murmuré que cet Auvergnat à l'allure plutôt exotique était juif. Toutefois, pendant l'été et l'automne 1940, Laval s'adapta au nouveau climat. Au début d'août, il alla jusqu'à tenir des propos plutôt brutaux à Robert Murphy, chargé d'affaires américain à Vichy. Les Juifs, lui dit-il, « se groupaient à Vichy dans des proportions alarmantes. Il pensait qu'ils fomenteraient le désordre et feraient une mauvaise réputation à la ville. Il disait qu'il voudrait s'en débarrasser[64]. » Un antisémitisme calculé occupait une place restreinte, mais distincte, dans la stratégie d'ensemble de Laval à l'automne 1940. Dans l'ambiance fluide de ces premiers mois, il y avait une sorte de course, entre les dirigeants les plus influents de Vichy, pour établir les contacts les plus valables avec les insaisissables autorités allemandes. Le ministre de l'Intérieur, Adrien Marquet, avait été le premier à établir le contact, signant un accord le 25 juillet 1940 avec les représentants de la police allemande pour une collaboration informelle[65]. Une autre route passait par la Commission d'armistice de Wiesbaden, où les représentants successifs de la France s'efforcèrent d'élargir la liste des questions abordées. Après avoir essayé Wiesbaden, Laval choisit Paris et l'ambassadeur Abetz, avec qui il établit d'étroites relations de coopération. Abetz voyait en Laval un contrepoids aux éléments cléricaux et réactionnaires de Vichy, une sorte de tribun qui pourrait donner au nouvel ordre européen une base populaire en France. Laval n'avait pas eu à se repentir d'avoir donné aux Allemands des signes d'antisémitisme en juillet et en août[66]. Lorsque Hitler finit par rompre son silence après la vigoureuse défense de Dakar par Vichy contre les Anglais et les gaullistes, et consentit à rencontrer Pétain, Laval était bien placé pour prendre les contacts les plus fructueux. À Montoire, du 22 au 24 octobre, il devint le seul dirigeant français à posséder un lien indépendant avec le Führer. Un antisémitisme calculé l'avait aidé à accéder au sommet dans cette lutte d'influence.

En même temps, Laval avait à détourner les coups des Français qui, à Paris, n'avaient jamais perdu l'espoir de le supplanter avec l'appui des Allemands, en montrant qu'il n'était après tout qu'un parlementaire opportuniste, incompatible avec le nouvel esprit fasciste. Laval jouait là un jeu délicat, qui n'était pas le dernier de sa carrière. Son attitude fondamentale à l'égard des Juifs, en 1940, semble avoir été une indifférence mêlée au sentiment aigu que les Juifs étaient, pour d'autres, une obsession. Comme nous le verrons, il était capable de la plus totale insensibilité. Aux yeux d'un de ses biographes récents, Laval « n'éprouve ni haine ni pitié à l'égard de ceux que l'on persécute. Il s'est accommodé d'une France tolérante, il s'adapte à l'intolérance puisque l'épuration est à la mode[67]. »

L'indifférence foncière de Pétain et de Laval laissait le champ libre aux fanatiques. L'antisémitisme de Vichy ne nous paraît avoir été l'œuvre ni de l'opinion des masses, ni des hommes du sommet. Il a reçu son impulsion de groupes puissants et d'hommes déterminés auxquels l'indifférence des autres, prompts à marquer leurs distances avec un ancien régime abhorré, laissait les mains libres.

Il y avait une minorité substantielle d'antisémites

convaincus dans la nouvelle équipe ministérielle de Vichy pendant l'été et l'automne 1940. Lorsqu'il se rendit à Vichy fin juillet, le pasteur Marc Boegner, notable du protestantisme français et favorable de prime abord à de nombreux aspects du nouveau régime, fut frappé par l'« antisémitisme passionnel » de plusieurs ministres, qui « se donnait libre cours en dehors de toute pression allemande[68] ». Le ministre néo-socialiste de l'Intérieur, Adrien Marquet, qui haïssait les cléricaux « réactionnaires » comme Alibert et s'efforça de persuader Abetz, dès août-septembre 1940, de se débarrasser d'eux, trouvait que les sarcasmes antijuifs donnaient le ton à Vichy[69]. Nous ne savons que peu de chose de la position du général Weygand sur la question juive à l'époque où il exerçait une influence prédominante à Vichy, jusqu'au 6 septembre ; par la suite, cependant, il appliqua les lois raciales avec zèle en Afrique du Nord.

Le plus ardent de tous était Raphaël Alibert, ancien membre du Conseil d'État, homme au caractère emporté, associé depuis longtemps à l'Action française, dont le ministère — celui de la Justice — avait préparé le statut des Juifs. L'autorité d'Alibert découlait de son tempérament impérieux, de la rancœur provoquée par les années d'éloignement du service public et d'échec dans sa vie professionnelle, de la faveur dont il jouissait dans l'entourage intime de Pétain et de la cohérence sans failles de ses conceptions monarchiques sur le monde. Avec Alibert, la longue campagne de Maurras contre les « métèques » qui avaient affaibli la France moderne avait atteint son achèvement.

Des porte-parole de l'antisémitisme occupaient des fonctions publiques plus modestes. Nous en avons signalé quelques-uns dans l'entourage de Pétain. Jean-Louis Tixier-Vignancour présidait à Vichy à la radio et au cinéma ; Maurice Martin du Gard l'y dépeignait en 1940 se délectant « à manger du Juif et à guetter, pour l'injurier encore, Léon Blum, distant et malheureux[70] ». Alain Laubreaux et Lucien

Rebatet, de l'hebdomadaire venimeux *Je suis partout*, ne s'occupèrent que brièvement de programmes antijuifs à la radio de Vichy. D'autres piliers de la droite, comme Xavier Vallat, secrétaire général aux Anciens Combattants et auteur des statuts de la Légion française des Combattants, qui remplaçait les anciennes associations dissoutes, applaudirent la législation raciale comme la réalisation d'une « longue tradition nationale[71] ».

Au niveau local, il n'était plus interdit d'avouer son antisémitisme, et la chasse aux Juifs offrait des possibilités d'emploi ou d'enrichissement. Le préfet de l'Oise rapporte qu'il y a des « aventuriers » et des « gangsters de la presse » « cherchant à impliquer dans leurs campagnes antijuives ou antimaçonniques de braves gens qui ont toujours été adversaires des Juifs et des francs-maçons mais contre lesquels ils ont des griefs locaux datant d'avant-guerre[72] ». De nombreux préfets s'alarmaient du nombre de lettres de dénonciation qui arrivaient sur leur bureau. Le préfet de l'Indre rapporte que l'« esprit de délation » lui apportait « chaque jour » diverses dénonciations[73]. Les postes d'administrateurs provisoires, désormais désignés par le S.C.A.P. pour gérer les biens juifs en zone occupée commençaient à attirer des candidats qui n'étaient pas toujours désintéressés.

Vichy s'efforça de rassurer l'opinion étrangère sur cette évolution. En octobre 1940, devant un groupe de journalistes américains, le ministre des Affaires étrangères, Paul Baudouin, déclara : « Nous avons décidé de limiter l'action d'une communauté spirituelle qui, quelles que soient ses qualités, est toujours restée indépendante de la communauté spirituelle française. » Les Juifs ne pouvaient plus, avec leur « influence internationale considérable » constituer « un empire dans un empire ». Il voulait que les journalistes américains sachent que Vichy n'avait nullement l'intention de les persécuter : « Il ne sera touché ni aux personnes, ni aux biens, et, dans les domaines desquels ils ne seront pas exclus, aucune discrimination humiliante ne sera faite[74]. » Les Juifs étrangers étaient cependant déjà internés et il ne fallut pas neuf mois pour que les dirigeants français saisissent les biens des Juifs en zone non occupée ; moins de deux ans plus tard, la police française arrêtait les Juifs dans le cadre des plans de déportation allemands. La violence de l'antisémitisme ne pouvait guère être contenue dans les termes bénins de Paul Baudouin, qui voulaient être l'expression de bonnes intentions et auxquels beaucoup, à Vichy, faisaient écho en 1940. Dans l'Europe d'Hitler, cela était exclu.

Mais pourquoi Vichy a-t-il cru devoir se lancer dans cette direction ? Pourquoi le fait d'être différent devait-il sembler si menaçant en octobre 1940 à un homme comme Paul Baudouin ? Pourquoi, alors qu'elle avait tant d'autres choses à faire, la Révolution nationale naissante a-t-elle dépensé tant de temps et d'efforts contre les « dangers » présentés par des « communautés spirituelles » différentes ? Et pourquoi, parmi celles-ci, les Juifs ont-ils été distingués avec tant d'attention, d'insistance et de crainte manifeste ? Nous avons exposé pourquoi nous n'ajoutons que peu de foi à l'hypothèse de pressions allemandes pour expliquer une évolution des mentalités qui était bien plus répandue et plus profonde qu'un produit d'importation étrangère, imposé par les armes. Ce sont les racines françaises de ces mentalités que le chapitre suivant examinera.

CHAPITRE II

LES ORIGINES DE L'ANTISÉMITISME DE VICHY

L'antisémitisme a existé par intermittences dans l'histoire moderne de la France, avec de notables variations d'intensité et de malfaisance. À titre d'illustration, on peut considérer deux événements dont les répercussions furent très différentes, et assez récents pour être dans les mémoires en 1940. Le premier eut lieu à Paris le 25 mai 1926 : il s'agit du geste dramatique, appel lancé à l'opinion publique, de Scholem Schwartzbard, poète yiddish, horloger de son état, homme doux au demeurant, au nom des dizaines de milliers de Juifs massacrés en 1919 dans les pogroms d'Europe orientale. À l'angle de la rue Racine et du boulevard Saint-Michel, il tira sur Semyon Petlioura, dirigeant militaire et nationaliste ukrainien et le tua. Au cours d'un procès à sensation, quelques mois plus tard, il fut acquitté, grâce à la plaidoirie poignante de son avocat, Mᵉ Henry Torrès, à la pitié du jury et à un climat relativement favorable aux Juifs et aux autres minorités. Quelques semaines plus tard, le Parlement adopta une loi remarquablement libérale sur la naturalisation, celle du 10 août 1927, qui allégea ultérieurement, pour des milliers de Juifs, les souffrances de l'exil.

Le second événement se produisit douze ans plus tard, à Paris également. Le 7 novembre 1938, Herschel Grynszpan, Juif allemand d'origine polonaise, âgé de dix-sept ans, assassina le diplomate allemand Ernst vom Rath à l'ambassade d'Allemagne, rue de Lille. Grynszpan voulait attirer l'attention de l'opinion publique sur ses parents et sur 15 000 autres Juifs brutalement arrachés d'Allemagne et expulsés sans bagages en Pologne à la fin d'octobre. Grynszpan ne bénéficia guère de la compréhension tolérante dont avait joui Schwartzbard. La police arrêta non seulement l'assassin, mais son oncle et sa tante qui furent condamnés à six mois de prison pour avoir hébergé un étranger en situation irrégulière. La guerre survint avant que s'ouvrit le procès ; en juillet 1940, après que les Allemands eurent emprisonné le procureur de la République de Bourges, la police française livra Grynszpan aux nazis. En Allemagne, la mort du diplomate provoqua un assaut meurtrier contre les Juifs de la part du parti nazi. Pendant la nuit du 10 au 11 novembre 1938, 267 synagogues furent incendiées, 91 Juifs assassinés, au moins 7 500 boutiques et magasins saccagés à travers l'Allemagne ; près de trente mille Juifs furent internés dans des camps de concentration[1]. Ce fut « la Nuit de cristal ». Le renouveau de la tension franco-allemande, exactement six semaines après la crise de Munich, jeta le trouble dans l'opinion française. Les porte-parole de l'antisémitisme se répandirent sur la place publique, réclamant de sévères mesures contre les Juifs, en particulier contre les immigrés qui, prétendaient-ils, exposaient la France à des risques graves. Beaucoup de Français acquiescèrent. 1938 vit un durcissement du régime des étrangers, et une détérioration de la situation des Juifs.

La différence des réactions engendrées par l'une et l'autre affaire montre combien le climat social était devenu instable, à la fin des années 30, quand il s'agissait des Juifs. L'antisémitisme était florissant en France pendant la décennie qui précéda Vichy. Le gouvernement de Pétain n'a pas inventé la politique antijuive qu'il mit en place avec tant de zèle et de passion en 1940. Chacun des éléments de ce plan était présent dans les années qui ont précédé la chute de la Troisième République.

Mais il ne suffit pas d'affirmer simplement que le sentiment antijuif allait grandissant dans la France des années 30. Un examen plus attentif révèle un langage antisémite qui diffère de celui des années 20, sans parler des années 90 et de l'époque de l'Affaire Dreyfus. L'antisémitisme a été associé à des courants intellectuels remarquablement variés, allant du cléricalisme au socialisme et au nationalisme, et il serait faux de supposer qu'il a offert quelque cohérence, soit dans les comportements, soit dans l'idéologie. Les thèmes antijuifs pénétraient subrepticement dans la culture, changeant périodiquement de composition, parfois trop faibles pour s'affirmer, parfois comprimés par des pressions extérieures, et parfois éclatant au grand jour, aboutissant à un mélange détonant, lorsqu'un problème économique ou social venait se mêler à eux.

C'est une explosion de ce genre qui semble s'être produite dans la décennie qui a précédé Vichy. Un antisémitisme traditionnel et vivace se mêla d'abord à la crise économique et sociale, ensuite à la situation internationale tendue de la fin des années 30, lorsque le nazisme plaça les Juifs au centre de sa propagande, les accusant d'être des fauteurs de guerre. Il nous faut donc étudier non seulement les thèmes traditionnels de l'antisémitisme français, mais aussi les problèmes contemporains auxquels ils sont venus s'ajouter dans les années 30. Ce sont eux, en effet, qui leur ont donné leur immédiateté et les ont fait passer du domaine du journalisme de bas étage ou des salons à celui des cabinets ministériels et des hauts fonctionnaires, au cœur même de l'État.

> ... nous sommes un royaume du Christ... si la
> nation déicide s'en approche, ce ne peut jamais
> être que pour lui donner le baiser de Judas... ce
> peuple juif d'antique culture, rompu à tous les
> négoces, habile à faire naître les convoitises... Il
> n'est pas possible de distinguer ce qui fut
> proprement l'œuvre du juif, celle du calviniste à
> la Jean-Jacques Rousseau et celle du franc-
> maçon, tant ils marchèrent alors déjà la main
> dans la main, dans un même esprit et sous une
> bannière unique, celle de la *Déclaration des
> droits de l'homme et du citoyen*.
>
> LA TOUR DU PIN, 1907[2].

L'antisémitisme français faisait évidemment partie d'une
tradition occidentale générale. Aucun peuple chrétien n'en
fut exempt. Pendant un millénaire, tout pratiquant n'a-t-il
pas entendu, le Vendredi saint, le prêtre dénoncer «les Juifs
perfides» qui «ont voulu faire mourir le Seigneur Jésus-
Christ[3]»? La société traditionnelle, fondée sur les ordres et
les corporations, avait considéré les Juifs comme à jamais
étrangers à une tradition chrétienne qu'ils rejetaient. Dans le
passé, les Juifs s'étaient adaptés à ce climat, affirmant et
cultivant leur différence. Les chrétiens toléraient parfois les
Juifs au milieu d'eux pourvu qu'ils remplissent certains rôles
imposés : dans le domaine économique, ils assumaient des
tâches jugées nécessaires mais répréhensibles, comme
l'usure ; en théologie, ils servaient de rappel, de par leur
existence même dans sa situation avilie, de la vraie foi qu'ils
avaient choisi de rejeter. La sécularisation affaiblit les bases
de ce «modus vivendi», en particulier pendant le siècle des
Lumières, et l'émancipation des Juifs par la Révolution
française fit théoriquement d'eux une partie de la famille
européenne. La France ouvrit la voie à la pleine égalité civile
avec les deux lois capitales de 1790 et de 1791. D'autres pays
d'Europe occidentale et centrale lui emboîtèrent le pas,

parfois l'occupation française aidant, plus souvent sous l'impulsion du penchant de la bourgeoisie pour une société plus rationnelle et plus ouverte. Mais il est rare que des interventions législatives puissent transformer aisément les attitudes séculaires dans les domaines de la pensée et de l'action. Les vieilles habitudes persistèrent longtemps. À travers l'Europe du XIXe siècle, les progrès de l'émancipation des Juifs allèrent de pair avec de nouvelles justifications, désormais laïcisées, des vieilles habitudes d'exclusion. En même temps que naissaient les droits civiques, on trouvait des raisons profanes, modernes, de les refuser. Là où jadis les Juifs avaient été des parias à cause de leur religion, on pouvait maintenant les mettre à part en raison d'un soi-disant « caractère » juif — lui-même attribué soit à la race, soit à l'éducation. Des théoriciens inventifs, venus de tous les horizons politiques ou sociaux, entreprirent de réaliser ce que les intellectuels ont toujours excellé à faire : fournir aux gens des raisons savantes et intelligentes de croire ce qu'ils croyaient déjà — en l'occurrence que les Juifs étaient différents et méritaient l'aversion dont ils étaient l'objet.

L'attention portée à ces questions par les Européens et la mesure dans laquelle ils demeurèrent hostiles aux Juifs dépendit des circonstances politiques et sociales. Dans la Hollande protestante ou dans de nombreux États de la catholique Italie, par exemple, l'émancipation se fit sans secousses dès que les barrières juridiques furent supprimées. Ailleurs, comme dans l'Allemagne protestante, les Juifs se heurtèrent à un mur d'opposition tant populaire qu'officielle. Des explosions d'hostilité populaire envers eux ponctuent l'histoire du XIXe siècle en Europe centrale dans les régions rurales, où les écrivains assuraient la permanence des anciennes idées sur la perfidie des Juifs, et où paysans et artisans gardaient le souvenir des maux, réels ou imaginaires, dûs aux marchands juifs. Les porte-parole du conservatisme ou de la réaction y apportèrent leur contribution mais aussi la génération des premiers socialistes, y compris Karl Marx. Les révolutions de 1848 furent l'occasion d'émeutes antijuives dans beaucoup de régions germanophones, y compris l'Alsace. Depuis les premières décennies du XIXe siècle, l'antisémitisme se nuançait de protestation radicale contre la société libérale et bourgeoise, symbolisée par la tradition émancipatrice de 1789.

Dans la dernière partie du XIXe siècle une force nouvelle vint attiser la vieille haine, au moment où la société libérale avait à subir, partout en Europe, une série d'assauts. Ceux-ci avaient pour point commun un profond désenchantement à l'égard de ce monde issu des parlements, des villes, de l'industrie, de la science, de la démocratie et de l'égalité des citoyens. Ces innovations apparaissaient, considérées en bloc, incapables de satisfaire les besoins culturels d'une élite ou d'instaurer un ordre juste, et dépassées par les défis contemporains qu'étaient les empires, la guerre ou l'insécurité économique. Parfois, la gauche et la droite s'unissaient : ceux que décevait l'échec de la société libérale impuissante à offrir davantage faisaient cause commune avec ceux dont la critique consistait à dire qu'en offrant ce qu'elle offrait, elle ravalait et dépréciait les valeurs dignes de ce nom. Les syndicalistes devinrent nationalistes et les conservateurs en appelèrent à l'homme de la rue, battant le rappel contre la faillite de la civilisation libérale.

De plus en plus, à la fin du XIXe siècle, les critiques de la culture expliquèrent ces échecs en se référant à la race, ce qui renforçait leur analyse. La société moderne avait échoué, disaient-ils, parce que la qualité biologique de ses dirigeants s'était affaiblie, soit par métissage, soit par infiltration d'éléments étrangers d'un niveau racial inférieur. Les idées racistes se vulgarisèrent pendant les trois décennies précédant la Première Guerre mondiale, faisant leur chemin dans le langage et fournissant en fin de compte les fondements théoriques les plus durables de l'antisémitisme moderne. La pensée raciste se concentrait évidemment sur un objectif beaucoup plus étendu que les Juifs. Mais elle ne manquait jamais de se référer à eux et de leur assigner une place précise dans ces classements haineux qui ont tellement absorbé l'énergie des racistes. Les antisémites disposaient désormais d'une explication biologique de prétendues déficiences, en plus de celles qu'offraient la religion ou les théories sociales.

Ces courants étaient particulièrement affirmés en France. Le français avait fourni dans la première partie du siècle le langage de la révolution ; voici que des penseurs français conduisaient l'entreprise de rejet de cet héritage, déversant leur mépris sur les doctrines libérales et rationalistes que leurs concitoyens avaient aidé à établir en Europe. Au milieu des années 80, une foule de publicistes étaient à l'œuvre ; pour citer une étude récente, Paris devint à cette époque « la capitale spirituelle de la droite européenne », et la vie politique française le laboratoire où se forgeait une synthèse originale du nationalisme et du radicalisme social[4].

L'antisémitisme s'affirma comme l'une des principales expressions de ce mouvement et l'une des plus attirantes pour un public populaire. Avant cela, l'hostilité à l'égard des Juifs avait été en France principalement l'apanage de la gauche ; elle faisait partie du langage anticapitaliste ou antibourgeois de socialistes éminents comme Proudhon, Fourier, et plus encore, d'Alphonse Toussenel, disciple de Fourier et auteur, en 1845, d'un ouvrage en deux volumes, *Les Juifs, rois de l'époque*. L'antisémitisme gardait les sympathies d'une bonne part du socialisme français, comme le montraient bien les polémiques continuelles contre les Rothschild ou la prétendue domination juive sur le monde bancaire international. Mais l'innovation et la vitalité politique furent le lot d'une nouvelle clientèle sociale antisémite qui combinait une protestation radicale avec de fortes tendances nationalistes et parfois réactionnaires. Pour ce nouveau courant, l'antisémitisme coulait de source. Il aidait à souder ensemble les nouvelles coalitions politiques par une doctrine éclectique qui attirait à la fois la gauche et la droite. Le thème en était la conquête de la France par les Juifs.

Les Juifs, qui avaient été de si grands bénéficiaires de la République, étaient à présent désignés comme son soutien majeur et ses principaux représentants. Dans le portrait créé par les nouveaux agitateurs, les Juifs apparaissaient comme les agents les plus importants de la culture républicaine : l'optimisme, le progrès, la centralisation, l'industrialisation, la science, allant de pair avec la corruption, la cupidité, le matérialisme et les scandales. Selon Vacher de Lapouge, théoricien socialiste devenu raciste, les Juifs étaient en train de devenir pour l'Europe ce que les Anglais étaient pour l'Inde : « La conquête de la France... se poursuit en ce moment sous nos yeux. Avoir fait cette conquête sans bruit, sans bataille, sans répandre une goutte de sang, l'avoir faite sans autres armes que les millions des Français et les lois du pays, cet exploit est plus merveilleux que ceux d'Alexandre et de César[5]. »

Un des premiers épisodes marquants de cette polémique fut, en 1882, l'effondrement d'une maison de banque catholique, l'Union générale. L'événement est important parce que la campagne antisémite lancée pendant la stagnation économique des années 80 était d'inspiration fortement catholique[6]. Le christianisme populaire connut un renouveau inattendu dans la France d'après 1870. Détachées de sources de piété plus austères ou plus intellectuelles, les tendances les plus extrêmes du mouvement trouvèrent souvent un exutoire dans une haine furieuse des Juifs, repoussoir vivant d'une conscience chrétienne en proie à un réveil récent. Bien que les antisémites aient pu, par la suite, être très proches de la gauche française et l'aient été en fait, ils ne pouvaient guère éviter dans la formulation de leurs idées, de faire appel à une sensibilité spécifiquement catholique. Tel était le cas d'Édouard Drumont, qui fut peut-être le principal antisémite du XIXe siècle par le succès que lui valut l'alliance des vieux thèmes anticapitalistes de la gauche avec les nouvelles craintes, qu'éprouvait la droite, d'une décadence morale et matérielle de la France. Drumont publia en 1886 avec un succès extraordinaire son ouvrage *La France juive* ; ses droits d'auteur considérables lui permirent de fonder en 1892 un quotidien, la *Libre parole*. Journal à sensation, provocateur et populaire, la *Libre parole* contribua à lancer un nouveau style journalistique allant de pair avec son message nouveau. Non moins injurieux dans sa manière de traiter les Juifs était la *Croix*, journal des Assomptionnistes, jouissant d'une large diffusion et qui, avec les publications qui lui étaient associées, atteignait un demi-million de lecteurs à l'époque de l'Affaire Dreyfus[7]. Ces deux journaux contribuèrent l'un et l'autre à convaincre tout un éventail de groupes sociaux inquiets — artisans, agriculteurs et aristocrates qui se voyaient décliner à une époque de commercialisation croissante, patriotes apeurés en face de la montée de l'Allemagne et des États-Unis — que leurs malheurs avaient un responsable : les Juifs.

En même temps que cette synthèse qui faisait appel aux intérêts et aux craintes tant de la gauche que la droite, les modifications du comportement politique vinrent renforcer l'antisémitisme à la fin du XIXᵉ siècle. À mesure que le suffrage universel masculin s'enracinait dans la pratique, les hommes politiques commencèrent à chercher les moyens de recruter et de gérer un électorat de masse. Le politologue Dan White a décrit comment l'antisémitisme a été utile aux nouveaux hommes politiques issus de la petite bourgeoisie pour prendre des voix aux notables libéraux installés au pouvoir dans l'État allemand de Hesse, en 1889-1890[8]. Pendant les mêmes années, en marge du mouvement boulangiste (le général lui-même avait des conseillers et des financiers juifs), des candidats aux élections à la Chambre des députés se présentèrent, pour la première fois, sur un programme largement antisémite. Francis Laur, antisémite et ennemi des trusts, fut élu à Paris en 1890. L'Affaire Dreyfus fournit une occasion encore meilleure d'éprouver les nouvelles formules dans le combat politique. La grande masse des journaux populaires était antidreyfusards, et de 59 députés élus à la Chambre en 1902 sous l'égide de la Ligue de la Patrie française, la plupart avaient ouvertement adopté l'antisémitisme dans leur campagne.

Nul mouvement ne fit autant pour propager l'antisémitisme issu de l'époque de l'Affaire Dreyfus que l'Action française. Fondé en 1898 et assez fort pour créer un quotidien en 1908, ce mouvement était dirigé par Charles Maurras, admirateur du passé royaliste de la France, du moins tel qu'il l'imaginait. Inspirateur de la droite pendant plus de quarante ans, Maurras fut le plus systématique des théoriciens antiparlementaires, antidémocrates et antisémites pour lesquels la troisième République — « la gueuse » — incarnait tout ce qu'ils méprisaient dans la vie politique, dans la société et dans l'art. Son mouvement attira quelques-uns des plus brillants esprits de la droite, donnant ainsi crédibilité et respectabilité à l'antisémitisme. Le nationalisme intense que revêtait sa haine des Juifs et des étrangers facilita l'acceptation générale de la xénophobie. Le mouvement prit une telle place dans le paysage politique français qu'il demeura au cours des années 20, à une époque de reflux de l'extrême droite, le « foyer principal et le fer de lance de l'antisémitisme français[9] ».

Cependant, en dépit de la vivacité de l'antisémitisme français à la fin du siècle, il convient de ne rien exagérer. En fin de compte, les dreyfusards avaient fini par l'emporter. Le nationalisme connut un effondrement électoral après son apogée en 1902 ; il se divisa et s'affaiblit. L'étude exemplaire de Pierre Sorlin sur la *Croix* de 1880 à 1899 montre que même ce journal venimeux a reculé devant les positions les plus extrêmes et semblait adopter une position plus modérée à la fin de cette période. Surtout la Première Guerre mondiale et son esprit d'union sacrée n'incitèrent guère à s'en prendre aux minorités. Maurice Barrès lui-même, le polémiste le plus tranchant de l'extrême droite, s'adoucit au point d'admettre que les Juifs étaient l'une des «familles spirituelles» de la France. L'ancien journal de Drumont, la *Libre parole*, dont le tirage avait atteint 300 000 exemplaires en 1889, disparut faute de lecteurs en 1924. D'autres feuilles antisémites prirent un aspect minable et fatigué, auquel même la publication et la réédition périodique des *Protocoles des Sages de Sion* ne put porter remède. Le pape Pie XI condamna l'Action française en 1926 et l'antisémitisme deux ans plus tard. Les curés ne renouvelèrent pas leur abonnement au journal de Maurras. À la fin des années 20, Georges Bernanos, toujours solitaire parmi les antisémites, pouvait observer, en s'en défendant, qu'il était de bon ton de nier l'existence d'un problème juif. Il y avait moins d'antisémitisme alors, remarquait-il, que trente ou quarante ans auparavant. Il avait l'impression de marcher «à rebours de son époque[10]».

Mais il est moins important pour notre propos de suivre l'enchaînement polémique d'un auteur ou d'un journal à l'autre que de noter la mnière dont, tous ensemble et pour longtemps, ils ont conditionné les réflexes de nombreux Français qui n'avaient jamais rencontré un Juif et qui auraient été stupéfaits d'être qualifiés d'antisémites. Réfléchissant à son enfance à Lille, l'historien Pierre Pierrard rappelle que les Juifs ne pénétraient guère dans sa conscience ni dans celle de ses camarades. Mais pour ces élèves d'un collègue religieux les Juifs étaient néanmoins présents :

Je sens encore en moi le déclic que provoquait, dans la longue suite un peu ronronnante des «grandes oraisons» du Vendredi saint, la brusque rupture provoquée par l'oraison *Pro perfidis Judaeis* : alors que six oraisons précédentes et la huitième et dernière oraison («Pour les païens») étaient précédées du *Oremus. Flectamus genua. Levate* qu'accompagnait un collectif agenouillement, l'oraison pour les juifs était privée de ce rite qui frappait évidemment nos jeunes sensibilités. Lorsque je veux imaginer ce qu'est un «ghetto moral» c'est au trouble qui me saisissait alors que je me réfère[11].

En outre, la sensibilité antijuive eut la vie très longue dans un pays tel que la France, où les divisions étaient profondes et les souvenirs politiques tenaces. Plus de trente ans après l'Affaire Dreyfus, des militants de droite interrompirent la représentation d'une pièce de théâtre consacrée à l'Affaire à Paris en 1931. Une antipathie héréditaire à l'égard des Juifs pouvait survivre pendant des générations. En octobre 1941, le Commissaire général aux questions juives, Xavier Vallat, discutait des récentes mesures contre les Juifs avec le cardinal Gerlier, archevêque de Lyon, qui avait exprimé des réserves sur la rigueur avec laquelle elles étaient appliquées. Cependant, dit le cardinal, «personne ne reconnaît mieux que moi le mal que les Juifs ont fait à la France. C'est le crac *(sic)* de l'Union générale qui a ruiné ma famille[12]».

Il subsistait donc en France, sous la modération apparente des années 20, une réserve d'antipathie à l'égard des Juifs, souvent stagnante et rarement visible. La répartition du sentiment antijuif dans la culture française à la fin de cette décennie peut être comparée à une série de cercles concentriques. Le cercle extérieur était constitué par une attitude diffuse d'exclusion sociale, extrêmement répandue mais rarement exprimée oralement ou par écrit. Ces sentiments se traduisaient dans le choix des amitiés, les conditions d'admission dans les associations et les pressions subtiles qui orientaient le choix d'un conjoint. L'exclusivisme social dirigé contre les Juifs était probablement moins accentué en France en 1930 qu'en Grande-Bretagne et aux États-Unis, et peut-être même qu'en Allemagne où l'assimilation des familles les plus anciennes avait été complète, en dépit de certaines exclusions flagrantes comme celle qui concernait le corps des officiers de réserve. Le chiffre des mariages mixtes permettrait d'établir une comparaison intéressante à cet égard, mais il n'a pas laissé de trace dans l'état civil, égalitaire et laïcisé. Notre impression personnelle est du moins que les mariages mixtes étaient plus fréquents en France qu'aux États-Unis entre les deux guerres mondiales, en tout cas dans les milieux les plus aisés.

À l'intérieur de ce premier cercle s'en trouvait un autre, de plus grande intensité, plus restreint et plus chargé. Il était fait de sentiments ouvertement antipathiques, fondés sur un esprit de clocher culturel ou sur la rivalité professionnelle, où l'aversion se colorait de crainte autant que de mépris. Les sentiments de cette sorte étaient relativement mitigés aux époques d'assurance et de prospérité générales, comme celle qui prit fin en 1930. Ils étaient nettement moins accentués en France, pendant les années 20, qu'en Allemagne et peut-être même plus atténués qu'en Angleterre et aux États-Unis. La fermeture officieuse aux professeurs juifs de beaucoup de prestigieuses facultés des universités américaines, par exemple, qui commençait seulement à être battue en brèche dans les années 30, était impensable en France, tout comme elle était devenue impensable dans l'Allemagne de Weimar[13].

Le centre consistait en un noyau dur de haine manifeste, propre à l'antisémite professionnel. La France avait eu, dans le passé, une série de brillants auteurs antisémites comme l'Allemagne et contrairement à l'Angleterre ou aux États-Unis, où les agitateurs antisémites tendaient à être intellectuellement des marginaux. Leur brillant verbal donnait à leurs idées un certain droit de cité dont les antisémites n'ont pu bénéficier que plus rarement en dehors de la France et de l'Allemagne. Mais au niveau populaire, la haine manifeste des Juifs n'a pas trouvé d'expression plus directe, en France, que dans des pays comparables. À l'époque où le capitaine Dreyfus était enfin disculpé, le jeune Leo Frank était lynché en Géorgie et l'agitateur Tom Watson utilisait l'antisémitisme comme tremplin pour sa carrière politique dans le sud des États-Unis. En 1911, des émeutes antisémites se produisirent dans plusieurs villages miniers du sud du Pays de Galles[14]. En France, des actes de violence furent commis en 1898 contre les biens des Juifs dans 55 localités[15], mais les violences contre les personnes étaient probablement devenues aussi rares en France depuis 1848 que dans les pays anglo-saxons.

Ces comparaisons sommaires et préliminaires permettent d'affirmer que rien dans l'antisémitisme français de 1930, répandu mais en partie souterrain, ne rendait inévitable l'adoption, dix ans plus tard, par le gouvernement français, d'une politique antijuive. Le jeune Jules Isaac — et beaucoup d'autres avec lui — ne s'était-il pas senti tout à fait à l'aise dans l'amitié de ses condisciples[16]? À la vérité beaucoup de Juifs allemands se seraient certainement exprimés de la même manière avant 1933. Les crises des années 30 allaient faire tomber le masque.

La deuxième vague : les crises des années 30
et le renouveau de l'antisémitisme

> Presque partout règne un antisémitisme latent, à peu près inconscient, fait de défiance, de répulsion, de préjugés.
> R.P. Joseph Bonsirven, s.j., 1936[17].

Lorsque Georges Bernanos parlait du déclin de l'antisémitisme en France à la fin des années 20, il était, à son insu, au seuil d'une nouvelle époque d'antisémitisme. «Pour la France, dit un historien de cette époque, les années 1930-1932 furent celles d'un cruel réveil qui dissipa les rêves de paix et de prospérité qu'elle avait cultivés depuis 1918[18].» En vérité, ces rêves avaient été caressés avec une passion d'autant plus grande qu'ils étaient plus fragiles, pendant la période troublée du début et du milieu des années 20. À la fin de ces années, cependant, il semblait possible de croire que la France avait été récompensée de ses sacrifices de

1914-1918, que ses finances étaient stables, que sa prospérité allait croissant et que sa position internationale était assurée. L'économie française se raffermit encore pendant l'effondrement financier des États-Unis en 1929.

Cette sécurité prit brusquement fin au début des années 30. En 1931, la France commença à ressentir les effets du désordre économique; en 1932, la crise paraissait endémique. La production baissa de 27 % dans l'année. Le chiffre des chômeurs dépassait 250 000 personnes selon les estimations officielles, qui étaient certainement en dessous de la réalité. La stabilité politique prit fin au même moment. Briand et Poincaré, figures rassurantes et familières de l'alternance des heureuses années 20, disparurent de la scène politique. Les ministères commencèrent à se succéder à un rythme accéléré. Affectée par la dépression plus tard que d'autres pays, mais moins que d'autres par certains signes, la France en ressentit les effets tout aussi profondément et beaucoup plus longtemps que la plupart d'entre eux. Plutôt qu'un cataclysme, la dépression en France se présenta sous la forme d'une crise lente et prolongée. Même en 1938, la production industrielle demeurait de 15 à 17 % inférieure à celle de 1928, et, entre 1935 et 1939, le nombre des chômeurs secourus n'est jamais tombé en-dessous de 350 000[19].

En un temps de dépression, nul n'était plus vulnérable que la masse des étrangers résidant en France. En 1931, ils étaient près de trois millions, soit 7 % de la population de la France métropolitaine. En effet, la France avait activement encouragé l'immigration dans les années 20. La saignée de 1914-1918 avait réduit le potentiel de main-d'œuvre de plus de 1 400 000 hommes jeunes en pleine activité. Cette hémorragie affectait une population qui, depuis 1890, n'avait déjà pu se renouveler qu'à grand-peine. Pendant les années 20, des organismes officiels avaient recruté des mineurs polonais et des ouvriers agricoles italiens, et beaucoup, dans l'opinion, accueillaient volontiers l'arrivée de cette nouvelle main-d'œuvre, où l'on voyait aussi de futurs soldats. Sous l'effet des difficultés économiques, certains travailleurs étrangers rentrèrent chez eux. Entre 1931 et 1936 environ, le nombre des départs dépassa celui des arrivées. Le nombre total des étrangers en France tomba de 2 891 000 en 1931 à 2 453 000 en 1936[20].

Cependant, ce déclin devait être spectaculairement compensé, au milieu des années 30, par un facteur nouveau qui modifia quelque peu la composition de la population immigrée en France : le flot des réfugiés, victimes des conditions politiques régnant en Europe centrale et orientale pendant les années 30.

Le nombre des réfugiés est difficile à déterminer en partie du fait que beaucoup d'entre eux étaient entrés en France clandestinement. Ils étaient relativement peu nombreux en 1931, lorsque commencèrent les difficultés économiques ; jusqu'à l'effondrement de la République espagnole, en 1939, leur nombre n'approcha pas celui des effectifs de l'immigration libre du début des années 20. Mais à la fin de la décennie, la France était devenue « le premier pays d'immigration du monde », avec une plus grande proportion d'étrangers qu'aucun autre pays. Elle comprenait 515 immigrés pour 100 000 habitants, contre 492 dans le deuxième pays d'immigration, les États-Unis[21]. À l'été 1938, selon une estimation, il y avait 180 000 réfugiés en France, sans compter ceux qui avaient ré-émigré ou qui s'étaient fait naturaliser[22]. Le pays qui avait si volontiers accueilli les immigrants dans les années 20 était, dix ans plus tard, extrêmement irrité par leur présence. Les réfugiés devinrent un problème politique et social d'envergure ; ils étaient arrivés à contretemps, ils n'étaient pas à leur place — n'est-ce pas là le sort habituel des réfugiés ?

Nous ne savons pas exactement quelle était la proportion des Juifs parmi les réfugiés, mais il est certain que leur nombre a été considérablement exagéré à l'époque. Sans doute les Juifs commencèrent-ils en grand nombre à quitter l'Allemagne lorsque Hitler prit le pouvoir en 1933 ; mais beaucoup d'entre eux regagnèrent leur pays pendant les années plus calmes, de 1934 à 1938. Les Juifs quittèrent aussi la Pologne à cette époque, pour échapper à des conditions de vie au moins aussi dures que celles de l'Allemagne nazie à ses débuts. Les organisations juives firent de leur mieux pour établir une statistique de ces mouvements ; faute de mieux, leurs estimations mettent en relief certaines exagérations fantaisistes. La première vague de 1933 compta de 17 000 à 20 000 réfugiés allemands. Ils furent suivis par environ 6 000 personnes, dont moins de la moitié étaient des Juifs, qui quittèrent la Sarre en 1935, après le plébiscite qui rattacha cette région à l'Allemagne. À la fin de 1937, la France comptait 7 000 Juifs allemands. Une nouvelle vague suivit l'annexion de l'Autriche par l'Allemagne en mars 1938, et en particulier la « Nuit de cristal », en novembre. La France a peut-être reçu environ 55 000 Juifs de toutes nationalités dans la décennie de 1933 à 1939 — estimation à discuter[23]. Parmi ceux qui étaient entrés dans le pays à l'origine, tous n'y restèrent pas. Certains adoptèrent la nationalité française et disparurent des statistiques, mais non de la conscience de l'opinion publique ; d'autres partirent pour l'Angleterre, l'Amérique ou la Palestine, ou même retournèrent dans les pays qu'ils avaient fuis. Un seul exemple mettra en relief le peu d'importance relative du nombre des Juifs récemment arrivés dans le pays : il y avait environ 720 000 Italiens en France en 1936, parmi lesquels des milliers étaient activement hostiles au régime fasciste[24].

Les réfugiés présentaient trois sortes de menaces pour les Français dont la confiance était déjà bien ébranlée. Il y avait d'abord la menace à l'égard de l'emploi. Ensuite et plus subtilement, venait la menace à l'égard de la culture française, en danger de se trouver submergée, alors qu'elle avait déjà — c'était une crainte partagée par beaucoup — à soutenir l'assaut de la culture de masse des États-Unis et de la Russie, importées, prétendait-on, par les Juifs. Enfin, et c'était là la menace la plus urgente en 1938, les réfugiés menaçaient d'entraîner une France profondément inquiète dans des complications internationales qu'elle ne souhaitait nullement. Les réfugiés espagnols pouvaient causer des ennuis à la France dans les Pyrénées ; les antifascistes italiens, les plus nombreux après ceux-ci, pouvaient envenimer les relations avec Mussolini, dont les conservateurs et l'armée souhaitaient vivement la neutralité dans l'éventualité d'un conflit ; les réfugiés d'Allemagne et d'Autriche pouvaient éveiller l'hostilité d'Hitler. De fait, c'est ce que fit Herschel Grynszpan.

Tous les réfugiés avaient à supporter le choc d'une xénophobie dont le réveil était récent en France. L'Anglais Norman Bentwich, qui faisait partie du Haut-Commissariat pour les réfugiés de la Société des Nations, se disait frappé de l'hostilité à l'égard des étrangers qu'il avait rencontrée lors d'une visite à Paris en février 1935[25]. La question qui se posait alors était l'accueil par la France de milliers de réfugiés qui avaient quitté la Sarre en prévision de son rattachement à l'Allemagne. Ces sentiments se faisaient encore plus intenses lorsque les arrivants n'étaient pas les Sarrois, manifestement profrançais, mais les indésirables et les errants d'Europe centrale et orientale. L'immigration en France, remarquait Georges Mauco en 1932, avait eu généralement pour origine les pays voisins francophones — la Belgique et la Suisse. Vinrent ensuite des éléments méditerranéens, d'Espagne, d'Italie et du Portugal. Mais la période la plus récente indiquait une « prédominance des éléments slaves et exotiques », beaucoup plus vraiment étrangers et beaucoup plus exposés à la vindicte des journalistes opposés à l'immigration[26]. « Chanaan-sur-Seine », écrivait Georges Imann dans *Candide*, décrivant Paris affronté à la première expérience de réfugiés juifs allemands en 1933. Le même journal était préoccupé par la proposition d'offrir une chaire à Albert Einstein au Collège de France[27].

La concurrence dans le domaine de l'emploi devint un

problème particulièrement aigu. Elle vit naître un nouveau thème antisémite : les Juifs prolétaires et prédateurs, voleurs d'emplois, plutôt que les Juifs capitalistes, usuriers et exploiteurs des pauvres. Journalistes et candidats de droite en firent un grand usage, et même les communistes durent reconnaître sa popularité. Chaque congrès de la C.G.T.U., de 1925 à 1933, adopta une résolution demandant un traitement égal pour les travailleurs étrangers et prenant position contre la xénophobie régnant dans la classe ouvrière, ce qui équivalait à reconnaître tacitement son existence[28]. Les Juifs qui essayaient d'aider leurs coreligionnaires trouvaient la question de l'emploi extrêmement embarrassante ; dès décembre 1933, le Comité de bienfaisance israélite de Paris fit des démarches pour assurer que l'aide aux réfugiés ne devrait pas tendre à créer, en leur faveur, des possibilités de pénétrer dans le commerce ou sur le marché du travail français[29]. À la fin de l'année 1934, avec plus de 400 000 chômeurs, un sénateur parlait d'une « haine sourde, mais prête à exploser (qui) séparait les travailleurs français des travailleurs étrangers[30] ». En 1937, le parti communiste modifia discrètement sa politique, s'opposant désormais à la poursuite de l'immigration. Il supprima ses sections séparées de langues étrangères[31]. La presse libérale fut encore moins discrète. La *République* et l'*Ère nouvelle* pressaient les Juifs de former leur coreligionnaires à devenir mineurs[32]. En 1938, Jacques Saint-Germain faisait allusion, dans la *Liberté*, à ceux qui patronnaient ou protégeaient les Juifs comme à des conspirateurs « contre notre classe ouvrière, contre nos artisans, contre nos commerçants[33] ». Même quand le mot Juif n'est pas prononcé, il est difficile de ne pas percevoir, dans certains cas, un accent antisémite. La Confédération générale des classes moyennes, par exemple, dont les membres étaient obligatoirement citoyens français, lança une enquête en octobre 1938 sur « l'affluence chaque jour croissante des personnes de nationalité étrangère qui viennent s'établir en France pour y installer des établissements commerciaux, industriels ou artisanaux... pour y exercer, aux titres les plus divers, une activité d'intermédiaires[34] ». Dans un climat économique où l'on croyait fermement que le volume des ressources n'augmentait pas, ou bien diminuait, on pensait que chaque nouvel arrivant réduisait d'autant la part des autres.

Parmi les intellectuels, la concurrence en matière d'emploi s'alliait aisément avec un autre thème : la protection de la culture française, cette plante délicate qui allait être étouffée par les herbes folles et luxuriantes de la culture de masse étrangère. Partout où se trouvait un talent violemment contrecarré, écarté d'un poste convoité, ou revendiqué, et en mesure de lier sa déception personnelle avec les malheurs de la France, il y avait un antisémite en puissance. Pour Robert Brasillach, enfant prodige de la critique littéraire parisienne dans les années 30, rien ne pouvait être plus évident que la domination des Juifs :

Le cinéma fermait pratiquement ses portes aux aryens. La radio avait l'accent yiddish. Les plus paisibles commençaient à regarder de travers les cheveux crépus, les nez courbes qui abondaient singulièrement. Tout cela n'est pas de la polémique, c'est de l'histoire[35].

Jérôme et Jean Tharaud ressuscitèrent en 1933 un thème qui avait été moins remarqué dans *L'ombre de la Croix* en 1917 : les Juifs étaient à l'origine des révolutions, et menaçaient la société en corrodant la culture nationale. On leur conseillait d'éviter les faux pas mais on ne disait pas clairement comment. « Si les milliers de Juifs allemands qui émigrent ici, disaient ces auteurs sur le ton de la mise en garde, n'apportent pas dans leurs bagages beaucoup de discrétion (mais c'est bien la vertu qui vous manque le plus !), il est à redouter en effet qu'on ne voie se réveiller bientôt ce que vous appréhendez, cette vieille passion humaine que vous avez déchaînée tant de fois... Il ne dépend que de vous d'éviter cette catastrophe[36]. » Pour Louis-Ferdinand Céline, en 1937, qui se repaissait du pessimisme culturel, il était désormais inutile d'avertir les Juifs. Il ne s'agissait plus que de se soumettre avec le maximum de mauvaise grâce : « Messieurs les youtres, les semi-nègres, vous êtes nos dieux[37]. »

Peu de dirigeants politiques ont dénoncé l'hostilité envers les immigrés avec plus de force que Léon Blum. Et peu d'hommes dans la vie publique ont attiré au même point l'animosité et les préjugés de toute espèce, y compris l'antisémitisme, de la part de presque tous les milieux politiques. Ainsi on raconte qu'un député catholique, qui avait par ailleurs la réputation de détester l'antisémitisme, avait confié à un ami : « Quand on entend Léon Blum, si destructeur, on comprend les pogroms, et on doit résister à la tentation de haïr les Juifs[38]. » De tels scrupules, notés en 1935, disparurent pratiquement lorsque Blum et le Front populaire furent spectaculairement victorieux, lors des élections du printemps 1936. Menant l'assaut, les journaux antisémites réservèrent leur attaque la plus rude aux Juifs en général et au « cabinet de Talmud » de Blum en particulier. Lorsque Xavier Vallat, député de l'Ardèche, s'attristait, à la Chambre des Députés, de voir son « vieux pays gallo-romain... gouverné par un Juif », il savait que ses sympathies maurrassiennes et son catholicisme traditionaliste n'étaient pas de nature à affaiblir sa thèse. « Xavier Vallat n'avait pas tout à fait tort de présenter son vomissement antisémitique, à la tribune de la Chambre, comme l'expression incensurée d'un immense murmure à demi refoulé[39]. »

L'antisémitisme fut un catalyseur important de l'opposition au Front populaire. Au cours de ces années, ce qui était jusque-là une sensibilité antijuive devint une conception générale du monde, politique, économique et sociale, dotée d'une nouvelle ardeur combative, et exprimant les sentiments d'une opposition qui s'efforçait de défendre la France contre le changement révolutionnaire. En Espagne, un autre

Front populaire provoquait en juillet 1936 un soulèvement militaire et une guerre civile. Au mépris de toute logique, mais du fait de la juxtaposition des événements, les conservateurs firent masse de tout ce qu'ils considéraient désormais comme des maux connexes : le bolchevisme, Blum, les Juifs. À la vérité, l'identification des ennemis devint un exercice sémantique où les Juifs tenaient une place importante. Des néologismes dépourvus de sens parsemaient la prose antisémite populaire : judéo-bolchevique, judéo-allemand ou judéo-slave. Des courants d'opinion antijuive faisaient maintenant leur apparition en des lieux inattendus, sans autre lien entre eux que l'opposition au Front populaire ou à son chef. On y trouvait bien entendu la droite et des catholiques, mais aussi des néo-socialistes, la gauche pacifiste (Simone Weil écrivit à Gaston Bergery au printemps 1938 qu'elle préférait l'hégémonie allemande à la guerre, même si cela entraînait « certaines exclusives, surtout contre les communistes, contre les Juifs[40] »), et certains éléments communistes de la base.

La psychose de guerre de 1938 accentua l'insistance sur l'image du Juif belliqueux et de ses intrigues. Il était déjà assez regrettable que les Juifs prissent les emplois des Français, envahissant illégalement le pays, lançant une « révolution juive » par l'intermédiaire de Léon Blum ; maintenant, disait-on, ils voulaient entraîner la France dans leur guerre de revanche. L'incendie n'allait-il pas se propager de l'Allemagne vers la France ? Une partie de l'opinion s'interrogeait à ce sujet. Que de telles prédictions fussent l'expression d'un sentiment de solidarité ou une réaction d'autodéfense, la conclusion que bon nombre en tiraient était simple : tout cela était la faute des Juifs. Les Juifs français établis depuis longtemps dans le pays faisaient de leur mieux pour insister sur la volonté de paix de leur communauté. Le général Weiller transmit une déclaration à la presse au nom des officiers juifs (il avait parmi eux le grade le plus élevé) : les Juifs français ne voulaient pas la guerre avec l'Allemagne. Le grand rabbin de Paris, Julien Weill, assura que la tristesse causée par le sort des Juifs allemands n'amenait pas les Juifs français à s'opposer à un rapprochement franco-allemand : « Nul ne compatit plus que moi, vous l'imaginez, à la douleur des 600 000 Israélites allemands. Mais rien non plus ne m'apparaît plus précieux et plus nécessaire que le maintien de la paix sur la terre[41]. »

Au milieu du fracas de la propagande allemande, des clameurs de la droite française et de l'effroi presque général qu'inspirait la perspective d'une nouvelle expérience comme celle de 1914-1918, ces efforts ne furent pas entièrement couronnés de succès. « On ne va tout de même pas faire la guerre pour 100 000 juifs polonais », déclarait Ludovic Zoretti, de la revue pacifiste de gauche *Redressement*[42]. De l'autre côté de la barrière, l'*Action française* précisait : « Derrière la Tchécoslovaquie... il y a les Juifs qui dominent[43]. » Après l'Anschluss, en mars 1938, le Rassemblement antijuif de Darquier de Pellepoix lança un tract qui faisait écho à la propagande allemande de l'époque : « Ce sont les Juifs qui veulent la guerre parce qu'elle est le seul moyen d'éviter la défaite et de poursuivre leur rêve de domination mondiale[44]. » Mais il n'est pas nécessaire de se tourner vers un agitateur de rues tel que Darquier, bénéficiaire de fonds secrets allemands, pour trouver l'obsession des Juifs étrangers et de leur prétendu désir de revanche envers l'Allemagne. Emmanuel Berl revint à ce thème à plusieurs reprises en novembre 1938, dans sa revue *Les pavés de Paris*. La question de la paix ou de la guerre pour la France ne doit pas être abandonnée aux étrangers, insistait le plus munichois des Juifs français.

En septembre 1938, il y eut à Paris des manifestations contre les Juifs. Des étrangers furent attaqués dans la rue. Des incidents se produisirent aussi à Dijon, à Saint-Étienne, à Nancy et en divers lieux d'Alsace-Lorraine. Pendant les fêtes de Roch Hachana et de Kippour, en 1938, le grand rabbin de Paris recommanda à ses coreligionnaires de ne pas provoquer de grands rassemblements devant les synagogues. Bernard Lecache, le très actif président de la Ligue internationale contre l'antisémitisme demanda aux Juifs français d'éviter les conversations d'ordre politique[45].

C'est à ce moment critique que le jeune Herschel Grynszpan commit son acte. Cette fois, le slogan de l'*Action française* semblait trouver un point d'application concret : « Pas de guerre pour les Juifs. » Dans le meilleur cas, les Juifs étaient considérés comme mettant en danger de délicates négociations avec l'Allemagne, à l'heure où Georges Bonnet, ministre des Affaires étrangères, attendait la visite de Ribbentrop. Même le *Temps*, organe semi-officiel, voyait maintenant un lien entre les risques de guerre et un problème juif international. Après la « Nuit de cristal », ce journal s'interrogeait : « Ce qui n'était à l'origine qu'une question purement intérieure allemande tend à se transformer, par la force des choses, en une question internationale qui ne sera pas facile à régler[46]. » Le *Temps* recommandait quelques mesures préliminaires pour y remédier : plus d'admission d'étrangers en France (« cessons de jouer avec le feu ») et une opération de police contre ceux qui s'y trouvaient déjà. « L'opinion ne veut pas entendre parler de réfugiés politiques qui sont, par définition, de futurs assistés ou de futurs délinquants, des concurrents de l'ouvrier ou de l'intellectuel français sur le marché du travail, et dont les idéologies contradictoires ne peuvent, en s'affirmant sur notre sol, que créer du désordre, conseiller la violence, faire couler le sang[47]. »

La sensibilité antijuive, fait central des années 30, était alimentée par l'obsession des déficiences de la France, de ce que Drieu la Rochelle appelait « la terrible insuffisance française[48] ». Les Juifs en étaient, pensait-on confusément, le symbole et la cause. Outre les troubles que nous avons déjà mentionnés, la Troisième République fut ébranlée par une série de scandales dont le point culminant fut, en 1934, l'affaire Stavisky, où escrocs et parlementaires semblaient associés dans un ténébreux trafic de faux bons municipaux puis dans l'étouffement de tout le scandale. Les commentateurs de l'époque n'ont guère observé à quel point l'affaire fut amplifiée par la presse ou les intérêts politiques, avides de traîner dans la boue un système politique. Ce qu'ils remarquèrent par contre, ce fut la participation des étrangers, en particulier des Juifs, et le soupçon d'un complot plus large, plus général contre une société gravement minée de l'intérieur. Le lien fut rapidement établi : la faiblesse de la France au plan international, son déclin économique, son désordre parlementaire, la diminution du sens d'un projet national, la baisse de la natalité, la culture bourgeoise atteinte — tout pouvait être attribué aux Juifs, si notoirement non-français et pourtant si manifestement présents et visibles en tant de domaines de l'activité française.

Du fait que la mentalité des années 30 reposait sur un sentiment aussi radical d'insécurité, et la conviction d'une décadence encore plus forte que celle des années 90, l'antisémitisme qui en résultait était différent, lui aussi, plus radical, plus violent, plus énergique. Ses principaux porte-parole étaient de jeunes écrivains qui trouvaient leurs aînés trop mous. Bien qu'il eût appris l'antisémitisme à l'école de Charles Maurras, Lucien Rebatet trouvait que l'Action française devrait s'appeler « L'Inaction française ». Maurras

avait rendu son antisémitisme même inopérant par les distinctions dangereuses, la porte ouverte au « Juif bien né », tant de nuances que lui suggérait uniquement son horreur du racisme, seul principe complet, seul critère définitif, mais marqué d'une estampille germanique[49].

De la même manière, Céline avait écarté l'antisémitisme culturel et assimilationiste des maurrassiens comme dépassé.

Dans un rare effort de lucidité sur l'avenir, il donnait ce conseil : « Si vous voulez vraiment vous débarrasser des Juifs, alors, pas trente-six mille moyens, trente-six mille grimaces : le racisme ! Les Juifs n'ont peur que du racisme !... Racisme ! et pas un petit peu, du bout des lèvres, mais intégralement ! absolument ! inexorablement ! comme la stérilisation Pasteur parfaite[50]. »

Lorsque des écrivains comme ceux-ci tracent les limites extrêmes, les autres peuvent prendre des positions moyennes avec une apparence de modération. Lorsque font prime la dénonciation la plus ingénieuse, la flèche la plus acérée, l'insulte la mieux tournée, les autres peuvent se sentir moins contraints d'obéir à une logique stricte. Dans le style antisémite courant, peu semblent avoir un souci excessif des contradictions : les Juifs étaient à la fois la cause et le symbole de la décadence nationale, des bourgeois et des révolutionnaires ; sans racines, ils constituaient une nation ; ils étaient en même temps mercantiles et belliqueux ; les Juifs français installés de longue date étaient l'objet de la même animosité que les réfugiés allemands ou polonais récemment arrivés, etc.

Qui étaient au juste les cibles de la colère des antisémites ? Un Juif cessait-il d'être dangereux après des générations d'assimilation aux us et coutumes de son pays de résidence ? Hitler pensait nettement que les Juifs assimilés étaient les plus dangereux de tous parce que les plus cachés. Par contraste, un grand nombre de Français qui éprouvaient de l'aversion pour les Juifs récemment arrivés de quelque « shtetl » d'Europe centrale, étaient tout disposés, en vertu d'une longue tradition assimilationiste, à accepter ceux qui parlaient parfaitement français et qui avaient combattu dans l'armée française. C'était là aussi, tout naturellement, la position des Juifs français établis depuis longtemps en France, qui, pendant les années 30, étaient péniblement tiraillés entre leurs instincts charitables et la condescendance et la gêne lorsqu'ils considéraient le troupeau des réfugiés.

Emmanuel Berl en parla sans détours : la nouvelle immigration des années 30 était, disait-il, une « immigration de déchet », et constituait une « véritable catastrophe » pour la France. Après l'acte accompli par Grynszpan, Berl proclama « l'impossibilité où [était] la France de laisser son territoire et sa capitale envahis par les indésirables de tous les pays[51] ». Berl, qui affirmait avec insistance qu'il était plus français que juif, et que ceux que Hitler expulsait étaient plus allemands que juifs, niait qu'il existât « un problème juif ». Il n'y avait qu'un « problème des immigrants ». Si la France voulait réviser ses lois d'immigration trop généreuses de façon à refuser la nationalité française à tous, sauf ceux qui avaient vraiment l'intention de se laisser imprégner par la culture française — c'est-à-dire, en ce qui concernait les Juifs, ceux qui renonçaient au sionisme et à la « Yiddischkeit » —, le problème serait résolu.

Peut-être Emmanuel Berl espérait-il qu'il serait aussi facilement résolu, mais, à la fin des années 30, la distinction qu'il établissait entre les Juifs étrangers « indésirables » et les Juifs français établis depuis longtemps dans le pays apparaissait déjà menacée. Dans le noyau dur des antisémites français, beaucoup niaient même l'existence d'une telle distinction. Les Juifs, disaient-ils avec insistance, ne pouvaient, de par leur nature même, être assimilés. Marcel Jouhandeau était au supplice à la seule pensée d'intellectuels juifs enseignant les classiques français à l'école aux jeunes descendants de du Guesclin et de Jean Bart. C'était « simiesque », c'était un pur effort d'imitation. Il jura en 1939 de les « signaler à la vindicte de mon peuple » et de n'avoir de cesse « tout le temps qu'il en restera un [Juif] en France qui ne soit pas soumis à un statut spécial[52] ».

Le plaidoyer de Jouhandeau pour un statut spécial des Juifs n'était pas exceptionnel à la fin des années 30. Un programme concret prenait de plus en plus une forme spécifique dans les écrits antisémites de 1938-1939. Robert Brasillach donna le ton dans son éditorial de *Je suis partout* du 15 avril 1938, appelant à un antisémitisme « de raison » par opposition à un antisémitisme « d'instinct ». Il ne voulait rien moins qu'un statut des Juifs :

Ce que nous tenons à dire, c'est qu'un grand pas aura été fait dans la voie de la justice et du salut national quand on aura considéré le peuple juif comme un peuple étranger... Considérer les Juifs ressortissants de nations étrangères comme des étrangers, et opposer à leur naturalisation le barrage le plus sévère — considérer l'ensemble des Juifs établis en France comme une minorité à statut, qui les protège en même temps qu'il nous protège — ne jamais oublier les services rendus... ce sont les seuls moyens d'assurer l'indépendance absolue du sol français.

Un second numéro spécial de *Je suis partout*, en février 1939, consacré cette fois aux Juifs de France et composé par Lucien Rebatet, comportait le texte d'un statut des Juifs « raisonnable ». René Gontier était pratiquement partisan de la même stratégie dans *Vers un racisme français* (1939) : un « numerus clausus » dans les professions libérales et le commerce, le retrait de la nationalité française à tous les Juifs naturalisés, et un « statut à l'usage des Juifs » pour s'assurer que les Juifs n'abuseraient pas de leur situation d'hôtes à l'intérieur de la société française. Les Juifs devaient être sujets plutôt que citoyens, soumis à une législation et à une réglementation les privant de toute participation à l'avenir de la société française[53]. Darquier de Pellepoix présenta au Conseil municipal de Paris en avril 1938 une proposition qui réunissait encore plus explicitement les Juifs français établis de longue date dans le pays avec les immigrés récents pour les exclure de la vie publique. Darquier proposait que tous les Juifs — même établis en France depuis plusieurs générations — fussent considérés comme des étrangers, privés du droit de vote et assujettis à de sévères limitations dans l'activité économique et culturelle. « Hitler a su résoudre le problème légalement », rappelait-il à ses auditeurs après une longue harangue sur la domination juive en France dans la médecine, le commerce et les arts[54].

Au printemps 1938, un journaliste respecté, Raymond Millet, publia dans le *Temps* une série d'articles sur les immigrés, qui eut de nombreux lecteurs. Sincèrement opposé à l'antisémitisme — il l'appelait, selon l'expression de Maritain, « l'impossible antisémitisme » —, il n'en décrivait pas moins l'« envahissement » juif d'un quartier de Belleville et semblait partager une obsession commune des antisémites concernant « les psychopathes [qui] encombrent nos consultations d'hôpitaux... Ils sont surtout d'origine slave ou israélite ». Il semblait suspendre ses recommandations, comme dans l'attente de l'arrivée d'une autorité politique plus résolue : « Il faut prendre des mesures contre le désordre[55]. »

L'étendue de l'antisémitisme et son influence

> Le mouvement xénophobe qui se dessine dans le pays ne pourra être contenu dans des limites justes que si personne n'en méconnaît l'incontestable profondeur.
> Un statut des étrangers est nécessaire — sans délais — si l'on veut éviter des conflits de plus en plus graves entre Français et immigrés.
> Emmanuel BERL, 1938[56].

Il serait tentant de considérer la flambée de xénophobie et d'antisémitisme dans la France de la fin des années 30 comme l'entreprise bruyante mais marginale d'une poignée de maniaques et d'auteurs sans principes, antipathiques à la grande majorité du peuple français. En réalité, il n'est pas possible de prendre de façon très convaincante la mesure de l'opinion publique en la matière. Les sondages d'opinion en étaient à leurs débuts en France en 1939 ; il n'y eut pas d'élections en 1940 pour enregistrer les réponses du public aux questions concernant les étrangers et les Juifs.

Une explication peut être rejetée sur-le-champ : l'antisémitisme français n'était pas un article d'importation, alimenté artificiellement par les fonds secrets allemands. Darquier de Pellepoix, de fait, en recevait, et l'Office de propagande nationale de Henry Coston, qui se proclamait le successeur d'Édouard Drumont, était en contact avec le centre de propagande du parti nazi à Erfurt. Plusieurs autres organismes français figuraient sur la feuille de paie du « Weltdienst »[57]. Les agents de la propagande allemande étaient actifs à Paris et en Alsace, où la police savait que Strasbourg était la plaque tournante de la distribution de la littérature antisémite allemande à destination de Paris[58].

Cependant, les Allemands se montrèrent singulièrement ineptes dans le choix de leurs pions. Darquier doit avoir été l'un des rares antisémites français des années 30 incapables de subvenir à ses besoins ; en tout état de cause son meilleur soutien était Joseph Gallien, propriétaire d'une usine de rechapage de pneus à Neuilly. En outre, la plupart des services allemands préféraient ne pas mettre l'accent sur l'antisémitisme dans leurs tractations avec les Français. Le Comité France-Allemagne, l'un des traits d'union idéologiques les plus importants des années 30, ne faisait pas grand cas des sentiments antijuifs. En tout cas, les bonnes volontés, du côté français, étaient si nombreuses que les fonds allemands et les ressources de la propagande semblent n'avoir été ni nécessaires ni significatifs. Les écrivains français étaient plus que capables de lancer leur campagne antisémite par eux-mêmes.

En fait, l'antisémitisme eut à son service quelques-uns des plus remarquables talents littéraires de la France des années 30. Il faudrait remonter très loin dans les annales déplaisantes de l'antisémitisme pour trouver une prose à la fois plus attrayante et finalement plus incendiaire.

G. Bernanos, auteur non conformiste, plus âgé que les autres écrivains, ouvrit la décennie avec *La Grande Peur des bien pensants* (1931), où l'affection et l'admiration pour Drumont sont proclamées. Puis arriva sur une scène une toute nouvelle génération de jeunes écrivains dédaigneux de la molle complaisance et du libéralisme sans consistance de leurs prédécesseurs. La plupart de ces nouveaux talents abandonnèrent avec colère l'orthodoxie de leurs aînés qui, dans les années 30, tendait à les situer plus près des vigoureux mouvements de masse de la droite que d'une gauche qui, à ce moment, épousait activement la cause des démocraties bourgeoises. Robert Brasillach, jeune normalien, responsable à vingt-deux ans de la page littéraire de l'*Action française*, annonçait l'arrivée de cette nouvelle génération d'après-guerre en 1931 avec la célèbre enquête de *Candide*, « la fin de l'après-guerre ». Céline, ayant ébloui ceux-là mêmes que choquait sa puissance d'invective et d'humeur noire dans son obsédant *Voyage au bout de la nuit* (1932), le fit suivre de *Bagatelles pour un massacre* (1937), violemment antisémite. Drieu La Rochelle broyait du noir sur la décadence de l'Europe face aux Américains et aux Russes, voulut mettre un point culminant à sa brillante carrière de romancier et d'essayiste avec *Gilles* (1939), chronique d'un jeune Français qui ressemblait fortement à l'auteur et qui

méprisait et haïssait de tout son cœur d'homme le nationalisme bénisseur, hargneux et asthmatique de ce parti radical qui laissait la France sans enfants, qui la laissait envahir et mâtiner par des millions d'étrangers, de juifs, de bicots, de nègres, d'Annamites[59].

La censure supprima cependant certains passages de *Gilles* en octobre 1939, et le texte intégral de Drieu ne parut qu'en juillet 1942. Il est clair que des forces puissantes étaient à l'œuvre dans la Troisième République pour limiter et réprimer la libre expression de l'antisémitisme, comme le prouvait le décret-loi Marchandeau. Des voix autorisées en France dénoncèrent la campagne contre les Juifs. En dépit des clameurs des écrivains extrémistes, il n'était pas du tout certain, à l'époque, que la victoire leur appartiendrait.

Au milieu de l'année 1938, le Congrès juif mondial, prenant acte de la montée de l'antisémitisme en France, prépara un rapport à ce sujet; une attention particulière y était accordée à l'opinion catholique. Les conclusions en étaient prudemment optimistes. Le Congrès voyait un rapprochement entre le judaïsme et le catholicisme, persécutés l'un et l'autre par les nazis[60]. Et, quoi qu'on puisse penser de la tendance de certains catholiques de l'époque, des auteurs renommés et bien informés, tels que Jacques Maritain et Robert d'Harcourt, prirent vigoureusement position contre le racisme et l'antisémitisme. Pie XI condamna la haine raciste du nazisme dans son encyclique *Mit brennender Sorge* en 1937 et fit l'année suivante des interventions dans le même sens. À leur tour le cardinal Verdier à Paris et Mgr Saliège, archevêque de Toulouse, condamnèrent le racisme comme antichrétien, et le cardinal Maurin, à Lyon, qui avait jadis soutenu l'Action française, se prononça avec force dans les années 30 contre sa campagne antijuive. Son successeur, le cardinal Gerlier, présida en 1938 une réunion contre le racisme et l'antisémitisme. Rompant avec la position qu'elle avait prise à l'époque de l'Affaire Dreyfus, la *Croix* dit à ses lecteurs que la haine des étrangers était une survivance du paganisme[61].

Du côté de la gauche, le parti communiste considérait l'antisémitisme comme une tactique de diversion bourgeoise; sans doute de nombreux militants voyaient-ils les immigrés avec déplaisir et certain aspects de la politique du parti contenaient-ils une tendance défavorable aux Juifs, mais officiellement le parti n'avait rien à se reprocher. Un dirigeant de la C.G.T., André Bothereau, fit de son mieux pour désolidariser le mouvement ouvrier de la xénophobie[62].

Dans la droite traditionnelle aussi, on pouvait trouver une opposition déclarée à l'antisémitisme. Un nationaliste antimunichois comme Henri de Kérillis exposait dans l'*Époque*, par exemple, que l'antisémitisme contredisait « toute la tradition française » et menaçait d'isoler la France de son allié naturel, la Grande-Bretagne[63]. Pierre-Étienne Flandin, ardent promunichois, et futur ministre des Affaires étrangères de Vichy, dit à Emmanuel Berl dans un entretien de septembre 1938 qu'il se refusait à toute discrimination à l'égard des Juifs ; cela ne l'empêcha pas d'écrire, en avril 1939, que la France avait été envahie par des étrangers douteux qui voulaient provoquer la révolution et que les lignes « évidentes » d'un renouveau français comportaient la race (la France avait été abâtardie par les étrangers), la famille et la disposition des particuliers à prendre des risques[64].

Le colonel de la Rocque, dont le parti social français (successeur des Croix de Feu après leur dissolution) entendait certainement être un nouveau mouvement de masse de la droite, encore qu'il refusât la violence et l'autoritarisme facistes, refusa explicitement de se rallier au camp antisémite. Il en résulta des divisions au sein du mouvement (des adhérents d'Algérie et d'Alsace protestèrent) et de rudes attaques de la part des groupes extrémistes[65]. Jacques Doriot, qui était plus manifestement fasciste (il était subventionné par Mussolini plutôt que par Hitler) demeura relativement préservé de l'antisémitisme jusqu'à l'automne 1938, bien qu'il insistât pour affirmer qu'il n'en était pas pour autant l'ami des Juifs. Le parti populaire français

est un grand parti national, qui a mieux et plus à faire que de lutter contre les Juifs. Nous n'avons pas l'intention de défendre les Juifs ni d'attaquer les Juifs. Nous ne combattons pas les Français de religion israélite. Mais nous repoussons ceux qui se déclarent Juifs avant de se sentir Français. Nous n'acceptons pas qu'une catégorie de citoyens fasse passer ses intérêts raciaux avant l'intérêt national[66].

Voici un dernier exemple : en mai 1940 on trouve encore le nom de Marcel Déat sur la liste de patronage d'un comité de défense des Juifs opprimés[67].

L'optimisme prudent ne se fondait donc pas entièrement sur les illusions des Juifs en 1938, en dépit d'avertissements évidents. Ceux-ci, à vrai dire, étaient multiples. Même Xavier Vallat, futur Commissaire général aux questions juives, estimait possible de travailler avec des collègues juifs au sein de la Fédération républicaine, groupement de droite, et dans les mouvements d'anciens combattants entre les deux guerres[68]. Quels que fussent ses sentiments envers les Juifs en France, la presse française condamna sévèrement la « Nuit de cristal », à l'exception, bien entendu, de quelques feuilles irréductibles comme *Je suis partout*, l'*Action française*, ou *Gringoire*. Quant à Darquier de Pellepoix, son bimensuel la *France enchaînée* eut des ennuis périodiques avec la police à l'automne 1938 et tomba sous le coup de la loi Marchandeau en juillet 1939 pour attaques contre les Juifs.

Le malheur était qu'en France les adversaires de l'antisémitisme sous sa forme la plus déterminée manquaient d'éléments leur permettant de lancer une contre-offensive. On ne trouve guère de dirigeants politiques ou d'intellectuels disposés à plaider, après le Front populaire, la cause des immigrés en avançant des arguments pragmatiques tels que ceux-ci : la France est le moins peuplé des pays industrialisés ; en période de dépression, les immigrés sont moins des rivaux pour les demandeurs d'emploi que de nouveaux consommateurs, et constituent par conséquent un stimulant pour le marché ; en tout état de cause, la France a besoin de travailleurs plus nombreux, et non l'inverse, afin d'augmenter la production d'armements ; affrontée à une Allemagne plus peuplée qu'elle, la France a besoin de toute la population possible, fût-elle d'origine exotique ; et toutes les victimes de Hitler sont en mesure de fournir des travailleurs et des soldats fortement motivés pour la défense de la France dans une guerre prévisible. De tels arguments, qui ne nous paraissent pas déraisonnables, dans la perspective du stimulant économique fourni par les réfugiés, par exemple, à l'Allemagne occidentale dans les années 50 ou à la France après la perte de l'Algérie en 1962, étaient tout simplement impensables dans le contexte de l'époque. En premier lieu, une telle position supposait que la guerre avec Hitler était inévitable. D'autre part, elle était incompatible avec les présupposés économiques qui prévalaient à l'époque, et selon lesquels la dépression était une crise de surproduction plutôt que de sous-consommation. Elle supposait que l'assimilation n'était pas nécessaire pour renforcer un peuple, point qui n'était accepté en France ni par la gauche ni par la droite. Il aurait fallu être à la fois belliciste, keynésien et partisan du pluralisme culturel pour attaquer de front la xénophobie et l'antisémitisme en France dans les années 30 et il ne se trouvait pas beaucoup de représentants d'aucune de ces catégories en cette décennie statique, livrée à la peur et au repli sur soi.

Il ne restait, en faveur des immigrés, que l'argument moral : la France était un pays traditionnellement hospitalier et devait continuer à l'être. Mais l'argument tournait facilement au sentiment que la France avait déjà plus que sa part des fardeaux du monde depuis 1914 et que c'était maintenant au tour des autres d'être charitables. Les difficultés des réfugiés qui tentaient d'entrer en Suisse ou aux États-Unis à cette époque n'étaient guère encourageantes.

Dans ces conditions, beaucoup d'adversaires de l'antisémitisme acceptaient inconsciemment une partie de la conception du monde des antisémites : les étrangers affaiblissaient la France, et les immigrés n'étaient qu'une charge. Ainsi, ceux-là mêmes qui s'engageaient moralement à aider les réfugiés admettaient l'idée qu'il y avait un « problème des immigrés », idée au sein de laquelle venait se loger tout naturellement le « problème juif ».

Admettre que les Juifs étaient un « problème », c'était du même coup laisser d'autres éléments de ces perspectives antisémites pénétrer sans obstacle dans la conscience des modérés. Il est frappant de constater à quel point des éléments antisémites imprégnaient le vocabulaire politique des modérés dans la deuxième moitié des années 30. Les expressions antijuives acquirent de nouveaux titres de légitimité. Les vieux tabous contre le langage antijuif, qui s'étaient répandus depuis la victoire finale des dreyfusards, s'émoussaient nettement. Dans les limites extrêmes du discours admissible qui étaient établies par les Céline, les Brasillach et les Drieu, les bien-pensants pouvaient, sans choquer, devenir beaucoup plus agressifs à l'égard des étrangers et des Juifs. Même ceux qui se mettaient en devoir de dénoncer l'antisémitisme devaient commencer par certaines concessions : certes, les indésirables ne devaient pas être admis ; certes aussi, il fallait des réglements plus stricts. On ne discutait plus la question de savoir s'il fallait tracer ces limites ; il s'agissait de savoir où les placer.

La tendance à trouver des étrangers — et en particulier des Juifs — à la racine des problèmes de la France pénétrait bien au-delà du noyau dur déjà évoqué. Les idées antijuives progressaient régulièrement dans des milieux qui ne s'étaient pas risqués jusqu'alors sur ce terrain, du moins pas publiquement. La fin des années 30 vit des hommes relativement inconnus présenter de modestes suggestions à l'encontre des étrangers et même des propositions manifestement antijuives. Souvent encore exprimés dans un langage républicain ou libéral, ces projets menaçaient les Juifs au moins autant que les menaces des antisémites déclarés. Ils attestaient l'existence d'un consensus du « juste milieu » que Vichy allait utiliser plus tard. Après la longue accoutumance de la fin des années 30, comment les mesures de Vichy auraient-elles choqué ?

En juillet 1938, par exemple, la Confédération des syndicats médicaux français appela à un strict renforcement des quotas en vigueur précédemment, et même à l'exclusion des étrangers de la pratique de la médecine « à un titre quelconque[69] ». En 1938, la Chambre de commerce de Paris étudia soigneusement la question des réfugiés et, au début de l'année suivante, se déclara en faveur d'une limitation de l'admission des étrangers « dans les professions où le passage est facile du salariat à l'artisanat et au commerce ». Des contrôles stricts devaient être institués pour les étrangers qui se proposeraient de créer une entreprise en France[70]. De même, la Confédération nationale des groupements commerciaux et industriels de France et des colonies demandait au gouvernement de préparer un statut d'ensemble des étrangers pour assujettir à un réglementation les commerçants étrangers[71].

Dès l'instant où des organismes commerciaux et professionnels aussi éminemment respectables prenaient de telles positions, il devint difficile pour les hommes politiques d'éviter les concessions à la xénophobie, notamment s'ils représentaient des groupes sociaux menacés. Ainsi un certain nombre d'électeurs de Robert Schuman dans la Moselle, à proximité de la ligne Maginot, lui écrivirent peu après la crise de Munich, « protestant contre l'attitude de certains étrangers installés dans la région pendant la période récente de tension internationale ». Schuman, à son tour, entreprit de proposer une loi permettant l'expulsion immédiate des étrangers de la région, prescrivant la révision de toutes les naturalisations prononcées depuis 1919, prévoyant l'expulsion de tous ceux qui avaient obtenu leur naturalisation par la fraude, interdisant toutes nouvelles naturalisations et interdisant à tous les étrangers naturalisés qui ne seraient pas mobilisés de s'engager dans aucune activité commerciale dans les départements frontaliers[72]. Les

Meusiens et les Lorrains de Schuman n'étaient pas les seuls ; toutes sortes d'intérêts particuliers faisaient valoir leur revendications à l'encontre des étrangers, censés trouver leur profit dans une société qu'ils avaient investie : contribuables parisiens supportant les frais de la scolarisation des enfants des étrangers, patriotes méfiants à l'égard des étrangers qui échappaient aux obligations militaires, ou petits commerçants contrariés de voir un nouveau marchand de légumes s'installer sur le marché local.

En 1938 et 1939, dans la perspective de la guerre, de tels problèmes, si limitées que parussent leurs conséquences concrètes, étaient l'objet d'une attention nationale. Les crises internationales mirent en évidence des points sensibles et douloureux dans le subconscient national : les vieilles obsessions sur la faiblesse de la France, sur la race, sur les Juifs revinrent à la surface dans les récriminations angoissées du public. Pie XII leva en 1939 l'interdit jeté sur l'Action française, rendant aux catholiques la liberté de lire Maurras sans crainte de pécher. À vrai dire, bon nombre de ses diatribes étaient désormais devenues des lieux communs.

Le *Temps*, par exemple, évoquait les soucis de la démographie française : « Dans un pays de faible natalité comme le nôtre, il est a priori tout indiqué de chercher à pallier les inconvénients d'une déficience démographique par l'afflux d'un sang nouveau, dès lors que cet afflux prudemment calculé et sagement aménagé ne menacerait ni l'unité nationale ni l'intégrité de la race. » Mais précisément ces dernières préoccupations s'étaient avérées réelles depuis peu du fait de tant d'indésirables. Il était grand temps, affirmait le journal, d'adopter une politique d'« assimilation sélectionnée[73] ». Le même journal, qui découvrait tout à coup un million d'étrangers de plus en France (ce qui faisait un total fortement exagéré de quatre millions d'« allogènes »), déclarait que l'opinion publique était sérieusement inquiète de la question. Il approuvait le statut des étrangers — la série de décrets du gouvernement Daladier en avril 1939 — spécialement dans la perspective d'une guerre en Europe. Il semblait avéré que les étrangers constituaient une menace pour la sécurité de la France. Il semblait non moins acquis qu'ils mettaient en danger l'unité de la France, sa moralité et même sa santé physique. « Il y a danger, écrivait Georges Mauco, conseiller en matière d'immigration et de démographie sous la Troisième République, à Vichy et sous le général de Gaulle, à ce que des éléments physiquement inférieurs ou trop différents ethniquement abâtardissent la race et y apportent des germes de maladies que celle-ci était parvenue à diminuer. » Et la menace n'était pas purement d'ordre physique :

Non moins pernicieuse est la déliquescence morale de certains Levantins, Arméniens, Grecs, Juifs et autres « métèques », négociants ou trafiquants. L'influence des étrangers du point de vue intellectuel, encore que difficilement discernable, apparaît surtout comme s'opposant à la raison, à l'esprit de finesse, à la prudence et au sens de la mesure qui caractérisent les Français[74].

Il faut souligner que Georges Mauco était opposé aux craintes racistes et dénonçait les doctrines basées sur une soi-disant pureté de la race ; ses incursions occasionnelles dans les brumes racistes montrent qu'un tel langage était généralement accepté dans les années 30.

Dans ce climat, il n'est pas étonnant que certaines des propositions présentées par les antisémites se soient glissées ici et là dans des milieux modérés, parfois sous l'apparence de moyens destinés à empêcher le développement des sentiments antijuifs. J. Rossé, député de Colmar, dans le journal démocrate-chrétien l'*Aube* du 14 octobre 1938, dénonçait l'antisémitisme, mais se montrait favorable à un « numerus clausus » « pour empêcher que l'antisémitisme déjà extrêmement fort en Alsace prenne des proportions tellement puissantes qu'il imposera contre les Israélites des excès... » Dans le même sens, Stanislas Fumet, catholique libéral adversaire du racisme, notait « que les nations sont fondées à se défendre d'un pourcentage excessif d'israélites dans les postes élevés d'un pays » et que par conséquent le grief était légitime « quand un Léon Blum fait appel, pour constituer son ministère, à une participation disproportionnée de l'élément juif. C'est ce défaut de discrétion, ce manque de tact propre à un certain judaïsme... Il est possible que le numerus clausus ne soit pas un arrangement à rejeter[75] ».

Des éléments de sensibilité antijuive pénétrèrent profondément dans la majorité parlementaire de Daladier, président du Conseil et radical. Lucien Lamoureux était député radical-socialiste de l'Allier et fut souvent ministre dans les années 30. Adversaire du Front populaire, il devait être le ministre des Finances de Paul Reynaud en 1940. Dans le *Bourbonnais républicain* du 2 octobre 1938, il faisait ses réflexions sur les « terribles et légitimes règlements de comptes » qui se seraient produits si la France avait été entraînée dans la guerre pour la Tchécoslovaquie. « Ceux-ci se seraient étendus... aux représentants des confessions religieuses qui, pour des raisons idéologiques et afin de prendre sur Hitler une revanche de race, passaient pour pousser à la guerre. » Partisan déclaré du ministre des Affaires étrangères Georges Bonnet, de Neville Chamberlain et de la politique de rapprochement avec l'Allemagne et l'Italie, Lamoureux alliait ces aspirations internationales à un appel au redressement intérieur, très à la mode au temps de Daladier : « Rétablissement de la discipline et de l'autorité, accroissement de la production, assainissement de nos finances, stabilité matérielle[76]. » Ici comme dans sa conviction du bellicisme juif, Lamoureux préfigurait la Révolution nationale avant l'heure.

L'antisémitisme déclaré gagna le ministère lui-même en la personne de Jean Giraudoux, dont *Pleins pouvoirs*, recueil de réflexions politiques, fut un événement important en 1939. Ce livre exhalait un antiparlementarisme technocratique qui était de plus en plus accepté dans de larges couches de l'opinion. Daladier ne dut pas le trouver déplaisant puisque, quelques semaines après la publication de l'ouvrage, il nomma Giraudoux au Commissariat à l'Information, qui venait d'être créé. *Pleins pouvoirs* est comme une sorte de synthèse de l'antisémitisme républicain à la veille de Vichy. Giraudoux partageait les inquiétudes de ses concitoyens sur la faible natalité en France et l'afflux massif de réfugiés. « Notre terre est devenue terre d'invasion. L'invasion s'y poursuit exactement de la façon dont elle s'opéra dans l'empire romain, non point par les armées, mais par une infiltration continue des Barbares. » Parmi ces « Barbares », il attirait l'attention en particulier sur « la cohorte curieuse et avide de l'Europe centrale et orientale... races primitives ou imperméables » et sur la menace qu'elle faisait peser sur la race française. Depuis 1918, une attention particulière devait être portée à la transmission de la race :

> Il s'agissait, tout immigrant, dans les conditions présentes de notre pays et de l'Europe, étant un Français potentiel, de définir les règles d'une immigration rationnelle. Mais il s'agissait aussi, par un choix méthodique, par une surveillance impitoyable, de refouler tout élément qui pouvait corrompre une race qui doit sa valeur à la sélection et à l'affinement de vingt siècles.

Les candidats au droit de cité devaient être « sains, vigoureux, sans tare mentale ou physique », ce que seule une bureaucratie résolue pouvait déterminer avec compétence. Giraudoux appelait de ses vœux un ministère de la Race, dont la tâche serait de faire les bons choix : « Quelle mission plus belle que celle de modeler avec amour sa race ! »

Selon Giraudoux, la France avait été submergée par « des centaines de mille Askenazis, échappés des ghettos polonais ou roumains », remarquablement prédisposés à l'anarchie et à la corruption — « des menaces constantes à l'esprit de précision, de bonne foi, de perfection qui était celui de l'artisanat français ». Les naturalisations s'étaient multipliées de manière insensée et le résultat, c'était Stavisky, le chômage, la fraude fiscale et l'encombrement malsain de Paris par les Juifs. Évidemment, le républicain Giraudoux était partisan des traditions d'hospitalité — « pour nombre de vrais Européens » du moins — et rejetait le slogan « La France aux Français » comme tous les adversaires de l'Action française. Des Juifs exceptionnels comme Freud, Giraudoux les aurait accueillis à bras ouverts. « ... Nous sommes pleinement d'accord avec Hitler, concluait le futur commissaire à l'Information de Daladier, pour proclamer qu'une politique n'atteint sa forme supérieure que si elle est raciale, car c'était aussi la pensée de Colbert ou de Richelieu[77]. »

La réponse de l'administration

> L'instrument de règne de votre ministre de l'Intérieur est l'expulsion ou le refoulement. Mes yeux se portent sur le dossier où se sont accumulées nos vaines interventions : je défie tout homme, non entièrement démuni d'humanité, de feuilleter ces fiches sans être envahi d'une véritable détresse.
>
> Victor BASCH,
> lettre ouverte au président du conseil, 1935[78].

Les historiens cèdent facilement à la tentation de placer au centre de leur univers les intellectuels et les journalistes — les hommes du verbe, qui laissent des traces si commodes aux chercheurs. Cependant, il serait aussi insuffisant qu'inadéquat de retracer les origines de l'antisémitisme de Vichy simplement en remontant d'un écrivain à l'autre. Car nombre de polémistes les plus visiblement antisémites des années 30 finirent après 1940 non à Vichy, mais à Paris, où ils attaquaient ce qu'ils considéraient comme l'irrésolution de l'État français en matière de Juifs. Nous pourrions ajouter que certains antisémites d'avant-guerre, comme Georges Bernanos, se retrouvèrent du côté des Alliés. Vichy fut au début, avant tout, le triomphe des fonctionnaires et des experts. Comment ces préfets, ces inspecteurs des finances, ces membres du Conseil d'État affectés dans les cabinets ministériels, ces professionnels soigneusement formés et habituellement si éloignés de la polémique vulgaire, se sont-ils trouvés si profondément engagés après 1940 dans l'application de la politique préconisée par les antisémites ? La mobilisation tranquille mais complète de l'administration dans le processus de répression des « étrangers indésirables » pendant les dernières années de la Troisième République est un élément essentiel de notre histoire. Il ne s'est pas produit en 1940 de rupture brutale ; bien plutôt, une longue accoutumance s'est faite pendant la décennie des années 30, à l'idée de l'étranger — et spécialement du Juif — ennemi de l'État. Placée devant l'inquiétude intense que provoquait dans la population l'« invasion » étrangère, l'administration n'était pas restée oisive. Tôt dans les années 30, les rouages de la machine étatique française furent mobilisés pour restreindre l'afflux des immigrants, fermer la porte aux réfugiés, vérifier minutieusement et enrégimenter ceux qui étaient déjà arrivés. À un degré beaucoup plus élevé que pendant la vague précédente d'antisémitisme et de xénophobie des années 80 et 90[79], l'identification des étrangers indigents comme menace pour la sécurité de l'État était devenue un lieu commun des habitudes administratives bien avant Vichy. Le fait que la plupart des pays étrangers édictaient des mesures semblables contre les réfugiés permettait de légitimer ces pratiques.

À l'insu du public, le ministère de l'Intérieur établissait depuis longtemps des listes de personnes à arrêter dans l'éventualité d'une mobilisation — il s'agit du célèbre Carnet B. Au milieu des années 30, d'après un historien qui les a examinées, les listes avaient changé de nature. Au lieu de se concentrer, comme avant 1914, sur les éléments subversifs français, les listes des années 30 comportaient près de 60 % d'étrangers, trahissant ainsi la conviction que les étrangers étaient la principale menace pour la sécurité intérieure de la France[80].

Au début de cette décennie, les gouvernements français imaginèrent une méthode audacieuse et originale pour traiter le problème de l'emploi des étrangers : un système de quotas. En vertu de la loi du 10 août 1932[81], votée sous le cabinet Herriot, le gouvernement reçut le droit de limiter la proportion d'étrangers dans certains secteurs de l'activité professionnelle. De plus, bien que les autorités aient hésité pendant quelques années à utiliser pleinement cet instrument de poids, le cabinet Flandin, qui entra en fonctions à l'automne 1934, autorisa l'expulsion par la force des étrangers dont les documents d'identité n'étaient pas en règle. Pendant les quatre premiers mois de 1935, plus de 3 000 d'entre eux furent sommairement expulsés[82]. Le gouvernement Laval, qui succéda au gouvernement Flandin, poursuivit la même politique, étendit des ouvriers aux artisans le système des contingents et prescrivit des peines d'emprisonnement pour les étrangers qui refusaient de se soumettre à l'ordre de quitter la France. L'administration décida bientôt qu'un orchestre russe de balalaïkas ne pouvait employer que 15 % de musiciens russes et un chœur religieux russe, 10 % de chanteurs russes[83]. Il devint désormais très difficile pour les réfugiés de gagner leur vie en France, même lorsqu'ils y résidaient légalement. Un grand nombre se virent contraints de travailler illégalement, faisant naître ainsi la situation même de situation irrégulière que les lois avaient pour mission de réprimer[84].

La réglementation et les restrictions se relâchèrent pendant le Front populaire. En dépit d'appels périodiques des autorités de police au renforcement de la surveillance des étrangers, en particulier dans la région parisienne, le ministre de l'Intérieur, Roger Salengro, rappela nettement aux préfets et au préfet de police de Paris, au cours de l'été 1936, les traditions françaises d'accueil et d'hospitalité[85]. Le ministre du Travail, J. Lebas, insista avec bon sens sur le fait que le droit d'asile ne pouvait être séparé du droit au travail. Les réfugiés et les travailleurs étrangers connurent un bref répit.

Une escalade importante se produisit en 1938. Non seulement la France fut confrontée à une série de menaces de guerre, mais à l'intérieur les conflits sociaux reprirent, culminant dans la grève générale de novembre. Le gouvernement Daladier et le « taureau du Vaucluse » lui-même relevèrent avec énergie ce défi. Le résultat fut une série de mesures de police draconiennes, à commencer par les décrets-lois de mai 1938[86] que leurs adversaires qualifièrent de « super-scélérats » parce que leur rigueur à l'égard des étrangers rappelait des lois antianarchistes de 1894. Les objectifs essentiels étaient de réglementer de manière plus stricte l'entrée des étrangers et de renforcer le contrôle de ceux qui étaient déjà entrés en France. Les préfets des départements frontaliers eurent compétence pour prononcer eux-mêmes les expulsions. Les décrets, hérissés d'infractions, offraient d'abondants prétextes à le faire (voir en annexe, p. 587, le décret-loi du 2 mai 1938).

Cependant, certains réfugiés qui se trouvaient illégalement en France ne pouvaient en aucune manière être rapatriés dans leur pays d'origine. Certains d'entre eux étaient apatrides ; d'autres ne seraient pas acceptés par les autorités nazies ou fascistes ; certains seraient sujets à de graves représailles s'ils étaient expulsés. Le gouvernement Daladier reconnut cet état de choses et y pallia. Les malheureux qui ne pouvaient être renvoyés dans une patrie qui les rejetait pourraient faire l'objet, par le ministère de l'Intérieur, d'une « assignation à résidence » en un lieu écarté de la province, où ils pourraient être aisément surveillés. Malheureusement, cette mesure, qui aurait pu être secourable, ne fut guère mise à exécution et fut pratiquement enrayée par des règlements restrictifs.

Des règles nouvelles et plus compliquées définissaient l'enviable «situation régulière» hors de laquelle l'étranger devenait un être traqué. Ceux dont la situation était si peu que ce soit irrégulière, ceux que le gouvernement appelait les «clandestins» vivaient en effet une période redoutable. Le ministre de l'Intérieur, Albert Sarraut, ordonna la diffusion de la nouvelle loi à la radio en plusieurs langues. Les employeurs étaient nettement avertis de leur obligation de n'engager que des étrangers pourvus d'une autorisation en bonne et due forme. Un système de fiches fut instauré spécialement pour répertorier les étrangers surpris par la police; en neuf mois, 8 405 d'entre eux furent emprisonnés pour avoir méconnu tel ou tel point d'une réglementation compliquée[87]. Des milliers d'étrangers se trouvaient ballottés entre l'expulsion, l'emprisonnement et l'assignation à résidence, dans ce que l'un d'entre eux a appelé «une nouvelle forme raffinée de torture» le régime du sursis. C'était un refus formel de rester en France, mitigé par les répits à court terme, à l'expiration desquels on pouvait être mis en prison ou interné[88].

Munich et le geste de Grynszpan durcirent l'attitude de l'administration envers les étrangers. Le décret du 12 novembre 1938 relatif à la situation et à la police des étrangers modifia la loi libérale du 10 août 1927 sur la naturalisation. La nationalité française pouvait être retirée à ceux qui étaient *déjà naturalisés* au cas où ils seraient jugés «indignes du titre de citoyen français[89]». Cette nouvelle machine à fabriquer des apatrides fut dénoncée par Joseph Barthélemy, professeur à la faculté de droit de Paris, qui défendit cette année-là un certain nombre de Juifs et de réfugiés antifascistes italiens[90]. Avec le temps, la défaite, et la fonction de garde des Sceaux à Vichy, les conceptions de Joseph Barthélemy allaient changer.

Comme le disait le rapport au président de la République

précédant un décret-loi du 12 novembre[91], « le contrôle et la surveillance [des étrangers] sont maintenant assurés sur le territoire, dans des conditions jusqu'ici jamais réunies, en même temps que se poursuit, sans relâche, une besogne d'épuration qui ne s'inspire que de l'intérêt de l'État et qui intéresse d'ailleurs non seulement l'ordre public, mais aussi tous les étrangers de bonne foi qui habitent ou visitent notre pays ». Le mot « épuration » évoque déjà Vichy, de même que les mots « étrangers indésirables » du titre IV d'un autre décret-loi du 12 novembre, et aussi les « centres spéciaux » apparemment inoffensifs qui sont décrits dans le rapport au président de la République, et situés « dans un des cantons dont la désignation sera faite par décret et dont l'organisation sera établie par le ministre de l'Intérieur et, s'il y a lieu, par le ministre des Colonies » (voir le texte du décret-loi en annexe, p. 595). Nous sommes devant l'acte de fondation des camps de concentration en France.

Les Juifs n'étaient certes pas mentionnés dans ces textes, mais bien des indices permettent d'estimer que c'est aussi à eux que l'on pensait. Si peu nombreux qu'ils fussent dans l'ensemble de la France, les craintes économiques devinrent jusqu'à un certain point liées aux Juifs. Les Juifs immigrés étaient fortement concentrés — et visibles — à Paris ; ils le payèrent cher. Certaines tentatives d'exclusion semblent avoir été faites sur mesure pour eux. Les décrets-lois Laval du 5 avril 1935[92] par exemple, destinés à protéger les artisans français de la concurrence étrangère, pénalisaient les ouvriers façonniers étrangers comme les ouvriers du textile ou du vêtement, parmi lesquels 10 500 étaient des Juifs d'Europe orientale à Paris. Ces derniers devaient alors obtenir une carte d'artisan, dont la délivrance requérait l'approbation de la Chambre des métiers locale ; mais celle-ci était parfois ouvertement hostile aux Juifs. Philippe Serre, député indépendant de gauche, accorda une attention spéciale au problème de l'immigration à partir de l'été 1937 lorsqu'il devint sous-secrétaire d'État à l'immigration au ministère du Travail. Parmi plusieurs importants projets qu'il proposa au gouvernement Chautemps, se trouvait celui qui avait trait aux fréquentes allégations antisémites selon lesquelles les Juifs encombraient les villes de France et en particulier Paris. La stratégie de Serre visait spécifiquement les Juifs : l'idée était de les installer à la campagne et de les engager dans le travail agricole[93]. Ce projet était peut-être animé par de bonnes intentions, mais comme tous les projets de ce genre il se prêtait aisément à des suites cœrcitives. En mars 1938, selon l'historien Yehuda Bauer, Serre voulut aller encore plus loin, jusqu'à rapatrier les Juifs de force, aux frais des organisations juives de France[94].

Dans le climat de la fin des années 30, il n'était pas difficile pour un fonctionnaire français d'être rompu à traiter arbitrairement des réfugiés étrangers ; parmi ceux-ci il ne s'en trouvait pas de plus en vue, de plus désarmés ou, évidemment, de plus irritants que les Juifs. Les rouages administratifs, ayant pour but de déposséder des milliers d'entre eux de la liberté qu'ils étaient venus chercher en France, ne tardèrent pas à être mis en place.

La crise des réfugiés : 1938-1941

> Quatre millions d'étrangers en France, dont un million de Juifs, m'ont donné, bien avant vous, [les Allemands] les affres de l'occupation.
> DRIEU LA ROCHELLE, 1941[95].

1938 fut l'année cruciale. Les tensions intérieures et les menaces de guerre mirent les Juifs en vedette. Nous avons déjà vu l'escalade verbale, la prolifération des projets xénophobes et le renforcement de l'action gouvernementale contre les étrangers au cours de cette année. Nous allons voir maintenant comment l'administration mit en place à l'égard des réfugiés, les mécanismes que Vichy devait par la suite utiliser à l'encontre des Juifs.

Quatre jours après l'Anschluss en mars 1938, Adolf Eichmann, capitaine de la Gestapo, arriva à Vienne et lança une campagne de terreur destinée à obliger les Juifs d'Autriche à émigrer. 3 000 Juifs assiégeaient tous les jours l'ambassade américaine à Vienne et d'autres en aussi grand nombre essayaient d'obtenir des visas pour l'Amérique latine ou la Suisse. Décidé à ne pas augmenter les faibles contingents des États-Unis, le président Roosevelt convoqua à Évian, en juillet, une conférence internationale sur les réfugiés. Il a été calculé que, si chacun des trente-deux États qui y participaient plutôt à contre-cœur avaient accepté d'admettre 17 000 Juifs allemands, le nombre des apatrides de l'été 1938 aurait pu être résorbé. Finalement aucun État ne modifia substantiellement ses contingents d'immigration et les Juifs durent se contenter des expressions de sympathie qu'on leur prodigua.

En France, ceux qui suivirent les débats d'Évian apprirent du moins quelles étaient les dimensions de la tragédie juive. « Le drame juif est un des plus douloureux de l'histoire contemporaine », écrivit un éditorialiste du *Temps*[96]. Mais l'afflux toujours croissant des réfugiés, allié à la répugnance des autres gouvernements à en admettre un grand nombre, rendit réservées les autorités françaises. Évian donna naissance à un Comité intergouvernemental d'aide aux réfugiés allemands et autrichiens, et la France se montra réticente pour y coopérer. Le directeur américain du Comité, George Rublee, rapporta en novembre que les Français étaient méfiants, qu'ils n'avaient pas pris contact avec le Comité depuis sa création et n'avaient pas fourni la contribution financière promise. Les autorités françaises étaient « particulièrement catégoriques » pour refuser aux réfugiés le droit de transiter par la France lorsqu'ils émigraient dans d'autres pays ; Paris voulait qu'ils se rendissent directement à leur destination définitive[97]. Le représentant de la France au Comité, Henry Béranger, déclara : « La France est arrivée au point de saturation qui ne permet plus d'accueillir de nouveaux réfugiés sans une rupture d'équilibre pour son corps social. La limite est depuis longtemps dépassée chez nous[98]. »

Béranger, président de la Commission des Affaires étrangères du Sénat et vice-président du Comité, était une personnalité importante. Cependant, sur ce sujet, il ne faisait qu'exprimer la position du ministre des Affaires étrangères, Georges Bonnet, avec lequel il était en contact étroit en la matière. Après l'automne 1938, et spécialement après que l'on ait, à Munich, évité la guerre, Bonnet semble avoir senti que l'urgence de la situation imposait une action directe : un accord à l'amiable avec l'Allemagne sur la question des réfugiés juifs. Parmi les partisans de l'accord conclu en septembre, Munich suscita un optimisme considérable dans la perspective d'accords plus larges avec les nazis. Bonnet pensait qu'il existait une atmosphère de détente dans laquelle les différends avec l'Allemagne, au sujet des Juifs comme au sujet de la Tchécoslovaquie, pourraient trouver une solution « de manière amicale[99] ».

L'assassinat de vom Rath par Grynszpan et la frénésie antijuive qui s'ensuivit en Allemagne ne contribuèrent pas à ces perspectives. Mais la France persistait dans ses efforts. Peu après la « Nuit de cristal » le Premier ministre anglais, Neville Chamberlain, vint à Paris avec le secrétaire au Foreign Office, Lord Halifax, pour rencontrer Daladier et Bonnet. Bonnet leur dit que le gouvernement français « était très préoccupé de la question de l'immigration juive en France ». Bonnet n'exagéra pas les chiffres ; il dit qu'il y avait 40 000 réfugiés juifs en France. Mais « la France ne pouvait supporter une immigration juive sur une grande échelle, dit-il aux Anglais. Elle était déjà saturée d'étrangers, dont le pays comptait environ trois millions[100] ». Il faut noter que la « saturation » était devenue l'orthodoxie gouvernementale bien avant de devenir une phrase favorite de Xavier Vallat en 1941.

Face aux vues similaires exprimées par Chamberlain («l'une des principales difficultés [à accepter des Juifs], dit-il, était le sérieux danger de susciter des sentiments antisémites en Grande-Bretagne»), et dans la perspective de la réticence manifeste des États-Unis à accorder plus de visas, seules deux lignes de conduite semblaient possibles. L'une était de trouver une implantation pour les Juifs quelque part dans les colonies, l'autre était de chercher un arrangement avec l'Allemagne pour permettre aux Juifs d'émigrer «normalement» — c'est-à-dire d'emporter leurs biens avec eux de façon à ne pas arriver dans l'indigence à l'étranger. Cela, dit Bonnet, «faciliterait grandement les choses». Les Français décidèrent d'examiner les deux possibilités.

Bonnet poursuivit l'affaire lorsque le ministre des Affaires étrangères allemand, von Ribbentrop, vint à Paris le 6 décembre. La conversation décisive eut lieu le lendemain 7 décembre à l'hôtel Crillon. Selon la version de Ribbentrop, envoyée directement à Hitler le 9, Bonnet lui dit que la France attachait un grand intérêt «à la solution du problème juif». Les Français, selon Ribbentrop, «ne désiraient plus accueillir de Juifs venant d'Allemagne», et recherchaient l'aide de l'Allemagne pour les empêcher d'entrer. En effet, «la France [devait] expédier 10 000 Juifs ailleurs. Ils pensaient pour cela à Madagascar[101]».

Après la guerre, Bonnet protesta que ce compte rendu était absolument faux. D'après ses mémoires, la conversation avait été vive et avait exprimé «l'émotion de notre opinion et les problèmes humains et matériels que posaient les persécutions de Hitler contre les Israélites allemands» à un Ribbentrop sec et indifférent. Bonnet insista sur le fait que jamais il n'avait parlé d'envoyer des Juifs à Madagascar, «car tout le gouvernement et moi-même y étions fermement opposés », et que la France ouvrait ses frontières « sans réserves » aux Juifs réduits à l'impuissance[102].

Nous possédons cependant un autre compte rendu contemporain de la rencontre Bonnet-Ribbentrop, car le 15 décembre, Bonnet en parla au diplomate américain Wilson à Paris. Selon cette version, les deux hommes avaient conversé une demi-heure dans la chambre d'hôtel de Ribbentrop au Crillon, sans qu'il fût question d'« émotion » et de « problèmes humains ». Un Ribbentrop plutôt loquace avait affirmé qu'il y avait de bons et de mauvais Juifs ; tous les Juifs d'Allemagne étaient mauvais, tandis que la France et l'Angleterre avaient de bons Juifs. Bonnet avait saisi cette occasion pour expliquer à Ribbentrop qu'« il n'avait aucun désir de se mêler aux affaires intérieures de l'Allemagne, mais que l'Allemagne créait un problème aux autres pays en les forçant à accepter des gens que Ribbentrop lui-même qualifiait de mauvais Juifs, et que la solution de ce problème serait grandement facilitée par la collaboration de l'Allemagne ». Bonnet avait même tracé un portrait plutôt favorable du ministre des Affaires étrangères allemand. Il avait « l'impression que Ribbentrop regrettait personnellement la manière dont les autorités allemandes avaient récemment traité le problème juif, et que Ribbentrop serait disposé à prêter son concours dans la mesure où il le pourrait aux efforts faits pour traiter ce problème sur une base plus raisonnable[103] ». Tout indique une conversation d'affaires entre Ribbentrop et Bonnet, au cours de laquelle il n'y eut pas de protestation française au plan humain, et où Bonnet fit preuve d'un certain optimisme sur la collaboration franco-allemande pour diminuer l'afflux des réfugiés en France. Dans les premières années de Vichy, les ministres français poursuivirent un but identique.

Au sujet de Madagascar, la version d'après-guerre de Bonnet est tout à fait fallacieuse. Comme la question devant ressurgir à Vichy, elle mérite ici un bref développement[104]. Colonie française depuis 1896, cette île était habitée en 1936 par 3 800 000 indigènes et 36 000 Européens. Pour certaines raisons, l'endroit présentait un attrait spécial pour ceux qui étaient désireux de se débarrasser de certaines populations jugées indésirables. De fait, en 1946, le Foreign Office envisageait d'y envoyer des Juifs au point d'aller jusqu'à sonder les représentants consulaires sur les possibilités d'implantation[105]. Depuis 1931, des auteurs allemands proposaient périodiquement la création de colonies juives à Madagascar. On pense que Himmler lui-même avait suggéré l'idée à Hitler en 1934. Trois ans plus tard, Marius Moutet, député S.F.I.O. et ministre des Colonies, publia dans le *Matin* un article favorable à l'implantation des Juifs dans des territoires d'outre-mer, et en particulier à Madagascar. En Pologne, où le gouvernement à défaut de colonies, n'ignorait pas l'antisémitisme, cette proposition suscita un grand intérêt. L'ambassadeur de Pologne en France avait suggéré d'y envoyer des paysans polonais en 1926, mais l'idée avait été abandonnée à la suite de rapports défavorables sur les conditions climatiques et l'état du sol. La suggestion renaissait maintenant pour les Juifs polonais.

Avec le consentement de Léon Blum et d'Yvon Delbos, ministre des Affaires étrangères, une nouvelle mission polonaise partit étudier les possibilités en mai 1937. Une future implantation de Juifs fut même envisagée dans le traité de commerce franco-polonais du 22 mai. Mais de sérieux obstacles s'y opposaient (dont le moindre n'était pas les violentes objections qui émanaient de la colonie elle-même) bien que certains éléments de la presse polonaise aient conservé leur enthousiasme. Il semble que le ministère des Colonies continuait à porter assez d'intérêt au projet en juin 1937 pour insister sur cette idée auprès du Joint Distribution Committee[106]. Un an plus tard, le plan était encore présent dans les esprits; Georges Mandel, alors ministre des Colonies, écrivit à Georges Bonnet le 25 mai 1938 au sujet de Madagascar[107]. Mandel était juif, il avait eu à subir de rudes attaques antisémites au cours de sa carrière politique ; il avertit Bonnet que l'« affaire » de Madagascar, comme il dit, soulevait des « problèmes d'ordre politique délicats à résoudre ». La concession de territoires spéciaux aux émigrants juifs impliquerait la renaissance d'une « question juive » :

Nous paraîtrions adopter le point de vue des gouvernements étrangers qui considèrent les Juifs, non comme des nationaux, mais comme des allogènes auxquels il est naturel d'imposer un statut spécial. Nous risquerions ainsi d'encourager les persécutions et les mesures de contrainte qui ont contribué, précisément, à provoquer l'exode des populations juives.

En outre, expliquait Mandel, en pensant sans nul doute à l'agitation des Sudètes, il serait dangereux d'implanter des groupes de Juifs étrangers dans des possessions françaises :

Car, à supposer que dans un avenir plus ou moins lointain, des colons juifs réussissent à fonder une communauté importante et prospère, ne pourrait-on pas redouter que le gouvernement de l'État d'où ces colons sont issus, ne finisse par revendiquer la colonie peuplée par ses anciens ressortissants[108] ?

De tels arguments, pour singuliers qu'ils puissent paraître aujourd'hui, semblent avoir été décisifs. Béranger les réitéra à Londres six mois plus tard.

Malgré cela, le projet subsistait. En octobre 1938, le sous-secrétaire américain au Département d'État, Sumner Welles, exprima son intérêt pour lui. Le gouvernement britannique, mal à l'aise du fait des pressions qui s'exerçaient sur lui au sujet de l'immigration juive en Palestine, sonda lui aussi le terrain. Encouragé par l'intérêt qui continuait à se manifester à l'étranger et muni des instructions précises de Bonnet, Béranger dit à Joseph Kennedy, ambassadeur des États-Unis en Angleterre, le 2 décembre à Londres « que si tous les autres gouvernements qui participaient au Comité d'Évian voulaient apporter une contribution spécifique, la France accepterait de considérer l'implantation de 10 000 personnes à Madagascar et en Nouvelle-Calédonie, mais non des personnes d'origine allemande[109] ».

Sont-ce là les 10 000 Juifs que, selon le rapport Ribbentrop, les Français voulaient « envoyer ailleurs » ? Cela paraît vraisemblable. Béranger savait ce que Bonnet allait proposer à Ribbentrop quelques jours plus tard — à la vérité, il poussa l'indiscrétion jusqu'à le révéler à l'avance aux Américains et aux Anglais[110]. En tout cas, l'essentiel de cet épisode apparaît très nettement : le gouvernement français et son porte-parole, Georges Bonnet, parlaient de « saturation » et ont sérieusement essayé de conclure un accord avec les Allemands pour alléger les charges occasionnées à la France par les réfugiés juifs. Il s'agissait aussi d'amener les Anglais et les Américains à en faire plus et de s'assurer leur compréhension si la France diminuait son effort, du moins en France métropolitaine.

Bonnet devait dans la suite faire grand cas du Comité interconfessionnel pour les réfugiés, qui fut mis sur pied en décembre 1938 avec le concours du cardinal Verdier, du pasteur Marc Boegner, du Grand rabbin Israël Lévi, de François Mauriac, de Jacques Helbronner, du professeur Robert Debré et d'autres. Il est exact que le ministre des Affaires étrangères, de même que Daladier, parla publiquement de la « situation émouvante » des réfugiés, promettant que le nouveau comité se consacrerait aux enfants abandonnés, que le gouvernement chercherait à installer certains réfugiés dans les colonies et que la France continuerait même à recevoir des réfugiés « dans la mesure où les États-Unis et la Grande-Bretagne feraient un effort proportionnel[111] ». Comme avec Jean Giraudoux, les déclarations officielles obéissaient aux traditions d'hospitalité.

Aucune de ces déclarations de bonnes intentions ne ralentit pourtant la progression constante de mesures plus sévères à l'égard des étrangers. Le ministre de l'Intérieur annonça à la fin d'octobre son programme de « décongestionnement » pour la région parisienne : les réfugiés ne pourraient plus se rendre à Paris. La surveillance des frontières fut resserrée « pour assurer d'une manière définitive », comme le dit un communiqué brutal, « un contrôle absolument rigoureux à l'entrée de notre sol[112] ». Nous avons déjà examiné le sévère décret-loi du 12 novembre 1938 qui suivit peu après. Le ministre de l'Intérieur, Albert Sarraut, notable du radicalisme, expliqua que ces diverses mesures permettaient un « filtrage aux frontières pour endiguer le flot des immigrants », tout en maintenant avec soin l'équilibre entre cette fermeté et des élans rhétoriques sur l'hospitalité et l'ouverture traditionnelles de la France[113].

Les déclarations éloquentes sur la générosité française contenaient d'importants éléments de vérité : la France, en effet, a reçu proportionnellement plus de réfugiés qu'aucun autre pays — point mis en relief à juste titre par Bonnet. Les États-Unis aussi traitaient les réfugiés avec une nouvelle rigueur. La loi sur l'enregistrement des étrangers (Smith Act) de juin 1939 leur imposait des exigences strictes : tous devaient faire prendre leurs empreintes digitales et pouvaient être expulsés en cas d'« activités subversives » et d'autres violations des lois.

La défaite de la République espagnole au début de 1939 porta au-delà du point de rupture l'hospitalité relativement chaleureuse de la France. Le flot des réfugiés d'Espagne surpassa de loin tout ce que la France avait vu jusqu'alors. Il vint beaucoup plus d'Espagnols que de Juifs. Dans les dix jours qui suivirent l'effondrement de la résistance républicaine en Catalogne, à la fin du mois de janvier 1939, plus de 400 000 Espagnols et volontaires internationaux affolés, épuisés et affamés, franchirent la frontière française. Des combattants et des civils, des gens de tous âges et de toutes conditions rompaient tous les barrages sous le coup du désespoir le plus extrême.

La politique française franchit alors un nouveau seuil : le recours à l'internement en masse. Le gouvernement était talonné par les enragés de la droite, comme Jean Ybarnégaray, député P.S.F. des Basses-Pyrénées qui déclarait : « La France ne peut pas, ne peut plus supporter ce poids écrasant sur ses seules épaules[114] » ; il était également animé par la suspicion partagée par un grand nombre, à l'égard d'éléments criminels, révolutionnaires et anarchistes infiltrés parmi les Espagnols et les volontaires internationaux[115]. Le gouvernement fit de son mieux pour persuader le gouvernement franquiste d'accepter d'en rapatrier le plus possible, et les exilés craignaient d'être contraints à regagner l'Espagne[116]. Finalement, le gouvernement parut n'avoir guère d'autre réponse pour des milliers d'entre eux que l'expédient hâtif des camps de concentration. Ces camps, construits non loin de la frontière espagnole en mars 1939, virent la triste fin des Brigades internationales, qui rassemblaient le meilleur de l'idéalisme européen et américain. Celui de Gurs contenait des représentants de 59 pays[117].

Les six mois qui s'écoulèrent entre l'internement des républicains espagnols et le début de la guerre furent faits, de la part des autorités, d'incertitudes, d'improvisations et de souffrances involontairement infligées. Les réfugiés coûtaient cher au gouvernement à un moment où il pouvait difficilement supporter de telles dépenses. En mars, Ybarnégaray estimait les frais, y compris les installations matérielles, à 200 millions de francs par mois[118] Humanitaires et réactionnaires se heurtaient sur la question. La Ligue des Droits de l'homme faisait valoir des demandes d'asile tandis que les députés de la droite étaient obsédés par la sécurité. L'État continuait à ajouter des rouages à son mécanisme de répression. Le 12 avril 1939, un décret-loi institua un rigoureux contrôle du gouvernement sur les associations

100

culturelles, artistiques et philanthropiques d'étrangers, par crainte d'une cinquième colonne mal définie ; un nouveau décret-loi, le 6 mai 1939, autorisa le ministre de l'Intérieur à interdire et à saisir les publications étrangères[119]. Les autorités essayèrent d'imposer des obligations fiscales et militaires aux nouveaux venus. Il n'était pas bon d'être un réfugié en ce temps-là. « Notre libéralisme, parfois exagéré, dit une voix autorisée dans le *Temps*, doit céder le pas à notre sécurité[120]. »

Quand finalement la guerre éclata, en septembre 1939, beaucoup de loyalistes espagnols étaient retournés dans leur pays. Leur place dans les camps fut rapidement occupée par des étrangers de toutes provenances, arrêtés par la police au cours d'une action d'envergure nationale pendant les premiers jours de l'état d'urgence. « La discrimination étant impossible », comme le ministre de l'Intérieur Sarraut le reconnut à la Chambre des députés[121], les 15 000 étrangers, des hommes pour la plupart ressortissants allemands ou autrichiens, qui étaient enfermés dans des « camps de concentration » (terme employé par Sarraut) comprenaient des centaines d'éminents réfugiés antinazis. Leo Lania, par exemple, écrivain et journaliste juif autrichien bien connu, languit pendant plus d'une semaine sur les bancs de pierre du stade de Colombes avant d'être relâché[122]. Peu à peu, les internés qui étaient reconnus politiquement inoffensifs ou qui appartenaient à certaines catégories comme ceux qui avaient des enfants nés en France, furent autorisés à rentrer chez eux, de sorte qu'en décembre il n'en restait qu'environ 8 000.

L'internement paraissait à une bureaucratie harassée et affolée le recours le plus simple en une période critique ; en mai 1940, quand les Allemands entrèrent en France, beaucoup de réfugiés étrangers firent à nouveau l'objet de rafles. Il s'agissait cette fois d'« internements administratifs » sans interrogatoire ni possibilité de défense. Cette fois, hommes et femmes étaient visés. Leo Lania se retrouva au stade Roland-Garros. Certains étaient détenus en attendant une « régularisation » de leur situation, comme ce voyageur de commerce suisse arrêté au mépris de tout bon sens alors qu'il faisait sa tournée auprès de la S.N.C.F. D'autres étaient renvoyés de camp en camp par des fonctionnaires désorientés. Peu d'entre eux furent avertis assez tôt pour rassembler les effets nécessaires ou pour prévenir leur famille.

Le grand exode de juin 1940 porta à leur comble les épreuves des réfugiés. L'administration fut ensevelie sous une avalanche humaine. En une panique causée par les opérations militaires et encore stimulée par les rumeurs, une population terrorisée reflua vers le sud, parfois sous les bombardements de l'aviation allemande. Leurs colonnes comptaient environ un million de Belges et à peu près 200 000 Luxembourgeois, Hollandais, Polonais et réfugiés juifs d'Allemagne. Environ huit millions de personnes furent ainsi déracinées et près d'un million étaient encore déplacées un an plus tard. Toutes ces personnes bloquaient les routes, mettaient à l'épreuve les possibilités de secours au-delà des limites et exaspéraient les fonctionnaires chargés d'essayer de maîtriser la situation. Le rapatriement des réfugiés vers le nord devint une préoccupation majeure du gouvernement et elle se prolongea de nombreux mois après l'armistice[123].

Dans ce tourbillon, on ne s'embarrassa guère des étrangers. L'internement était le recours le plus simple pour les fonctionnaires débordés, mais les réfugiés ne pouvaient pas comprendre pourquoi ils étaient emprisonnés, ni savoir quel serait leur sort à l'approche des Allemands. Dans l'abondante littérature qui décrit l'expérience des réfugiés en France pendant les années 1938-1941 — après tout, un grand nombre de réfugiés étaient des écrivains —, le thème dominant est la déception :

La souffrance que nous avons eue à subir, nous qui étions détenus dans les camps de concentration français, ne venait pas tant de privations personnelles que d'une amère désillusion. La France, pour laquelle la plupart d'entre nous avaient conçu un attachement profond ; la France qui nous avait offert son hospitalité avec tant de largeur d'esprit ; la France, dont les idéaux les plus élevés semblaient être la liberté et la justice —, cette France tout à coup nous révélait un visage totalement différent, une grimace qui nous inspirait de l'horreur, car nous l'avions vue une fois déjà auparavant, lorsque nous avions fui devant Hitler[124].

Certains réfugiés juifs allemands étaient si épuisés et désespérés après des semaines de fuite et d'internement qu'ils se tournèrent vers les nazis pour demander du secours contre la France. Un groupe de réfugiés juifs allemands, anciens combattants de 1914-1918, se trouvèrent dans le camp de fortune de Saint-Cyprien à l'automne 1940, après avoir été transportés en Belgique en mai 1940, déposés à Bordeaux par l'exode, expulsés par les Allemands dans la zone non occupée en une scène typique d'« émigration verte » et enfin internés par les Français. En novembre, ils appelèrent à l'aide le ministère des Affaires étrangères allemand contre les « conditions inhumaines » qui leur étaient faites, « trop mauvaises pour des coolies nègres », traitement qui faisait tort au prestige de l'Allemagne. Car « ici devant tous les autres, nous sommes d'abord des Allemands et toujours uniquement des Allemands ». Comme anciens combattants de l'armée allemande, ils se sentaient des titres à la protection diplomatique de l'Allemagne. Après les pratiques de la police française et des préposés du camp, les fonctionnaires de Hitler leur paraissaient un hâvre dans la tempête[125].

Les preuves ne manquent pas de terribles cas de mauvais traitements qui préfiguraient le sort futur de beaucoup de Juifs. Les familles étaient dispersées. Après triage au Vèl' d'hiv' à Paris, des femmes ont été envoyées au camp de Rieucros, utilisé précédemment pour les réfugiés espagnols, où les installations étaient tout à fait insuffisantes. Plus de 5 000 *enfants* furent internés, et se trouvaient encore dans les camps en novembre 1940. Des hommes et des femmes furent expédiés dans les camps en wagons à bestiaux, certains avec les portes scellées[126]. François Bondy a décrit un de ces transports, celui de cent réfugiés de Belgique au camp du Vernet. Il n'y avait pas de vivres, et quelqu'un avait peint sur le wagon le mot «parachutistes», ce qui suscitait des manifestations de haine populaire. L'un des internés devint fou en cours de route et fut tué par les gardes[127].

L'objectif officiel de ces mesures était les ressortissants ennemis, mais les Juifs étaient pris dans les filets comme les autres étrangers et leur judéité semble avoir accru leur vulnérabilité. Au niveau officieux, beaucoup d'éléments irrationnels étaient à l'œuvre et en de nombreux cas c'étaient les préjugés particuliers de chacun. Ordinairement apatrides, souvent sans argent, parlant fréquemment un français qui blessait l'oreille, les Juifs étrangers dominaient parmi les victimes des mauvais traitements systématiques ou involontaires. En décembre 1939 déjà, le député socialiste Marius Moutet avait protesté à la Chambre des Députés au sujet de «l'immense majorité d'Israélites» parmi les internés de France[128]. Environ 40 000 civils demeuraient internés en France non occupée vers la fin de 1940 ; on comptait parmi eux jusqu'à 70 % de Juifs[129].

Quels que soient les chiffres exacts, on ne saurait douter de l'importance de ce «pogrom administratif» de 1939-1940 dans la préparation de la persécution explicitement antijuive qui devait suivre de peu. Le dispositif des camps de concentration, non moins dégradants et brutaux que ceux de l'Allemagne nazie d'avant-guerre, d'après ceux qui ont fait l'expérience des uns et des autres, était désormais en place. Les fonctionnaires s'étaient habitués à rassembler de vastes troupeaux d'étrangers misérables parmi lesquels les Juifs étaient l'élément dominant. L'impuissance de nombreux dirigeants pendant l'effondrement, encouragée par les efforts faits pour préserver une ambiance d'autorité au sein de la défaite, incitait à la dureté dans la manière de traiter les étrangers. Une femme qui demandait aux autorités françaises la libération de son mari, avocat allemand interné en mai 1940, fut contrainte à rester debout devant un officier, à trois pas de son bureau[130].

Peu d'années auparavant, on nous avait appelés martyrs de la barbarie fasciste, pionniers de la civilisation, défenseurs de la liberté, et quoi encore... la presse et les hommes d'État de l'Occident avaient fait beaucoup d'embarras à notre propos, probablement pour étouffer la voix de leur mauvaise conscience. Et maintenant, nous étions devenus la lie de la terre[131].

Le changement de régime, en juillet 1940, ne marqua donc pas une rupture radicale, en ce qui concerne la politique à l'égard des réfugiés. Il est vrai que les sentiments antijuifs se firent plus forts dans la colère et le chagrin d'un désastre national humiliant. Fait beaucoup plus important, le nouveau régime rendit légitime une expression plus libre de ces sentiments, en supprimant la loi et la coutume républicaines qui avaient aidé à refréner les expressions antijuives. Le gouvernement lui-même ne comprenait-il pas des antisémites déclarés ? Le gouvernement n'avait-il pas abrogé le décret-loi Marchandeau ?

Cependant, au-delà de ce changement, important, il faut l'admettre, la politique de Vichy à l'égard des réfugiés n'offrit pas de différences marquantes avec celle de la fin de la Troisième République. Elle en fut plutôt la continuation et le renforcement, élevés à une nouvelle puissance par la chasse aux coupables et par l'effort pour créer une impression de vigueur et d'autorité. Après tout, les réfugiés représentaient pour la France après juillet 1940 trois menaces, les mêmes que dans les années 30. Les problèmes les plus préoccupants étaient les mêmes, ils étaient seulement amplifiés par la défaite : le chômage, alors que l'effort de guerre avait cessé et que l'occupation allemande commençait à saigner à blanc l'économie française ; la crainte d'un étouffement de la culture, le prestige français ayant enregistré le choc de la débâcle de 1940 ; et la peur des fauteurs de guerre, plus forte que jamais, maintenant que Vichy avait fermement résolu de défendre sa neutralité contre les gaullistes, les Anglais et les Allemands. Non moins qu'auparavant, les Juifs semblaient prédominer parmi les étrangers comme une menace pour l'emploi, pour la pureté de la culture française et pour un accommodement avec Hitler.

Pendant l'été et l'automne 1940, l'élan des mesures administratives dirigées contre les Juifs étrangers subsista ; la transition avec les lois antijuives d'août et d'octobre en fut d'autant plus aisée. Comme auparavant, faute de mieux, les dirigeants tendaient à retomber sur l'internement. Les clauses de l'armistice fournirent certaines complications supplémentaires. Ses termes limitaient à 100 000 hommes les effectifs de l'armée française dans la métropole. Sans y être incité par les Allemands, le ministre de la Guerre décida tranquillement d'éliminer entièrement les Juifs de l'armée. Ajoutons que les ministères de la Guerre et de l'Air allèrent encore plus loin que le statut des Juifs d'octobre en éliminant même les Juifs et soulignèrent, sur leurs affiches, que les recrues n'auraient pas à se mêler avec des Juifs[132]. Cela signifiait la démobilisation systématique des volontaires étrangers (environ 30 000 des 60 000 Juifs qui s'étaient engagés dans l'armée en 1939-1940 étaient des réfugiés étrangers, enrôlés dans l'enthousiasme par les organisations juives), que l'on dépouillait de la protection du statut militaire, dont ils avaient si grand besoin, oubliant ainsi, d'un seul coup, la contribution ainsi apportée à l'effort de guerre de la France. Ce soutien chaleureux était en effet désormais un poids mort, comme un danger potentiel pour la neutralité française. Ces ex-soldats juifs furent internés ou envoyés dans des camps de travail. Un certain effort fut réalisé par les officiers français sous lesquels ils avaient servi, pour les regrouper en une Amicale des volontaires étrangers même à l'intérieur des camps, mais la plupart d'entre eux ne furent jamais libérés, sauf pour être déportés à Auschwitz en août 1942[133].

Des responsables envoyèrent les moins malheureux de ces anciens volontaires juifs en Afrique du Nord, où ils rejoignirent les soldats juifs démobilisés qui y étaient déjà internés. Finalement, ils furent mis au travail dans des conditions dignes de l'esclavage, pour la construction des premiers jalons du vieux projet, ramené au jour, d'un chemin de fer transsaharien[134].

Ces bataillons du travail — Groupements de travailleurs étrangers (G.T.E.) — étaient les descendants directs des plans des années 30 pour éviter la concurrence étrangère dans l'emploi, additionnés au précédent de l'utilisation des prisonniers de guerre pendant la guerre 1914-1918. Le régime de Vichy aurait préféré, de loin, le rapatriement ou l'expulsion des réfugiés. Comme la guerre rendait la chose impossible, on pouvait du moins les maintenir ainsi sous bonne garde, isolés du marché normal du travail. Une loi du 27 septembre 1940 permit au gouvernement de rassembler dans des «groupements d'étrangers les immigrés en surnombre dans l'économie française» et ne pouvant regagner leur pays d'origine[135]. La loi ne s'appliquait qu'aux hommes (âgés de dix-huit à cinquante-cinq ans) ce qui entraînait la séparation des familles. Le ministre de l'Intérieur désignait les étrangers appelés à faire partie des groupements ; le ministre de la Production industrielle et du Travail fixait les règles de leur emploi. Les Juifs étaient très nombreux dans les groupements de travailleurs étrangers en métropole et en Afrique du Nord ; certains furent, dès le début, cantonnés dans des groupes spécifiquement juifs[136]. Apatrides pour la plupart, ces Juifs pouvaient plus facilement être traités comme des travailleurs forcés que les citoyens des pays étrangers, dont les gouvernements pourraient user de représailles aux dépens des intérêts français. La considération du chômage tout comme les craintes invétérées pour la sécurité nationale signifièrent que les propositions, faites par des organismes internationaux de secours, de libérer les Juifs des camps de concentration ou des G.T.E. restèrent sans réponse[137].

Une autre clause de l'accord d'armistice, l'article XIX, obligeait les Français à livrer aux Allemands ceux de leurs ressortissants sur le territoire français qui seraient désignés par le Reich. Pour exploiter cette renonciation de la France au traditionnel droit d'asile, un détachement de fonctionnaires allemands et d'agents de la Gestapo, la commission Kundt, passa au crible les camps de concentration français de la zone non occupée. Parmi les personnes appréhendées figuraient l'ancien dirigeant socialiste allemand Rudolf Hilferding et le jeune Herschel Grynszpan ; les Français refusèrent de livrer le leader séparatiste rhénan des années 20, Adam Dorten. La commission put visiter les camps français en toute liberté, sa visite fut facilitée par l'administration. Kundt lui-même observa que les internés constituaient une sérieuse charge pour l'économie et la sécurité françaises, et que les Français étaient impatients de se débarrasser d'eux : « Le gouvernement français nous est reconnaissant pour chaque homme que nous lui enlevons[138]. »

Mais le gouvernement de Vichy n'eut pas plus de succès dans ses efforts pour obtenir l'aide des Allemands pour se débarrasser de la charge des réfugiés que Georges Bonnet n'en avait eu avec Ribbentrop. Le Dr Kundt, conseiller de légation, déclara nettement son manque d'intérêt à reprendre les Juifs et les émigrés ordinaires qui avaient quitté l'Allemagne. Finalement, la commission Kundt ne réclama qu'environ 800 personnes, parmi lesquelles il n'y avait pas de Juifs, après avoir examiné environ 32 000 internés dans trente et un camps et autres centres de Vichy — parmi ceux-ci 7 500 étaient des Allemands, dont 5 000 environ étaient des Juifs[139]. Quand les victimes de Kundt lui eurent été livrées, pour la plupart à la fin de septembre 1940, un nouveau précédent sinistre avait été créé. Les services allemands avaient recueilli des informations sur les résidents de la zone non occupée et en avaient déporté certains en Allemagne.

Bien loin d'aider la France de Vichy à diminuer les effectifs des camps d'internement, les Allemands, comme nous l'avons vu dans le chapitre premier, continuèrent, au moins jusqu'en avril 1941, à refouler en zone non occupée de nouveaux réfugiés juifs. Ils perfectionnèrent la tactique qu'ils avaient commmencé à appliquer sur une grande échelle en Europe orientale après la « Nuit de cristal » et contre laquelle les Français n'avaient cessé de protester depuis 1938 : refouler les Juifs à la frontière, sans objets personnels, et les forcer à la franchir illégalement — c'est ce qu'on nommait « l'émigration verte [140] ».

Nous sommes maintenant en mesure de comprendre la véhémence des protestations de Vichy, déjà mentionnées, contre les expulsions continuelles, par les Allemands, de Juifs et de résidents d'Alsace-Lorraine vers la zone non occupée. Non seulement c'était une atteinte directe au droit de « souveraineté française », non seulement les nouveaux arrivants étaient un fardeau supplémentaire et intolérable pour une France qui se croyait obligée « de prendre en charge et d'interner [ces] étrangers[141] » ; non seulement ces expulsions étaient de mauvais augure par rapport aux provinces de l'Est, dans la mesure où elles comprenaient des résidents d'Alsace-Lorraine ; mais la France, selon la déclaration du général Doyen à la Commission d'armistice, se refusait à devenir un « déversoir de personnes jugées indésirables sur le territoire du Reich[142] ». C'était la plainte permanente de la France depuis le milieu des années 30 ; elle se faisait encore plus instante dans le sentiment qu'avait la France de son impuissance.

Le programme antijuif de Vichy n'était pas nouveau ; il n'était pas non plus limité à une petite minorité d'extrême droite. Il s'alimentait à l'obsession, exprimée tout au long de la décennie, de la menace étrangère. Même les modérés avaient appris, pendant les années 30, à penser aux réfugiés étrangers — et parmi eux d'abord aux Juifs — comme à une menace pour l'emploi, pour la pureté de la culture française et pour la paix. De nombreux fonctionnaires avaient à leur actif des années d'expériences désagréables dans leurs relations avec des étrangers intraitables et mécontents. La politique de la France à l'égard des étrangers avait été incohérente : on en avait accepté beaucoup, mais de moins en moins avaient réussi à obtenir une autorisation de travail ou à mener une vie normale. Ces malheureux « clandestins » attisaient ensuite l'animosité. Une tradition vivace d'antisémitisme distinguait parmi eux les Juifs, et la sensibilité antijuive imprégnait même les attitudes politiques modérées.

Lorsque le régime changea, en juillet 1940, le terrain avait été bien préparé. Même l'idée d'un statut des Juifs avait été lancée et le numerus clausus avait gagné à sa cause bien des libéraux. Le nouveau régime offrait des occasions dont on avait été privé jusque-là. Il rendait admissible l'expression de préjugés aiguisés par la défaite. Une poignée d'antisémites résolus se ruait en avant pour régler de vieux comptes. Les responsables gouvernementaux partageaient leurs idées, étaient indifférents, ou gardaient le silence pour des motifs déformés par l'ambition personnelle ou par leur conception du service de l'État. Dans l'intervalle, comme nous allons le voir, de larges secteurs de l'opinion et une bonne part de l'administration emboîtèrent le pas, couverts par des habitudes d'antipathie profondément enracinées, par l'obsession de griefs et de malheurs personnels, ou par routine administrative.

CHAPITRE III

LA STRATÉGIE DE XAVIER VALLAT :
1941-1942

Au début de 1941, alors que commençait une nouvelle année d'occupation allemande, on ne savait pas nettement où conduirait le programme antijuif que Vichy avait défini en 1940. Le principal animateur de ce programme dans le gouvernement, Raphaël Alibert, ministre de la Justice, avait été congédié, sous la pression allemande, après avoir joué un rôle de premier plan dans la destitution de Laval le 13 décembre 1940. À l'époque où il abandonna son poste, Alibert avait commencé à appliquer le statut des Juifs dans son propre ministère en évinçant des magistrats et des fonctionnaires juifs, et à presser d'autres ministères d'agir de même[1]. Toutefois, bien qu'une mise en application sérieuse ait débuté dans certains départements ministériels — et notamment dans l'armée —, elle était sporadique ailleurs en l'absence d'une impulsion forte venant du centre.

Le nouveau ministre des Affaires étrangères, Pierre-Étienne Flandin, assez catégorique en 1939 contre la menace qui pesait sur la « race » française, n'eut pas le temps de définir une politique à l'égard des Juifs avant que les Allemands indiquent qu'ils ne voulaient pas travailler avec lui. Son successeur, l'amiral Darlan, qui ramena finalement les relations franco-allemandes au point où elles se trouvaient lors de leur interruption par le renvoi de Laval, s'intéressait beaucoup plus aux questions militaires et stratégiques qu'à des problèmes d'ordre intérieur comme celui des réfugiés ou celui de la place des Juifs dans la société française. En dehors du gouvernement, le sort des Juifs préoccupait très peu une opinion surtout attentive aux soucis personnels de chacun : l'absence des prisonniers de guerre, la quasi-disparition de l'espoir d'une paix prochaine, les premières atteintes des privations sévères que les Français allaient endurer pendant les quatre années à venir. L'application plutôt restreinte des nouvelles lois diminuait l'inquiétude à leur sujet. Une série de dérogations permirent à des Juifs français qui jouissaient d'un prestige particulier et avaient rendu des services éminents de conserver de hautes fonctions. À la fin de 1940, un général et un commandant juifs furent autorisés à conserver leur grade ; dix professeurs d'université purent garder leur chaire et une poignée d'autres spécialistes restèrent à des postes élevés, techniques pour la plupart, dans l'administration[2]. La situation, plus gênante que menaçante, semblait se stabiliser, voire devenir « normale » : les Juifs étrangers et apatrides inquiétés et internés ; les Juifs français écartés de l'administration, et notamment de l'enseignement par une discrimination officielle atténuée par de notables exceptions ; les autres blessés et humiliés dans leurs sentiments mais non atteints selon la phrase répétée à Vichy —« dans leurs biens, [ni] dans leurs personnes ». Les Juifs ne ressentaient pas, à ce moment, la nécessité de quitter le pays ; certains Juifs français retournèrent à Paris, où ils croyaient que le gouvernement les protégerait.

Ces apparences étaient trompeuses. Comme c'est souvent le cas, la persécution avait une dynamique qui lui était propre. Le programme antijuif de Vichy se remit en mouvement vers le milieu de l'année 1941. Une nouvelle législation restreignit l'accès des Juifs aux professions libérales et aux activités intellectuelles, et les restrictions antérieures furent rigoureusement appliquées. Il y eut pire : le gouvernement prit désormais part à une entreprise visant à dépouiller les Juifs de leurs biens en zone non occupée[3]. Un antisémite convaincu, Xavier Vallat, occupait à présent les nouvelles fonctions de Commissaire général aux questions juives. Il se consacra avec ardeur à donner son unité et son impulsion à un programme qui en avait quelque peu manqué jusque-là.

Trois forces étaient à l'œuvre pour pousser la politique de Vichy au-delà des premières mesures examinées au chapitre premier et pour leur donner un nouvel élan. Les pressions allemandes, à peine visibles en 1940, commencèrent à devenir insistantes au début de 1941. La réponse de Vichy à ces pressions fut le second facteur. L'espoir d'une paix prochaine reculant et les expédients provisoires de 1940 risquant de devenir permanents, le régime de Vichy entreprit de rétablir sa souveraineté administrative dans la zone occupée et à négocier le remplacement des ordonnances allemandes par des lois françaises — marché fatal qu'il conviendra d'examiner en détail. Dans les deux camps, l'indifférence générale du reste de l'opinion laissait toute liberté d'action à l'ambition et à l'énergie des antisémites les plus déterminés.

Les premières pressions allemandes

> [Le MBF] a réussi à diriger les intentions du gouvernement français et de sa police vers le même objectif [que les siennes]. Il n'en est pas seulement résulté une économie de forces. Cette tactique a conduit à épargner l'amour-propre des Français, rapprochant même les milieux nationalistes de l'optique des services allemands. D'où un moindre opprobre attaché aux mesures prises, car elles l'étaient par des services français, quand la responsabilité n'en était pas attribuée à la France.
>
> Un responsable du MBF, 1942[4].

Pour les Allemands, des mesures antijuives n'étaient pas une nouveauté. Elles s'inscrivaient à la suite de l'antisémitisme de plus en plus rigoureux édicté en Allemagne depuis huit ans, et auquel la conquête de la Pologne avait ouvert de nouvelles possibilités en fait de pillage et de colonisation. Dans le contexte propre à la France, des changements subtils mais importants se produisirent au cours de l'année 1941. Le souci pressant de la sécurité et du soutien des troupes allemandes lié à la préparation de l'invasion de l'Angleterre perdit de son intensité avec l'abandon de ce plan, et du fait que l'invasion de l'Union soviétique, en juin 1941, fit passer la France au second plan. Il était devenu évident que l'occupation de la France allait être de longue durée, contrairement à ce qu'on avait pensé plus tôt. Les expédients de 1940 allaient perdre leur caractère provisoire. On avait désormais le temps d'envisager un programme à long terme pour l'Europe nazie. Les administrations allemandes s'étaient installées et étaient prêtes à agir. Le temps des premières improvisations était passé ; celui des projets engageant l'avenir de l'Europe était venu.

Selon une méthode qui leur était propre, les nazis n'attribuaient jamais de tâche importante à une seule personne ou à un seul service là où deux ou davantage pouvaient être mis en action, se faisant mutuellement concurrence dans le style d'administration préféré des nazis : un dynamisme qui n'était pas entravé par un plan ou une hiérarchie, allié au pouvoir suprême incontesté d'un Führer qui avait seul le pouvoir d'arbitrer les conflits de compétence et de se placer au-dessus des services concurrents. Ce que le système perdait parfois en efficacité, il le regagnait largement en servilité au plan idéologique, puisque chaque service rivalisait avec les autres pour gagner la faveur d'Hitler. Cette méthode fut certainement appliquée aux affaires juives. Celles-ci relevaient ainsi en France de cinq services dépendant de l'autorité du gouvernement allemand. Les dirigeants de Vichy furent souvent désarçonnés d'avoir comme interlocuteurs, à ce sujet, plusieurs services allemands[5a].

En principe et très visiblement, la plus haute autorité exécutive née de l'occupation de la France était l'armée allemande ; il s'agissait du commandement militaire en France (« Militärbefehlshaber in Frankreich », MBF), à la tête duquel se trouvait en 1941 le général Otto von Stülpnagel. Le MBF avait deux chefs d'état-major, militaire, et civil. L'état-major civil (« Verwaltungsstab ») était dirigé par le Dr Werner Best, qui avait acquis une certaine notoriété en 1931 lorsque, comme conseiller juridique du parti nazi en Hesse, il avait été impliqué dans un projet de coup d'État destiné à parer à l'éventualité d'une tentative de coup de force communiste. Partisan actif d'une éviction des Juifs d'Europe, Best fut connu plus tard comme gouverneur civil du Danemark. En 1958, il était devenu avocat de la société Stinnes, l'une des entreprises commerciales les plus importantes d'Allemagne. (Le colonel Speidel, chef d'état-major militaire, servit plus tard comme commandant en chef des forces allemandes de l'O.T.A.N.) Dépendant de Best, la section économique de l'état-major civil était dirigée par le Dr Elmar Michel, devenu après la guerre directeur d'une grande société allemande, les chaussures Salamander). Le Dr Michel eut souvent à statuer sur des questions d'aryanisation, avec l'aide de son principal spécialiste des affaires économiques juives, le Dr Blanke. Seule autorité au commencement de l'occupation, le MBF fut de plus en plus contraint de partager ses pouvoirs, à son corps défendant et sans directives nettes, avec d'autres services allemands.

Le premier service à acquérir son autonomie fut l'ambassade, qu'Otto Abetz occupa en août 1940 avec la qualité d'ambassadeur. Le rôle de cette ambassade était en principe de donner son avis à l'armée et à la police quant aux implications politiques de leur action en France. Cependant, dès le commencement, Abetz qui, on l'a vu, n'était pas un diplomate professionnel mais un activiste du parti nazi, prit le plus d'initiatives possible. Peu de sujets l'intéressaient plus vivement que la question juive, car il considérait l'antisémitisme comme un des leviers destinés à remplacer l'emprise réactionnaire de l'Église et de l'armée dans la France de Vichy par un mouvement de masse populaire, anticlérical et pro-européen (c'est-à-dire pro-allemand). Le consul général, Rudolf Schleier, homme d'affaires à Paris avant la guerre, se trouva aussi souvent engagé dans les affaires juives. Le spécialiste de l'ambassade sur les questions juives, après avril 1941, fut Carl-Theo Zeitschel, ancien médecin dans la marine marchande et membre du parti de longue date, qui représentait l'ambassade aux réunions régulières du mardi sur les affaires juives et abondait en suggestions personnelles, telles que la stérilisation en masse des Juifs[5b].

Le rival le plus important de l'autorité militaire en France occupée était la police. La Sûreté était une subdivision du RSHA (« Reichssicherheitshauptamt »), le gigantesque Office central de la Sûreté dépendant du Reichsführer SS Heinrich Himmler et placé sous les ordres directs de Reinhard Heydrich à Berlin. Le RSHA lui-même était un labyrinthe administratif à la complexité duquel nous n'avons pas à nous arrêter ici. Le modèle réduit installé à Paris et calqué sur le quartier général de Berlin était connu familièrement sous le nom de Gestapo ou de SD (« Sicherheitsdienst »), termes qui, au sens technique, ne s'appliquaient qu'à une partie de l'appareil mais qui, de fait et de manière interchangeable, s'employaient pour tout l'ensemble. Le chef de la Sûreté en France était l'Obersturmführer SS Helmut Knochen, jeune intellectuel de trente ans très doué, connu pour son don d'organisation et de sociabilité. Knochen et un petit détachement furent subrepticement introduits en France pendant l'été de 1940, pour ne pas mettre en émoi l'administration militaire, jalouse de ses prérogatives ; des frictions considérables se produisirent avant et après que la police ait obtenu son autonomie administrative, en mai 1942. Par la suite, le SD de Paris dépendit directement des services de Himmler à Berlin, mais les conflits avec les militaires ne cessèrent pas pour autant, y compris les querelles au sujet des affaires juives. Le dispositif des services de Knochen comprenait le Sturmbahnführer SS Herbert Martin Hagen, âgé de vingt-six ans, spécialiste des affaires juives et lui aussi ancien collaborateur d'Eichmann au siège central du RSHA. Au début d'août 1940, Hagen créa un bureau du RSHA à Bordeaux pour étendre la surveillance de la police allemande à la côte sud-ouest de la France et à la frontière espagnole. En novembre, le Sturmbahnführer Kurt Lischka, autre ex-collaborateur d'Eichmann, se joignit au SD de France et devint l'assistant de Knochen. La tâche de la Gestapo consistait à surveiller tous ceux que le régime nazi considérait comme ses ennemis, principalement les communistes, les antifascistes et les Juifs.

Les services du RSHA à Paris comportaient un département spécial des affaires juives. À la fin de l'été 1940, le Hauptsturmführer SS Theodor Dannecker fut envoyé à Paris directement par le bureau IV-B-4 du RSHA, dirigé par Adolf Eichmann, et compétent en matière d'affaires juives. Dannecker n'était âgé que de vingt-sept ans à l'époque ; antisémite fanatique, riche de trois ans d'expérience dans la bureaucratie antijuive des SS, il dirigea le bureau IV B au RSHA de Paris, le « Judenreferat ». Le « Judenreferat » du SD et son chef Dannecker devaient constituer le plus actif des services allemands engagés dans le programme à long terme de la politique antijuive en France et dans les efforts tendant à pousser Vichy à prendre des mesures plus actives contre les Juifs[6].

L'« Einsatzstab Rosenberg » était une autorité rivale qui s'intéressait intensément aux Juifs. Fief du théoricien nazi Alfred Rosenberg, il avait l'autorisation personnelle de Hitler pour piller les archives françaises (l'original du traité de Westphalie fut l'objet de recherches particulières) et les collections artistiques des Juifs et de tous ceux qui étaient jugés hostiles au Reich. Profondément absorbé par ses activités de pillage, l'« Einsatzstab Rosenberg » était enclin à laisser aux autres la haute politique. Il était représenté aux réunions du mardi à Paris et aux autres conférences entre services qui décidaient de la politique allemande à l'égard des Juifs de France, mais il ne prit que rarement l'initiative.

Il y avait enfin la Commission d'armistice de Wiesbaden, dans laquelle des officiers, des diplomates et des banquiers français et allemands étudiaient les détails d'application de l'armistice. La Commission, qui était le centre le plus actif des contrats franco-allemands en 1940, vit son importance diminuer lorsque l'ambassade la remplaça dans son rôle de principal point de contact entre les deux gouvernements au début de 1941. Elle fut le théâtre de fréquentes protestations françaises contre l'expulsion par les Allemands de nouveaux réfugiés juifs dans la zone non occupée au cours de l'hiver 1940-1941, mais elle ne fut pas amenée à traiter d'autres aspects des questions concernant les Juifs.

Le temps passant, et à mesure que le MBF partageait, de mauvais gré, son autorité avec l'ambassade et la police, la nature des problèmes à résoudre changea elle aussi. Lorsque les principaux problèmes étaient la démobilisation française et la poursuite de la guerre contre l'Angleterre, la Commission d'armistice et le MBF étaient au centre des décisions. En 1941, d'autres problèmes passèrent au premier plan : les camps remplis d'une foule de réfugiés dans les deux zones ; la menace qu'au sentiment de nombreux Allemands ils faisaient peser sur la sécurité de leur armée ; la charge qu'ils constituaient pour la France ; la reprise de l'économie française et sa contribution à l'effort de guerre de l'Axe ; enfin l'édification à long terme d'une nouvelle Europe, centrée sur l'Allemagne et « libérée des Juifs ».

Au début de 1941, la politique allemande consistait encore, dans l'ensemble, à expulser les Juifs des régions occupées. Néanmoins les divers services allemands présentaient de nettes différences d'attitude, de comportement et de ton. Bien que le MBF ait donné le branle à l'action antijuive en zone occupée par les ordonnances que nous avons déjà examinées, les militaires étaient portés à donner la priorité à la stabilité et au calme plus qu'à la pureté idéologique. Ils définissaient leur but à long terme de la manière suivante, lourde de menaces : « Bannir définitivement l'influence juive de tous les domaines de la vie politique, y compris l'économie[7a] », et ce but n'était certainement pas limité à la zone occupée. Mais les autorités militaires se préoccupaient du droit international, craignaient d'éveiller l'hostilité de l'opinion publique française, et désiraient vivement obtenir la coopération du gouvernement français. Selon la déclaration du MBF sur sa politique, en date du 22 août 1940, l'objectif « ne sera » réalisé « que si le peuple français lui-même décide de se libérer du judaïsme[7b]... » À vrai dire, comme les effectifs allemands en France furent réduits par la suite en raison des exigences du front de l'Est, tous les responsables allemands reconnurent que l'appui de l'administration française était indispensable[8].

En privé, Otto Abetz et l'ambassade firent en 1940 des propositions plus amples que le MBF, mais en même temps l'ambassadeur demeurait tiraillé entre son ambition de gagner la faveur des grands idéologues nazis, et la nécessité plus pratique de trouver des interlocuteurs français favorablement disposés, sans la coopération desquels il ne pourrait rien réaliser en France. Il tentait parfois de freiner le mouvement, se rendant à ce qu'il percevait comme les réticences de l'opinion française. Un exemple en fut au printemps de 1942 son opposition au projet d'obliger tous les Juifs à porter l'étoile jaune. En décembre 1940, Abetz unit donc fermement son sort à celui de Laval contre Alibert, antisémite plus radical.

Dannecker et son « Judenreferat » ne connaissaient pas de telles hésitations. Leur contexte stratégique était constitué par la « mission » reçue du Führer : « Préparer la solution de la question juive en Europe. » La tâche de son bureau était, selon lui, de « pouvoir, en temps voulu, fonctionner utilement en tant que services extérieurs du Commissaire européen aux questions juives » (c'est-à-dire Eichmann[9]). Il arrivait que le « Judenreferat » provoquât l'hostilité déclarée du MBF. Ainsi lorsque certains hommes de main de Dannecker, appartenant à l'extrême droite française, incendièrent plusieurs synagogues de Paris, pendant la nuit du 2 au 3 octobre 1941, le MBF essaya — sans succès — de faire rappeler à Berlin son supérieur hiérarchique Knochen. À tout prendre cependant, Dannecker trouva des alliés complaisants parmi les fonctionnaires de l'ambassade et les responsables militaires (il obtint notamment des trains lorsque les déportations commencèrent). D'une manière générale, l'indifférence et le manque d'intérêt de la plupart des diplomates et des officiers allemands à l'égard du sort des Juifs lui laissèrent toute liberté.

Le terrain était dégagé au début de 1941 pour permettre aux activistes d'aller de l'avant. Une réunion à laquelle plusieurs services étaient représentés, qui eut lieu à Paris le 3 février 1941, marqua un regain de fermeté dans les projets. Le temps était venu de chercher une « solution » au problème juif, en chassant les Juifs de toute l'Europe. Dannecker organisa bientôt des réunions hebdomadaires, le mardi, pour les représentants de tous les services qui s'intéressaient à la question juive. Il se vantait d'avoir pu, à ces réunions, faire sortir de leur tiédeur les militaires et les diplomates et mettre un terme aux intrigues françaises dans les divers bureaux allemands[10].

Dannecker mit tout de suite en avant un plan destiné à amener les Français à établir un « Office central juif » (« Zentraljudenamt »). Un tel service français ne pouvait que plaire, en tous points, à un antisémite convaincu : il servirait à unifier et à stimuler la politique antijuive de la France, et à aider les Allemands dans leur « solution finale » qui commençait à se préciser. Dannecker comprenait que les plans de Hitler dépassaient peut-être les possibilités allemandes. Pour mener à terme cette tâche immense, il était essentiel de pouvoir compter sur l'aide de la France.

En quelques semaines, les autres services allemands se rangèrent derrière les plans de Dannecker. Le MBF semble avoir acquiescé parce qu'il se préoccupait du grand nombre de réfugiés juifs dans les camps de la zone occupée, et du refus opposé désormais par la France d'en accepter davantage dans la zone non occupée. Contact fut pris au début de mars 1941 avec l'amiral Darlan, récemment placé à la tête du gouvernement. Vichy donna son accord. Dans la première version allemande, le nouveau service ne devait opérer que dans la zone occupée. Vichy, dans sa crainte toujours aiguë de voir se consolider la division de la France, semble avoir proposé d'étendre aux deux zones la compétence du nouveau service. Cela lui permettrait, pensait-il, de conserver une politique unifiée pour toute la France et de garder au moins l'apparence extérieure de la souveraineté française[11].

Lorsque Darlan accepta la proposition allemande d'un « Office central juif », ce ne fut pas sans réserves. Comme le faisaient souvent les dirigeants de Vichy dans les négociations délicates, il s'abrita derrière des objections qu'il attribua à Pétain. Au cours d'un dîner à Paris le 5 mars, Darlan dit à Abetz qu'« il y avait beaucoup d'hésitation dans l'attitude du maréchal Pétain à l'égard de la question juive ». Le maréchal, dit-il, était préoccupé par les conséquences qui en résulteraient pour les Juifs de France et pour les anciens combattants qui s'étaient distingués à la guerre. Abetz conseilla à Berlin d'aller de l'avant, en dépit des réserves de Vichy. Vichy, prédisait-il, donnerait au nouvel Office central « un fondement juridique valable » ; par la suite « son activité pourrait... être stimulée par l'influence allemande en zone occupée au point que la zone non occupée serait contrainte de se rallier aux mesures prises[12] ».

Vu le degré inattendu de la coopération française, les Allemands étaient en mesure de laisser à Vichy le choix du directeur du nouvel organisme. L'ambassade d'Allemagne se livra à un examen minutieux des candidats suggérés par certains « Français dignes de confiance », dont nous n'avons pas les noms. La liste comprenait Bernard Faÿ, Darquier de Pellepoix, Vacher de Lapouge, Céline et d'autres[13]. Mais désormais les Allemands avaient hâte de laisser les Français agir par eux-mêmes. Ceux-ci saisirent l'appât qu'on leur tendait. Ayant fait la concession essentielle — donner un nouvel élan au programme antijuif — Vichy fit deux gestes d'indépendance. En premier lieu, le nouvel organisme, baptisé dans un langage officiel plus adapté à la France « Commissariat général aux questions juives » (C.G.Q.J.), fut créé par une loi française du 29 mars 1941[14], non soumise au préalable à l'administration militaire allemande. En second lieu, Darlan nomma à la tête du nouveau commissariat, cette fois encore sans l'avis de l'occupant, Xavier Vallat, antisémite résolu, mais connu aussi comme nationaliste et antiallemand. Ces actes d'indépendance n'étaient pas pour alarmer les Allemands puisque la démarche capitale avait été accomplie. Les services de Vichy seraient désormais plus étroitement impliqués dans l'application des programmes antijuifs décidés par les Allemands en zone occupée. Le marché conclu donnait l'avantage aux Allemands. Si les Français cessaient de coopérer, le programme antijuif des Allemands en zone occupée serait moins complètement réalisé, faute de bénéficier des ressources en personnel et de l'expérience administrative des Français ; mais le régime de Vichy perdrait en zone occupée la souveraineté administrative qu'il venait de recouvrir.

Pour comprendre la facilité avec laquelle Vichy se coula dans le rôle que lui avaient assigné Dannecker et Abetz aux origines du C.G.Q.J., il faut étudier les préoccupations des dirigeants de Vichy au début de 1941 et définir le rôle joué par chacun d'entre eux en ce qui concerne les Juifs.

Vichy définit le problème juif : 1941

> « La façon dont s'effectue l'aryanisation en zone
> occupée doit avoir une influence certaine sur la

possibilité de substituer la réglementation française à la réglementation allemande en matière d'aryanisation. »

DE FARAMOND, directeur du service de contrôle des administrateurs provisoires (1941[15]).

Le début de l'année 1941 fut à Vichy une époque d'inquiétude exceptionnelle. À court terme, il y avait les effets catastrophiques du coup de théâtre du 13 décembre 1940 par lequel le maréchal avait chassé Pierre Laval du gouvernement. Les motifs de cet acte, qu'ils aient trait principalement à la politique étrangère ou à la politique intérieure, ont été largement discutés ; toutefois il semble clair que les adversaires de Laval ne se proposaient aucun changement fondamental de politique. L'effet principal en fut de remplacer l'intérêt que commençaient à porter les Allemands à un accord plus vaste avec les Français, à l'automne 1940, par une réserve doublée de mécontentement et de méfiance, que le général Keitel lui-même décrivait comme une politique de froideur systématique (« kalte Schulter[16] »). Vichy n'en rechercha désormais qu'avec plus d'ardeur les faveurs de l'Allemagne. La reprise des contacts prit des mois. En février, Abetz manifesta l'intention de traiter avec le nouveau gouvernement dirigé par l'amiral Darlan. Le dîner du 5 mars à Paris avec Darlan, où Abetz aborda l'idée d'un Office central juif, était, en fait, la première rencontre d'un chef du gouvernement de Vichy avec un des principaux dirigeants allemands depuis la rupture du 13 décembre. Les collègues de Darlan, comme les Allemands, attendaient de l'amiral qu'il réparât le dommage causé deux mois auparavant.

Dans une perspective plus large, le gouvernement de Vichy en vint progressivement à une pénible prise de conscience : il ne fallait plus espérer la conclusion rapide d'un accord de paix. La guerre et l'occupation seraient longues. La convention d'armistice, qui aurait pu être supportable pendant quelques mois, devenait intolérable si on la prolongeait pour une durée indéterminée. L'une de ces situations intolérables était l'empiétement progressif des services allemands sur l'activité quotidienne de l'administration en zone occupée. Puisque l'occupation allait durer, il était essentiel, pensait Darlan, de sortir de l'attente et de la passivité. Il voulait réaffirmer la souveraineté de la France sur la zone occupée et restaurer l'unité de son action administrative dans les deux zones. Cet effort était un trait dominant de la politique générale de Vichy au printemps 1941 : en matière de contrôle douanier, de police, d'organisation économique et finalement, comme nous le verrons, en ce qui concernait les Juifs. Les autorités allemandes ne rejetaient pas complètement l'extension du rôle de l'administration française dans la zone occupée. Elles se rendaient parfaitement compte de ce que leurs effectifs étaient insuffisants pour gouverner directement le pays sans la coopération de l'administration française. Certes, l'économie de la convention d'armistice était pour les Allemands l'un de ses traits les plus attrayants. D'un autre côté, l'administration allemande demeurait méfiante à l'égard des Français et répugnait à renoncer à sa mainmise sur des questions qui pouvaient être essentielles pour la sécurité ou l'approvisionnement des forces armées allemandes. Ce jeu subtil de pressions françaises et allemandes touchant le mode d'administration de la zone occupée réglait la mesure dans laquelle le nouveau commissariat général aux questions juives pouvait rendre l'initiative à la France dans la question juive.

Il n'est pas facile de déterminer exactement quelle était l'opinion de Darlan sur les Juifs de France lorsqu'il prit la direction du gouvernement au début du printemps 1941. Comme Laval, il n'avait pas d'antécédents antisémites manifestes dans sa vie avant 1940 ; mais il différait de Laval à tous les autres égards. L'amiral Darlan avait joué un rôle déterminant dans le développement de la marine au cours des années 30, et était commandant en chef des forces navales françaises, avec le titre d'Amiral de la flotte depuis juin 1939.

Il pouvait revendiquer le fait d'être le seul chef militaire français à n'avoir pas été battu par les forces de l'Axe en 1940. Technicien bourru, brusque, il s'entourait d'un monde d'officiers, d'ingénieurs et d'experts bien éloignés de la bonhomie parlementaire de Laval. Il n'avait que peu de temps et de goût pour les questions d'ordre intérieur. Il était trop important de reprendre la recherche d'un arrangement avec l'Allemagne et de trouver un nouvel avenir colonial et maritime pour la France dans un monde dominé par l'Allemagne, réalité qui, jusqu'à la fin de 1942, lui apparaissait inéluctable. Comme la plupart de ses collègues au ministère, Darlan avait fait siens les préjugés si profondément enracinés dans les années 30 contre les réfugiés étrangers. Mais il semble avoir été très satisfait de confier le dossier désagréable des Juifs à un homme tel que Xavier Vallat.

Ce n'était pourtant pas sans quelque inquiétude. Les premières mesures de Vichy avaient été dirigées contre tous les Juifs, français aussi bien qu'étrangers. Les ordonnances allemandes, de façon encore plus préjudiciable, dépouillaient tous les Juifs, les Français aussi bien que les étrangers, de leurs biens dans la zone occupée. Darlan et d'autres à Vichy se sentirent tenus de protéger contre le manque de discernement des Allemands de notables et prestigieux Juifs français et leurs biens. Le secrétaire d'État à l'Éducation, Jérôme Carcopino, a écrit après la guerre que Darlan avait déclaré lors d'un conseil des ministres : « Les Juifs apatrides qui depuis une quinzaine d'années se sont abattus sur notre pays ne m'intéressent pas. Mais les autres, les bons vieux Juifs de France, ont droit à toute protection que nous pouvons leur donner : j'en ai, d'ailleurs, dans ma famille. » Un document contemporain donne un son de cloche qui n'est pas très différent : son but, Darlan l'avait écrit à Moysset en janvier 1942, avait été de « ne pas embêter les vieux Juifs français[17] ».

Le maréchal Pétain ayant jugé bon de ne rien dire publiquement au sujet des Juifs, il est encore plus difficile pour les historiens de définir son rôle en la matière en 1941. Il est certain que les contacts de Pétain dans le gouvernement et en dehors de lui ne permettent pas de prétendre, comme on le faisait fréquemment à l'époque, que le maréchal était resté, d'une certaine façon, dans l'ignorance des mesures antijuives d'une dureté accrue, contenues dans les lois signées par lui au cours de l'été et de l'automne 1941. Il est possible qu'on n'ait pas montré à ce vieillard les dizaines de lettres pathétiques de Juifs anciens combattants de Verdun et d'autres qui cherchaient à franchir l'écran constitué par son entourage immédiat, incapables qu'ils étaient de croire que le maréchal lui-même fût au courant des mesures que des responsables prenaient contre eux, et laissât cependant faire. En tout cas, il ne semble avoir répondu personnellement à aucun d'entre eux[18]. Il répondit bien aux protestations vigoureuses de René Gillouin, co-auteur de ses discours et du pasteur Marc Bœgner au cours de l'été 1941, mais il ne le fit qu'en termes brefs et évasifs[19]. Il s'entretint certainement à plusieurs reprises en 1941 avec son « ami » Jacques Helbronner, la personnalité la plus importante parmi les dirigeants de la communauté juive. Directeur du cabinet militaire du ministre de la Guerre Painlevé, Helbronner avait, disait-on, appuyé la nomination de Pétain au commandement en chef de l'armée française en 1917. Après une carrière distinguée au Conseil d'État, il était devenu en 1940 président du Consistoire central. En 1941, Helbronner protesta vigoureusement contre chacune des nouvelles mesures antijuives. Les réponses de Pétain furent polies mais insignifiantes[20]. On ne peut pas non plus accepter ce qui a souvent été affirmé après la Libération, que Pétain était déjà sénile. Il l'était à coup sûr quand la Haute Cour de Justice envoya une délégation l'interviewer dans sa prison de l'île d'Yeu en 1947, mais la référence la plus ancienne que nous ayons trouvée sur l'incapacité de Pétain à faire face aux devoirs de sa charge remonte à la crise de novembre 1942 ; même en 1943, les notes de plusieurs visiteurs allemands donnent du maréchal l'image d'un homme actif et informé[21]. En 1941, Pétain savait.

Le jugement le plus convaincant semble être celui d'un homme qui fut un certain temps directeur du cabinet civil de Pétain, Henri Du Moulin de Labarthète : « Le maréchal s'attachait à des situations particulières[22]. » Peut-être en raison de son âge, peut-être à cause de sa légendaire réserve, il ne manifestait de l'intérêt que lorsqu'il s'agissait de ses proches. Lui et son cabinet aidèrent discrètement un certain nombre de Juifs français dotés de bonnes relations, qui étaient atteints par les lois françaises. Lorsqu'en juin 1942 les Allemands obligèrent les Juifs de la zone occupée à porter l'étoile jaune, le maréchal Pétain demanda que les épouses du marquis Louis de Chasseloup-Laubat et de Pierre Girod de Langlade en soient dispensées[23] : le gouvernement, on l'a vu, exempta des lois françaises un certain nombre d'hommes de science et d'érudits éminents et quelques officiers. Quant à la grande majorité, il s'en désintéressa. Nous n'avons connaissance d'aucune intervention du maréchal Pétain en faveur des Juifs en général avant juillet 1943, lorsqu'il demanda à Laval de protester au sujet des conditions de détention à Drancy auprès des Allemands, qui venaient de reprendre la gestion de ce camp à la police française[24]. Il continua à entretenir des contacts amicaux avec des hommes comme Raphaël Alibert, qui n'essayaient aucunement à réfréner leur haine déclarée des Juifs. C'est avec un enthousiasme évident qu'il envoya au ministre de la Justice Joseph Barthélemy, en juin 1942, un mémoire antisémite préparé par Charles-Émile Roche. Roche se faisait le champion d'une « Union chrétienne de l'Europe » contre deux ennemis mortels : « la civilisation nazie » d'une part et les Anglo-Américains de l'autre, ces derniers étant considérés comme ouvrant la voie à « l'invasion juive[25] ».

Connu autrefois comme général républicain, Pétain semble s'être aisément accommodé de l'adulation universelle dont il fut l'objet. Soit en raison de son âge et de ses convictions antérieures, soit à cause du sens d'une immense responsabilité né de l'effondrement presque total de 1940, Pétain semble avoir cru à la propagande paternaliste diffusée à son sujet. Mais son paternalisme avait des limites. Il ne s'étendait pas aux Juifs, du moins à ceux qui étaient en dehors du cercle étroit de ses relations. Les « justes mesures prises contre les Israélites » qu'il approuva en juin 1942, tout en désapprouvant l'étoile jaune imposée par les Allemands en zone occupée[26], reflètent une authentique préférence pour une société qui impose aux Juifs de dures restrictions. Les détails étaient laissés à d'autres.

Un certain nombre de ministres de Pétain intervinrent aussi en faveur de quelques privilégiés. Laval obtint pour Mme Citroën, en septembre 1942, l'autorisation spéciale du nouveau chef des forces de police en France, le colonel Oberg, lui permettant de rendre visite à ses enfants en zone occupée, et il intervint en faveur de Paul Boron pendant l'été 1943[27]. Le directeur du cabinet de Pétain, Du Moulin de Labarthète, tenta d'obtenir en mars 1942 la libération de Pierre Masse, sénateur et avocat, demande qui fut rejetée « énergiquement » et « avec stupéfaction » par les Allemands[28]. Fernand de Brinon (dont la femme était juive) s'activa auprès des Allemands en faveur de Mme Philippe de Rothschild, mais en l'occurrence ce fut en vain. De façon plus significative, le gouvernement demanda l'exemption de petits groupes privilégiés : les anciens combattants juifs de la campagne 1939-1940 qui avaient été libérés précédemment des camps de prisonniers et avaient été arrêtés à nouveau à la fin de 1942 ; dix familles juives françaises de Salonique en cours de déportation au printemps de 1943[29]. Mais ces interventions particulières ne firent dévier en rien la tendance générale de la politique de Vichy. Le ministre de la Justice, Joseph Barthélemy, confia publiquement à un auditoire toulousain en août 1941 qu'il avait des amis juifs, alors que les nouvelles lois entraient en vigueur. Mais on ne devait pas laisser des regrets personnels faire obstacle à une cruelle nécessité. La chirurgie est nécessaire, disait-il, en une métaphore lourde de menaces, pour guérir le patient français[30].

Xavier Vallat allait être ce chirurgien. Il aimait lui-même cette métaphore, car elle signifiait qu'on se servirait du scalpel plutôt que du couperet, et promettait le retour à la santé nationale. « Nous avons voulu être des chirurgiens, et non des bouchers, encore moins des bourreaux. » Néanmoins, une grande opération était nécessaire — peut-être de chirurgie cérébrale : « La France était atteinte d'un transport juif au cerveau dont elle a failli mourir[31]. »

Le nouveau Commissaire général aux questions juives était né en 1981 dans le Vaucluse, dixième enfant d'un instituteur pauvre. Profondément catholique, il avait hérité de son père des conceptions d'Action française aussi bien que la vocation du service public. Après avoir enseigné la littérature au collège catholique d'Aix-en-Provence, il avait servi avec courage pendant la Première Guerre mondiale, y perdant un œil et une jambe[32].

Député de l'Ardèche de 1919 à 1924 et de 1928 à 1940, Vallat était devenu un personnage familier dans les milieux conservateurs et parmi les hommes politiques catholiques. Pendant cette période, il fit le tour des groupes et des partis d'extrême-droite, appartenant selon les moments à l'Action française, au Faisceau de Georges Valois, aux Croix de Feu du colonel de la Rocque, au Parti républicain national et social de P. Taittinger et à la Fédération républicaine, groupement modéré de droite. Il était très proche de la Fédération nationale catholique du général de Castelnau, groupe de pression œuvrant pour l'élection de députés catholiques en vue d'aboutir à un retournement de la position anticléricale de la République, et de toute une série d'organisations d'anciens combattants. En juillet 1940, Pétain le nomma Secrétaire général aux anciens combattants et appuya la création, dont il fut l'artisan, d'un mouvement unifié des anciens combattants, la Légion française des combattants. Les partisans de celle-ci voulaient en faire la principale organisation de masse du nouveau régime.

Pour Xavier Vallat, l'antisémitisme avait une contribution vitale à apporter au redressement national de la France. Jusqu'au bout, ses idées sur les Juifs restèrent immuables. Devant la Haute Cour de Justice, après la Libération, il exposa ses convictions en des termes identiques à ceux d'un discours qu'il avait adressé au printemps 1942 aux stagiaires d'une école de cadres d'Uriage. Comme il le dit dans sa propre défense : « Le Juif n'est pas seulement un étranger inassimilable, dont la colonie tend à constituer un État dans l'État ; c'est aussi, par tempérament, un étranger qui veut dominer et qui est conduit à créer, avec ses congénères, un super-État dans l'État. » Au fond, il y avait la vieille accusation contre le peuple qui avait tué le Christ : « La race maudite que le déicide, collectivement consenti, a condamnée à ne plus avoir de patrie et à errer à travers le monde. » Drainant les ressources nationales, cet « élément parasitaire » affaiblissait par conséquent partout la société. Il avait joué un rôle important pour miner la France en 1940. Les Juifs ne pourraient jamais vraiment devenir Français. En faisant de larges citations du livre de Bernard Lazare sur l'antisémitisme, Vallat insistait sur l'impossibilité d'une assimilation culturelle : les Juifs étaient fondamentalement « étrangers d'esprit et de langage en dépit de naturalisations trop nombreuses ». Exercer une action contre eux était simplement affaire d'autodéfense[33].

Comme son ami Maurras, Vallat alliait l'antisémitisme à une conception du monde profondément traditionaliste. Son antisémitisme n'était pas celui que Maurras appelait avec mépris « l'antisémitisme de peau » — une haine viscérale non disciplinée par la raison, le patriotisme ou le sens de l'ordre public. Reprenant la terminologie habituelle de l'Action française, Vallat se proclamait champion de « l'antisémitisme d'État », de la réglementation de l'existence des Juifs par l'État pour le plus grand bien de tous. « Ni haine ni représailles », dit Vallat lors d'une conférence de presse en avril 1941, faisant écho à une promesse familière de Vichy, « seulement la stricte défense de l'intérêt national[34] ». Comme Maurras encore, Vallat savait qu'il avait des ennemis à droite. Il rejeta avec mépris les offres d'assistance de publicistes financés par les Allemands comme Henry Coston, et s'engagea dans une polémique durable avec l'hebdomadaire extrémiste de Paris *Au pilori*, chacune des deux parties dénonçant l'autre aux Allemands. Il insistait pour distinguer ses efforts antijuifs de ceux des racistes allemands et français et des collaborateurs extrémistes français, dont l'antisémitisme était un moyen de bouleverser la société française[35].

Vallat s'était déjà affirmé contre les intérêts allemands avant de devenir Commissaire général aux questions juives. Animant la Légion française des combattants, il avait joué avec vigueur la carte patriotique, nommant des présidents départementaux dans des territoires récemment annexés à l'Allemagne, encourant ainsi le courroux d'Abetz, qui obtint son départ en octobre 1940. Il ne cachait pas son nationalisme d'ancien combattant de la Première Guerre mondiale, pour lequel l'antigermanisme traditionnel était au moins aussi fort que le pacifisme des tranchées ; c'était l'un des principaux axes de sa vie affective. Il était prêt à résister à l'ennemi. Mais, bien que cet état d'esprit le situât dans l'opposition à l'égard de la politique allemande en 1940, il était leur rival plutôt que leur adversaire en ce qui concernait les objectifs à long terme des Allemands à l'égard des Juifs tels qu'ils étaient précisés en 1941. À court terme, disait Vallat avec insistance, chaque pays devait s'occuper lui-même de ses Juifs. C'est ce que signifiait pour lui l'indépendance de la France. « Il n'y a malheureusement pas de "solution standard" et nous devons mettre en place tout un système qui réponde aux conditions françaises[36]. » Vallat ne désirait pas être débordé par les nazis et il demandait que l'on eût égard aux réalités complexes de la France — les Juifs d'Afrique du nord, les vieilles familles alsaciennes et marranes, etc. En fin de compte, toutefois, les efforts individuels de chaque pays seraient insuffisants. Après la guerre « il apparaîtra certainement nécessaire... d'unifier cette législation [nationale] afin de trouver au problème juif une solution européenne à défaut de solution internationale[37] ».

Comment Vallat voyait-il cette solution d'après-guerre ? Deux des guides contemporains les plus authentiques de ses perspectives à long terme sont un discours aux stagiaires d'une école d'Uriage au printemps de 1942, et un livre écrit à la fin de 1941 par un de ses proches collaborateurs, Gabriel Malglaive. Vallat écrivit une préface enthousiaste à ce livre, le déclarant « fort près de ce que je crois moi-même être la vérité ». Malglaive savait que les « mesures de défense » à court terme de chaque État n'étaient que des adaptations provisoires aux circonstances du temps de guerre. Pour résoudre définitivement la question juive, Malglaive proposait un accord international définissant la nationalité juive, plaçant les Juifs quelque part dans leur propre État, et n'accordant à ceux qui choisiraient d'être laissés de côté que le statut d'étrangers. Dans son discours de 1942 aux stagiaires d'une école d'Uriage, Vallat concéda que quelque 25 000 familles établies en France de longue date (peut-être 75 000 personnes en tout) seraient « digérables », pourvu que l'accès aux professions demeurât limité et que des moyens d'entraver le désir « instinctif » de domination fussent trouvés. Le reste devrait partir. Mais partir où ? Et sous les auspices de qui ? Aux frais de qui ? Mieux vaut entendre Vallat poser ces questions et répondre lui-même, évasif en ce qui concerne le territoire mais explicite quant aux droits du vainqueur de disposer des Juifs :

À renvoyer où ? Chez eux, c'est-à-dire dans le vaste monde ? Par quels moyens, tant que la guerre dure ? En réalité, c'est au vainqueur, s'il entend organiser durablement la paix, qu'il appartiendra de trouver le moyen, mondial s'il est possible, en tout cas européen, de fixer le Juif errant[38].

132

On a parfois affirmé que Vallat avait renoncé à l'antisémitisme raciste si fondamental pour le nazisme, préférant prendre comme base des distinctions plus bénignes, d'ordre culturel. Les éléments extrémistes de Paris le croyaient et leurs remontrances au Commissaire pour sa « faiblesse » en matière raciale sont probablement à l'origine de cette opinion. Vallat n'a rien fait pour dissiper cette image modérée lors de son procès. Il est vrai que ses gestes occasionnels en faveur des Juifs hautement assimilés reflétaient une disposition à tolérer un petit nombre de ceux dont la différence culturelle était réellement inexistante. « Le Juif est supportable à la dose homéopathique, dit-il aux stagiaires d'Uriage au début de 1942, c'est-à-dire tant qu'il est assez dilué pour que les qualités incontestables qu'il tient de sa race soient un excitant et non pas un danger[39]. »

Il ne fait pas de doute que Vallat avait de l'aversion pour les formes plus brutales et plus désordonnées du racisme « Blut und Boden », aversion qu'il partageait avec la plupart des membres de l'Action française, attachés au rôle historique de la France, à sa mission civilisatrice et à l'existence d'un État ordonné. En bon réactionnaire, Vallat préférait l'histoire à la biologie dans sa dénonciation des Juifs. Il ne fit aucun effort pour introduire dans le statut des Juifs des dispositions du type de celles des lois de Nuremberg sur les mariages mixtes ; il ne proposa pas de définition des « demi-Juifs » comme le racisme semblait l'exiger en Allemagne et comme son successeur, Darquier, devait le proposer plus tard. Comme le rappelle Joseph Billig, même le mot de « racisme » n'était pas bien vu dans les milieux de Vichy[40]. Positivement, Vallat prit la peine d'expliquer aux responsables allemands pourquoi certaines catégories de Juifs français, et plus particulièrement d'anciens combattants, méritaient une considération spéciale, sans que cela ébranlât son adhésion à la règle générale : « Les dérogations en faveur de juifs combattants constituent la simple reconnaissance d'un effort méritoire du Juif, élément par essence inassimilable, vers son intégration dans la communauté nationale qu'il a défendue sur les champs de bataille. » En outre, ces dérogations étaient nécessaires pour parer aux protestations publiques. « Cette exception s'impose d'autant plus en France que, en dehors de Paris et de l'Afrique du Nord, où l'élément juif avait particulièrement proliféré, l'esprit public est peu averti du danger juif, et qu'il faut se garder de mesures trop radicales qui apparaîtraient comme d'injustes et inutiles persécutions[41]. » Il ne faut pas confondre les préjugés de Vallat, selon lesquels le danger juif augmentait en proportion de l'exotisme, avec ceux de Hitler et de Himmler, pour qui les Juifs les plus assimilés étaient les plus dangereux parce que les mieux dissimulés. Vallat croyait que les efforts sincères d'assimilation culturelle étaient méritoires. Pourtant ils ne suffisaient pas. Léon Blum, Français jusqu'au bout des ongles, représentait pour Vallat la quintessence de ce qu'il haïssait chez les Juifs.

On ne peut donc se contenter de voir en Vallat un simple assimilationiste, prêt à accueillir le « converti » sincère au sein de la communauté nationale. L'essentiel paraît être que Vallat croyait que l'assimilation était plus difficile pour les Juifs que pour les autres peuples ; peut-être était-elle même absolument impossible. Conformément à la tradition éclectique de l'antisémitisme français, des éléments raciaux, religieux, culturels et politiques se combinaient dans l'image que Vallat se faisait du Juif — mêlant le cosmopolitisme, l'esprit mercantile, la subversion et le déracinement intellectuel. Il serait vain d'attendre de lui quelqu'effort très savant pour faire le tri entre ces éléments. Sa définition pratique du Juif fut le fruit de sa tâche quotidienne de Commissaire général aux questions juives. Il voulait que la loi fût appliquée, et il voulait diminuer le nombre des Juifs en France. Si une certaine dose de racisme pouvait y aider, il s'en accommoderait. À maintes reprises il utilisa le critère racial dans les efforts quotidiens pour durcir le statut des Juifs. Il n'est pas de meilleur moyen pour discerner le raisonnement de Vallat que de le suivre dans sa tâche.

Un des aspects les plus épineux de la recherche d'une définition du Juif était le rôle de la religion. De fait, Vallat fit d'elle un critère plus important de la judéité dans le nouveau statut des Juifs du 2 juin 1941 qui lui est dû, que dans le premier statut d'octobre 1940. Le texte de 1941 ne prévoyait qu'un mode de preuve de la non-judéité : « La preuve de l'adhésion à l'une des autres confessions reconnues par l'État avant la loi du 9 décembre 1905. » Cette clause l'exposa aux critiques des extrémistes de Paris ; Vallat s'empressa d'expliquer que l'exclusion religieuse ne s'appliquait qu'aux personnes qui n'avaient que deux grands-parents juifs. Dans le cas où trois grands-parents ou plus étaient juifs, comme dans le premier statut d'Alibert, un Juif était un Juif, quel que fût son statut confessionnel. Comme Vallat l'expliqua dans une interview à un journaliste de l'A.F.I.P. le 3 février 1942, « un baptisé ou un fils de baptisé est juif » s'il a trois grands-parents qui le sont. Dans ce cas, écrivait-il à la même époque dans un mémorandum à usage interne, le fait que l'un ou l'autre des grands-parents se soit converti au christianisme n'avait pas d'importance. Ils demeuraient des « agents de transmission de la tradition juive. Peu importe qu'ensuite il (le grand-parent) se soit converti à une autre religion, car il est de race juive, et son fils ou petit-fils a reçu de lui l'imprégnation juive[42]. » On aurait pu s'attendre à ce que Vallat, fervent catholique, suivît l'Église, pour laquelle le sacrement du baptême l'emportait sur tout le reste. Il n'en fut pas ainsi. Pour Vallat, l'hérédité était plus forte que le baptême. C'est seulement dans le cas où deux grands-parents ou moins étaient juifs, que le baptême devenait décisif. Même ici, Vallat durcit encore le statut d'Alibert en exigeant une preuve du baptême antérieure au 25 juin 1940 et non simplement antérieure à la date du statut. Chez Vallat, la

crainte des conversions abusives était plus forte que l'orthodoxie catholique.

Le catholicisme de Vallat était du moins assez ancré pour
régler rapidement le cas des non-croyants. En réalité, la loi
n'admettait que le baptême comme preuve de non-judéité. Le
pasteur Marc Bœgner, pendant l'été 1941, souleva la question
de certains « Juifs de race » qui, depuis plusieurs générations
« se sont établis dans une incroyance que la loi française
semblait autoriser ». La raison d'État prédomine dans la
réponse de Vallat : si l'on ne s'en tient pas fermement à la
définition de la loi, écrivit-il à Bœgner, une foule de Juifs se
déclareront libres-penseurs[43].

Deux mois plus tard, Vallat opta à nouveau pour une
interprétation stricte de la détermination de la race. Un
groupe d'environ 250 Russes résidant en France, les Karaïtes,
qui n'étaient pas reconnus comme Juifs par les Allemands sur
la base de considérations complexes, d'ordre historique et
religieux, furent finalement considérés comme Juifs par
Vallat parce qu'ils étaient « imprégnés d'esprit juif ». La
décision de Vallat fut une fois de plus fermement appuyée sur
l'antisémitisme d'État. Laisser les Karaïtes échapper à l'emprise du principe racial « aurait pour conséquence,
expliquait-il, de nous forcer à examiner le cas des Juifs
provençaux et alsaciens qui se prétendent fils de Celtes
convertis à la loi mosaïque avant l'arrivée d'apôtres catholiques en Gaule[44a] ». Lui et ses subordonnés réagirent de la
même manière à l'appel des deux autres petits groupes qui
revendiquaient l'exemption des lois antisémites : des Juifs
géorgiens vivant à Paris, étroitement liés à leurs concitoyens
chrétiens émigrés, et les Djougoutes, Juifs d'Asie centrale. Ici
encore, le Commissaire général adopta une position plus
sévère que les nazis[44b]. Il était clair que Vallat voulait que les
lois fussent appliquées. Dans ce but, il était prêt à l'occasion,
à infléchir les définitions existantes du Juif, qu'elles fussent
raciales ou historiques, selon les nécessités administratives.

De fait, la race et la religion étaient inextricablement

mêlées dans la définition que Vallat donnait du Juif. Les Juifs étaient plus qu'une race, disait-il aux stagiaires d'une école d'Uriage au début de 1942 ; autour d'un « noyau racial important », il y avait « une marge » de populations « imprégnées d'esprit juif », comme les 80 000 observants juifs d'Abyssinie. L'important, était, pour Vallat, que l'« esprit juif » était héréditaire. Citant Bernard Lazare comme référence autorisée, il déclarait que le Juif était « un type confessionnel : tel qu'il est, c'est la loi et le Talmud qui l'ont fait plus fort que le sang ou les variations climatiques ; ils ont développé en lui les caractères de l'imitation que l'hérédité a perpétués[45] ».

Si inconsistantes que fussent ces remarques néolamarckiennes du point de vue anthropologique, elles montrent comment la logique de la politique de discrimination de Vichy et de son intensification contraignait Vallat à entrer de plus en plus profondément dans un racisme de fait fondé sur la raison d'État. À l'automne 1941, il fut conduit à délivrer des « certificats de non-appartenance à la race juive ». Dès que la législation antisémite française commença à produire ses effets, certaines personnes se trouvant dans des situations ambiguës réclamèrent un moyen de prouver qu'elles n'étaient pas juives. En outre, Darlan fut informé le 1er juillet 1941 que les Allemands exigeaient lors du franchissement de la ligne de démarcation un certificat de « pur aryanisme » des voyageurs se rendant en zone occupée. Pendant l'été, on délivra quelques certificats, mais ceux-ci étaient appelés des « certificats de non-appartenance à la religion juive ». Darlan convoqua une réunion afin d'arrêter les moyens selon lesquels le gouvernement identifierait officiellement les Juifs et les non-Juifs. Vallat voulait que le mot « Juif » ou « Juive » fût porté au tampon sur les cartes d'identité. D'autres manifestèrent leur désaccord. Finalement, Vichy s'aligna à la fois sur les exigences de la politique raciale allemande et sur celles qui résultaient de l'application de ses propres lois discriminatoires : en octobre 1941, le C.G.Q.J. commença à délivrer des « certificats de non-appartenance à la race juive ». Peu après, Dannecker tenta d'attacher un « expert » allemand des questions raciales aux services de Vallat pour contrôler la délivrance de ces certificats. Pour y parer, Vallat demanda au Dr George Montandon, ethnologue suisse raciste, charlatan, de faire partie de ses services[46]. Montandon semble être resté plutôt isolé dans le C.G.Q.J. de Vallat, mais avec lui y étaient entrées les formes les plus sommaires de la phrénologie et des mensurations crâniennes.

Pendant toute la durée de ses fonctions, Vallat continua à essayer de durcir le statut des Juifs. Il s'inquiétait de voir des tribunaux indulgents appliquer mollement le statut, « profondément enracinés qu'ils sont dans une culture juridique encore héritière du vieil individualisme d'autrefois », et en constatant l'existence d'interprétations « tendancieuses » du travail du C.G.Q.J., qui créaient autour de lui une « ambiance défavorable[47] ». Il consacra tous ses efforts à rédiger un nouveau texte qui, au moment où il abandonna ses fonctions, en mars 1942, avait été examiné par ses collègues, approuvé par l'amiral Darlan et étudié par le Conseil d'État. Ce troisième statut des Juifs, qui n'a jamais été publié, a été oublié depuis lors. La Haute Cour de Justice ayant omis de l'interroger à ce sujet en 1946, Vallat ne mentionne jamais ce signe supplémentaire de son zèle dans ses mémoires, publiées après la guerre. Le projet nous donne un aperçu final de l'image du Juif que se faisait le Commissaire, et de sa propre mission d'activiste antisémite. Dans l'exposé des motifs, Vallat affirme être parvenu à une nouvelle « idée directrice » d'un antisémitisme spécifiquement français. Ni le critère de la race ni celui de la religion n'ont été concluants ; la race, dit-il, était une « tautologie » ; la religion menait à de fausses conventions. Vallat pensait qu'une nouvelle jurisprudence pouvait se fonder sur la tradition nationale. À son avis, les cas les plus simples, où une majorité d'ascendants étaient « de race juive », étaient déjà réglés par le statut des Juifs existant. Le cas où les deux grands-parents seulement étaient juifs et

— catégorie nouvelle — les cas de « continuité d'ascendance juive » où l'ascendance juive remontait sans interruption sur une seule ligne, n'avait cependant pas mis fin aux difficultés. Dans ces cas limites, selon le raisonnement de Vallat, « la tradition juive et la tradition nationale sont en quelque sorte à égalité d'influence au point de vue familial ». Ici tout dépendait du choix de l'« atmosphère morale » fait par chacun, par exemple, la décision d'adhérer à une autre religion ; toutefois, même dans ce cas, si un converti était marié à une Juive, le converti serait encore considéré comme Juif parce que « la tradition juive pourrait devenir prépondérante dans le ménage ».

Pour la résolution de ces cas difficiles, Vallat estimait que la présomption d'innocence, traditionnelle en justice, tendait à « déjudaïser » beaucoup de Juifs authentiques. Pourtant il n'osait guère imposer à l'accusé la charge entière de la preuve. Son troisième statut proposait de partager celle-ci : si l'État pouvait fournir un « commencement de preuve » de la judéité, il incomberait au défendeur de prouver le contraire.

Et Vallat de conclure : le problème juif est « un conflit entre la tradition nationale française et une tradition juive inassimilable, et l'on sera conduite *(sic)* à partir de cette idée qu'est juive toute personne qui manifeste soit par des signes décisifs soit en raison de présomptions suffisamment graves la présence ou la persistance de la tradition juive ».

Vallat voulait, à sa manière, éliminer totalement la culture juive de la France : les étrangers par l'émigration, les Français de naissance par l'exclusion et les demi-Juifs par l'assimilation. Mais il n'acceptait la possibilité d'une assimilation authentique que dans les cas où deux grands-parents au moins étaient juifs. Et même là, l'assimilation signifiait un abandon si total de la culture juive que le souvenir même en aurait disparu.

Vallat se considérait comme un « antisémite sérieux ». Cela signifiait d'une part qu'il ne voulait pas compromettre son programme en acceptant les plans plus extravagants des ultras de Paris, ou les mesures allemandes qui susciteraient la sympathie des Français pour les Juifs. Cela signifiait aussi qu'il était résolu à durcir au maximum le programme antijuif du gouvernement : « En période de révolution », écrivait-il au conseiller de Darlan, Henri Moysset, le 7 février 1942, après que l'amiral eut exprimé quelques préoccupations au sujet du zèle de Vallat, « il vaut mieux se tromper au-delà qu'en-deçà ». Naturellement, il ne fallait pas donner aux Juifs l'occasion de « crier à la persécution. Je ne cesse de protester auprès des autorités occupantes contre des mesures qui n'ont pour résultat que de faire plaindre le "pauvre Juif". Mais j'attire votre attention sur la nécessité de tenir la bride serrée au cou des Juifs de la zone libre[48]. »

Un activiste à l'œuvre : Xavier Vallat

> Les déclarations ont servi à la rédaction de fiches spéciales qui furent centralisées à la Direction générale de la Police nationale. Tous les Juifs français et étrangers résidant en France sont ainsi connus des services de police... La mise en œuvre intelligente [du recensement de 1941] par les services centraux de la Police nationale, aidés des administrations préfectorales et municipales, a permis de réaliser en une unique étape l'opération que l'autorité militaire allemande n'a mené [*sic*] à bien qu'en s'y prenant à deux reprises. En une seule fois, l'administration française a recensé les personnes et les biens juifs.
>
> Henry BAUDRY et Joannès AMBRE (1942)[49].

Xavier Vallat s'installa avec assurance dans les bureaux trouvés pour le nouveau commissariat général aux questions juives à l'hôtel d'Alger, à Vichy, à la fin du mois de mars 1941. Il allait montrer aux Allemands que les Français pouvaient concevoir et exécuter un programme antijuif adapté à la France, et les conduire ainsi à retirer leurs ordonnances antijuives concernant la zone occupée. À leur place, les services français mettraient en œuvre un programme antijuif unifié et français dans l'ensemble du pays, en toute souveraineté, et réaliseraient une œuvre meilleure que les autorités occupantes, taxées de maladresse.

Les premières rencontres de Vallat avec des responsables allemands de haut niveau à Paris, les 3 et 4 avril, firent apparaître de part et d'autre une prudente réserve. Après tout, les Allemands n'avaient appris sa nomination que par la presse, et des frictions s'étaient produites lorsque Vallat s'occupait de la Légion française des combattants. Vallat, pour sa part, avait nourri, sa vie durant, de la méfiance à l'égard des Allemands.

Lorsque le nouveau Commissaire s'assit le 4 avril à la table du général von Stülpnagel à l'hôtel Majestic à Paris, le Dr Werner Best, chef d'état-major civil de Stülpnagel, révéla que les Allemands pensaient maintenant à débarrasser complètement l'Europe des Juifs (« Entjüdung ») au moyen d'une solution définitive (« letzter Lösungen »). Il allait être essentiel à présent, dit-il, d'expulser tous les Juifs étrangers de la zone occupée et d'interner de trois à cinq mille des Juifs les plus indésirables de toutes nationalités qui s'y trouvaient. Les Français pouvaient-ils y aider ? Vallat, se souvenant peut-être des protestations véhémentes du gouvernement contre l'expulsion par les Allemands, au cours de l'automne et de l'hiver précédents, de réfugiés vers la zone sud, déjà surpeuplée, et sensibilisé par les années 30 à la crainte d'une arrivée très gênante de nouveaux réfugiés, s'empressa d'expliquer que l'expulsion (« Ausweisung ») et l'internement (« Internierung ») n'étaient aucunement de son domaine. C'était l'affaire du gouvernement et de la police et les autorités allemandes devaient s'adresser à eux.

Cependant, la troisième exigence du Dr Best — à savoir l'application systématique dans la zone occupée de la législation française qui excluait les Juifs de la vie publique et de l'économie françaises — convenait en tous points aux plans de Vallat. Il dit qu'il désirait se tenir en contact permanent avec les Allemands à cette fin. Selon ses explications, le maréchal Pétain lui avait confié trois tâches : élargir le statut d'octobre 1940 pour y inclure les professions libérales et le monde des affaires ; contrôler l'aryanisation *(sic)* de l'économie de façon à empêcher les abus qui pourraient fournir un appui à la propagande projuive ; examiner la grave et difficile question des Juifs d'Afrique du Nord (pour laquelle les Allemands ne manifestaient pas le moindre intérêt). En menant à bien cette triple tâche, expliquait Vallat, il lui faudrait tenir compte des susceptibilités particulières des Français, de leur « sentimentalité » et de leur sens de l'équité (« Gerechtigkeitsgefühl »). Les anciens combattants notamment devaient être exemptés. Sinon, la persécution ne ferait que susciter la sympathie pour les Juifs en France et l'impression que les Allemands voulaient imposer l'antisémitisme aux Français. Cependant, si l'on gardait présents à l'esprit les sentiments de ceux-ci et si les Allemands étaient assez avisés pour éviter les fâcheux opportunistes (« unerfreuliche Konjunkturritter ») qui se présentaient comme chasseurs de Juifs à gages — ici Vallat saisit l'occasion de mettre les Allemands en garde contre ses principaux adversaires parisiens, comme le journal *Au Pilori* —, alors « on pourrait aller de l'avant de façon plus radicale contre les Juifs[50] ».

Werner Best fut déçu ; il le dit le lendemain au spécialiste antijuif de l'ambassade, Carl-Theo Zeitschel. Quand il avait appris que Vallat était nommé Commissaire général aux questions juives, il avait espéré que « tous les problèmes juifs seraient résolus de ce côté ». Mais Vallat avait refusé « la partie désagréable » c'est-à-dire les expulsions et l'internement[51]. Les Allemands croyaient avoir expliqué à Vallat ce qu'ils attendaient de lui. Vallat croyait leur avoir expliqué les limites de la politique de Vichy. Mais aucune des deux parties n'avait dévoilé ses objectifs ultérieurs. Le Dr Best et le MBF continuaient à être désireux avant tout d'expédier un plus grand nombre de Juifs dans la zone non occupée. Vallat voulait faire échapper aux Allemands les biens des Juifs en zone occupée. Pour le moment, il paraissait y avoir assez de terrain commun pour laisser encore dans l'ombre ces ambiguïtés. Comme Otto Abetz le rapporta à Berlin, les sentiments du maréchal Pétain imposaient de procéder par étapes en France, et les Allemands devraient se satisfaire de Vallat qui, après tout, avait mené la campagne antisémite contre Léon Blum en 1936[52].

La première tâche de Vallat fut de présenter une nouvelle législation qui non seulement serait adaptée à la situation française, mais aussi s'avèrerait acceptable pour les Allemands, de sorte qu'elle puisse se substituer à leurs ordonnances dans la zone occupée. Son nouvel ensemble de mesures législatives contenait trois éléments majeurs. Le premier était un nouveau statut des Juifs, daté du 2 juin 1941[53] et remplaçant le premier statut, dû à Alibert, du 3 octobre 1940 (voir le texte de la loi du 2 juin 1941 en annexe, p. 614). Alors que ce dernier texte avait été rédigé à la hâte, le deuxième statut fut soigneusement préparé au cours des conseils des ministres de mai, le ministre de la Justice, Joseph Barthélemy, lui apportant des améliorations techniques. C'était une initiative proprement française sans intervention directe des Allemands ; il ne s'agissait pas simplement d'une révision du premier statut, mais d'un nouveau texte, fondé sur l'expérience des sept premiers mois d'antisémitisme officiel comme sur « l'étude des mesures prises à l'étranger ». Il était destiné à combler les lacunes de la loi précédente aussi bien qu'à prendre en compte les mesures allemandes plus récentes concernant les biens des Juifs dans la zone occupée. Car cette loi était destinée à « l'ensemble de la France[54] ».

Selon l'appréciation dans laquelle Vichy se complaisait, la « sévérité » plus grande des interdictions était équilibrée par « des dérogations plus libéralement prévues » que dans le statut de 1940. L'élimination des Juifs de la fonction publique, « l'objet principal du premier statut », ayant été accomplie, il ne fallait ajouter que quelques catégories d'emplois publics interdits aux Juifs. Le nouveau statut précisait ensuite « le rôle qu'il convient désormais d'attribuer à leur activité privée dans le domaine de l'Économie nationale[55] ». Cette clause ouvrait la voie à une épuration massive des professions libérales, du commerce, de l'artisanat et de l'industrie. Le premier statut avait annoncé l'imposition d'un « numerus clausus » dans les professions libérales ; ce projet fut désormais mis en œuvre par une série impressionnante de décrets d'application entre juin et décembre 1941. Le nombre des Juifs fut limité à 2 % dans une profession après l'autre : médecine, barreau, pharmacie, etc. Le nombre des étudiants juifs dans les établissements d'enseignement supérieur était limité à 3 %[56]. Le nouveau statut renforçait les clauses du statut de 1940 qui excluaient les Juifs des activités ayant trait au transfert des capitaux, à la publicité ou aux moyens d'information. Le ministre de la Justice, Joseph Barthélemy, entreprit de défendre cette intensification du programme antijuif. « [Les Juifs] » refusent depuis des siècles de se fondre dans la communauté française... Le gouvernement français ne prétend pas assimiler les Juifs de force... (il) ne les expulse pas. Il ne les prive pas de moyens d'existence. Il leur interdit seulement les fonctions de directeur de l'âme française ou des intérêts français[57]. »

Pour contrebalancer ces restrictions, le second statut prévoyait des dérogations un peu plus libérales, dont on fit grand bruit ; mais Vallat ne mentionna jamais ces concessions apparentes sans promettre en même temps d'être « très sévère » pour les octroyer. Le premier statut, outre la latitude générale pour les anciens combattants juifs d'occuper certains emplois publics subalternes, avait prévu des exemptions individuelles particulières uniquement pour des services « littéraires, scientifiques ou artistiques » exceptionnels. Le nouveau statut permettait également des dérogations spéciales sur la base de la situation familiale ; c'était le cas de ceux dont la famille était établie en France depuis au moins cinq générations et qui avaient rendu à la France des services exceptionnels. La famille immédiate des Juifs morts à la guerre se voyait octroyer les mêmes exemptions que les anciens combattants. Cependant et comme auparavant, ces dérogations générales en faveur des anciens combattants et de leurs familles ne rétablissaient que le droit d'occuper des postes subalternes dans les services publics et certaines professions. Comme l'expliquait le résumé des délibérations du gouvernement, l'idée était d'accorder quelques faveurs « à ceux dont les familles comptent trois générations de combattants : 1870, 1914, 1939 ». Observation étrange, « les Juifs d'origine séphardique, dont la famille est venue d'Espagne en France à l'époque de Henri II *(sic)* pourront en bénéficier ». De la même manière, quelques concessions accordées aux familles de ceux qui étaient morts à la guerre permettraient « de régler certaines situations pénibles[58] ».

En fait, seul un petit nombre de Juifs privés de leur emploi par le premier statut le retrouvèrent grâce au second[59a]. Mais il faut lire le texte en détail pour apprécier la mesquinerie de ses clauses. Le nouveau statut atteignait le sommet de la condescendance dans son geste timide en faveur des prisonniers de guerre juifs. Ces malheureux ne se trouveraient affrontés à toutes les rigueurs de la loi qu'après leur retour des camps allemands ; leurs familles proches gagneraient un peu de temps — la loi ne s'appliquerait à elles que deux mois après la libération du prisonnier. Vallat tint sa promesse faite devant la presse d'être « très sévère » dans l'application de ces dérogations un peu plus libérales. Les abondants dossiers de cet homme intensément résolu et de l'examen de chaque cas par le Conseil d'État montrent bien qu'elles ne furent accordées qu'avec une extrême parcimonie[59b].

Le second élément était le recensement détaillé de tous les Juifs de la zone non occupée[59c] — démarche grave qui heurta profondément l'opinion juive et qui devait avoir plus tard des conséquences fatales lorsque les Juifs furent l'objet des rafles et des déportations. C'était, à bien des égards, une nouvelle étape. La religion ou le caractère ethnique ne faisaient pas partie de l'état civil en France depuis près de soixante-dix ans, bien que certaines données incomplètes sur les Juifs aient été rassemblées lors du recensement général de 1941[60]. Les Allemands avaient exigé le recensement des Juifs de la zone occupée par l'ordonnance du 27 septembre 1940, et la police française avait établi avec promptitude et efficacité un fichier complet des Juifs de Paris sous la supervision d'André Tulard. Mais en zone non occupée, cette mesure constituait une menace inattendue.

Dans un délai d'un mois (finalement prolongé jusqu'au 31 juillet), tous les Juifs devaient faire en personne une déclaration détaillée. On ne leur demandait pas seulement d'énumérer leurs enfants, leurs parents, leurs grands-parents, leur appartenance religieuse, leur niveau d'instruction, leurs services militaires et leurs activités professionnelles. Le recensement, se faisant menaçant, enquêtait aussi sur les détails les plus privés de l'activité économique : énumération de tous les biens, revenus, dettes, etc.

L'idée de recenser le nombre et la puissance économique de tous les Juifs de France s'était fait jour dans des pamphlets antisémites dès 1898 avec La Tour du Pin[61]. Vallat lui-même proposa un tel recensement dès qu'il devint Commissaire. Il comptait s'en servir aussitôt dans sa politique toujours plus activiste à l'encontre des Juifs. Le gouvernement de Darlan l'appuya de tout son poids. Henri Chavin, secrétaire général pour la police au ministère de l'Intérieur, souligna son importance dans une circulaire aux préfets le 12 juillet : « J'appelle tout particulièrement votre attention sur l'importance qui s'attache à ce que ce recensement, mesure d'ordre public, soit effectué avec soin et contrôlé par tous les moyens en votre pouvoir[62]... » La police, les administrations préfectorales et municipales furent toutes engagées dans l'opération. Aucun Juif n'était dispensé de se déclarer — même ceux qui étaient exemptés d'autres lois. La loi du 2 juin 1941 sur le recensement des Juifs punissait toute infraction à ses dispositions de peines d'emprisonnement et d'amende, « sans préjudice du droit pour le préfet de prononcer l'internement dans un camp spécial, même si l'intéressé est Français » (voir le texte de la loi en annexe, p. 623).

La troisième partie du programme législatif de Vallat étendait à la zone libre l'« aryanisation » des entreprises et des biens juifs. La loi du 22 juillet 1941[63] fut la mesure la plus grave prise jusqu'alors par Vichy à l'égard des Juifs, et la première à susciter une opposition sensible à l'intérieur du gouvernement lui-même (voir le texte de la loi en annexe, p. 624). D'une part, la loi d'aryanisation, comme le statut et le recensement, s'appliquait sans discernement aux Juifs français et aux Juifs étrangers. D'autre part, elle violait la promesse souvent faite par Vichy de ne toucher « ni aux personnes ni aux biens ». Elle donnait à l'État le pouvoir de placer tous les biens des Juifs entre les mains d'un « administrateur provisoire » non juif, qui avait l'autorité voulue pour les liquider s'ils étaient jugés inutiles pour l'économie française, ou pour les vendre à un acquéreur non juif. Le recensement du 2 juin avait déjà fourni au gouvernement des informations détaillées sur les biens juifs ; la loi du 22 juillet conférait à l'État le pouvoir de les confisquer. Le plus grave était que cette loi engageait l'administration française encore plus profondément dans la spoliation, instaurée par les Allemands, des biens des Juifs déjà en cours dans la zone occupée. En un marché néfaste et décisif, Vallat proposait d'obtenir, pour Vichy, le droit d'étendre à l'ensemble du pays, y compris la zone occupée, un programme antijuif désormais unifié, acceptant en contrepartie de « toucher aux biens » en zone non occupée.

Le rôle de la France dans l'aryanisation n'était évidemment pas une nouveauté dans la zone occupée. Lorsque les Allemands avaient exigé que toutes les entreprises juives de la zone occupée fussent marquées d'un signe spécial et placées dans les mains d'un administrateur (ordonnances du 27 septembre et du 18 octobre 1940), il avait exprimé le désir et le besoin de l'aide des services administratifs français. Comme l'avait expliqué à Abetz le 28 septembre Martin Luther, sous-secrétaire d'État au ministère des Affaires étrangères, Vichy devait exécuter les mesures contre les Juifs dans les territoires occupés de telle sorte que les Français en « portent la responsabilité en cas d'échec[64] ». Le Dr Elmar Michel, chef de la section économique du MBF, indiqua dans une circulaire du 1er novembre que les Allemands n'avaient ni le personnel voulu ni l'envie de spolier les Juifs de France à leur profit exclusif. Les Français devaient participer pleinement à l'aryanisation. Aussi longtemps que des intérêts allemands spécifiques n'étaient pas en jeu, les biens juifs iraient aux Français. L'administration française participerait au choix des administrations provisoires. « Le but est, en principe, de remplacer les Juifs par des Français pour faire participer de cette façon également la population française à l'élimination des Juifs et pour éviter l'impression qu'uniquement des Allemands veulent se mettre à la place des Juifs[65]. »

Vichy ne pouvait pas savoir que la politique allemande consistait à laisser la plus grande partie des biens juifs de France aux mains des Français, sauf là où des intérêts allemands exceptionnels étaient en jeu. La poignée d'exceptions flagrantes suffisait à susciter les plus grandes préoccupations. La première réaction française, consistant à se tenir à l'écart de l'aryanisation[66], fit rapidement place à un effort pour introduire une participation de l'administration française dans ce processus. La création en octobre 1940 d'un service français pour contrôler l'aryanisation dans la zone occupée — le service de contrôle des administrateurs provisoires, ou S.C.A.P. — fut un pas important dans cette direction. En 1941, l'évolution des événements incita Vallat et Darlan à élargir cette participation. Vallat ne doutait pas que, comme il le dira aux stagiaires d'une école d'Uriage au début de 1942, les Allemands cherchaient à « s'infiltrer pour faire de la germanisation à travers l'aryanisation[67] ».

Le sort des biens artistiques en zone occupée rappela impitoyablement à Vichy ce qui pouvait arriver aux biens des Juifs en général. Le pillage des biens artistiques des Juifs en France fut l'œuvre de l'«Einsatzstab Rosenberg» et de ses associés, y compris Gœring, «pillard dans l'âme», comme l'écrit Jacques Delarue ; le «Militärbefehlshaber in Frankreich» n'avait pas grand-chose à dire en la matière. À la vérité, le MBF estima dans la suite que les intérêts allemands avaient perdu davantage en fait de réputation morale qu'ils n'avaient gagné en richesses lorsque les équipes de Rosenberg faisaient irruption dans les demeures privées et dans les musées, obligeaient à ouvrir les coffres-forts des banques, et emportaient les collections appartenant à des familles telles que les Rothschild, les Reinach, les David-Weill, les Wildenstein et d'autres[68]. Du côté français, de nombreux représentants de divers secteurs se joignirent aux protestations qui suivirent : les conservateurs de musées, le monde scientifique, le Secours national (pour lequel le gouvernement français comptait trouver des fonds par la vente des biens appartenant aux émigrés de juin 1940, comme les Rothschild), la Direction générale de l'Enregistrement, des Domaines et du Timbre (dont le directeur insistait sur le droit qu'avait *son* service de liquider les biens et d'en avoir la charge), le C.G.Q.J. (qui défendait *sa* priorité dans les affaires juives) et le secrétariat d'État à l'Économie nationale et aux Finances (parce que les objets d'art étaient supposés vendus «au profit de l'utilité publique»). Même le maréchal Pétain désirait disposer de quelques œuvres d'art juives. Il avait en vue les fresques du peintre espagnol José-Maria Sert, situées dans l'ancien château des Rothschild à Laversine, dont il voulait faire don au gouvernement espagnol[69].

Aucun des auteurs de ces protestations n'exprima d'objections sérieuses en voyant les collections arrachées à leurs propriétaires juifs ; l'argument était autre : «Les collections juives constituent une partie considérable du patrimoine artistique de la France», indiquait à Darlan au printemps

1941 Carcopino, secrétaire d'État à l'Éducation nationale[70]. L'essentiel n'était plus les Juifs, mais la défense, par patriotisme, du trésor national de la France. Ce qui poussait Vichy à un état proche de l'affolement était le sentiment de son impuissance. Alors que le MBF avait besoin des ressources administratives de la France pour la tâche difficile de l'aryanisation des entreprises, quelques dizaines de nazis équipés d'un camion pouvaient emporter des œuvres d'art — et ils le firent. Lorsque les services de Rosenberg condescendirent finalement, après des mois, à répondre aux protestations françaises, ils donnèrent aux Français une leçon cinglante d'antisémitisme élémentaire : les Juifs n'avaient pas de droits ; la guerre contre « la juiverie » de France n'avait commencé que grâce à la victoire allemande, et les Français devaient en être reconnaissants[71]. Le pillage des œuvres d'art appartenant aux Juifs était un rappel désagréable de la manière dont l'aryanisation pouvait devenir un début d'emprise, pour les Allemands, sur les postes de commande de l'industrie et de la finance françaises.

Limiter l'aryanisation à la zone occupée avait, comme le constata Vichy au printemps 1941, un autre inconvénient : l'exode des capitaux appartenant aux Juifs vers la zone sud. À mesure que des hommes d'affaires juifs essayaient d'échapper à l'aryanisation en transférant clandestinement leurs biens en zone non occupée, Vichy s'alarma de ce qu'il regardait comme une « invasion ». Les complications ne surgirent pas seulement au sujet des entreprises juives qui avaient des intérêts dans les deux zones, avec l'exigence menaçante du MBF d'étendre au sud les droits des administrateurs provisoires de la zone nord ; dans la zone sud, où il n'existait en 1940 qu'environ 5 000 Juifs, il y avait désormais une population que Vallat estimait au début de 1942 à 150 000, « des errants au sens total du mot... courant les campagnes », s'installant, eux-mêmes et leurs amis, amassant les provisions alimentaires et disloquant l'économie villageoise[72]. Après avoir dû recevoir une masse de réfugiés venant d'Allemagne à l'automne 1940, Vichy craignait maintenant d'en voir arriver une autre de la zone occupée.

En mai 1941, les ministres de Vichy préparèrent la riposte de l'État français contre ces diverses menaces, en marquant leur préférence pour le remplacement des ordonnances allemandes d'aryanisation par des mesures françaises. De Faramond, directeur du S.C.A.P., Pucheu et Bichelonne, secrétaire d'État et secrétaire général à la production industrielle, et Bouthillier, ministre de l'Économie nationale et des Finances, y prirent part ainsi que Vallat[73]. Le résultat fut la loi d'aryanisation du 22 juillet 1941 et une victoire personnelle pour Vallat. Bichelonne et Bouthillier avaient espéré l'un et l'autre réduire son autorité en attribuant le rôle principal aux ministères chargés de l'Économie, mais le S.C.A.P. fut rattaché au C.G.Q.J. le 19 juin 1941. Le garde des Sceaux, Joseph Barthélemy, eut des scrupules de dernière minute au sujet de l'aryanisation, avouant franchement que la violation cavalière du droit de propriété qu'elle impliquait était «contraire aux règles générales du droit français». Il finit cependant par s'incliner dans la conviction que les intérêts de «la politique générale» avaient plus de poids que son souci de la légalité[74a]. Vallat pressa l'élaboration du projet, en négocia les termes précis avec les dirigeants du MBF, et en présenta une première rédaction à Darlan au début de juillet[74b]. Si l'on peut s'en rapporter à ce que Vallat lui-même dit aux Allemands quelques mois plus tard, il donna au gouvernement l'assurance formelle que les Allemands abrogeraient leurs ordonnances lorsque Vichy adopterait le projet de loi[75]. Finalement, le gouvernement adopta le projet à l'unanimité comme il l'avait fait pour le reste de la nouvelle législation antijuive en juin 1941.

La loi fournissait une couverture juridique complexe et douteuse au pillage des biens des Juifs. Elle avait pour objet d'éliminer «*toute influence juive* dans l'économie nationale» (c'est nous qui soulignons). Elle permettait (sans toutefois l'y obliger) au Commissaire général de désigner à son gré des administrateurs à «*toute* entreprise industrielle, commerciale, immobilière ou artisanale; *tout* immeuble, droit immobilier ou droit au bail quelconque»; et, en certains cas, à «*tout* bien meuble, valeur mobilière ou droit mobilier quelconque» appartenant à des Juifs. Les administrateurs avaient le pouvoir non seulement d'administrer les biens des juifs dont le contrôle leur était confié, mais de les liquider si l'on estimait qu'ils n'apportaient rien à l'économie française, ou, dans le cas contraire, de les vendre à un acquéreur non juif. Le produit des liquidations ou des ventes devait être placé en comptes bloqués à la Caisse des dépôts et consignations au nom de leurs anciens propriétaires, mais sans aucune mention de leur futur emploi, fiction transparente pour couvrir un vol pur et simple. En réalité, les comptes bloqués n'appartenaient qu'en titre aux Juifs ainsi spoliés. Le Commissaire général disposait de leur emploi, et la loi ne l'obligeait à donner aux anciens propriétaires que la portion congrue pour assurer au Juif et à sa famille des secours alimentaires. En accord avec le style légaliste de l'«antisémitisme d'État» de Vallat, ce n'était pas la loi qui dépouillait. La loi autorisait l'autorité compétente à le faire en réalité, mais au moyen de procédures administratives régulièrement définies.

Les biens des Juifs devaient être vendus ou liquidés, comme le dit Vallat dans la suite, «dans des conditions d'honnêteté qui ne permettraient à personne de crier au scandale[76]». Certainement sincère sur ce point, il fut néanmoins rapidement déçu. Les scandales éclatèrent presque aussitôt et leurs échos résonnèrent souvent au-delà de 1944. Non seulement la corruption régnait à chaque étape du processus d'aryanisation, mais le programme lui-même enfermait Vichy dans des querelles sans fin. Peut-être l'aryanisation n'en a-t-elle pas été ralentie, mais Vichy le paya lourdement sur le plan politique. Le régime apparut de plus en plus au monde extérieur non seulement comme malhonnête, mais comme incompétent. Même pour ceux qui admettaient en principe de dépouiller les

Juifs de leurs biens, l'aryanisation avait mauvaise presse. La loi était de plus en plus compliquée dans ses clauses concernant la désignation des administrateurs provisoires, l'utilisation des fonds résultant des ventes et des liquidations, et l'ensemble de sa mise en œuvre. Dans une conférence de presse vers la fin de son mandat, Vallat dit aux journalistes que l'aryanisation impliquait dix-huit lois différentes, dix-huit décrets d'application pour la France métropolitaine, treize pour l'Algérie, cinq pour les colonies, plus un certain nombre de décrets spéciaux pour les questions mineures — soit au total soixante-sept textes comprenant trois cent quatre-vingt-dix-sept articles[77]. Et ce n'était pas tout. De plus, les Allemands n'abandonnèrent pas la partie. Leurs ordonnances restèrent en vigueur dans la zone occupée et ils importunaient sans cesse les Français pour qu'ils en fassent davantage dans la zone non occupée. Ils essayèrent d'outrepasser les dérogations accordées par Vichy, de remplacer les administrateurs nommés par lui et ils soutinrent un détournement de fonds à peine déguisé dans lequel plus d'un officier SS était impliqué. Tout cela était un terrain fertile pour les litiges et les pressions des groupes d'intérêts, comme on le verra au chapitre IV.

Son appareil législatif en place, le nouveau Commissaire général débordait d'énergie pour poursuivre son entreprise dirigée contre les Juifs. Vallat était partout, sur les talons des fonctionnaires trop lents à engager des poursuites ou trop dépourvus d'imagination pour trouver les domaines dans lesquels il fallait éliminer l'influence des Juifs. Il instaura un programme substantiel d'espionnage, avec interception du courrier et écoutes téléphoniques, pour contrôler les activités des Juifs. Il demanda à la police d'expulser les Juifs de la ville de Vichy, où leur « seule présence au siège du gouvernement était fâcheuse en soi[78] ». Ses services examinèrent la possibilité d'éliminer les œuvres des compositeurs juifs des programmes de Radio-Marseille (Mendelssohn et même Reynaldo Hahn pouvaient être exécutés, mais Darius Milhaud et

Jacques Ibert devaient être limités « au plus strict nécessaire »). « En ce qui concerne les compositions de musique légère, disait l'avertissement adressé au directeur des programmes, je vous serais obligé de bien vouloir me faire connaître la liste (des artistes) qui remplissent le plus régulièrement vos programmes[79]. »

La correspondance de Vallat déborde de signes de son attention pointilleuse aux moindres détails. Il s'astreignit à veiller à ce que cent vingt-neuf Juifs, écartés d'autres postes et autorisés à occuper des emplois inférieurs dans les P.T.T. d'Algérie, ne puissent avoir accès aux affaires concernant les télécommunications ; il s'efforça de faire un tri dans la manière dont les versements des compagnies d'assurances seraient faits aux Juifs dont la propriété était placée sous administration provisoire ; il appela l'attention sur les commerçants juifs qui avaient échappé, d'une manière ou d'une autre, à la désignation d'administrateurs provisoires[80]. Vallat poursuivit ses efforts pour que les cartes d'identité des Juifs portent la mention « Juif », malgré l'opposition de René Bousquet, secrétaire général pour la police au ministère de l'Intérieur, qui faisait observer que même les Allemands n'étaient pas allés aussi loin[81]. Conformément à son légalisme rigoureux et à ses efforts tendant à rendre étanche sa définition de la judéité, il fit de remarquables efforts pour découvrir les faux certificats de baptême et pour pourchasser les Juifs qui se faisaient passer pour non-Juifs[82].

Un tel zèle ne se limitait pas à la France métropolitaine. En août 1941, Vallat transporta lui-même son programme antisémite en Afrique du Nord. La législation de Vichy avait déjà été étendue à l'Algérie dès sa publication ; après la tournée de Vallat, un fonctionnaire supplémentaire, Franceschi, fut nommé à la tête d'un service algérien d'aryanisation. Le 17 novembre, Franceschi demanda de porter ses services de soixante à deux cent trente agents, le coût de l'opération étant à financer sur les bénéfices résultant de l'aryanisation. Au Maroc, un dahir royal du 5 août 1941 étendit au pays la loi du 2 juin 1941, juste avant l'arrivée de Vallat, et le Commissaire général rendit un hommage public à l'effort de coopération du Sultan[83]. Quelques mois plus tard, de nouveaux décrets portèrent le recensement des Juifs jusqu'aux frontières les plus éloignées de l'empire : Saint-Pierre-et-Miquelon, la Guyane et les Antilles[84]. Rien n'était négligé dans cette chasse aux Juifs pour les dénombrer, les contrôler et les dépouiller de leurs biens.

En dépit de l'image qu'il préférait donner de lui, celle de Vallat l'Incorruptible, le Commissaire général céda souvent à l'esprit de vengeance. Les noms de Juifs éminents furent radiés de la Légion d'honneur. Bernard Lecache, ancien président de la L.I.C.A., important organisme de combat contre l'antisémitisme avant la guerre, qui était Français de plein droit depuis 1905, se vit retirer sa naturalisation, avec d'autres Juifs ennemis de l'« ordre nouveau[85] ». Même des non-Juifs furent victimes du C.G.Q.J. : Ernest Mercier, industriel et technocrate, antinazi déclaré, était marié à une Juive. Le bureau de Paris du C.G.Q.J. le poursuivit pendant les années 1941 et 1942, exigeant la preuve de sa « pure ascendance aryenne[86] ».

Au milieu de ce bouillonnement d'activité administrative, Vallat continua à s'occuper de la rédaction des textes législatifs pendant l'automne et l'hiver 1941. Il y avait à cela trois raisons. En premier lieu, le Commissaire général ne pouvait supporter l'idée que même un petit nombre de Juifs puissent échapper à la pleine rigueur de la loi. Quelque soin qu'il ait apporté à aiguiser, à affiner la définition juridique du Juif, certaines personnes, aidées par des circonstances exceptionnelles et la complaisance exceptionnelle d'un juge, arrivaient à y échapper. Il y avait ainsi le problème des enfants naturels d'étrangers : il n'était pas possible d'établir l'appartenance raciale de leurs grands-parents. Vallat avait un autre souci : certains pratiquaient la religion juive et n'étaient pas juifs devant la loi. Le statut devait être perfectionné, pour atteindre tous les Juifs sans exception.

En second lieu, Vallat n'avait pas achevé de réglementer le rôle des Juifs dans l'économie, tâche dont la nécessité, comme il l'avait écrit au maréchal en mai, devenait « encore plus impérieuse par l'accroissement de leur nombre [les Juifs] dans la zone libre[87] ». En particulier, le statut des artisans et des petits entrepreneurs juifs demeurait ambigu, aussi bien que la position des Juifs dans l'agriculture. La troisième raison était peut-être la plus pressante : le projet tendant à faire rapporter les ordonnances allemandes n'aboutissait pas, les services allemands de Paris trouvant à redire à l'arsenal des lois antijuives de Vichy tel qu'il existait.

Il était assez simple de compléter l'arsenal des mesures restrictives de nature économique dirigées contre les Juifs. Le 17 novembre, une nouvelle loi ajouta encore à la liste des exclusions d'autres professions et métiers, alignant Vichy sur les exclusions très étendues imposées en zone occupée par une nouvelle ordonnance allemande du 26 avril 1941. Désormais les Juifs ne pourraient être engagés, sauf dans les emplois subalternes ou manuels, dans la banque, l'armement, le démarchage, la publicité, les prêts de capitaux, la négociation des fonds de commerce, les transactions immobilières, le courtage, la commission, les commerces de grains, de céréales, de chevaux, de bestiaux. Ils étaient également exclus du commerce des antiquités, de l'exploitation des forêts, des concessions de jeux, de l'information, de la presse périodique (sauf pour les publications de caractère strictement scientifique ou les publications confessionnelles juives), de l'édition, du cinéma, du théâtre ou de la radiodiffusion[88]. Une autre loi du 17 novembre leur interdit de détenir des terres autres que celles qui étaient comprises dans l'exploitation agricole qu'ils mettaient en valeur[89]. Tout au long de cette période, Vallat travaillait en outre à l'ébauche de son troisième statut des Juifs, déjà mentionné. Il prépara aussi un statut des artisans et des commerçants qu'il soumit aux Allemands en novembre. Le principe de base en était qu'on pouvait permettre aux Juifs d'exercer un métier d'artisan s'ils travaillaient seuls ou en coopérative, mais qu'ils ne pouvaient avoir de salariés, ni posséder ou diriger une société à responsabilité limitée, « ce fléau du capitalisme[90] ». Le service économique du MBF examina ce texte en détail pendant l'hiver, refusant son approbation, tandis que Vallat l'appliquait discrètement, à titre officieux, dans la zone non occupée.

Comme l'exclusion des emplois et de toute une série de professions et l'aryanisation des entreprises commençaient à ruiner de plus en plus de Juifs, ainsi rendus improductifs, le problème de leur couverture contre les risques sociaux essentiels devint aigu. Vallat n'avait pas l'intention de permettre à ses victimes d'être à la charge de l'État. L'article 22 de la loi du 22 juillet 1941 stipulait déjà qu'une partie des sommes provenant notamment de la vente ou de la liquidation des biens juifs constituerait un fonds de solidarité destiné à venir en aide aux Juifs indigents, dont le nombre ne faisait qu'augmenter.

Dannecker avait des idées un peu plus audacieuses pour faire payer aux Juifs leur propre spoliation. Depuis 1938, le RSHA avait perfectionné les moyens de forcer les Juifs à abandonner tous leurs biens lorsqu'ils émigraient d'Allemagne. Lorsque les routes de l'émigration furent fermées, on trouva d'autres expédients pour forcer les Juifs fortunés à subventionner les autres. Une technique caractéristique de la politique d'occupation allemande dans les pays conquis en Europe orientale consistait à instituer des « Judenräte », conseils juifs établis dans les ghettos pour assister les autorités d'occupation allemandes. Ils servaient à la fois à collecter ce qui restait des ressources des Juifs pour la subsistance de la population dépouillée de son travail rémunérateur, à permettre aux Allemands de faire l'économie de l'administration locale, et finalement à les aider dans l'exécution de leurs plans les plus sinistres — l'élimination totale des Juifs.

Dannecker voulait un « Judenrat » pour la France. Il pensait aux ressources des services de secours juifs, et il voulait les fusionner et les exploiter sur le modèle du

« Reichsvereinigung der Juden in Deutschland », organisme qui coordonnait sous le patronage nazi les services communautaires juifs depuis sa création en 1939. Il est évident que la situation française différait radicalement de celle de l'Allemagne ou de l'Europe de l'Est. Il n'y avait pas en France de ghettos comme en Europe orientale (bien que Dannecker pressât sans cesse d'y instituer des mesures telles que l'enseignement séparé, de façon à introduire la ségrégation des Juifs), et le contrôle direct de l'Allemagne était limité à la zone occupée. Même là, comme on l'a vu, les autorités allemandes n'avaient ni les effectifs voulus ni le désir de se passer de l'assistance des services français. Ici, comme pour d'autres aspects du programme antijuif des Allemands, il était essentiel de s'assurer de la coopération française.

Vallat résista aux pressions de Dannecker, qui voulait créer un « groupement obligatoire » des Juifs en France, jusqu'en août 1941, où ce dernier lui força la main. Tout en s'efforçant d'obtenir l'appui de Vichy pour son plan, Dannecker avait déjà commencé à travailler directement avec quelques dirigeants juifs qui étaient restés à Paris : quelques dirigeants du Consistoire qui agissaient en leur nom, et une nouvelle organisation philanthropique juive, le Comité de coordination des œuvres de bienfaisance israélites à Paris, dont il espérait qu'elle formerait le noyau d'un conseil juif français de grande envergure. Il amena aussi deux Juifs de Vienne, Israelowicz et Biberstein, pour équiper la « Section 14 » de son bureau, l'embryon d'un conseil juif central qui s'administrerait et se financerait lui-même. Lorsque Vallat vit que le dispositif de Dannecker prenait forme, il craignit de perdre le contrôle de fonds domiciliés à Paris tels que les avoirs de l'Alliance israélite universelle, qu'il estimait à un montant de 13 à 18 millions de francs[91]. Quand Dannecker annonça finalement qu'il procéderait le 25 septembre à l'installation de son propre conseil juif pour la zone occupée, Vallat accepta de présenter au gouvernement de Vichy le projet d'un tel conseil pour *les deux zones*, responsable envers Vichy plutôt qu'envers les Allemands. Le résultat fut l'Union générale des Israélites de France créée par la loi du 29 novembre 1941[92].

L'U.G.I.F. absorba tous les services philanthropiques et sociaux créés par les Juifs de France et les plaça sous une nouvelle structure administrative subordonnée au Commissariat général aux questions juives. Tous les Juifs résidant en France devaient payer des cotisations à l'U.G.I.F., qui était chargée officiellement de « la représentation des Juifs auprès des pouvoirs publics, notamment pour les questions d'assistance, de prévoyance et de reclassement social ». Bien qu'on ne trouve aucune trace d'opposition à cette mesure au sein du gouvernement, les notables juifs français furent consternés. Ils s'inquiétaient naturellement de l'usage qui pourrait être fait des avoirs des organisations philanthropiques juives. Ils trouvaient la définition des fonctions de l'U.G.I.F. dangereusement vague quant à ses fins, puisque ces fonctions étaient « notamment » mais non « exclusivement » affaire de service social. Quelles spoliations, quelles restrictions physiques le nouvel organisme pourrait-il être contraint d'entreprendre ? Certains notables juifs firent aussi valoir que les « Israélites français sont, par l'application de principes entièrement étrangers au génie de notre pays, traités par le gouvernement du maréchal exactement sur le même pied que les étrangers ou les apatrides ». Le titre même du nouveau service amalgamait les Juifs français et les Juifs étrangers — non pas « Israélites français » mais « Israélites de France ». Et « les Français y sont minorisés d'une façon inadmissible par rapport aux étrangers, aux apatrides et aux naturalisés de fraîche date ». Verser une cotisation à l'U.G.I.F. imposait aux Juifs français un sacrifice en faveur des « étrangers de passage[93] ». Chargé par le Consistoire central de marquer son opposition à la création de l'U.G.I.F., son président, Jacques Helbronner, tenta de s'assurer le concours de son collègue du Conseil d'État André Lavagne, chef du cabinet civil du maréchal Pétain, pour faire examiner par le Conseil d'État le texte concernant l'U.G.I.F. Lavagne promit son aide à

Helbronner, mais ses démarches plutôt hésitantes n'aboutirent à rien. En tout cas, Vallat écarta la proposition[94].

Une fois créée l'U.G.I.F., Vallat fit jouer un mélange d'enjôlement et d'intimidation pour enrôler un nombre suffisant de notables français dans ses deux conseils, un pour chaque zone. Il promit que les associations de philanthropie et d'assistance sociale pourraient conserver leur identité distincte au sein de la structure administrative de l'U.G.I.F., qu'il n'y aurait pas de lien officiel avec le Consistoire (Helbronner eut gain de cause au moins sur ce point), que le mot « enseignement » n'apparaîtrait pas dans l'énumération des fonctions de l'U.G.I.F. (l'enseignement séparé était redouté des Juifs français comme ouvrant la voie à la création d'un ghetto), et que le conseil de l'U.G.I.F. pour la zone sud serait indépendant de celui de la zone occupée. Reconnaissant que le mot « notamment » dans la liste des fonctions attribuées à l'U.G.I.F. créait une dangereuse échappatoire, il donna sa « parole d'honneur » que, du moins dans la zone sud, l'U.G.I.F. serait exclusivement chargée de l'assistance sociale. Vallat demanda aussi aux Allemands leur accord pour que les Français puissent nommer le conseil de l'U.G.I.F. et le contrôler dans les deux zones, et que les dirigeants de l'U.G.I.F. ne soient pas considérés comme des otages pour la communauté juive en cas de crise[95]. Finalement, il dut menacer, au cas où aucun notable juif français ne voudrait accepter une fonction dans l'U.G.I.F., de désigner d'autres personnes à ces postes d'influence comportant un pouvoir sur l'ensemble des organismes sociaux et d'entraide juifs. Ces pressions furent la cause d'une scission profonde dans les rangs des notables juifs français. La plupart des dirigeants du Consistoire restèrent sur la réserve ; René Mayer, Marc Jarblum, William Oualid et David Olmer refusèrent leurs services. André Baur accepta finalement de diriger le conseil de l'U.G.I.F. dans la zone occupée, avec l'assistance de Marcel Stora et de Georges Edinger, tandis qu'Albert Lévy, secondé par Raymond-Raoul Lambert, qui devait lui succéder dans la suite, prenait la tête du conseil de la zone sud[96].

L'U.G.I.F. avait à peine commencé à prendre forme que les Allemands donnèrent une démonstration frappante de la manière dont elle pouvait être utilisée à la fois pour punir les Juifs et porter atteinte aux intérêts français. À partir d'août 1941, plusieurs soldats et officiers allemands furent blessés ou tués par la Résistance ; parmi les divers actes de représailles décidés par les Allemands figura une amende d'un milliard de francs imposée à l'ensemble de la communauté juive de France (bien que rien n'ait indiqué que les auteurs fussent des Juifs) le 17 décembre 1941. C'était une somme énorme, beaucoup plus importante que tout le produit de l'aryanisation jusqu'à cette date, et il n'échappa nullement à Vichy que, tandis que le produit de l'aryanisation allait à la Caisse des dépôts et consignations, cet argent était destiné au Reich.

Utilisant l'outil que Vichy venait de leur mettre dans les mains, les Allemands ordonnèrent à l'U.G.I.F. de rassembler immédiatement la somme par les moyens qu'elle choisirait. Les Français étaient pris au piège. Une note du MBF fait un habile commentaire de la manière dont Vallat aussi bien que les Juifs étaient mis au travail pour l'Allemagne :

Il serait opportun de donner aux Juifs l'occasion de collaborer à la répartition proprement dite... L'organisme le plus qualifié pour cette tâche est l'Union générale des Israélites de France, qui vient d'être créée par la loi française sur la suggestion des Allemands. Il est vrai que cette Union est de date très récente et vient à peine de commencer son activité. Mais cette activité correspond aux intérêts des autorités allemandes, et ce serait pour l'organisme en question un grand soutien si l'on lui confiait, dès le début, une tâche aussi importante. En même temps, le Commissaire général aux questions juives sera introduit ainsi d'une manière appropriée, car l'Union est créée sous son autorité[97].

Vichy tenta de sauver ce qu'il pouvait. Le ministre des Finances fit pression sur les banques françaises pour obtenir qu'elles prêtent à court terme le milliard de francs à l'U.G.I.F. Celle-ci remboursa les banques en « empruntant » à une centaine de comptes « aryanisés » les plus importants à la Caisse des dépôts et consignations, quitte à répartir par la suite la charge dans la communauté juive tout entière (répartition qui semble n'avoir jamais eu lieu[98]). Tous les intéressés, sauf les Juifs dont les avoirs bloqués avaient été utilisés pour payer l'amende, s'arrangèrent pour se tirer d'affaire dans une certaine mesure. Vichy aida à resserrer l'étau par la loi du 16 janvier 1942, qui interdisait aux Juifs de la zone occupée de transférer leurs avoirs en France non occupée, où ils pourraient échapper aux saisies allemandes[99]. Vichy voulait protéger de la confiscation certains biens juifs parmi les plus importants au plan national, et espérait que les Allemands se contenteraient de ce qu'ils pourraient obtenir facilement[100a]. Le temps allait montrer que ce projet, lui aussi, était voué à l'échec.

La manière dont Vallat céda aux injonctions des Allemands au sujet de l'U.G.I.F. permet de penser que la combinaison de nationalisme, d'antisémitisme et d'orgueil personnel faussait son jugement sur les intentions des nazis. En tant que nationaliste, il ne pouvait pas plus accepter la direction des Allemands dans le domaine de l'antisémitisme qu'il ne pouvait se faire à la perte de l'Alsace-Lorraine. Comme tout le monde à Vichy, il voyait avec colère l'autorité des Allemands s'accroître dans la zone occupée ; plus que la plupart, il croyait que seuls les Français devraient y diriger le programme antijuif. Car, antisémite sa vie durant, il était fier de ses réalisations. Il pensait que le C.G.Q.J. et son chef avaient bien servi la reconstruction de la France et avaient posé les fondements d'un antisémitisme d'État qui était adapté à la situation et aux traditions françaises. Le défi porté par le jeune Dannecker le touchait de façon particulièrement vive. Peu habitué à admettre une direction extérieure dans sa longue campagne contre les Juifs, il admettait difficilement de rencontrer des antisémites plus dynamiques et consciencieux que lui.

De même que les généraux français ayant à affronter la

guerre éclair, Vallat ne pouvait comprendre l'impulsion funeste qui animait désormais les antisémites allemands. Il avait fini d'édifier son système. Les Allemands entraient maintenant dans une nouvelle phase. À l'expulsion (« Auswanderung ») qu'ils avaient envisagée depuis longtemps, ils ajoutaient désormais, à la fin de 1941, la ségrégation ou le ghetto (« Aussonderung[100b] »). Tandis que Vallat s'occupait de tenter une estimation du nombre total de dérogations à prévoir pour les anciens combattants, Dannecker le talonnait au sujet de l'enseignement séparé et de l'exclusion des Juifs de tout emploi exigeant un contact avec le public. Bientôt, à la fin de mars 1942, lorsque les espaces de la Russie s'ouvriraient devant eux, les Allemands enverraient les premiers convois de France vers Auschwitz. Emboîtant le pas à la sagesse politique de Vichy, Vallat pensait que les Allemands laisseraient les Français tranquilles si seulement Vichy manifestait assez de détermination. Légaliste à l'excès, il croyait que les lois françaises garantiraient les intérêts français. Il semble avoir été convaincu que l'U.G.I.F., ayant été créée par la législation française, augmenterait sa propre autorité en zone occupée, y réduirait le contrôle allemand sur les affaires juives et ne compromettrait pas les intérêts français au sud de la ligne de démarcation. Après tout, l'U.G.I.F. était sa création et non celle des Allemands. Ce fut sa dernière réalisation de Commissaire général.

Une impasse : l'émigration

> [M. Pinck, chef de la Sûreté nationale] me dit en effet que leur intérêt est le même que le nôtre, à savoir : assurer rapidement et sans entraves administratives les départs des internés[100c]...
>
> Une personnalité juive chargée de l'émigration,
> octobre 1941.

Tant que Vallat exerça les fonctions de Commissaire général aux questions juives, les plans de Vichy n'allèrent pas plus loin, en dernier ressort, que l'émigration du plus grand nombre possible de Juifs étrangers. C'était bien là pour tous les intéressés la voie la plus acceptable. Beaucoup de Juifs étrangers ne désiraient rien d'autre. Les Allemands aussi, jusqu'à l'automne de 1941, encouragèrent l'émigration des Juifs comme un principe général — avec toutefois une réserve majeure. Il préférèrent décourager l'émigration des Juifs des territoires occupés jusqu'à ce que leur éviction d'Allemagne fût complète, car ils craignaient qu'un exode massif vers une autre destination n'absorbât les rares moyens de transport et les visas d'entrée nécessaires aux Juifs allemands[101]. En tout cas, ils laissèrent les Français libres de mener leur propre politique sur l'émigration des Juifs, sauf en ce qui concernait l'application de la cause de la convention d'armistice relative au départ des hommes en âge de servir. En plus d'une circonstance, le MBF exprima son absence d'intérêt pour les « non-aryens » se trouvant au sud de la ligne de démarcation. Les Français pouvaient faire ce qu'ils voulaient de ces « indésirables », et leur départ d'Europe était évidemment bien accueilli. Il convenait fort bien à la politique allemande à l'égard des Juifs, les plans à long terme étant officiellement différés jusqu'à la cessation des hostilités. Comme le disait, au printemps 1941, le Dr Blanke, du bureau économique du MBF, la paix verrait « le règlement européen total de la question juive par leur émigration complète[102] ». Jusqu'alors, on pouvait supposer raisonnablement que l'émigration sur une plus petite échelle faciliterait simplement le grand dessein des Allemands.

Même sans y être poussé par les Allemands, Vichy désirait ardemment l'émigration des Juifs. L'amiral Darlan discutait une fois de plus la possibilité d'envoyer tous les Juifs d'Europe à Madagascar, rapporta en août 1941 l'ambassade d'Allemagne, « ce qui ne serait pas une mauvaise chose en soi[103] ». Divers responsables français aplanirent les obstacles s'opposant au départ des Juifs, soit par la Suisse ou par les colonies, soit directement à partir des ports du Midi de la France. L'idée était de porter au maximum le nombre des départs, et de s'assurer que les Juifs d'autres pays (comme la Hongrie et l'Italie), lorsqu'ils traversaient la France, n'épuisent pas les contingents d'émigration français dans un pays donné[104]. Surtout, la France ne devait plus accueillir de Juifs. Comme Vallat l'expliqua souvent, les Juifs arrivant dans la zone non occupée ne feraient qu'ajouter aux charges économiques de la France et contribuer au chômage. Quant aux Juifs étrangers qui étaient déjà là, Vallat, lors de son entrée en fonctions, avait dit à une conférence de presse qu'ils seraient « vraisemblablement refoulés[105] ». Vallat n'avait indiqué aucune destination précise, Madagascar ou ailleurs, et des expulsions en nombre important étaient de toute façon impraticables dans les circonstances du moment. La capacité de transport maritime était très limitée et peu de pays étaient disposés à accepter des réfugiés juifs. Comme les Allemands, Vallat remettait probablement la solution du problème à l'après-guerre.

Compte tenu de l'importance de ces obstacles et de l'ampleur des dépenses que comportait cet aspect de sa politique juive, Vichy fit ce que firent les Allemands dans toute l'Europe occupée : il se tourna vers une organisation juive. On disposait de la H.I.C.E.M., organisme d'émigration juif bien connu, fondé à Paris en 1927 et regroupant trois organisations d'aide aux Juifs : la H.I.A.S. (Hebrew Immigrant Aid and Sheltering Society), organisme américain, la Jewish Colonization Association, organisme anglais, et Emigdirect, organisme juif allemand d'assistance aux Juifs d'Europe de l'Est en Allemagne[106]. La H.I.C.E.M. accomplit une tâche héroïque pendant les premières années de l'occupation, luttant inlassablement pour que l'administration française, les compagnies de navigation et les services consulaires de nombreux pays se mettent d'accord pour permettre aux Juifs de quitter la France. Ses efforts étaient, dès le départ, voués à l'échec. Tout le monde savait qu'avec la meilleure volonté du monde et même, ce qui était loin d'être le cas, avec des ressources illimitées, seule une petite partie des Juifs qui voulaient émigrer de France pourraient obtenir les visas et les places de bateau disponibles, en nombre limité.

Vichy introduisit la H.I.C.E.M. dans ses plans d'émigration dès le commencement et prêta un grand appui verbal à ses efforts. En 1941, le ministre de l'Intérieur l'autorisa à installer des bureaux dans les camps d'internement où se trouvaient les réfugiés, et encouragea les préfectures et les responsables locaux à l'aider dans sa tâche. Vallat soutint la H.I.C.E.M. et l'associa à l'U.G.I.F. en en faisant sa sixième direction[107].

Pendant plusieurs mois après l'armistice, un flot d'émigrants qui n'étaient pas en âge de servir s'écoula librement. Les destinations furent le fruit du hasard. Des services bénévoles américains aidèrent des centaines de réfugiés éminents à fuir aux États-Unis, où des visas d'entrée spéciaux furent rapidement procurés aux savants et aux artistes. Mais de graves difficultés se firent jour en moins d'un an, précisément lorsque les demandes d'émigration commencèrent à prendre un aspect pressant. Les bateaux devinrent rares en 1941, avec l'extension de la guerre dans l'Atlantique. La H.I.C.E.M. était perpétuellement à court de fonds, et si Vichy soutenait chaleureusement, en principe, ses efforts, en fait son aide était purement verbale. La France ne fournit aucune aide financière. Tandis que certains responsables manifestaient de bonnes dispositions, les administrations dont dépendait l'émigration établissaient un labyrinthe de réglementations absurdes tout en agissant peu, alors que les responsables de la H.I.C.E.M. s'efforçaient de surmonter les obstacles.

Le pire fut que les portes se fermèrent, pratiquement dans tous les pays occidentaux, à l'automne 1941. Aux États-Unis, en juin, la loi Russell soumit à des restrictions la délivrance des visas américains. À la mi-juin, les consulats des États-

Unis dans tous les pays de l'Europe occupée avaient cessé de fonctionner. Par suite, Washington devait statuer individuellement sur chaque demande de visa d'entrée aux États-Unis, ce qui ralentissait au maximum le rythme de l'immigration. Les autorités américaines relâchèrent légèrement leur contrôle en octobre pour permettre la délivrance quotidienne de quelques dizaines de visas ; mais l'entrée des États-Unis dans la guerre, à la fin de l'année, dressa de nouvelles barrières sur la voie de l'immigration[108]. D'autres pays fermèrent à la même époque leur accès aux réfugiés juifs. La Suisse se montrait très sévère, depuis 1938, à l'égard de l'entrée de réfugiés juifs ; la frontière suisse se ferma encore plus hermétiquement, si possible, lorsqu'un nombre croissant de Juifs cherchèrent désespérément à quitter la France en 1942 et 1943[109]. Le gouvernement britannique refusa d'accepter davantage de réfugiés juifs de peur de provoquer une explosion d'antisémitisme en Angleterre[110]. Il ferma aussi les portes de la Palestine, où le problème de l'immigration juive avait déjà entraîné une tension dans les relations entre la Grande-Bretagne et les Arabes dans les années 30. Même l'Espagne et le Portugal refusèrent les visas de transit qui étaient auparavant libéralement accordés[111].

La H.I.C.E.M. fit tout ce qu'elle pouvait faire. À la vérité, certains de ses membres les moins avisés envisageaient leur activité comme un devoir patriotique envers le gouvernement français aussi bien qu'à l'égard des réfugiés[112]. Lors de sa dissolution en mars 1943, la H.I.C.E.M. avait aidé environ 24 000 Juifs à émigrer régulièrement depuis juin 1940[113a]. L'aide de Vichy avait été trop parcimonieuse. Aucun effort n'avait été fait pour envoyer en Afrique du Nord un nombre substantiel de réfugiés juifs lorsque commencèrent les déportations. Le reste du monde tournait le dos. Il ne devait y avoir aucune solution par l'émigration à ce que les antisémites européens considéraient comme le « problème » juif. Les organisateurs français et allemands des programmes antijuifs auraient à traiter la question à l'intérieur de l'Europe.

La chute de Vallat

> J'ai l'impression que M. X. Vallat va un peu fort
> et qu'il ne suit pas les directives qui sont de ne pas
> embêter les vieux Juifs français.
>
> Darlan à Henri Moysset,
> 15 janvier 1942[113b].

À la fin de 1941, la crédibilité de Vallat diminuait tant à Paris qu'à Vichy. Ses collègues du gouvernement avaient été prêts à le soutenir, surtout si tout se déroulait sans encombres ; l'antisémitisme était tolérable s'il était pratiqué sans histoires. Mais aucun des plans de Vallat n'avait réussi.

Les premiers échos, très déplaisants, de l'aryanisation avaient mis à l'épreuve la loyauté de ses collègues. Puis ce fut l'amende d'un milliard de francs et les confiscations hâtives qui servirent à l'acquitter en même temps que les premières arrestations en masse des Juifs par les Allemands : un millier de notables appartenant aux professions libérales et au monde des affaires raflés à Paris le 14 décembre. Surtout Vallat avait échoué dans la réalisation de son objectif principal : substituer la loi française à la loi allemande, et obtenir le retrait des ordonnances antijuives allemandes dans la zone occupée.

Non que le MBF fût fondamentalement opposé à l'abrogation de ces ordonnances. L'intention première du Dr Best avait été, comme on le sait, d'amener les Français à jouer « le rôle désagréable ». En janvier 1941, avant même l'arrivée de Vallat, Best avait demandé à ses collaborateurs d'étudier la question de « savoir dans quelle mesure la législation allemande relative aux Juifs pourrait être abrogée, en présence des mesures parallèles adoptées entre-temps par les Français ». Best étudiait comment les aspirations françaises pourraient être utilisées : « On pourrait laisser entrevoir aux Français l'abrogation des mesures allemandes, afin de stimuler leur initiative dans le domaine du règlement de la question juive[114a]. » Loin de jouer les Allemands ou de sortir victorieux du marchandage, Vallat était tombé dans leur piège.

En juin 1941, Vallat avait officiellement demandé aux Allemands d'abroger leurs ordonnances économiques relatives aux Juifs, puisque les Français avaient mis en route leur propre programme d'aryanisation. La réponse du MBF le 25 juillet avait permis quelque espoir, pourvu que les Français en fissent davantage. Il s'ensuivit une abondante correspondance, à l'automne 1941, entre Vallat et les services du Dr Best, le Commissaire général rappelant aux Allemands leur promesse et leur soumettant de nouveaux textes, et le MBF soulevant des objections point après point[114b]. Finalement, le 25 novembre, les services du Dr Best coupèrent l'herbe sous le pied de Vallat. Ce n'étaient pas les textes eux-mêmes qui étaient en cause, disait le MBF, mais la manière dont les Français les appliquaient. Le rythme de l'aryanisation pratiquée par la France avait été beaucoup trop lent. Le retrait des ordonnances allemandes donnerait désormais l'impression fausse qu'ils relâchaient leur pression à l'encontre des Juifs. Les Allemands n'avaient pas désiré se charger de cette tâche, affirmait le MBF, mais les Français n'avaient pas été assez énergiques depuis 1940, et les Allemands avaient été obligés de prendre leurs propres mesures à l'encontre des Juifs pour garantir la sécurité de leurs troupes. Désormais la politique allemande était l'élimination totale. Les Juifs ne pouvaient pas être autorisés à rentrer. Les ordonnances allemandes ne pouvaient pas être abrogées, à moins que les lois françaises ne s'alignent pleinement sur elles[115].

Le prix du retrait des mesures allemandes et d'une politique antijuive unifiée sous direction française commença dès lors à apparaître plus élevé qu'auparavant. Parmi ceux qui commençaient à avoir des doutes figurait, en tête, l'amiral Darlan. Le 8 janvier 1942, il écrivit au Commissaire général pour lui exposer ses objections vigoureuses à un nouveau projet qui fermait aux Juifs une nouvelle série de professions commerciales. Darlan jugeait la mesure excessive, et propre à augmenter le taux de chômage des Juifs[116]. L'aryanisation était une source d'ennuis. Darlan dit à son conseiller politique Henri Moysset que Vallat avait reçu des instructions pour « ne pas embêter les vieux Juifs français ». Le vice-président du Conseil avait entendu parler d'un scandale particulièrement flagrant : « Le frère de Fontaine, un pur aryen, qui a racheté il y a plus d'un an une affaire juive à Béziers se voit coller un commissaire *(sic)* parce que sa maison serait juive. » Certains Juifs munis de visas avaient également été empêchés de quitter la France. Darlan ne pensait pas que ce fussent là des affaires sans importance : « Les Juifs finissent par être des martyrs. » Le 15 janvier, il donna l'ordre à Moysset de faire une enquête sur « la façon dont sont menées les affaires juives[117] ».

D'autres dirigeants français s'unirent pour saper l'action de Vallat. Le ministre de la Justice, Joseph Barthélemy et le préfet de police, l'amiral Bard, critiquèrent les nouveaux projets de loi émanant des services de Vallat[118]. Le 20 février, de Brinon, délégué général du gouvernement à Paris, mais qui était enclin à dire ce que ses interlocuteurs allemands désiraient entendre, affirma au Dr Best que Pétain lui-même n'était pas content de Vallat, que le maréchal reconnaissait qu'il fallait accélérer l'activité antijuive et que le gouvernement était prêt à mettre fin aux fonctions du Commissaire général[119].

Vallat était pris entre un gouvernement toujours plus

170

hésitant et un occupant allemand de plus en plus acharné. Son rapport adressé à Henri Moysset, le 7 février, reflète ces deux ordres de pressions et montre un Commissaire général préoccupé avant tout de défendre sa stratégie antijuive originelle. Vallat ne voulait pas être poussé de l'avant dans des négociations avec les nazis :

> Je n'ai pas l'intention d'aller plus loin dans les concessions au point de vue allemand dans cette matière, car, si l'harmonisation finalement réalisée devait se traduire par un simple alignement sur la proposition allemande, je ne pourrais pas personnellement en assumer la responsabilité politique et morale.

Mais il ne voulait pas non plus revenir sur les principes énoncés au printemps 1941 à l'amiral Darlan. Il répétait avec insistance que la France devait continuer à garder « la bride serrée au cou » des Juifs dans la zone non occupée[120]. Il était impossible à Vallat de ne pas s'apercevoir que de ce côté on lui reprochait d'être trop dur, tandis que les Allemands l'accusaient de ne pas l'être assez. Vallat aimait se poser comme l'homme du juste milieu antisémite.

Du côté allemand, il ne faisait pas de doute que l'utilité de Vallat était arrivée à son terme. Dès leur première entrevue, les dirigeants du MBF avait soupçonné Vallat de tiédeur. Six mois plus tard, le Dr Michel, chef des services économiques du MBF, était d'avis que décidément le problème n'était pas le manque d'activité de Vallat, mais son hostilité fondamentale à l'égard de l'Allemagne. Dès décembre 1941, la Gestapo le traita avec un mépris manifeste, perquisitionnant dans ses services de Paris, emportant d'importants documents et plaçant sous surveillance certains de ses proches collaborateurs de la zone occupée[121].

Déçu de n'avoir pu obtenir l'abrogation des ordonnances allemandes, Vallat devint irascible. Sa compétence était mise en question aussi bien que son engagement dans l'antisémitisme. Sur la défensive, il se vantait des réalisations antijuives de Vichy, comme ces 800 000 francs d'avoirs juifs déjà aryanisés à Lyon. Il dit au Dr Blanke le 3 décembre que si les Allemands ne permettaient pas l'unification des programmes antijuifs des deux zones comme ils l'avaient promis, il limiterait son activité à la zone non occupée jusqu'au retour d'un climat plus normal. Au moins dans la zone libre, disait Vallat, « mon antisémitisme n'est pas mis en doute[122] ». En janvier, Vallat s'insurgea contre l'arrestation en décembre d'un millier de notables juifs à Paris, « grave erreur psychologique » qui sapait les efforts faits par Vichy pour préparer un « climat favorable à l'antisémitisme ». Si les Allemands avaient arrêté des Juifs étrangers, disait-il, personne ne s'en serait plaint. Au lieu de cela, ils avaient choisi « les plus honorables » Juifs français, parmi lesquels des héros de la guerre devant qui tout soldat « devait s'incliner ». Échauffé par sa diatribe, Vallat se mit à ridiculiser les mesures plus sévères présentées par les Allemands et discutées alors au « Judenreferat », comme celle qui concernait le port de l'étoile jaune, « puérilité inopportune qui ne pouvait que gêner le gouvernement français dans sa volonté d'éliminer l'influence juive dans ce pays. Elles rejoignent la série d'initiatives intempestives du lieutenant Dannecker, dont le résultat le plus certain était de créer une atmosphère de sympathie pitoyable autour des Juifs[123] ».

La rupture se produisit le 17 février lors d'un affrontement personnel orageux avec Dannecker. Vallat accusa les Allemands de « méthodes enfantines » en des termes que Dannecker qualifia d'« insolence inouïe ». Vallat, sur la défensive, prétendit que les Français allaient plus loin que les Allemands dans l'aryanisation : « Je suis antisémite depuis bien plus longtemps que vous, dit-il au jeune officier SS. De plus, je pourrais être votre père. » Devant cette « effronterie », Dannecker brisa là l'entretien[124]. Les Allemands avaient déjà fait comprendre à d'autres ministres en visite à Paris que Vichy devrait envisager le remplacement de

Vallat. Après cet éclat, Best dit à de Brinon, qui s'empressa d'acquiescer, comme de coutume, que les Allemands voulaient un nouveau Commissaire général. Vallat, disait à la fin de mars un diplomate de l'ambassade, aurait dû s'appeler le «Commissaire à la protection des Juifs» («Judenschutzkommissar[125]»). Darlan écrivit à Vallat le 19 mars pour le congédier. À la fin de mars, Vallat fut même interdit en zone occupée et son chef de cabinet, Lionel Cabany, arrêté à l'occasion d'une querelle relative à la fourniture par la France de chaussures et de couvertures, par l'intermédiaire de l'U.G.I.F., destinées au premier convoi de Juifs déportés de France à Auschwitz.

Au printemps de 1942, les Allemands allaient entreprendre de nouvelles et vastes opérations antijuives en France. Le temps des déportations en masse était arrivé. L'antisémitisme français, séparé et rival, de Vallat, qui était auparavant un sujet d'irritation, semblait dorénavant un obstacle. Pour atteindre leurs nouveaux objectifs, les Allemands avaient désormais besoin d'un dirigeant français antijuif qui aurait moins de scrupules et moins d'esprit d'indépendance. Dès le 11 novembre, le Dr Blanke, directement chargé de l'aryanisation dans les services économiques du MBF, réfléchit à l'avenir. Le plus grand danger à ses yeux était «précisément les Juifs qui jouissent d'une certaine considération». Les lois existantes et celles qui étaient en préparation suffisaient à assurer une aryanisation presque complète; ce dont on avait besoin, c'était «un Commissaire général aux questions juives énergique, qui s'apprêtera à donner la solution finale à la question[126]».

Vallat n'était pas l'homme de la «solution finale», quel que fût le sens où l'entendaient les Allemands. À mesure que les objectifs nazis se clarifiaient, à la fin de 1941 et au début de 1942, les Allemands voulurent établir une nouvelle politique antijuive et un nouveau style d'antisémitisme. Néanmoins, ils appréciaient ce que Vallat avait fait et reconnaissaient à quel point son travail avait été indispensable. Dannecker lui-même rendit largement hommage à Vallat dans une note envoyée à Berlin cinq jours seulement après leur échange d'insultes : « Bien que la personne du Commissaire aux Juifs soit fort discutée pour diverses raisons, il faut dire cependant que, grâce à l'existence d'un Commissariat aux Juifs, la législation antijuive a connu un regain d'activité et de progrès[127]. »

CHAPITRE IV

LE SYSTÈME À L'ŒUVRE : 1940-1942

> Elle est pourtant la loi. Obéissance lui est due.
> Jules JEANNENEY, 1941[1].

Plus d'un historien a fait fausse route en prenant trop à la lettre des textes de lois. Les lois que nous avons examinées ont-elles vraiment été appliquées ? Tout l'appareil de la répression antijuive n'était-il qu'une façade destinée à constituer une concession aux Allemands ? Si une poignée de fanatiques s'est efforcée d'appliquer ces lois, les administrations traditionnelles ont-elles paisiblement refusé d'en tenir compte ? Le Commissariat général aux questions juives a-t-il été tenu à l'écart par les autres ministères et par les grands corps de l'État, ou bien leurs activités étaient-elles effectivement coordonnées ?

On ne saurait répondre par des généralisations à ces épineuses questions. Il faut étudier, avec autant de précision que les documents le permettent désormais, le système politique et administratif français à ses différents niveaux : l'administration centrale, la justice, l'administration locale. Il ne faut pas perdre de vue la diversité des situations régionales, qui va de la différence entre la zone occupée et la zone non occupée jusqu'au climat très particulier de l'Algérie. Il faut également tenir compte des dates. Même les mieux informés parmi les responsables en savaient moins en

1940-1941 sur les conséquences ultimes de la politique antijuive que le chercheur le plus détaché d'aujourd'hui. Alors que nous voyons inévitablement se profiler, derrière les mesures antijuives de Vichy, Auschwitz, les contemporains voyaient ce qu'ils appelaient « le problème juif » à travers le prisme de la décennie qu'ils venaient de vivre : la crise, l'afflux des réfugiés, une guerre qu'ils n'avaient pas voulue, une défaite humiliante. Ce chapitre est essentiellement consacré à la période des initiatives propres de Vichy, avant que les Allemands ne commencent pendant l'été de 1942 leurs déportations massives, qui changèrent tout.

Il n'est pas inutile de commencer par un cas concret : l'adoption et l'application de la loi du 21 juin 1941 limitant la proportion des étudiants juifs dans l'enseignement supérieur[2]. Le premier statut des Juifs d'octobre 1940 les avait exclus, entre autres, de l'enseignement. Une pression s'exerça bientôt de divers côtés en faveur d'une limitation du nombre des étudiants juifs. Il fallait une solution aux anomalies. Les Juifs devaient-ils être autorisés à s'inscrire aux cours de formation pédagogique ? La question se posa au début de 1941 lorsque la faculté des lettres et la faculté des sciences de l'université de Paris demandèrent au secrétariat d'État à l'Éducation d'autoriser les Juifs à se présenter aux épreuves des concours d'agrégation. Les responsables du ministère abordèrent la question avec un juridisme étroit. La direction de l'enseignement secondaire soutint que les Juifs, puisqu'ils ne pouvaient être enseignants, ne devaient pas être autorisés à passer l'agrégation, concours de recrutement de l'enseignement public. Le secrétaire d'État, Jérôme Carcopino, acquiesça : les candidats juifs reçus à l'agrégation ne pourraient enseigner, sauf dérogation spéciale ; il ajoutait : « Le principe d'une telle dérogation soulève un problème politique qui dépasse ma compétence et qu'il appartient au gouvernement de résoudre[3]. » Le général Weygand, délégué général du gouvernement en Afrique française, faisait de son côté, et indépendamment, le même raisonnement. Dans une lettre à Pétain (ses fonctions étaient trop élevées pour qu'il prît contact directement avec Vallat), il se demandait s'il ne devrait pas y avoir des restrictions à l'accès des Juifs aux universités d'Afrique du Nord, dès lors qu'ils étaient exclus des professions libérales[4].

Les pressions les plus fortes en faveur de l'institution d'un « numerus clausus » dans les universités s'exerçaient en dehors du Commissariat général au questions juives. L'Union nationale des étudiants étaient l'une des sources de cette pression. Lors de son congrès annuel, qui eut lieu à Grenoble le 18 avril 1941, elle adopta la proposition, émanant de la délégation d'Alger, tendant à limiter à « 2 % au grand maximum » le nombre des étudiants juifs autorisés à s'inscrire en faculté dans chaque discipline, et à imposer la même proportion aux étudiants juifs déjà inscrits dans les universités et devant se présenter aux examens à la fin de l'année universitaire 1940-1941. L'association demandait au gouvernement de prendre cette mesure « d'extrême urgence », car, disait-elle, le nombre régulièrement croissant d'étudiants juifs dans les universités menaçait de rendre illusoires les efforts du gouvernement visant à limiter le nombre des Juifs dans les professions libérales. L'Union produisit, à l'appui, des statistiques sur cette augmentation dans certaines facultés, notamment à Alger. L'autre source principale de pression était la profession médicale, dont les membres venaient d'être regroupés au sein de l'Ordre national des médecins. Ceux-ci avaient été plus sensibles que les membres d'autres professions à la concurrence étrangère pendant les années 30 ; faute de groupement représentant l'ensemble de la profession, ils s'étaient alarmés de leur incapacité à se défendre.

Les documents dont nous disposons ne nous permettent pas de déterminer avec certitude si c'est au C.G.Q.J. ou au secrétariat d'État à l'Éducation nationale que l'on doit l'initiative de créer la commission interministérielle qui prépara la nouvelle loi en mai. Mais il ne fait pas de doute que le secrétariat d'État a précipité les choses. Le secrétaire général à l'Instruction publique, M. Terracher, attira l'attention du C.G.Q.J., le 29 mai, sur la nécessité d'«apaiser certaines inquiétudes» sur le nombre des Juifs dans l'université. Le secrétaire d'État lui-même, M. Carcopino, écrivit à Vallat le 24 mai pour exprimer son accord sur le principe d'un quota, tout en estimant que 3 % était un pourcentage suffisamment bas. De plus, il demanda avec insistance que «le nouveau numerus clausus soit appliqué le plus tôt possible au moins dans les facultés de médecine». Les anciens combattants et les orphelins de militaires morts pour la France ne devaient pas être comptés dans le quota. Quant à l'application, M. Carcopino ne savait pas avec certitude si les 3 % devaient s'appliquer à chaque faculté ou à l'enseignement supérieur dans son ensemble. Il penchait pour la première solution «eu égard à la situation très spéciale de la faculté d'Alger».

Après l'adoption de la nouvelle loi, le 21 juin, quatre conférences interministérielles eurent lieu entre août et novembre 1941 pour déterminer comment le quota serait appliqué. Des représentants de tous les ministères concernés par l'enseignement supérieur et la formation préparant à l'exercice de certaines professions y prirent parti avec des représentants du C.G.Q.J. : l'Agriculture, l'Éducation nationale, la Production industrielle, les Communications, les Colonies, ainsi que les trois armes. Selon le compte rendu de ces réunions, aucune objection de principe à la restriction du nombre des étudiants juifs n'y fut élevée. L'intention était d'appliquer la loi «équitablement», c'est-à-dire sans favoritisme, et de résoudre la question, souvent débattue, des priorités à respecter. Par exemple, la sélection des Juifs devait-elle se baser sur l'intelligence ou sur un critère «politique», tel que la qualité d'ancien combattant ou d'enfant d'un militaire mort pour la France ? Carcopino intervint lui-même pour appuyer la sélection par l'intelligence, et pour s'opposer à l'idée restrictive selon laquelle on n'aurait pu admettre aucun Juif si l'application de la règle des 3 % n'était pas possible : Carcopino fit observer que cette interprétation rigoriste exclurait intégralement les Juifs de tout ensemble de moins de 34 étudiants ; or il en existait un bon nombre. Cette intervention signala sans nul doute Carcopino comme un libéral en la matière, bien que de toute évidence il ait préféré ne pas mentionner ces réunions dans ses mémoires.

Nous pouvons désormais tirer une conclusion préliminaire : la rédaction et la mise en œuvre des lois antijuives de Vichy ont concerné des représentants de nombreux ministères. Ceux-ci semblent avoir consacré aux mesures antijuives autant d'attention scrupuleuse dans le détail que l'administration en accordait au rationnement, au paiement des frais d'occupation ou à tout autre mesure considérée peut-être comme désagréable, mais rendue nécessaire par la guerre. S'agissant de mesures antijuives, la règle générale, dans l'ensemble de l'administration, semble avoir été : le travail continue normalement.

Bien d'autres exemples viennent appuyer cette conclusion. Xavier Vallat consultait souvent d'autres ministères lorsqu'il rédigeait des textes législatifs. Il communiqua son troisième statut de Juifs, qui ne vit jamais le jour, à tous les membres du gouvernement, dans ses diverses rédactions, à la fin de 1941 et au début de 1942 ; la plupart des réponses ont été conservées. Le ministre de la Justice, Joseph Barthélemy, fit des objections sur des points de détail mineurs, mais approuva le texte en général. Les objections les plus substantielles vinrent de l'amiral Auphan, chef d'état-major des forces maritimes. Il fit valoir, le 15 mars 1942, qu'une nouvelle définition du Juif donnerait au public l'impression d'une improvisation et imposerait à ses services un travail inutile. Il indiqua avec humeur que ceux-ci avaient déjà rempli 80 000 fiches pour appliquer les deux premiers statuts. Cependant l'amiral Auphan donna son « plein accord » aux « dispositions de principe » fondamentales du projet. Les autres ministères approuvèrent sans commentaire[5].

Le rôle des autres services ministériels ne se limita pas à leur consultation par le C.G.Q.J.; ils prirent de temps à autre l'initiative. L'armée de terre, la marine et l'armée de l'air allèrent plus loin que la lettre des statuts des Juifs. Alors que le statut excluait les Juifs du corps des officiers, les militaires les exclurent également des corps de troupe. Le C.G.Q.J. exprima même quelques doutes sur la légalité d'une aussi importante extension de la loi par simple arrêté ministériel. Comme justification, le vice-amiral Bourragué, chef d'état-major de la Défense nationale (l'amiral Darlan en était le ministre) répondit le 5 novembre 1941 : « Dans l'armée de métier que nous tendons à organiser, il est indispensable que tout engagé soit susceptible de devenir sous-officier. » L'amiral restait ainsi sur le terrain strictement juridique ; il ne se permit aucune des remarques sur les Juifs, relatives par exemple au risque qu'ils constitueraient pour la sécurité, qui apparaissent dans les correspondances moins officielles, telles les mises en garde qu'envoyait périodiquement à Vichy le général François, chef de la Légion en Afrique du Nord, sur le « péril juif » dans cette région[6]. L'amiral continuait en assurant Vallat que les services de l'armée étaient tout à fait dans leur droit lorsqu'ils interdisaient aux Juifs de contracter des engagements. En tout cas, disait-il, il était impensable de remettre en cause une question qui avait fait l'objet d'une décision commune des trois armes[7]. La décision d'exclure les Juifs des Chantiers de la Jeunesse, après que les deux premières promotions avaient déjà accepté des Juifs, fut prise à la demande du commissaire général des Chantiers, le général de la Porte du Theil, en raison de la situation en Algérie, où les Juifs étaient un élément « nuisible », « un ferment de désagrégation ». Selon le général, les Juifs n'auraient pu profiter beaucoup de l'expérience des camps de jeunesse, parce qu'ils étaient « peu perméables à l'œuvre d'éducation morale[8] ». Il est évident que le C.G.Q.J. n'a pas été la seule source des mesures antisémites prises par Vichy.

Cela étant, il n'est pas étonnant que les lois antijuives de Vichy aient été sérieusement appliquées. Pour en revenir à l'exemple concret déjà mentionné, les étudiants juifs virent bien leurs études interrompues ou recevoir un tour inattendu en vertu du « numerus clausus ». Il serait difficile de donner des chiffres exacts sans effectuer de laborieux calculs pour chaque faculté, car la loi créait dans chaque faculté, école ou institut une commission de cinq personnes (comprenant le doyen, un professeur ancien combattant et un professeur père de famille nombreuse) pour sélectionner les étudiants juifs à admettre dans les quotas. Il y avait sans nul doute de grandes différences d'une faculté à l'autre. De plus, certains étudiants ont probablement changé l'orientation de leurs études en se dirigeant discrètement vers des domaines moins encombrés, conséquence indirecte de la loi qu'il serait impossible d'évaluer. On peut estimer que les étudiants juifs les plus capables ont généralement trouvé appui à l'intérieur des universités pour continuer leurs études d'une manière ou d'une autre, du moins hors de Paris (où les facultés étaient étroitement contrôlées) et Alger (où il existait parmi les étudiants une véritable animosité à l'égard des Juifs).

On peut être plus précis en ce qui concerne l'application du statut des Juifs aux fonctionnaires. Après une période initiale où chaque ministère fut livré à lui-même, la mise en vigueur devint stricte et totale. Au début de 1942, Vallat pouvait affirmer, dans un rapport, qu'en métropole 1 947 fonctionnaires avaient été privés de leur emploi[9]. En octobre 1941, 2 169 fonctionnaires juifs sur 2 671 avaient déjà été évincés en Algérie[10]. Le C.G.Q.J. se préoccupa quelque peu de réemployer des fonctionnaires juifs dans des emplois de niveau inférieur, mais en cette période de chômage, les ministères indiquèrent que de tels emplois n'étaient pas disponibles[11]. L'application varia sans aucun doute considérablement au niveau de l'administration locale, où elle dépendait beaucoup de l'humeur des responsables et du zèle des antisémites. Certains fonctionnaires locaux se glorifièrent de la rigueur avec laquelle ils appliquaient la loi. D'autres dissimulaient discrètement les agents juifs. Le préfet des Landes fut embarrassé à la fin de l'été 1942 lorsqu'on découvrit que ses services comportaient trois employés juifs, dont l'un était chargé du service d'achat des fournitures destinées aux forces d'occupation[12] ! Il est très possible que cette sorte de méconnaissance discrète de la loi ait été plus commune en zone occupée, où la politique antijuive semblait au moins partiellement allemande, que dans la zone sud, où la loi possédait la légitimité du maréchal et de son régime.

Rien n'indique, par conséquent, que l'administration ait, dans une mesure notable, refusé de tenir compte des lois antisémites, ou que le C.G.Q.J. ait été isolé des autres services. Loin d'être une excroissance en marge de l'administration, le Commissariat général aux questions juives fonctionnait — du moins sous la direction de Vallat — comme partie intégrante de celle-ci.

Le Commissariat général aux questions juives et les autres administrations : rivalités et querelles de frontières

Tout nouveau service administratif crée en général des frictions avec les services existants lorsqu'il se met en place. Le C.G.Q.J. fut à beaucoup d'égards un exemple presque caricatural de cette règle. Depuis ses débuts, il eut un statut mal défini au sein de l'administration. On pensait qu'il constituait une structure provisoire, destinée à résoudre un problème social français, et qu'il disparaîtrait une fois sa tâche accomplie. Contrairement au cas du nazisme, où la question juive était une obsession centrale du régime, les mesures antijuives de Vichy n'étaient qu'une des nombreuses tâches de la Révolution nationale. Elles n'eurent jamais la priorité absolue, et le régime ne se sentit jamais à l'aise face à l'opinion lorsqu'il insista sur la question. Ainsi, le Commissariat ne parvint-il jamais au statut et à la solidité auxquels ses responsables successifs estimaient qu'il avait droit. Le C.G.Q.J. fut d'abord rattaché directement au vice-président du Conseil, l'amiral Darlan. Vallat y avait le rang de sous-secrétaire d'État. En mai 1941, les attributions du commissaire général furent considérablement étendues, jusqu'à comporter la tâche mal définie, mais lourde de menaces « de provoquer éventuellement à l'égard des Juifs... toutes mesures de police commandées par l'intérêt national[13] ». Peut-être en conséquence de ces nouvelles fonctions policières, le C.G.Q.J. fut rattaché au ministère de l'Intérieur quelques mois plus tard. Mais en moins d'un an, la situation fut à nouveau modifiée. En mai 1942, Laval, méfiant à l'égard de la conduite de la politique antijuive et peu satisfait du remplacement de Vallat par Darquier de Pellepoix, rattacha une fois de plus le C.G.Q.J. aux services du chef du gouvernement[14]. On envisagea aussi son rattachement au ministère de la Justice.

Ballotté d'un service ministériel à l'autre, le C.G.Q.J. éprouvait aussi des difficultés à recruter et à conserver son personnel. Le Commissariat étant considéré comme un organisme provisoire, il ne parut pas opportun d'accorder à ses employés le statut de fonctionnaires. Ils étaient soit détachés provisoirement d'autres services, soit des agents temporaires, soit enfin chargés de mission, engagés par contrat. Les plaintes étaient continuelles sur le travail écrasant, les traitements insuffisants, les mauvaises conditions de travail, et l'absence d'avantages matériels équivalents à ceux des fonctionnaires. Le C.G.Q.J. attirait toutes sortes de gens — des convaincus comme Xavier Vallat, mais aussi des profiteurs et des aventuriers. Les responsables du

Commissariat, de leur côté, déploraient la qualité médiocre des employés, leur nombre insuffisant, et leur degré élevé d'instabilité. Le directeur régional de Marseille, de La Chassaigne, se plaignait à Vallat le 16 décembre 1941 de ne pouvoir trouver des candidats désireux d'occuper un emploi dans ses services. Le problème n'était pas celui des scrupules d'ordre moral :

> Presque tous ont décliné mes offres, estimant que les appointements offerts ne leur permettraient pas de vivre décemment à Marseille ; ils préfèrent devenir administrateurs provisoires, ce qui leur permet, dans certains cas, d'obtenir jusqu'à 10 000 francs par mois[15]...

L'aryanisation, qui en vint à absorber les deux tiers de l'activité du Commissariat, mit très durement à l'épreuve tant l'honnêteté que la compétence de ce personnel. De Faramond, directeur de l'aryanisation économique pour la zone occupée, avertit Vallat en août 1941 : dans quelques jours, disait-il, « mon service ne sera plus à la hauteur de sa tâche », par manque de personnel approprié. Chacune de ses sections devait contrôler les administrateurs provisoires de 2 500 à 3 000 entreprises juives placées sous séquestre. C'était là un travail astreignant, un « travail qui exige un sens critique très avisé à un triple point de vue : économique, juridique et aryen ». Faramond attirait l'attention de Vallat sur le risque qu'il y avait de voir un personnel inadéquat « compromettre très gravement le rétablissement de la souveraineté française en matière d'aryanisation... au moment où tous vos efforts et tous les nôtres... tendent à obtenir la substitution de la législation française à la réglementation allemande[16] ». Cette observation, tout en nous rappelant combien la lutte pour la « souveraineté » a accéléré la spoliation des Juifs, montre que le C.G.Q.J. souffrait de problèmes psychologiques et sociaux peut-être plus aigus que ceux des fonctionnaires en général, mais peu différents, en définitive, des leurs : un manque de considération, des traitements insuffisants, un statut peu satisfaisant.

Les améliorations dans le personnel se firent lentement, si tant est qu'elles se firent. Il y avait au début du Commissariat, c'est-à-dire à la mi-1941, plus de 400 employés avant que commence l'aryanisation dans la zone non occupée. À la fin de l'année, les effectifs avaient atteint 766 personnes. Il fallait plus de personnel en particulier pour pourvoir de personnel les sections d'enquête et de contrôle, service policier du C.G.Q.J. créé en octobre 1942. Au printemps de 1944, les agents du C.G.Q.J. étaient au total 1 044[17]. Pendant ces trois ans et demi d'existence, le budget du C.G.Q.J. sextupla[18] ; le Commissariat était mal fondé à se plaindre de l'absence de soutien du gouvernement. Il n'obtint cependant jamais les effectifs qu'il estimait nécessaires, ni un personnel capable de traiter aisément avec les fonctionnaires permanents et qualifiés des administrations classiques.

Xavier Vallat n'a peut-être pas attaché d'importance à ce problème, car il était dépourvu d'expérience administrative et semble avoir manqué d'intérêt pour ces questions. Mais le moral de l'administration se détériora rapidement au Commissariat. Les procédures fixées n'étaient pas suivies ; le recrutement était irrégulier ; la discipline et les habitudes de travail étaient marquées par la négligence et l'atmosphère détestable. Les observateurs extérieurs blâmaient le Commissaire général. Vallat fit appel à son vieux compagnon d'armes, le colonel Chomel de Jarnieu, pour l'aider à mettre de l'ordre dans la maison ; celui-ci y trouva « des confusions et malentendus grotesques qui entravent absolument l'aryanisation ». Lorsque Darquier de Pellepoix prit la relève en 1942, l'une des premières tâches qu'il entreprit fut une réorganisation substantielle du C.G.Q.J., mais les changements fréquents de personnel, le relâchement et la corruption étaient pires, si possible, en 1944 qu'auparavant[19]. Il est certain que les agents du C.G.Q.J. n'ont jamais joui d'une très bonne réputation dans l'opinion. En 1944, lorsque celle-ci devint définitivement hostile à son égard, les agents « ont dû braver l'ensemble de l'opinion française[20] ». Mais même à cette date tardive, alors que la fin des hostilités était en vue, les plaintes concernant le moral des services semblent dues davantage à des espérances administratives déçues qu'à un sentiment d'extrême isolement politique :

Agents temporaires d'un organisme temporaire, les employés du Commissariat ne sont attachés à leurs fonctions par aucune préoccupation d'avenir : aucune perspective de carrière à faire, aucun souci de mériter l'estime de chefs aussi éphémères qu'eux-mêmes, ne vient susciter leur zèle et provoquer entre eux l'émulation. Peut-on s'étonner dès lors que, hormis ceux qui par pure conscience professionnelle se consacrent entièrement à leur tâche, la masse ne voit dans son travail qu'un gagne-pain passager, et que quelques caractères faibles ne sachent pas résister à des sollicitations intéressées[21] ?

De façon curieuse, le caractère choquant de la tâche du C.G.Q.J. peut l'avoir intégré dans l'administration plus qu'il ne l'a isolé. Le Commissariat n'usurpa les fonctions traditionnelles d'aucun département, et les autres services semblent s'être réjouis d'avoir quelqu'un à qui renvoyer les tâches inconfortables de l'antisémitisme officiel et le volume croissant de travail qui en résultait : le flot des lettres de dénonciation, les innombrables difficultés des essais de recensement d'une population de fugitifs, les problèmes laborieux et embrouillés de l'aryanisation, et le reste. D'autre part, des questions telles que l'aryanisation tendaient à prendre de plus en plus de place et à affecter le travail des autres ministères, qui ne pouvaient guère ne pas tenir compte de ce que le C.G.Q.J. faisait dans le domaine économique. La plupart des conflits qui surgirent entre le Commissariat et les autres services furent donc des querelles de frontières plutôt que de véritables mises en cause de la légitimité du C.G.Q.J. ou des refus de coopérer avec lui.

Les querelles de frontières étaient d'autant plus fréquentes que la politique antijuive avait été laissée aux soins de divers ministères pendant les huit premiers mois, d'octobre 1940 à avril 1941. De l'avis de Joseph Billig,

> Les dirigeants de l'État français auraient préféré que l'action raciste se développât sous la responsabilité et par les soins de divers ministères, comme ce fut le cas dans le IIIe Reich lui-même. Ils auraient préféré une action décentralisée, pour ne pas l'exposer dans son ensemble et à chaque instant au jugement de l'occupant nazi, et que cette action se développât selon la cadence et les vues propres du gouvernement de Vichy[22].

Vallat considéra de son devoir de mettre fin à cette diversité, de coordonner l'élimination des Juifs de la vie publique et de surveiller l'application de la loi par les différentes administrations. Celles-ci y voyaient parfois une ingérence abusive. Le ministre de la Justice, Joseph Barthélemy, qui avait tenté de préserver la compétence des divers secrétariats d'État, insista sur le fait que le rôle du C.G.Q.J. était un rôle de coordination et non d'intervention[23]. Il arrivait parfois au Commissariat d'être traité avec une condescendance hautaine et de ne pas recevoir de réponse à ses circulaires[24]. Il pouvait même y avoir refus formel de coopération. En réponse à une enquête sur l'activité économique des Juifs, la direction des impôts du ministère des Finances opposa le secret professionnel. Ces fonctionnaires défendaient ce qu'ils estimaient être leur autorité propre. La résistance céda cependant à mesure que Vichy renforçait le pouvoir du C.G.Q.J. et jetait de plus en plus son poids dans la persécution. Ainsi une loi du 17 novembre 1941 conféra au Commissariat un pouvoir d'expertise en ce qui concerne certains biens, et le ministère des Finances dut s'incliner[25]. Au cours de l'année 1941, cela devint la règle pour les services qui traditionnellement avaient réussi à résister aux ingérences des autres départements, comme les P.T.T. qui pendant quelque temps ne voulurent pas laisser les administrateurs provisoires recevoir le courrier de leurs administrés et cédèrent peu à peu[26].

Rien de tout cela ne rendit populaires les lois antisémites parmi les fonctionnaires qui avaient à les appliquer. Le travail supplémentaire qu'elles entraînaient pouvait à lui seul constituer un désagrément. Dans la zone occupée, par exemple, lorsque les Allemands décidèrent en juillet 1942 de retirer le téléphone aux Juifs, les P.T.T. se trouvèrent affrontés à la tâche impossible d'identifier tous les abonnés Juifs. Même Vallat s'opposa à ce projet, faisant valoir que les P.T.T. perdraient des revenus et l'administration la possibilité d'écouter les conversations des Juifs[27]. D'une façon plus générale, les fonctionnaires s'irritaient de voir que la persécution pouvait désorganiser leur travail courant et abuser de leur sens de la responsabilité professionnelle. Prenons un autre cas : la commission de révision des citations avait coutume de préparer, à tête reposée et sans influence extérieure manifeste, les décisions du ministère de la Guerre sur l'attribution des décorations militaires. Cependant, en 1942, une décoration militaire suffisamment élevée pouvait signifier pour un Juif la différence entre la conservation ou la perte de son emploi ; à la limite elle allait jusqu'à signifier la différence entre la vie et la mort. En janvier 1942, Xavier Vallat apprit qu'un certain nombre de cas soumis à ses services ne pouvaient être tranchés parce que les Juifs en question attendaient confirmation de décorations militaires, obstacle qui le gênait nettement. Il demanda à la commission de révision des citations de hâter sa décision, et, pour faire bonne mesure, lui dit comment elle devait assurer sa tâche : « ... étant donné les effets particuliers qui s'attachent à l'homologation quand l'attributaire est juif, je me permets d'attirer votre attention sur les graves conséquences qui seraient le résultat de décisions d'homologation trop facilement ou trop libéralement accordées. » La réponse fut polie mais vive : ces affaires prenaient du temps ; elles suivaient leurs cours par des voies qui leur étaient propres. « Pour mener à bien la tâche difficile qui lui a été confiée, la commission de révision est dans l'obligation morale absolue d'apporter dans ses jugements une impartialité totale... Les Juifs n'ont, en résumé, ni bénéficié d'une indulgence quelconque, ni été traités avec une sévérité exceptionnelle[28]. » Le ministère de la Guerre était normalement parmi les plus sévères dans l'application des lois antisémites, mais, dans ce cas, un petit service de l'administration fut plus fort que le très zélé Commissaire général.

L'une des plus importantes querelles de frontières mit le C.G.Q.J. en désaccord avec les ministères des Finances et de la Production industrielle au sujet de l'aryanisation. Les deux ministères chargés des affaires économiques avaient joué le rôle principal dans l'aryanisation en zone occupée depuis ses débuts en octobre 1940. Lorsque celle-ci fut étendue à la zone non occupée en juillet 1941 et que le gouvernement de Vichy tenta de prendre la direction du processus dans tout le pays, on ne savait pas exactement qui aurait autorité sur ces fonctions étendues, si vitales pour l'avenir de l'économie française. Le ministère de la Production industrielle était décidé à ne pas abandonner le droit de contresigner la désignation de tous les administrateurs provisoires des entreprises juives (ce droit appartenait au ministère des Finances dans le cas des banques et des compagnies d'assurances[29]). D'autre part, Vallat acquit l'autorité principale sur l'ensemble du projet d'aryanisation, et le S.C.A.P. (Service de contrôle des administrateurs provisoires) fut transféré, en juillet 1941, au Commissariat nouvellement créé. Le Dr Blanke et les autres responsables allemands qui s'occupaient directement de l'aryanisation, non consultés sur ce changement de place du S.C.A.P. dans la hiérarchie administrative, protestèrent, affirmant que la « direction uniforme de l'économie française » serait « compromise ». Vallat leur assura à nouveau qu'il ne ferait rien sans l'approbation du ministère concerné, et que le S.C.A.P.

fonctionnerait exactement comme auparavant dans la zone occupée[30]. On ne savait plus nettement qui avait la responsabilité dernière du choix des administrateurs provisoires, du moins dans la zone occupée, ni celle de décider si une entreprise juive devait être liquidée ou maintenue en activité sous la direction d'un acquéreur « aryen ». Chaque mois, une réunion interministérielle réunissait des représentants du ministère des Finances et du C.G.Q.J. dans les services de Jacques Barnaud, délégué général aux relations économiques franco-allemandes, pour s'efforcer — pas toujours avec succès — d'établir une politique commune au sujet des entreprises juives les plus importantes avant de traiter avec les Allemands.

Quand des intérêts allemands étaient en jeu, les atouts appartenaient encore au ministère des Finances qui devait donner son approbation pour tout transfert de propriété entre Français et étrangers. Cette situation confuse quant à l'autorité servit parfois d'expédient pour faire obstruction aux plans d'investisseurs allemands qui envisageaient l'achat d'importantes entreprises juives françaises. Le Dr Michel, responsable économique principal au MBF, en vint à penser que les ministères des Finances et de la Production industrielle entravaient le travail de Vallat, et soutint ce dernier dans ses efforts décousus pour se rendre indépendant d'eux[31]. En fait, il n'est pas facile de discerner une différence réelle de politique entre Vallat et les principaux ministères économiques. Plus tard, lorsque Darquier de Pellepoix devint Commissaire général aux questions juives, le C.G.Q.J. autorisa parfois la vente de biens juifs à des organismes allemands sans consulter la rue de Rivoli, et le ministère des Finances s'en plaignit alors amèrement[32]. Jamais non plus cependant aucun de ces deux ministères économiques ne semble avoir soulevé d'objections fondamentales à l'idée que les biens des Juifs devaient être mis sous séquestre et placés entre les mains d'« aryens », en application d'une politique officielle.

Dans les chefs-lieux de département, les frictions entre les préfets et les services récemment installés au C.G.Q.J. n'avaient guère de rapport avec les sentiments personnels du préfet à l'égard des Juifs ou des mesures antijuives du gouvernement. Elles étaient fonction de ses efforts pour s'assurer une autorité plus étendue sur les divers services administratifs du département. Les préfets voulaient en finir avec la tendance de certains responsables locaux de contourner leur autorité en prenant contact directement avec les services de Paris (ou de Vichy). Dans les Alpes-Maritimes, par exemple, Marcel Ribière était l'un des préfets de la zone non occupée les plus disposés à interner les Juifs étrangers ou suspects, à les accuser de propagande antigouvernementale et de marché noir et à demander l'internement massif, à l'échelle nationale, de tous les Juifs « suspects » (français aussi bien qu'étrangers) dans des « centres de rassemblement ». Pourtant son irritation fut vive lorsque le C.G.Q.J., de même que deux autres nouveaux services (les secrétariats au chômage et à la famille) nommèrent des délégués départementaux sans le consulter. Il se plaignit, dans son rapport mensuel du 4 août 1941 au ministre de l'Intérieur, de ce que les préfets n'eussent pas encore en mains les moyens suffisants pour pouvoir diriger. Il leur fallait avoir dans le département une primauté incontestée sur tous les responsables administratifs. Dans le cas du C.G.Q.J., M. Ribière disposait d'informations mettant en cause la personne du délégué, dont il demanda le rappel[33]. Ce genre de conflit d'attributions entre les préfets et le C.G.Q.J. concernait le plus vigoureux et le plus maréchaliste des préfets, irrité non pas de l'action du C.G.Q.J. mais du fait qu'il omettait de lui subordonner toutes ses activités locales.

Une variante plus nuancée du conflit entre les préfets et le C.G.Q.J. concernait les excès de zèle à l'encontre des Juifs anciennement établis et possédant des attaches locales. À Tarbes le préfet des Hautes-Pyrénées, M. Le Gentil était courroucé de la « maladresse » des agents du C.G.Q.J. qui ne faisaient pas de distinction entre les « Juifs trafiquants » étrangers qui relevaient des « camps de concentration » (où M. Le Gentil en envoya quelques-uns) et les « Juifs établis » qu'ils pourchassaient « sans discernement ». Il dénonçait l'aryanisation de la fonderie Rosengart à Tarbes, craignant qu'elle n'entraînât un chômage massif, et s'élevait contre l'aryanisation d'une usine de cuirs « à la suite d'une de ces maladresses » qui lui semblaient caractériser le C.G.Q.J. et particulièrement son service de police, la Police aux questions juives (P.Q.J.)[34].

La création d'une police antijuive spéciale soulevait un point particulièrement délicat d'ordre et de compétence administratifs. L'antisémitisme d'État de Vallat voulait être une opération strictement juridique, l'opposé même du règne de la rue ou du pogrom populaire. Il reposait sur un programme législatif, établi par des juristes et promulgué par une autorité dûment habilitée. Vichy n'avait pas grand-chose de commun avec la prolifération des organisations parallèles dans l'État nazi — le parti unique, les tribunaux du parti, et, au-dessus de tout cela, la police spéciale et les unités militaires des SS placées en dehors de la loi et responsables uniquement devant le Führer. Bien que Reinhard Heydrich, second Himmler et chef du RSHA ait, lors de sa visite à Paris le 6 mai 1942, la seule qu'il fit, pressé les Français de créer une force spéciale de police et de sûreté « hors de l'administration[35] », Vichy demeurait un État de droit et l'administration traditionnelle restait, à tout prendre, maîtresse chez elle. La force spéciale de police antijuive représentait une démarche rare et expérimentale dans le sens d'une administration parallèle chargée de besognes peu ragoûtantes (les sections spéciales, tribunaux spéciaux anticommunistes créés par la loi du 14 août 1941, en sont l'autre exemple principal); elle fut rapidement et efficacement limitée et cantonnée par les forces de l'ordre régulières.

C'est le ministre de l'Intérieur, Pierre Pucheu, qui mit sur pied la Police aux questions juives (P.Q.J.) à l'automne 1941, sous l'autorité de son propre ministère[36]. La répression s'intensifiait. Le régime faisait l'expérience des tribunaux d'exception et de la justice sommaire à la suite des premiers attentats contre des officiers allemands ; il en résulta deux mesures décidées par les Allemands : la prise d'otages et les premières arrestations massives de Juifs à Paris[37]. Les autorités d'occupation préférèrent laisser la répression aux Français, et la police française régulière fut submergée par la vague soudaine de mesures dirigées contre les communistes et contre les Juifs dans la zone occupée.

Une solution consistait à étendre les compétences du C.G.Q.J. pour accomplir ces tâches, mais Vallat avait dit à Werner Best, en avril 1941, que l'internement et l'expulsion étaient du ressort de la police et ne faisaient aucunement partie de ses fonctions. En tout état de cause, ses capacités administratives n'inspiraient pas confiance. De son côté, Dannecker avait déjà pris des mesures qui orientèrent sans nul doute les Français vers la création d'une unité spéciale de police chargée des Juifs. Le 27 mai 1941, il avait obtenu le détachement de six inspecteurs de police de la préfecture de police de Paris qui devaient travailler directement avec les SS en tant que service actif ; peu après il mit sur pied une force de douze inspecteurs de police français dans un bureau spécial rue de Téhéran pour s'occuper des affaires juives[38]. Plus tard, lorsque Vichy rattacha ce bureau à sa propre Police aux questions juives, Vallat revendiqua la paternité de l'ensemble du dispositif. En général Dannecker ne prêtait guère attention à de tels propos mais, dans ce cas, comme les relations avec Vallat se détérioraient, il fut assez dépourvu d'humour pour forcer celui-ci, le 17 novembre 1941, à signer une lettre reconnaissant que l'idée d'une police aux questions juives venait de lui et non de Vallat[39].

Cette police convenait à la stratégie de Vichy lors de ses tractations avec les Allemands : en s'appropriant des parties du projet allemand, en faisant comme si Vichy en était l'auteur et en les étendant à la zone non occupée, le gouvernement semble avoir espéré à la fois l'extension de son autorité et le relâchement de la mainmise allemande sur la zone occupée. Schweblin, le directeur général français de la nouvelle P.Q.J., répétait la formule familière dans l'un de ses premiers rapports à Vichy :

Nous estimons qu'il serait certainement très habile d'accéder, sous certaines réserves, et avec précaution, au désir du lieutenant Dannecker, ce qui nous procurera, sans doute, certaines facilités dans nos rapports avec ses services, afin d'obtenir de plus en plus l'exclusivité des mesures tendant à résoudre le problème juif en France, problème que nous estimons toujours devoir être envisagé sur un plan strictement national et résolu par des mesures, elles aussi, strictement nationales[40].

La P.Q.J. opéra dans les deux zones, bien qu'elle fonctionnât évidemment avec beaucoup plus de liberté dans la zone occupée. Sa compétence se limitait en principe à recueillir des informations sur les infractions au statut des Juifs, en coopération avec la police nationale et sous la direction du C.G.Q.J.[41]. En pratique toutefois, la P.Q.J. ne se borna pas à des fonctions de renseignement. En contact direct avec la Gestapo, ses agents ne tinrent pas compte des limites précitées passées par Vichy à sa compétence, arrêtant des Juifs et les déférant à la police régulière. Usurpant toujours davantage les fonctions de celle-ci, la P.Q.J. fut renforcée par des inspecteurs détachés de la préfecture de police. Dannecker admirait son travail. Il la considérait comme une « troupe d'élite » que ses propres services avaient aidé à former[42].

Si les SS étaient satisfaits, la police française régulière ne l'était pas. Elle supportait mal l'établissement d'une force de police opérant en dehors des autorités régulières et des procédures normales de recrutement, et faisant sans cesse tout pour acquérir les bonnes grâces des Allemands. En guise de concession on plaça la P.Q.J. sous l'autorité de la police régulière en janvier 1942, mais cela ne mit nullement fin à son indépendance d'action ni aux frictions qui en résultaient. Les relations ne furent jamais cordiales. De fait, à Lyon, à Marseille et à Toulouse, la P.Q.J. eut de grandes difficultés à obtenir des bureaux de la police régulière et dut chercher refuge au C.G.Q.J. À Lyon, la P.Q.J. cherchait encore en mars 1942[43] des locaux pour ses services. Les préfets régionaux ne tenaient parfois pas compte des demandes de poursuites ou des propositions de sanctions diverses de la P.Q.J. À Bordeaux, où le SS-Sturmbannführer Hagen avait requis directement de la P.Q.J. l'arrestation de trois Juifs, l'intendant de police refusa de s'incliner et les Juifs s'échappèrent, probablement en s'enfuyant dans la zone non occupée[44].

La police régulière demeura ainsi le principal exécutant de la législation antijuive de Vichy. Cela ne veut pas dire que les mesures antijuives aient été mollement appliquées. Dans la zone occupée, l'état-major du MBF estimait, au début de 1942, en dépit de toute sa méfiance, que les tâches de la police française étaient « en général accomplies loyalement[45] ». Dans la zone non occupée, la police montra peu d'hésitation à appliquer la politique de Vichy. Au printemps 1941, avant même la création du C.G.Q.J., le cabinet du maréchal commença à se préoccuper du nombre élevé de Juifs sur la Côte d'Azur. Des membres du cabinet de Pétain — la Commission italienne d'armistice pensait qu'il s'agissait du conseiller économique du maréchal, Lucien Romier, et de son médecin personnel et confident Bernard Ménétrel — préparèrent la célébration par le régime du 1er mai — dont la loi du 12 avril 1941 fit un jour férié et chômé « comme fête du travail et de la concorde sociale » — par un certain nombre de gestes frappants destinés à illustrer le nouvel ordre social. En même temps que les déclarations de responsables aussi éminents que le ministre du Travail, René Belin, et le syndicaliste Georges Dumoulin sur le remplacement de la lutte des classes par le corporatisme, ils proposèrent d'amnistier plusieurs dirigeants syndicaux et d'opérer des arrestations qu'ils supposaient populaires : des trafiquants bien connus du marché noir, quelques gaullistes en vue comme le général Cochet et 400 Juifs de Marseille, Nice et Cannes[46]. Henri Chavin, secrétaire général pour la police au ministère de l'Intérieur, ordonna une rafle de 17 Juifs étrangers accusés d'activités de marché noir, prévue pour le 28 avril. « Il s'agit, dit-il, bien entendu, d'un simple hors-d'œuvre. » Le chef du cabinet civil du maréchal Pétain, Du Moulin de Labarthète, répondit à Chavin le 3 mai : « Je vous suis particulièrement reconnaissant de poursuivre avec fermeté l'épuration préconisée par le maréchal dans les circonstances présentes. » L'équation « Juifs étrangers-marché noir » semble avoir été immédiate et n'avoir demandé aucune réflexion. L'opération de police qui s'ensuivit dans les Alpes-Maritimes, le Var et les Bouches-du-Rhône entraîna, jusqu'au 5 juillet, l'internement de 61 Juifs étrangers et l'assignation à résidence de 632 d'entre eux dans une autre région ; on ne parlait plus de marché noir ou de suspects non juifs. Du Moulin de Labarthète prit acte de ces « chiffres impressionnants » qui « correspondent aux désirs exprimés par le gouvernement » ; et l'un des membres du cabinet du maréchal ajouta au crayon dans la marge une remarque admirative sur ces « fameux coups de filet de M. Chavin[47] ».

L'antisémitisme d'État de Vichy reposa sur l'appareil judiciaire régulier non moins que sur la police. Les diverses juridictions d'exception créées pendant la crise des otages à l'automne 1941 — sections spéciales, tribunal d'État — n'eurent à traiter qu'un nombre d'affaires relativement restreint, concernant pour la plupart des communistes. Ce sont les tribunaux français de droit commun qui veillèrent à ce que les lois antijuives soient appliquées. Leur rôle était essentiel car Vallat et les autres tenants de l'antisémitisme d'État voulaient que leur campagne contre les Juifs s'intégrât dans l'effort législatif plus ample de la Révolution nationale. Vers la fin de 1941, un manuel juridique intitulé *Les Institutions de la France nouvelle* indiquait que la Révolution nationale impliquait environ quinze cents lois nouvelles, sans parler des décrets, arrêtés et circulaires qui réglaient leur application[48]. Plusieurs centaines de ces textes concernaient les Juifs. Wladimir Rabi a fait observer récemment que l'antisémitisme français «a toujours été essentiellement juridique» dans son ambition d'abroger l'émancipation de 1791[49]. Mais un antisémitisme d'État ordonné ne signifiait rien si ceux qui violaient les nouvelles mesures antijuives ne pouvaient être reconnus coupables et condamnés par des tribunaux régulièrement constitués. Les magistrats les appliquèrent pour la plus grande part avec toute leur conscience professionnelle et sans opposition visible. Qu'ils aient agi de la sorte n'est pas nécessairement le reflet d'une hostilité active à l'égard des Juifs. Leur attitude reflétait le désir de restaurer le fonctionnement normal de l'État, l'acceptation professionnelle normale d'un système de droit positif dans lequel toute loi régulièrement promulguée n'est plus soumise à un contrôle supplémentaire de constitutionnalité, voire un enthousiasme véritable pour le nouveau régime.

Le pouvoir judiciaire a donné sa bénédiction au maréchal Pétain et à la Révolution nationale, y compris le statut des Juifs qui en faisait partie intégrante. Des juristes prestigieux ont salué le nouveau régime d'éclatantes approbations publiques. Il faut citer à leur tête Joseph Barthélemy, professeur à la faculté de droit de Paris, membre de l'Institut, homme respecté, qui devint ministre de la Justice sous Darlan et resta une personnalité de premier plan dans le gouvernement Laval après avril 1942. Georges Ripert, lui aussi membre de l'Institut et doyen de la faculté de droit de Paris, qui s'était opposé activement aux préjugés raciaux et religieux en 1938, appliqua les lois antisémites comme secrétaire d'État à l'Instruction publique et à la jeunesse en 1940. Roger Bonnard, doyen de la faculté de droit de

Bordeaux, dit à ses étudiants à la rentrée de 1940 : « Nous sommes invités à reprendre le sens de l'acceptation de l'autorité. Nous devons donc nous dégager de cette vieille idéologie, qui s'est perpétuée comme un dogme depuis J.-J. Rousseau : le préjugé démocratique qui veut que, dans tous les domaines, les individus se gouvernent eux-mêmes, de façon à ce que, n'obéissant ainsi qu'à eux-mêmes, ils restent aussi libres qu'avant[50]. » Bonnard était codirecteur de la *Revue du droit public*, revue savante fondée en 1894 et destinée à un public de spécialistes. Dans le premier numéro qui suivit l'interruption causée par la débâcle, Bonnard mit son périodique au service du chef de l'État : « Avec notre "Chef", M. le Maréchal Pétain, la France a maintenant un guide d'une sagesse et d'une maîtrise de pensée incomparables et quasi surhumaines, qui l'empêchera d'errer et qui la conduira sur le chemin de la vérité[51]. »

Les revues juridiques et les professeurs les plus respectables commentèrent les lois antijuives de Vichy sur le ton du détachement scientifique. Roger Bonnard, qui avait écrit une étude « scientifique » des lois nazies en 1936, pressait ses collègues en 1941 de s'engager dans la tâche de l'analyse juridique des intérêts de « notre nouvelle Weltanschauung[52] ». D'honorables autorités des universités, des tribunaux et du barreau apportèrent une contribution régulière à la *Semaine juridique* et à la *Gazette du Palais*, mettant leurs collègues au courant des nouvelles lois contre les Juifs et des décisions de justice basées sur elles. Les écrits de E.-H. Perreau, professeur honoraire à la faculté de droit de Toulouse, sont un exemple typique de nombre de ces commentaires. Il critique certains aspects de la législation antijuive, mais il insiste sur sa propre neutralité. En un long article, qui discute le nouveau statut des Juifs de 1941, il prend ces lois « comme faits juridiques », qu'il est important d'étudier de manière « purement objective ». « Nous souhaitons *en faciliter l'application* en dissipant les malentendus et contribuer, dans notre modeste sphère, à l'intelligence des textes nouveaux[53]. » Le codirecteur, avec Roger Bonnard, de la *Revue du droit public* était Gaston Jèze, homme de gauche qui passait pour hostile à Vichy. Il persévéra néanmoins dans la « neutralité », suivi en cela par d'autres. En 1944, il jugea opportun de publier une note intitulée « La définition légale du Juif au sens des incapacités légales », donnant un commentaire sec et prudent dans la partie de la revue consacrée aux notes de jurisprudence[54]. Toujours à la faculté de droit de Paris, Georges Ripert écrivit la préface d'un livre sur les lois nazies publié en 1943. Il insistait sur l'importance d'étudier objectivement ces questions : « L'homme de science a le droit de se désintéresser des conséquences pratiques de ses études[55]. »

Les livres et les articles sur le dédale des lois antisémites devinrent une activité aussi savante que florissante sous le gouvernement de Vichy. Le tout premier manuel de droit constitutionnel publié sous le nouveau régime, ouvrage d'un professeur à la faculté de droit de Dijon, répétait presque mot pour mot les injonctions de Xavier Vallat : « Il faut d'abord éliminer ou mettre hors d'état de nuire les éléments étrangers ou douteux qui s'étaient introduits dans la communauté nationale... Étant donné ses caractères ethniques, ses réactions, le Juif est inassimilable. Le régime considère donc qu'il doit être tenu à l'écart de la communauté française[56]. » La même année, parut une étude encore plus étendue, entièrement consacrée aux lois antijuives, honorée d'une préface du contre-amiral Ven, commandant l'École nationale de police de Saint-Cyr-au-Mont-d'Or[57]. La faculté de droit de Paris conféra au moins un doctorat pour une analyse « de pure technique juridique » du statut des Juifs, écrite par un fonctionnaire de la préfecture de police. Le jury comprenait trois professeurs de droit, dont deux étaient fort connus avant la guerre[58].

Dans les juridictions, les juges adoptèrent généralement un point de vue de stricte interprétation, s'en tenant à la lettre de la loi en insistant sur la nécessité de procéder selon les règles, même lorsque cela se heurtait avec d'innombrables lois d'exception et avec les intentions moins scrupuleuses du ministère public. L'administration, menée par le C.G.Q.J., voulait que les tribunaux appliquent beaucoup plus rigoureusement les lois antijuives. Xavier Vallat, tout en assurant à Dannecker, sceptique, que les tribunaux français n'étaient pas aussi cléments qu'il le croyait, se plaignit en privé à Darlan de ce que les juges n'appliquaient pas les textes à des personnes indiscutablement juives, dans des affaires où l'État n'avait pas de preuves suffisantes — par exemple des cas de filiation illégitime, ou d'une ascendance étrangère qui mettait dans l'impossibilité de réunir la documentation nécessaire[59]. C'est pourquoi il voulait, dans le projet de troisième statut des Juifs, renverser la charge de la preuve au détriment de l'inculpé.

Pour établir avec exactitude le degré de fermeté avec lequel les tribunaux appliquèrent les lois antijuives, il faudrait tenir compte d'importantes variations locales. Dans la zone occupée, l'obligation d'appliquer les ordonnances allemandes aussi bien que les lois françaises créait une situation particulière. Dans le Territoire de Belfort, le président du tribunal de commerce fut récusé par les Allemands à la suite d'un litige sur la liquidation des biens des Juifs au début de 1941[60]. À tout prendre, la plupart des tribunaux français se soumirent, allant plus loin que leurs homologues de Belgique, où la Cour de cassation protesta solennellement contre les mesures de l'occupation[61]. Dans la zone non occupée, on a l'impression que les tribunaux tendaient à contenir le zèle du C.G.Q.J. Ils ne mirent pas en question la légalité ou le principe même du statut des Juifs, mais rendirent leurs jugements, comme on l'a dit, « avec un esprit de juste mesure, dans le respect des principes[62] ». Cela militait parfois en faveur des Juifs et parfois contre eux. Plus de 600 Juifs en tout furent condamnés par les tribunaux pour violation des lois antijuives pendant les dix-huit mois qui s'écoulèrent entre juin 1941 et la fin de 1942. 46 autres le furent en 1943 par les tribunaux, au plus fort des déportations, et 11 encore à la veille même de la Libération, en 1944[63].

Au sommet du système juridique et administratif français, le Conseil d'État avait à jouer un rôle important et diversifié en ces affaires. Le Conseil d'État ne décidait pas seulement de la procédure à suivre pour écarter les Juifs de la fonction publique ; son avis était requis pour toute dérogation aux statuts ; il examinait les projets de loi, réglementait les nominations d'administrateurs provisoires et statuait enfin en matière juridictionnelle. La nouvelle jurisprudence qui naissait autour des nouvelles lois antijuives était si importante que le Conseil d'État établit en 1941 une commission spéciale du statut des Juifs, présidée par son vice-président, Alfred Porché. On a affirmé récemment que le Conseil d'État avait essayé d'atténuer les conséquences des mesures antisémites de Vichy[64]. Mais sa réputation à l'époque était plutôt différente. Le directeur du cabinet de Pétain, Henri Du Moulin de Labarthète, a rapporté, après la guerre, que les efforts du maréchal pour obtenir des dérogations pour ses amis juifs avaient en partie échoué : « Nous nous irritions de la lenteur, parfois même de la parcimonie, avec lesquelles le Conseil d'État, chargé de statuer sur les demandes de dérogation, se prêtait à cette œuvre de réparation[65]. » Les mémoires de Jérôme Carcopino donnent la même impression[66]. Les documents officiels émanant du Conseil d'État, lorsqu'on les relit aujourd'hui, peuvent même présenter une allure nettement antisémite. En décembre 1941, selon une note signée par le vice-président Porché, le Conseil d'État donna un avis plus que réservé au gouvernement sur un projet de décret pris en application de la loi du 2 juin 1941 et proposant de diriger certains Juifs vers l'agriculture :

Il n'est pas sans péril, aux yeux du Conseil, de disperser dans les campagnes sous couvert d'un « retour à la terre » une population

201

presque exclusivement urbaine et commerçante qui, depuis son plus lointain passé jusqu'aujourd'hui, même en Palestine malgré les efforts des sionistes, et dans l'est de la France où elle est depuis des siècles fixée dans certains villages, s'est toujours montrée radicalement inapte aux travaux des champs.

Il est à craindre que l'on n'aboutisse ainsi, malgré toutes les précautions prises et les armes qu'on se réserve, qu'à développer l'usure et les opérations clandestines dites « marché noir ». En outre... on risque de favoriser la diffusion dans les campagnes des doctrines extrémistes chères à de trop nombreux Juifs venus de l'Europe orientale[67].

Bien que des dispositions antijuives aient nettement existé à l'intérieur du Conseil d'État, elles semblent avoir passé après le souci d'affirmer les prérogatives du Conseil et le désir de rendre ses arrêts d'une manière indiscutable. Le Conseil rendit une foule de décisions qui établirent l'interprétation à suivre par les juridictions inférieures. Il arrivait parfois que les résultats satisfassent les antisémites. Le 21 mars 1941 par exemple, le Conseil estima que les Juifs greffiers de tribunaux, catégorie subalterne d'auxiliaires de la Justice qui n'étaient pas mentionnés explicitement dans le statut des Juifs, devaient également perdre leur emploi[68]. Dans l'épuration administrative, le Conseil mit la preuve à la charge de l'intéressé : celui-ci devait prouver qu'il n'était *pas* juif ; la révocation d'un requérant incapable de fournir cette preuve fut ainsi estimée régulière[69]. D'autres jugements allèrent dans un sens différent, exaspérant le C.G.Q.J. Devant les tribunaux répressifs, la charge de la preuve incombait au ministère public, ce qui fut cause de tracas considérable pour l'administration antijuive en 1943[70]. Une importante décision du Conseil d'État, cette même année, annula un arrêté du préfet de la Haute-Savoie qui prescrivait à *tous* les voyageurs d'indiquer leur religion sur les registres des hôtels[71]. En 1944, longtemps après que l'Afrique du Nord ait échappé à l'autorité de Vichy, le Conseil d'État annula une décision du Gouverneur général de l'Algérie imposant un « numerus clausus » dans les établissements d'enseignement primaire et secondaire[72].

Il peut sembler étonnant que de tels litiges se soient prolongés au-delà de l'été 1942, alors que les Juifs étaient raflés, arrachés à leurs foyers et à leurs familles et déportés à Auschwitz. Ce fut pourtant le cas. Tout au long de la guerre, une poignée de Juifs et de non-Juifs continuèrent à avoir recours aux tribunaux contre ce qu'ils soutenaient être des abus des lois antijuives. Et les tribunaux continuèrent à juger, au milieu des horreurs de la déportation, même au cours de l'été 1944, reflétant la résolution des magistrats d'affirmer leur autorité sur une persécution résultant de la loi.

Pour comprendre comment l'appareil judiciaire fut entraîné sur ce terrain dans des proportions aussi considérables, il faut examiner de plus près le genre de litiges qu'il eut à trancher. Certains avaient trait à l'identification juridique des Juifs, question qui ne cessa jamais de préoccuper les autorités. Si précises que fussent les définitions de Vichy, elles n'étaient jamais pleinement efficaces pour résoudre les problèmes posés. D'importantes décisions juridictionnelles précisèrent en 1941 certains éléments en fonction desquels devaient être tranchés les cas où il n'y avait que deux grands-parents, et où la loi laissait place à l'interprétation[73]. Mais les problèmes continuaient à se poser. Comment établir la religion des grands-parents? Quid des ressortissants des régions annexées par l'Allemagne qui ne pouvaient se procurer un document à décharge, comme un certificat de baptême de leurs aïeux? Le C.G.Q.J. insistait auprès des tribunaux pour qu'ils admettent les présomptions de judéité, de sorte que les Juifs dont les grands-parents n'étaient pas nés en France — contre lesquels le commissariat avait une animosité spéciale — ne puissent échapper. Un avocat affirma même, dans un journal juridique connu, que les tribunaux français devraient se référer à la jurisprudence allemande dans un « esprit large et objectif[74] ». À notre connaissance, cette suggestion n'a été retenue par aucune juridiction. Les tribunaux continuèrent à insister sur les procédures judiciaires traditionnelles, et par conséquent à faire reposer, en matière pénale, la charge de la preuve sur l'administration et le C.G.Q.J.

Le plus grand nombre de ces litiges concernait des questions de propriété, sous-produit inattendu de la persécution dont Vichy n'osait décider que par l'intermédiaire des tribunaux. La division de la France en deux zones était à l'origine d'une série de problèmes. Dans une affaire, une Juive s'adressa au tribunal de la Seine pour obtenir d'être libérée des obligations d'un bail contacté avant l'arrivée des Allemands. S'étant réfugiée dans le Midi pendant l'exode, elle était empêchée comme juive, en vertu des ordonnances allemandes, de retourner dans son appartement de la zone occupée. Le tribunal trancha à son encontre, déclarant intacte son obligation à l'égard du bail, même si elle n'était pas en situation d'en avoir la jouissance effective[75]. Dans d'autres affaires on accusait des Juifs de dissimuler soit leurs biens soit la direction d'entreprises pour échapper à l'aryanisation. Comment déterminer si une entreprise était « juive » ? D'autres litiges concernaient les biens de couples mixtes. Les tribunaux manifestaient de la bienveillance envers les actions intentées par des épouses non juives et relatives aux préjudices causés par l'aryanisation, autorisant, en pareil cas, la séparation des biens[76]. En dépit de la mise à l'honneur de la famille par le régime, le ministre de la Justice Joseph Barthélemy fit de son mieux pour hâter les procédures de divorce dans les cas où l'existence de couples mixtes menaçait de contrecarrer les intentions de l'aryanisation. Dans une circulaire de septembre 1942 aux procureurs généraux il leur rappelait « l'intérêt qui s'attache à un prompt règlement de ces procédures[77] ». L'aryanisation créait aussi des problèmes pour les tiers. Qu'en était-il de l'association entre Juifs et non-Juifs ? Et des droits des créanciers en cas de dissolution d'une entreprise juive ? Bien que les créanciers d'entreprises aryanisées se soient vu concéder des droits analogues à ceux prévus en cas de faillite, des problèmes épineux se posaient[78].

Les tribunaux ayant reçu toute latitude de décider en ces matières, et les droits de propriété formant une part importante des affaires déférées, il n'est guère surprenant que les autorités judiciaires aient généralement résisté aux interventions administratives. Selon Billig, « les tribunaux ont été l'une des puissances publiques les moins malléables au façonnement de l'État raciste entrepris par le gouvernement de Vichy[79] ». Il n'est pourtant pas douteux que le système judiciaire ait facilité la persécution juridique, lui permettant de se poursuivre relativement sans heurts, sans cette sorte de brutalité administrative qui n'aurait pu que discréditer l'antisémitisme d'État.

D'une manière générale, les antisémites sont arrivés à leurs fins. De plus, après 1942, les Juifs étaient en danger physique, ce qui diminuait l'importance relative des décisions judiciaires. À cette époque, on peut même discerner une tendance opposée dans l'action judiciaire, qui s'exerce en faveur de l'administration, en édifiant une solide jurisprudence à l'appui de l'aryanisation. Peut-être y a-t-il eu un certain manque de conviction en 1940 quand les tribunaux commencèrent à appliquer les lois antijuives. En définitive, et comme le reste de l'administration, les tribunaux semblent s'être habitués à leurs nouvelles tâches[80].

L'activité quotidienne de l'administration

La raison d'être de l'incapacité des Juifs d'accéder aux fonctions publiques est la même que celle de l'incapacité frappant les naturalisés : la protection de l'intérêt des services publics. Le

> nouveau régime reconnaissant à toutes les fonc-
> tions publiques un certain caractère politique à
> côté de leur caractère technique, il a été logique-
> ment conduit à exiger de tous les fonctionnaires
> non seulement des capacités techniques, mais
> encore une certaine aptitude politique. On a estimé
> que les Juifs, comme les naturalisés, ne présen-
> taient pas en général cette aptitude : d'où leur
> exclusion des fonctions publiques.
>
> Maurice DUVERGER (1941[81]).

Les fonctionnaires français ne pouvaient pas douter que la politique antijuive ne fît désormais partie de l'ordre juridique. Il est difficile aujourd'hui de ne pas s'étonner de la manière quasi « normale » qui a caractérisé l'explication et l'application de cet ordre nouveau au plan des lois.

Maurice Duverger, jeune et brillant juriste partisan du corporatisme et, lorsqu'il était étudiant, membre du parti populaire français de Doriot, était neutre, froid et factuel lorsqu'en 1941, il résumait la politique de Vichy à l'égard des Juifs dans la vie publique dans son article intitulé « La situation des fonctionnaires depuis la révolution de 1940 » et publié dans la *Revue du droit public*. Il répétait les dénégations fréquentes de Vichy : « Les lois du 3 octobre 1940 et du 2 juin 1941 n'ont donc pas le caractère de mesures de représailles, mais de mesures d'intérêt public. » Mais son article n'était pas équivoque. Le nouveau régime politique de la France était *autoritaire*, et, comme tel, il ne pouvait tolérer une administration libérale : « Aussi les premières réformes administratives ont-elles tendu à restaurer l'auto-rité de l'État sur ses fonctionnaires. » En même temps, « ce nouveau régime est également profondément *national* : il inaugure une réaction très nette contre le cosmopolitisme inspiré par la philosophie du XVIIIᵉ siècle. Ce caractère national explique notamment les dispositions prises pour interdire l'accès des fonctions publiques aux naturalisés et aux juifs. »

Si M. Duverger émettait en son for intérieur des critiques

sur les lois antijuives de Vichy, il n'en fournissait aucun indice à ses lecteurs. En général, l'administration adopta la même attitude neutre et routinière. Il incombe aux administrations d'appliquer la loi avec une apparence extérieure d'uniformité, et les services publics du régime de Vichy ont peut-être éprouvé davantage encore qu'en temps normal la nécessité de renforcer l'autorité de l'État. Jamais celle-ci n'avait semblé plus précieuse qu'après avoir été secouée par la défaite et l'occupation étrangère. Il n'y avait pas d'héroïsme à s'enfuir, dit, lors de son procès en 1949, René Bousquet, ancien préfet de la Marne en 1940 et par la suite responsable de la police de Vichy; la démarche essentielle pour le redressement de la France était de restaurer l'« armature » de l'administration publique[82]. Le devoir qu'avait tout fonctionnaire de continuer à faire fonctionner les institutions semble s'être facilement étendu aux nouvelles mesures antijuives. On ne connaît aucun fonctionnaire qui ait démissionné pour protester contre elles en 1940-1941. Il s'agissait à ce moment du programme de Vichy : quotas, épuration des professions et de l'administration, réduction du rôle des Juifs dans l'économie. Les choses parurent, sans nul doute, sous un jour différent lorsque les plans de Vichy furent remplacés par ceux des Allemands, beaucoup plus rigoureux, à savoir des déportations massives de l'été 1942. De nombreux fonctionnaires qui, après la guerre, évoquèrent une opposition secrète à l'antisémitisme de Vichy, doivent avoir eu à l'esprit cette dernière période. Il est extrêmement difficile de trouver des preuves contemporaines de pareille contestation pendant les deux premières années du régime de Vichy. Dans son ensemble, pour tous ceux qui ont relaté leurs impressions de l'époque, l'administration a accepté les nouvelles lois comme légitimes et a travailler à les appliquer comme n'importe quelle autre loi. Il n'y a pas eu, à l'égard du programme antijuif de Vichy de 1940-1941, une répugnance massive qui pourrait être comparée avec le refus général du Service du travail obligatoire en 1943, ou, d'ailleurs, la critique généralisée des déportations à la fin de 1942.

Ceci dit, il faut ajouter aussitôt que, sous le conformisme apparent, il y eut une grande diversité dans le zèle ou l'étendue de cette application. Contrairement à la machine de guerre nazie, l'administration française n'était pas imprégnée d'une nette intention antijuive. Les objectifs antisémites à long terme de Vichy demeuraient limités, tempérés par la discrimination entre différentes sortes de Juifs, et voilés par le souci du gouvernement d'accorder des dérogations et des exceptions. Comme les Juifs ne constituèrent jamais qu'un objet d'inimitié pour Vichy, et n'en furent probablement jamais le principal, les fonctionnaires purent parfois procéder comme ils l'entendaient, dans la mesure, non négligeable, où ils ne niaient pas publiquement la légitimité de ce que faisait le régime.

Les étrangers qui s'occupaient d'aider les Juifs ont noté une grande diversité dans leurs relations quotidiennes avec les services publics. En décembre 1940, avant que le C.G.Q.J. n'ait fait sentir sa détermination, le Dr Kahany rapportait à des responsables britanniques à Genève que l'on ne tenait pas compte, ici et là, du but du premier statut des Juifs ou bien qu'il était appliqué avec une certaine sélectivité[83]. Vallat rappela en 1945 que le premier statut avait été très inégalement appliqué — aux fonctionnaires mais pas à beaucoup d'autres personnes[84]. Donald Lowrie, qui exerçait une grande activité d'assistance pour l'Alliance mondiale de l'Y.M.C.A., avait surtout des rapports avec le ministère de l'Intérieur : «Comme les autres ministères de Vichy, écrit-il, celui-ci faisait montre d'un curieux mélange de soumission aux ordres des Allemands et de sympathie plus ou moins secrète pour la cause des Alliés. Le succès, à Vichy, dépendait de l'homme avec lequel on avait à traiter, et de sa propension à prendre la responsabilité d'une décision qui pourrait ne pas plaire aux nazis[85]. » Lowrie avait vu opérer un gouvernement révolutionnaire provisoire à Moscou au printemps de 1917, et il sentait en 1940 à Vichy la même perméabilité d'un système administratif encore incertain de son orientation et de ses priorités.

Même après que le C.G.Q.J. ait conféré plus de coordination et plus d'élan à la politique antijuive, il y avait encore de la place pour des variations individuelles au niveau local. Un grand nombre d'études locales seraient nécessaires pour définir leurs contours exacts. Certaines de ces variations restaient à coup sûr, par prudence, dans l'ombre, mais même dans les archives centrales que nous avons pu consulter, on en trouve d'amples témoignages. Le rôle des préfets fut crucial pour la vie des Juifs de France. La loi du 4 octobre 1940 leur donnait, on l'a vu, un pouvoir discrétionnaire pour l'internement des Juifs dans des camps et leur assignation à résidence. Les préfets régionaux avaient une certaine autorité sur les dix directions régionales du C.G.Q.J., à Limoges, Clermont-Ferrand, Lyon, Marseille, Toulouse et Montpellier. Il incombait aux préfets de mener à bien le recensement des Juifs ; ils pouvaient traiter de difficiles questions de définition conduisant à distinguer les Juifs et les non-Juifs. Ils délivraient les sauf-conduits qui permettaient à certains Juifs de circuler et ils pouvaient prendre des initiatives lors des enquêtes de police visant à dévoiler les Juifs qui se cachaient. Ils jouèrent un rôle essentiel dans l'émigration pendant la période où Vichy favorisait le départ des Juifs. L'aide que reçut la H.I.C.E.M. de M. François Martin, préfet du Tarn-et-Garonne[86] par exemple, n'a peut-être été que le reflet de la politique officielle. Mais certains préfets furent personnellement secourables et des Juifs qui ont survécu à la guerre, à Montauban, en gardent le souvenir. Un réfugié a rapporté que la préfecture de la Creuse avait aidé les Juifs à se rendre dans la zone d'occupation italienne en 1943 en leur fournissant les documents nécessaires[87], mais cet exemple nous entraîne dans la période des déportations. Le directeur régional du C.G.Q.J. à Clermont-Ferrand se plaignait fréquemment de ce que la préfecture du Puy-de-Dôme ne tînt pas compte des demandes d'internement de Juifs[88]. À l'inverse, la préfecture de l'Ardèche était donnée en modèle pour la rigueur de ses mesures de police[89]. M. Pujès, préfet de la Seine-Inférieure, relatait avec fierté au ministère de l'Intérieur en octobre 1942 qu'il avait non seulement interné un Juif et son « complice aryen » pour activités de marché noir, mais aussi arrêté « un autre Juif qui s'était présenté à mes bureaux arrogamment et sans être muni de son étoile[90] ».

Le souci capital des préfets, outre le maintien de l'autorité de leurs fonctions, était d'éviter l'accumulation dans leur département d'un nombre excessif de réfugiés errants. Monique Luirard raconte ainsi le cas de Juifs chassés d'un département à l'autre : « Il [un Juif] échoue parfois dans la Loire après avoir été expulsé d'autres départements par ordre préfectoral, car périodiquement les autorités locales rejettent les individus en surnombre des communautés qui se forment au hasard. Le préfet de Périgueux expédie ainsi à plusieurs reprises au nord de la Loire des Juifs dont le sous-préfet de Roanne ne tient nullement à faire assurer l'entretien. En janvier 1941, le préfet régional de Lyon estime que son agglomération est envahie par des Juifs de toute provenance et que l'alimentation des Lyonnais est compromise par la présence de cette population plus ou moins parasitaire. Il décide donc de disperser 3 100 d'entre eux dans les départements de son ressort. La Loire en reçoit ainsi une centaine[91]. » Ce ballottage des réfugiés, continuation des pratiques des années 30 rendues plus urgentes par la pénurie du temps de guerre, indique à quel point la manière de traiter les Juifs dans telle préfecture en particulier dépendait souvent du moment, des conditions financières et de la chance pure et simple. Les souffrances des déracinés — réfugiés ou Juifs français chassés de leur emploi ou de leurs activités — étaient accrues par ces incertitudes.

Plus loin du centre, les mairies et les commissariats de

police des 38 000 communes de France jouaient eux aussi un rôle très important dans l'application des lois antijuives. À cette époque le traditionnel maire du village, souvent agriculteur, consacrant quelques heures par semaine à ses fonctions devenait désuet : l'avalanche des instructions officielles sur le rationnement, les livraisons de produits alimentaires, le service du travail et toutes les autres obligations du temps de guerre contraignaient même les petites communes à rechercher une aide à plein temps. Les mesures antijuives accrurent la charge de l'administration locale. Les autorités locales étaient supposées savoir en tout temps où résidaient les Juifs. La circulaire ministérielle du 18 avril 1942 exigeait des procédures d'information compliquées pour les Juifs arrivant dans une commune ou la quittant ; la loi du 9 novembre 1942 interdisait aux Juifs étrangers de quitter la commune qu'ils habitaient sans documents spéciaux délivrés par la police[92]. Depuis le 30 mai 1941, tous les Juifs étaient obligés de signaler tout changement d'adresse, même à l'intérieur d'une commune. De plus, les administrations locales devaient en principe s'occuper de l'aryanisation et de l'élimination des Juifs de certaines professions. Elles pouvaient proposer des sanctions sévères pour toute violation des lois antisémites, bien qu'il incombât aux préfectures d'imposer les peines. Il devint un peu plus facile de retrouver la trace des Juifs à partir du moment où la loi du 11 décembre 1942 exigea que la mention « Juif » fût portée sur les cartes d'identité et les cartes d'alimentation ; mais cette exigence imposa, à son tour, une nouvelle série de tâches : en 1943, le C.G.Q.J. publia un petit fascicule sur les lois antijuives, destiné à aider les autorités locales dans ce qui était devenu une tâche presque écrasante de réglementation, d'information et d'exclusion[93].

Au niveau local, il y eut aussi, inévitablement, diverses manières d'appliquer la loi. Çà et là, les Juifs reçurent une aide, même avant que les rafles de 1942 ne changent l'opinion. Raoul Laporterie, maire de la petite ville de Bascons (Landes) aida plusieurs centaines de Juifs à gagner la zone non occupée en 1940-1941[94]. D'autres maires tirèrent parti de leur accès aux registres de baptême pour aider à cacher ou à protéger des Juifs. Pendant l'été 1942, au grand déplaisir du C.G.Q.J., certains maires prirent même sur eux de délivrer de ces « certificats de non-appartenance à la race juive » pour lesquels Vallat et Darquier revendiquaient la compétence exclusive. Le cas le plus célèbre fut celui du village protestant de Chambon-sur-Lignon[95], bien que ce soit plus exactement pendant la période des déportations qu'il ait abrité des réfugiés juifs ; à cette époque, il fut loin d'être le seul. Par contraste, d'autres localités restèrent toujours inhospitalières. Après février 1943, lorsque le service du travail obligatoire en Allemagne fut institué, certaines communes trouvèrent un nouvel usage de l'antisémitisme. En Corrèze, des Juifs étrangers furent arrêtés illégalement par les autorités à la recherche des travailleurs. Les Juifs étaient évidemment des cibles vulnérables et il se peut qu'ils aient ainsi permis à certaines communes de fournir leur plein contingent[96].

L'une des rares institutions capables d'adopter une ligne de conduite indépendante était la présidence des assemblées parlementaires. Ici, la stratégie de deux opposants de Vichy consista à forcer le maréchal Pétain à prendre la responsabilité personnelle de l'épuration. Vers la fin de 1940, Jules Jeanneney et Édouard Herriot, respectivement présidents du Sénat et de la Chambre des députés, refusèrent de coopérer à la tâche que le gouvernement voulait leur imposer. Traitant les parlementaires comme des fonctionnaires et Jeanneney et Herriot comme des chefs de service, le gouvernement attendait d'eux qu'ils désignent et identifient les Juifs parmi les sénateurs et les députés. Dans une lettre du 23 janvier 1941, le maréchal Pétain demanda lui-même aux deux présidents de dresser la liste de tous les parlementaires juifs et de la lui transmettre rapidement.

Cette situation inextricable trouva finalement sa conclusion lors d'une entrevue personnelle à l'hôtel du Parc le 27 janvier. Pétain, solennel et courtois devant ces redoutables notables politiques, dut se résoudre à faire procéder lui-même à l'identification des parlementaires juifs. Jeanneney et Herriot n'avaient pas mis en question la validité de la loi (bien que Jeanneney en discutât l'équité), mais ils considérèrent comme une victoire capitale d'avoir forcé Pétain à assumer la charge de l'appliquer. Trois jours plus tard, Jeanneney écrivit à tous les sénateurs des deux zones : « Je vous prie, si vous êtes atteint par le statut des Juifs de vouloir bien en faire la déclaration au Chef de l'État. » En fin de compte, six sénateurs et douze députés juifs furent relevés de leur mandat électoral[97].

Cet exemple montre non seulement combien étaient limités les modes de résistance dont ces deux hommes politiques éminents de la Troisième République pensaient disposer dans leur opposition authentique à la proscription des Juifs, mais aussi combien les hommes publics étaient vulnérables qu'ils fussent élus ou nommés, et quel que fût leur rang. « Je réprouve la loi sur le statut des Juifs, avait dit Jeanneney à Pétain, comme il le rappelle lui-même, pour tout ce qu'elle a de contraire à la justice, au respect de la personne humaine, à la tradition française, comme aussi parce que les Allemands vous l'ont imposée. Elle est pourtant la loi. Obéissance lui est due[98]. »

Cette dernière phrase nous met au cœur du problème. Jusqu'au grand tournant de 1942, marqué par le début des déportations massives, le programme antijuif faisait partie de la loi française, et le poids des traditions administratives et des sanctions poussait à s'y conformer. Un certain nombre de facteurs y contribuaient. La loi du 17 juillet 1940[99] habilitait le gouvernement à relever de leurs fonctions, nonobstant toute disposition législative ou réglementaire contraire, les magistrats et les fonctionnaires civils ou militaires de l'État ; par la suite le ministre de l'Intérieur eut le pouvoir de remplacer les maires élus par de nouveaux maires nommés. Certes le gouvernement agit avec précaution avant de destituer les maires, et le nombre des démissions dues au surmenage ou aux doutes sur la situation fut beaucoup plus important que celui des révocations ; mais le régime avait de toute évidence les moyens de punir tout responsable qui aurait désobéi. En outre, une forte pression s'exerçait pour ne pas faire preuve de désunion alors que le pays était en danger. Pendant les deux premières années, on ne savait rien des intentions beaucoup plus radicales qui prenaient forme dans l'entourage immédiat de Hitler, ni de la manière dont le plan plus modeste de Vichy pourrait le faciliter. La simple inertie joua aussi un rôle. L'État avait parlé, la loi était la loi et le poids des habitudes et des traditions administratives était du côté de son application.

L'inertie poussait aussi à maintenir en activité des fonctions administratives, même si elles pouvaient mettre les Juifs en danger. Il était inconcevable, en 1940-1941, de fermer un service administratif. À la préfecture de police de Paris par exemple, un service administratif des étrangers avait été très actif depuis 1937, surveillant les étrangers et les réfugiés suspects. Lorsqu'ils entrèrent à Paris, les Allemands s'emparèrent des fichiers, la police ayant omis de les leur soustraire. Il était évident que les Allemands avaient l'intention de se servir de ces données pour traquer leurs propres ennemis. Plutôt que de dissoudre ce service, qui d'ailleurs avait été absolument submergé par l'afflux des réfugiés depuis 1939, le préfet de police Roger Langeron, antinazi, essaya de le remettre sur pied — ce qui ne pouvait que servir la cause de l'occupant. Au début de 1940, Langeron prescrivit même le recensement des étrangers dans le département de la Seine[100].

Certains responsables de rang plus élevé se persuadèrent aussi de ne pas démissionner, espérant peut-être qu'ils pourraient défendre plus efficacement ce qui pouvait l'être par de subtiles dérogations que par une franche opposition.

C'était le raisonnement de Jérôme Carcopino, secrétaire d'État à l'Éducation nationale :

Si tous les administrateurs qui, au nom du libéralisme universitaire et de leur conception du droit, réprouvaient la loi sur les Juifs, s'en étaient allés, qui donc, à leur place, en aurait amorti ou détourné les coups ? Je suis resté à la mienne et je n'ai rien dit. Mais c'est en m'insurgeant contre la loi en fières et vaines paroles que j'aurais découvert à l'occupant mes visées et paralysé mon action. J'estimai plus utile de m'atteler à l'ouvrage[101].

À l'en croire, Carcopino continua à trouver des raisons d'obéir à la lettre de la loi et à l'administrer avec diligence. Comme recteur de l'Académie de Paris en 1940, il rassembla les dossiers des professeurs juifs avec promptitude et les envoya à Vichy — « plus vite, pensais-je, pourrait intervenir le jeu des clauses de sauvegarde contenues dans la loi » relatives aux pensions, à la retraite anticipée, etc. Il évita tout geste public de protestation et essaya de dissuader un collègue très proche, Gustave Monod, de le faire, soutenant que de tels efforts seraient stériles et pourraient lui ôter la possibilité de rendre service à une personne en difficulté. Il n'émit qu'assez parcimonieusement un avis favorable au sujet de certaines demandes de dérogation fondées sur l'article 8 du statut de 1940, de peur de perdre son crédit au Conseil d'État, juge suprême en ces questions[102]. Carcopino n'était pas un antisémite invétéré et il se peut même qu'il ait aidé quelques Juifs. Mais il usa de son influence avec tant de réserve, il se soumit si aisément à ce qu'il appelait plus tard « la cruelle nécessité » que le résultat en fut un fidèle service du régime et de ses lois. Ce modèle fut suivi par une foule de fonctionnaires, dont un grand nombre se réconfortait par les mêmes réflexions et n'en faisait pas plus pour les Juifs en grande difficulté.

Certains s'alignèrent sur la persécution en un effort malencontreux pour protéger leur propre service. Ainsi en 1942, Paul Jourdain, vice-président du Sénat, s'opposa en vain à la réintégration légale d'un fonctionnaire juif évincé, afin d'éviter au Sénat le risque de se placer « dans une position défavorable vis-à-vis du gouvernement et de l'opinion publique[103] ». Il y eut des gestes courageux en faveur de certaines personnes, comme dans le cas du professeur Robert Debré qui fut fortement soutenu par ses collègues médecins à Paris en 1940. Mais ce soutien s'exerçait plus facilement en faveur de médecins renommés ou de fonctionnaires qui pouvaient fournir de beaux états de services que pour de plus humbles serviteurs de l'État. Jules Jeanneney s'estima impuissant à aider une dactylographe de la questure du Sénat, s'en tenant à une lecture stricte de la loi, en dépit de l'opinion du chef du service de statut des personnes au C.G.Q.J., Jacques Ditte (opinion erronée en l'occurrence), selon laquelle il avait compétence pour agir[104]. Avec le temps, toute intervention devint extrêmement aléatoire, quelle que fût la personne en jeu. Dans ces conditions, l'extrême prudence de Carcopino et d'autres s'était exercée en pure perte. Ils avaient obtenu très peu de résultats en un temps où même une légère obstruction aurait pu être féconde. Ce type de soumission s'avéra plus tard essentiel à l'effort de guerre nazi. Les autorités d'occupation répétaient souvent à Berlin que, sans l'aide de l'administration française, leur personnel était insuffisant pour appliquer leur politique à l'égard des Juifs[105]. La soumission de cette administration rendit finalement la situation bien pire pour les Juifs.

Ainsi un ensemble toujours plus étendu de services publics et privés furent conduits à collaborer à la politique antisémite de Vichy. On exigea des unités militaires qu'elles fournissent des informations détaillées sur d'anciens soldats juifs dont les états de services pouvaient avoir un rapport avec l'application du statut des Juifs[106]. Le ministre de l'Intérieur s'efforça de faire refuser les clients juifs par le syndicat des hôteliers[107]. De nouvelles et curieuses officines virent le jour pour aider à servir l'antisémitisme officiel. Des médecins furent appelés à certifier l'absence de circoncision[108]. Le programme antijuif de Vichy, soutenu par la plupart des fonctionnaires y compris les plus éminents et les plus dévoués, se répandit dans la vie française comme les rides sur l'eau d'un étang lorsqu'on y jette une pierre.

L'aryanisation

> Étant donné la délicatesse de la question juive en France, il convient d'éviter que dans les mesures prises à l'égard des Israélites viennent se mêler des considérations d'ordre personnel et des questions de concurrence commerciale.
>
> Or, de semblables ennuis seraient fort à craindre si l'élimination des éléments israélites des professions qu'ils encombrent était poursuivie sur l'initiative d'anciens collègues ou concurrents.
>
> Xavier VALLAT, printemps 1942[109].

> Il y a un déchaînement de convoitises.
> Xavier VALLAT, printemps 1942[110].

Aucune des entreprises antijuives de Vichy n'atteignit plus largement la vie publique que le projet d'« éliminer toute influence juive dans l'économie nationale[111] ». La loi du 22 juillet 1941 ne fut pas un geste vain. Sans pouvoir mettre en œuvre totalement le programme démesuré contenu dans l'article premier de la loi, le C.G.Q.J. déploya une action très énergique pour placer les biens des Juifs dans la zone non occupée sous tutelle d'administrateurs provisoires dès que la loi l'y autorisa. Vallat voulait prouver aux Allemands qu'il était capable d'organiser une épuration économique aussi efficace que la leur ; il était décidé à empêcher l'extension de la compétence des administrateurs provisoires de la zone occupée dans l'économie de la zone sud ; il était vraiment préoccupé du transfert vers le sud des ressources économiques des Juifs. Sur un total de 7 400 administrateurs provisoires nommés dans les entreprises juives pour l'ensemble de la France pendant la guerre, 1 343 (18 %) le furent dans la zone non occupée[112]. Les biens des Juifs étant fortement concentrés avant la guerre dans ce qui devint la zone occupée, et en particulier dans la région parisienne, ce pourcentage ne doit pas être éloigné de la répartition réelle des biens. En tout cas, ce chiffre ne nous autorise pas à conclure que l'aryanisation se fit avec tiédeur au sud de la ligne de démarcation, là où Vichy détenait toute autorité.

Les administrateurs provisoires étaient supposés non seulement prendre en charge la gestion des entreprises juives qui leur étaient confiées, mais aussi les transférer à des propriétaires « aryens ». Si les entreprises n'ajoutaient rien à l'économie française, elles devaient être liquidées et les actifs vendus par adjudication. Si elles étaient importantes pour l'économie, elle devaient être vendues à de nouveaux propriétaires qui continueraient à les faire fonctionner. Le 1er mai 1944, 42 227 entreprises juives avaient été placées sous administration provisoire. Parmi celles-ci, 9 680 avaient été vendues à des « aryens » (dont 1 708 immeubles de rapport, 4 869 entreprises commerciales et 1 930 entreprises artisanales), et 7 340 avaient été liquidées par l'administrateur[113]. Pendant la seule année 1943, plus de 200 millions de francs, provenant de ces ventes et de ces liquidations, furent placés dans les comptes bloqués nos 501 et 511 ouverts à la Caisse des dépôts et consignations[114]. La part de la zone non occupée dans cette spoliation était la suivante : 1 954 propriétés aryanisées (554 par vente, 421 par liquidation et 979 au terme de procédures non précisées) ; le 29 février 1944, 2 991 dossiers supplémentaires étaient encore à l'étude dans la zone non occupée. Il n'y a aucune trace d'indulgence dans les archives du C.G.Q.J. : 73 seulement de ces entreprises juives furent exemptées de la loi parce que trop peu importantes pour être signalées, et 53 seulement « à titre militaire[115] ». Si les biens impliqués étaient beaucoup moins nombreux que dans la zone occupée, cela reflétait, il faut le répéter, la répartition de fait des propriétés des Juifs. Ce ne fut pas une vente forcée aussi considérable que celle qui fut imposée aux biens immobiliers de l'Église sous la Révolution, ni un inventaire aussi étendu que celui des biens de l'Église après 1905, mais rien d'autre ne peut y être comparé dans l'histoire récente de la France.

Un transfert de propriété réalisé à une telle échelle devait inévitablement entraîner des conséquences pour toute l'économie. Chaque secteur se trouvait placé devant la possibilité de modifications dans la concentration des firmes et dans les rapports de concurrence. Chaque profession industrielle et commerciale se trouvait entraînée, bon gré mal gré, dans des décisions qui engageaient des biens juifs, pour lesquelles il n'y avait aucune jurisprudence.

Les banquiers, les agents d'assurance et les notaires durent résoudre des problèmes complexes pour leurs clients juifs et non juifs : le paiement de sommes dues à des Juifs et dues par eux, souvent compliqué par la ligne de démarcation, les conjoints non juifs, les sociétés à propriété et à direction mixtes, et les Juifs pris au piège dans une zone et dont les biens étaient dans l'autre, et les Juifs qui avaient disparu, cachés, internés ou victimes de la déportation. Le simple paiement d'un loyer mensuel pouvait entraîner un écheveau inextricable de comptes bloqués, d'arrangements contractuels entre conjoints ou associés et de litiges qui dépassaient les limites des pouvoirs d'un administrateur. Banquiers, agents d'assurances et notaires se tournaient vers leurs associations nationales et celles-ci, à leur tour, s'adressaient au C.G.Q.J. pour obtenir des éclaircissements et des directives.

Roger Lehideux, président de l'Association professionnelle des banques, correspondit fréquemment avec Vallat pour tenter de trouver des solutions à ce genre de difficultés. M. Lehideux constata que l'établissement de procédures pour les transactions des banques avec des clients juifs exigeait du temps, de la peine et du tact : le courrier devait subir le contrôle des Allemands à la ligne de démarcation ; toutes les communications entre le C.G.Q.J. et les banques devaient avoir l'accord du ministère des Finances et des transferts de fonds à l'intérieur de la zone occupée l'autorisation du service des changes des autorités d'occupation (« Devisenschutzkommando[116] »). Les versements des compagnies d'assurances se compliquaient du fait que les Allemands exigeaient, en zone occupée, qu'ils soient faits exclusivement à des comptes bloqués. Cette réglementation allemande s'appliquant aux paiement dus à des Juifs se trouvant désormais en zone non occupée, sur la base de polices d'assurances conclues initialement en zone occupée, le C.G.Q.J. s'apprêtait à donner à ces arrangements « une valeur juridique au point de vue du droit français au moyen d'une loi française consacrant des dispositions analogues » lorsque Vallat quitta ses fonctions à la fin de mars 1942[117]. Le syndicat des exportateurs français d'Indochine, à Marseille, fit une demande au sujet des courtages dus à des courtiers juifs. Il fut informé qu'ils ne devaient être payés qu'à l'administrateur provisoire de la maison de courtage[118]. L'emprise de l'aryanisation continua à s'élargir, et de plus en plus de personnes appartenant aux affaires et à diverses professions y furent impliquées par le sentiment que la vie devait continuer, qu'il leur fallait essayer d'observer ce droit singulier et déroutant et que ces nouveaux arrangements étaient probablement permanents.

L'aryanisation mettait en jeu au moins cinq intérêts concurrents. Le premier était Vallat lui-même. Il avait la conviction fanatique qu'il servait la France. Il ne retira aucun profit de toute l'opération. Il fit des démarches pour qu'un commissaire aux comptes indépendant soit affecté à chaque entreprise aryanisée, et s'efforça d'établir pour chaque vente de biens juifs un système d'offres sous pli cacheté. Cependant l'organisation et la gestion de la vaste bureaucratie qu'impliquait l'aryanisation s'avéra dépasser les capacités du Commissaire général, vu son inexpérience administrative. En dépit de cela, il poursuivit les opérations, espérant finalement gagner la confiance des autorités d'occupation et obtenir le retrait de toute la mainmise allemande sur les questions qui concernaient les biens des Juifs. Nous savons, par les prévisions communiquées par Vallat à l'état-major du MBF, qu'il envisageait un programme purement français qui laisserait subsister un reste de Juifs français exemptés, anciens combattants pour la plupart, peut-être au nombre de 2 000 chefs de famille comme directeurs d'entreprise et 3 000 dans les entreprises artisanales[119]; aucun ne se trouverait dans des secteurs déterminants comme la banque ou les sociétés anonymes pour lesquelles Vallat avait tant d'aversion.

Ensuite venait un complexe d'intérêts allemands. Des entrepreneurs allemands, à titre individuel, espéraient acquérir d'importants avoirs français, bien que le MBF essayât avec plus ou moins de succès de les en empêcher. L'intérêt principal du MBF était la poursuite de la production économique française en faveur de l'effort de guerre allemand, avec le minimum de perturbation. Cependant, le fonctionnaire du MBF chargé de l'aryanisation, le Dr Blanke, voulait garder la mainmise entière sur le processus d'aryanisation dans la zone occupée. De plus, il s'efforçait sans cesse d'étendre l'influence allemande au sud de la ligne de démarcation. Vallat ne réussit, avec quelque peine, qu'à garder des administrateurs provisoires séparés pour les biens juifs situés dans la zone non occupée[120].

Une troisième série de pressions s'exerçaient de la part des collègues ministériels de Vallat et de certains des grands corps de l'État. Dans la mesure où l'aryanisation avait déjà été décrétée par les Allemands dans la zone occupée à l'automne 1940, les ministères chargés de l'économie voulaient conserver dans ce processus le rôle qu'ils y avaient joué dès le début. Ce n'est qu'à contre-cœur qu'ils partageaient ce rôle avec Vallat. Bichelonne pensait que Vallat menaçait de compromettre les intérêts économiques de la France dans la zone occupée en ruinant certaines firmes prospères ; il exprima même ses plaintes aux autorités allemandes[121]. René Bousquet, responsable de la police, eut des démêlés avec les services de Vallat au sujet de certains transferts de propriété concernant des Juifs, démêlés qui durèrent de décembre 1941 à l'été 1942, lorsque des questions plus urgentes se posèrent[122]. Darlan mit Vallat en garde contre « le risque de malversations et de dilapidations scandaleuses, dont une mise en cause éventuelle de votre responsabilité ne saurait suffire à éteindre les conséquences politiques[123] ». Par la suite, Darlan fut indigné lorsque la confiscation des biens s'appliqua, comme c'était inéluctable, à des Juifs français assimilés, établis depuis longtemps. Les ministres furent portés à blâmer le C.G.Q.J. au sujet d'un programme qu'ils avaient eux-mêmes avalisé. En 1943, Laval projeta sérieusement de retirer entièrement l'aryanisation au C.G.Q.J. et de la transférer à l'administration des Domaines ou au ministère de la Production industrielle. Mais Vichy avait alors perdu tout pouvoir en la matière, et l'approbation des Allemands, nécessaire à ce projet, ne vint jamais[124].

Le quatrième groupe d'intérêts était constitué par les administrateurs provisoires eux-mêmes. Vallat reconnut ouvertement que l'aryanisation avait produit un « déchaînement de convoitises ». C'était un euphémisme. Lorsqu'un administrateur fut désigné pour les éditions Calmann-Lévy, par exemple, la police parisienne ne tarda pas à découvrir que l'individu en question, Gaston Capy, avait subi deux peines d'emprisonnement comme cambrioleur et proxénète[125]. Il arrivait que plusieurs administrateurs revendiquent l'autorité sur la même entreprise et opposent l'autorité allemande à l'autorité française pour prouver leur légitimité. Certains accumulaient une quantité impressionnante d'entreprises juives à gérer. Parmi eux, le plus aristocratique fut sans doute Ambroise Désiré Guy Augustin de Montovert de la Tour, « descendant d'une ancienne famille authentiquement française, catholique et aryenne depuis toujours », comme il le déclarait dans une lettre protestant de son innocence. Il faisait valoir qu'il était officier de réserve et correspondant de l'*Osservatore Romano* dont il était également l'un des administrateurs. Il n'eut pas moins de 76 ordres de mission pour administrer des entreprises juives[126].

Il est peut-être préférable, pour juger des administrateurs provisoires, de s'appuyer sur l'opinion de hauts fonctionnaires en mesure d'être informés, et de résister à la tentation de s'en rapporter aux simples rumeurs, si divertissantes qu'elles soient. L'homme qui était directement responsable de leur activité, Bralley, directeur du Service du contrôle des administrateurs provisoires (S.C.A.P.), était pessimiste, le 8 mai 1942, lorsqu'il appréciait leur choix : « Ils ont été nommés, en effet, les uns par la préfecture de police, les autres par les autorités allemandes, d'autres par le Service du contrôle, dans des conditions de rapidité telles qu'un choix suffisant n'a pu être exercé. Depuis quelques mois seulement, les casiers judiciaires ont été demandés, et des remplacements incessants doivent être opérés. Il n'en reste pas moins que très nombreux sont ceux qui ne présentent pas les garanties voulues : les timorés qui n'osent rien faire sans solliciter des instructions ; les maladroits qui prennent des mesures malencontreuses ; les négligents qui ne s'occupent de leurs fonctions que d'une façon irrégulière ; les peu consciencieux qui cherchent à faire traîner les choses en longueur ; les peu scrupuleux qui entrent en collusion avec les Juifs ou avec leurs acquéreurs[127]. » Vers la fin, en mai 1944, M. Formery, inspecteur général des Finances et Commissaire du pouvoir, homme d'une scrupuleuse intégrité, fut chargé d'effectuer une inspection minutieuse du C.G.Q.J. Il fut choqué des « innombrables et incroyables abus auxquels se sont livrés, se livrent encore bon nombre d'administrateurs provisoires de biens juifs ». Il en trouva quelques-uns d'honnêtes. Mais la majorité ne l'était pas : « Une très forte proportion [sont] concussionnaires. » Le lecteur s'aperçoit rapidement en prenant connaissance des rapports de M. Formery, que, en fonctionnaire consciencieux, il voulait améliorer l'œuvre d'aryanisation et non l'entraver. Il abondait en suggestions pour la transférer aux administrations financières traditionnelles, qui feraient un travail honnête. De plus, parmi ces « concussionnaires », il faut évidemment compter ceux qui, avec un mélange d'héroïsme et d'astuce, qu'on ne pourra jamais démêler, avaient conclu des conventions secrètes avec des propriétaires juifs pour camoufler une fausse aryanisation[128]. Pendant ce même printemps 1944, un rapport d'un autre fonctionnaire, Paul Houel, indiquait que 271 administrateurs provisoires avaient été révoqués depuis décembre 1942 pour avoir « trahi » le Commissariat[129]. Ce chiffre comprend ceux qui ont essayé de protéger et de cacher les biens juifs aussi bien que ceux qui ont escroqué les Juifs et l'État. Jamais on n'ira au fond de cette ténébreuse affaire, et sans doute faut-il en rester là.

Le cinquième et dernier concurrent dans le conflit d'intérêts soulevé par l'aryanisation était les Comités d'organisation, organismes corporatifs semi-publics qui groupaient les entreprises commerciales, les professionnels et les secteurs de l'industrie en vue de réglementer l'économie. On a montré que les Comités étaient dirigés, pour la plupart, par les mêmes intérêts — et souvent par les mêmes personnes — qui avaient été à la tête des divers groupements économiques et professionnels avant la guerre[130]. Leurs dirigeants, assez naturellement, s'intéressaient de près à toute évolution qui pouvait altérer fondamentalement le degré de concentration dans leur secteur et conduire à une redistribution du marché. Lequel de leurs concurrents allait acquérir les magasins ou les usines enlevées à des propriétaires juifs ? Les anciennes entreprises juives seraient-elles supprimées ou liquidées plutôt que vendues? Le Comité d'organisation devait-il saisir l'occasion de rationaliser son secteur ou de réduire le nombre total des entreprises en activité? Les Comités d'organisation et les hommes d'affaires et les dirigeants professionnels au nom de qui ils parlaient voulaient jouer un rôle majeur dans la détermination des réponses à donner à de telles questions.

Certains Comités d'organisation jouèrent dans l'aryanisation un rôle très actif, bien qu'il ne fût jamais aussi autonome qu'ils l'auraient souhaité, ni clairement défini par des dispositions juridiques. Dès le début, le ministère de la Production industrielle les consulta sur le choix des administrateurs provisoires. Dans certains cas, ils tâchèrent de faire placer à ces postes leurs propres membres. Les Comités soulevaient des objections quand on nommait un administrateur provisoire « inconnu dans [leur] profession », mais le C.G.Q.J. préférait « ne pas avoir comme administrateurs provisoires des concurrents[131] ». En une occasion, le Groupement national de l'ameublement saisit l'occasion offerte par une demande d'avis du S.C.A.P. pour adresser une circulaire à ses sections locales et leur demander les noms des entreprises juives de la zone non occupée, avant d'être rappelé à l'ordre par le C.G.Q.J.[132]. Outre le choix des administrateurs provisoires, les Comités d'organisation désiraient avoir leur mot à dire dans les décisions prises par la suite au sujet de la fermeture d'une entreprise anciennement juive ou de la vente à un nouveau propriétaire « aryen ». Ils faisaient activement pression sur le Commissariat général et sur le ministère de la Production industrielle pour que les choses se fissent comme ils le souhaitaient.

Dans de tels cas, les mesures antijuives servaient aussi à exprimer des préoccupations économiques plus générales. Avec dix ans de crise derrière eux et aucun espoir d'amélioration sous l'occupation, beaucoup d'hommes d'affaires s'inquiétaient de ce qu'ils diagnostiquaient comme un excès de capacité et un encombrement, à long terme, de leur secteur. Il y avait depuis longtemps, de l'avis de beaucoup d'entre eux, trop d'entreprises industrielles et commerciales dans l'économie française. De plus, dans l'immédiat, « la pénurie des produits à vendre impose... de sévères mesures restrictives tendant à la contraction de notre appareil de distribution : les stocks doivent être concentrés, les entreprises ne répondant pas à un besoin certain doivent être éliminées ». Le Comité général d'organisation du commerce concluait que le nécessaire « assainissement du marché » pourrait sans aucun inconvénient être appliqué aux entreprises juives : « Aussi nous semble-t-il logique d'appliquer très strictement ces mesures [d'élimination] aux entreprises dont la suppression peut être facilement obtenue grâce à l'application d'une réglementation déjà en vigueur... Toute entreprise israélite ne répondant pas à un besoin certain des consommateurs devrait être liquidée. » Après avoir concédé que certaines « maisons de réputation ancienne ou occupant une place importante sur le marché extérieur » devraient être maintenues et que la liquidation d'une entreprise devait être évitée dans le cas où les créanciers auraient de lourdes pertes à supporter, le comité concluait : « Dans notre esprit, la liquidation des entreprises juives doit être la règle, la vente l'exception[133]. »

L'aryanisation ouvrit la voie à de nombreux règlements de comptes d'ordre économique. Un groupe de fabricants indépendants d'ampoules électriques voulut s'assurer que les établissements produisant des ampoules et appartenant à des Juifs étaient vendus à des producteurs français indépendants et non au consortium d'avant-guerre qu'ils accusaient de représenter, en fait, les intérêts hollandais, anglais et américains dans le domaine de l'éclairage électrique[134]. Les petits fabricants d'ameublement cherchaient une revanche contre les grands magasins à succursales multiples, en particulier Lévitan et les Galeries Barbès, à cause des « méthodes affairistes » pratiquées par ce « commerce étranger à la profession » et « dirigé par des israélites ». Ils pressèrent Vallat en janvier 1942 de placer les succursales de magasins d'ameublement juifs dans la zone non occupée sous administration provisoire « comme cela avait déjà été fait pour les succursales des Galeries Barbès[135] ». Des marchands de vêtements se plaignirent de ce que les grandes manufactures lyonnaises de textiles saisissaient l'occasion d'acheter aux Juifs des commerces de vente au détail pour procéder à l'intégration de leurs activités. Les petits détaillants y voyaient « une véritable offensive des trusts... Le décret obligeant les Juifs à vendre leurs magasins a-t-il été pris pour favoriser les industriels aux dépens des commerçants[136]? » Bien qu'il ne soit pas possible de tirer au clair toutes ces allégations, il semble acquis que l'aryanisation a favorisé en France la concentration des entreprises.

Les Comités d'organisation n'avaient pas tous la même activité dans l'aryanisation, cela pour des raisons évidentes. Les Comités de l'industrie lourde en avaient moins l'occasion, bien que celui de l'industrie automobile semble avoir mis sur pied un « bureau des questions juives[137] ». Ce sont les Comités institués dans les secteurs de l'artisanat et du commerce où les Juifs occupaient une grande place avant la guerre qui avaient le plus d'intérêts en jeu, et le plus d'occasions de créer de nouvelles structures de concurrence. Le comité des pelleteries et fourrure, commerce juif à 80 % avant la guerre, voulait la liquidation des entreprises juives plutôt que la vente à des « étrangers ». Des querelles s'ensuivirent sur la redistribution des stocks des fourreurs fermés. Comme les dirigeants du Comité étaient aussi l'élément dominant à l'Office central de répartition des produits industriels (O.C.R.P.I.), service du ministère de la Production industrielle qui distribuait les matières premières, les autres fourreurs se plaignirent de ce que les privilégiés acquéraient la meilleure part des irremplaçables fourrures d'Amérique du Nord et de Russie. Il était « immoral », disaient-il, de vendre les stocks à un seul enchérisseur alors que tous les marchands étaient en état de pénurie[138]. Le Comité d'organisation du cuir mit sur pied une nouvelle société — la S.I.F.I.C., Société industrielle et financière de l'industrie du cuir, financée conjointement par le Comité et par la Banque de Paris et des Pays-Bas — pour absorber les fabricants de chaussures et les maroquiniers juifs. Le but était de rationaliser une industrie qui avait été, à leurs yeux, excessivement fragmentée avant la guerre[139]. Le Comité d'organisation des industries et métiers d'art conseilla aux diamantaires restants de former une société coopérative pour prendre en charge les stocks de leur commerce, juif à raison de 70 % à 80 %, et de les vendre sous son contrôle[140].

L'épuration économique et professionnelle allait à coup sûr plus loin lorsqu'un intérêt corporatif organisé existait. Les Comités d'organisation des commerces et des secteurs qui avaient souffert pendant les années 30 du fait des empiétements des chaînes ou de l'intense concurrence, ou dans lesquels des entrepreneurs juifs avaient joué un rôle marquant, donnèrent une forte impulsion à l'aryanisation. Il en fut de même dans les professions libérales. Le nouvel Ordre des médecins, donnant enfin une voix organisée à une profession qui avait très vivement ressenti l'« intrusion » des réfugiés dans les années 30, entreprit de décider lui-même quels seraient les médecins juifs qui recevraient des dérogations. Les barreaux firent de même pour les avocats. Le barreau de Paris, par exemple, proposa douze exemptions, mais le conflit qui s'ensuivit entre Vallat et Joseph Barthélemy empêcha toute action en faveur d'exemptions propres aux avocats[141] (mis à part ceux déjà exemptés comme anciens combattants ou parents de victimes de guerre). Les barreaux semblent avoir été un peu plus cléments en la matière que l'Ordre des médecins, mais les deux groupes exercèrent leur action à l'intérieur du système, et aidèrent ainsi à légitimer le principe même de l'épuration.

L'intérêt économique joua évidemment parfois dans

l'autre sens. Les hôteliers de la Côte d'Azur désiraient conserver la clientèle des Juifs riches que le préfet voulait interner ; il en était de même des directeurs de casinos[142]. Les fabricants de maroquinerie désiraient des spécialistes juifs en coupe et en façonnage, mais non des concurrents juifs[143]. À Limoges le service régional du Comité d'organisation de l'horlogerie souhaitait la libération de quelques horlogers juifs internés, ayant besoin de leur talent. Darquier refusa, car il pensait que ce travail revenait aux artisans français, «à l'avantage de la communauté». Le responsable du comité se crut alors obligé d'assurer Darquier : «Je suis un vieil antisémite», ajoutant toutefois qu'il fallait longtemps pour former un horloger et que la demande était dans la proportion de vingt pour un pour chaque horloger français disponible[144].

Tel était le climat de l'époque.

L'émigration

> La population française préférerait voir ces étrangers quitter définitivement notre sol.
> Le préfet du Tarn-et-Garonne,
> 31 mai 1941[145].

Comparée à l'aryanisation, l'émigration juive fut une affaire menée dans la discrétion. Discrétion due à l'indifférence pour la plus grande part. Les Juifs qui y étaient impliqués étaient presque tous étrangers. Aucun intérêt français ne venait donner d'impulsion à la politique suivie. Les choses furent laissées aux mains de quelques secteurs de l'administration, qui disposaient ainsi d'une autonomie relative. L'incohérence de la politique adoptée, le refus de modifier les façons de procéder, l'hostilité et le mépris à l'égard des Juifs étrangers, sentiments enracinés depuis la crise des réfugiés des années 30 entraînèrent des complications et une obstruction dont les conséquences furent tragiques.

On aurait pu attendre de Vichy un effort important pour aider le plus de Juifs possible à émigrer. Après avoir fait en sorte que tant d'entre eux ne pussent gagner leur vie et s'être plaint si amèrement de ce qu'ils fussent des parasites, il ne semblait guère y avoir d'autre solution. Darlan, Vallat et de hauts fonctionnaires de la police déclarèrent que l'émigration des Juifs était leur objectif[146]. Mais, en pratique, la manière dont Vichy laissa à un grand nombre de services mal coordonnés le rôle essentiel dans le processus de l'émigration, et la manière dont chacun de ces services accomplit son travail sans rien changer à ses habitudes constituèrent un véritable obstacle.

Comme en d'autres domaines, Vichy disposait des précédents du régime antérieur. Après le début de la guerre, en 1939, il devint de plus en plus difficile pour les réfugiés de quitter la France. Les responsables se préoccupaient des jeunes qui se dérobaient au service militaire et ils s'étaient habitués pendant les années 30 à regarder les étrangers comme des révolutionnaires en puissance[147]. La police exigeait d'innombrables documents, de même que l'armée et les services spécialisés qui s'occupaient des étrangers. Vu la grave pénurie de tonnage et les restrictions qui s'y ajoutaient (les émigrants ne pouvaient partir que des ports français, sur des navires français ou britanniques), sans compter la difficulté d'obtenir un visa d'entrée aux États-Unis ou dans un autre pays où ils pourraient s'établir, seul un petit nombre de Juifs étrangers purent partir[148].

La situation empira immédiatement après l'armistice. Aux termes de celui-ci, le gouvernement français s'engageait à empêcher les membres de ses forces armées de quitter le territoire national et à interdire à ses ressortissants de combattre contre l'Allemagne au service d'États avec lesquels celle-ci se trouvait encore en guerre (Article 10, alinéas 2 et 3). Au commencement, toutes les demandes de visa de sortie étaient transmises directement à Vichy, où l'administration n'était pas encore entièrement organisée, puis à la Commission d'armistice de Wiesbaden pour l'approbation allemande. Selon Varian Fry, membre d'un organisme de secours américain, lorsqu'une demande suivait cette filière, on n'en entendait plus jamais parler[149]. Lorsque Vichy finit par obtenir pleine autorité en la matière, il mit sur pied un dédale bureaucratique qui fit échouer ce qui était, en principe, sa propre politique. Il était bien difficile pour la plupart des émigrants d'obtenir le rare et précieux visa d'entrée dans un autre pays, de rassembler les fonds nécessaires pour la traversée (environ 500 dollars à l'époque) et d'arriver à trouver une place sur l'un des quelques navires qui prenaient des passagers en temps de guerre. À la fin de 1941, on ne comptait qu'environ une vingtaine de navires en tout qui s'y prêtaient. Les formalités exigées par Vichy présentaient un obstacle au moins aussi redoutable que les autres[150].

Les services de secours qui aidaient les Juifs dans la zone non occupée, cordonnés par un organisme connu sous le nom de Comité de Nîmes, indiquèrent en octobre 1941 la procédure à suivre par les Juifs qui désiraient émigrer[151]. Comme les émigrants s'embarquaient généralement à Lisbonne, ils devaient obtenir, outre le visa d'entrée pour le pays de destination, des visas de transit portugais et espagnol et un visa de sortie français. Pour se procurer ce dernier, le candidat à l'émigration s'adressait à la préfecture du département de sa résidence. La préfecture demandait parfois un certificat de bonne vie et mœurs, ce qui impliquait une démarche au commissariat de police. Des démarches devaient également être faites à la Banque de France pour obtenir les dollars nécessaires à l'achat des billets. D'autres formalités restaient à accomplir pour la traversée de l'Espagne et du Portugal.

Pour les Juifs internés dans les camps de concentration ou incorporés dans des bataillons du travail, ces formalités ne pouvaient avoir lieu que s'ils étaient relâchés (ce qui était extrêmement difficile) ou transférés dans le camp de transit des Milles, près d'Aix-en-Provence. Pour ceux qui étaient hors des camps, des sauf-conduits étaient exigés pour les déplacements nécessaires à l'obtention de tous les documents. Un autre problème se présentait alors : tous ces documents, y compris le sauf-conduit, étaient délivrés pour de courtes périodes. Si l'un d'eux venait à expiration avant que tout soit en règle, il devait être renouvelé, sous peine de devoir recommencer toutes les démarches à zéro.

Certains Juifs partirent par les colonies. Pour ce faire, il leur fallait demander un sauf-conduit colonial à un bureau spécial du ministère des Colonies, un visa de transit à l'administration de la colonie concernée et les ajouter à tous les autres documents.

Finalement, lorsque tout était en règle, les candidats à l'émigration devaient adresser une demande à la préfecture des Bouches-du-Rhône, compétente, en vertu d'une décision du ministère de l'Intérieur, pour la délivrance des places sur les bateaux. Il y avait évidemment d'autres itinéraires pour quitter la France que ceux qui passaient par l'Espagne et le Portugal ou par les colonies. Une route directe de sortie passait par Shangai. À titre d'exemple, le Comité de Nîmes dressa la liste des documents *français* nécessaires pour émigrer via Shangai :

1. Permis de débarquement à Shangai.
2. Titre de voyage ou passeport national.
3. Visa de sortie de France.
4. Sauf-conduit du ministère des Colonies.
5. Visa de transit pour l'Indochine.

6. Enregistrement du dossier à la préfecture des Bouches-du-Rhône ou au service militaire du ministère des Colonies.

7. Lettre de la préfecture ou du ministère des Colonies à la Compagnie des Messageries maritimes accordant l'autorisation de délivrer une place sur le bateau à l'intéressé.

Les fonctionnaires pouvaient retenir à tout moment la demande de documents. Comme un très grand nombre de Juifs étrangers étaient apatrides ou venaient de pays considérés comme belligérants, les préfectures ne pouvaient délivrer de visas de sortie sans consulter le ministère de l'Intérieur à Vichy. Le ministère des Colonies étant situé à Clermont-Ferrand, l'acheminement des dossiers d'un service à l'autre ralentissait encore le rythme. On pouvait, arrivé à la dernière étape de ce processus, découvrir que les places de bateau avaient été allouées à un autre ministère. Ainsi allaient les choses.

De telles dispositions ne pouvaient, à la vérité, qu'aboutir à l'obstruction administrative et aux complaisances les plus entières pour les tendances antisémites ou les mesures arbitraires. Néanmoins, à Vichy, certains responsables de haut niveau s'efforcèrent d'aider au départ des Juifs. André Jean-Faure, préfet chargé de l'inspection des camps de concentration, assistait aux réunions du Comité de Nîmes. À plus d'une reprise le Comité reconnut avoir reçu un soutien officiel. Certains préfets et commandants de camp apportèrent une coopération efficace. Le gouvernement autorisa la H.I.C.E.M. à agir comme un service d'émigration semi-officiel et le ministère des Finances facilita finalement l'obtention de devises. Le Comité de Nîmes put même rendre « hommage à la compréhension, au sentiment d'humanité et à la bienveillance des autorités qui facilitent *maintenant* notre tâche en nous permettant d'agir avec plus de sûreté et plus de rapidité. Cette dernière possibilité est particulièrement précieuse, car le succès ou l'échec d'une expédition dépend souvent dans les conditions actuelles de la rapidité avec laquelle une décision peut être prise[152]. »

Faut-il voir dans ces phrases une preuve de la bonne volonté administrative ou plutôt les efforts du Comité de Nîmes pour donner une ampleur plus grande à quelques signes de sympathie ? En pratique, les pesanteurs du système s'avérèrent plus fortes. Les nouvelles instructions destinées à faciliter les relations entre les différents services ne parvinrent pas à modifier la situation. Certains camps ne voulaient pas libérer les Juifs tant qu'ils n'avaient pas de visa, alors que pour obtenir celui-ci les intéressés devaient se présenter en personne à un consulat. Les préfectures n'étaient pas d'accord avec les commissariats de police, ni entre elles sur la délivrance de certains documents. La préfecture des Bouches-du-Rhône, élément clef du processus, luttait avec une ardeur jalouse pour ne pas recevoir à Marseille un trop grand nombre de Juifs aux dossiers incomplets, attirés là par un vague espoir de pouvoir s'embarquer. Aussi longtemps que l'émigration resta légale, les représentants de la H.I.C.E.M. continuèrent à presser le gouvernement de trouver les moyens d'accélérer le processus.

À la fin de 1942, lorsque les pressions allemandes mirent fin aux départs réguliers, le résultat de l'obstruction de Vichy apparut dans toute sa clarté. Le nombre de Juifs qui avaient quitté la France étaient beaucoup moins élevé que celui des visas d'entrée qui auraient pu être obtenus dans d'autres pays. Selon la H.I.C.E.M., 3 000 personnes auraient pu émigrer pendant la première moitié de l'année 1942, alors que 2 000 l'ont fait. Sans l'activité de la H.I.C.E.M., il n'y aurait eu que quelques centaines de départs[153]. Il n'y eut personne à Vichy pour prendre l'affaire en mains avec une autorité suffisante, personne pour mettre un terme aux lenteurs administratives. Sauf un petit nombre, les Juifs ne furent pas autorisés à partir par Casablanca après avoir transité par l'Algérie, bien que

234

cela eût permis de faire l'économie du passage par Lisbonne[154]. Les cas individuels de bonne volonté étaient submergés par l'inertie administrative.

Il ne semble pas avoir existé de raison spéciale à cet échec de Vichy à mettre les procédures en accord avec sa politique d'encouragement à l'émigration. Le poids des structures administratives, celui des habitudes inchangées et le refus, au plus haut niveau, de déployer de l'énergie en faveur des Juifs produisirent tous leurs effets. Après 1940, chaque service était enclin à renforcer et son autorité et celle de l'État. Les mesures du temps de guerre accumulaient les contrôles. La consigne indubitable de Vichy, comme d'ailleurs celle des derniers jours de la Troisième République, était de considérer les étrangers, et spécialement les Juifs, comme des suspects. Personne ne donna à l'émigration des Juifs une priorité assez forte pour que l'on se souciât des contradictions entre la politique et son application, ou pour en estimer le prix en termes humains. Les Juifs qui voulaient quitter la France durent s'arranger comme ils le pouvaient.

Les camps

Or les étrangers doivent maintenant quitter les départements de la Côte. Ils [la famille de ma fiancée] ont obéi à cet ordre. Mais aucun département n'est obligé de les accepter. Et ils sont maintenant depuis quinze jours en route. Partout la même réponse : impossibilité de recevoir les étrangers. Or il est impossible qu'ils se volatilisent. Et je redoute qu'à la fin de cette randonnée le camp ne les attende.

Simon HERTZ, 4 janvier 1942[155].

Le camp !... Un immense cloaque, où vivent vingt mille personnes jetées pêle-mêle, aristocrates, intellectuels, scientifiques, individus de sac et de corde... mon ami, le docteur Christensen, terriblement amoindri physiquement et moralement... (Je) suis revenu écœuré et honteux à la fois.

A. PLEDEL, février 1941[156].

Je me refusai à aller visiter les camps, car je ne voulais pas que ma présence y fût interprétée par les internés comme un signe d'acquiescement à des mesures qui n'étaient imputables qu'à l'envahisseur.

Xavier VALLAT, 1957[157].

Les camps de concentration — c'est le terme qu'ont souvent employé les dirigeants français, à commencer par le ministère de l'Intérieur, Albert Sarraut, en 1939 — constituent l'un des chapitres les plus sombres de la politique de Vichy à l'égard des Juifs[158]. Ils sont responsables de plusieurs milliers de morts en France, juifs pour la plupart, mais aussi tsiganes et autres internés politiques comme les anciens combattants des Brigades internationales d'Espagne. Cette partie du système antijuif ne concerna qu'un petit nombre de citoyens français ordinaires et qu'un secteur restreint de l'administration. Mais la combinaison de la pénurie et du manque d'humanité produisit de telles horreurs et de telles souffrances que l'opinion française et étrangère en fut bouleversée quand la vérité commença à percer, à la fin de 1940.

À la fin de septembre 1940, aussitôt après la débâcle, il n'y avait pas moins de trente et un camps dans la zone sud. Ce chiffre, indiqué à la commission Kundt, inclut un nombre limité de très petits camps provisoires, dont certains n'abritaient qu'une poignée de détenus[159]. Les principaux centres étaient Rivesaltes (Pyrénées-Orientales) avec près de 6 000 internés à la fin de 1941 ; le camp disciplinaire du Vernet (Ariège); le camp des femmes de Rieucros (Lozère); le très grand camp d'Argelès (Pyrénées-Orientales) avec une population de 15 000 détenus vers la fin de 1940, principalement des réfugiés espagnols; Les Milles, près d'Aix-en-Provence, centre de transit pour ceux qui attendaient d'émigrer; Gurs (Basses-Pyrénées) qui reçut les milliers de Juifs déportés d'Allemagne; le camp des malades et des vieillards de Noé (Haute-Garonne) et le centre tout proche de Récébédou, au sud de Toulouse. Et il y en avait d'autres[160]. On trouvait aussi des internés dans dix hôpitaux et seize prisons en France non occupée.

En zone nord, on dispose de moins de certitudes. Joseph Weill, médecin, qui fit de son mieux pour alléger les conditions d'internement dans ce qu'il appela plus tard « l'anti-France », signale quinze camps en zone occupée peu après l'armistice[161]. Un certain nombre furent rapidement fermés, car les Allemands préféraient regrouper les Juifs. En 1941, les Juifs internés au nord de la ligne de démarcation se retrouvèrent dans l'un des trois camps: Beaune-La-Rolande (Loiret), construit pendant l'hiver 1939-1940 pour recevoir des troupes canadiennes, transformé en camp allemand pour des prisonniers de guerre français, et devenu après mars 1941 un centre d'internement pour les Juifs parisiens; Pithiviers (Loiret), établi par les Allemands en 1940 pour interner des prisonniers de guerre et utilisé après mai 1941 pour l'internement des Juifs français et étrangers; et enfin Drancy, établi en août 1941 dans une lugubre banlieue du nord-est de Paris pour recevoir les Juifs raflés ce mois-là dans la capitale. Ces camps étaient tous les trois sous administration française. Enfin on ne doit pas oublier l'Afrique du Nord, où en 1941 de 14 000 à 15 000 Juifs ont aussi été internés. Il y avait parmi eux des hommes, des femmes et des enfants de tous les âges, à Boghari, Colomb-Béchar et Djelfa, en Algérie; Azemmour, Bou-

Arfa, Oued-Zem, au Maroc et aussi dans les bateaux ancrés au large de Casablanca[162].

Le nombre des détenus, en particulier celui des Juifs, est difficile à déterminer. Diverses estimations ont été faites à l'époque. Il faut se rappeler l'extrême confusion qui régnait en 1940, au moment où des millions de réfugiés se trouvaient sur les routes pendant l'été. Il fallut des mois pour éclaircir la situation, et le temps passa avant que les autorités aient le loisir de s'inquiéter des Juifs internés. Joseph Weill cite le chiffre de 50 000 Juifs dans les camps des deux zones en septembre 1940, et estime qu'au début de novembre les Juifs constituaient 70 % des détenus de la zone non occupée. Un rapport destiné au cabinet du maréchal, en février 1941, indiquait que 6 850 étrangers de toutes nationalités étaient internés en zone occupée. Dannecker fait allusion, vers la même époque, à 40 000 Juifs internés en zone non occupée[163]. La plupart des commentateurs ont oublié les 14 000 et 15 000 Juifs internés en Afrique du Nord.

De la fin de 1940 à la fin de 1941, le nombre diminua. Plusieurs milliers de détenus moururent, comme on le verra ; des milliers furent libérés. Les plus heureux reçurent des visas et quittèrent l'Europe. Les enquêteurs de l'organisme juif d'émigration H.I.C.E.M. ont recensé, en novembre 1941, 17 500 internés dans les principaux camps de la zone sud, chiffre voisin de celui de 16 400 indiqué par les Quakers (American Friends Service Committee) en mars 1942. Sur les 17 500 personnes mentionnées par la H.I.C.E.M., 11 150 étaient juives, soit environ 63 %. Le nombre continua à diminuer jusqu'à l'été 1942, lorsque les déportations allemandes transforment la situation de manière dramatique. Juste avant le début des déportations, les camps avaient atteint leur chiffre d'effectifs le plus bas depuis 1939. Le haut-commissaire adjoint aux réfugiés de la Société des Nations indiquait le chiffre de 9 000 ou 10 000 internés dans la zone sud à la fin de juillet 1942 (contre 30 000 un an plus tôt) et de 7 500 en Afrique du Nord[164].

Comme on l'a vu, Vichy avait hérité de la Troisième République les camps et des milliers d'internés. Mais le nouveau régime ne tarda pas à augmenter leur nombre. Les très vastes pouvoirs attribués par la loi du 4 octobre 1940 aux préfets en matière d'internement ont déjà été notés. Des «ressortissants étrangers de race juive» pouvaient, en vertu de cette loi, être placés dans un camp par une décision du préfet. Avec la loi du 2 juin 1941, l'internement administratif devint une arme dirigée contre *tous* les Juifs, et pas seulement les étrangers. Tout Juif que le préfet considérait comme enfreignant le statut des Juifs, ou qu'il désirait punir pour un autre motif, pouvait être envoyé dans un camp de concentration. Juridiquement, comme le remarquait un manuel contemporain, la distinction entre les Juifs français et les Juifs étrangers avait disparu. Bien que, dans la pratique, les étrangers soient demeurés plus vulnérables que les citoyens français, les lois de Vichy mettaient tous les Juifs hors la loi. Deux experts en la matière, Henri Baudry et Joannès Ambre, l'expliquent clairement :

L'internement n'est pas une simple sanction administrative des obligations imposées aux Juifs par la loi du 2 juin 1941. C'est une mesure de sûreté dont le préfet dispose *contre tout Juif pour quelque raison que ce soit*... L'autorité préfectorale qui n'est pas entravée dans les règles strictes de la procédure pénale, grâce au droit d'internement, pourra pallier la carence de la justice répressive[165].

En outre, comme le font remarquer les mêmes auteurs, on pouvait être interné sur le simple soupçon qu'on était juif, que l'on se soit ou non déclaré au recensement des Juifs, et qu'on ait été ou non enregistré comme tel à la Direction générale de la police nationale. Si les tribunaux, dans certains cas, ont placé la charge de la preuve sur le ministère public pour établir la judéité d'un individu s'agissant de l'application de la loi du 2 juin 1941, l'internement, lui, n'était pas sujet à cette limitation[166].

De même que les derniers gouvernements de la Troisième République, Vichy trouvait les réfugiés nécessiteux encore plus « indésirables » à une époque de chômage étendu et de crise économique. À la fin de 1940 et au commencement de 1941, les internés qui pouvaient faire la preuve qu'ils avaient un revenu de 1 200 francs par mois étaient remis en liberté[167]. Au contraire, on avait tendance à interner automatiquement tout étranger qui avait reçu dans le passé des allocations de secours de l'administration[168]. La raison pratique de cette attitude était le désir d'économiser sur les dépenses de secours aux indigents. Même un service de secours patronné par les Quakers observait qu'il était plus facile de secourir un grand nombre de gens dans un camp qu'au-dehors[169]. Mais les intentions de Vichy n'étaient pas caractérisées uniquement par la bienveillance.

Les motifs d'internement dépassaient parfois tous les motifs rationnels d'assistance, de sûreté intérieure ou de lutte contre le chômage. Les agents des services de secours étrangers trouvaient les rafles arbitraires. Varian Fry estimait que, surtout dans les grandes villes où la police traitait les réfugiés étrangers « avec un mélange de maladresse et de brutalité », les arrestations et l'internement qui s'ensuivait pouvaient être le fait du hasard. Le préfet de la Seine-Inférieure, qui avait interné un Juif pour « arrogance », aurait peut-être désiré que son rapport fût mis sous les yeux des Allemands ; mais le préfet des Alpes-Maritimes s'adressait directement à Vichy en novembre 1940 pour observer avec satisfaction que les internements de Juifs étrangers à Gurs qu'il avait ordonnés devraient rendre leurs coreligionnaires plus « prudents[170] ». L'amiral Darlan fit un sort particulier aux Juifs étrangers dans sa circulaire de juillet 1941 aux préfets : « [En] accord avec M. le commissaire général aux questions juives, j'ai décidé qu'aucun étranger de race israélite ne sera désormais libéré des centres d'hébergement ou d'internement si, avant le 10 mai 1940, il n'était pas domicilié en France. » Darlan ne voulait pas faire obstacle à leur émigration (il faut tout faire, insistait-il, pour «obtenir leur départ de France ») mais les derniers arrivés ne devaient pas être intégrés dans la collectivité française[171]. Cette attitude des dirigeants contribue à expliquer pourquoi l'internement des Juifs étrangers dans la zone de Vichy *dépassa* ce qui se faisait dans la zone occupée. Le consul général d'Allemagne, Schleier, s'exprimait ainsi dans son rapport adressé à Berlin en mars 1941 : « Le gouvernement français a aussi pris en main l'envoi des Juifs étrangers dans des camps de concentration de la zone non occupée ; les Juifs français doivent suivre plus tard. Jusqu'à présent environ 45 000 Juifs ont été internés de cette manière, tous appartenant toutefois aux classes les plus pauvres. Des mesures parallèles doivent être prises en zone occupée dès que les camps nécessaires seront prêts[172]. » En toute circonstance, les Juifs étrangers risquaient perpétuellement l'internement, sans nécessairement enfreindre une loi, surtout dans les villes où se trouvait normalement leur seule perspective de secours. Un savant juif allemand qui s'était réfugié à Paris après l'arrivée au pouvoir de Hitler, et qui avait fui à pied dans la zone non occupée pendant l'été 1940, fut arrêté trente-trois fois avant de pouvoir finalement émigrer en février 1943. Il réussit à s'échapper parce que son fils faisait partie de la Légion étrangère[173]. D'autres n'eurent pas autant de chance.

En dehors de l'internement, les préfectures disposaient d'autres armes. Les Juifs et autres «indésirables» pouvaient être assignés à résidence. Cette mesure de police plus souple était destinée à ceux qui avaient des ressources suffisantes pour se nourrir et se loger. Dans ce cas, le suspect était envoyé dans un endroit écarté sous surveillance policière — généralement une région rurale, disposant de capacités de logement et de services de police appropriés. Ici aussi, les intéressés pouvaient être l'objet de représailles pour les raisons les plus minimes : parce que « leur attitude générale prête à critique » ou pour « des raisons pressantes d'opportunité locale, bien que leur comportement ne prête pas à critique[174] ». Comme l'internement, l'assignation à résidence ou résidence forcée, comme on l'appelait aussi, était une mesure de police et non le résultat d'une procédure judiciaire, et n'offrait aucune garantie. Inaugurée sous la Troisième République par la législation de 1938, cette technique fut activement utilisée par Vichy.

Cependant, au cours de l'été 1941, le gouvernement se rendit compte de l'existence d'une réaction contre les Juifs dans les localités rurales dans lesquelles ils étaient assignés à résidence. Arrivant dans des localités déjà passablement méfiantes en temps normal à l'égard des « étrangers », les Juifs suscitaient un ressentiment particulier en cette période de crise économique et de tension nationale. Nouveaux venus, ils semblaient disputer aux habitants du lieu des ressources de plus en plus rares ; ils avaient souvent de l'argent (sinon ils auraient été internés), qui était généralement le produit de la vente ou de la liquidation de leurs entreprises ; des rumeurs circulaient à leur sujet, en grande partie parce qu'ils étaient l'objet d'une surveillance officielle visible pour des raisons inconnues. Au début de l'été 1941, onze préfets de la zone non occupée — plus nombreux que ceux qui avaient commenté les affaires juives en 1940 — commencèrent à s'inquiéter des tensions locales créées par les Juifs assignés à résidence dans de petits villages, ou arrivant dans ces départements de leur propre initiative. Le préfet de la Haute-Savoie en était particulièrement préoccupé : il s'attendait, à l'approche de la saison d'été, à l'arrivée d'un grand nombre de Juifs, qui occuperaient les chambres d'hôtel, feraient monter le prix des denrées alimentaires et susciteraient un « vif mécontentement » dans la population savoyarde[175]. André Dupont, représentant du C.G.Q.J. à Limoges, affirma que les Juifs stimulaient dans cette région la propagande gaulliste, faisaient augmenter les prix au marché noir et provoquaient le ressentiment des paysans. « Il nous apparaît que la question des réfugiés juifs est une question de gouvernement que celui-ci doit traiter dans son ensemble[176]. » Cette tentative encore hésitante dans le sens d'une solution « d'ensemble » avait des résonances de mauvaise augure dans le contexte du génocide qui se préparait.

La logique de ces protestations allait dans le sens d'une augmentation du nombre des internements. La proposition précise d'André Dupont était que « les Juifs étrangers et suspects » soient placés dans des « camps de concentration[177] ». Il ne serait pas difficile de trouver un fondement juridique. Le C.G.Q.J. recevait des rapports indiquant que les Juifs se trouvaient massivement dans l'illégalité, ne serait-ce que parce qu'ils avaient fait une déclaration incomplète lors du recensement de 1941 ou n'avaient pas fait de déclaration du tout. Dans la zone occupée, les Allemands exerçaient des pressions en faveur de l'internement. En mai 1941, sur l'ordre du Dr Werner Best, la police parisienne envoya près de 4 000 Juifs à Pithiviers et à Beaune-La-Rolande[178]. Vichy prenait déjà ses propres initiatives dans la zone non occupée. Ce fut la période des « fameux coups de filet » de M. Chavin sur la Côte d'Azur, d'avril à juillet 1941. L'envoi de plusieurs centaines de Juifs en résidence forcée et de plusieurs dizaines dans les camps ne résolut pourtant pas le problème, tel que l'envisageait le préfet des Alpes-Maritimes, Marcel Ribière. Les étrangers et les Juifs (il semblait inclure dans le nombre les Juifs français) continuaient à se rassembler sur la Côte d'Azur ; il s'en plaignait en novembre : « Le problème de leur internement et spécialement de l'internement des israélites devrait être envisagé sur le plan national. » M. Ribière proposait la création d'un « camp d'internement » dans son département[179]. En novembre 1941, le ministre de l'Intérieur, Pucheu, avait déjà l'attention attirée sur les insuffisances des mesures locales d'assignation à résidence et sur le nombre croissant d'« indésirables » dans certains départements. Le 26 janvier 1942, il devint catégorique : l'internement devait être la règle générale pour tous les apatrides et les étrangers qui avaient perdu la protection de leur pays d'origine[180].

Les préfets possédaient une autre arme contre les indésirables : les Groupements de travailleurs étrangers (G.T.E.). Ces bataillons de travail devaient leur origine à la lutte contre le chômage. Ils étaient organisés sous l'autorité du commandant Doussau, inspecteur général des formations de travailleurs étrangers au Commissariat général à la lutte contre le chômage ; la loi autorisait à affecter au G.T.E. les étrangers valides de sexe masculin âgés de quinze à soixante ans « en surnombre dans l'économie nationale[181] ». Les autorités commencèrent en 1940 à séparer les Juifs pour les placer dans des unités spéciales, les « compagnies palestiniennes ». Un ancien membre de ces groupes en a rappelé l'uniforme spécial gris foncé avec des insignes bleu et blanc au bras gauche[182]. Avec le temps, l'affectation aux G.T.E. sembla prendre une signification punitive ou disciplinaire. La circulaire ministérielle n° 76 du ministère de l'Intérieur en date du 2 janvier 1942 autorisait l'affectation aux camps de travail de tous les Juifs étrangers de sexe masculin arrivés en France depuis 1936[183]. Une note du C.G.Q.J. datant de 1941 estimait que, parmi les 60 000 membres du G.T.E., 20 000 étaient juifs, la plupart des autres étant des réfugiés espagnols[184]. Il existait des camps de travail dans les deux zones ; en outre, dans la zone nord, des milliers de Juifs étrangers, pris à l'origine dans la zone non occupée, étaient enrôlés de force par les Allemands pour la construction de fortifications du mur de l'Atlantique destinées à parer à un débarquement des Alliés[185]. Le nombre des Juifs des G.T.E. continua presque certainement à augmenter, car, contrairement à la situation dans les camps de concentration, il était difficile de libérer un détenu pour qu'il émigre[186]. Pendant l'été et l'automne de 1942, les G.T.E. aidèrent à remplir les trains de déportés partant pour Auschwitz.

C'est dans les camps que les plus grandes souffrances furent endurées. La responsabilité en incombe entièrement à Vichy. Les souvenirs des survivants, français et étrangers, permettraient de rédiger un réquisitoire accablant sur leurs insuffisances et leur administration inhumaine. Nous avons préféré nous appuyer ici sur la documentation relative aux camps établie pour le maréchal Pétain lui-même, bien qu'il y ait des raisons de douter qu'il l'ait jamais vue.

La situation dans les camps commença à être connue de la presse étrangère par un article sur Le Vernet paru dans le journal américain *The New Republic* du 11 novembre 1940. Le *New York Times* et, à Londres, le *Daily Telegraph* et le *Sunday Times* reprirent le thème, stimulés par divers organismes étrangers de secours comme les Quakers[187]. Le gouvernement de Vichy commença à s'inquiéter lorsque des articles très critiques parurent dans le *New York Times* et dans *le Journal de Genève* («La honte des camps d'internés en France»). En avril 1941, Vichy nomma le préfet André Jean-Faure au poste nouveau d'inspecteur général des camps et centres d'internement du territoire rattaché, au ministère de l'Intérieur, aux services de la police nationale. M. Jean-Faure partit inspecter les camps.

Jean-Faure n'était aucunement mal disposé à l'égard du régime. La Révolution nationale semblait soulever son enthousiasme. Comme préfet de l'Ardèche à la fin de

1940, il indiquait dans son rapport que la population de son département regrettait sincèrement ses erreurs passées et était accessible à la réforme du fait qu'elle avait l'esprit paysan, exempt de la corruption des villes. Il trouva ses administrés bien disposés à l'égard du nouveau statut des Juifs[188]. Cependant, les camps le choquèrent profondément et ses rapports, pris sur le vif, impressionnèrent le cabinet de Pétain. « Les conditions de vie des internés engagent gravement l'honneur de la France », écrivit André Lavagne. « Tout doit être fait, aussi bien au point de vue humain que pour éviter les commentaires faits par les journalistes étrangers[189]. »

Commençons par le camp de Gurs, l'un des plus grands, puisqu'il fut utilisé pour l'internement des Juifs et que, selon les termes de Jean-Faure, il fut l'« objet de critiques sévères dans la presse étrangère » et « pour la propagande étrangère hostile à la France, une source de critiques sévères et dangereuses *parce que fondées*[190] ».

Gurs avait été construit en 1939 dans les Basses-Pyrénées pour abriter les réfugiés de la guerre d'Espagne, en particulier les anciens membres des Brigades internationales. Hannah Arendt y fut internée pendant une brève période au cours de l'été 1940. « De très vaste étendue », le camp consistait en un grand nombre de « baraques dans un état déplorable ». Après sa seconde visite à Gurs, en juillet 1942, Jean-Faure observait : « On ne pourra jamais empêcher que les baraques en bois, vétustes et branlantes, noircies par les intempéries, ne présentent pas un aspect lamentable même si l'intérieur ménage à la rigueur un gîte acceptable. » Mais tel n'était pas le cas. Au temps de la plus grande affluence, 18 000 hommes, femmes et enfants s'entassaient dans un camp bâti pour 15 000 hommes. C'est seulement pendant l'été 1942 que ce que Jean-Faure appelait une « promiscuité déplorable » fut atténuée par la construction d'un abri séparé pour les enfants, et que l'on répara les toitures qui laissaient passer l'eau. Même après avoir, en novembre 1941, recommandé des améliorations « urgentes », il signale en juillet 1942 que « le camp n'offre point pour cela le minimum que l'on serait en droit d'attendre d'un centre d'internement ».

Les internés de Gurs ne purent jamais être convenablement nourris. En novembre 1940, lorsque les Juifs allemands raflés par le Gauleiter Bürckel furent expédiés à Gurs, la Croix-Rouge allemande s'alarma des morts causées par la faim[191]. C'était avec raison. Pendant le premier hiver, des stocks de haricots secs et d'autres produits étaient restés en plein air, où ils s'étaient « rapidement détériorés ». En juillet 1942, ils furent du moins stockés sous un abri, mais le fait est qu'il n'y avait pas assez de produits alimentaires disponibles sur les marchés locaux. Les habitants du lieu, manquant de vivres, s'opposaient à la vente de nourriture pour le camp. Bien que 11,50 francs par mois aient été alloués pour chaque interné, on ne dépensait en fait que 10,62 francs, dont « une partie importante » était absorbée par les frais de transport.

Seuls les secours d'origine étrangère suppléèrent à ce qu'André Jean-Faure appelait « les actuelles insuffisances alimentaires » : le Secours suisse, les Quakers, l'Y.M.C.A., l'Organisation de secours aux enfants (O.S.E.) permirent au régime des internés d'atteindre le niveau de subsistance, ce que l'administration semblait incapable de faire. Jean-Faure reconnut largement leur aide dans son rapport, bien qu'il fît remarquer que les secours étaient intégralement distribués. L'« îlot L », qui comptait 125 hommes et 55 femmes, était « suralimenté », disait-il, parce que les internés recevaient 60 grammes de sardines salées le matin, 45 grammes de viande et 15 grammes de matière grasse par jour. Certains internés avaient même grossi de 3 à 5 kilos (ce qui laisse deviner le poids qu'ils devaient avoir perdu auparavant). Dans une annexe au rapport de Jean-Faure datant de juillet 1942, le professeur Jean Roche, de la faculté de médecine de Marseille, indiquait que les internés recevaient 1 600 calories par personne et par jour et que le Secours national fournissait 350 calories supplémentaires par jour à 500 « cas nécessiteux » (suggérant que les internés étaient supposés compléter leur ration à leurs frais). À ce régime, selon M. Roche, le quart de la population du camp avait subi « une perte de poids importante, dépassant 25 % ».

M. Jean-Faure, comme c'était son devoir, envoya ses rapports au chef de l'État. Cependant, sur le rapport de juillet 1942 concernant Gurs, un des membres du cabinet du Maréchal avait porté au crayon l'inscription suivante : « À ne pas accuser réception. » Il était peut-être plus prudent de ne pas paraître savoir.

Les conditions de vie n'étaient pas moins scandaleuses à Rivesaltes, autre camp très important utilisé pour les Juifs dans la zone non occupée. Ce camp, situé dans les Pyrénées-Orientales, remontait à la Première Guerre mondiale, où il avait été construit pour servir de centre de transit aux troupes coloniales. En d'autres termes, un camp construit trente ans plus tôt pour de brefs passages de jeunes Sénégalais et de jeunes Marocains était utilisé à présent pour héberger, pendant une durée indéterminée, des personnes originaires d'Europe centrale, dont la plupart étaient des femmes et des enfants. Rivesaltes était un vaste campement de baraques de bois qui s'étendait sur trois kilomètres en rase campagne sur un terrain rocailleux, non loin de la Méditerranée. Il était sujet, disait M. Jean-Faure, aux « vents glaciaux de l'hiver », aux « chaleurs torrides de l'été ». La tramontane faisait tourbillonner la poussière à travers le camp environ cent jours par an, en rafales dont la vitesse allait jusqu'à 120 km à l'heure. Le principal problème pour la santé était le manque d'eau, qui rendait difficile de pourvoir aux « conditions élémentaires de prophylaxie ». À sa première visite, M. Jean-Faure (dont les critères à l'égard des camps étaient pour le moins austères) le qualifia de « camp presque de représailles ».

Les conditions sanitaires étaient si primitives que même les malades devaient parcourir 150 mètres depuis l'infirmerie pour parvenir aux toilettes extérieures. En hiver, l'infirmerie n'était pas chauffée. Le camp n'avait pas de réfectoire. La nourriture — ce qui en tenait lieu — arrivait glacée après un long transport. En août 1942, M. Jean-Faure pouvait signaler une amélioration : les internés pouvaient désormais manger dans des plats. Mais même alors, « le ravitaillement déficitaire, les conditions de chauffage insuffisantes, parfois le manque de paille pour les paillasses influent déplorablement sur un grand nombre d'hébergés ». Les prisonniers ne recevaient même pas l'allocation de nourriture prévue. Le seul fournisseur alimentaire était « un affairiste reconnu comme tel » et la Légion française des combattants fut impliquée dans un scandale local de détournement de colis destinés au camp[192]. Les enfants étaient séparés de leurs mères, qui ne pouvaient leur faire que de brèves visites après un détour par Narbonne. M. Jean-Faure observa que les mères internées considéraient cela comme une « brimade ».

Rivesaltes semble avoir atteint son stade le plus bas pendant l'hiver 1941-1942. Sur les 17 à 18 tonnes de mazout par semaine qui étaient nécessaires, le camp en recevait 3,5. Les conditions d'existence devinrent « extrêmement rigoureuses ». Non seulement la température était insuffisante, mais les hébergés n'avaient pas « le moindre vêtement convenable... Aussi en arrivent-ils à s'en fabriquer avec des couvertures. C'est évidemment déplorable, mais en équité et raison, peut-on leur en faire grief ? Les femmes n'ont plus de linge. Les chaussures manquent ». Aussi « la mortalité fut-elle élevée ». Selon les chiffres de M. Jean-Faure, le taux de mortalité s'éleva à Rivesaltes en janvier 1942 jusqu'à 12 p. 1 000 (soit un taux annuel de 144 p. 1 000) et à 15 p. 1 000 en février (soit un taux annuel de 180 p. 1 000)! Il est clair que des centaines d'internés sont morts à Rivesaltes au cours de cet hiver faute des conditions les plus élémentaires d'alimentation et d'abri.

Le troisième des grands camps utilisés dans des proportions considérables pour les Juifs était Le Vernet près de Pamiers, dans l'Ariège. Le camp du Vernet avait été bâti pendant la guerre de 1914-1918 pour des prisonniers de guerre et utilisé en 1937-1938 pour les réfugiés des Brigades internationales d'Espagne, qui étaient hébergés pour la plupart sous des tentes. Lorsqu'il fut repris par le ministère de l'Intérieur en décembre 1941, il assurait des «conditions fort précaires de logement». Le Vernet était un camp disciplinaire. Les internés de droit commun étaient dans le bloc A, les anciens combattants des Brigades internationales dans le bloc B et les Juifs dans le bloc C, «le plus insuffisant de tous». Jean-Faure rapporte que «les Israélites cantonnés dans le quartier C s'entassaient dans des baraques en planches en déplorable état, obscures, malpropres, où les plus élémentaires conditions d'hygiène ne pouvaient être observées». Jean-Faure pouvait signaler en octobre 1942 que les Ponts et Chaussées avaient finalement reconstruit le quartier C — mais il n'y avait plus alors de Juifs. Tous avaient été emmenés «à l'Est».

L'espace manque pour suivre Jean-Faure dans ses tournées de tous les camps, mais on ne saurait passer sous silence un camp spécial qui a joué un rôle dans les péripéties de la vie de nombreux réfugiés juifs de 1940 à 1942: Les Milles. Les Milles étaient une briqueterie désaffectée dans la banlieue d'Aix-en-Provence, qui était destinée à servir d'escale temporaire aux Juifs dont les papiers étaient enfin en règle pour l'émigration. Beaucoup d'entre eux y restèrent cependant dans l'attente pendant des semaines ou des mois, dans des conditions effroyables, prisonniers de quelque imbroglio administratif. En novembre 1941, 1 365 personnes étaient entassées dans ce camp. Lorsque André Jean-Faure y refit une visite en octobre 1942, l'ancien directeur venait justement d'être révoqué pour fraude. La nourriture et le chauffage avaient gravement fait défaut ; les internés recevaient de 150 à 200 grammes de légumes secs par jour, alors qu'il leur en fallait 600. « Les locaux surpeuplés avaient entraîné la pullulation de puces et de punaises... Cet état de choses était parfaitement inadmissible. »

La cruauté, la négligence et l'incompétence dans l'administration des camps se transmirent d'un régime à l'autre. Dans le désœuvrement forcé derrière les barbelés, lorsque la République se désagrégea pour céder la place à Vichy, les internés réfléchissaient à leur passé récent. C'était une banalité de dire qu'à presque tous les égards les camps français étaient aussi terribles que ceux des nazis, du moins jusqu'aux débuts de l'extermination en 1942. Arthur Koestler y a longuement réfléchi, ayant été envoyé au Vernet très longtemps avant la défaite de la France :

Au thermomètre-centigrade du Libéralisme, Le Vernet était au point zéro de l'infamie ; au thermomètre-fahrenheit de Dachau, il était encore à 32 au-dessus de zéro. Au Vernet, les coups étaient un événement quotidien ; à Dachau, ils duraient jusqu'à ce que mort s'ensuive. Au Vernet les gens étaient tués par manque de soins médicaux ; à Dachau, ils étaient tués volontairement. Au Vernet, la moitié des prisonniers dormaient sans couvertures, à vingt degrés sous zéro ; à Dachau, ils étaient enchaînés pour être exposés au froid... Au point de vue de la nourriture, de l'installation et de l'hygiène, Le Vernet était même au-dessous du niveau d'un camp de concentration nazi. Une trentaine d'hommes de la section C qui avaient été précédemment internés dans différents camps allemands, y compris les plus terribles, Dachau, Oranienbourg et Wolfsbuttel étaient experts en la matière. Moi-même, je pouvais affirmer que la nourriture dans la prison de Franco était de loin plus substantielle et plus nourrissante...[193].

Les internés n'étaient pas seuls à se plaindre de

l'hostilité systématique des gardiens. Le pharmacien parisien A. Plédel rendit visite à Gurs, en février 1941, à un médecin allemand de ses amis, le Dr Christensen, et écrivit à un ami une lettre scandalisée qui aboutit au cabinet de Pétain :

> Le visiteur qui vient pour un mari, une femme, un ami cher (c'était mon cas) a la sensation très nette de pénétrer dans un antre pénitencier où ne règne pas le moindre sentiment d'humanité. Il doit à l'entrée donner d'abord mille raisons de sa visite, remettre ses cartes d'alimentation (?)... en un mot, supporter toutes tracasseries qui sont en usage dans les établissements pénitenciers, puis ensuite signer deux fiches, l'une destinée à quérir le visité, l'autre au garde-chiourme du parloir qui surveillera votre présence[194].

Serge Klarsfeld a évalué à 3 000 le total des décès dans les camps d'internement en France, la plupart pendant la période 1940-1942 ; dans la suite, la déportation vida ces centres et les internés moururent ailleurs. À Gurs, pendant les quelques premiers mois après l'arrivée des déportés juifs d'Allemagne occidentale, plus de 1 000 personnes moururent d'inanition, de dysenterie et de typhoïde sur une population totale de 13 500 internés[195]. Dans le cimetière du camp de Gurs sont enterrées 1 187 personnes. Vingt d'entre elles sont espagnoles. Toutes les autres sont des Juifs[196].

CHAPITRE V

L'OPINION PUBLIQUE :
1940-1942

> En ce qui concerne les Juifs, je fus frappé de la
> faiblesse des réactions suscitées en zone libre par
> les premières mesures qui les atteignirent. Ce peu
> de réaction me sembla trouver son origine dans
> une sorte de confusion, peut-être volontairement
> entretenue, entre les israélites français de nais-
> sance... et les israélites étrangers ou fraîchement
> naturalisés.
> Le problème ne se serait peut-être pas posé en
> France au lendemain de l'armistice, en ce qui
> concerne les Juifs, si les vannes de l'immigration
> avaient été moins libéralement ouvertes depuis
> 1933.
>
> Henri du Moulin de Labarthète,
> 1946[1].

Xavier Vallat a affirmé, même après la guerre, que
l'antisémitisme de Vichy avait été le reflet des souhaits
populaires[2]. Il avait des raisons de le penser. On trouve dans
les documents émanant de l'administration entre 1940 et
1944 des signes indubitables d'une antipathie populaire
envers les Juifs, en particulier les réfugiés juifs étrangers,
antipathie qui rejaillit souvent aussi sur les Juifs français.

Les lettres adressées au maréchal, les requêtes des maires
dont les communes désiraient être débarrassées de leurs
hôtes indésirables, les actions des militants qui brisaient les
vitrines des magasins et apposaient des inscriptions sur les

maisons et les bureaux des Juifs, les écrits et les discours de personnages influents — tous ces signes attestent une hostilité largement répandue à l'égard des Juifs, à la fois authentique et propre au pays, car il n'est pas rare qu'elle soit accompagnée d'une hostilité à l'égard des Allemands et des Anglais.

Cependant, déterminer la nature exacte de ce sentiment est une entreprise historique des plus délicates. Jusqu'à quel point l'antisémitisme populaire était-il répandu après 1940 ? Dans quels milieux sociaux, dans quelles régions était-il le plus accentué ? Quelles nuances convient-il d'introduire sous cette étiquette très générale ? Même dans le meilleur des cas, les complexités de l'opinion publique sont souvent trop grandes pour être l'objet des techniques de l'histoire. Pour le régime de Vichy, on se trouve devant des obstacles supplémentaires : une presse réduite et contrôlée, la réserve personnelle que l'on observe en un temps d'incertitude et de méfiance, et les profonds changements qui se produisent d'une période à l'autre. Les perspectives de la fin de 1943, alors que la population attendait le débarquement allié avec un mélange de crainte et d'espoir, n'ont qu'un rapport bien mince avec celles du début de 1941.

Ce chapitre s'attachera aux deux premières années de Vichy, les plus actives, de 1940 à 1942, et aux réactions de l'opinion aux mesures antisémites qui constituaient, sans aucune équivoque, le programme de la Révolution nationale : l'éviction des Juifs des services publics et de l'enseignement, l'imposition d'un « numerus clausus » dans les professions libérales et dans l'enseignement supérieur, la vente forcée ou la liquidation de certaines entreprises et des propriétés immobilières des Juifs. Un tel programme n'était pas assez nettement étranger à la tradition politique française pour être rejeté sur-le-champ. Il s'accordait à une tendance de cette tradition qui, de Gobineau et des auteurs anticapitalistes tels que Fourier et Proudhon, menait à Maurras et aux antisémites les plus racistes du xxe siècle. À l'inverse, il est évident qu'il faisait violence aux sentiments les plus profonds d'une autre tendance, celle de la tolérance et de la fraternité. Cette seconde tendance avait été profondément ébranlée par les échecs des années 30 et la défaite de 1940. En outre, si l'on regarde de plus près, la tradition française de fraternité et de mission universelle implique une propension à assimiler les autres à la culture française et une difficulté à admettre le pluralisme culturel qui peut, dans l'adversité, se transformer en intolérance. L'histoire de la droite et de la gauche françaises, en remontant jusqu'à leurs origines intellectuelles, ne donnerait pas par elle-même un tableau clair de l'antisémitisme populaire en France après 1940.

Les choses seraient plus simples si l'on disposait des résultats de sondages d'opinion comme celui de 1954, où les Parisiens et les habitants de la banlieue eurent à répondre à la question suivante : « Pensez-vous que les Israélites sont des Français comme les autres ? » 12 % seulement des personnes interrogées et identifiées comme appartenant à la gauche répondirent non, contre 46 % pour celles qui appartenaient à la droite ; certaines de ces dernières ajoutèrent des commentaires : les Juifs « se montrent volontiers dominateurs... ils se tiennent entre eux et ils ne pensent qu'à exploiter les autres[3] ». Mais aucun sondage d'opinion valide n'a été réalisé dans la France de Vichy. Bien que l'Institut français d'opinion publique ait été fondé en 1939, de telles enquêtes publiques portant sur les sentiments populaires étaient jugées impossibles dans les circonstances de la guerre et de l'occupation.

Le C.G.Q.J. effectua bien un sondage d'opinion dans la zone non occupée au début de 1943, mais ce fut en violant presque toutes les règles d'un sondage scientifique. Les enquêteurs n'étaient pas des professionnels, mais des fonctionnaires du C.G.Q.J. Celui-ci reconnut lui-même que de nombreuses personnes interrogées avaient dissimulé leur opinion par crainte ou par méfiance et que les résultats de

Limoges et de Montpellier (antisémites à 80 % et 90 %) étaient « trop parfaits ». Peut-être le résultat le plus important du sondage est-il le fait que 31 % des personnes interrogées aient manifesté leur opposition déclarée aux « mesures prises contre les Juifs dans la zone libre » et que 11 % aient exprimé leur indifférence, soit près de la moitié d'un résultat nettement faussé par des pressions manifestes[4]. Par ailleurs, ce sondage n'est d'aucune utilité.

Cependant, les dirigeants de Vichy restaient très attentifs à l'opinion publique. Les préfets rédigeaient des rapports mensuels et des rapports supplémentaires dans les circonstances spéciales. Le cabinet du ministre de la Guerre préparait pour le maréchal Pétain des estimations hebdomadaires et mensuelles de l'opinion publique, fondées sur un large échantillonnage de lettres, de télégrammes et de communications téléphoniques. Pendant le mois de décembre 1943 — les chiffres sont à peine croyables — ce service lut 2 448 554 lettres, intercepta 20 811 communications téléphoniques et inspecta 1 771 330 télégrammes[5]. On a l'impression que ces services ont fait un effort consciencieux pour rendre un compte exact de l'opinion, car les rapports n'ont pas dû toujours plaire à Vichy. Ces documents, plus les lettres d'hommes et de femmes ordinaires qui arrivaient de toutes parts dans le bureau du Maréchal, nous en disent, somme toute, beaucoup sur ce que les Français voulaient bien confier au courrier ou au téléphone.

L'apogée de l'antisémitisme populaire

> Les Juifs s'attirent une violente antipathie en zone libre. Leur attitude insolente, le luxe qu'ils affichent sans pudeur, le marché noir dont ils renforcent le règne, les font haïr.
>
> Synthèse des contrôles, août 1942[6].

La révélation la plus frappante des sources de renseignements du maréchal Pétain est celle d'une vague puissante d'antisémitisme populaire dans la zone non occupée en 1941-1942. Comme on l'a vu, l'opinion publique, telle qu'elle se reflète dans les rapports des préfets, avait semblé au début en grande partie indifférente à la campagne antisémite de Vichy. Quatorze préfets seulement sur quarante-deux dans la zone non occupée avaient rapporté des réactions du public sur le premier statut des Juifs, neuf d'entre elles favorables au statut (quatre défavorables et une mêlée). Douze seulement avaient rapporté des réactions au second statut et aux mesures de juin-juillet 1941, dont six favorables et six mêlées. Puis, pendant les quatorze mois qui séparent le second statut des premières rafles précédant les déportations massives dans la zone sud, en août-septembre 1942, trente des quarante-deux préfets font, presque unanimement, des commentaires sur l'afflux des réfugiés juifs supplémentaires venus de la zone occupée, et sur l'hostilité prononcée que suscitent les *nouveaux venus*. Vingt-deux d'entre eux écrivent longuement à ce sujet, sur un ton qui ne laisse pas de doute sur les tensions décelées[7a].

Certes tous les réfugiés attiraient l'attention en tant qu'« étrangers », même s'ils étaient des Français de la zone nord qui avaient échoué dans la zone non occupée, loin de chez eux. Mais une méfiance et une hostilité particulières visaient les Juifs en tant que tels. C'est contre les Juifs étrangers ou récemment naturalisés que se manifestait le plus d'animosité. Les Juifs français qui s'étaient réfugiés au sud n'étaient pas sans la partager en partie. Un préfet au moins (Marion, préfet de l'Aveyron, 3 septembre 1942) exprima le souhait personnel de voir les mesures de déportation s'étendre aussi aux Juifs français. L'hostilité s'accompagna parfois de violences physiques. On rapporte des incidents tels que des bris de vitres et l'apposition d'inscriptions à Lyon, Nice et dans d'autres grands centres urbains. La violence revêtait parfois des formes plus détournées : ainsi des passeurs sans scrupules détroussaient des réfugiés juifs à la ligne de démarcation. Les préfets relataient toujours de tels actes pour les blâmer sévèrement et déclaraient que le public approuvait les mesures prises par eux contre les groupes de jeunesse du P.P.F. et d'autres responsables des violences antisémites. L'antisémitisme d'État et les sentiments populaires qui l'appuyaient insistaient sur des mesures juridiques.

Les thèmes de l'animosité publique étaient d'une remarquable uniformité dans toute la zone non occupée. Celui qui revenait avec le plus d'insistance était, de loin, la condamnation du marché noir. Il se répétait aussi bien dans les tribunes classiques de l'antisémitisme telles que l'*Action française*[7b] que dans des villages et des hameaux où l'on n'avait jamais entendu parler des Juifs avant la guerre. Le ravitaillement était devenu une obsession. «Une seule préoccupation : l'estomac» (Pyrénées-Orientales, 30 octobre 1942). Dépouillée de son abondante production par l'occupation, la France était en train de devenir l'un des territoires occupés où l'alimentation était la plus précaire[8]. La situation était aggravée du fait que les denrées alimentaires étaient distribuées inéquitablement par un système de rationnement défectueux. La pénurie opposait les citadins aux paysans, les acheteurs aux commerçants et, semble-t-il, presque tout le monde aux nouveaux arrivants. Parmi ces derniers, les Juifs attiraient l'attention plus que tous les autres. Le marché noir est probablement le seul problème à propos duquel le régime de Vichy aurait pu, avec succès, en appeler à la population contre les Juifs[9]. Les Juifs étaient considérés comme «synonymes» du marché noir dans les parties non occupées du Jura (1er septembre 1942). Les neuf dixièmes des affaires de marché noir des Alpes-Maritimes pourraient être imputés à des Juifs, rapportait le préfet (4 octobre 1941), faisant sien le préjugé populaire. Il pensait qu'on pouvait en dire autant du gaullisme et des réflexions antigouvernementales. À Limoges, le préfet régional était si attaché à l'expression « véritables rafles de denrées » pour décrire le comportement des Juifs dans la campagne limousine qu'il l'employa deux fois (rapport départemental, 4 mars 1942 ; rapport régional, 5 juin 1942). Les Juifs, écrivait dans son rapport le préfet de la Dordogne, ont « gangrené » les populations locales, « pourtant si honnêtes », et les paysans et les commerçants étaient désormais pris au piège de ces tentations.

Cette projection simpliste sur les Juifs d'un comportement si largement répandu dans de nombreux secteurs de la population de la zone non occupée mérite réflexion. Le gouvernement savait que les achats des Allemands — tant les achats officiels que les razzias clandestines des soldats et des officiers — étaient une cause majeure des opérations de marché noir. Laval alla jusqu'à dire aux procureurs généraux réunis par lui en 1943 que les Allemands avaient « été à l'origine de toutes les affaires du marché noir[10] ». Les efforts tendant à amener les Allemands à limiter leurs achats et à cesser d'entraver les poursuites judiciaires contre certains de leurs fournisseurs illicites était devenus un point capital des négociations franco-allemandes. C'était là une question que le régime ne pouvait pas ou ne voulait pas expliquer au public. Quant à ce dernier, il savait certainement que toutes sortes de personnes étaient impliquées dans les transactions irrégulières de produits alimentaires. Des marchands bien français, eux, exigeaient souvent les prix excessifs que les Juifs avaient parfois à payer. Dans les rapports fragmentaires portant sur les arrestations, déjà cités, les Juifs ne figurent pas en nombre plus important que les autres parmi les usagers du marché noir. Même si une étude minutieuse démontrait finalement qu'ils avaient été arrêtés pour opérations de marché noir dans une proportion plus forte que leur pourcentage dans la population, un fait est certain : c'est l'État de Vichy qui les avait arrachés à leurs activités normales et les soumettait à des contrôles empreints d'une particulière méfiance.

Après celui-là, le grief le plus fréquent contre les Juifs était «la vie facile qu'ils mènent» (Rhône, 5 juillet 1942). Ils étaient «oisifs» (Ariège, Creuse, Dordogne, Haute-Garonne, Savoie, Tarn, Haute-Vienne). Le reproche fut encore aiguisé par une amère jalousie lorsque — en 1943 — les jeunes Français, mais non les Juifs, furent appelés à aller travailler dans les usines allemandes. Le Service du travail obligatoire en vint alors à apparaître comme la véritable déportation, et les convois des jeunes Français partant pour la Ruhr ou la Sarre masquèrent ceux des Juifs, hommes, femmes et enfants mêlés, se dirigeant vers Auschwitz.

Dans les régions touristiques, les Juifs étaient taxés de «dépenses tapageuses et excessives» (Hautes-Pyrénées, 2 mars 1942); on parlait de l'«impudence» de leur «luxe» (Alpes-Maritimes, juillet-août 1942) et de la «façon désinvolte dont [ils] se comportent aux yeux du public... À Aix-les-Bains en particulier, ils tiennent le haut du pavé, logent dans les meilleurs hôtels, dépensent largement et mènent une vie oisive, luxueuse, faisant la bonne fortune du casino» (Savoie, 1er juillet 1942).

Les autres ressentiments qui alimentaient la vague de fond de l'antisémitisme populaire dans la zone non occupée en 1941-1942 étaient plus diffus. C'était surtout l'administration qui s'inquiétait de ce que les Juifs fussent responsables d'une «activité insidieuse et dissolvante», d'une propagande hostile au régime, de l'éveil des sentiments politiques hostiles à Pétain, et de leur attitude politique en général (Alpes-Maritimes, Indre, Jura). La vraie rancœur populaire n'était pas de nature politique; elle concernait la nourriture et les allégations, souvent tout à fait imaginaires, selon lesquelles les Juifs consommaient de façon ostentatoire en un temps de pénurie.

Il paraît absurde, aujourd'hui, que les signes de leur infortune aient pu être interprétés, selon un très ancien symbolisme, comme des signes de privilèges. Si beaucoup de Juifs étaient « oisifs », c'est qu'un gouvernement ou l'autre les avait exclus de toute activité utile. S'ils avaient de l'argent, c'est que leurs affaires ou leurs biens avaient fait l'objet d'une vente forcée, le plus souvent à vil prix. S'ils dépensaient cet argent, c'est souvent qu'ils se trouvaient envoyés dans des villages où ils étaient des étrangers, isolés, ne pouvant, comme tout le monde, compter sur le réseau de leurs amis et de leur famille pour obtenir à l'occasion un jambon illicite sans sourciller ; c'est qu'ils avaient un besoin désespéré des services des passeurs, des fournisseurs de faux papiers et de colis pour les détenus des camps, et c'est que *ne pas* faire preuve d'indépendance financière était aller au devant de l'internement dans un camp de concentration ou dans un groupement de travailleurs étrangers. Sans doute, certains dépensaient-ils leur argent parce qu'ils étaient comme étourdis par le désespoir. La grande majorité des Juifs n'étaient ni riches ni enclins à l'ostentation mais le symbolisme traditionnel en avait décidé autrement et aucune voix responsable ne pouvait ni ne voulait faire la lumière sur la réalité des choses. Faute d'explications visant à apaiser les esprits, les Juifs devinrent une sorte de bouc émissaire pour les tensions plus généralisées entre la ville et la campagne, les commerçants et les consommateurs, pour la crainte des pénuries et des hausses de prix, pour l'envie à l'égard de certains « autres » mal définis dont on disait qu'ils menaient une vie facile, et même pour la culpabilité à l'égard de pratiques fort répandues dans la population.

Comme dans les années 30, l'hostilité à l'égard des Juifs s'alimentait à une xénophobie plus large. Mais cette fois, dans la perspective pénible de la méfiance et de la pénurie propres au temps de guerre, les « étrangers » étaient tous ceux qui n'appartenaient pas à la communauté locale. Le particularisme local exacerbé faisait considérer tous les visiteurs comme des étrangers. Dans les régions touristiques, contre les estivants, juifs ou aryens, unanimement considérés comme des parasites, dans un pays naguère accueillant aux touristes et particulièrement intéressé par le développement de l'industrie hôtelière, c'est une réaction violente qui se manifeste dans les petites stations d'altitude.

Basses-Alpes, 5 août 1942.

Le préfet de la Haute-Loire rapportait que son département avait été «littéralement pillé par les touristes» (29 août 1942). Il n'est pas surprenant qu'en un climat de pénurie et de moindre solidarité sociale le ressentiment populaire contre les Juifs étrangers ait parfois rejailli sur les Juifs français qui se réfugiaient dans la zone non occupée. Selon le préfet régional de Limoges, les Juifs français à leur tour « se désolidarisent » des Juifs étrangers auxquels ils reprochent de faire de la propagande antigouvernementale et du marché noir[11] — et peut-être aussi de mettre en péril leur place dans la société française.

Il faut sans doute considérer ces réactions comme une aggravation d'antipathies familières et de sentiments de rancœur déjà rencontrés dans l'étude du problème des réfugiés à la fin des années 30. Les problèmes étaient toujours ceux des années 30, mais élevés à une nouvelle puissance par les tensions causées par la défaite, l'occupation et les privations : le chômage, la crainte de voir la culture française menacée, la peur d'être entraînés à nouveau dans la guerre. Voici qu'à nouveau les réfugiés affluaient ; ils se concentraient désormais dans les limites, plus étroites, de la zone non occupée. Cette fois, il y avait parmi eux ceux qui étaient expulsés de la zone occupée, des citadins en quête de nourriture ou d'abri pour leur famille, en plus des Espagnols, des Italiens antifascistes, et des Juifs d'Europe centrale des années 30. Plus exposés encore pendant l'été 1942 étaient les Juifs qui avaient fui récemment la zone occupée au moment où la politique allemande prenait une tournure plus inquiétante. L'une des premières arrestations massives de Juifs, celle qui visa un millier de notables à Paris en décembre 1941, et la grande rafle de juillet 1942 provoquèrent un « véritable exode » de l'autre côté de la ligne de démarcation[12].

Le raz de marée des réfugiés juifs qui avait commencé en 1933 atteignait désormais son point culminant dans la zone non occupée, et avec lui la peur et l'hostilité à l'égard de ces indésirables. Les mois de la fin de l'été et de l'automne 1942 sont la seule période de la guerre où le « problème juif » figure dans presque tous les rapports mensuels des préfets de la zone non occupée. Les franchissements clandestins de la ligne de démarcation étaient un souci croissant. Près de la ligne, il n'y avait plus « le moindre logement » et la « présence de cette population étrangère et munie d'argent met un obstacle à une bonne marche du ravitaillement » (Indre, 31 juillet 1942). Le préfet régional de Limoges réclamait des mesures urgentes pour « décongestionner » sa région, éviter la montée des prix et un « échauffement des esprits » (13 août 1942). Le préfet de la Dordogne dit qu'il fallait faire quelque chose et proposa un nouveau recensement et des laissez-passer spéciaux pour limiter les mouvements des Juifs (4 août 1942). « Une solution rapide s'impose » (Indre, 31 juillet 1942).

Tout à fait indépendamment des préoccupations des préfets et à leur insu, une solution avait été préparée dans l'entourage immédiat de Hitler et était sur le point d'être appliquée à l'Europe occidentale. Au moment même où la « solution finale » allait commencer à être mise en œuvre, des fonctionnaires exaspérés, poussés par une populace irritée par les privations étaient eux aussi, en zone sud, à la recherche d'un remède. « La préoccupation grandit d'une solution qui permette de diminuer le nombre de Juifs résidant en France » (Cher, partie non occupée, 3 décembre 1941).

Les rapports des préfets constituent un instrument trop général pour permettre de dresser un tableau social ou géographique précis de l'antisémitisme populaire qui atteignit son point culminant dans la zone non occupée pendant l'été de 1942. Le contenu des rapports dépendait beaucoup des inclinations de chaque préfet et traitait généralement l'opinion publique comme un bloc. On en retire l'impression que les régions les plus inhospitalières aux Juifs étaient les villages et les petites villes des régions rurales, où les conflits et les tensions manifestes à propos du ravitaillement coïncidaient avec une moindre habitude des « étrangers ». Les centres d'irritation se situaient aussi à proximité des régions touristiques et sur la Côte d'Azur. Certaines régions rurales, notamment dans le sud-ouest, étaient si fortement sensibilisées aux « abus » qu'elles attribuaient à leurs hôtes juifs, que lorsque les déportations commencèrent en août-septembre 1942, dit un rapport, les habitants « n'ont pas dissimulé leur satisfaction de ce départ » (Ariège, 31 janvier 1943). Outre le préfet de l'Ariège, ceux de l'Aude, de la Creuse, du Loiret, de la Lozère, de la Saône-et-Loire, du Gers et de l'Indre notent dans leurs rapports de la fin de 1942 ou du début de 1943 que le soulagement l'emportait sur la désapprobation lors des premières déportations à partir de la zone non occupée. Le préfet de Limoges relatait que, dans les environs de la ville, la présence des Juifs suscitait encore de l'opposition même en février 1944.

La plupart de ces rapports indiquaient les petites villes comme les lieux les plus hostiles aux Juifs. L'opposition était particulièrement acerbe dans les villages où les Juifs avaient fui ou bien avaient été assignés à résidence, et où ils devaient employer le produit de la vente précipitée de leurs biens et de leurs entreprises pour subvenir à leur subsistance et à celle de leur famille et pour échapper aux camps d'internement.

Leur nombre fut parfois exagéré par les autorités locales, désireuses d'obtenir une aide extérieure et de barrer la route à de nouveaux arrivants. Parfois l'inimitié populaire considérait sans discernement comme Juifs des réfugiés non juifs — et ils étaient nombreux[13]. Il arrivait que l'on amplifiât sans scrupules l'opposition locale aux Juifs. Maurras n'hésita pas à transmettre à Xavier Vallat des ragots sur les Juifs qui avaient submergé le village de Bourbon-L'Archambault, dans l'Allier, en 1941. Après enquête, Vallat constata que Bourbon-L'Archambault, qui comptait 2 784 habitants, avait accueilli 362 réfugiés, dont 31 Juifs. Parmi ceux-ci, cinq seulement étaient des étrangers[14].

L'antisémitisme populaire semble avoir été moins fort dans la vallée du Rhône, dans les Pyrénées et dans les régions protestantes. Les préfets n'y prêtent que peu d'attention ou l'expriment en termes relativement bénins dans la Drôme, le Gard, l'Isère, le Vaucluse et le Var. Dans les grandes villes, où l'on était plus habitué aux étrangers, l'indifférence semblait plus répandue que la franche hostilité, bien que, selon le préfet du Rhône, les Lyonnais aient bien accueilli les mesures antijuives de Vichy et les aient même trouvées « trop anodines » (5 novembre 1941, 5 février 1942). Les rapports des préfets n'apportent guère de témoignages de sentiments fortement antisémites à Saint-Étienne et à Clermont-Ferrand, tandis que les Toulousains « se souciaient peu des Juifs » jusqu'aux rafles d'août-septembre 1942 qui les ont atterrés (5 octobre 1942).

La carte de cet antisémitisme populaire plus faible ne correspond pas avec celle de la gauche avant-guerre dans le sud et le sud-ouest, au contraire. Les communes de l'Allier près de Vichy semblent avoir été particulièrement sensibles à la présence des Juifs qui y étaient restés après des expulsions successives du voisinage de la capitale provisoire. Des conseils municipaux, à Lapalisse (Allier), dans le Lyonnais et sur la Côte d'Azur s'alarmèrent à l'automne 1941 d'une

« invasion » juive qui faisait pression sur les prix des denrées alimentaires et des logements et qui allait vraisemblablement aggraver les conditions de vie l'hiver suivant[15]. La tension semble avoir monté spécialement dans le Limousin, en partie parce qu'il était proche de la ligne de démarcation où venaient s'amasser un grand nombre de juifs dans des régions peu habituées dans le passé à la présence des étrangers ; peut-être était-ce en partie aussi en raison des initiatives de Joseph Antignac, représentant régional particulièrement zélé du C.G.Q.J. de 1941 à 1943 — après quoi il fut promu au cabinet de Darquier et, tout à fait à la fin, nommé secrétaire général du C.G.Q.J.[16].

Les régions touristiques constituaient un cas spécial. Même si l'on admet que certains Juifs fortunés aient paru y vivre de manière voyante, il faut se demander pourquoi ils provoquaient des réactions beaucoup plus vives que les Français ou les Allemands qui se comportaient de la même manière. Le préfet des Hautes-Alpes se préoccupait, à la fin de l'hiver 1941, de la foule brillante qui fréquentait Megève, s'adonnant au ski pendant la journée et se livrant aux « orgies les plus crapuleuses » la nuit. Il expulsa un certain nombre d'étrangers et ferma certains établissements, mais fit observer dans son rapport qu'il ne pouvait guère expulser des personnes comme la princesse de Polignac et les officiers allemands qui étaient l'élément dominant parmi les noceurs (Hautes-Alpes, 18 mars 1941). Ce que le préfet qualifiait de « milieux aristocratiques ou israélites » s'abrégea dans certaines imaginations pour devenir « milieux israélites ». L'hiver suivant, un groupe de notables locaux se plaignit à Vallat de la présence de Juifs à Megève, « qui naguère s'honorait de recevoir une clientèle select ». Villard-de-Lans, dans l'Isère, revendiquait « son caractère essentiel de centre familial ». Les Juifs y faisaient du tort au tourisme[17].

Nous ne disposons guère d'indices permettant de préciser la répartition sociale du sentiment antisémite. La remarque du préfet de la Loire selon laquelle, si les intellectuels étaient opposés à l'antisémitisme, la masse de la population demeurait «très hostile aux commerçants israélites» (4 janvier 1942), est plausible, mais elle constitue une généralisation trop grossière pour être utile. Au surplus, il convient de rappeler le rôle de premier plan qu'ont joué les intellectuels antisémites pour préparer un climat favorable aux mesures de Vichy.

Même les opposants à la persécution de Vichy furent atteints par le climat général de l'opinion concernant les Juifs étrangers et le nombre de ceux qui avaient réussi à acquérir la nationalité française au cours des années récentes. André Siegfried, qui refusa de faire partie du Conseil national, pouvait parler à la fin de 1941 de la ténacité avec laquelle les immigrés se cramponnaient à leur conduite de vie particulière «ce qui risque de faire subrepticement d'un peuple autre chose que ce qu'il croit et veut être». Contre cette tendance, «une politique de défense, du moins de prudence, est donc extrêmement justifiée et même s'impose[18]». L'un des premiers et des plus vifs critiques de l'antisémitisme de Vichy fut le pasteur Marc Bœgner, qui dénonça vigoureusement les lois antijuives au printemps et pendant l'été 1941. Cependant, dans trois au moins de ses lettres — à Darlan, à René Gillouin et au grand rabbin de France — Bœgner insistait sur le fait que ses sympathies n'allaient qu'à «des Français israélites»: «Je souligne Français, dit-il à Gillouin, car... j'ai indiqué nettement notre conviction qu'un problème est posé devant l'État par l'immigration de très nombreux Juifs non français et par des naturalisations massives et injustifiées[19].» Cette déclaration n'a pas été insérée après la guerre dans le compte rendu des interventions du pasteur Bœgner, mais elle a été consignée à l'époque. L'Agence télégraphique juive releva sa lettre au grand rabbin le 22 juin. Cette opinion n'avait rien de choquant en 1941. Beaucoup de Juifs français étaient du même avis et l'exprimaient librement dans leur correspondance officielle[20]. Le sentiment général que l'immigration des Juifs constituait un « problème », lié d'une certaine manière au déclin de la France, et auquel tout gouvernement devait imposer certaines limites, pénétra même certains secteurs du mouvement gaulliste et de la Résistance. Dans l'entourage du général de Gaulle à Londres, aux tout premiers jours de la France libre, certains étaient arrivés à la conclusion que l'antisémitisme était une réalité politique dont il fallait tenir compte en 1940. Tel était l'avis de Pierre Tissier, maître des requêtes au Conseil d'État et haut fonctionnaire de la France libre, qui publia à Londres en 1942 un livre sur Vichy. Tout en estimant injuste de priver des citoyens de leur nationalité, Tissier trouvait « légitime... de réserver la fonction publique et certains postes de commande à ceux qui sont entièrement assimilés,... légitime de priver de certains droits certains Français considérés comme insuffisamment assimilés, en d'autres termes d'imposer certaines restrictions à leurs droits civiques[21] ». Georges Boris relate dans ses mémoires ses hésitations à se rallier trop tôt à de Gaulle, de peur que l'hostilité à l'égard des Juifs ne se tourne contre le mouvement à ses débuts. Lorsqu'il s'y rallia officiellement, le 1er juillet 1940, il répugna à se mettre trop « en avant » de crainte que son engagement personnel ne puisse être compromettant[22]. À peu près exactement à la même date, René Cassin jugeait que, en tant que Juif, il ne devait pas gêner de Gaulle en s'associant trop étroitement à lui dans les débuts. De Gaulle acquiesça, bien que personnellement il ne partageât aucunement les idées antisémites[23]. Ce n'étaient pas là les sentiments de Juifs honteux, désireux de masquer leur identité, mais des jugements de réalistes et de politiques, sensibles à la vague de fond antijuive qui avait suivi la débâcle.

Les sentiments antijuifs n'eurent jamais dans le gaullisme ou la Résistance l'importance qu'ils eurent, par exemple, dans la Résistance polonaise. Ils n'en furent pas non plus complètement absents, comme l'indique un singulier document publié au milieu de l'année 1942, à peu près au moment où les premiers convois de Juifs commencèrent à partir pour Auschwitz. Datée de juin 1942, la première livraison des *Cahiers O.C.M.*, organe clandestin d'un mouvement de Résistance de tendance conservatrice, l'Organisation civile et militaire, était un numéro spécial consacré aux « minorités nationales ». En fait, c'était un petit livre antisémite, écrit par Maxime Blocq-Mascart, économiste d'origine juive et l'un des responsables de l'O.C.M. Il y insistait sur le fait que le problème juif devrait être résolu après la guerre : « La réalité est que les Français voulaient fermement que certaines situations ne puissent plus se faire sentir, et cela, par des mesures préventives, plutôt que par des sanctions[24]. » Ces « mesures préventives » impliquaient un « statut des minorités françaises non chrétiennes et d'origine étrangère », un statut des Juifs voilé qui mettrait fin à l'immigration des Juifs, encouragerait leur assimilation et limiterait leur accès aux professions. Le projet proposait l'établissement d'un Commissariat à la population dont, chose incroyable, la politique s'inspirerait des « travaux récents d'anthropo-biologie et notamment de ceux faits en France par le Dr Martial », auteur raciste bien connu[25].

Un exemplaire des *Cahiers* parvint jusqu'à Simone Weil, à Londres, où elle mettait ses talents au service de la France combattante. D'origine juive, mais profondément engagée, peu avant la guerre, dans l'étude du christianisme avec des amis tels que René Gillouin, elle donna une appréciation favorable au point fondamental, la proposition d'un « statut des minorités » : « L'idée centrale est juste », écrivit-elle, ajoutant que « la minorité juive... a pour lien une certaine mentalité répondant à l'absence d'hérédité chrétienne ». D'autre part, elle trouvait « mauvais » d'accorder une reconnaissance officielle à la minorité juive, « car cela la cristallise... L'existence d'une telle minorité ne constitue pas un bien ; l'objectif doit donc être d'en provoquer la disparition ». Pour ce faire, les meilleurs moyens étaient à son avis « l'encouragement des mariages mixtes et une formation chrétienne pour les futures générations juives..., la contagion... d'une spiritualité authentique[26] ».

Dans son premier numéro, en décembre 1941, le *Franc-tireur*, journal clandestin de la Résistance, dénonçait « la fable hitlérienne d'une prétendue conspiration juive » dont le seul but était de semer le trouble et la division parmi les ennemis de Hitler. Cependant l'affirmation contenue dans l'article — « le Juif qui travaille, produit et se soumet aux lois du pays a droit de cité au même titre que le non-Juif[27a] » — paraît assez mesurée lorsqu'on se rappelle ce qu'étaient les « lois du pays » en décembre 1941. Est-ce là un écho affaibli des récriminations, fréquentes à l'époque à l'encontre des « oisifs » et de leurs « abus » ? D'anciens responsables du mouvement Franc-Tireur, MM. Jean-Pierre Lévy et Eugène Claudius-Petit nous ont assuré qu'ils n'avaient jamais exhorté les Juifs à obéir à d'autres lois que celles de la Troisième République et que l'article avait été composé dans des conditions de hâte et de danger qui rendaient impossible une rédaction soignée. De même, lorsque *Combat* éleva courageusement une « protestation véhémente » contre la trahison, par Vichy, de « la conscience nationale et nos traditions les plus sacrées », dans un article publié en octobre 1942, le texte ne put s'empêcher d'exprimer ce que Marie Granet et Henri Michel nomment « un peu de xénophobie[27b] ». *Combat* préconisait pour les étrangers « un statut fixant leurs droits et leurs obligations, une réglementation de l'immigration », la naturalisation couronnant leur assimilation au lieu de l'amorcer. Ces textes n'en suggèrent pas moins que même les plus déterminés des mouvements de résistance pouvaient ne pas paraître pleinement conscients, en décembre 1941, voire en octobre 1942, des sanctions et des humiliations infligées aux Juifs à cette époque par la loi française. C'est là un rappel de la difficulté de toute reconstitution des attitudes populaires avant le moment critique que fut l'été 1942, avant le choc des premières rafles, des séparations et de la déportation des familles dans la zone non occupée, en août 1942, lorsque dans la sensibilité des Français, les Juifs cessèrent d'être la source d'un « problème » et devinrent des victimes.

Un cas particulier : l'Algérie

Le soutien apporté à Vichy dans ses initiatives antisémites vint de nombreux horizons, mais aucun ne fut plus déterminé que celui qui vint d'Algérie. Depuis plusieurs générations le sentiment d'hostilité aux Juifs y était très fort. D'après le recensement de 1931, l'Afrique du Nord française comptait environ 294 000 Juifs sur une population totale de plus de 13 000 000 d'habitants ; 66 248 vivaient en Tunisie, 117 603 au Maroc et 110 127 en Algérie. Si une faible proportion de Juifs algériens étaient riches, la grande majorité gagnait sa vie de façon précaire dans le commerce et l'artisanat, dans des conditions qu'aggravait un taux très élevé de croissance démographique[28]. Ils furent profondément atteints par la crise. Une étude publiée en 1936 indiquait que pour 10 Juifs qui avaient un emploi, 53 vivaient de leurs secours. Leurs perspectives économiques étaient sombres : « Une indicible misère accable la majorité de nos coreligionnaires en Afrique du Nord », écrit Maurice Eisenbeth, grand rabbin d'Alger, à l'époque du Front populaire[29a].

Les Juifs algériens étaient Français. Deux ou trois pour cent seulement ne l'étaient pas en 1931 ; la plupart étaient devenus Français depuis le décret Crémieux du 24 octobre 1870 par lequel le gouvernement de la Défense nationale avait déclaré citoyens français « les Israélites indigènes des départements de l'Algérie ». Par la suite, la minorité juive se trouva plongée dans le tourbillon de la vie politique

271

algérienne. Fortement républicains et s'identifiant au gouvernement auquel ils devaient leur émancipation, les Juifs étaient des ennemis naturels aux yeux des dirigeants de la communauté européenne. Ces derniers représentaient une grande part de la richesse de l'Afrique du Nord et tendaient à s'allier avec l'administration locale pour s'opposer à l'autorité centrale de Paris. Pour ce groupe, le décret Crémieux était le symbole d'une manœuvre politique due aux éléments républicains de France métropolitaine. Beaucoup d'Européens acceptaient mal l'émancipation des Juifs parce qu'ils considéraient ces « indigènes » juifs comme faits pour être gouvernés, et non pour participer à la société coloniale. Ils craignaient que cette émancipation ne fût un pas vers ce qui était leur grand cauchemar, l'extension de la citoyenneté aux musulmans, qui formaient la grande majorité de la population algérienne.

L'antisémitisme devint un courant puissant parmi les Européens d'Algérie et il s'y exprima dans la vie politique locale avant même de se développer en métropole. L'Algérie offrait un terrain propice à ceux qui voulaient fonder sur lui leur carrière politique comme le marquis de Morès, Édouard Drumont et Fernand Grégoire. Le plus célèbre des agitateurs locaux fut Max Régis, le jeune maire d'Alger et président de la Ligue antijuive. Régis terrorisait les Juifs du lieu et se grisait d'outrances rhétoriques : « Nous arroserions s'il le faut, de sang juif, l'arbre de notre liberté », écrivait-il en 1898 dans le *Réveil algérien*[29b]. Plus raciste peut-être que sur le continent, d'un ton certainement plus violent, l'antisémitisme algérien se répandit dans les villes d'Algérie. Il acquit une importante dimension révolutionnaire dans les années 90, lorsqu'il devint un commun dénominateur de l'extrême gauche algérienne. Le mouvement antijuif prit au cours de ces années une teinte extrémiste et populiste, contrairement au caractère plus posé des antisémites cléricaux de la métropole. L'aversion pour les Juifs était particulièrement puissante parmi les immigrants européens, qu'ils vinssent de la métropole, d'Italie, d'Espagne ou des colonies voisines d'Afrique du Nord (Max Régis avait changé de nom et s'appelait à l'origine Massimiliano Milano). Cependant, comme l'ont fait observer plusieurs spécialistes de la question, l'extension notable de l'antisémitisme fut généralement le fait de la population européenne. Les musulmans tendaient, pour la plupart, à se tenir à l'écart de la campagne antijuive[30].

L'antisémitisme algérien était très vivace pendant les années 30. Des mouvements extrémistes de la métropole comme l'Action française et le parti populaire français de Doriot trouvèrent leurs partisans les plus fanatiques et les plus importants en Algérie. L'aile algérienne du parti socialiste français du colonel de La Rocque (successeur des Croix de Feu après leur dissolution en 1936) affectait un antisémitisme prononcé, qui était relativement absent du mouvement en France. Les émeutes antijuives de Constantine en 1934 firent 25 morts parmi les Juifs. La tension atteignit son point culminant pendant le Front populaire. Léon Blum, d'accord avec l'ancien gouverneur général Maurice Viollette, proposa, de façon modérée, l'extension de la nationalité française à environ 27 000 musulmans sans les obliger à abandonner, comme c'était le cas jusqu'alors, leur statut spécial de musulmans. Cette proposition rendit furieuse l'opinion algérienne et la mobilisa non seulement contre le gouvernement mais contre les Juifs, que l'on soupçonnait d'être derrière le projet. Ce fut l'équivalent algérien du krach de l'Union générale. À l'automne de 1938, Jacques Doriot prit la parole au Congrès algérien du P.P.F. pour appeler à l'abrogation du décret Crémieux. Cette proposition devint monnaie courante dans la politique algérienne, l'opinion publique considérant de plus en plus les Juifs, comme les musulmans, comme une menace pour les institutions existantes. De larges secteurs de l'opinion en Afrique du Nord établissaient désormais une équivalence entre la défense de la domination française et l'opposition aux Juifs[31].

Paris et la discipline républicaine réfrénèrent quelques éléments antisémites avant 1940. Mais l'avènement de Vichy supprima tout frein dans l'expression des sentiments antijuifs. Lorsque Marcel Peyrouton, ancien gouverneur général de l'Algérie et favorable aux colons, devint ministre de l'Intérieur à Vichy en septembre 1940, il veilla à l'abrogation du décret Crémieux et mit au point un *nouveau dispositif juridique permettant de refuser tout nouvel octroi de la citoyenneté française soit aux Juifs soit aux musulmans[32]*. Les Juifs algériens se trouvèrent dans la situation de leurs coreligionnaires allemands après les lois de Nuremberg : après avoir été citoyens, ils étaient désormais réduits à l'état de sujets.

Les sentiments antijuifs imprégnaient à tel point l'administration algérienne de la société coloniale que Morinaud, vétéran du mouvement antisémite algérien, pouvait parler non sans raison de « la joie [qui] s'est emparée des Français quand ils ont appris que le gouvernement de Pétain abrogeait, enfin, l'odieux décret (Crémieux[33]) ». C'est Vichy qui subissait les pressions d'Alger en matière juive, plutôt que l'inverse. Le général Weygand, délégué général du gouvernement en Afrique du Nord (septembre 1940 - novembre 1941) et les gouverneurs généraux successifs — l'amiral Abrial et, à la fin de 1941, Yves Châtel — donnèrent tous leur appui au sentiment antijuif et à l'arsenal des lois antisémites qui suivirent. Nous avons déjà signalé les diverses propositions faites à Vichy par les généraux François et Martin de la Légion française des combattants et le rôle des suggestions venues d'Algérie dans l'imposition d'un « numerus clausus » aux étudiants et dans la fermeture aux Juifs des Chantiers de la Jeunesse. Darlan allégua l'intensité des sentiments des Algériens lorsqu'il insista pendant l'été 1941 pour que les Juifs qui y exerçaient encore des fonctions dans l'administration en soient chassés[34].

Avec l'appui d'Abrial et de Weygand, le « numerus clausus » fut appliqué, non seulement dans l'université, mais — et l'on dépassait là les clauses des lois de Vichy — dans l'enseignement primaire et secondaire. Bien que cette mesure ne fût pas l'équivalent de l'absolue ségrégation des enfants tentée par les nazis après 1938, l'expulsion des 18 500 enfants juifs des écoles primaires publiques (il en resta 6 500) était un pas bien plus important vers la ségrégation que tout ce qui avait pu être envisagé dans la métropole. Même Mgr Leynaud, archevêque d'Alger, pour qui le maréchal Pétain était l'homme providentiel, fit part de son désaccord personnel au gouverneur général Châtel[35a]. Châtel était particulièrement zélé. Quelques jours avant le débarquement allié en Afrique du Nord, il ordonna la fabrication de brassards portant l'étoile jaune pour les Juifs algériens, alors qu'en métropole même Darquier de Pellepoix n'avait pas réussi à l'imposer aux Juifs dans la zone non occupée[35b].

Les musulmans continuèrent à s'abstenir de participer à la campagne antijuive. Bien que les mesures antijuives d'Afrique du Nord aient parfois été interprétées comme une concession française aux pressions musulmanes, les élites musulmanes, qui avaient reçu une éducation occidentale, et qui penchaient vers la résistance, semblent avoir soutenu les Juifs. Comme l'écrivait l'avocat A. Boumendjel au député Jean Pierre-Bloch, les musulmans « ne peuvent raisonnablement se ranger aux côtés de ceux qui tentent de pratiquer une politique raciale, alors qu'eux-mêmes sont quotidiennement frappés au nom du racisme[36] ». Le 29 novembre 1942, un groupe de notables musulmans, parmi lesquels Boumendjel et le cheik El-Okbi, un des chefs spirituels de la communauté musulmane d'Algérie, écrivit en ces termes au Dr Loufrani, propagateur de l'entente judéo-musulmane :

En infériorisant le Juif, on ne pouvait que le rapprocher davantage du Musulman. On a cru que les Musulmans se réjouissaient de l'abrogation du décret Crémieux alors que ceux-ci ont pu simplement se rendre compte qu'une citoyenneté qu'on retirait après soixante-dix ans d'exercice était « discutable » par la faute de ceux-là-mêmes qui l'avaient octroyée.

Si l'antagonisme entre Juifs et Musulmans avait existé, il n'aurait pas manqué de se traduire dans les faits au cours des deux dernières années. Et pourtant, rien n'a été épargné pour opposer une fois de plus la communauté musulmane à la communauté israélite[37].

Les efforts de la propagande française pour exciter les masses musulmanes contre les Juifs aboutirent à un échec notable.

L'hostilité envers les Juifs était si profondément ancrée dans les milieux européens que les lois antijuives ne furent pas abrogées lorsque les Alliés débarquèrent en Afrique du Nord en novembre 1942. Le nouveau régime d'Alger, avec l'amiral Darlan et le général Giraud, défendit la souveraineté française contre la présence des Alliés et continua à s'inspirer de la Révolution nationale, en dépit du désaveu de la métropole, désormais entièrement occupée. En un geste d'une inintelligence insigne, les nouveaux dirigeants d'Alger nommèrent gouverneur général d'Algérie l'ancien ministre de l'Intérieur de Pétain, Marcel Peyrouton. Celui-ci maintint les lois antisémites de Vichy avec l'accord des Anglais et des Américains.

Devant un groupe de notables juifs rassemblés à Alger au début de 1943, le nouveau gouverneur général justifia le maintien de la législation raciale par une déclaration extraordinaire. Il récapitula les arguments de l'administration coloniale : les Juifs avaient « été déclarés responsables de la défaite », ce qui avait provoqué « une explosion générale d'antisémitisme dans toutes les couches sociales du pays ». Les lois raciales étaient « une des conditions essentielles de l'armistice », auquel il présumait que la France était probablement encore liée. L'abrogation de ces lois serait une provocation envers la population musulmane, à qui était refusée la pleine citoyenneté. Puisque l'Algérie était « encore la France », elle ne pouvait pas agir à sa guise et les abroger. Et il conclut en une explosion finale : « Les Juifs voient trop souvent les autorités américaines et anglaises. Les chrétiens, les musulmans et les juifs qui agissent ainsi sont des salauds[38]. »

Peyrouton et Giraud semblent avoir été vraiment surpris lorsque les protestations anglaises et américaines commencèrent à se concentrer sur les mesures prises contre les Juifs. Peyrouton répondit évasivement aux questions des journalistes sur le sujet et se déclara partisan de changements graduels. Il rappela à ses interlocuteurs que Giraud avait quarante-trois ans d'expérience d'Afrique du Nord[39]. Le nouveau gouverneur général revendiquait le droit de poursuivre une « politique intérieure » française sans ingérences. Mais les lois raciales elles-mêmes n'étaient-elles pas un produit de l'ingérence allemande dans les affaires de la France, demanda un dirigeant juif, à propos du « numerus clausus » dans l'éducation ? La réponse de Peyrouton fut sans fard : « Détrompez-vous ; cette mesure a été prise par le gouvernement français à la demande des étudiants français. » Les Juifs, ajouta-t-il, devraient prendre conscience du nombre de leurs ennemis :

Vous savez bien tout le mal qu'a fait à la France et à vous tous cet homme que vous savez (c'est-à-dire Léon Blum)... Il est cause du mouvement d'antisémitisme qui s'est abattu sur la France après la défaite ; auparavant, je ne savais pas ce qu'était l'antisémitisme ; on ne parlait jamais de Juifs au sein de nos familles[40].

En Afrique du Nord française, il resta tout à fait admis d'exprimer ouvertement des sentiments antisémites après novembre 1942. Évidemment, personne ne savait encore au juste ce que signifiaient les déportations qui venaient de commencer ; l'Afrique du Nord n'avait pas connu de rafles comme celles qui avaient bouleversé l'opinion en métropole et modifié son attitude ; la politique de Vichy pouvait, dans les esprits, y être dissociée de ses suites meurtrières. Le général Noguès, ancien haut fonctionnaire colonial qui avait été commandant en chef en Afrique du Nord en 1940 et qui, comme résident général au Maroc, avait fait au moins une proposition antijuive à Vichy, ne se souciait même pas de changer de ton lorsqu'il se donnait l'apparence d'un homme d'État d'après-guerre. À Casablanca, en janvier 1943, il dit au président Roosevelt et à d'autres dirigeants américains « qu'il serait triste pour les Français de ne gagner la guerre que pour donner aux Juifs la haute main sur les professions libérales et le monde des affaires en Afrique du Nord ». Il n'avait d'ailleurs nul besoin de mettre une sourdine à son hostilité. Dans le climat de l'Afrique du Nord française, même Roosevelt se sentit autorisé à porter aux Juifs quelques coups gratuits. Selon un compte rendu américain de la réunion, il proposa que « le nombre de Juifs engagés dans l'exercice des professions libérales (droit, médecine, etc.) soit limité de façon précise au pourcentage de la population juive par rapport à l'ensemble de la population d'Afrique du Nord ». Le président poursuivit en disant que

son plan éliminerait désormais les plaintes précises et compréhensibles des Allemands à l'encontre des Juifs d'Allemagne, à savoir que, alors qu'ils représentaient une petite partie de la population, plus de 50 % des avocats, des médecins, instituteurs, des professeurs d'université, etc. d'Allemagne étaient des Juifs[41].

Il fallut des mois pour mettre fin à la discrimination instaurée par Vichy et près d'un an pour faire revivre le décret Crémieux et rendre aux Juifs tous leurs droits politiques. Des efforts intenses furent déployés en ce sens par la communauté juive d'Algérie, les organisations juives dans le monde et des amis comme l'avocat Henri Torrès. Beaucoup ressentirent durement ce retard qui illustrait de façon éclairante la force des sentiments antijuifs en Algérie et l'intérêt très faible que les Alliés portaient à ce problème[42].

Les Églises et les Juifs

> Nous n'avons pas le droit de discuter la personne du chef ni ses commandements. Le subordonné obéit sans chercher ni demander la raison... Nous serons, au nom de notre conscience religieuse, les citoyens les plus unis dans la discipline la plus entière.
> Mgr CHOLET, 1er septembre 1941[43].

> Face au « problème juif », la France catholique presque entière était comme anesthésiée.
> Pierre PIERRARD, 1970[44].

Les changements survenus pendant l'été 1940 semblaient offrir à la France catholique des perspectives libératrices. Après des décennies de laïcisation croissante, de quasi-absence de soutien officiel pour l'Église et ses valeurs, et les images d'hostilité violente à l'égard des religions évoquées en Espagne par le Front populaire et la guerre civile, le maréchal Pétain promettait l'ordre, la hiérarchie, la discipline et le respect des valeurs religieuses et tradition-nelles. Ce ne sont pas des programmes précis qui firent le plus pour attirer les catholiques au nouveau régime, car les concessions matérielles à l'Église furent moins amples que beaucoup d'hommes d'Église auraient pu le souhaiter. Une certaine aide de l'État aux écoles privées, le retour à l'Église de biens qui n'avaient pas été vendus depuis la séparation des Églises et de l'État, la réduction des restrictions affectant les congrégations furent autant de gestes bien accueillis. Mais les mesures prises par J. Chevalier en décembre 1940 et janvier 1941 — concernant respectivement l'introduction des «devoirs envers Dieu» dans les programmes de l'enseignement primaire et l'enseignement du catéchisme par le curé dans les établissements — furent abrogées quelques mois plus tard par son successeur, J. Carcopino. Les ouvertures dans le sens d'une restauration des relations officielles entre l'Église et l'État révélèrent une grande prudence de part et d'autre.

Le principal attrait était un changement de ton, une nouvelle conception du monde dans laquelle le nouveau régime acceptait l'empreinte d'un ordre moral et donnait à l'Église des signes publics de sa déférence. Aucune cérémonie publique de Vichy n'était complète sans quelque forme de pratique religieuse. Lorsque, d'une voix chevrotante, Pétain fit à la France «le don de (sa) personne» et parla de la pénitence et de la souffrance qui devaient précéder la rédemption, le symbolisme chrétien de ses gestes ne fut perdu pour personne. Le cardinal Gerlier, archevêque de Lyon et primat des Gaules, croyait que la reconstruction de la France par Pétain la rendrait «plus chrétienne». Comme il le faisait remarquer, «le maréchal disait un jour : il faut que notre patrie retrouve la beauté de ses sources. Quelle est donc de toutes ses sources la plus authentique et la plus belle sinon le christianisme, dont elle est née[45] ? »

En retour, d'une voix pratiquement unanime, les responsables religieux donnèrent libre cours à leur adulation pour le vieux maréchal qui, dans sa vie antérieure, n'avait guère donné de signes de piété et avait mené une vie assez libre avant d'épouser civilement, sur le tard, une divorcée. Le cardinal Suhard, nouvel archevêque de Paris, appelait Pétain «le Français sans reproche». Mgr Piguet, évêque de Clermont-Ferrand, déclarait que le maréchal avait été donné à la France par la Providence[46]. La petite gauche chrétienne était aussi heureuse que les traditionalistes à la fin d'une République sans Dieu et adepte du laissez-faire, de sorte que, à la fin de 1940, les Français semblaient s'unir intensément en un nouvel engagement chrétien, encouragés par les hommes d'Église d'opinions et de convictions politiques plus diverses.

Les Juifs étaient aisément oubliés dans cette atmosphère de « Reconquista ». Peu d'hommes d'Église avaient quelque chose à dire à leur sujet. L'euphorie religieuse était à son comble lorsque fut promulgué le premier statut des Juifs. Pierre Pierrard parle du « silence quasi absolu de la hiérarchie catholique face à la législation antijuive ». Après la guerre, Xavier Vallat rappela à tous que les catholiques n'avaient pas manifesté d'opposition à la législation antisémite, et l'avaient même approuvée dans quelques cas importants. Leur désaccord, qu'il reconnaissait, ne s'était déclaré qu'en 1942 au moment des déportations[47]. Vallat a peut-être exagéré l'étendue du soutien actif apporté à l'antisémitisme par la hiérarchie, mais il aurait pu citer, à l'appui de sa thèse, de nombreux cas individuels. Ainsi un article, non signé, consacré à l'Algérie et publié dans une revue des Jésuites, *Construire*, faisait allusion aux lois antijuives comme à des « mesures d'assainissement moral aussi utiles à l'Algérie qu'à la France[48] ». L'évêque de Marseille écrivait avec optimisme au sujet du statut des Juifs : « Déjà se dessine le visage d'une France plus belle, guérie de ses plaies qui étaient souvent l'œuvre... des étrangers[49]. » Dans son homélie pascale de 1941, Mgr Caillot, évêque (âgé) de Grenoble, félicitait Pétain pour ses mesures de répression à l'égard des francs-maçons aussi bien que de « cette autre puissance non moins néfaste des métèques, dont les Juifs offraient le spécimen le plus marqué[50] ». De tels échantillons de l'opinion de l'Église ne sont peut-être pas représentatifs ; mais ce sont bien là les idées exprimées le plus communément en 1940 et 1941. Le silence était sans doute plus commun encore, mais dans la flambée d'enthousiasme pour « l'homme providentiel », le silence pouvait fort bien être interprété comme une approbation.

Le recensement des Juifs et les débuts de l'aryanisation

firent naître les premiers murmures discordants pendant l'été de 1941. L'intensité des souffrances subies par les Juifs était alors manifeste, pour qui voulait ouvrir les yeux. Mais il ne faudrait pas confondre ces réactions avec la franche opposition qui se déclara un an plus tard et qui était encore le fait d'une minorité. Ceux qui, pendant l'été de 1941, exprimaient leur désaccord étaient enclins à accepter le *principe* des lois antijuives ; c'est leur application qui les préoccupait. Quatre professeurs des facultés catholiques de Lyon essayèrent, en juin, de lancer une déclaration contre la persécution mais ne purent, semble-t-il, obtenir l'appui des responsables de la faculté de théologie catholique qui leur était nécessaire[51]. En général les voix de l'opposition manquèrent de portée et de netteté. Il en est ainsi par exemple des idées de J.-M. Étienne-Dupuy dans une lettre qu'il adressa à tous les prieurs et supérieurs de son ordre dans la région de Toulouse pour les guider dans leurs propres réactions : « Tout en admettant la légitimité des mesures prises, disait-il, nous avons le devoir de charité de venir en aide aux misères individuelles qui en résultent. » Cependant la charité avait des limites : « Le bien commun de la nation passe avant celui des seuls Juifs, un Juif baptisé et fils de l'Église passe avant celui qui ne l'est pas, les biens spirituels passent avant les biens temporels. » Quelle était la réponse ? Prudence. Il mettait en garde ses subordonnés pour qu'ils veillent à ne pas se laisser séduire par des récits de misères individuelles ou des promesses de conversion : « Les Juifs, par une réputation souvent méritée, nous obligent à cette extrême prudence. » Les catholiques devaient se garder d'un « antisémitisme haineux » tout en menant à bien leurs obligations de charité chrétienne[52].

Le cardinal Gerlier incarne peut-être le mieux les hésitations d'une bonne partie de la hiérarchie, écartelée entre les impulsions de la charité, la force d'attraction du loyalisme envers Pétain et les stéréotypes antijuifs. Comme beaucoup de ses pairs, Gerlier était mûr pour le « redressement » en 1940. Il ne cacha pas sa vénération pour Pétain et son adhésion à la Révolution nationale, voyant en eux un espoir de résurrection pour la France, la sorte de renaissance morale à laquelle on aspirait tant à la fin des années 30. Mgr Gerlier n'était pas un théologien ; il n'était pas non plus maurrassien. C'était un homme du monde courtois, d'esprit pratique ; ancien et brillant avocat, il avait été le camarade d'étude de Jacques Helbronner à la faculté de droit et était en bons termes avec les responsables juifs. Il avait toujours été un adepte de l'Action catholique, mouvement qui préconisait une action sociale constructive plutôt qu'un engagement politique. Mais il avait une faiblesse pour les régimes traditionalistes et autoritaires teintés de catholicisme. Il abhorrait l'idéologie nazie mais témoignait une grande sympathie pour Franco. Il pensait que Pétain suivait le même chemin. Cependant, en dépit de son enthousiasme pour le chef de l'État, Gerlier croyait en un « loyalisme sans inféodation », un loyalisme conditionnel envers l'autorité légitime. Il était prêt à la critiquer[53].

Dans un certain nombre d'occasions, en 1940-1941, le cardinal Gerlier intervint en faveur des Juifs internés ; sur la suggestion de l'abbé Glasberg, il protesta contre les conditions terribles régnant dans le camp de Gurs[54]. À partir de l'été 1941, après sa visite à Pétain, Mgr Gerlier commença à prendre position de façon plus manifeste. En septembre, il eut un entretien avec le directeur régional du C.G.Q.J. ; le mois suivant, il reçut Xavier Vallat lui-même pour lui faire part de ses craintes. Même alors, Gerlier ne faisait pas d'objection au *principe* du statut des Juifs. Selon le compte rendu de Vallat, le cardinal qualifia le Commissaire général d'« excellent chrétien ». « Votre loi n'est pas injuste, lui dit-il, mais c'est à propos de son application que la justice et la charité sont en défaut[55]. » En homme averti des choses de ce monde, il comprenait particulièrement bien les reproches d'ordre économique articulés contre des Juifs : « Il n'admet pas le point de vue racial, dit le directeur régional du

C.G.Q.J., mais par contre a été extrêmement compréhensif sur le point de vue économique et financier. Le problème juif existe, m'a-t-il dit, il est même nécessaire, et je l'approuve dans le cadre de la justice et de la liberté[56]. »

Le cardinal Gerlier reflétait-il une attitude générale dans l'Église ? On en a justement une indication indirecte, émanant du Saint-Siège lui-même. Pendant l'été 1941, Pétain semble avoir été troublé par certaines critiques de l'opinion. Il écrivit, le 7 août 1941, à son ambassadeur au Vatican, Léon Bérard, afin de connaître l'avis du pape sur les mesures antijuives de Vichy. Bérard répondit rapidement, disant qu'il n'avait rien entendu dire au Vatican qui pût indiquer un désaccord. Il promit d'en savoir davantage. Le 2 septembre, il envoyait un rapport complet, long document de plusieurs pages dactylographiées qui ne pouvait que rassurer le maréchal[57]. La première remarque de Bérard était que le Vatican ne s'était guère soucié de la politique antijuive de la France : « Il n'apparaît point que l'autorité pontificale se soit à aucun moment occupée ni préoccupée de cette partie de la politique française. » L'Église était fondamentalement opposée aux théories racistes, professant depuis toujours « l'unité du genre humain ». Cependant, dans l'espèce humaine, les Juifs n'étaient pas simplement une communauté religieuse, mais un groupe ayant « des particularités non pas *raciales* mais ethniques ». En conséquence, mentionnant la doctrine de saint Thomas d'Aquin et citant la *Somme théologique*, Bérard déclarait que, selon cette doctrine, il y avait toute raison de « limiter leur action dans la société » et de « restreindre leur influence ». La tradition théologique et législative sur ce point remontait à saint Thomas d'Aquin. Aussi, disait Bérard, « il est légitime de leur interdire l'accès des fonctions publiques ; légitime également de ne les admettre que dans une proportion déterminée dans les universités [« numerus clausus »] et dans les professions libérales ».

Bérard observait que, en mettant l'accent sur la race, la loi française était en contradiction formelle avec l'enseignement de l'Église. Celle-ci « n'a point cessé d'enseigner la dignité et le respect de la personne humaine ». En outre, une interprétation raciale était en conflit avec la sainteté du sacrement de baptême. Le Saint-Siège ne pouvait accepter qu'une personne qui s'était dûment convertie au catholicisme et avait été baptisée fût regardée comme juive parce qu'elle avait trois grands-parents juifs. La loi de l'Église était explicite : « Un Juif qui a reçu valablement le baptême cesse d'être juif pour se confondre dans le « troupeau du Christ. » C'était là « le point unique où la loi du 2 juin 1941 [le second statut des Juifs] se trouve en opposition avec un principe professé par l'Église romaine ». Même ainsi, Vichy s'en tirait à bon compte : « Il ne s'ensuit point du tout de cette divergence doctrinale que l'État français soit menacé... d'une censure ou d'une désapprobation. » Quant à l'exclusion des services publics ou au « numerus clausus » dans certaines professions et certaines écoles, « il n'y a rien dans ces mesures qui puisse donner prise à la critique, du point de vue du Saint-Siège ».

En conclusion, Bérard rassurait Pétain : la papauté ne ferait aucune difficulté sur cette question. « Comme quelqu'un d'autorité me l'a dit au Vatican, il ne nous sera intenté nulle querelle pour le statut des Juifs. » Les porte-parole du pape avaient cependant insisté sur deux points : en premier lieu, Vichy ne devait ajouter à sa loi antijuive aucune clause concernant le mariage. C'était un point sur lequel le Saint-Siège trouvait que Mussolini avait rompu le concordat de 1929, en imposant des restrictions au mariage entre Juifs et non-Juifs. Pour l'Église, le mariage était un sacrement et l'État n'avait pas à le réglementer par des lois raciales. En second lieu, Vichy devait veiller à ce que ses lois fussent appliquées en tenant compte, comme il se devait, « de la justice et de la charité » — c'étaient précisément les termes qu'avait employés le cardinal Gerlier dans son entretien avec Vallat. En particulier, le Vatican s'est préoccupé « de la liquidation des affaires où des Juifs possèdent des intérêts ».

Pétain utilisa aussitôt ce message. Quelques jours après l'avoir reçu, il se trouva à un dîner de diplomates auquel participait Mgr Valerio Valeri, nonce en France. En présence des ambassadeurs du Brésil et d'Espagne, le maréchal fit allusion à la lettre de Bérard, leur disant que la papauté n'avait pas d'objection sérieuse à la législation antijuive. Le nonce, qui était opposé au statut des Juifs, fut dans l'embarras. Il déclara que le maréchal devait avoir mal compris les intentions du Saint-Siège. Mais Pétain répliqua avec bonne humeur que c'était le nonce qui n'était pas en accord avec le Saint-Siège, et lui offrit de lui montrer le texte de la lettre. Son interlocuteur le prit au mot, et il semble qu'il n'ait rien pu trouver à répondre. Dans une lettre au cardinal Maglione, alors secrétaire d'État, le nonce s'éleva contre les lois antisémites, disant qu'elles contenaient de « graves défauts » (« inconvenienti ») du point de vue religieux. Il se demandait qui avait donné cette information à Bérard. Maglione jugea que l'affaire méritait d'être tirée au clair. Il résulta de ces recherches que les sources de Bérard étaient haut placées à la secrétairerie d'État, et comprenaient Mgr Tardini et Mgr Montini, le futur pape Paul VI. À la fin d'octobre, Mgr Maglione répondit au nonce, confirmant la substance du rapport de Bérard, mais marquant son désaccord avec les « déductions excessives » que, selon lui, Pétain en avait tirées. Le sentiment du Vatican était que le statut des Juifs était « une loi malheureuse » (« malaugurata legge ») qui devait être limitée dans son interprétation et son application. Il n'existe cependant pas de rapport attestant que cela ait été dit à Pétain[58].

Quelle que fût l'importance de ce curieux échange, Vichy supposa qu'il avait l'appui du Vatican et agit en conséquence. Vallat avait répandu cette information parmi les hauts fonctionnaires sous forme de circulaire. Il brandit la lettre de Bérard au cours de sa conversation avec

Mgr Gerlier le 9 octobre, mais celui-ci affirma qu'il ne l'avait pas vue[59]. Peu après, Vallat dit à la presse de Vichy de démentir les rumeurs selon lesquelles le Vatican ferait des réserves sur les mesures antijuives du gouvernement :

> Nous sommes en mesure d'opposer le démenti le plus formel à ces allégations ; des renseignements pris aux sources les plus autorisées, il résulte que rien dans la législation élaborée pour protéger la France de l'influence juive n'est en opposition avec la doctrine de l'Église[60].

À la vérité, pendant un an environ, tout le monde semble avoir été persuadé que le soutien de l'Église à la législation existante était assuré, en dépit du désaccord occasionnel de certains hommes d'Église[61]. Un directeur régional du C.G.Q.J. qui avait le sens des analogies dit à un préfet qui lui avait posé une question sur le recensement que personne n'avait à protester parce que l'Église elle-même avait conseillé l'obéissance : « Si Ponce-Pilate avait ordonné un recensement des Juifs, Jésus-Christ lui-même s'y serait conformé ; le plus humble de ses représentants sur la terre doit donc se soumettre aux obligations de la loi, surtout quand les obligations n'ont aucun caractère vexatoire, et aussi parce que l'humilité est une vertu chrétienne[62]. »

Les dirigeants allemands mettant en œuvre la politique antijuive remarquèrent avec soulagement qu'il paraissait improbable que la France mît aucun obstacle à un règlement européen général du sort des Juifs. Martin Luther, chargé des affaires juives au ministère des Affaires étrangères, s'exprimait en ces termes dans son rapport de décembre 1941 adressé à ses supérieurs : « Ces derniers temps, il n'y a que la Hongrie, l'Italie et l'Espagne qui aient émis des critiques. Il faut s'attendre à une résistance de ces États à un règlement commun européen. C'est la conséquence de la conception catholique et de l'influence du judaïsme dans ces pays[63]. » Que la France ne lui posât pas de problème à l'époque n'était donc pas absolument typique de l'Europe catholique.

Par la suite, lorsqu'une partie de la hiérarchie catholique dénonça les déportations massives de Juifs qui commencèrent pendant l'été 1942, certains antisémites furent saisis d'étonnement. Un dirigeant local du C.G.Q.J. de Toulouse, horrifié par la lettre pastorale du cardinal Saliège qui flétrissait les déportations, réclama « une interdiction *(sic)* énergique auprès de la Nonciature pour sanctionner l'incongruité d'une telle manifestation[64] ». La position du nonce ne lui permettait pas, bien entendu, de prendre de lui-même une mesure quelconque ; mais si tel avait été le cas, il est bien possible qu'il aurait critiqué la politique officielle du pape plutôt que l'attitude de l'archevêque, qui constituait un cas isolé.

L'opposition

> Le syndicat des ouvriers boulangers me prie d'attirer votre attention sur la situation de plusieurs de ses adhérents d'origine juive polonaise, qui sont actuellement internés au camp de Pithiviers.
> Le secrétaire d'État au Travail au C.G.Q.J., 24 juin 1941[65a].

> Dieu est dans vos cœurs ? Le vrai Dieu, j'entends, le Dieu d'Abraham, d'Isaac, de Jacob, qui a parlé par les prophètes, qui nous a envoyé son Fils, Jésus-Christ...
> Mgr SALIÈGE, 23 novembre 1941[65b].

La première expression nette de l'opposition des non-Juifs à l'antisémitisme de Vichy est venue du protestantisme. Peu de temps après la débâcle, alors que les perspectives politiques étaient encore indécises, certains protestants se mirent à redouter que la Révolution nationale ne se montrât hostile à leur égard. Il est vrai que les protestants avaient souvent été amalgamés avec les Juifs et le reste de l'« anti-France » dans la presse nationaliste. Le régime semblait sur le point de manifester un « nouveau cléricalisme » qui mettait les protestants mal à l'aise[66]. Pour peu fondées qu'elles fussent, ces appréhensions persistaient. Le pasteur Bœgner, président de la Fédération protestante de France, entendait encore « un peu partout » des rumeurs menaçantes pendant l'été 1941 : « Après les Juifs et les francs-maçons, les protestants[67]. » Périodiquement aussi, des protestants dont le nom avait une consonance étrangère étaient inquiétés par les agents du C.G.Q.J. parce qu'ils ne pouvaient pas produire de certificat de baptême[68].

À la fin de l'année 1940, le conseil de la Fédération protestante prit la décision de faire soulever de discrètes objections par le pasteur Bœgner, qui était membre du Conseil national de Vichy. À la fin de mars 1941, après la création du C.G.Q.J., ces objections furent mises par écrit sous la forme de deux lettres, l'une adressée à Darlan et l'autre au grand rabbin de France. Cette dernière fut rendue publique, parut dans *Au Pilori* à Paris, et fut largement diffusée dans la zone non occupée[69]. Bœgner formulait sa protestation en termes polis et faisait allusion aussi aux « naturalisations hâtives et injustifiées ». Mais sa déclaration était une mise en question digne et sans détours des injustices du statut des Juifs.

Comme beaucoup à cette époque, le pasteur Bœgner était persuadé, à tort, que Vichy avait agi sous la pression des Allemands. Comme il le dit : « Nous savons au surplus que, dans les circonstances actuelles, une forte pression ne pouvait manquer de s'exercer sur le gouvernement français en vue de le décider à promulguer une loi antijuive[70]. » Si cette supposition le conduisait à espérer une plus grande indépendance de Vichy à l'avenir, ces espoirs furent rapidement anéantis dans les mois qui suivirent. En mai, Darlan dit à de Bœgner que sa seule préoccupation était de protéger les Juifs qui étaient en France depuis plusieurs générations — les « Français israélites », comme on les appelait généralement pour les distinguer des « Juifs ». Quant aux autres, dit le rapport de Bœgner, « il ne demandait qu'à les voir partir[71] ». Les interventions protestantes se firent plus nombreuses après la publication du second statut en juin 1941 et les débuts de l'aryanisation dans la zone non occupée. Bœgner écrivit à Pétain à la fin août et, semble-t-il, mobilisa le cardinal Gerlier pour faire la démarche au nom de l'opinion catholique dont il a été question plus haut.

L'appel le plus dramatique vint de René Gillouin, protestant et traditionaliste authentique, ami intime de Pétain, qu'il avait aidé dans la rédaction de certains de ses grands discours. Gillouin transmit le message de Bœgner au maréchal et y ajouta, en son propre nom, un appel angoissé. La lettre de Gillouin avait une force particulière, venant d'un homme qui avait naguère partagé les idées antijuives :

Qu'il y ait pour la France, comme pour toutes les nations, un problème juif, je l'ai toujours pensé, et j'ai professé l'antisémitisme d'État à une époque où il y avait quelque courage et quelque péril à le faire ; mais j'ai honte pour mon pays de la politique juive qu'il a empruntée à l'Allemagne en l'aggravant encore, et je ne connais pas un Français digne de ce nom qui ne la condamne dans le secret de son cœur comme n'étant ni chrétienne, ni humaine, ni française.

Comparant la persécution du XXᵉ siècle à la révocation de l'Édit de Nantes, Gillouin ajoutait que cette dernière était une « bergerie à côté de vos lois juives, Monsieur le Maréchal ». Gillouin fut dur ; c'était l'un des rares correspondants de Pétain à ne pas s'adresser à lui avec une obséquiosité servile. Il insistait : le racisme était, par rapport au christianisme, une hérésie. Son adoption signifiait pour la France « un reniement de sa *foi spirituelle* et de sa *personne morale* ». Les mesures antijuives étaient des « lois infâmes » qui déshonoraient le pays. Gillouin envoya également à Pétain une étude approfondie du statut des Juifs qui mettait en pièces son fondement juridique comme sa prétention de n'être qu'un acte d'autodéfense nationale. Selon lui les mesures d'aryanisation de Vichy étaient encore plus rigoureuses que celles des Allemands. On ne trouve dans les lettres de Gillouin l'expression d'aucune circonstance atténuante se rapportant à «une forte pression alle-mande[72]».

Il est possible que Pétain ait été ému par ces appels, mais il manquait soit de la capacité, soit de la volonté d'en tenir compte. Pendant l'été 1941, il tenta de dresser l'une contre l'autre cette opposition et le ferme soutien de l'Église qu'il conservait encore. D'après Bœgner, le maréchal réprimanda Xavier Vallat et lui demanda de la «modération dans l'application de la loi». Si le fait est exact, il coïncide avec le geste similaire de Darlan, signalé au chapitre III. Mais lorsque Pétain reçut à nouveau Bœgner au début de 1942, le vieillard avait sans doute cédé par lassitude : «Il voyait clairement que de grandes injustices étaient commises. Mais il est non moins incontestable qu'il éprouvait le sentiment douloureux de son impuissance à prévenir les injustices ou à les réparer sans retard. Certaines choses ne pourront s'arranger qu'après la paix, me disait-il[73]. » La fin de la guerre permettrait de tirer au clair toutes les difficultés. Très semblable, on s'en souvient, était l'idée de Xavier Vallat.

Jusqu'aux rafles massives de l'été 1942, la dénonciation ouverte de l'antisémitisme de Vichy ne dépassa guère les quelques exemples que nous venons de citer. Le pasteur A.N. Bertrand, responsable protestant dans la zone occupée, a affirmé après la guerre qu'en plusieurs circonstances les autorités catholiques ne s'étaient pas montrées disposées à agir en commun avec les protestants pour faire des démarches en faveur des victimes des lois raciales : «J'ai toujours reçu auprès de ces prélats un accueil d'une parfaite courtoisie et bienveillance, mais aussi un refus très net de s'opposer en quoi que ce soit aux interventions des maîtres de l'heure[74]. » Un homme fit exception à cette règle, un ancien silloniste, Mgr Saliège, archevêque de Toulouse, qui dès le début condamna les doctrines de supériorité raciale, et dont l'attitude eut un retentissement notable dans la population de la zone non occupée[75]. Paul Claudel, fermement pétainiste en 1940, écrivit une émouvante lettre de sympathie au grand rabbin de France à la fin de 1941[76a]. Certains prêtres catholiques considéraient comme un scandale l'usage des registres de baptême dans le but de certifier « l'aryanité », et n'hésitaient pas à le dire[76b]. À l'intérieur de l'Église, cette résistance émanait beaucoup plus du bas clergé et des laïcs que de la hiérarchie. Ce fut le cas de *Témoignage chrétien*, première publication catholique de la Résistance. Son premier cahier, intitulé *France, prends garde de perdre ton âme* et publié clandestinement en novembre 1941, s'attaquait directement à l'antisémitisme. Trois autres cahiers parurent avant le début des déportations de l'été 1942 : chacun d'eux soulevait des problèmes fondamentaux et touchait à tous les aspects importants du racisme de Vichy. Rien n'y manquait : les camps de concentration, les implications du nazisme et les hypocrisies de Vallat, universellement connu pour son rôle de notable politique catholique[77a].

De petits groupes et des individus commencèrent à mener une action, souvent clandestine, contre le programme raciste de Vichy, fournissant un précédent au travail beaucoup plus important qui débuta à la fin de 1942. Dans la zone non occupée, une sympathie déclarée pour les Juifs n'impliquait que des risques marginaux tout au début du régime, mais pouvait, un an plus tard, signifier la perte de l'emploi, l'arrestation ou bien pire. Dans la zone occupée, l'amiral Bard, préfet de police de Paris, prit le 20 décembre 1941 une ordonnance interdisant aux Juifs du département de la Seine de passer la nuit hors de chez eux, et interdisant à quiconque de les recevoir « sous peine des sanctions les plus graves[77b] ».

À partir de l'été 1942, il était extrêmement dangereux, dans les deux zones, d'apporter aux Juifs quelque aide que ce soit.

Les protestants et les catholiques de gauche, déçus de voir les liens qui unissaient Vichy aux éléments traditionalistes de l'Église, ont été souvent les premiers à aider les Juifs en difficulté[78]. L'aide vint en particulier de certains centres urbains malgré les risques réels qu'elle comportait : de Lyon, où de bonnes liaisons avec la Suisse offraient des possibilités de refuge ; de Toulouse, point de concentration des exilés espagnols, lieu de rassemblement important pour ceux qui arrivaient de la zone occupée ou qui attendaient des passeurs pour traverser la frontière espagnole. Des dirigeants de groupes de jeunesses catholiques pleins d'idéal, comme Germaine Ribière, aidèrent les Juifs avec ardeur, en dépit des réticences de leurs aînés[79]. Personnalité particulièrement marquante, l'abbé Glasberg, prêtre d'origine juive, fut conduit nécessairement à une activité clandestine par le travail d'assistance qu'il avait mené depuis 1940. Il rejoignit à Lyon un autre prêtre, le R.P. Chaillet, jésuite, à l'Amitié chrétienne, association de prêtres et de laïcs organisée sous le patronage du cardinal Gerlier et du pasteur Bœgner pendant les premiers mois de 1942.

Certains petits groupes protestants, qui avaient souvent pour origine des mouvements de jeunesse d'avant-guerre, eurent au moins autant d'importance. La Cimade, sous la direction de Madeleine Barot et du pasteur J. Delpech, organisa les secours d'urgence et, dans la suite, l'assistance clandestine aux Juifs. Dans les régions à majorité protestante comme certaines communes isolées de la Haute-Loire, des Hautes-Alpes ou du Tarn, les Juifs trouvèrent des centres d'accueil qui leur fournirent un abri et les aidèrent, parfois illégalement, à quitter le pays. Chambon-sur-Lignon (Haute-Loire) est probablement la plus célèbre de ces communes protestantes. Souvent coupée du monde en hiver par les congères, cette enclave presque totalement protestante aida des milliers de réfugiés. Les Juifs y reçurent tant le soutien massif de la population que celui du Collège cévenol, dirigé par les pasteurs A. Trocmé et D. Theis, adeptes de la non-violence[80a].

La gauche traditionnelle ne se distingua guère dans les premières protestations contre l'antisémitisme de Vichy, avant que les déportations massives de l'été 1942 ne renversent la situation ; elle n'était pas non plus bien équipée pour le genre d'aide pratique qui conduisit certains groupes religieux à s'intéresser aux Juifs. Le parti socialiste n'était pas encore sorti de son silence accablé. Le parti communiste était d'une hostilité implacable envers le maréchal Pétain, le régime de Vichy et toute leur action, mais les lois racistes n'ont jamais été à aucun moment, de 1940 à 1944, un thème majeur de ses publications clandestines[80b].

Elles ne l'étaient pas non plus pour les gaullistes. Le général lui-même semble n'avoir jamais mentionné le programme antisémite de Vichy à Radio-Londres. Il paraît avoir été personnellement absolument exempt d'antisémitisme, fait remarquable, vu les traditions sociales et professionnelles qui étaient les siennes. Mais l'attaque qu'il menait contre Vichy se situait sur un terrain plus élevé : « Or il n'existe plus de gouvernement français. En effet, l'organisme sis à Vichy et qui prétend porter ce nom est inconstitutionnel et soumis à l'envahisseur. Dans son état de servitude, cet organisme ne peut être et n'est, en effet, qu'un instrument utilisé par les ennemis de la France contre l'honneur et l'intérêt du pays[81]. » Sa position d'ensemble était suffisamment claire, lorsqu'il dénonçait la Révolution nationale comme l'« abolition des dernières libertés françaises », et qu'il promettait d'aider à « refaire le monde sur les bases sacrées de la liberté humaine[82] ». Il revint à Maurice Schumann de traiter des détails concrets, et il dénonça comme il le fallait le premier statut des Juifs comme « imposé » par les Allemands, « contraire à toutes nos traditions nationales et condamné par l'Église[83] ». C'était de la bonne propagande, mais de la médiocre histoire. En dirigeant ses attaques sur de prétendues pressions allemandes, la ligne gaulliste aidait subtilement à disculper les auteurs français de cette politique.

Les milieux de l'enseignement supérieur procurèrent aux Juifs une certaine assistance organisée au plan pratique. Dans la zone occupée, le secrétaire d'État à l'Éducation, Jérôme Carcopino, fit violence à la loi pour aider certains Juifs. Henri Bergson reçut évidemment un appui. Au sud de la ligne de démarcation, tel ou tel recteur pouvait se permettre plus d'audace, et certains allèrent assez loin, refusant de fournir les noms des enseignants juifs ou de donner des renseignements sur les étudiants. Il y eut à Clermont-Ferrand, où s'était repliée l'université de Strasbourg, à Lyon, à Montpellier et à Toulouse, des refus notables de coopérer à la persécution[84].

Ici et là des Juifs bénéficièrent d'une aide personnelle, mais pour la plupart des victimes de la politique raciste de Vichy les premières années furent celles de la solitude et du désarroi. Marc Haguenau, chef des Éclaireurs israélites de France, trouvait quelque réconfort dans la conviction que « la loi portant statut des Juifs » était « traduite de l'allemand ». C'était sa « seule consolation[85] ». Il reste que ceux qui croyaient, comme lui, que seules étaient à l'œuvre les pressions allemandes, se trompaient. L'administration française, et en particulier l'imposant système juridique, donnaient la preuve journalière que le statut des Juifs avait bien été composé en français.

L'indifférence de la majorité

> Ils [les Français] ne montrent aucune compréhension du problème racial ; ils considèrent qu'un

Noir ou un Jaune sont Français avec les mêmes
droits que les leurs.

Dr R. Csaki, directeur du Deutsches Auslands-
Institut, printemps 1941[86].

Il est presque impossible de cultiver chez les
Français un sentiment antijuif qui reposerait sur
des bases idéologiques, tandis que l'offre d'avantages économiques susciterait plus facilement des
sympathies pour la lutte antijuive.

SS — Standartenführer
Helmut Knochen, janvier 1941[87].

La plupart des Français semble avoir peu pensé aux Juifs
pendant les premières années où Vichy mit en œuvre son
programme antisémite. L'attention se concentrait sur
d'autres questions : l'avenir du pays, un mari ou un fils
absent, le prochain repas à assurer. Ceux qui se souvenaient
des Juifs le faisaient d'une manière banale ou personnelle,
sans vraie compréhension de la tragédie qui se préparait,
telle la vieille fille acariâtre qui se plaignait, aux services du
C.G.Q.J. de Lyon, de ses voisins juifs de l'appartement d'en
dessous. Pour elle, le problème principal était le bruit, et
aussi « *un incessant et inexplicable va et vient de leurs
coreligionnaires,* cela de *jour* et de *nuit*[88] ».

Les animateurs français et allemands de l'antisémitisme
désespéraient de réussir à transformer des réclamations aussi
insignifiantes en une véritable prise de conscience raciale.
Lorsque Xavier Vallat attirait l'attention des Allemands sur
une « opinion française encore peu éclairée » pour s'excuser
de n'avoir pas développé certains aspects du programme
antijuif, il faisait allusion à des limitations bien réelles[89]. Les
rapports des préfets font ressortir une distinction très nette
entre les incapacités juridiques (approuvées par beaucoup et
acceptées par la plupart) et l'activisme de ceux qui
apposaient des inscriptions et brisaient les vitrines en
s'inspirant de la « Nuit de cristal » (désapprouvé par la
plupart). La proposition des Allemands d'obliger les Juifs à

porter l'étoile fut aussitôt perçue par Vichy comme une atteinte au sentiment de la dignité personnelle profondément ancré chez les Français. L'opposition de Vichy à l'extension de cette mesure à la zone non occupée fut le sujet de discussion le plus vif touchant les questions juives depuis l'expédition par les Allemands de trains de réfugiés dans la zone non occupée en octobre 1940 ; ce fut aussi la première fois que Vichy rejeta une proposition des Allemands concernant les Juifs. Darlan avertit les Allemands en janvier 1942 que l'ordre de porter l'étoile pourrait « choquer profondément l'opinion française » et « risquait de provoquer un mouvement en faveur des Israélites, considérés comme des martyrs[90] ». Il aurait pu ajouter que cela compromettrait peut-être irrévocablement la prétention de Vichy à la légitimité.

L'hypothèque allemande imposait des limites particulières aux projets antisémites de Vichy. En dépit des efforts les plus soutenus du régime tendant à affirmer le caractère authentiquement français de l'antisémitisme, le public supposait souvent qu'il était inspiré par les Allemands. Comme un antisémite de vieille souche pouvait le dire à Pierre Mendès-France : « Si nous avons des comptes à régler avec les Juifs, nous verrons cela après la guerre, quand nous serons libres ; aujourd'hui l'antisémitisme est un moyen d'action allemand, nous ne tombons pas dans ce piège[91]. » Le côté vil de l'aryanisation fut une autre source de désillusion. Malgré les affirmations de la propagande allemande qui garantissait la permanence des transferts de propriété, les acheteurs potentiels ne pouvaient s'empêcher de se demander — en particulier en 1942 — où ces transactions les mèneraient si l'Allemagne perdait la guerre. Les efforts du régime pour faire appel au précédent de la vente des biens d'Église pendant la Révolution française établissaient une analogie malencontreuse et auraient pu mener à de regrettables rapprochements[92]. Dès 1940, un observateur britannique concluait : « L'ensemble du pro-

blème [juif] est peut-être plus une question de propagande qu'un sentiment profondément enraciné dans le public[93]. »
Commentant l'indifférence qui avait répondu au second statut des Juifs de l'été 1941, l'ambassadeur américain en France, l'amiral Leahy, croyait que le gouvernement français projetait encore de nouvelles mesures, mais avançait lentement de crainte d'une réaction opposée du public et d'une assimilation trop étroite avec l'Allemagne[94].

Soit qu'il eût peu de foi dans l'opinion publique, soit qu'il ne disposât ni du talent ni des ressources nécessaires pour la manipuler, Xavier Vallat ne déploya guère d'efforts pour la propagande antisémite. Cette réticence convient bien à l'interprétation générale que donnait Vichy du rôle du C.G.Q.J. : sa mission n'était pas de préparer une « solution finale » d'ensemble et de donner un ordre nouveau à la société française par la manière forte, mais plutôt d'adapter le rôle social, économique et intellectuel des Juifs et ensuite de s'en tenir là jusqu'à ce que la conclusion de la guerre en Europe permît une réinstallation générale des Juifs hors du continent. Évidemment, les Allemands voulaient davantage, et ils espéraient que Vallat aiderait à préparer le public français à des mesures toujours plus rigoureuses. Ils voulaient que le nouveau C.G.Q.J. assumât une grande partie de la responsabilité de la propagande antisémite. Vallat différa son action et laissa d'autres services la mener. Dans la zone non occupée, la Légion française des combattants entreprit quelques-unes des tâches d'une direction de la propagande antijuive. Son directeur, François Valentin, déclara que le « judaïsme apatride » était l'une des causes des malheurs de la France, et certains de ses correspondants cantonaux et communaux ne perdaient pas de vue la « question juive ». La Légion fit circuler une bibliographie contenant de nombreux ouvrages antisémites afin de fournir un ensemble d'arguments en faveur de la Révolution nationale[95]. La radio de Vichy y prêta la main, inspirée en partie par les programmes lourdement antijuifs de Radio-Paris.

Pressant le pas dans la zone occupée, Dannecker essaya de tourner l'action de Vallat en créant en mai 1941 une officine de propagande parrainée par les nazis, l'Institut d'étude des questions juives (I.E.Q.J.)[96]. Entièrement français, mais doté d'un vaste budget par les Allemands, cet Institut demeura sous l'autorité stricte de la Gestapo et en contact étroit avec l'institut antisémite de Rosenberg à Francfort. Il avait à sa tête le capitaine Sézille, ancien compagnon d'armes de Darquier et l'un des personnages les plus saugrenus sortis du milieu collaborationniste de Paris. Grand buveur, inculte, il se querella pratiquement avec tout le monde du côté français, excepté un petit groupe de disciples. Il devint spécialiste des dénonciations, allant jusqu'à affirmer que Laval était juif.

Pendant plus d'un an, les services allemands à Paris luttèrent pour maintenir l'I.E.Q.J., en dépit de Sézille et de sa corruption, de sa mauvaise gestion et de son humeur batailleuse. Pour tenter d'élargir son activité, les journalistes de l'I.E.Q.J. lancèrent le *Cahier jaune*, périodique antisémite, qui attira des membres marginaux de la collaboration littéraire, comme Henry Coston, Jean-Hérold Paquis, Pierre-Antoine Cousteau et Henri Labroue qui par la suite fut titulaire de la chaire d'histoire du judaïsme contemporain à la Sorbonne, créée par Darquier. L'Institut ne réussit jamais à faire mieux que de satisfaire une poignée d'arrivistes qui se faisaient gloire de leur rhétorique antijuive. Il tendait à dériver du travail austère de la propagande sérieuse vers les sphères plus lucratives de l'aryanisation. Les Allemands ne tardèrent pas à désespérer de l'entreprise. Au début de 1942, des signes de profond mécontentement populaire à l'égard de certaines initiatives de l'I.E.Q.J. se manifestèrent même[97].

Finalement, Sézille étant devenu une gêne pour tous, Dannecker le fit évincer aussi convenablement que possible pendant l'été 1942. Darquier était alors prêt à prendre à sa charge la propagande antijuive et l'I.E.Q.J. réapparut au printemps de 1943 sous le nom d'« Institut d'étude des questions juives et ethno-raciales ». Il était dirigé par le Dr George Montandon.

La réalisation la plus marquante de l'Institut fut l'exposition « Le Juif et la France » qui s'ouvrit au Palais Berlitz en septembre 1942. En réalité, l'Institut ne lui offrit qu'une couverture. L'initiative était venue de Zeitschel, à l'ambassade d'Allemagne, et les fonds et les impresarios vinrent de l'ambassade et du S.D.[98]. Vallat y était formellement associé, contre sa volonté, et il s'abstint ostensiblement d'assister à l'ouverture de l'exposition. Par la suite, lorsque celle-ci voyagea, sa tournée fut limitée aux villes de la zone non occupée.

Elle présentait au public une ignoble accumulation d'objets, d'affiches et de représentations graphiques anti-juifs. L'idée des Allemands était de stimuler les efforts de propagande des Français et de préparer ceux-ci à une radicalisation des mesures antijuives. En l'occurrence, l'exposition ne fit que confirmer les appréhensions des nazis sur l'opinion publique en France. En dépit d'un gros effort de publicité, les organisateurs furent déçus des résultats[99]. Sézille rapporta à Dannecker en 1942 que tout n'allait pas au mieux : « Une tendance prosémite semble se manifester, et la population prend une certaine catégorie de Juifs en pitié[100]. »

Poussé en avant par les outrances de la propagande de Dannecker dans la zone occupée, Vallat tenta quelques efforts à Vichy. Rien de ce qu'il avait essayé jusqu'alors n'avait eu grand succès. La projection du film antisémite allemand *Le Juif Süss* (doublé en français) au sud de la ligne de démarcation, à grand renfort de patronnage officiel, avait conduit quelques mois auparavant à quelques-unes des premières manifestations ouvertes de résistance. L'hebdomadaire catholique *Temps Nouveau* et *Esprit*, dirigé par

Mounier dénoncèrent tous deux le film, et *Esprit* approuva les étudiants qui interrompirent une représentation aux cris de « Pas de films nazis[101] ! » À la fin de 1941, Vallat projeta de créer un Service d'information et de propagande aux questions juives, destiné à être une version respectable de l'I.E.Q.J. Sa stratégie semble avoir été surtout défensive : expliquer la politique antijuive de Vichy plutôt que provoquer la demande de mesures plus rigoureuses. Vallat souhaitait désigner comme directeur Gabriel Malglaive, qui envisageait une revue mensuelle avec des contributions de George Montandon, Lucien Rebatet, Jean et Jérôme Tharaud, Bernard Faÿ et d'autres — groupe un peu plus présentable que l'équipe de Sézille[102]. Vallat manifestait moins d'intérêt pour les expositions spectaculaires, la radio ou le cinéma. Ce plan plutôt prudent fut approuvé par Paul Marion, responsable de la propagande de Vichy, mais les événements firent bientôt disparaître Vallat et ses maigres efforts de propagande. En quelques semaines, avec Darquier de Pellepoix, Vichy imagina une nouvelle campagne raciste d'envergure. Ses maigres résultats, vu les efforts antérieurs, étaient prévisibles.

Si la France de Vichy répugnait plutôt aux formes brutales d'antisémitisme, comme le harcèlement des Juifs et les bris de vitrines, préconisées par un Dannecker ou un Sézille, elle n'offrait pas non plus un terrain propice à la sympathie ou à la compréhension pour les Juifs en difficulté. L'irritation contre les étrangers et les réfugiés qui n'avait cessé de croître depuis les années 30, contribuait à empêcher une prise de conscience de l'étendue des souffrances des Juifs, en 1940-1942, ou à détourner l'attention de la manière dont, dans l'histoire, l'antisémitisme systématique avait été enclin à dégénérer en une sorte de règlement de comptes sanglant. Beaucoup de Français avaient assez de difficultés de leur côté. C'était une époque où la méfiance et le blâme étaient plus aisés à entretenir ou à formuler que la compréhension des étrangers ou la solidarité sociale.

Le programme antijuif de Vichy apparaissait strictement limité. Il était circonscrit par la loi et légitimé par les déclarations rassurantes d'éminents juristes tels que Joseph Barthélemy, sans parler du maréchal lui-même. Qui aurait pu croire que ce dernier n'aurait ni la capacité ni la volonté de protéger les anciens combattants juifs ? Beaucoup auraient sans doute souscrit aux propos du personnage de Vercors dans *L'Imprimerie de Verdun*, qui ne pouvait croire que Pétain soutenait la législation antijuive : « Tu sais qu'au fond, les Juifs, je les emmerde, mais les gars comme toi... Verdun et les palmes... le vieux laisser tomber ses poilus ? Tu es un beau salaud[103]. »

Les déportations n'avaient pas encore commencé. Un certain nombre de notables juifs étaient exemptés des discriminations de Vichy et certaines catégories d'anciens combattants juifs étaient soumises à des mesures moins sévères. Il fallut un an pour mettre en marche le processus de l'aryanisation dans la zone non occupée. Le régime paraissait remarquablement souple sur des questions relatives par exemple au mouvement des scouts juifs, les Éclaireurs israélites de France (E.I.F.), notamment après que les E.I.F. aient appelé à un « retour à la terre » en 1940. Bien que les E.I.F. aient été dissous à la fin de novembre 1941, la mesure ne reçut application qu'à l'été de 1942, deux mois après que les éclaireurs juifs aient défilé au côté de leurs camarades des autres mouvements lors de la fête de Jeanne d'Arc. Les E.I.F. existaient encore en janvier 1943, lorsque finalement Darquier de Pellepoix leur donna l'ordre de se dissoudre[104]. Contrairement aux efforts accrus des Allemands en zone occupée comme dans le reste de l'Europe pour établir une ségrégation des Juifs par divers moyens tels que le couvre-feu, la fixation d'horaires déterminés pour les achats, l'interdiction de certains lieux, etc., les Juifs ne furent jamais dans la France de Vichy coupés de la société, ni par des ghettos ni par des cloisons étanches résultant des lois[105]. Même dans la zone occupée, les lois de Vichy s'appliquaient encore et les Juifs continuèrent à paraître en public tout au cours de la guerre. Vichy n'établit pas de restrictions pour les mariages mixtes ou l'adoption. Les Juifs communiquaient ouvertement entre eux et y étaient même encouragés pour faciliter au maximum la possibilité de les espionner. Les bulletins de l'Agence télégraphique juive, agence d'information mondiale, furent distribués librement par la poste jusqu'à la fin de mars 1942[106].

Apparaissant ainsi limité, le programme antijuif de Vichy ne suscita pas d'émotion, du moins dans la plus grande partie de la population. Il était assez substantiel pour causer des dommages réels, mais assez restreint pour ne pas alerter, jusqu'au cœur de l'année 1942, la plupart des gens. Même lorsque le pire se produisit et que la police emmenait quelqu'un, la rumeur encourageait l'hypothèse que ces Juifs-là avaient commis quelque acte répréhensible. Tout le monde savait que ces mesures frappaient surtout les étrangers et les apatrides et que beaucoup d'entre eux étaient en situation irrégulière. Après tout, la République aussi avait arrêté les étrangers depuis 1939. Beaucoup d'internés étaient libérés. On revenait des camps français, contrairement à ce qui allait se passer après le printemps de 1942.

L'historien doit accomplir un effort particulier pour laisser de côté, un instant, l'horreur révélée à tous par la libération des camps de la mort en mai 1945. Nous nous sommes efforcés dans ce chapitre de mettre au jour une couche plus ancienne de la conscience : la période qui a précédé les premières arrestations massives de Juifs, y compris des femmes et des enfants, à Paris en juillet 1942, et leur extension à la zone non occupée en août. Après ce tournant, pour bon nombre de Français (sinon pour le gouvernement), il suffit de voir les conditions dans lesquelles les Juifs étaient chargés par la police française dans des wagons à bestiaux pour considérer les Juifs d'abord comme des victimes. Auparavant la plupart des Français voyaient en eux la source d'un problème. Leurs yeux étaient encore fixés sur les difficultés de la décennie 1930-1940. Ils voyaient le flux des réfugiés et les prétendus dommages qu'ils causaient à la France ; ils participaient à la recherche d'un responsable du déclin national et de leurs propres souffrances ; ils voyaient un régime qui offrait la restauration de la fierté nationale et de l'espoir. Les autres détails étaient sans importance. Le programme antijuif de Vichy suscitait encore l'indifférence de la grande majorité, l'approbation d'un nombre croissant de personnes, les hésitations de certains et l'opposition déclarée de quelques-uns. Alors même que le dispositif de la solution finale se mettait en place, un nombre croissant de responsables et d'individus étaient encore à la recherche d'« une solution qui permette de diminuer le nombre de Juifs résidant en France[107] ».

CHAPITRE VI

LE TOURNANT : L'ÉTÉ 1942

J'ai l'honneur de vous rendre compte que deux trains transportant des Israélites, venant de la région parisienne et se dirigeant vers l'Allemagne, sont passés le 22 juin en gare de Bar-le-Duc.

Ces convois étaient composés d'hommes paraissant âgés de moins de quarante ans et dont les cheveux étaient coupés très court, à la tondeuse. Deux wagons étaient occupés par des jeunes filles dont la plus âgée pouvait avoir vingt-cinq ans.

Aucun autre incident à signaler.

Le préfet de la Meuse, 24 juin 1942[1].

Convois israélites étrangers déportés vers zone occupée comprennent en exécution des instructions formelles enfants en bas âge jeunes filles femmes malades et mourants *stop* implore votre grâce en faveur malheureux coupables du seul crime être nés non-aryens *stop* insiste notamment pour qu'engagés volontaires pour la France en guerre ne soient pas dans l'obligation de brûler leur livret militaire pour échapper dans la déportation aux représailles d'usage *stop* embarquement a donné lieu à scènes déchirantes indignes de la tradition française et susceptibles de nuire au renom de notre patrie dans tous pays neutres et chrétiens.

Albert Levy, président de l'U.G.I.F. au maréchal Pétain, 4 septembre 1942[2].

Monsieur le Maréchal,
C'est une Française de dix-huit ans qui se permet

respectueusement de venir faire appel à votre cœur.

On nous a enlevé maman. Des policiers français l'ont arrêtée le 29 septembre dernier, chez nous, parce qu'elle est belge et parce qu'elle est juive. Nous avons su qu'elle avait été transportée le 30 septembre à Drancy et qu'elle est partie de là, le même jour, « sans destination connue »...

Je sais bien que mon cas n'est pas de ceux que l'on estime exceptionnels... elle est pourtant digne de tous les égards, n'a jamais — je le jure — fait un geste ou dit un mot qui ne méritât la plus haute estime...

Lettre au maréchal Pétain,
6 octobre 1942[3].

Des hommes nouveaux, des mesures nouvelles

Par une remarquable coïncidence, les principaux dirigeants qui, en France, étaient responsables du sort des Juifs changèrent tous d'affectation pendant le printemps et l'été de 1942. Xavier Vallat fut remplacé au mois de mai par Darquier de Pellepoix comme Commissaire général aux questions juives. Le commandant militaire allemand, le général Otto von Stülpnagel, avait exprimé de sérieuses réserves sur la politique des otages et les représailles de la fin de 1941 : il quitta son poste en février 1942 et y fut remplacé par son cousin, le général Karl-Heinrich von Stülpnagel.

La situation devint pire : les opérations de police allemandes en France, soustraites à l'autorité du Commandant militaire, furent placées sous le contrôle d'un nouveau dirigeant qui n'était responsable que devant le chef des SS, Heinrich Himmler : le Höherer SS-und Polizeiführer (HSSPF) Carl Albrecht Oberg. Dans la hiérarchie du pouvoir, le poste de HSSPF symbolisait la détermination des SS et de leur chef d'imposer leur idéologie et de centraliser de l'autorité entre leurs mains. Les premières nominations de HSSPF en 1937 en Allemagne et en 1938 dans l'Autriche récemment annexée, avaient bien montré que Himmler avait réussi à placer toutes les opérations de police sous l'autorité du parti, sans interférence d'autres départements. Plus tard l'arrivée en Europe occupée de ces mêmes dirigeants soulignait l'importance attribuée par les nazis à la « solution finale », dont l'exécution commençait, à la fin de l'année 1941, en Russie, en Prusse orientale et en Pologne.

Comme pour bien marquer l'intégration de la France dans la nouvelle perspective européenne des SS, Oberg, nouveau HSSPF, SS-Brigadeführer et General-major de la Police, arriva à Paris directement de l'Est. Il avait été chef de la police nazie à Radom, à 100 km environ au sud de Varsovie. Oberg vint visiter la capitale le 7 mai 1942 avec Heydrich et prit son poste le 1er juin. Werner Best, qui était d'un rang équivalent à celui d'Oberg comme SS-Brigadeführer et chef de l'administration civile du MBF, vit du même coup diminuer son importance. Il quitta bientôt son poste pour en prendre un plus élevé, celui de plénipotentiaire (« Bevollmächtige ») au Danemark[4]. Theodor Dannecker, qui était à la tête du « Judenamt » de la police allemande en France, fut promu en juillet représentant d'Eichmann en Bulgarie, puis en Italie, et, plus tard, en Hongrie. Son successeur, qui partageait ses vues, le SS-Obersturmführer Heinz Röthke, poursuivit activement son travail jusqu'à la fin de la guerre. Après ces changements considérables dans l'organisation de la police allemande, les SS eurent les mains libres en France.

Du côté français, le nouveau chef de la police nationale était un jeune préfet, René Bousquet. Âgé de trente-trois ans, ancien préfet de la Marne, protégé d'Albert Sarraut, il avait commencé une brillante carrière préfectorale sous la Troisième République. Bousquet fut nommé secrétaire général du ministère de l'Intérieur pour la police au début de mai 1942. Il avait amené avec lui son ancien collaborateur de la Marne[5], Jean Leguay, qui devint son représentant en zone occupée. Mais le changement de personne le plus important fut évidemment le retour de Pierre Laval au gouvernement le

18 avril 1942. Laval reçut les portefeuilles clefs de l'Intérieur, de l'Information et des Affaires étrangères, en plus de la présidence du Conseil. C'est bien lui qui dirigea le gouvernement.

L'arrivée de Laval coïncida avec une forte augmentation des exigences allemandes à l'égard de la France. N'ayant pas réussi à vaincre l'Union soviétique par une guerre éclair, le régime nazi fut obligé en 1942 d'imposer pour la première fois au peuple allemand les contraintes de la guerre totale. Mais les dirigeants nazis préférèrent néanmoins faire supporter aux pays occupés la plus grande part possible de la charge, en matière de main-d'œuvre et de production. Laval reçut au cours des premiers mois de son entrée en fonctions trois responsables allemands qui exprimèrent ces nouvelles exigences. En mai 1942, le Gauleiter Fritz Sauckel, plénipotentiaire chargé de la main-d'œuvre étrangère, vint à Paris demander 250 000 travailleurs français pour l'industrie allemande : c'était la première d'une série d'exigences auxquelles les Français ne satisfirent jamais complètement, mais qui chargèrent le gouvernement Laval de sa tâche la plus impopulaire. C'est à ce titre que plus de 730 000 travailleurs français durent aller travailler dans les usines allemandes, d'abord à titre volontaire dans le système de la « relève », par lequel Laval essaya d'acheter la libération d'un prisonnier de guerre contre l'envoi en Allemagne de trois ouvriers qualifiés, puis, après février 1943, sous la forme d'un service obligatoire. À la fin de 1943, les Français formaient le groupe de travailleurs étrangers masculins le plus important d'Allemagne. Pour la plupart des Français ce fut la vraie « déportation », et pour Laval, une préoccupation constante. Certains pensèrent que cette tension ferait tomber son gouvernement[6]. À peu près à la même époque, au début de mai 1942, Reinhard Heydrich, qui était le second de Himmler, vint à Paris pour présenter le général Oberg aux autorités françaises et allemandes. Heydrich insista auprès des Français pour qu'ils créent « une police nouvelle », composée de « militants » et dirigée par des chefs engagés idéologiquement et pris en dehors des forces régulières de police, comme dans l'État nazi[7]. La troisième visite fut celle d'Adolf Eichmann, chef du « Judenamt » au RSHA. Il arriva à Paris le 30 juin 1942, porteur d'une instruction brutale de Himmler. Tous les Juifs de France devaient être déportés, sans distinction, et sans égard pour la citoyenneté française. La « solution finale » avait commencé.

La « solution finale »

Il n'est pas possible de déterminer la date exacte à laquelle Hitler décida d'exterminer les Juifs d'Europe. La politique antérieure, qui consistait à provoquer leur émigration hors d'Allemagne et hors de l'Europe occupée par celle-ci n'empêchait pas, à l'occasion, des massacres, comme lors de la « Nuit de cristal » et de l'invasion de la Pologne en septembre 1939. Les nazis tuaient facilement, et une intention meurtrière peut bien avoir sous-tendu, dès l'origine, leur idéologie antisémite. En tout cas, l'extension de la guerre après septembre 1939 rendit de plus en plus difficile la mise en œuvre d'une politique d'émigration pure et simple autrement qu'à une petite échelle. Par suite, les nazis se trouvèrent devant le choix suivant : ou bien différer la solution du problème jusqu'à la fin d'une guerre qui se prolongeait de plus en plus, ou bien agir, sans plus attendre, de manière plus énergique.

L'attaque allemande contre l'Union soviétique ouvrit une nouvelle phase. D'une part des millions de Juifs encore plus indésirables et impossibles à expulser se trouvaient à l'intérieur des nouvelles frontières escomptées par l'Allemagne. D'autre part, l'espace qui s'ouvrait à l'Est offrait des perspectives aux plans les plus grandioses. Surtout, les nazis affrontaient leurs nouveaux sujets de Russie sans aucune contrainte morale. Dans les perspectives hitlériennes, la Russie avait toujours représenté une force obscure et démoniaque, un rival implacable, le repaire du bolchevisme et du judaïsme, confondus en une vision démente. Hitler le déclara, tout était permis face à un ennemi comme celui-là. La guerre contre la Russie ne devait pas être un conflit ordinaire. Le Führer, en la décrivant comme un choc entre la « Kultur » et des peuples inférieurs, donnait carte blanche aux Allemands pour détruire et dévaster. Les ordres étaient prêts au printemps 1941 pour la liquidation totale de ceux qui étaient considérés comme les ennemis du nazisme, au premier plan desquels étaient les Juifs et les cadres du parti communiste. Les « Einsatzgruppen », formations spéciales qui suivaient l'avance de la Wehrmacht, exécutaient des massacres systématiques. Au début, elles mitraillaient leurs victimes. À l'automne, elles commencèrent à utiliser le gaz à titre d'expérience, remplissant de monoxyde de carbone des fourgons motorisés spécialement adaptés à cet effet. Près de 2 000 000 de Juifs ont sans doute péri par ces moyens expéditifs, parfois proches du chaos. Les expériences se multipliant, les nazis commencèrent à remplacer l'improvisation par des techniques plus coordonnées et plus centralisées. À la fin de 1941, des installations permanentes permettant des exécutions massives par le gaz furent installées à Kulmhof (Chelmno), au nord de Lodz, dans la Prusse orientale reconquise et à Birkenau, partie du vaste complexe d'Auschwitz, en Haute-Silésie, territoire annexé à l'Allemagne. Dans les mois qui suivirent, Belzec, Sobibor, Maïdanek et Treblinka s'ajoutèrent à la liste. Une fois mises en place, les usines de la mort avaient besoin de victimes à tuer. La coordination était désormais essentielle, et l'Europe devrait rendre ses Juifs.

Dès le 31 juillet 1941, Gœring écrivit à Heydrich de « mettre en œuvre tous les préparatifs nécessaires au niveau de l'organisation et du financement pour mener à bonne fin une solution complète de la question juive dans la sphère d'influence allemande en Europe[8a] ». Un plan beaucoup mieux organisé, à beaucoup plus longue portée, était à l'œuvre. Mais c'est à la conférence des dirigeants nazis à Berlin, nos 56-58 Am Grossen Wannsee, le 20 janvier 1942, que fut systématisée la nouvelle politique d'extermination totale et que le mécanisme fut mis en marche.

La réunion de Wannsee avait été convoquée par Reinhard Heydrich, chef du RSHA et adjoint de Himmler à la tête des SS. Y étaient présents les représentants du Plan de quatre ans, des ministères de l'Intérieur, des Affaires étrangères, de la Justice, de diverses autorités d'occupation, du parti nazi et, évidemment, des SS. Adolf Eichmann, chef de la section juive au sein du RSHA, rédigea le compte rendu de la réunion dont il ne fut établi que trente exemplaires. Ceux qui ont été conservés, même avec leurs silences et leurs ellipses, fournissent l'information la plus complète et la plus terrible, jusqu'alors, des intentions des nazis touchant les Juifs d'Europe.

Heydrich fit le bilan des mesures prises jusque-là contre les Juifs, et consistant essentiellement dans leur émigration d'Allemagne et des territoires occupés par elle, « la seule solution provisoire possible ». Cependant, des problèmes avaient surgi — des difficultés financières, le manque de moyens de transports, les restrictions de visas, etc. Récemment Himmler avait interdit la poursuite de l'émigration en raison des conditions dangereuses du temps de guerre et « compte tenu des possibilités ouvertes à l'Est ». Avec l'autorisation de Hitler (« Genehmigung »), la prochaine solution à envisager (« Lösungsmöglichkeit ») allait être désormais l'évacuation des Juifs vers les territoires de l'Est. Le texte ne précise pas ce qui devait se passer ensuite, mais Heydrich parla des immenses cohortes de travailleurs, parmi lesquelles le dur régime conduirait à la « disparition naturelle » de la majorité, et d'un traitement spécial, non défini[8b], pour le noyau tenace de Juifs qui survivraient à ce processus de « sélection naturelle ». Il indiqua que les expériences pratiques qui avaient lieu au même moment — allusion évidente aux « Einsatzgruppen » — seraient d'une importance capitale pour la « solution finale de la question juive ».

Le Reich et les autorités d'occupation, poursuivit Heydrich, devaient commencer à travailler à cette solution finale. Elle toucherait 11 000 000 de Juifs, y compris l'Angleterre elle-même. L'Europe devait être ratissée d'ouest en est. Martin Luther, sous-secrétaire d'État au ministère des Affaires étrangères et spécialiste à la Wilhelmstrasse des aspects diplomatiques des affaires juives, fit remarquer que le « traitement approfondi de ce problème » (« tiefgehende Behandlung dieses Problems ») rencontrerait des difficultés dans certains pays, notamment le Danemark et la Norvège, mais que ni lui-même ni Heydrich ne s'attendaient à des difficultés du côté de la France. Le nombre de Juifs dans ce pays était évalué à 165 000 pour la zone occupée et à 700 000, chiffre manifestement absurde, pour la zone non occupée. Dans les deux zones, un recensement exact des Juifs « en vue de leur évacuation » pouvait être réalisé sans beaucoup de difficultés. Aucun délai n'était fixé, mais la teneur de la réunion indiquait bien que la période de l'attentisme et des improvisations était révolue. Deux participants insistèrent pour que des préparatifs soient faits immédiatement en Pologne et dans d'autres territoires de l'Est pour recevoir les déportés[9].

Dès le début, les activistes antijuifs parmi les responsables allemands en France avaient espéré inclure dans leurs projets, en fin de compte, la zone non occupée. Lorsqu'Abetz demanda pour la première fois, en août 1940, l'approbation de Berlin pour des mesures antijuives immédiates en zone occupée, il fit remarquer que celles-ci serviraient aussi plus tard de base pour l'éloignement (« Entfernung ») des Juifs de la zone non occupée[10]. Quelques mois plus tard, alors que Zeitschel projetait ce qui devint finalement le C.G.Q.J., il le plaça dans le contexte des perspectives d'après-guerre, esquissées par Hitler, d'« une grande déportation des Juifs », impliquant une « action colonisatrice » mal définie « dans un territoire qui reste à déterminer[11] ». Comme l'expliquait Werner Best en avril 1941 au commandant militaire en France, se préparant à la première visite de Xavier Vallat : « Les Allemands sont intéressés à débarrasser progressivement l'ensemble des pays d'Europe du judaïsme, et se sont donné pour tâche de libérer totalement l'Europe des Juifs. » Bien que ce but ne puisse être atteint avant la fin de la guerre, Best voulait que Vallat prît immédiatement des « mesures préliminaires » — à savoir des arrestations et des internements massifs[12]. Abetz savait très bien que Vallat avait ses propres idées et notamment une tendance à favoriser les anciens combattants juifs français. Il y aurait cependant un « stade ultérieur », et Abetz escomptait que finalement les Juifs privilégiés, eux aussi, seraient forcés « d'émigrer définitivement[13] ».

Depuis leur arrivée à Paris, les Allemands avaient effectué par intermittence des rafles de Juifs. Dans la mesure où de telles arrestations reflétaient une politique définie, elles semblaient répondre à un souci de sécurité militaire. Tous les Juifs qui habitaient sur la côte de la Manche, par exemple, furent expulsés dans l'Yonne et dans l'Aube en mars 1941[14]. Quelques semaines plus tard, les autorités militaires allemandes décidèrent de réduire le nombre de Juifs étrangers à Paris. Le Dr Werner Best dit à Jean-Marie Ingrand, maître des requêtes au Conseil d'État et représentant à Paris du ministre de l'Intérieur, que les Français devraient expulser ou interner un nombre non précisé de Juifs étrangers habitant dans la zone occupée. Comme l'expulsion ne pouvait signifier que l'envoi de ces Juifs en zone non occupée, tout à fait inacceptable pour le gouvernement de Vichy, qui ne voulait plus de Juifs, des ordres d'internement furent donnés à la préfecture de police. Le 14 mai 1941, plus de 3 700 Juifs étrangers, uniquement des hommes, furent individuellement convoqués dans les commissariats de police de Paris. Ceux qui se présentèrent (la plupart le firent) furent arrêtés et envoyés dans les camps de Pithiviers et de Beaune-La-Rolande[15].

L'invasion de l'Union soviétique par les Allemands marqua, en France aussi, le début d'une nouvelle phase. Tandis que la police française procédait à des arrestations préventives de communistes à travers le pays, les autorités allemandes imposaient à nouveau d'importantes restrictions aux Juifs de la zone occupée. Le 13 août, elles ordonnèrent la confiscation des postes de radio leur appartenant. Bien que le gouvernement de Vichy considérât cette mesure comme une violation du droit de propriété garanti par les conventions de La Haye sur l'occupation militaire, le commissaire François, chef de la Direction des étrangers et des affaires juives à la préfecture de police, dut la mettre à exécution[16]. Puis on enleva aux Juifs leurs bicyclettes. Le 15 août, le XIe arrondissement de Paris fut bouclé par la police française pour permettre à la police allemande et à certains inspecteurs de la préfecture de police de procéder à des arrestations. Le 20 août, le XIe était à nouveau bouclé : cette fois les arrestations se concentrèrent sur les avocats juifs. En tout, environ 4 000 Juifs furent internés et emmenés à Drancy[17]. Les Allemands rejetèrent la protestation de Vichy contre cette arrestation « des personnalités les plus marquantes[18] », y compris des citoyens français. Après tout, comme Schleier le fit remarquer à ses supérieurs de Berlin, c'était une loi française (celle du 4 octobre 1940) qui avait fourni un fondement juridique à l'internement des Juifs, français et étrangers, dans des camps de concentration[19].

La tension s'aggrava en août 1941 lorsque des groupes communistes de résistance commencèrent à pratiquer une nouvelle politique d'attaques directes dirigées contre les troupes allemandes. Le lendemain de l'arrestation des avocats juifs, le 21 août, deux hommes tuèrent par balles l'aspirant de marine Moser à la station de métro Barbès-

Rochechouart. Les autorités allemandes, indignées, annoncèrent immédiatement que, si d'autres assassinats se produisaient, des Français seraient pris comme otages et fusillés. Elles exigèrent également que Vichy condamnât à mort six communistes à titre de représailles. Vichy, dans l'espoir d'une atténuation à long terme de cette politique et croyant protéger sa police contre une usurpation allemande, alla même plus loin que ne l'avaient exigé les autorités allemandes. Ingrand, du ministère de l'Intérieur, et de Brinon, délégué général du gouvernement à Paris, assurèrent Beumelburg, l'officier de liaison allemand, non seulement que six personnes avaient été désignées pour l'exécution, mais aussi — ce que les Allemands n'avaient pas demandé — que « la sentence prononcée par le tribunal spécial serait exécutée de manière exemplaire par décapitation à la guillotine sur une place de Paris[20] ».

Le ministre de l'Intérieur, Pucheu, s'efforça énergiquement de remplacer les exécutions d'otages par les Allemands par une répression encore plus efficace et qui, du moins, serait française. Il avait déjà saisi l'occasion offerte par la guerre germano-soviétique pour procéder à des arrestations massives dans l'extrême gauche et parmi d'autres ennemis de la Révolution nationale. Dans les jours qui suivirent le premier attentat, il mit sur pied une série de tribunaux d'exception destinés à rendre sommairement la justice contre ceux qui étaient soupçonnés de troubler l'ordre public et, en moins de deux mois, organisa trois nouveaux services de police : la Police aux questions juives, le service de police anticommuniste et le service de police des sociétés secrètes. Les nouvelles mesures autoritaires d'août 1941 modifièrent le caractère du régime de Vichy, mais ne suffirent ni à arrêter le recours de la Résistance à l'action directe, ni à persuader les autorités allemandes de laisser aux Français la responsabilité exclusive de l'ordre public. Entre le 21 août et le 20 octobre, date à laquelle le Feldkommandant de Nantes fut tué, cinq Allemands furent tués en zone occupée.

Bientôt les Allemands fusillèrent des otages d'eux-mêmes, sans se soucier des exécutions « exemplaires » de Vichy. Le commandant militaire publia une ordonnance connue par la suite comme le « code des otages ». Pour chaque Allemand tué, de 50 à 100 otages seraient fusillés. L'esprit barbare qui guidait l'Allemagne dans la guerre contre la Russie avait gagné la France. Finalement, entre 500 et 550 Français furent fusillés comme otages, créant « un infranchissable fossé de haine entre la population et la puissance occupante[21] ».

L'épisode des otages constitua une sorte de répétition générale pour les rafles, les internements et les déportations massifs qui devaient suivre à bref délai. Le « code des otages » ne mentionnait pas les Juifs et le MBF mit l'accent au début sur les communistes et les anarchistes, mais la proportion de Juifs parmi les otages fut élevée dès le début[22]. Dans leur empressement à montrer aux Allemands avec quelle vigueur elles condamnaient la violence dirigée contre eux et poursuivaient les vrais coupables, les autorités de Vichy n'eurent pas de mal à reprendre les accusations familières qui faisaient des Juifs les responsables. Le gouvernement déclara qu'il réagissait à l'exécution des otages « avec émotion », ne laissant aucun doute sur sa condamnation de la brutalité nazie et de l'affront ainsi fait à sa souveraineté, mais promit de frapper de son côté « les responsables[23] ».

Pour Vichy, « les responsables » comprenaient toujours les Juifs. Fernand de Brinon télégraphia à Gœring après l'exécution d'un groupe d'otages qu'il se joignait à « l'ensemble du peuple français » pour déplorer « les actes des criminels excités quotidiennement par la radio des émigrés juifs à la solde du gouvernement britannique et de la ploutocratie bolchevisante[24] ». Le *Matin* fut plus sobre dans l'expression, mais son message était le même : « Juifs, communistes, agitateurs étrangers constituent un danger national[25]. » Dans un communiqué de presse publié le 10 décembre, Darlan annonça que l'État français allait soumettre tous les Juifs étrangers entrés en France depuis le 1er janvier 1936, même s'ils avaient acquis la citoyenneté française, soit au service dans les bataillons du travail, soit à l'internement dans des centres spéciaux. D'« incessantes recherches » avaient établi, disait-il, que les responsables des attentats « étaient à la fois des étrangers (parachutistes, détenteurs d'explosifs, hommes de main de l'ancienne tchéka espagnole), des Juifs, des communistes[26] ». Le ministre de l'Intérieur, Pucheu, suivit avec une circulaire du 2 janvier 1942 aux préfets régionaux précisant comment les Juifs étrangers devaient être recensés, envoyés dans les camps ou assignés à résidence[27]. Comme le fit remarquer Darlan dans le communiqué du 10 décembre, ces nouvelles mesures de répression étaient destinées à « atteindre non seulement les auteurs immédiats des attentats, mais encore les responsables directs ou indirects de cette fièvre de meurtre[28] ». Compte tenu de cette acception large, il ne fallait guère d'« incessantes recherches » pour déclarer coupables les étrangers, les Juifs et les communistes.

Non contentes des mesures de Vichy contre les auteurs des attentats ou ceux qui étaient accusés de les soutenir, les autorités allemandes de la zone occupée dirigèrent leur violence plus spécifiquement contre les Juifs en décembre 1941. Le 12 décembre, elles arrêtèrent à Paris 743 Juifs, intellectuels et membres de professions libérales, tous français, parmi lesquels un grand nombre d'anciens combattants décorés ; après être arrivées au millier en ramassant au hasard dans Paris des Juifs étrangers, elles internèrent ces otages dans le camp de Compiègne. Un avis publié dans la presse de la zone occupée le 14 décembre annonça une amende d'un milliard de francs pour les Juifs de la zone occupée et la déportation à l'Est, aux travaux forcés d'« un grand nombre d'éléments criminels judéo-bolcheviques ». C'était la première mention publique des déportations à venir. Enfin, cet avis annonçait une nouvelle exécution de 100 otages par mesure de représailles à la suite des récentes attaques de soldats allemands. Le lendemain, 95 otages, parmi lesquels

Gabriel Péri, et dont 53 étaient des Juifs, furent fusillés au Mont-Valérien.

Dans la fièvre provoquée par la crise des otages, le gouvernement de Vichy semble avoir donné une faible priorité à la tentative de sauver même les citoyens français parmi les Juifs pris dans ces rafles. Lorsque de Brinon, de Paris, demanda en octobre des instructions, Darlan répondit qu'il fallait intervenir pour les anciens combattants[29]. En fait, cette tactique signifiait l'abandon du reste des Juifs français. Une fois de plus, Vichy finit par s'accommoder de moins encore. Xavier Vallat commença par rapporter que les autorités allemandes étaient disposées à recevoir les requêtes concernant les anciens combattants juifs. Puis le Dr Werner Best autorisa de Brinon à présenter des requêtes pour certaines catégories limitées d'anciens combattants (« victimes de blessures ou ayant des titres militaires particulièrement dignes d'intérêt »). À la fin, après le 13 décembre, le MBF ne voulut plus entendre parler d'aucune démarche du gouvernement de Vichy en faveur des Juifs arrêtés[30a]. En fin de compte, quelques dizaines de personnalités juives parmi celles qui avaient été arrêtées le 12 décembre furent relâchées par les Allemands, mais d'après des critères de leur choix, comme la maladie. Le gouvernement ne fit pas de représentations globales pour défendre ces Juifs comme citoyens français, soit sur la base des clauses de l'armistice, soit sur celle des conventions de La Haye concernant les droits de la puissance occupante.

Les déportations avaient été annoncées le 14 décembre. Dès le mois de janvier 1942, seule la pénurie de trains empêcha le RSHA d'expédier à l'Est une première fournée des internés de Compiègne[30b]. Le général Otto von Stülpnagel, commandant militaire en France, semble avoir été révolté par les exécutions à titre de représailles qui lui avaient été imposées par Berlin ; il démissionna finalement de ses fonctions. Mais Stülpnagel considérait la déportation comme une mesure de représailles plus efficace que les exécutions d'otages. Avant de quitter Paris, en février 1942, il proposa qu'à la place des exécutions, les Allemands déportent à l'Est de « grandes masses de communistes et de Juifs », tactique qui, à son avis, provoquerait moins de réactions, mais intimiderait davantage. En avril, son successeur et cousin, Karl Heinrich von Stülpnagel, publia une circulaire qui faisait connaître les dernières instructions de Hitler : pour chaque attentat qui se produirait encore, *outre* l'exécution des otages, 500 Juifs et communistes seraient remis à Himmler pour être déportés. Des internés devraient être gardés en réserve à Compiègne à cette fin[31].

Le premier convoi de Juifs déportés quitta donc la France à titre de représailles, à la suite des attaques dirigées contre des soldats allemands. Le « Judenamt » ayant finalement réussi, après trois mois d'efforts, à obtenir un train, 1 112 Juifs quittèrent Drancy pour Auschwitz le 27 mars 1942 dans des wagons de troisième classe — ce furent les seuls déportés qui échappèrent à l'épreuve des wagons de marchandises avant l'inéluctable massacre. Ces premiers déportés comprenaient ceux qui avaient été arrêtés à Paris lors des arrestations d'août 1941 (des Juifs étrangers pour la plupart), et de décembre 1941 (pour la plupart des Juifs français, choisis parmi les notables), plus certains autres arrêtés par la suite. Dix-neuf d'entre eux seulement revinrent après la guerre[32].

Les deux commandants militaires successifs avaient préféré voir dans les premières déportations une opération de police, ayant un certain lien juridique, fût-il lâche, avec les actes de terrorisme perpétrés en France[33]. Mais le RSHA avait déjà des intentions plus radicales dans le sens d'une élimination totale des Juifs. Il n'en fut empêché que par la pénurie de wagons de chemin de fer. Après le départ du premier train, le 27 mars, il y eut une accalmie dans les déportations pendant que s'effectuaient les préparatifs logistiques. Eichmann avait dit à Knochen que 5 000 Juifs pourraient suivre le premier transport à l'Est et que 95 % de ceux-ci devaient être des hommes en bonne condition physique[34]. En juin, lorsque le matériel de transport devint disponible, ces Juifs furent déportés ; d'autres en plus grand nombre, suivirent. Comme le montre le document cité au début de ce chapitre, le préfet de la Meuse fit à de Brinon un compte rendu très précis du passage à Bar-le-Duc du troisième convoi se dirigeant vers l'Allemagne, qui comprenait beaucoup de femmes. Vichy garda le silence.

Pendant ce temps, un certain nombre de services allemands faisaient des projets beaucoup plus ambitieux. Lorsque Heydrich rencontra le nouveau responsable de la police, Bousquet, à Paris au début de mai, il fit allusion à des déportations supplémentaires[35]. Puis Dannecker vit le directeur général des transports ferroviaires de la Wehrmacht, le général Kohl, le 13 mai, et supprima un goulot d'étranglement capital pour le transport des déportés. Le général Kohl se montra favorable au plan de déportation, et promit assez de trains pour déporter de 10 000 à 20 000 Juifs de France dans les mois à venir[36]. Une semaine plus tard, l'ambassadeur Abetz dit à Knochen que l'ambassade ne formulerait pas d'objections politiques à la déportation des Juifs de France, pourvu que les Juifs étrangers fussent pris les premiers. Le nombre des déportés qui faisait l'objet de la discussion venait de passer à 40 000[37]. Le 11 juin une réunion décisive eut lieu à Berlin, sorte de conférence de Wannsee en miniature, avec beaucoup plus de détails précis. Dannecker et les autres « Judenreferenten » de Bruxelles et de La Haye se réunirent dans le bureau d'Eichmann au RSHA. Selon le compte rendu de Dannecker, Himmler avait ordonné d'envoyer à Auschwitz un plus grand nombre de Juifs de l'Europe du Sud-Est (Roumanie) et de l'Europe occidentale occupée « aux fins de prestation de travail ». Les Pays-Bas devaient livrer 15 000 Juifs, la Belgique 10 000, et la France, « y compris la zone non occupée », 100 000. Des arrangements devaient être conclus avec le gouvernement français pour retirer leur citoyenneté à tous les déportés français. Enfin les Français supporteraient les frais de l'opération. Le transport coûtait 700 DM par Juif, plus « l'équipement et le ravitaillement des Juifs pour une période de quinze jours à partir du jour de leur déportation[38a] ». (Vichy devait perdre au change dans ce calcul : la plupart des déportés ne vécurent pas plus de quatre ou cinq jours après leur départ de France.)

De retour à Paris, Dannecker établit le chiffre des Juifs de la zone non occupée qui seraient demandés à Vichy, à savoir 50 000 personnes. Un membre important de l'ambassade, le Geheimrat Rudolph Rahn, prit rendez-vous avec Laval le 27 juin pour présenter officiellement cette demande au gouvernement[38b]. Eichmann devait être à Paris trois jours plus tard pour mettre en branle le projet. Laval aurait à décider de la réponse à donner.

Laval et la « solution finale »

> Laval... a déclaré sans ambages que ces Juifs étrangers avaient toujours posé un problème en France et que le gouvernement français était heureux que le changement d'attitude des Allemands à leur égard ait donné à la France l'occasion de se débarrasser d'eux.
>
> Tyler THOMPSON, diplomate américain, août 1942[39].

Le RSHA rencontra des difficultés pour poursuivre ses activités antijuives dans la zone occupée sans l'aide de l'administration et des services publics français. Parmi toutes les opérations qui ont été signalées jusqu'à présent, seule l'arrestation de mille notables juifs, le 12 décembre 1941, fut exécutée pour la plus grande part par les forces de police allemandes. Pour monter une opération de beaucoup plus grande envergure, et surtout pour l'étendre à la zone non occupée, la coopération des services français était indispensable. Les autorités allemandes ont toujours été tout à fait explicites sur ce point. Cela signifiait qu'il fallait obtenir la coopération du nouveau chef du gouvernement, Pierre Laval.

Contrairement à la plupart des hommes de la Révolution nationale, Laval avait été étroitement lié aux milieux parlementaires de la Troisième République. Il n'avait aucun lien avec les Croix de Feu et le parti populaire français de Doriot, contrairement à Pucheu ou au ministre de l'Information, Paul Marion. Il n'était issu ni de l'armée comme le général Weygand ou l'amiral Darlan, de l'administration comme Baudouin ou de l'administration coloniale comme Peyrouton ou le général Noguès. Il n'était pas non plus sentimentalement attaché à la vision traditionaliste d'une France rurale gouvernée par une hiérarchie, comme le secrétaire d'État à l'Instruction publique, J. Chevalier ou comme le chef des Chantiers de la Jeunesse, le général de La Porte du Theil. Dans tous ces milieux, l'hostilité aux Juifs était commune, sinon toujours évidente. Par contraste, Laval aimait à se présenter comme un homme ayant le sens pratique et terre à terre, en bon auvergnat qu'il était.

Au cours de sa longue carrière politique qui avait débuté en 1914, il avait été successivement député et sénateur, plusieurs fois ministre depuis 1925 et deux fois président du Conseil (à l'automne 1931 et à l'automne 1935). Laval fut parmi ceux qui, socialistes dans leur jeunesse, adoptèrent ensuite une position centriste plus rentable. Il obtint un siège en 1924 comme adhérent du Cartel des gauches, reçut de Painlevé en 1925 son premier poste ministériel[40], et fut au début des années 30 un « ministrable » centriste indispensable. Ses alliances étaient toutes solidement républicaines. Laval fut un adversaire déterminé de Léon Blum : la victoire du Front populaire, en mai 1936, le chassa du premier plan de la vie politique et le remplit d'une rancœur profonde et durable. En outre, ses principaux adversaires dans son fief d'Aubervilliers, banlieue ouvrière de Paris où il demeurait, étaient les communistes, ce qui donnait à sa campagne locale un ton un peu plus nettement idéologique que celui de sa position nationale. Au plan national, il avait une réputation de pragmatisme, d'attachement à la conciliation en politique extérieure et à l'équilibre du budget en politique intérieure, même aux dépens des services sociaux pendant la crise. Il était surtout lié à un style politique fait probablement de marchandages et de coalitions, ce qui conduisait à sous-estimer la cohérence réelle de ses convictions.

Il se peut que Laval ait laissé échapper quelque propos antijuif avant la guerre ; il se peut même qu'il ait été comme infecté de ce préjugé qui contaminait tant la société. Cela n'aurait rien d'extraordinaire. Mais jamais il n'eut recours aux calomnies d'un Xavier Vallat ou à l'expédient facile du bouc émissaire juif, si commun à la fin des années 30. Il arriva même qu'il fut traité de Juif par l'imagination raciste de certains antisémites, forme d'insulte qui n'aurait guère pu le rapprocher de leur campagne[41]. Il semble raisonnable d'affirmer, comme l'un de ses biographes, que Laval « n'a jamais été antisémite », du moins par conviction ; cela ne veut pas dire qu'il était incapable d'une absence totale d'humanité quand il s'agissait des Juifs[42]. Ses priorités étaient ailleurs.

Laval avait d'autres soucis pressants lorsqu'il prit la direction du gouvernement en avril 1942. L'aggravation des exigences allemandes dans le domaine de l'effort de guerre contre l'Union soviétique a déjà été mentionnée, la plus préoccupante étant la progression toujours ascendante du nombre de travailleurs français réclamés par Sauckel pour les usines allemandes. Laval se trouvait aussi devant une situation stratégique mondiale dans laquelle la neutralité soigneusement défendue par Vichy devenait de plus en plus précaire, au moment où les Alliés menaçaient de débarquer sur le continent. Face à une telle situation, Laval ne se sentait guère assuré du pouvoir. Les rapports des préfets venaient régulièrement lui rappeler son impopularité. Le souvenir de son éviction soudaine en décembre 1940 lui rappelait avec quelle rapidité son acceptation quelque peu réticente par Pétain pouvait disparaître. Il conservait certes l'appui chaleureux d'Abetz à l'ambassade d'Allemagne ; mais, de même que l'ambassade avait fait pression sur Vichy en menaçant de lui imposer Laval pendant la période d'attente de celui-ci à Paris, de même elle pouvait faire pression sur lui en utilisant la menace de Doriot. Darlan n'était pas loin : conservant ses fonctions de commandant en chef des forces armées, il demeurait, surtout, le successeur officiellement désigné du chef de l'État. Au moment où Laval revint au pouvoir, l'évasion spectaculaire du général Giraud de la forteresse de Königstein lui montra à quel point ses relations avec les autorités d'occupation dépendaient des actions d'une foule d'autres Français, dont la plupart le considéraient, au mieux, avec froideur. Pour garder le pouvoir, Laval aurait à satisfaire les Allemands sur-le-champ : en leur fournissant des travailleurs, des produits alimentaires et d'autres biens et en maintenant l'ordre public ; il aurait aussi à donner aux Français une preuve marquante de sa capacité à obtenir une amélioration de leur vie quotidienne comme le retour des prisonniers de guerre ou une amélioration du ravitaillement.

Alors qu'approchait le moment difficile de la rencontre avec les Allemands, Laval était soutenu par une remarquable assurance. Il avait toujours misé sur son habileté à sortir d'une situation difficile par une négociation sans détours d'homme à homme. En 1931, comme président du Conseil, il était allé à Washington pour tenter de résoudre en personne l'imbroglio, vieux de dix ans, des dettes de guerre. À l'automne 1940, alors qu'il n'était pas encore ministre des Affaires étrangères, il avait été trouver Abetz et obtenu une entrevue personnelle avec Hitler. Les maigres résultats de ces négociations au sommet ne l'avaient pas découragé ; à la vérité, les mornes perspectives du printemps 1942 semblaient confirmer le sentiment qu'il avait d'être indispensable. En public, Laval était prêt à jouer l'amitié qui, à son avis, constituait une partie des termes du marché franco-allemand. « Je souhaite la victoire de l'Allemagne, dit-il aux Français dans un message radiophonique piètrement accueilli le 22 juin 1942, car sans elle, bientôt le communisme s'installera partout en Europe. » En privé, il ne perdait aucune occasion d'essayer d'engager les dirigeants allemands dans la négociation. C'est ainsi qu'il se débarrassa pour un temps de la pression de Sauckel en imaginant la « relève », ce marché par lequel un prisonnier de guerre serait libéré si trois ouvriers qualifiés partaient volontairement travailler en Allemagne. Dès mai 1942, il commença à rappeler aux Allemands que la population serait portée à favoriser une invasion des Alliés si les autorités d'occupation ne faisaient pas de concessions en ce qui concernait le niveau de vie et le sentiment national[43]. C'est lui qui demanda à Hitler des concessions qui feraient impression sur la population. En février 1943, il dit à Knochen que les Américains avaient promis à la France toutes les colonies italiennes et la frontière du Rhin (invention pure et simple), alors que les Allemands, eux, n'avaient rien promis[44]. Il ne se départit jamais de la conviction que Hitler désirait la France, ou finalement aurait besoin d'elle, comme partenaire dans la campagne antibolchevique. Pour pouvoir entreprendre la vraie négociation de fond, qui était toujours à venir, Laval continua à céder sur des questions à plus court terme.

Ce que Laval désirait le plus, comme ses prédécesseurs, c'était un traité de paix en bonne et due forme avec l'Allemagne, qui remplacerait par un arrangement permanent et plus avantageux les restrictions malencontreuses et irritantes de la convention d'armistice ; celle-ci, destinée à être provisoire, subsistait tant bien que mal depuis deux ans. À défaut, il espérait obtenir des assurances de la part des Allemands sur différents points : les frontières futures, les colonies, le retour du million et demi de prisonniers de guerre qui étaient encore dans les camps allemands, une amélioration de la fourniture des denrées alimentaires et du combustible, la suppression de la ligne de démarcation qui constituait une cloison étanche entre la zone occupée et la zone non occupée et la restauration de l'autonomie administrative de la France dans la zone occupée. Il n'obtint que les deux derniers points parce que, comme on le verra, ils étaient à l'avantage des Allemands. Dans sa recherche des autres objectifs, il accorda aux Allemands la plus grande partie de ce qu'ils voulaient.

Helmut Knochen, chef du SD en France, sortit de son entretien du 12 février 1943 avec Laval convaincu que le président du Conseil accepterait une « solution finale » totale, c'est-à-dire le départ intégral de tous les Juifs de France, y compris les Français, s'il croyait obtenir en échange des concessions politiques pour le reste de la population[45]. Knochen connaissait bien Laval et il n'y a pas de raison de mettre en doute l'appréciation qu'il portait sur ses objectifs prioritaires.

De fait les Allemands n'eurent pas à mener de négociations difficiles pour amener Laval à accepter la déportation des Juifs étrangers. Le gouvernement essayait depuis des années de persuader les Allemands de reprendre leurs réfugiés. Préoccupé depuis longtemps du fardeau constitué par les réfugiés, Vichy n'était pas sans prêter l'oreille au mécontentement populaire suscité par l'afflux croissant des Juifs étrangers dans la zone non occupée, déjà étudié. Lorsque Dannecker avait fait le tour de cette zone en février 1942, Krug von Nidda, consul général d'Allemagne à Vichy, lui avait dit que les Français livreraient probablement de 1 000 à 5 000 Juifs par mois et fourniraient même les wagons nécessaires, pourvu que ceux-ci reviennent en France[46]. Où aurait-il pris cette idée, si elle n'avait pas eu cours à Vichy ? Plus tard, lorsque commencèrent les déportations de Juifs étrangers de la zone non occupée, certains observateurs furent prompts à prétendre que les Allemands ne faisaient que reprendre les Juifs qu'ils avaient si inconsidérément déversés sur la France en octobre 1940[47]. Le régime de Vichy ne souleva jamais vraiment d'objections à renvoyer en Allemagne les Juifs *étrangers*.

En réalité, Vichy craignit plutôt, un moment, que les déportations ne s'étendissent *pas* aux Juifs étrangers de la zone non occupée. La question fut soulevée lorsque Heydrich vint à Paris au début de mai 1942. Le premier convoi de déportés avait quitté la France six semaines auparavant ; il ne comprenait que des Juifs arrêtés en zone occupée. Le chef de la police, Bousquet, demanda s'il serait possible d'inclure dans les prochains convois certains des Juifs étrangers qui étaient internés dans la zone non occupée depuis un an et demi[48]. Heydrich répondit évasivement, disant que cela dépendrait des trains disponibles. Sur ce point, l'impatience était du côté de Vichy.

À la veille de son entretien avec Rudolf Rahn à Paris, à la fin de juin 1942, Laval se rendit compte que la question qui était en jeu était beaucoup plus générale que le sort de quelques réfugiés. Il ne pouvait se dispenser de soulever la question au sein du gouvernement. Celui-ci se réunit chaque semaine en juin à Vichy, mais la question du travail des Français en Allemagne domina les discussions. Finalement, le 26 juin, à la veille de son entrevue avec Rahn, Laval souleva « une question fort délicate : la question juive ». Il indiqua qu'elle avait été résolue en Allemagne « d'une manière extrêmement sévère », inacceptable en France, où le problème juif n'avait jamais présenté « la même acuité ». Vichy était en butte aux pressions des Allemands pour « renforcer les mesures de contrainte à l'égard des Juifs », et, ajouta-t-il, les Français devaient, en présence de ces pressions, agir « avec la plus grande prudence ». Aucune directive spéciale ne fut adoptée. De toute évidence, Laval entendait se réserver le traitement de ce problème délicat. Il assura ses collègues qu'il ne ferait rien sans en référer à Pétain. Enfin, il répéta que la politique de Vichy avait toujours consisté à favoriser les Juifs français par rapport aux immigrés. Il ajouta qu'il avait décidé de procéder à un nouveau recensement des Juifs, « de façon à discriminer les Juifs français des étrangers[49] ».

Après avoir appris directement de Rahn (et peut-être même d'Eichmann, bien que l'on n'ait pas de preuve formelle de leur rencontre), ce que les Allemands se proposaient de faire désormais des Juifs de France, Laval souleva à nouveau la question au conseil des ministres du 3 juillet, mais cette fois en la prenant de biais. Il ne parla pas du plan de déportations massives. Il répéta sa proposition d'un nouveau recensement qui permettrait de distinguer les Juifs français des étrangers. Pétain intervint pour soutenir les efforts de Laval : « Le Maréchal estime que cette distinction est juste et sera comprise par l'opinion[50a]. »

Les Allemands, pour leur part, avaient l'impression que les Français étaient hésitants et mal à l'aise. Lors d'une réunion dans le bureau d'Oberg le 2 juillet, Bousquet déclara soudain que la police française ne pouvait *pas* se charger des rafles massives : « Les Français n'étaient pas opposés aux arrestations, mais... le fait de les faire effectuer par la police française était gênant pour Paris[50b]. » Laval lui-même avait demandé à voir Oberg à ce sujet, et Leguay avait refusé de soumettre un plan des opérations. Dannecker, exaspéré, parla de l'« attitude attentiste, souvent récalcitrante, des délégués du gouvernement et des fonctionnaires français au sujet de la solution de la question juive[50c] ».

Finalement Laval traça la route le 4 juillet. Ce jour-là, le chef de la police française transmit à la Gestapo à Paris la décision du gouvernement de Vichy. Les notes de Dannecker laissent entendre que Vichy émit un chèque en blanc, signé par le chef de l'État et le chef du gouvernement :

Bousquet déclare que, lors du récent Conseil des ministres, le maréchal Pétain, chef de l'État, ainsi que le président Laval, avaient souscrit à la déportation, *pour commencer*, de tous les Juifs apatrides des zones occupée et non occupée[51].

« Pour commencer. » Était-ce vraiment l'impression que Laval voulait transmettre ? Ou bien Dannecker donnait-il à la déclaration de Bousquet la couleur de ses propres désirs ? Il paraît plus vraisemblable que Laval espérait qu'en livrant d'abord les apatrides, puis les étrangers, il donnerait satisfaction aux Allemands. Il ne pouvait guère se faire d'illusions sur ce point, car les autorités allemandes avaient répété avec insistance que *tous* les Juifs étaient destinés à être déportés. Eichmann l'avait dit nettement. Un mois plus tard, Röthke et Dannecker rappelèrent à Leguay quelle était la situation :

On a déclaré au délégué général de la police [Leguay] que, de notre côté, nous n'avions aucune raison de mettre en doute la réalisation des promesses faites par le président Laval en présence de Bousquet, lors de la conférence avec le BdS [Knochen, Befehlshaber der Sicherheitsdienst]. On avait alors fait connaître très clairement au président Laval qu'il s'agissait d'une action permanente dont la phase finale comprenait également les Juifs de nationalité française[52].

Le SD était désireux de ménager Laval jusqu'à un certain point. Alors qu'il discutait de la situation à Bruxelles avec ses collègues, Dannecker indiqua que, d'accord avec Vichy, les déportations étaient provisoirement limitées aux Juifs apatrides et étrangers et à certains Juifs français déportés par mesure de représailles. Cependant, à l'avenir, on demanderait aux Français de procéder à la dénaturalisation massive des Juifs français de sorte qu'ils puissent, eux aussi, être déportés[53]. Laval a peut-être cru qu'en différant les mesures il avait obtenu une concession réelle. Mais il n'avait jamais obtenu aucun semblant d'accord des autorités allemandes à ce que l'on considère généralement comme le point fondamental de sa réponse à la solution finale : sauver les Juifs français en livrant les Juifs apatrides et étrangers.

Dans toute l'Europe, pour préparer la solution finale, les nazis entreprirent de séparer les Juifs du reste de la société. Les restrictions sur les mariages mixtes et les autres dispositions des lois de Nuremberg furent un pas dans cette direction ; la mesure qui écarta les enfants juifs des écoles allemandes après la « Nuit de cristal » en fut un autre. Périodiquement, les nazis étaient revenus dans leurs discussions sur le projet d'imposer aux Juifs le port d'un signe extérieur, de façon à les isoler facilement du reste de la population ; ils ne le repoussèrent que pour des raisons pratiques[54].

La guerre donna aux Allemands l'occasion de mettre cette idée à exécution ; en Europe orientale, où les nazis réalisèrent tant d'effroyables expériences, les autorités d'occupation imposèrent aux Juifs un signe distinctif. En 1939, le Gouvernement général, administration civile de la partie de la Pologne occupée, ordonna à tous les Juifs de porter une étoile bleue. Dans les parties de la Pologne annexées à l'Allemagne, les Juifs devaient porter deux étoiles jaunes cousues, l'une sur la poitrine du côté gauche, l'autre sur le dos. Finalement, en septembre 1941, le port de l'étoile fut étendu à tout le territoire du Reich. Bien que cette mesure fût coûteuse à mettre en œuvre, à la fois aux yeux de l'opinion mondiale et de la sensibilité des Alliés, et gênante à réaliser, notamment en raison d'idées divergentes au sein de l'administration allemande, ses partisans trouvaient qu'elle méritait un effort considérable pour pouvoir humilier les Juifs et marquer une nouvelle étape sur la voie de leur élimination de l'Europe.

Dès le mois de décembre 1941, sur une liste menaçante de mesures antijuives qu'il désirait imposer à la zone occupée, le général Otto von Stülpnagel proposa à Vichy le port de l'étoile pour les Juifs. Darlan répondit le 21 janvier 1942, exprimant son désaccord avec ces propositions, et cela pour deux raisons. Il soutenait en premier lieu que les réglementations antijuives déjà édictées étaient « suffisantes pour atteindre le but recherché, c'est-à-dire... écarter [les Juifs] des emplois publics et des postes de commande de l'activité industrielle et commerciale du pays ». Il adressait ensuite une mise en garde, disant que la mesure pourrait « choquer profondément l'opinion publique française qui ne verrait dans ces mesures que des vexations sans efficacité réelle, tant pour l'avenir du pays que pour la sécurité des troupes d'occupation ». En fait, la mesure proposée « risquerait de provoquer un mouvement en faveur des Israélites, considérés comme des martyrs[55] ». Les arguments de Darlan, s'ils ont pu faire quelque impression à l'état-major du MBF, ne pouvaient suffire à réfréner les activistes antisémites. Dannecker appuya vigoureusement l'introduction de l'étoile auprès de ses collègues de Belgique au début de 1942, et les détails furent fixés au cours de réunions tenues en mars, sous l'égide d'Eichmann à Berlin et de Knochen à Paris. Les Juifs de Hollande, de Belgique et de la France occupée seraient contraints de porter l'étoile[56]. Comme Knochen l'expliquait au service d'Eichmann le 20 mars, l'étoile serait « un pas supplémentaire sur le chemin de la solution finale du problème juif dans tous les territoires occupés à l'Ouest ». Il espérait qu'en le disant avec force, il arriverait à persuader les autorités de Berlin de passer outre aux répugnances des responsables militaires allemands en Belgique, le général Eggert Reeder et le général von Falkenhausen[57].

Diverses complications firent différer le projet, et la date décidée à l'origine pour l'imposition de l'étoile — le 15 mars 1942 — dut être modifiée plusieurs fois. Les responsables de la diplomatie eurent à pallier les difficultés créées par la présence en France de ressortissants juifs d'États belligérants comme la Grande-Bretagne et les États-Unis, d'États neutres ou alliés de l'Allemagne comme la Roumanie, l'Italie ou la Bulgarie. Seraient-ils obligés, eux aussi, de porter l'étoile ? Finalement, les Allemands acceptèrent de les exempter (il s'agissait de près de 10 000 personnes) de crainte de répercussions politiques défavorables. En outre, le MBF était sensible aux propos de Darlan concernant les réactions négatives de l'opinion. Le Dr Werner Best se rendait compte que la coopération de l'administration française et, en particulier, de la police serait nécessaire. Il espérait que les délais permettraient au nouveau Commissaire général aux questions juives, Darquier de Pellepoix, d'assumer les risques et la charge de la nouvelle mesure et de prendre une décision française sur le port obligatoire de l'étoile dans les *deux* zones. Dannecker, qui partageait l'avis de Best sur la disposition de Darquier à imposer l'étoile à tous les Juifs de France, doutait que ce dernier pût emporter l'assentiment du gouvernement de Vichy. Dans la marge des observations de Best au sujet de Darquier, Dannecker nota : « Trop grand optimisme[58]. »

La suite prouva qu'il avait raison. Vichy refusa d'imposer l'étoile, et même l'arrivée de Laval au gouvernement ne put ébranler sa détermination de rester en dehors de cette affaire. Les Allemands allèrent donc de l'avant à eux seuls, uniquement dans la zone occupée. À partir du 7 juin 1942, tous les Juifs de plus de six ans durent porter du côté gauche de leur vêtement une étoile jaune grande comme la paume de la main, sur laquelle était écrit en lettres noires le mot « Juif ». Chacun devait se procurer au commissariat de police trois étoiles en échange d'un point de la carte de textile. La police française estimait que plus de 100 000 Juifs tombaient sous le coup du décret ; au bout de quelques semaines, 83 000 personnes avaient reçu des étoiles[59]. Il est évident que de nombreux Juifs refusèrent de se soumettre à l'ordonnance. Ce n'était pas le premier signe des difficultés rencontrées par son application.

Les raisons pour lesquelles Vichy se montra tellement plus récalcitrant au port de l'étoile qu'à la déportation des Juifs étrangers méritent réflexion. Ce qui faisait question n'était pas que l'étoile servît à marquer les Juifs, mais qu'elle opérât une discrimination contre les Juifs français et surtout qu'elle retirât aux Français toute autorité en la matière. Rien n'aurait pu être mieux calculé pour gêner le gouvernement de Vichy que de stigmatiser des Juifs français et d'exempter certaines catégories de Juifs étrangers. Un Français indigné écrivit immédiatement au C.G.Q.J. pour le lui signaler[60]. Le *Matin* fit la même remarque, que les Allemands firent de leur mieux pour étouffer[61]. Abetz, plus sensible que les autres dirigeants allemands à l'opinion publique française, écrivit à Knochen que la population française, tout en étant « dans ses larges couches... absolument d'accord avec l'introduction du signe distinctif pour les Juifs », manifestait « sa très mauvaise humeur de voir les Juifs étrangers, qu'elle ressent beaucoup plus comme corps étranger que les Juifs français de vieille souche, dispensés, en partie, des mesures allemandes[62] ».

Pétain donna l'ordre à de Brinon, le 12 juin, d'expliquer aux autorités allemandes que « des discriminations naturelles et nécessaires » devaient être opérées parmi les Juifs. Il désirait que ce fût le gouvernement français, en l'espèce le nouveau Commissaire général aux questions juives, Darquier de Pellepoix, qui procédât à ces discriminations :

Je suis convaincu que les hautes autorités allemandes comprennent parfaitement elles-mêmes que certaines exceptions sont indispensables... Et cela me semble nécessaire pour que de justes mesures prises contre les Israélites soient comprises et acceptées par les Français[63].

Le refus auquel se heurta cette requête réduisit Pétain et les autres personnages de Vichy au rôle d'humbles suppliants, chacun ayant sa liste de Juifs pour lesquels il recherchait une dérogation. De plus, toutes les requêtes officielles adressées aux Allemands devaient passer par de Brinon à Paris, ce qui aggravait encore l'humiliation en soulignant que les Français étaient étrangers dans une partie de leur propre pays. Pétain souhaitait des dérogations pour trois femmes : la comtesse d'Aramon, la marquise de Chasseloup-Laubat et sa sœur, Mme Pierre Girot de Langlade[64]. Le cardinal Suhard, archevêque de Paris, fit appel à de Brinon pour des convertis

333

au catholicisme ou des descendants de convertis qu'il craignait de voir obligés de porter l'étoile[65]. Pour comble de disgrâce, Mme de Brinon elle-même, née Frank, fit l'objet d'une démarche spéciale[66].

Les Allemands considérèrent avec froideur ces requêtes ainsi que plusieurs autres. Ils accordèrent une poignée d'exemptions provisoires (parmi lesquelles les trois amies de Pétain, Mme de Brinon et la veuve d'Henri Bergson) mais refusèrent en général d'accueillir favorablement de telles demandes. Le commandant en chef des sapeurs-pompiers de Paris apprit que vingt-huit pompiers juifs devraient porter l'étoile sur leur uniforme. Même les requêtes personnelles de Pétain n'étaient approuvées que si elles comportaient le contreseing de Laval[67].

Georges Scapini, chef des services de protection des prisonniers de guerre, qui avait souvent mené pour Vichy des négociations à un niveau élevé, eut un entretien téléphonique avec le général Reinecke à Paris ; il exprima son approbation de la mesure imposée aux Juifs en général, mais demanda que les anciens combattants décorés en fussent exemptés. Scapini indiquait que le port d'une décoration française à côté d'une étoile juive n'était pas convenable (« war nicht schön ») et rendait l'ordonnance impopulaire dans la population. La réponse du général Reinecke fut brutale : « Il faut interdire aux Juifs de porter des décorations, comme c'est le cas dans notre pays, et la question sera résolue[68]. »

Dans l'intention des Allemands, l'étoile devait isoler les Juifs de la zone occupée pour préparer leur déportation hors de France. Une fois qu'on leur aurait imposé un signe distinctif, il serait possible d'opérer leur ségrégation dans la vie quotidienne. En juillet, le MBF précipita le reste des mesures ségrégationnistes : il fut interdit aux Juifs de fréquenter les piscines, les restaurants, les cafés, les théâtres, les cinémas, les salles de concerts, les music-halls, les marchés et les foires, les musées, les bibliothèques, les expositions, les monuments historiques, les manifestations sportives, les terrains de camping et les jardins publics. Ils ne pouvait se servir des téléphones publics et étaient obligés d'emprunter la dernière voiture du métro. Leurs achats étaient strictement limités à certaines heures de l'après-midi, brimade d'un genre particulier, les magasins, en ce temps de pénurie, n'ayant plus grand-chose à vendre après les premières heures de la matinée[69].

Avant l'ordonnance relative au port de l'étoile, la plus grande partie du public ne voyait pas la persécution des Juifs. Désormais elle était visible : sur les grands boulevards, où d'anciens combattants juifs déambulaient, le dimanche qui suivit l'ordonnance, portant leur étoile à côté de leurs décorations militaires ; dans le métro, où, dit-on, des non-Juifs avaient cédé leur place à des Juifs ; et même dans les églises, où des catholiques pratiquants et un prêtre, Juifs par leur « race », apparurent en portant l'étoile[70]. Les journaux de la capitale prirent vigoureusement la défense des nouvelles mesures ; le *Matin* fit remarquer que des Juifs retiraient parfois leur étoile ou ne la cousaient pas convenablement[71]. Mais la réaction de dégoût provoquée dans l'opinion était indubitable. Contrairement aux avis spéciaux placardés sur les magasins juifs de la zone occupée en 1940 et qui apparemment avaient fait perdre des clients à bon nombre d'entre eux, l'étoile était perçue comme une offense à la dignité individuelle. Peu de préfets de la zone occupée la mentionnèrent dans leurs rapports — il ne restait que peu de Juifs dans beaucoup de régions rurales —, mais quatre d'entre eux (Morbihan, Seine-et-Oise, Vienne, Vosges) indiquèrent que l'étoile suscitait la pitié plus que la répulsion, en particulier lorsqu'elle était portée par d'anciens combattants ou par des « Juifs français de vieille souche[72] ». Aucun d'entre eux ne fit état d'une opinion favorable.

Le Dr Friedrich, représentant officiel en France du ministère allemand de la Propagande, reconnut à Radio-Paris que la réaction du public était hostile : « Il en est qui considèrent l'antisémitisme comme une sorte de barbarie, et qui voudraient voir témoigner aux Juifs plus d'égards que ce n'est actuellement le cas... Je n'ai jamais tant entendu parler de "bons" et de "mauvais" Juifs depuis l'introduction de l'étoile jaune[73]. » Deux rapports nazis au moins font allusion à l'indignation du public à la vue d'enfants forcés de porter l'étoile. En octobre, le général Oberg, chef des SS en France, se plaignit ouvertement de l'échec des efforts déployés par la propagande pour faire accepter l'étoile[74]. Mais à cette date les Français avaient déjà vu bien pis.

L'étoile provoqua la première résistance de quelque ampleur, ouverte et manifeste, à la persécution antijuive en France. Elle s'exprima par exemple par la raillerie, une sorte d'humour noir inspiré par l'obsession raciste insensée des nazis. À Paris, à Bordeaux, à Nancy, la police et le contre-espionnage allemands découvrirent des sympathisants des Juifs qui portaient des fleurs jaunes, des mouchoirs jaunes ou des bouts de papier pourvus d'inscriptions ironiques comme « Auvergnat », « Goï », ou « Danny », le nom d'un petit ami juif[75]. Des protestations de ce genre étaient aussitôt relevées par les services d'informations étrangers. Londres rapporta que les étudiants de l'université de Paris arboraient des macarons portant l'inscription « Juif », sigle prétendu de la « Jeunesse universitaire intellectuelle française ». On disait à Genève que l'étoile était appelée «pour le sémite», par allusion ironique à la décoration prussienne «pour le mérite». De Zurich vint le compte rendu de protestations rappelant sarcastiquement à Vichy que Mme de Brinon était juive[76].

Dannecker ordonna à la Feldgendarmerie d'interner les manifestants. Beaucoup d'entre eux, évidemment, ne furent pas arrêtés. Mais vingt non-Juifs arrêtés au cours de manifestations restèrent à Drancy jusqu'à la fin de l'été, pour être finalement relâchés en septembre[77]. Pourtant, les incidents qui dérangeaient la police n'étaient qu'une partie infime d'un ensemble. D'autres Français traduisirent leur réaction sous d'autres formes. Le Conseil de la Fédération protestante de France écrivit à Pétain, exprimant la «douloureuse impression» créée par l'étoile, tout en reconnaissant la nécessité d'une «solution du problème juif[78]». Maurice Duverger a rappelé — en 1977 — que c'était l'étoile qui, la première, révéla la gravité de la persécution et les vraies implications du fascisme à ceux qui antérieurement ne connaissaient l'antisémitisme qu'en théorie[79]. Jean Galtier-Boissière, dans son journal du temps de guerre, intitule le passage consacré à l'étoile par les mots : «En plein Moyen Âge[80]. »

Certains Allemands restaient confiants. Dannecker griffonna sans détours, en marge d'une des appréciations les plus pessimistes de Zeitschel sur les réactions françaises, les mots : « À Drancy. » Mais d'autres Allemands voyaient se confirmer leurs pires appréhensions. Les SS apprirent le 17 juin par des rumeurs qu'Otto Abetz, que l'on avait persuadé quelques semaines auparavant d'appuyer le port de l'étoile, s'y opposait une fois de plus[81]. En outre, la ségrégation imposait à la police française de nouvelles obligations extrêmement déplaisantes. Les policiers devaient désormais s'assurer que les enfants juifs ne quittaient pas les villes pour participer à des colonies de vacances, que les ménagères ne faisaient pas leurs courses aux heures interdites et que toutes les étoiles étaient convenablement cousues. Les rencontres entre la police française et les Juifs étaient destinées à se multiplier, car certains Juifs cachaient leur étoile derrière leurs serviettes, ou essayaient illégalement d'acheter des cigarettes, ou ne craignaient pas de fixer l'étoile avec des épingles pour pouvoir la retirer plus facilement. Quiconque avait « l'aspect juif » et ne portait pas d'étoile était un contrevenant en puissance et les dénonciations d'innocents rendaient la situation presque impossible pour ceux des policiers qui tâchaient d'appliquer consciencieusement la loi.

Ainsi, au moment où les Allemands avaient plus que jamais besoin de la police française depuis l'imposition de l'étoile, ils commencèrent, dès le début de juin, à discerner chez elle une certaine mollesse. L'état-major du MBF note à cette époque que des unités de police «favorisent sciemment la transgression des règlements par les Juifs[82]». C'était là certainement une exagération, car pendant toute cette période la police distribua des étoiles et coopéra avec les services allemands correspondants à l'application de l'ordonnance[83]. Néanmoins, les Allemands furent obligés par la suite d'apprécier l'étendue du soutien qu'ils pourraient vraisemblablement obtenir de la police française lorsqu'ils imposeraient de nouvelles mesures. Sans doute est-ce un calcul de ce genre qui les persuada de ne pas imposer en zone sud le port de l'étoile, même lorsqu'ils occupèrent toute la France en novembre 1942. Bien que Darquier de Pellepoix continuât à le préconiser publiquement, le gouvernement de Vichy n'imposa jamais le port de l'étoile et les Allemands n'insistèrent pas. En échange, le gouvernement de Vichy prit une décision qui était, d'une certaine manière, encore plus menaçante. Le 11 décembre 1942, il ordonna que les documents personnels des Juifs, la carte d'identité et la carte d'alimentation, portent la mention « Juif[84a] ». Vichy apposa donc bien une marque sur ses Juifs, mais préféra au signe extérieur que tout le monde pouvait voir le document caché à tous les yeux, sauf à ceux des fonctionnaires.

Les préparatifs de la déportation

> Bousquet demanda à Heydrich si les Juifs internés depuis un an et demi en zone non occupée ne pouvaient pas également être transférés. La question resta sans réponse, celle-ci dépendant de l'existence de moyens de transport.
>
> René BOUSQUET, mai 1942,
> cité par le consul général Schleier,
> septembre 1942[84b].

L'été 1942 marque, dans l'histoire du programme antijuif de Vichy, le passage de l'étape législative — exclusion du service public, « numerus clausus » dans les professions libérales et dans l'enseignement supérieur, aryanisation de l'économie — à celle de l'action policière, marquée par les rafles, l'internement et la déportation. La hantise des Juifs fut désormais l'arrivée de la police, les rafles en plein jour ou l'arrestation à la frontière. À partir de l'été 1942, la charge de la politique antisémite pesa de plus en plus sur la police. C'était inévitable, car si les intentions des nazis gagnaient en violence, leurs ressources se faisaient de plus en plus rares. Les Allemands ne suffisaient pas à la tâche.

Au milieu de 1942, les autorités d'occupation ne disposaient, en France, que de trois bataillons de police soit entre 2 500 et 3 000 hommes[85]. Relativement isolée dans la société française et souvent haïe par la population, la police allemande fonctionnait avec difficulté, même dans les conditions les meilleures. Parmi les policiers, peu nombreux étaient ceux qui parlaient français, et moins nombreux encore ceux qui connaissaient bien les villes et les campagnes où beaucoup de Juifs cherchaient à se cacher. Dès le début, les responsables de la police allemande s'en remirent pour l'essentiel à la police française pour l'application journalière des ordonnances antijuives dans la zone occupée. L'arrestation des 1 000 notables juifs à Paris en décembre 1941 fut l'une des rares opérations menées principalement par les effectifs allemands. Dans la deuxième moitié de l'année 1942, la politique antijuive des nazis devint plus radicale et entraîna leur dépendance vis-à-vis de la police. Les rafles, la surveillance des postes frontières, la garde des convois de déportés, autant de tâches déplaisantes qui risquaient d'immobiliser des effectifs allemands. Lorsque, de surcroît, les Allemands occupèrent, après novembre 1942, le pays tout entier (à l'exception d'une petite zone italienne), leur personnel policier fut encore plus disséminé. Qui plus est, tout cela prenait place au moment où les grandes batailles qui se déroulaient en Afrique du Nord et en Union soviétique imposaient de nouvelles exigences aux forces allemandes. L'année suivante, lorsque le général Oberg demanda 250 policiers allemands de plus pour intensifier les déportations en juillet 1943, il lui fut répondu qu'il devrait se contenter de 4 personnes[86]. Le rôle de la police française en était d'autant plus essentiel.

Contrairement aux Allemands, les Français avaient un puissant appareil policier. Il avait survécu presque intact à la débâcle de 1940 ; par la suite, tandis que les Allemands étaient partagés entre leur répugnance à confier beaucoup de moyens de transport et des armements modernes à la police française, et leur désir de voir une force nationale importante assumer la tâche primordiale du maintien de l'ordre[87], Vichy fit en sorte de renforcer considérablement sa puissance. Les effectifs, qui s'élevaient en tout à près de 100 000 hommes, étaient presque aussi importants que ceux de l'armée autorisés par la convention d'armistice. Ils comprenaient la gendarmerie, la police municipale, les gardes mobiles et 30 000 policiers pour la seule ville de Paris, avec sa préfecture de police jalouse de son indépendance, dont les responsabilités s'étendaient bien au-delà de la ville proprement dite avec ses 3 000 000 d'habitants. La police n'échappa pas à la politique centralisatrice de Vichy. En avril 1941, le régime étatisa la police municipale de toutes les villes de plus de 10 000 habitants et mit sur pied une nouvelle fonction, celle des préfets régionaux, destinée à affermir l'autorité centrale dans deux domaines cruciaux, celui du ravitaillement et celui de la police[88]. Chaque préfet régional était flanqué d'un intendant de police et, depuis juillet 1942, avait à sa disposition une force d'intervention rapide, un régiment de gardes mobiles qu'il pouvait dépêcher partout dans sa région, qui comprenait une demi-douzaine de départements. Pas à pas, Vichy obtint aussi la création de nouvelles forces de police spécialisées, comme les gardes des communications créés en décembre 1941 — mais toujours au prix d'un engagement de plus en plus direct de la police dans la protection de l'effort de guerre allemand. Après juin 1942, lorsque la gendarmerie cessa de dépendre du ministère de la Guerre et fut rattachée au ministère de l'Intérieur, l'ensemble de l'appareil policier se trouva entre les mains de Laval lui-même, par l'intermédiaire de son proche collaborateur René Bousquet, secrétaire général pour la police au ministère de l'Intérieur.

Bien que le commandement militaire allemand en France exerçât un contrôle général sur toutes les forces de police françaises, Dannecker chargea dès son arrivée un officier du « Judenreferat », qu'il dirigeait, pour assurer la liaison avec la préfecture de police. Dans son long rapport de juillet 1941, il indiqua qu'au début il avait constaté une « attitude incertaine » chez plusieurs hauts fonctionnaires de la police, mais que, depuis le printemps 1941, tout s'était bien passé[89]. La section juive de la préfecture existait depuis octobre 1940. Placée sous les ordres de François, directeur de l'administration et de la police générale, elle traitait régulièrement avec les diverses autorités d'occupation, administrait les camps de concentration de la région parisienne (notamment Drancy) et exécutait les rafles à Paris.

Cette section était particulièrement fière d'un remarquable fichier qui répertoriait près de 150 000 Juifs enregistrés dans le département de la Seine, par ordre alphabétique, par rues, par professions et par nationalités. Administré par André Tulard, fonctionnaire appartenant aux cadres de la préfecture de police, ce fichier était un modèle d'efficacité et d'organisation. Il était tenu à jour en permanence. Des fiches de différentes couleurs distinguaient les Juifs français des autres[90]. Sa création semble avoir été due au recensement des Juifs en zone occupée, prescrit par l'ordonnance allemande du 27 septembre 1940, et que le général de La Laurencie, délégué général du gouvernement dans la zone occupée, avait ordonné à la police française de mener à bien[91]. Dannecker prétendit que le fichier avait été créé sur son insistance. Quoi qu'il en soit de son origine, son développement dépassa la lettre des ordonnances allemandes à la faveur d'un élan administratif propre et de la propension invétérée de la police à surveiller de près et à contrôler les étrangers. Les Allemands y avaient librement accès. Ils s'en servirent systématiquement pour la première fois lors de l'arrestation de 1 000 notables juifs le 12 décembre 1941 et s'y reportèrent sans cesse après le commencement des déportations, en 1942.

Munie de tels outils, la police municipale de Paris contrôlait les mouvements des Juifs et appliquait les lois dirigées contre eux. Pour autant qu'on puisse l'affirmer sans avoir accès aux archives de la police, elle le fit avec rigueur et efficacité, du moins jusqu'à l'été 1942. Elle arrêtait et interrogeait quotidiennement les Juifs qui paraissaient enfreindre l'une ou l'autre des innombrables réglementations. À l'occasion, elle exécuta des rafles massives : celle du 14 mai 1941 à Paris prit au piège environ 3 400 Juifs, polonais pour la plupart, et celle du 20 août environ le même nombre de Français ; tous furent internés dans les camps spéciaux dirigés par la préfecture de police. En décembre 1941, le préfet de police assujettit tous les Juifs de sa circonscription au contrôle périodique de leur adresse et de leurs activités[92]. En février 1942, les Allemands ajoutèrent un couvre-feu de 20 à 6 heures aux autres interdictions dirigées contre les Juifs et appliquées par la police municipale[93]. Celle-ci fut chargée de l'exécution de l'ordonnance imposant le port de l'étoile en juin. C'est seulement lorsque le poids de ces mesures devint trop lourd, au moment des rafles massives de l'été 1942, que la police de Paris donna de sérieux soucis aux autorités allemandes. Mais même alors, Oberg reconnut, dans une lettre à Bousquet le 29 juillet, la « conduite honorable » de la police française, et Abetz dit à Berlin en octobre que la police française avait fourni une « assistance exemplaire » dans la lutte contre les « terroristes[94] ».

Lorsqu'ils commencèrent à projeter la déportation plus systématique des Juifs de France, les responsables allemands pouvaient donc supposer que la police française continuerait à coopérer avec eux. Les efforts de Laval tendant à renforcer l'autonomie administrative de Vichy dans la zone occupée firent de cette présomption une certitude. Comme ses prédécesseurs, Laval était désireux de faire céder la mainmise administrative des Allemands sur cette zone et de donner à Vichy la pleine autorité administrative sur toute la France.

L'arrivée du général Oberg, le 1er juin 1942, comme Höhere SS- und Polizeiführer fournit l'occasion d'un marché. Dans un échange de correspondance conclu par une lettre d'Oberg le 29 juillet et par son allocution aux préfets régionaux le 8 août, les Allemands reconnaissaient la « liberté d'action » de la police française « dans certains domaines... ne concernant pas directement les intérêts allemands ». Les Allemands promirent en particulier de fournir des informations sur les affaires qui concernaient les Français, de ne donner d'ordres à la police française que par la voie hiérarchique, de renforcer les groupes mobiles de réserve dans la zone occupée et, ce qui était primordial, d'épargner aux Français la tâche odieuse de désigner les otages. Les Allemands acceptèrent aussi d'exclure de l'exécution comme otages les personnes que la police française leur avait livrées. Les personnes inculpées d'infractions qui n'avaient pas affecté les Allemands resteraient aux mains des Français. En échange, la police française était déterminée à agir avec vigueur contre « les communistes, les terroristes et les saboteurs » et à assurer « la répression de tous les ennemis du Reich et également en livrant ce combat elle-même sous sa propre responsabilité[95] ».

Bien que les accords Oberg-Bousquet fussent encore en cours de négociation lorsque commencèrent les grandes rafles de juillet, ils reflétaient exactement l'esprit dans lequel le gouvernement de Vichy répondait au dilemme posé par le projet d'Eichmann. Si déplaisante qu'elle fût, la coopération policière était jugée préférable à l'empiétement des Allemands sur les compétences administratives françaises. Vichy renouvela même les accords Oberg-Bousquet en avril 1943[96], dans les circonstances nouvelles provoquées par l'occupation de la zone sud, alors qu'ils n'avaient ni donné à la police française une véritable autonomie, ni amélioré l'ordre public dans le pays. Les Allemands continuèrent, en violation flagrante des accords, à exécuter des otages et même à arracher aux Français les personnes que la police française avait arrêtées. Bousquet se plaignait de ce que le gouvernement français était encore attaqué « notamment par les terroristes, les communistes, les Juifs, les gaullistes et les agents de l'étranger ». Réaffirmant au nom de Laval la coopération de la police, en avril 1943, Bousquet parla cependant avec chaleur de l'effort de collaboration qui avait donné à la police française « une impulsion nouvelle ». Il concluait une adresse à Oberg par la même redoutable promesse que l'été précédent :

> Le vœu que je forme est que la police française, dont jamais la tâche, techniquement et moralement, n'a été plus rude, en libre expression de son indépendance, qui est la marque la plus éclatante de la souveraineté de son gouvernement, puisse poursuivre avec une énergie farouche la lutte contre tous les adversaires de la sécurité intérieure française, contre tous les agents de l'étranger qui voudraient faire régner sur notre territoire l'anarchie et le désordre, contre tous les hommes qui, allant chercher leurs mots d'ordre à l'étranger, veulent servir une cause qui n'est pas celle de la France[97].

Les Juifs, inclus depuis longtemps parmi les « adversaires » de Vichy, allaient payer lourdement le prix de cette souveraineté et de cette indépendance chimériques. Sans ces accords, jamais les Allemands n'auraient pu déporter autant de Juifs de France qu'ils l'ont fait.

Bousquet voulait aussi reprendre en mains la Police aux questions juives, trop indépendante à ses yeux, peu respectueuse des règles, et dont les relations avec la police régulière n'avaient cessé d'être difficiles. Comme Darquier souhaitait ardemment disposer de sa propre force de police et qu'il était très bien vu des Allemands, la liquidation de la P.Q.J. n'était pas facile à réaliser. Bousquet et Laval durent ici négocier avec Darquier plutôt que donner des ordres. De plus, à mesure que la date de la rafle projetée à Paris approchait, Bousquet et Laval désiraient que tout se passât sans encombres. Ils décidèrent de différer un affrontement direct avec Darquier au sujet de la P.Q.J., et lui donnèrent des assurances formelles sur sa réorganisation. Aussi, bien que ce service ait été officiellement supprimé le 5 juillet, il continua à fonctionner. De fait ses inspecteurs jouèrent un rôle important dans les rafles et les déportations qui suivirent au cours du mois. Les dramatiques événements de juillet semblent avoir fait pencher la balance en faveur du remuant commissaire général. Bien que Laval ait nettement essayé d'empêcher la renaissance d'une police antijuive échappant à l'autorité de la police régulière, il accorda à Darquier ce que celui-ci voulait quelques semaines après la grande rafle. À la mi-août, Vichy créa la Section d'enquête et de contrôle, nouvelle police antijuive qui, pas plus que l'ancienne P.Q.J., ne pouvait procéder à des arrestations, mais qui avait le même pouvoir de harcèlement qu'elle. La S.E.C. fonctionna jusqu'à la fin de l'occupation[98].

Les questions relatives au rôle de la police étant plus ou moins réglées, la disponibilité des trains devint un élément essentiel dans la préparation des déportations. Les premiers projets de déportation de Dannecker avaient été entravés des mois durant par la pénurie de matériel ferroviaire, une bonne partie de celui-ci étant consacré aux besoins croissants de la campagne de Russie. Lorsque Dannecker obtint finalement des trains du directeur des transports ferroviaires de la Wehrmacht, le général Kohl, le 13 mai, leur utilisation efficace devint une obsession chez lui et chez les autres responsables de la déportation. Celle-ci était une procédure impliquant une organisation complexe à l'échelle européenne. Son aménagement dans le temps et la coordination étaient essentiels. Les programmes ferroviaires en vinrent à jouer un rôle prédominant. S'il arrivait qu'un convoi dont la composition avait été soigneusement préparée partît avec des effectifs inférieurs, toute l'entreprise pouvait être compromise. À la mi-juin, Dannecker observa que Berlin venait d'envoyer en zone occupée environ 37 000 wagons de marchandises, 800 wagons de voyageurs et 1 000 locomotives ; toutefois une proportion importante de ce matériel était nécessaire pour l'acheminement en Allemagne des 350 000 travailleurs français qu'exigeait le programme de Sauckel et le trafic régulier entre les deux pays. Lorsqu'en fin de compte des wagons étaient disponibles pour la déportation, il n'était pas question de modifier l'horaire ou de laisser se ralentir le rythme.

Le jour où, le 15 juillet 1942, un train de déportés manqua à l'appel, Eichmann s'emporta. Il téléphona au « Judenreferat » à Paris et réprimanda très durement Röthke, le nouveau responsable. Celui-ci en rendit compte en ces termes :

Le SS-Obersturmführer [Eichmann] faisait remarquer qu'il s'agissait d'une question de prestige : des négociations difficiles avaient été menées à bonne fin pour ces convois avec le ministère des Transports du Reich, et voilà que Paris supprimait un train. Jamais pareille chose ne lui était encore arrivée. L'affaire était très « blâmable[99] ».

Eichmann fit alors état de sa menace ultime : « ... Il se demandait s'il ne devait pas laisser tomber la France dans son ensemble comme territoire d'évacuation. » La France pourrait se voir refuser le privilège d'être incluse dans la solution finale. Ainsi pris à partie, Röthke le pria de n'en rien faire, promettant qu'à l'avenir les convois de déportés partiraient à l'heure prévue[100]. Ils le firent.

Les programmes ferroviaires exigeaient aussi une étroite coordination entre les deux zones et nécessitaient la coopération du gouvernement de Vichy. Dannecker savait comment l'obtenir. « Un changement de programme des trains est impossible », nota-t-il sur une liste de questions à discuter avec Laval. Si Vichy ne fournissaient pas assez de Juifs de son propre territoire, « nous serions obligés nous-mêmes d'arrêter sans discrimination en zone occupée les Juifs exigés » : c'était là menacer de déporter des Français aussi bien que des Juifs immigrés[101]. À la mi-août, les programmes relatifs à l'ensemble du mois de septembre étaient prêts. Röthke les communiqua à Leguay, représentant de Bousquet dans la zone occupée, de sorte que Vichy puisse tenir prêt le nombre de Juifs nécessaire. Selon Röthke, Leguay comprit l'agencement de l'horaire et fit les propositions nécessaires en ce qui concernait l'arrestation des Juifs au moment voulu, leur rassemblement et les autres exigences à satisfaire[102].

Avant que les trains puissent partir à une cadence régulière, il fallait disposer de réserves de Juifs. On a vu comment les rafles épisodiques dans la zone occupée étaient devenues systématiques à l'automne 1941 sous la pression des Allemands. De même, en zone non occupée, la population des camps de concentration français qui avait diminué en 1941 recommença à augmenter lorsque les préfets se mirent à exécuter les instructions de Darlan en date du 10 décembre 1941 : imposer à tous les Juifs étrangers qui étaient arrivés en France depuis 1936 soit l'internement, soit l'enrôlement dans les bataillons du travail[103]. Lorsqu'il faudrait remplir les trains des Allemands, les réserves de Juifs seraient prêtes.

La possibilité pour les Juifs d'émigrer de France n'allait pas manquer d'avoir des répercussions sur la capacité des Allemands à remplir leurs trains. Avec un certain appui actif de l'administration, des Juifs continuaient à quitter la zone non occupée en dépit de la pénurie de tonnage disponible, de la difficulté d'obtenir des visas et des imbroglios auxquels aboutissait l'action des administrations locales[104]. Pendant les six premiers mois de 1942, environ 2 000 Juifs émigrèrent régulièrement de la zone non occupée, contre un peu plus de 3 000 pour toute l'année 1941[105]. Lorsque Darquier de Pellepoix fut nommé commissaire général aux questions juives en mai 1942, ses services demandèrent à être désormais consultés au préalable sur chaque cas individuel, imposant ainsi à l'émigration les délais entraînés par la création d'un nouvel échelon administratif. Laval lui rappela que la politique du gouvernement était « de faciliter dans toute la mesure du possible l'émigration des étrangers et des Français en surnombre dans notre économie nationale ». Néanmoins, trois mois après ces représentations, le C.G.Q.J. continuait à intervenir de son propre chef dans les affaires d'émigration[106].

Pendant ce temps, les autorités allemandes avaient abandonné leur politique consistant à encourager l'émigration, signe non équivoque d'une nouvelle orientation de la politique nazie à l'égard des Juifs. En mai 1941, lorsque Gœring donna l'ordre d'accélérer l'émigration des Juifs de Bohême et de Moravie, les responsables nazis souhaitaient peut-être encore hâter le départ des Juifs. À ce moment-là, la politique allemande officielle consistait à décourager l'émigration juive dans les territoires occidentaux occupés, de façon à réserver tout le tonnage disponible à l'émigration en provenance d'Allemagne, bien que l'on puisse constater des différences déconcertantes de politique entre les différents services[107]. Cependant, peu après l'invasion de l'Union soviétique par l'Allemagne, c'est la « solution finale » qui l'emporta. Le 23 octobre 1941, le chef de la Gestapo, Heinrich Müller, communiqua un ordre de Himmler : sauf quelques exceptions estimées être dans l'intérêt de l'Allemagne, les Juifs ne pourraient plus émigrer d'Allemagne ou des pays occupés[108]. Il semble que cette injonction prit quelque temps pour faire son chemin à travers la bureaucratie allemande. Le 4 février 1942, après des notes additionnelles, le MBF donna ses instructions aux 290 personnes et services de la France occupée : sauf approbation préalable de Himmler, les Juifs ne pourraient plus émigrer de la zone occupée[109].

Il devenait donc essentiel de pouvoir disposer des Juifs étrangers de la zone non occupée, en août et septembre 1942, pour atteindre les contingents destinés à la déportation. C'est pourquoi le gouvernement de Vichy commença, lui aussi à changer d'avis au sujet de l'émigration des Juifs. La

H.I.C.E.M. rencontrait de plus en plus d'obstacles à leur départ pour l'Afrique du Nord et une moindre coopération de la part des préfets et des responsables des camps. Le 20 juillet, le ministre de l'Intérieur suspendit, sauf en ce qui concernait les Belges, les Hollandais et les Luxembourgeois, l'octroi des visas de sortie antérieurement accordés à tous les Juifs[110]. Le 5 août, Henri Cado, conseiller d'État et directeur général de la police nationale, envoya un important télégramme aux préfets régionaux : sauf quelques exceptions, tous les Juifs étrangers qui étaient entrés en France après le 1er janvier 1936 devaient être envoyés dans la zone occupée. S'ils avaient des visas de sortie, ceux-ci seraient annulés[111]. La volte-face apparaissait complète et l'U.G.I.F. demanda en vain l'aide de Laval, parvenant à s'adresser au secrétaire général de la présidence du Conseil, Jacques Guérard[112]. À la fin de septembre, pressé par des journalistes d'expliquer la nouvelle politique, Laval déclara que « ce serait une violation de l'armistice d'autoriser les Juifs à partir pour l'étranger, car on craignait qu'ils ne prennent les armes contre l'Allemagne[113] ». Le nombre des Juifs qui réussirent à émigrer de la zone non occupée diminua fortement, n'atteignant qu'environ 600 personnes au cours de la deuxième moitié de l'année 1942 ; ce chiffre ne comprend pas un petit nombre de ceux qui émigrèrent clandestinement[114]. Finalement, le 8 novembre, Vichy cessa de délivrer des visas de sortie aux Juifs. Leur émigration s'arrêta. Trois jours plus tard, alors que les services français apprenaient la nouvelle décision de Vichy, les troupes allemandes franchirent la ligne de démarcation et étendirent leur occupation jusqu'à la Méditerranée. La porte de l'émigration était close[115].

Dès que Eichmann regagna Berlin après sa visite à Paris, le 1er juillet 1942, les dirigeants allemands chargés de la « solution finale » se mirent à exécuter ses instructions. Ils commencèrent par projeter, pour la mi-juillet, une grande rafle des Juifs à Paris, pour laquelle ils escomptaient la coopération de la police française.

Après les hésitations déjà indiquées, le gouvernement de Vichy avait fini par donner son accord, le 4 juillet, à « la déportation, pour commencer, de tous les Juifs apatrides des zones occupée et non occupée ». Tandis que l'opération devait avoir lieu dans toute la France, les responsables français et allemands concentrèrent bientôt leur action sur une opération spectaculaire à effectuer à Paris. Sans perdre de temps, Dannecker mit sur pied une « commission technique » composée de représentants du C.G.Q.J., de la police française et de la « Sicherheitspolizei », pour fixer les détails de la rafle. Bousquet qui, le 2 juillet, avait soulevé des objections à la coopération de la police, s'inclina. Il insista seulement pour affirmer que « la direction de cette commission revenait absolument au Commissariat aux questions juives ». D'après Dannecker, Darquier « eut l'air presque consterné » de se voir attribuer cette responsabilité inattendue[116].

Lorsque la commission se mit au travail, le 7 juillet, Darquier n'eut de la charge que le titre, car Dannecker traça le plan et obtint des responsables présents les engagements nécessaires. Dans le rapport qu'il fit au sujet de cette réunion, les autres participants semblent garder un silence insolite. Les Allemands voulaient, en deux jours, arrêter dans la région parisienne 28 000 Juifs, dont 22 000 devaient être déportés (ceux qui étaient malades, « inaptes au transport », ou trop âgés, devaient être laissés de côté). On ferait plein usage du fichier de Tulard à la préfecture de police. On arrêterait les Juifs des deux sexes âgés de seize à cinquante ans. Les enfants âgés de moins de seize ans seraient alors laissés à l'U.G.I.F., qui les transférerait dans des maisons d'enfants. La police municipale procéderait aux arrestations et rassemblerait les prisonniers au Vélodrome d'hiver, avant de les emmener dans les camps de Drancy, de Compiègne et dans les deux camps du Loiret, Pithiviers et Beaune-La-Rolande. De là, ils seraient déportés à l'Est. La gendarmerie française aurait la garde des convois de déportation hebdomadaires mais serait elle-même « surveillée par un Kommando de la gendarmerie allemande se composant d'un lieutenant et de 8 hommes ». L'opération, baptisée « Vent printanier » devait commencer une semaine plus tard[117]. À la dernière minute, on modifia la date pour éviter la coïncidence, gênante, du 14 juillet ; après quoi, tout parut bien réglé.

La grande rafle du Vél' d'hiv'

Le Vélodrome d'hiver était un grand terrain de sports couvert situé dans le XVe arrondissement non loin de l'actuel pont de Bir-Hakeim. Outre les événements sportifs, il avait abrité nombre de réunions politiques, y compris les manifestations xénophobes et antisémites. Lorsque Maurras fut libéré de prison, en juillet 1937 (la violence de ses attaques contre le président du Conseil, Léon Blum, lui ayant valu d'être condamné pour provocation au meurtre), le Vél' d'hiv' avait été le cadre d'une grande manifestation à laquelle assistèrent Xavier Vallat, Darquier de Pellepoix, Léon Daudet, Philippe Henriot et d'autres notables de l'antisémitisme. Au début des hostilités, en 1939, des Allemands — réfugiés juifs pour la plupart — y furent rassemblés avant d'être envoyés dans les camps de concentration de la région parisienne. En mai 1940, le Vél' d'hiv' servit à l'internement des étrangères qui, dans certains cas, s'entassèrent sur des bancs de bois pendant des jours et des nuits dans le froid, dans des conditions encore pires, dit-on, que celles des hommes internés au stade Roland-Garros[118]. Bien entendu, nul ne se faisait d'illusions sur l'état des lieux. Mais comme ils avaient déjà servi à parquer des personnes arrêtées, il n'en fallut pas plus à l'administration, en l'espèce, pour décider que le Vél' d'hiv' serait le principal point de concentration des familles arrêtées au cours de l'opération « Vent printanier », les 16 et 17 juillet 1942.

L'opération avait pour objectif 28 000 Juifs dans ce que les Allemands appelaient le « grand-Paris ». Hennequin, directeur de la police municipale, arrêta les consignes, puisque c'était la police française qui devait opérer. Les policiers devaient concentrer leur action sur les Juifs apatrides et étrangers, à l'exception des catégories « délicates », comme les Anglais ou les Américains. Tous ceux qui figuraient sur les listes soigneusement dressées à la préfecture devaient être arrêtés, quel que fût leur état de santé. Les enfants qui habitaient avec des personnes arrêtées devaient être pris aussi, sauf si un membre de la famille restait dans le logement ; on ne pouvait pas les confier aux voisins. Tous les Juifs arrêtés devaient se munir des effets et des ustensiles figurant sur une liste, et de deux jours de vivres au moins. Les compteurs de gaz et d'électricité seraient fermés, les animaux confiés au concierge. Les gardiens et inspecteurs chargés des arrestations devaient remplir une fiche donnant les informations relatives à l'arrestation, y compris le nom et l'adresse de la personne à qui on aurait remis les clefs de l'appartement[119]. (Voir en annexe le texte des consignes, p. 634.)

Au matin du 16 juillet, 9 000 policiers passèrent à l'action. Les forces mobilisées étaient la gendarmerie, les gardes mobiles, la police judiciaire, la police des renseignements généraux, la police de la voie publique et même des élèves de l'école de police. 300 ou 400 jeunes doriotistes fournirent leur aide, portant chemise bleue, baudrier et brassard aux initiales du P.P.F.[120]. La police et ses auxiliaires se divisèrent en près de 900 équipes d'arrestation, comportant chacune 3 ou 4 hommes ; elles se déployèrent dans la ville, en se concentrant particulièrement sur certains arrondissements : les IIIe, IVe, Xe, XIe, XIIe, XVIIIe et XXe. Les Allemands ne se montrèrent presque pas. Les Juifs furent soudain rassurés par l'uniforme français, les instructions données en français, et le comportement « correct » des policiers qui procédaient à l'arrestation. La chasse à l'homme se poursuivit pendant deux jours.

Les Allemands et les Français avaient espéré que la rafle se ferait dans le calme et dans l'ordre, mais dès le départ il en alla autrement. Il y eut des fuites quelques jours auparavant, grâce à des sympathies du côté de la police. Un journal juif clandestin avait conseillé aux Juifs de s'enfuir ou de se cacher. Certains policiers bien disposés firent une visite préliminaire pour annoncer qu'ils reviendraient une heure ou deux plus tard, pour l'arrestation. Parmi les victimes, beaucoup cependant ne tirèrent pas profit des avertissements, restant abasourdies ou incrédules jusqu'au bout. D'autres furent en proie au désespoir. D'après une source, il y eut plus d'une centaine de suicides pendant la rafle et les jours suivants[121].

La plupart des Juifs n'imaginaient pas ce qui les attendait : le chaos administratif combiné avec une négligence totale. Drancy reçut environ 6 000 internés, hommes et femmes seuls ou familles sans enfants. Le Vél' d'hiv', qui pouvait contenir 15 000 spectateurs, dut recevoir le reste des 28 000 personnes. Il est évident que si les arrestations avaient atteint un chiffre même proche du total envisagé, il n'y aurait pas eu assez de place dans le stade. Lorsque 7 500 personnes y furent entassées, dont plus de 4 000 enfants, il y eut à peine assez d'espace pour s'étendre. Pis encore, on n'avait fait presque aucun préparatif matériel. Il n'y avait ni nourriture, ni eau, ni installations sanitaires. Les Allemands n'autorisèrent que deux médecins à assister les internés. Les victimes firent d'abord l'expérience de la soif, de la faim, de la chaleur du jour et du froid de la nuit. Puis ce furent l'entérite et la dysenterie, une odeur affreuse. Et, à mesure que les heures devenaient des jours, le sentiment d'être abandonnés. Cela dura cinq jours.

Laval était à Paris pendant ces événements, en réunion avec Darquier et d'autres[122]. Bien qu'il ait certainement été tenu au courant des événements des 16 et 17, rien n'indique qu'il y ait pris une part active. Le jour suivant, il retourna à Vichy et fit son rapport au Conseil des ministres. D'après le compte rendu de la réunion, il situa les événements dans le contexte général des relations franco-allemandes : il « a mis le Conseil au courant des mesures décidées par les services allemands de sécurité en zone occupée, ainsi que de l'accord intervenu entre le général Oberg et R. Bousquet, secrétaire général de la police[123] ». Par la suite, Laval se réserva l'affaire. Le Conseil des ministres ne fut plus jamais saisi des questions relatives aux Juifs, même indirectement.

Du point de vue allemand, l'opération « Vent printanier[124] » donna des résultats mêlés. 12 884 Juifs seulement avait été arrêtés, 9 800 le premier jour et un peu plus de 3 000 le lendemain, soit moins de la moitié de l'objectif initial. Des milliers avaient échappé. Certains policiers ne s'étaient pas révélés entièrement dignes de confiance. La population parisienne avait manifesté de la sympathie à l'égard des victimes, en particulier des enfants. Pourtant Dannecker revint relativement optimiste, le 19, de son voyage en zone non occupée. Les Français avaient coopéré suffisamment pour remplir les convois de déportés, qui commençaient alors à partir. Comme le dit alors Röthke, « le programme pourra être réalisé si le gouvernement français s'y attache avec le dynamisme nécessaire[125].

Drancy

Pour les Juifs enfermés au Vél' d'hiv', l'étape suivante fut l'un des camps du Loiret, Pithiviers ou Beaune-La-Rolande, ou bien Drancy où un énorme ensemble de logements à moitié terminés, dans la banlieue nord-est de Paris, servit d'antichambre à Auschwitz. Drancy revêt une importance particulière pour les événements décrits dans ce livre ; c'était la destination des Juifs transférés dans la zone non occupée et le centre de rassemblement le plus important pour les déportations en Pologne. 67 des 79 convois de Juifs déportés partirent de Drancy, soit 67 000 Juifs sur les 75 000 qui furent déportés à partir du territoire français[126]. Les départs réguliers commencèrent pendant l'été 1942 et se poursuivirent jusqu'au 31 juillet 1944. Environ 70 000 Juifs franchirent ces portes ; sauf pour un petit nombre, ils ne revirent plus la France.

Le camp fut créé en août 1941, lorsque le « Judenreferat » ordonna d'utiliser les bâtiments comme centre de détention pour 6 000 Juifs dont l'arrestation était prévue au cours d'une rafle à Paris. Cependant, du point de vue des détenus, Drancy était une institution entièrement française : la gendarmerie assura la garde du camp jusqu'à la Libération. Le service dirigé par François, à la préfecture de police, veilla à son administration interne jusqu'en juillet 1943, quand la « Sicherheitspolizei » l'y remplaça. La veille des déportations, le personnel du C.G.Q.J. arrivait pour s'occuper des fouilles du chargement et du déchargement. Trois fonctionnaires de la police — Savart, Laurent et Guilbert — se succédèrent comme commandants du camp jusqu'à leur remplacement par l'Allemand Brunner en juillet 1943. Les services de Dannecker préparèrent les directives générales ; traduites en français et signées par le préfet de police, l'amiral Bard et le général Guilbert, commandant de la gendarmerie de la région parisienne, elles devinrent l'instruction du 26 août 1941 qui réglementait la vie du camp[127].

Depuis le commencement, aucune autorité française ne voulut prendre vraiment la responsabilité de Drancy. L'amiral Bard voulait que le préfet de la Seine fournisse la nourriture, la literie et les autres objets nécessaires. Le préfet de la Seine, Magny, protesta, affirmant qu'il n'avait pas de crédits pour le faire et voulait que le préfet de police s'en chargeât[128]. À eux deux, ils firent le strict minimum et les conditions de vie à Drancy devinrent rapidement un énorme scandale. Lorsqu'arrivèrent les 4 000 Juifs arrêtés lors de la rafle du mois d'août, il n'y avait que 1 200 bâtis de lits, en bois superposés. Les internés étaient 40 ou 50 par chambrée. Les semaines qui suivirent n'apportèrent aucune amélioration. Le préfet de la Seine apprit en septembre qu'un chargement de papier hygiénique et de paille pour les matelas serait disponible un mois plus tard. La nourriture dépendait des marchés locaux, ce qui aboutissait à un régime permanent de soupe aux choux.

Lorsque le taux de mortalité commença à s'élever en novembre et qu'une grave épidémie de dysenterie donna aux détenus un aspect squelettique, l'administration française fit appel à une équipe sanitaire allemande pour examiner la situation. Selon un rapport des services de renseignements français, en décembre, l'officier allemand qui vit le camp « a fait un scandale ». Le « Judenreferat » décida de libérer certains prisonniers, plus d'un millier de ceux qui étaient gravement atteints. Le rapport français conclut sur une note sombre :

Ceux qui n'ont pas vu de leurs propres yeux quelques-uns des libérés de Drancy ne peuvent avoir qu'une faible idée de l'état épouvantable dans lequel se trouvent les internés de ce camp unique dans les annales de l'histoire. On affirme que le camp de Dachau, de réputation si fameuse, n'est rien en comparaison avec Drancy[129].

Les conditions matérielles s'améliorèrent réellement lorsque les Allemands se chargèrent de l'administration du camp, en juillet 1943, selon le témoignage de Georges Wellers qui y était interné à l'époque :

L'ordinaire devint plus abondant et plus varié ; le camp s'enrichit d'un nouveau matériel, il était tenu beaucoup plus proprement, d'importants travaux d'embellissement furent entrepris, sa physionomie changea d'aspect et y gagna en netteté.

Le nouveau régime était placé sous l'autorité du SS-Hauptsturmführer Alois Brunner, qui arriva avec une équipe composée seulement de quatre assistants permanents. Comme dans d'autres camps nazis de l'Europe occupée, les détenus faisaient une partie du travail d'administration du camp et la police locale assurait la garde. La brutalité, le cynisme et le chantage avaient désormais pris la place des privations, de la faim et de la maladie. Pendant ce temps, les déportations se poursuivaient, mais au rythme réduit d'environ un convoi par mois[130].

Le fait que l'administration du camp fut française, jusqu'en juillet 1943, facilita la déportation en escamotant la remise des Juifs aux Allemands, comme l'a fait observer Jacques Delarue. Pour les Juifs qui arrivaient à Drancy venant de camps intermédiaires, « à première vue il s'agissait du simple passage d'un camp à l'autre, et la remise aux Allemands pour la déportation était en quelque sorte gommée, puisqu'elle se faisait à l'intérieur du camp de Drancy, à l'ultime instant précédant l'embarquement[131] ». Il faut ajouter que l'administration française assumait la tâche affreuse de décider la composition de chaque convoi. Les autorités du camp et la préfecture de police précisèrent les critères au fur et à mesure. Ainsi, le convoi du 22 juin 1942 n'avait que 756 Juifs prêts à partir quand Dannecker insista pour arriver à un effectif complet de 930. Pensant qu'il n'avait pas d'autre option, Laurent, le commandant du camp, puisa dans la masse des « anciens combattants les moins intéressants » pour atteindre le chiffre voulu[132].

Après que la grande rafle de juillet 1942 eût ajouté à la population du camp des femmes, des enfants et des vieillards, la vie à Drancy devint encore plus pitoyable, et le processus de sélection plus inhumain. Même sans en connaître la destination, le voyage lui-même représentait une épreuve à laquelle beaucoup ne pourraient survivre. Qui remplirait les trains ? En septembre, la police dressa un tableau détaillé des priorités, signalant par la lettre R ceux « à retenir au camp » et par la lettre D ceux « à déporter ». L'affectation à l'une ou à l'autre de ces catégories ne se faisait pas suivant des principes très nets. D'une façon générale, ceux qui étaient les plus intégrés dans la société française étaient favorisés ; les

Français avaient le plus de chance d'être sauvés, de même que les femmes enceintes, les enfants français dont les parents étaient en liberté, les aveugles non accompagnés, les non-Juifs, les époux des non-Juifs, les veuves de guerre et les épouses de prisonniers de guerre. D'autre part, les plus faibles et ceux qu'il était le plus difficile de soigner dans le camp étaient les plus vulnérables : les étrangers évidemment, mais aussi les femmes nourrissant au sein, les femmes ayant un enfant de moins de deux ans, les veuves ou veufs d'un non-Juif ; les enfants de moins de seize ans dont l'un des parents était libre et l'autre déporté ; les enfants définitivement français de seize à vingt et un ans, de parents déportables ou déportés ; les infirmes déportables par ailleurs ; les aveugles accompagnés ; les personnes âgées de plus de soixante-dix ans[133].

Terrifiée à la perspective de ne pouvoir remplir les convois de déportation, la police responsable improvisa. Une note manuscrite datée du 12 septembre 1942 considère le cas de parents dont les enfants sont hospitalisés :

Dans la nécessité où nous nous trouvons de trouver 1 000 partants lundi, il faudra comprendre dans les partants, tout au moins dans la réserve, les parents des malades et avertir ceux-ci qu'ils pourraient être déportés, alors que leur enfant restera à l'infirmerie[134].

Vers la fin, les ultimes semblants de décence furent balayés. Plus de 300 enfants furent déportés de Drancy dans le dernier convoi régulier, le 31 juillet 1944, parmi lesquels au moins un bébé né au camp. Environ 14 400 Juifs quittèrent Drancy pour Auschwitz en 1944. Lorsque finalement le camp fut libéré, le 18 août, il ne contenait plus que 1 500 personnes[135].

Départ des Israélites (circulaire ministérielle n° 12393 du 14 août 1942 et additifs). D'après les listes établies par la préfecture ou parvenues à nos services, 95 Israélites devraient être atteints par les instructions gouvernementales.

Dans la nuit du 26 août, les brigades de gendarmerie, opérant avec le concours de la police, ont appréhendé 65 personnes. Celles-ci furent invitées à se munir d'une cinquantaine de kilos de bagages et plusieurs cars opérèrent, selon des circuits établis d'avance, le ramassage des Israélites et les conduisirent à la fin de la matinée du 26 août au camp de Ruffieux. Un repas substantiel y fut servi vers midi.

Dans l'après-midi, trois médecins examinèrent les Juifs qui désiraient soumettre leur cas et conclurent unanimement à l'aptitude physique de tous les intéressés. Une commission de criblage présidée par le secrétaire général étudia la situation administrative de toutes les personnes qui se présentèrent ; deux d'entre elles furent reconnues exemptes du départ par l'application des instructions.

Vers 18 heures, 63 Juifs prirent en car le chemin du camp de Vénissieux. 6 ont été appréhendées depuis la journée du 26 et ont été dirigées sur ce camp. 20 Juifs n'ont pas encore été retrouvés, mais comme ils se cachent dans des bois cernés par la gendarmerie, il est probable qu'ils seront appréhendés peu à peu. 6 autres ayant changé de résidence ont été signalés aux préfets des départements intéressés.

L'ensemble des opérations s'est déroulé dans le plus grand calme selon le programme établi et tous les services ont fait preuve d'autant de tact que de fermeté. Il n'y a pas eu d'incidents à déplorer.

Le préfet de la Savoie,
1er septembre 1942[136a].

À Béziers, ces mesures ont même provoqué une profonde indignation, la population ayant assisté malgré l'heure matinale, à certaines scènes déchirantes.

Le préfet de l'Hérault,
3 septembre 1942[136b].

Le gouvernement de Vichy avait donné son accord, le 4 juillet 1942, à la déportation des Juifs étrangers des deux zones. À la vérité le chef de la police, Bousquet, avait offert spontanément d'inclure dans les déportations les Juifs étrangers de la zone non occupée. Pour faciliter l'organisation, Dannecker décida de procéder personnellement à l'inspection des camps les plus importants de la zone sud. En apprenant cette décision, Bousquet objecta que c'était une « atteinte à la souveraineté de l'État en zone non occupée », protestation qui manquait de force puisque Dannecker avait déjà fait une visite du même genre en février de la même année[137]. Dannecker ne tint pas compte de l'objection et se mit en route le 11 juillet, accompagné de son adjoint Heinrichsohn et du Français Schweblin, chef de la Police aux questions juives. Dans le courant de la semaine, ils visitèrent plusieurs villes, plus les camps de Fort-Barraux, Les Milles, Rivesaltes et Gurs.

Le jeune officier SS fut très déçu du nombre de Juifs internés qu'il y trouva. Il avait été favorablement impressionné par la loi de Vichy du 4 octobre 1940, qui autorisait l'internement des Juifs étrangers. En 1941, il avait cru que ces internements permettraient une « action foudroyante » dans la zone sud dès que le signal en serait donné. Lorsqu'il partit pour le sud, en juillet 1942, il s'attendait à environ 40 000 Juifs étrangers internés[138]. Mais la population des camps d'internement était inférieure à celle de 1940. Lorsque Dannecker arriva à Gurs, où il comptait trouver au moins 20 000 Juifs, le camp contenait en fait 2 599 internés, dont tous n'étaient pas « déportables[139] ».

Dannecker fut beaucoup plus satisfait de la manière dont il fut reçu par les responsables français. Il eut l'impression, en général, que « les fonctionnaires et services français de rang moyen s'intéressaient à une solution rapide de la question juive et n'attendaient que les ordres supérieurs nécessaires ». Le commissaire de police principal de Grenoble indiqua qu'il faudrait interner les Juifs de la région. Tant que cela n'aurait pas été fait, une grande partie de son personnel devrait s'occuper de leur surveillance et d'enquêtes sur leurs délits. À Nice l'intendant de police aspirait à être débarrassé des quelque 8 000 Juifs de la région. À Périgueux, le commissaire de police déclara spontanément « qu'une solution rapide à la question juive au moyen de la déportation était hautement désirable dans sa région », tout en souhaitant exempter quelques « Juifs convenables[140a] ».

Les autorités étaient donc prêtes, mais les Juifs ne l'étaient pas. Le 27 juillet, Röthke dit à Leguay, représentant de Bousquet à Paris, que 3 000 à 4 000 Juifs devraient être envoyés à Drancy dans les huit jours ; lorsque Leguay proposa un délai moins court, l'officier SS se fit tranchant :

J'ai dit à Leguay que la mise à notre disposition de ces Juifs ne pouvait être considérée que comme un premier petit acompte. D'après les informations précises que nous possédions, plus de 5 000 Juifs susceptibles d'être déportés en raison de leur condition d'apatrides étaient d'ores et déjà concentrés dans les camps français de zone occupée.

Röthke insista sur les nouvelles mesures d'internement à prendre dans l'immédiat :

Le gouvernement français devra entreprendre dès maintenant toutes les mesures en vue de ramasser effectivement le plus grand nombre d'éléments déportables[140b].

Il rappela à Leguay qu'à long terme, les Juifs français seraient également déportés et que Laval y avait en fait donné son consentement[141]. Au début d'août, Dannecker insista pour obtenir une livraison supplémentaire de 11 000 Juifs de la zone non occupée en l'espace de quelques semaines. Laval lui-même promit à Knochen que ce ne seraient pas 11 000 mais 14 500 Juifs de plus qui seraient livrés, et Bousquet assura à Knochen que les 3 000 premiers Juifs de la zone non occupée seraient aux mains des Allemands avant le 10 août[142].

Pour satisfaire les exigences allemandes, désormais fixées à 32 000 Juifs à déporter avant la fin de l'été, le ministre de l'Intérieur envoya le 5 août des instructions secrètes à tous les préfets régionaux. La circulaire, signée par Cado, directeur général de la police nationale, donna aux préfets régionaux l'ordre de s'apprêter à envoyer en zone occupée les Juifs étrangers entrés en France depuis le 1er janvier 1936. La mesure concernait tous les Allemands, Autrichiens, Polonais, Tchèques, Estoniens, Lettons, Dantzigois, Sarrois, les citoyens soviétiques comme les réfugiés russes, à l'exception des mineurs de moins de dix-huit ans non accompagnés, des anciens combattants et des femmes enceintes. D'autres directives ministérielles suivirent, atteignant leur point culminant avec, le 22 août, la circulaire de Bousquet lui-même, donnant l'ordre aux préfets régionaux de prendre personnellement la direction des opérations, de « briser toutes les résistances » qu'ils pourraient rencontrer, de traiter avec fermeté les « indiscrétions » ou la passivité. L'objectif était clair : « Libérer totalement votre région de tous les Juifs étrangers prévus dans ma circulaire du 5 août[143]. »

Certains de ces Juifs étrangers furent arrêtés dans les camps de Noé et de Récébédou, près de Toulouse, au début d'août et envoyés en zone nord dès le 11 août. Mais la grande opération eut lieu dans les nuits du 26 au 28 août. Bousquet avait décidé qu'il était « préférable d'arrêter tous les Juifs en une seule grande rafle que de procéder à plusieurs rafles isolées, lesquelles permettraient aux Juifs de se cacher ou de fuir à destination des pays neutres frontaliers », expliqua Leguay à Heinrichsohn[144]. Alors que parfois la « Feldgendarmerie » fit le travail dans la zone occupée — ce fut le cas à Rouen, Châlons, Dijon, Nantes, Saint-Malo et La Baule —, l'opération était évidemment menée exclusivement par les Français au sud de la ligne de démarcation. La police, la gendarmerie, les gardes mobiles, les pompiers et la troupe entrèrent en action dans chaque département de la zone non occupée, selon les plans soigneusement préparés, le 26 août avant l'aube.

La grande rafle des 26-28 août dans la zone non occupée fut grandement facilitée par les actions qui avaient déjà été entreprises à la fin de l'année 1941 contre les Juifs étrangers entrés en France après le 1er janvier 1936. La police utilisa le recensement ordonné par Darlan le 10 décembre. Bon nombre de Juifs étaient en fait déjà dans les camps, dans les bataillons du travail ou en résidence surveillée en vertu de la circulaire de Pucheu du 2 janvier[145]. Après le premier jour, la police s'occupa de ceux qui étaient prudemment restés hors de chez eux. Elle recherche les enfants cachés dans des couvents ou des pensionnats religieux. Elle scruta les forêts où les fugitifs essayaient de subsister sans nourriture et sans abri. Pour beaucoup, le terme eut lieu lorsqu'à la fin du mois ils durent renouveler leurs cartes d'alimentation.

Une fois arrêtés, les Juifs furent conduit dans des lieux de rassemblement, et, de là, dans les camps de concentration de la zone non occupée avant d'arriver à Drancy. En dépit de tous les efforts des autorités pour camoufler les déportations et en terminer le plus vite possible hors des regards du public, l'embarquement final et le départ provoquèrent ce que le plus laconique des rapports de préfets appelle des « scènes déchirantes[146] ». Les conditions matérielles de transport étaient, comme le rapportait le préfet de la Haute-Garonne, « nettement défectueuscs ». Lcs témoins dans les gares étaient bouleversés par la vue des wagons de marchandises où la paille infecte était la seule commodité sanitaire ; les femmes s'évanouissaient dans la chaleur[147]. Donald Lowrie, dirigeant d'une organisation de secours américaine, fut épouvanté par ces convois :

Hommes et femmes poussés comme du bétail dans des wagons, trente par wagon avec pour tout mobilier un peu de paille par terre, un seul seau hygiénique en fer et un policier pour les garder... L'Y.M.C.A. déposa une boîte de livres dans chaque wagon[148].

La séparation des familles produisit les impressions les plus ineffaçables. Les parents internés avec des enfants en-dessous de dix-huit ans eurent en général le choix suivant : les abandonner ou être déportés ensemble. Dans la plupart des cas, d'après Donald Lowrie, les parents décidèrent d'affronter seuls leur destin. « Les témoins oculaires, écrit-il en août 1942, n'oublieront jamais le moment où ces camions chargés d'enfants quittaient les camps, leurs parents essayant, en un dernier regard, de fixer une image pour l'éternité[149]. »

Les déportés étaient expédiés à Drancy. Puis le transport continuait vers l'Est, parfois immédiatement, parfois après un jour ou deux. Depuis le premier train de déportation, en mars 1942, ces convois étaient gardés par la gendarmerie française. Le petit nombre de policiers allemands disponibles ne pouvaient être affectés à cette tâche. À la vérité, les effectifs nécessités par la garde des convois étaient une des raisons pour lesquelles les Allemands préféraient les wagons de marchandises. Là où il fallait 200 hommes pour garder convenablement un train de voyageurs, un train de marchandises en demandait beaucoup moins. Les gendarmes accompagnaient les déportés jusqu'à la frontière allemande à Novéant, où les Allemands les relayaient[150]. Il fallait trois jours pour arriver à Auschwitz. Là, ceux qui étaient aptes à un dur travail physique étaient parfois mis au travail dans les usines de l'I.G. Farben attachées au camp d'Auschwitz, dans des conditions telles que peu d'entre eux y survécurent. La plupart étaient assassinés immédiatement.

Bien que, selon les rapports des préfets, la police et les autres responsables aient obéi aux ordres de manière pratiquement générale, on pouvait déceler de nombreux signes de malaise dans leur exécution. À Paris, certains responsables provoquèrent des fuites et de nombreux Juifs furent mis en garde. Trois préfets au moins étaient au courant des avertissements diffusés par la radio de Londres (ceux de l'Aude, des Bouches-du-Rhône et de l'Hérault). Les rumeurs concernant ce qui s'était déjà passé en zone occupée avait certainement alerté les Juifs de la zone sud. Le geste le plus courageux de la part d'un responsable fut celui du général Robert de Saint-Vincent, commandant la région militaire de Lyon, qui refusa de faire servir ses troupes à la déportation des Juifs de la ville. Vichy le releva de ses fonctions dans les quarante-huit heures[151a]. Le préfet protestant de Montauban, François Martin, avertit d'avance le gouvernement de l'effet néfaste produit sur l'opinion dans le pays et à l'étranger, et acquit dans son département la réputation de nourrir des sympathies pour les adversaires de la déportation. Cependant, il conseillait au gouvernement de faire retomber le blâme sur les Allemands ; il pensait que les Français seraient reconnaissants au gouvernement de n'avoir pas « compromis par une résistance inutile les conditions mêmes de l'existence du pays[151b]. À Bordeaux, la police repoussa certaines exigences de la « Sicherheitspolizei » locale. Pierre Limagne observa en septembre que les gendarmes avaient « plus de honte pour leur uniforme que lorsqu'on a chassé les congrégations ; des démissions parfois héroïques ont été enregistrées dans la police[152] ». Mais les problèmes d'ordre disciplinaire n'entravèrent pas sérieusement les opérations. Jusqu'en août 1943, les Allemands n'eurent pas à tenir compte, dans leur organisation, d'une défaillance généralisée de la police française dans les cas graves[153].

Les résultats des rafles d'août 1942 dans la zone non occupée déçurent cependant les Allemands. Dans l'Ardèche, la police réussit à arrêter 137 Juifs sur les 201 qui figuraient sur la liste. En Haute-Savoie, elle en arrêta 42 sur 91 mais le préfet, Édouard Dauliac, en prit prétexte, dans son excès de zèle, pour annuler le permis de séjour de tous les Juifs français ou étrangers qui étaient venus en villégiature dans la montagne pendant l'été et avaient mis à l'épreuve, selon lui, les ressources et la tolérance des habitants[154a]. Lorsque l'opération fut achevée, Bousquet indiqua dans son rapport que 11 184 Juifs avaient été appréhendés ; ce chiffre fut ramené par la suite à celui, plus modeste, de 7 100[154b].

Les Allemands répondirent à ces maigres résultats en s'efforçant d'élargir la catégorie des « déportables », ce qui était dans la logique de leurs intentions puisque, depuis le commencement, ils entendaient bien déporter tout le monde, tôt ou tard. Bousquet accepta désormais d'y inclure les Juifs belges et hollandais, ce qu'il avait refusé de faire jusqu'alors[155]. Dans son activité au comité de Nîmes, Donald Lowrie constata que les diverses causes d'exemption de la déportation — l'âge, la situation familiale, les services militaires, etc. — étaient modifiées « presque quotidiennement » en septembre, de façon à pouvoir arrêter plus de Juifs[156]. L'administration fit de son mieux pour atteindre les contingents prévus sans avoir recours à des dénaturalisations bien que Laval, dans ses conversations avec Knochen le 3 août et avec Oberg le 2 septembre, ait accepté la dénaturalisation de ceux qui étaient devenus français depuis 1933[157].

Au début de septembre, plus de 27 000 Juifs avaient été déportés des deux zones. Les Allemands voulaient en ajouter 25 000 autres avant la fin d'octobre, en prévision d'une suspension possible des transports pendant l'hiver[158]. En septembre, le contingent assigné par les nazis avait été exactement atteint : treize convois. Mais soudain les transports furent suspendus, peut-être parce que le nombre de « déportables » était insuffisant, mais plus probablement en raison d'une interruption inattendue dans le calendrier ferroviaire[159]. Il n'y eut aucun départ en octobre, quatre en novembre, puis plus rien jusqu'aux rafles et aux déportations massives de février 1943 dans les deux zones. La première phase de la déportation était donc terminée. Les dénaturalisations massives n'avaient pas été nécessaires pour remplir les convois. À la fin de 1942, les Allemands pouvaient dénombrer 42 500 Juifs déportés de France à Auschwitz, chiffre qu'ils n'atteignirent pas ensuite en 1943-1944.

Que savaient de tout cela Laval et Pétain ? Laval suivit de près les événements. Comme nous l'avons vu, il était à Paris le premier jour de la grande rafle et le C.G.Q.J. lui en fit le rapport dans la semaine. Il reçut du vice-président de l'U.G.I.F. une lettre le remerciant personnellement d'avoir exempté les Juifs français pendant les rafles de juillet et d'avoir assuré la libération immédiate de certains d'entre eux arrêtés par erreur. Alors qu'approchaient les rafles massives de la zone non occupée, il eut une entrevue avec Knochen le 3 août[160]. Un groupe de Quakers américains du comité de Nîmes conduit par Lindsley Noble le vit trois jours plus tard. Ils le trouvèrent ouvertement désireux de continuer les déportations. Selon les comptes rendus du comité de Nîmes, Laval « a fait comprendre à nos délégués que les déportations sont inévitables et se font sur sa propre initiative ». Les Quakers parlèrent au représentant des États-Unis à Vichy, qui câbla leur compte rendu à Washington le soir même :

Laval n'a fait aucune mention d'une quelconque pression allemande mais a déclaré carrément que ces Juifs étrangers avaient toujours constitué un problème pour la France et que le gouvernement français était heureux qu'un changement d'attitude des Allemands à leur endroit ait donné à la France l'occasion de s'en débarrasser. Laval demanda pourquoi les États-Unis n'avaient pas accueilli ces Juifs et conclut donc par une discussion du problème juif marquée par une certaine animosité... Laval a donné l'impression que la politique générale qui consistait à débarrasser la France des Juifs étrangers avait été définitivement établie[161].

Le chargé d'affaires américain à Vichy, H. Pinkney Tuck, eut en août et en septembre une série de conversations avec Laval sur les déportations. Il en retira la même conclusion que les Quakers, et en fit part à Washington : « L'attitude de Laval prouvait à l'évidence qu'il n'avait ni intérêt ni sympathie pour le sort des Juifs, quels qu'ils fussent. Il a fait remarquer avec dureté qu'ils étaient déjà trop nombreux en France[162]. »

L'attitude de Laval peut avoir été dictée en partie par

l'intention de dissimuler la réalité de l'assujettissement de la France. Il manifesta également son irritation aux Allemands à la suite des pressions qu'ils exerçaient constamment sur lui pour que les contingents fussent atteints. Il parla à Oberg de ses problèmes concernant les déportations lors d'un dîner donné à Paris le 2 septembre par de Brinon. Tout en confirmant tous les accords antérieurs, y compris celui qui consistait à abandonner les Juifs naturalisés depuis 1933, il dit qu'il ne pouvait pas livrer les Juifs « comme dans un Prisunic[163] ». Les Allemands pensèrent qu'il commençait à être réticent.

Pétain était beaucoup moins directement impliqué dans ces événements. Au premier abord, il donnait à ses interlocuteurs l'impression de n'avoir qu'une vague compréhension de l'ampleur des rafles et des déportations. Pourtant les informations affluaient implacablement chez lui. Tracy Strong, de l'organisation de secours américaine Young Men's Christian Association (Y.M.C.A.), alla voir Pétain le 4 août et lui dit combien l'opinion américaine était émue. Avec le R.P. Arnou, représentant du cardinal Gerlier, Donald Lowrie essaya de franchir le barrage des personnages officiels qui entouraient le maréchal. Ils fournirent des rapports détaillés sur les atrocités au général Campet, chef du cabinet militaire de Pétain, à Jean Jardel, son secrétaire général, et au Dr Ménétrel, son médecin personnel et son confident. Lowrie conclut que Pétain « savait » mais ne pouvait rien faire[164]. À ce moment, une vague de protestations venant de l'Église avait déferlé sur Vichy, et Pétain était entraîné à de nouveaux affrontements : avec le nonce, avec d'autres dirigeants catholiques et avec les protestants. Il est hautement vraisemblable qu'il fut informé par le chef de son cabinet civil, A. Lavagne, des détails de la grande rafle de Paris, transmis par les responsables du Secours national[165]. Il était assez au courant pour intervenir en de rares occasions en faveur d'une relation personnelle ou d'un ancien combattant[166]. Quelles qu'aient été les conclusions que le maréchal aient tirées personnellement de toutes ces informations, certains membres de son entourage immédiat continuaient à trouver un aspect positif aux déportations, jusqu'à la fin de septembre, alors que le Vatican lui-même avait mis Pétain en garde contre elles. Un rapport (non signé) préparé pour lui sur les rafles de la zone non occupée, tout en reconnaissant la sauvagerie des déportations de l'été, concluait :

> Cette mesure permit, il faut le souligner, d'assainir beaucoup l'atmosphère de la zone non occupée. De tous côtés et depuis longtemps, nous recevions des plaintes au sujet de l'activité illicite de ces Juifs étrangers : action antigouvernementale, trafic clandestin, marché noir, etc.[167].

Le massacre des innocents

Dans les perspectives biologiques du racisme hitlérien, les enfants juifs constituaient pour l'ordre nouveau une menace aussi grave que leurs parents. Que ce soit en Pologne et en France, le plan était tout simplement de les faire disparaître. Mais lorsqu'il s'agit de la France, les Allemands pensèrent qu'ils avaient certaines précautions à prendre pour obtenir, au moins dans une certaine mesure, la coopération des Français. L'antisémitisme d'État officiel de Vichy, tempéré par l'importance donnée à l'assimilation culturelle et aux services rendus au pays, admettait la possibilité d'exceptions. Celles-ci s'appliqueraient-elles aux enfants ? Le régime de Vichy essaierait-il de les exclure complètement des catégories de « déportables » ?

Loin d'essayer de sauver les enfants des Juifs étrangers qu'elles avaient livrés aux Allemands, les autorités françaises proposèrent leur déportation. Vichy suggéra que les enfants partent avec les adultes avant même que les nazis ne soient prêts à les accepter. En 1942, selon les estimations de Serge Klarsfeld, 1 032 enfants de moins de six ans ont été déportés de France à Auschwitz, 2 557 âgés de six à douze ans et 2 464 âgés de treize à dix-sept ans : plus de 6 000 enfants pour cette seule année[168]. Comment cela s'est-il produit et pourquoi ?

Les nazis ne désiraient pas s'embarrasser d'enfants lors des premiers convois de déportés. Dannecker les excluait explicitement de ses plans, comme il l'avait indiqué dans un mémorandum du 15 juin 1942 : « La condition essentielle est que les Juifs (des deux sexes) soient âgés de seize à quarante ans. 10 % de Juifs inaptes au travail pourront être compris dans ces convois[169]. » Laval souleva la question dès qu'il prit conscience de la portée du programme des Allemands, juste après la visite d'Eichmann le 1er juillet. Dannecker rapporta à Berlin le 6 juillet :

Le président Laval a proposé, à l'occasion de la déportation des familles juives de la zone non occupée, de déporter également les enfants de moins de seize ans. Le problème des enfants juifs restant en zone occupée ne l'intéresse pas[170].

Berlin était-il d'accord ? Dannecker insista à plusieurs reprises pour avoir une réponse. Plusieurs semaines plus tard, aucune réponse n'étant arrivée, Röthke nota : « Les représentants de la police française ont, à différentes reprises, exprimé le désir de voir les enfants également déportés à destination du Reich[171]. » Finalement, le 20 juillet, Eichmann donna sa réponse par téléphone : les enfants et les vieillards pouvaient être déportés, aussi bien que les adultes aptes au travail[172].

La proposition de Laval, il faut le souligner, fut formulée avant que les enfants soient devenus la source d'un problème pratique pour les autorités françaises. Prévoyait-il déjà alors des difficultés ? Dans ce cas, il ne se trompait pas. Dès le début, les enfants firent problème. Qu'ils fussent ou non inclus dans les rafles, leurs souffrances aiguës étaient très difficiles à dissimuler.

Lors des grandes rafles de juillet en zone occupée, les enfants furent emmenés avec leurs familles. Les 4 000 enfants internés au Vél' d'hiv' et ceux qui furent arrêtés avec leurs parents dans les semaines qui suivirent firent de l'opération « Vent printanier » un acte encore plus inqualifiable. Par contre, en zone non occupée, de nombreuses familles choisirent de laisser leurs enfants derrière elles. Malgré cela, beaucoup arrivèrent de la zone non occupée à Drancy avec leurs enfants. Comme, dans les deux cas, les parents étaient rapidement déportés, des milliers d'enfants restèrent internés.

Dans les conditions sordides et désorganisées de la vie du camp, où rien n'avait été préparé pour eux, l'arrivée de ces enfants qui venaient de devenir orphelins conduisit beaucoup d'internés aux limites du désespoir. Georges Wellers a décrit ce qui en résultait à Drancy :

Les enfants se trouvaient par cent dans les chambrées. On leur mettait des seaux hygiéniques sur le palier, puisque nombre d'entre eux ne pouvaient descendre le long et incommode escalier pour aller aux cabinets. Les petits, incapables d'aller tout seuls, attendaient avec désespoir l'aide d'une femme ou d'un autre enfant. C'était l'époque de la soupe aux choux à Drancy. Cette soupe n'était pas mauvaise, mais nullement adaptée aux estomacs enfantins. Très rapidement tous les enfants souffrirent d'une terrible diarrhée. Ils salissaient leurs vêtements, ils salissaient les matelas sur lesquels ils passaient jour et nuit. Faute de savon, on rinçait le linge sale à l'eau froide, et l'enfant, presque nu, attendait que son linge fut séché. Quelques heures après, un nouvel accident, tout était à recommencer.
Les tout-petits ne connaissaient souvent pas leur nom, alors on interrogeait les camarades qui donnaient quelques renseignements. Les noms et les prénoms, ainsi établis, étaient inscrits sur un petit médaillon de bois...
Chaque nuit, de l'autre côté du camp, on entendait sans interruption les pleurs des enfants désespérés, et, de temps en temps, les appels et les cris aigus des enfants qui ne se possédaient plus[173].

Germain Bleckman, pédiatre de Drancy, submergé par un travail désespérant, compta 5 500 enfants qui passèrent par le camp du 21 juillet au 9 septembre ; beaucoup y arrivaient en wagons à bestiaux plombés. Près de 20 % d'entre eux, entre 900 et 1 000 selon une estimation approximative, durent être hospitalisés dans le camp[174].

En juillet, les convois de déportation comportaient de nombreux adolescents. En août, on prit aussi des enfants plus jeunes. À la fin d'août, les enfants constituèrent souvent l'essentiel du convoi. Ils étaient expédiés dans des wagons plombés, chacun de ceux-ci transportant entre 40 et 60 enfants et une poignée d'adultes. Les Allemands étaient peu impliqués dans la déportation des enfants, et certains signes indiquent même qu'ils la désapprouvaient. En août, Donald Lowrie nota que les Allemands avaient «commencé à refouler de l'autre côté de la ligne de démarcation les enfants juifs laissés seuls dans la zone occupée» après l'arrestation de leurs parents. 1 600 y étaient déjà arrivés et un plus grand nombre étaient attendus. Les Français n'étaient pas satisfaits de se voir imposer de nouvelles charges, et ce conflit rappelle les querelles franco-allemandes de 1940 sur les réfugiés[175].

C'est la police française qui prit l'initiative d'inclure des enfants dans certains convois de déportés. Leguay exposa le fonctionnement du système dans une lettre adressée à Darquier de Pellepoix, au début d'août. Les Allemands établissaient le programme et la police française, d'accord avec les SS, décidait de la composition des convois. Les convois partant de Drancy les 19, 21, 24 et 26 août seraient «constitués par les enfants des familles qui avaient été internées à Pithiviers et Beaune-La-Rolande[176]».

Les notes préparées pour informer le maréchal Pétain de la grande rafle de juillet à Paris ne se contentaient pas de préciser le sort des enfants ; elles démontrent que, dans les échelons supérieurs de l'administration, les enfants n'étaient pas considérés comme des victimes mais comme la source d'un problème :

Quand les Juifs seront emmenés à Drancy [en provenance des camps du Loiret], le triage sera opéré pour envoyer les parents par wagons plombés de 50 vers l'Est après avoir été séparés de leurs enfants. La question des enfants se posera donc très prochainement. Ces enfants, au nombre de 4 000, ne peuvent, d'une façon immédiate, être pris en charge utilement par l'Assistance publique ; le concours du Secours national est naturellement acquis à cette administration[177].

On a soutenu que Laval avait essayé d'aider à obtenir des visas diplomatiques pour que 5 000 enfants juifs puissent échapper à leur sort[178]. Un effort a été fait pour sauver les enfants juifs, mais le rôle que Laval a joué dans l'affaire n'eut rien de glorieux. Ce qui s'est passé peut être reconstitué d'après les archives d'un certain nombre d'organisations de secours — les Quakers, l'Y.M.C.A. — et celles du Département d'État américain et du ministère allemand des Affaires étrangères. Leur examen détaillé s'impose.

Grâce aux efforts des Quakers et du Joint Distribution Committee, quelques centaines d'enfants juifs avaient pu partir avant que les voies ordinaires de l'émigration ne soient fermées pendant l'été 1942[179]. En août 1942, tandis que l'U.G.I.F. implorait Bousquet de laisser partir encore cinquante enfants qui avaient déjà reçu des visas d'entrée aux États-Unis, un plan beaucoup plus ambitieux naquit des conversations entre Laval et le chargé d'affaires des États-Unis H. Pinkney Tuck. Alors que Tuck lui faisait des reproches le 26 août, au sujet des déportations et soulevait la question des enfants, Laval lui demanda ironiquement pourquoi les États-Unis ne les prenaient pas tous. Piqué au vif, mais dépourvu d'instructions officielles, Tuck fut pris de court. Il demanda alors de façon pressante au Département d'État de faire une proposition concrète à Laval. Bien informé sur les déportations par Donald Lowrie, Tuck estimait que 5 000 à 8 000 enfants seraient bientôt dans des maisons d'accueil. Il ajoutait que, vu le caractère des déportations nazies, « un grand nombre de ces enfants [pouvaient] déjà être considérés comme des orphelins ». Le 28 septembre, le secrétaire d'État Cordell Hull offrit

1 000 visas d'entrée et la possibilité d'en obtenir 5 000 autres pour des enfants juifs, « sous réserve de l'approbation des autorités françaises en ce qui concerne l'autorisation de quitter la France[180] ».

Laval restait encore décidé, le 9 septembre, à faire partir les enfants avec leurs parents déportés : « Pas un ne doit rester en France », dit-il ce jour-là au pasteur Bœgner au cours d'une entrevue orageuse[181]. Tout en exprimant son intérêt pour les propositions de Tuck, il en fit un rapport détaillé au diplomate allemand Roland Krug von Nidda. Les Allemands multiplièrent au cours du mois suivant les mises en garde à l'adresse de Laval : il ne fallait pas que le départ des enfants juifs pour les États-Unis devînt une occasion de propagande antiallemande ou antifrançaise. Le 12 octobre, en réponse aux pressions allemandes, Laval dit à Krug von Nidda qu'il insisterait pour que le projet de Tuck ne concernât *pas* les enfants séparés de leurs parents déportés à l'Est. Le 24 octobre, il n'accepta de laisser partir les enfants que si les États-Unis s'engageaient à n'organiser aucune cérémonie publique à leur arrivée et à ne pas attirer autrement l'attention sur l'affaire[182].

En conséquence, les Américains constatèrent que les négociations n'avançaient que lentement. Lorsque finalement Bousquet vit Tuck, le 16 octobre, un jour après que le Département d'État eût rendu publique sa proposition d'accueillir 5 000 enfants, il entoura la position de son gouvernement de nombreuses restrictions. Il mit l'accent sur un des principaux soucis de Laval : cette émigration ne devait pas s'accompagner d'une « publicité défavorable aux gouvernements français ou allemand ». Il accepta finalement d'accorder 500 visas de sortie ; il n'envisageait d'en accorder d'autres qu'après l'arrivée de ces enfants aux États-Unis. Il fit état ensuite d'une autre préoccupation : « Nous devrions limiter le convoi aux orphelins authentiques, c'est-à-dire aux enfants dont les parents sont réellement décédés ou n'ont pas donné de nouvelles depuis plusieurs années. » La direction du

Comité de Nîmes protesta, disant qu'il n'existait probablement pas 500 orphelins juifs au sens strict qu'entendait Bousquet. Mais celui-ci fut inflexible : « Il n'y avait aucune information sur le sort des Juifs déportés, et il ne pouvait donc pas présumer que les enfants qu'ils avaient laissés derrière eux étaient orphelins[183]. » La promesse faite par Laval à Krug von Nidda avait été tenue.

Lorsque les Quakers allèrent à Marseille pour préparer les détails du voyage des 500 émigrants qui, croyaient-ils, avaient obtenu l'autorisation, ils constatèrent toutefois que les autorités locales affirmaient n'avoir pas reçu d'instruction. Le 20 octobre, Tuck avisa les Quakers que Laval, contrarié par le fait que les Américains avaient rendu public le projet, reconsidérait son attitude. Lorsqu'il revit Tuck le 23, Laval consentit à 150 visas et ne revint au chiffre de 500 que sur l'insistance de son interlocuteur. Comme les Quakers commençaient à essayer de rassembler les enfants, l'intendant de police de Marseille, du Prozic, exigea que ne soient pris en considération que les seuls orphelins authentiques. Il imposa ensuite des exigences de plus en plus extravagantes : il voulait des informations sur le statut des parents de chaque enfant, par exemple, et insista pour que toutes les demandes de visas de sortie fussent examinées par l'U.G.I.F. Les Quakers s'employèrent fébrilement à satisfaire toutes ces exigences. Le 5 novembre, tout semblait en ordre[184]. Mais il n'y avait pas encore de visas de sortie. Le 9 novembre, un appel final fut lancé à Laval, mais à ce moment-là, les débarquements des Alliés en Afrique du Nord avaient commencé, et le chef du gouvernement n'était pas d'humeur à traiter avec les États-Unis. Les relations avec Washington furent rompues. Le 11 novembre, les Allemands envahirent la zone sud. Selon une source, 350 enfants réussirent à émigrer clandestinement vers les États-Unis après cette date[185]. Mais le gouvernement de Vichy n'avait rien fait pour sauver aucun d'entre eux.

Comment expliquer l'attitude de Vichy à l'égard de ces enfants, le retard de Laval lui-même à accorder les visas de sortie et les propos pleins de dureté qu'il tint à Tuck, au pasteur Bœgner et aux Quakers, l'empressement mis par la police à déporter les enfants, même avant que les Allemands n'en donnent l'ordre ? Peut-être leur déportation aidait-elle Vichy à atteindre les contingents : alors que la pression se faisait plus forte pour trouver des « déportables », le régime a peut-être voulu éviter la déportation des Juifs français en déportant des milliers d'enfants étrangers[186].

D'un autre côté, Joseph Billig attribue cette attitude au « terrifiant esprit d'inertie aux sommets des organismes responsables de toutes sortes : les autorités se dérobant du côté français devant la perspective d'un sauvetage parce qu'il promettait de déranger la routine administrative. Laval a soutenu cette tendance[187] ». Il est indéniable que les enfants posaient un problème administratif. Lorsque Leguay essaya de voir, après la visite d'Eichmann, combien de foyers seraient disponibles pour les enfants des déportés, la réponse fut décourageante : il y avait 300 places disponibles, avec la possibilité d'en trouver 700 autres si Vichy voulait rendre à la communauté juive les propriétés réquisitionnées, et d'en ajouter encore 550 si les Allemands faisaient de même. Or plus de 4 000 enfants campaient dans le seul Vél' d'hiv' le lendemain matin de la grande rafle du 16 juillet à Paris. Darquier, d'abord favorable au placement des enfants dans des institutions, était désormais partisan de la déportation. Il en était de même de la police[188]. Le nombre d'enfants allait encore augmenter après l'extension des déportations à la zone non occupée. Pour bon nombre de responsables impliqués dans l'affaire, déporter les enfants avec leurs parents semblait probablement la solution la plus facile.

La séparation des enfants et des parents était devenue, en fait, un problème politique très embarrassant pour le régime de Vichy. C'est un aspect des rafles que les rapports des préfets signalent souvent comme bouleversant l'opinion publique[189]. Ce fut un thème essentiel des protestations les plus importantes qui s'élevèrent contre les déportations, celles de certains membres du haut clergé. L'opinion internationale se concentrait sur ce point. Le gouvernement canadien exprima sa préoccupation, et le dictateur de la République dominicaine, Rafael Trujillo, offrit de recevoir 3 500 enfants. La femme de l'ambassadeur de France en Espagne, à qui un service de secours américain avait fait appel, fit une démarche auprès de Mme Laval[190]. Même le diplomate qui représentait l'Allemagne à Vichy, Krug von Nidda, trouva que la police française avait été « maladroite » (« ungeschickt ») en séparant les familles dans leurs maisons, à la vue des voisins[191].

Vichy était particulièrement sensible à la moindre accusation de manque de respect pour le caractère sacré de la famille. Le seul fait d'en mentionner l'idée provoquait une enquête menaçante des agents de la police antijuive, la S.E.C.[192]. Lorsque Tuck et Bœgner firent appel à Laval, celui-ci nia énergiquement que des enfants aient été séparés de leur famille. En fait, le régime semble avoir changé de politique en réponse à ces critiques. Un rapport adressé à Pétain sur les déportations de la zone non occupée exprime le regret qu'un certain démembrement des familles ait eu lieu, mais fait observer que « devant l'émotion produite partout par cette mesure barbare, le président Laval demanda et obtint que les enfants ne seraient pas séparés. Aussi dans les arrestations de la zone non occupée, les enfants ont-ils suivi leurs parents[193] ». À la mi-août, lorsque des familles furent prises dans les camps de Noé et de Récébédou, Vichy démentit officiellement qu'il y ait eu des séparations[194].

Laval semble avoir pensé, si incroyable que cela paraisse, que le fait de déporter des enfants à Auschwitz améliorerait son image. Radio-Paris fit à la mi-septembre la déclaration suivante :

Lors d'une conférence de presse vendredi dernier, M. Laval a annoncé que le gouvernement de Vichy était prêt à faire une concession [*sic*] en ce qui concerne la déportation des enfants juifs. Ils seront désormais déportés avec leurs parents au lieu d'être séparés. Il a ajouté cependant : « Rien ni personne ne pourra nous détourner de la politique qui consiste à épurer la France d'éléments indésirables sans nationalité[195a]. »

Si Laval était désireux de débarrasser la France des Juifs étrangers, pourquoi alors a-t-il été si réticent pour coopérer au projet consistant à envoyer 5 000 enfants aux États-Unis ? Il est impossible de connaître ses pensées les plus secrètes, mais tout porte à croire qu'il jugeait que l'affaire ne méritait pas de provoquer une tension avec les Allemands. En septembre et octobre 1942, ses préoccupations étaient certainement ailleurs. Le 4 septembre, il avait été obligé de décréter le service du travail obligatoire pour tous les jeunes — aveu tacite que la « relève » volontaire n'avait rien donné, et étape vers le travail forcé en Allemagne. La réponse de la population à cette mesure fut beaucoup plus négative que la réponse aux déportations de Juifs étrangers[195b]. Elle était susceptible d'affecter directement beaucoup plus de Français. Laval se trouvait pris entre les exigences toujours croissantes des Allemands en ce qui concerne la main-d'œuvre, et une population toujours plus récalcitrante. Pourquoi dans ces conditions aurait-il accru ses difficultés en soulevant ce qui semble avoir été, pour lui, une question mineure ? En fin de compte Laval fit ce qui pèserait le moins sur l'administration française et sur ses propres relations avec l'Allemagne.

Le revirement de l'opinion

Les scènes de terreur et de désespoir qui se produisirent dans toute la France lorsque les Juifs furent traqués pour être déportés, en juillet-août 1942, constituèrent aussi un tournant décisif pour l'opinion publique. Auparavant, la politique antijuive était conforme à la loi ; on pouvait l'admettre ou même l'approuver comme l'un des nombreux principes du programme de renaissance nationale du maréchal Pétain. Désormais il s'agissait d'opérations policières, avec leur part de violence et de cruauté. Auparavant, on n'emmenait que des hommes, presque toujours des étrangers et généralement en âge de servir. Désormais des femmes et des enfants étaient chargés dans des wagons à bestiaux avec les hommes, et certains d'entre eux étaient des citoyens français. Auparavant, parmi les internés, beaucoup étaient un jour libérés. Mais désormais on n'entendait plus parler des déportés, à l'exception de quelques cartes postales brèves et énigmatiques qui ne faisaient qu'ajouter aux inquiétudes provoquées par l'expression officielle « destination inconnue ». Auparavant, il y avait une distinction visible entre la zone occupée et celle de Vichy, et des actes systématiquement insultants, tel le port de l'étoile, pouvaient être attribués aux Allemands. Les cas occasionnels de bris de vitrines et de peinture de graffiti dans la zone sud étaient bien évidemment l'œuvre de minorités que l'on désapprouvait. Désormais des rafles se produisaient dans toute la France, et la police française en avait visiblement la charge. Auparavant, beaucoup de Français pouvaient se persuader que les Juifs ne souffraient pas plus que les autres pendant cette sombre période. Désormais, aucun témoin du chargement ou du départ d'un convoi de déportés ne pouvait se méprendre sur le caractère sans précédent de ce qui se passait.

Pour la première fois depuis la fondation du régime du maréchal Pétain, un nombre important de Français modérés ou bien pensants qui l'avaient accepté comme allant de soi ou lui avaient apporté un soutien enthousiaste, étaient blessés au plus profond d'eux-mêmes par ce qu'il avait fait. Pour la première fois, une opposition déclarée éleva la voix, celle de personnalités qui occupaient dans la société des postes importants. Les protestations qui s'élevèrent au sein de la hiérarchie catholique furent celles qui, de loin, eurent le plus de poids, étant donné le ferme appui que l'Église avait accordé précédemment à Vichy et à toutes ses activités. Sans doute certains des plus zélés collaborateurs avaient-ils trouvé tiède l'antisémitisme de l'Église ; sans doute aussi certains catholiques avaient-ils, à titre personnel, œuvré contre les mesures antijuives du régime, comme le groupe du journal clandestin *Témoignage chrétien*. Sans doute encore la hiérarchie se sentait-elle moins proche de Laval, dont l'image était celle d'un républicain opportuniste, que de ses prédécesseurs. Mais, pendant les deux premières années du régime de Vichy, jamais les propos tenus en public par un membre de la hiérarchie catholique n'avaient troublé le front commun, apparemment solide, de l'Église et de l'État.

Le dernier enfant en pleurs, la dernière mère désespérée avaient à peine quitté le Vél' d'hiv' pour Drancy que, par une coïncidence, l'assemblée annuelle des cardinaux et archevêques se réunit à Paris. L'assemblée ne fit aucune déclaration publique, mais elle ne pouvait guère ne pas tenir compte de l'opération « Vent printanier » qui venait d'avoir lieu et du rôle directeur qu'y avait tenu la France. Le cardinal Suhard porta à Pétain la protestation non publiée de l'assemblée. Comme les déclarations du Saint-Siège lui-même, l'appel se limitait à revendiquer « les exigences de la justice et les droits de la charité ». Tout le monde ne trouva pas la démarche assez vigoureuse, et le nonce jugea qu'il s'agissait là d'« une protestation platonique ». Néanmoins, le ton était nouveau et pressant tant pour la justice (définie comme le respect « des droits imprescriptibles de la personne humaine ») que pour la charité (« pitié pour les immenses souffrances, pour celles surtout qui atteignent tant de mères et d'enfants[195c] »).

D'autres hommes d'Église suivirent à leur manière, les uns avec hésitation, les autres avec empressement et certains, évidemment, pas du tout. Le cardinal Gerlier, connu comme un pétainiste à toute épreuve, reçut le 17 août le rabbin Kaplan et, le lendemain, le pasteur Bœgner. La lettre qu'il écrivit à Pétain pour appuyer la démarche faite antérieurement par le cardinal Suhard reflétait, selon les termes de

François Delpech, « une étonnante modération[196] ». Alerté sur les scènes de départ qui avaient eu lieu à la mi-août dans son diocèse, aux camps de Noé et de Récébédou, Mgr Saliège, archevêque de Toulouse, âgé et paralysé, homme de caractère, très populaire, qui avait marqué ses distances avec Vichy dès le commencement, rédigea une lettre pastorale destinée à être lue dans toutes les paroisses de son diocèse le dimanche suivant 23 août. Ce fut la parole la plus claire qui ait été entendue en France sur la persécution des Juifs :

Que des enfants, des femmes, des hommes, des pères et des mères soient traités comme un vil troupeau, que des membres d'une même famille soient séparés les uns des autres et embarqués pour une destination inconnue, il était réservé à notre temps de voir ce triste spectacle. Pourquoi le droit d'asile de nos églises n'existe-t-il plus ? Pourquoi sommes-nous des vaincus ?... Les Juifs sont des hommes, les Juives sont des femmes. Les étrangers sont des hommes, les étrangères sont des femmes. Tout n'est pas permis contre eux... Ils font partie du genre humain. Ils sont nos frères comme tant d'autres[197].

Les rafles de la zone non occupée, les 26-28 août, balayèrent de nombreuses hésitations. Les policiers français traquaient les Juifs aux portes du maréchal Pétain et les livraient aux Allemands ; la complicité du régime de Vichy ne pouvait plus se dissimuler. La lettre pastorale de Mgr Théas, évêque de Montauban, qui fut lue dans son diocèse le 30 août, ne fut pas moins retentissante :

Je fais entendre la protestation indignée de la conscience chrétienne, et je proclame que tous les hommes, aryens ou non aryens, sont frères, parce que créés par le même Dieu ; que tous les hommes, quelles que soient leur race ou leur religion, ont droit au respect des individus et des États[198].

D'éminents hommes d'Église se sont trouvés entraînés dans les actions directes menées par certains de leurs subordonnés en faveur des Juifs. Dans le diocèse de Lyon, le R.P. Chaillet et son groupe œcuménique, l'Amitié chrétienne, répartirent des enfants juifs dans un certain nombre de maisons religieuses et refusèrent de les livrer à la police, même lorsque le R.P. Chaillet que l'on savait proche du cardinal Gerlier, fut arrêté et interné dans l'asile psychiatrique de Privas, dans l'Ardèche, pendant trois mois. Le cardinal refusa au préfet régional de Lyon, Alexandre Angéli, de lui communiquer les adresses des maisons qui hébergeaient ces enfants.

Pourtant, lorsque le cardinal Gerlier lui-même publia une protestation publique le dimanche 6 septembre, il se crut obligé de la rédiger en termes de loyalisme envers le régime et en reconnaissant « qu'il y [avait] pour l'autorité française un problème à résoudre ». Le loyalisme était la note dominante de plus d'une protestation. Mgr Delay, évêque de Marseille, dénonça les arrestations d'hommes, de femmes et d'enfants opérées sans discrimination pour « les envoyer peut-être à la mort », mais il se hâta d'ajouter :

Nous n'ignorons pas que la question juive pose de difficiles problèmes nationaux et internationaux. Nous reconnaissons bien que notre pays a le droit de prendre toutes mesures utiles pour se défendre contre ceux qui, en ces dernières années surtout, lui ont fait tant de mal, et de punir ceux qui abusent de l'hospitalité qui leur fut si libéralement accordée. Mais les droits de l'État ont des limites...[199].

Il est tentant aujourd'hui de sous-estimer de telles déclarations en raison des traces des vieux préjugés antijuifs qu'elles contiennent. De plus, comme le remarquait le R.P. Chaillet, ces protestations furent « malheureusement trop compensées par bien des silences[200] ». Moins de la moitié des évêques de la zone non occupée firent des déclarations publiques en chaire, et pas un seul en zone occupée où, évidemment, les sanctions possibles étaient beaucoup plus fortes et la diffusion de l'information beaucoup moins libre. Étrange silence que celui du cardinal Liénart, à Lille, lui qui s'était distingué avant la guerre par ses dénonciations du racisme et de l'antisémitisme. Mais son diocèse dépendait des autorités d'occupation allemandes de Bruxelles[201]. Il y eut même quelques signes d'approbation cléricale. La *Semaine religieuse* du diocèse d'Évreux accepta de publier une note de la « Propagandastaffel » qui justifiait les mesures antijuives en citant l'exemple du pape Paul IV, alors que le *Bulletin diocésain* de l'archevêque de Rouen venait d'être interdit pour avoir refusé de la faire paraître[202]. Parmi ceux qui protestèrent publiquement, seuls Mgr Saliège et Mgr Théas n'éprouvèrent pas le besoin de faire allusion au « problème juif » ou d'exprimer leur loyalisme à l'égard du régime. Mais même eux donnèrent à entendre que c'étaient les Allemands, et non les Français, qui étaient à blâmer.

Pour limitées qu'elles fussent, les déclarations courageuses du clergé eurent un retentissement dans le pays et à l'étranger, précisément parce qu'elles marquaient un tournant. « Dieu se sert de vous, monsieur le Maréchal », avait proclamé Mgr Delay l'année précédente dans une prestigieuse revue ; voici à présent qu'il envoyait une lettre tranchante à *Gringoire* (édition de Marseille) qui applaudissait à la déportation des Juifs. De telles actions, disait l'évêque, étaient « contraires... au véritable esprit de la Révolution nationale[203] ». Le cardinal Gerlier, primat des Gaules, était connu désormais — à tort — comme « le Primat des gaullistes[204] ». C'est précisément parce que ces appels sans équivoque à la conscience nationale émanaient des plus ardents défenseurs du nouveau régime qu'ils avaient une telle portée.

Le clergé catholique n'eut évidemment pas le monopole des protestations publiques contre les déportations. Les protestants ajoutèrent un nouveau message public à la longue série de ceux qui l'avaient précédé, une éloquente déclaration du pasteur Bœgner lue dans presque tous les temples le 22 septembre ; mais les protestants avaient déjà la réputation d'être agités et marginaux. Après avoir très peu abordé ce sujet, les mouvements de résistance insistaient désormais sur les horreurs de la déportation. Il est plus significatif que des voix se soient élevées au sein même des milieux pétainistes.

Pierre Régnier, président d'un comité de grands invalides de guerre, fit appel à de Brinon pour que soient prises des « mesures de sauvegarde » en faveur des grands mutilés de guerre juifs et de leurs familles. Raymond Lachal, directeur général de la Légion des combattants, dit publiquement à Laval que le problème juif troublait « nombre de consciences[205] ». On sut que des anciens combattants avaient renvoyé leurs décorations avec écœurement, et les lettres de protestation pleuvaient en permanence dans les bureaux gouvernementaux[206]. « Un militant de la Révolution nationale, qui ne la considère pas comme incompatible avec un certain esprit de tolérance », intervint en faveur d'un oncle juif interné, avec l'appui de Marcel Déat, « tout en approuvant les mesures destinées à limiter l'activité envahissante des Israélites dans de nombreux domaines[207]. »

Ce sont les protestations du clergé qui eurent néanmoins le plus de retentissement. L'adresse des cardinaux et archevêques en juillet était restée du domaine privé, mais n'était guère secrète, ayant été envoyée aux curés dans toute la France. En décembre, elle fut publiée, avec des déclarations de plusieurs autres personnalités religieuses, dans le *Contemporary Jewish Record* de New York. En dépit de l'interdiction préfectorale, la lettre de Mgr Saliège « se répandit comme une traînée de poudre dans toute la région du Sud-Ouest ». Elle fut lue dans la majorité des églises du diocèse de Toulouse (et non pas seulement dans la moitié d'entre elles, comme Laval l'assura à Abetz), transmise de la main à la main et vendue clandestinement dans les librairies catholiques. Elle fut publiée dans *Témoignage chrétien*, *Le Franc-tireur*, *Combat*, et dans d'autres publications de la résistance, et fut également diffusée par la B.B.C.[208]. Si modérées que fussent les opinions du cardinal Gerlier, on leur trouva assez de force persuasive pour que des équipes de cyclistes les fassent circuler de paroisse en paroisse, dans le Rhône et dans la Loire, non sans risques considérables pour les messagers[209].

On peut mesurer l'importance de ces appels du clergé aux efforts déployés par les autorités pour les faire cesser et pour réduire leurs effets. À Montauban, le préfet, François Martin, persuada Mgr Théas de ne pas lire sa lettre pastorale lors d'une messe en plein air pour la Légion à laquelle il assistait le 30 août bien qu'elle fût lue à d'autres services. À Toulouse, le préfet Cheneaux de Leyritz interdit la distribution de la lettre de Mgr Saliège, mais en vain[210].

Si Vichy réussit à imposer silence à toute relation, dans la presse, des arrestations de la zone non occupée, forcer les journaux à justifier ce qui avait été fait était une autre affaire. Laval donna des instructions strictes aux délégués régionaux à l'information pour qu'ils suppriment « une propagande sournoise dont le seul but est de compromettre l'œuvre du Maréchal ». À la presse fut rappelée avec insistance « la sûre doctrine de saint Thomas et des papes », écho au mémorandum de Léon Bérard en 1941[211]. Le ministère de l'Information essaya aussi d'amener les directeurs des journaux à reprendre un article du *Grand Écho du Midi* (Toulouse) destiné à contrecarrer l'« émotion » au sujet des Juifs, qui était hors de propos, en rappelant « la doctrine générale et traditionnelle de l'Église catholique à propos du problème juif ». Il n'était défendu à personne de se soucier de son prochain, mais, disait l'article sur le ton de la mise en garde, « il n'est pas permis à quelqu'un de provoquer un mouvement qui peut gravement compromettre l'œuvre du Maréchal ». Certains journaux s'inclinèrent, mais d'autres ne le firent pas — notamment la *Croix* (alors publiée à Limoges). Presque aussitôt la censure de Vichy céda[212a]. Les autorités civiles n'eurent pas beaucoup de succès dans leurs efforts visant à expliquer à l'Église ce qu'était réellement la doctrine catholique sur le racisme.

Les rumeurs suivant lesquelles le nonce, Mgr Valerio Valeri, avait envoyé une vigoureuse désapprobation au maréchal Pétain constituaient une menace toute particulière pour le régime de Vichy, désireux qu'il était d'apparaître appuyé par le pape. Le nonce semble avoir parlé à Laval de sa propre initiative — du moins c'est ce qu'il voulait que les Allemands pensent — et le pape lui-même garda résolument le silence[212b]. Laval était assez contrarié pour surmonter sa gêne de traiter avec les ecclésiastiques et pour rendre visite au cardinal Suhard à Paris. Tablant sur les réticences du pape, Laval mit en garde les dirigeants de l'Église en leur répétant que ces protestations nuisaient à la position internationale de la France. Il leur demanda avec insistance de se tenir en dehors de la politique. En particulier, il rappela au cardinal Suhard que le pape n'avait pas pris position personnellement en l'affaire. En août, il demanda formellement à l'un des collaborateurs du nonce de condamner la lettre pastorale de Mgr Saliège et de prier le nonce de dire au pape et au secrétaire d'État Maglione que la France n'était pas satisfaite des interventions du Saint-Siège dans ses affaires intérieures[212c].

Ces démarches montrent que Laval comprenait parfaitement ce qui était en jeu pour lui — à savoir si l'opinion française et internationale considérerait encore le gouvernement de Vichy comme maître chez lui après ces événements. Le préfet régional de Lyon, Angéli, savait ce qui était en jeu lorsque le R.P. Chaillet refusa de donner les adresses des enfants juifs qu'il avait cachés dans divers orphelinats et pensionnats, « mettant ainsi en échec... la volonté du gouvernement ». La situation « demandait un acte d'autorité ». Laval, sans tarder, entreprit de parler à Abetz de l'arrestation du R.P. Chaillet et de son attitude ferme à l'égard du clergé[213]. Il eut moins de succès dans ses efforts pour persuader l'opinion que Vichy était toujours souverain. Dans les rapports des préfets, le sentiment d'une humiliation nationale est presque aussi fort que le sentiment de pitié pour les victimes. Vichy n'avait pas été capable de limiter les déportations à la zone occupée. Ces faits étaient un signe d'assujettissement, une « honte nationale », qui sans nul doute diminuerait « la considération dont jouit notre pays à l'étranger[214] ».

Il était impossible de nier le retentissement profond de ces événements sur l'opinion dans la zone non occupée. Tous les rapports des préfets mentionnèrent les Juifs pendant l'été de 1942, contrairement au manque d'intérêt relatif qui avait précédé, et qui suivit. Vingt-quatre préfets de la zone sud déclarèrent sans ambiguïté que l'opinion publique était, dans son écrasante majorité, bouleversée et indignée par les déportations dans la zone non occupée. Non que tous les préfets fussent d'accord avec leurs administrés ; ils emploient le mot « sentimental » avec une unanimité frappante pour décrire ces réactions, s'étonnant qu'une transformation aussi soudaine ait pu se produire dans une population qui, quelques jours auparavant, se plaignait du trop grand nombre de Juifs, et que les gens eussent si peu de sens de la raison d'État. « Le Français reste ingouvernable », déplorait le préfet de l'Isère, Didkowski, en considérant ce revirement surprenant : « Chacun se plaint du juif », mais, après les arrestations, les mêmes personnes venaient intervenir auprès de lui en faveur d'« un bon Juif », même des officiers de liaison allemands et italiens[215a] !

Au contraire, deux préfets seulement de la zone non occupée firent état, dans leur rapport, d'une satisfaction générale de leurs départements à la vue du départ des Juifs : le Gers et l'Indre, où la sympathie du début s'était évanouie lorsqu'un afflux massif de réfugiés juifs franchit la ligne de démarcation. Cinq autres départements (l'Ariège, l'Aude, l'Isère, la Lozère, et la Saône-et-Loire) avaient, selon les rapports, réagi de façon mitigée. Ce sont les villes de tourisme et les localités des régions rurales, où avaient été assignés à résidence des Juifs étrangers aisés, qui semblaient garder la rancune la plus durable. Les déportations indignèrent l'opinion dans les centres urbains où les témoins oculaires du chargement des trains et de la séparation des familles avaient été nombreux.

Ceux qui désapprouvèrent avec violence Vichy d'avoir livré les Juifs aux Allemands ne s'opposaient pas nécessairement à des mesures plus limitées prises par le régime. Le préfet des Alpes-Maritimes était d'avis que bon nombre de ses administrés, qui avaient été indignés de voir les Juifs envoyés dans la zone occupée, auraient accepté avec « soulagement » leur internement en zone non occupée. D'après les préfets de la Lozère et des Bouches-du-Rhône, la population de ces deux départements espérait que le régime continuerait à poursuivre ses buts d'« épuration » par le moyen de mesures sociales et économiques appliquées avec la « discrimination » nécessaire, qui « écarteraient [les Juifs] des postes où ils sont indésirables[215b] ». Le programme antijuif de Vichy ne perdit pas ses partisans du jour au lendemain en août 1942.

L'agitation fut plutôt éphémère. La plupart des préfets rapportent avec étonnement qu'une affaire qui était de la plus « vibrante actualité » en août, était passée à l'arrière-plan en octobre (Pyrénées-Orientales). La nouvelle loi du 4 septembre qui instituait le service du travail obligatoire pour les jeunes gens amortit en grande partie l'émotion causée par la déportation. De nombreux préfets étaient d'avis que cette loi avait eu un effet encore plus profondément bouleversant sur l'opinion publique (Vaucluse, Haute-Garonne). Les travailleurs français emmenés en Allemagne allaient bientôt occuper une place centrale dans la conscience de la plus grande partie de la population, pour qui la *véritable* déportation était celle-là.

Les responsables ecclésiastiques refusèrent aussi la possibilité d'une rupture avec le régime. Sensible à la large diffusion donnée à sa lettre pastorale dans les organes de la Résistance, Mgr Saliège s'éleva avec force contre « l'usage indécent que certains avaient fait de sa lettre ». Il poursuivait en exprimant à nouveau « son parfait loyalisme à l'égard du maréchal et du pouvoir du pays[216] ». Le cardinal Suhard fit une déclaration similaire et le cardinal Gerlier en fit autant dans une lettre au maire de Lyon, affirmant son « loyalisme conforme à la doctrine traditionnelle de l'Église[217] ». Le cabinet de Pétain enregistrait soigneusement les déclarations de soutien des évêques à mesure de leur parution — le 19 septembre, lors d'une réunion des évêques du sud-est présidée par l'archevêque d'Aix, et le 2 octobre, des archevêques de Paris, Reims et Besançon et des évêques de Châlons-sur-Marne, Verdun, Le Mans, Chartres, Soissons, Beauvais, Nancy, Saint-Dié, Langres, Troyes et Vannes. À la fin du mois, il reçut un rapport qui affirmait que la crise était passée et l'Église « apaisée[218] ». Comme pour sceller publiquement une sorte de rapprochement, les cardinaux Suhard et Gerlier, les deux princes de l'Église des deux zones, eurent une entrevue le 29 octobre avec Laval et Pétain et assistèrent avec eux à un défilé militaire[219].

Il s'agissait, dans cette entrevue, d'autre chose que de bonnes manières. Au cours du déjeuner, le gouvernement réaffirma son intention d'accorder pour la première fois des subventions d'État à l'Institut catholique et à d'autres institutions catholiques d'enseignement supérieur. La Fédération protestante de France du pasteur Bœgner devait, elle aussi, recevoir des fonds de l'État pour ses facultés de théologie, de même que sa rivale de moindre importance, l'Église réformée évangélique du pasteur Lamorte, qui avait soutenu vigoureusement le régime de Vichy, s'était abstenue de toute mention de la question juive, et avait contesté, dans un procès, l'autorité de la Fédération sur les biens ecclésiastiques[220a]. D'autres concessions furent offertes à l'Église pendant cette période, en matière fiscale et au sujet des associations diocésaines. Aucun document ne fait état d'un lien direct entre elles et les mesures prises envers les Juifs, mais les affrontements récents ne pouvaient être éloignés des esprits. Près de deux mois auparavant, Bousquet avait parlé à Hagen du projet d'utiliser les subventions aux écoles catholiques pour faire taire les protestations de l'Église[220b]. C'est dans cette ligne que Laval écrivit à l'ambassadeur au Vatican, Léon Bérard, que les concessions faites étaient

« autant de manifestations de bonne volonté de l'État français », et il ajoutait : « Et, à ce titre, j'espère qu'elles rencontreront dans certains milieux religieux une bonne volonté réciproque. » On ne pouvait guère être plus clair. Mgr Valerio Valeri accueillit les mesures avec reconnaissance, déclarant qu'elles étaient « un clair témoignage du profond dessein de M. le Maréchal d'asseoir la nouvelle France sur les seules bases valables, c'est-à-dire sur des valeurs spirituelles[221] ».

À la faveur de ces négociations, les Juifs furent perdus de vue dans les relations entre Vichy et l'Église. En janvier 1943, le cardinal Suhard se rendit à Rome pour discuter d'affaires importantes concernant la France et le Vatican. Le rapport de Léon Bérard, le 18 janvier, sur les résultats de ces conversations, donne un aperçu singulier des sentiments du pape Pie XII à l'égard de la France de Vichy :

> J'ai su par un collaborateur familier du Souverain Pontife que celui-ci avait été favorablement impressionné par ses entretiens avec l'archevêque de Paris. Il est entré pleinement dans les vues de ce dernier. Il a loué en termes fort chaleureux et délicats la personne et l'action du Maréchal et pris un vif intérêt aux actes du gouvernement qui sont le gage d'un heureux renouvellement de la politique religieuse en France[222].

Pas un mot ne fut prononcé au sujet des Juifs.

Lorsque les déportations reprirent en février 1943, et qu'à nouveau la police française se chargea des rafles massives dans l'ancienne zone non occupée comme dans le Nord, la hiérarchie catholique ne reprit pas ses protestations. Le cardinal Suhard écrivit à Pétain pour lui demander de donner des instructions afin de tempérer les conditions dans lesquelles avaient lieu certaines arrestations. « Il s'agit de la manière dont s'exécutent les mesures contre les Israélites. » Il attirait l'attention en particulier sur les arrestations d'une mère ou d'un père juif dans des « familles aryennes ». Cependant, excepté sur la question des procédés employés pour la déportation, sa résignation était totale :

Chacun sait que le gouvernement français ne peut être rendu entièrement responsable des mesures prises. Il reste que, par l'une de ces fatalités dramatiques de l'heure présente, ce sont des Français qui doivent exécuter les ordres. Nous voudrions que tout au moins, si les ordres n'ont pu être évités, leur exécution ne puisse être taxée de sévérité excessive et d'inhumanité[223].

Le sujet de tension principal dans les relations entre Vichy et l'Église était désormais le service du travail obligatoire et la question de savoir si des prêtres pouvaient accompagner les travailleurs. Le cardinal Suhard était fier de la réserve de l'Église : « Nos évêques se refusent à faire leurs certaines protestations qui circulent actuellement dans les milieux catholiques », dit-il en mai 1943 à Mgr Chappoulie qui était le représentant de la hiérarchie de Vichy[224]. Mais il ne fut pas fait mention des Juifs.

L'explosion de colère au sujet des déportations s'était calmée. Mais la prétention du maréchal Pétain d'épargner quelque chose à son peuple avait été gravement atteinte. Les préfets ne cachaient pas, dans leurs rapports, que « les meilleurs éléments de la Révolution nationale » étaient parmi les plus mécontents[225]. La première rupture importante s'était produite entre Vichy et des éléments capitaux de l'establishment. Vichy avait perdu une partie de sa légitimité.

CHAPITRE VII

L'ÈRE DE DARQUIER :
1942-1944

Le contraste le plus parfait opposait le premier Commissaire général aux questions juives, Xavier Vallat, et son successeur, Louis Darquier, dit « de Pellepoix ». Les deux hommes étaient certes capables des expressions les plus vulgaires de l'antisémitisme. Ainsi au printemps de 1942, Vallat, s'adressant aux élèves d'une école de cadres, qualifiait-il les Juifs de « vers qui aiment les plaies gangrenées[1] ». Mais les épithètes employées par Darquier revêtaient une forme plus crue encore. La description qu'il publia de Bernard Lecache, président de la Ligue internationale contre l'antisémitisme (L.I.C.A.), « cet excrément de ghetto », « ce pourceau circoncis », entre autres grossièretés[2] valut en 1939 à son auteur, en vertu du décret-loi Marchandeau, une condamnation à une peine d'emprisonnement et à une amende. Darquier se plaisait aussi à exprimer à coups de poings sa haine des Juifs. Il fut arrêté en 1936, 1937 et 1939 pour s'être livré à des voies de fait contre des Juifs.

Vallat faisait partie de la bonne société conservatrice ; ancien professeur de lettres, député nanti d'une longue expérience des mouvements catholiques et des groupements d'anciens combattants, il comptait des amis dans les milieux les plus fermés du monde militaire et ecclésiastique. Darquier était un homme d'affaires raté et un journaliste marginal que le suffrage universel, avant la guerre, ne porta qu'au conseil municipal de Paris. Vallat était à Vichy, où il maintint le centre de ses activités, un personnage de rang. Pétain l'accueillait volontiers à sa table, même après qu'il eut quitté son poste. Les Allemands ne consentaient à lui accorder d'autorisation de séjour en zone occupée que cas par cas[3]. Darquier resta toujours étranger à Vichy. Il passait la plus grande partie de son temps à Paris et y installa complètement ses services en novembre 1943. Vallat était un travailleur acharné, un homme qui se targuait d'être attentif aux détails, même alors que le Commissariat échappait à ses efforts de remise en ordre administrative. Darquier aimait l'indolence et les plaisirs. Il ne passait guère de temps dans son bureau, laissant les activités quotidiennes du Commissariat à des associés douteux. Vallat était un nationaliste qui haïssait les Allemands autant que les Juifs, et dont l'antisémitisme était tempéré par le désir de protéger certains anciens combattants juifs. Darquier recevait des fonds secrets des Allemands depuis 1937 ou 1938, et la notion de raison d'État semble n'être jamais entrée dans ses calculs. De fait, tandis que Vallat avait été nommé à son poste sans que les Allemands en soient prévenus à l'avance, Darquier était le candidat de l'ambassade d'Allemagne et du SD.

Louis Darquier — il ne prit que plus tard le nom pseudo-aristocratique de Darquier de Pellepoix — naquit à Cahors en 1897. Il était fils de médecin. Après de bons états de service dans l'armée lors de la Première Guerre mondiale (états de service qu'il dépara quelque peu en quittant son unité avant d'être officiellement démobilisé à l'automne 1919), le jeune ancien combattant eut de la peine, comme il était fréquent dans les années 20, à trouver sa place dans le monde. Il travailla à Strasbourg dans une agence de publicité, puis, en 1927, à Anvers et à Rotterdam dans une firme franco-anglaise de commerce des grains en gros ; il tâta même d'un ranch en Australie. Ce sont les manifestations nationalistes du 6 février 1934 qui firent la carrière de Darquier. Il utilisa la blessure qu'il avait reçue dans un affrontement avec la police, place de la Concorde, parmi ses camarades de l'Action française, pour fonder l'Association des blessés du 6 février, dont il s'arrogea la présidence. Un an plus tard, en mai 1935, il fut élu au conseil municipal de Paris, où il représentait le quartier des Ternes. Il avait trouvé son métier d'agitateur de droite.

Cependant, pour Darquier, tout se réduisait à une seule question : les Juifs. Il quitta les Croix de Feu en 1935 parce qu'il voyait dans le colonel de la Rocque un « dictateur à l'eau de rose » ; il réussit à entrer en conflit même avec l'Action française en se rangeant du côté d'Urbain Gohier quand celui-ci, en 1939, qualifia de Juifs Daudet et Maurras[4]. Il ne partageait certainement pas l'antigermanisme de principe de Maurras. Il sollicita discrètement des fonds de l'ambassade d'Allemagne au début de 1937 mais l'ambassadeur, von Welczek, était prudent. Les fonds que Darquier reçut finalement des Allemands vinrent plutôt de sources non officielles, comme l'Internationale antisémite de Genève, organisation nazie liée à Julius Streicher, et du colonel Fleischauer, agent du Weltdienst, agence de presse antijuive financée par le parti nazi à Erfurt[5].

Ces fonds aidèrent Darquier à lancer un hebdomadaire antisémite, la *France enchaînée*, qui semble les avoir absorbés aussi vite qu'ils étaient fournis. Il fonda aussi une série d'organisations de propagande : le Club national contre les métèques, puis le Rassemblement antijuif. Il dit à l'ambassade d'Allemagne en 1937 qu'il avait 3 000 membres, pour la plupart des avocats et d'autres personnalités de premier plan, ce qui était sans nul doute fortement exagéré. Il est cependant certain qu'il avait de la notoriété. Il fit sensation le 7 avril 1938 en prononçant devant le conseil municipal de Paris un long discours dans lequel il affirmait que toutes les professions libérales et le domaine artistique étaient envahis par les Juifs, que ceux-ci étaient à l'origine de la Première Guerre mondiale, qu'ils avaient ensuite fait durer, que Blum avait ruiné le pays, que la France avait été contrainte d'accueillir de 80 000 à 100 000 Juifs que la Pologne expulsait « sous peine d'asphyxie » — c'était en bref « la youpinisation définitive de la France ». Hitler « a su résoudre le problème légalement », faisait observer Darquier. Si la France ne prenait à son tour le même genre de « lois sages », il se produirait une explosion de violence. Les réactions furent orageuses et on frôla l'affrontement physique, bien que Darquier ne fût pas absolument isolé. Le Dr Torchaussé emboîta le pas en transmettant au Conseil le vœu exprimé par l'Académie de médecine le 12 janvier 1937 et selon lequel toutes les demandes de naturalisation devraient être accompagnées d'un « examen de santé complet » pour éviter toute « atteinte à la valeur de notre race[6] ». Darquier ajouta à la triste notoriété qu'il acquit ce jour-là la condamnation déjà signalée pour diffamation publique, et la réputation de vie facile, d'absence de scrupules et de vénalité.

Lorsque la guerre éclata en 1939, sa mobilisation comme lieutenant d'artillerie mit un terme provisoire à ses soucis judiciaires (il fut officiellement amnistié à l'automne 1940 en vertu de la loi du 27 août 1940)[6a] et lui donna une fois de plus l'occasion de faire preuve de bravoure. Il fut cité pour avoir couvert la retraite de sa batterie et fut fait prisonnier. Il continua à l'Oflag 2 D sa propagande antijuive et fut rapidement libéré.

De retour à Paris, Darquier mena ses activités de 1940 à 1942 dans le monde louche de la propagande antisémite, celui qu'il connaissait le mieux et qui, désormais, semblait avoir de l'avenir. Il fonda l'Association pour la défense de la race et travailla avec l'Institut d'étude des questions juives, patronné par les Allemands. Avec Bernard Faÿ, Léon de Poncins, Claude Vacher de Lapouge et d'autres, Darquier était considéré par le « Judenreferat » comme un éventuel directeur de l'« office central juif » que les Allemands pressaient Vichy de créer au printemps 1941. Mais à ce moment-là Darlan prit l'initiative et nomma Xavier Vallat. Lorsque celui-ci, au début de 1942, eut perdu la confiance des Allemands, ces derniers, après avoir un moment envisagé de choisir Doriot, jetèrent leur dévolu sur Darquier pour lui succéder. D'après René Gillouin, Darlan offrit le poste à René Dommange, député parisien de droite, très proche de Pétain, et partisan de certains des aspects les plus nostalgiques de la Révolution nationale, mais Dommange refusa[7]. Vallat, à l'en croire, mit le gouvernement en garde au sujet de Darquier, comme d'autres le firent. Cependant, lorsque Laval revint au pouvoir, il semble avoir choisi de faire un geste vis-à-vis des Allemands en leur donnant satisfaction au sujet d'un poste considéré par lui comme secondaire. De plus, contrairement à certains extrémistes parisiens, Darquier, ancien combattant, était un pétainiste de la première heure : il serait peut-être plus maniable. Laval, qui avait d'autres sujets de préoccupation, céda à propos de Darquier. Pour se couvrir, il nomma commissaire adjoint, afin de le surveiller, Georges Monier, conseiller d'État[8]. Le 6 mai 1942, l'heure de Darquier était arrivée. Pétain le nomma, à l'âge de quarante-cinq ans, commissaire général aux questions juives[9a].

Le Commissariat de Darquier et sa place dans le régime

> En outre il [Laval] fit observer une nouvelle fois que Darquier de Pellepoix était certes un « bon garçon », mais ne pouvait être utilisé pour un travail administratif ordonné. (Les allusions ironiques répétées aux capacités réelles de Darquier de Pellepoix donnent l'impression que le président Laval souhaite son éviction. Cela devint particulièrement visible lorsqu'il remarqua, lors de l'entretien d'aujourd'hui, que Darquier de Pellepoix ne formulait guère de remarques pendant les réunions, mais se répandait ensuite en lettres remplies d'accusations contre les ministres inactifs.)
> Rapport du SS Sturmbannführer
> Hagen sur son entretien avec Laval,
> 3 septembre 1942[9b].

La nomination de Darquier n'avait guère été calculée pour

ressusciter la situation amoindrie de l'antisémitisme d'État. Celui-ci se voulait porteur d'une discrimination et d'une épuration légales, appliquées avec ordre pour renforcer l'autorité de l'État et l'homogénéité de la culture. Darquier, quant à lui, assuma tout naturellement un rôle qui était plus théâtral et idéologique qu'administratif. Il consacra son énergie moins à la rédaction de textes de loi qu'à une propagande destinée à passionner l'opinion publique pour la pureté et la grandeur de la race. Sous son autorité, la persécution des Juifs perdit toutes les prétentions qu'elle avait pu avoir à la modération et à la légalité. La promesse de Vichy de ne toucher « ni aux personnes ni aux biens », qui n'avait jamais été vraiment tenue, était désormais bafouée tous les jours de la manière la plus brutale. L'antisémitisme d'État n'avait été, pour Vichy, qu'un des éléments d'un programme plus vaste d'ordre et de sécurité nationale. Pour Darquier, c'était une obsession, une fin en soi qui exigeait du gouvernement une détermination et un engagement toujours plus poussés. Le problème juif « constitue la question préalable à toute politique intérieure et extérieure, à toute rénovation française », disait-il en 1943[10]. L'antisémitisme d'État avait eu pour objectif, selon des partisans, d'accroître l'indépendance et l'autorité de la France. Vallat avait même cru qu'il pourrait obtenir le retrait des ordonnances racistes des Allemands dans la zone occupée en faisant, mieux qu'eux, le même travail. Sous Darquier, les dernières prétentions à l'indépendance furent balayées. Le programme français était désormais absorbé dans un plan allemand beaucoup plus vaste : l'extermination. Tandis que la police française procédait aux arrestations, que les gendarmes gardaient les convois et que l'administration coordonnait toute cette opération inhumaine, peu doutaient que les Allemands dirigeaient celle-ci.

La position du Commissariat se ressentait aussi de l'évolution de la guerre. Même si l'antisémitisme de Vichy avait une origine interne, son sort n'en était pas moins lié, en fin de compte, à la victoire allemande, tout comme l'était la crédibilité du gouvernement lui-même. Rien ne faisait pièce à l'antisémitisme en 1940, lorsque l'Ordre nouveau semblait avoir supplanté pour toujours le libéralisme cosmopolite de la Troisième République. Mais, en 1943, tandis que la guerre s'éternisait, que le rêve d'une paix de compromis allait s'éloignant, que l'occupation se faisait plus pesante et que l'Allemagne subissait des revers en Russie et en Afrique du Nord, la politique de Vichy prêtait davantage à réflexion.

Il n'est pas surprenant, dans ces conditions, que les difficultés rencontrées naguère par le Commissariat pour recruter un personnel honnête et compétent ne se soient pas aplanies. Darquier donnait lui-même, d'en haut, le pire exemple possible. Les tâches de l'administration quotidienne l'ennuyant, il ne pouvait ou ne voulait pas s'entourer d'un personnel compétent. Le changement opéré de Vallat à Darquier est typique du glissement général de Vichy qui, après 1942, fait appel à des responsables plus jeunes et plus marginaux, évolution qui toutefois commença, dans les affaires antijuives, plus tôt que dans les autres domaines. Les subordonnés de Darquier confirmèrent cette tendance d'autant plus fortement que le Commissariat perdit toute légitimité plus rapidement que les services publics plus traditionnels ou techniques.

Un par un, les fonctionnaires du C.G.Q.J. qui avaient auparavant exercé des responsabilités majeures dans l'un ou l'autre des grands corps de l'État cédèrent la place à des nouveaux venus, issus souvent du monde du journalisme, des mouvements politiques de droite ou des organisations de police parallèle. Au Service de contrôle des administrateurs provisoires, (S.C.A.P.), organisme de la plus haute importance, les grands commis disparurent avec la démission de Louis Bralley, contrôleur général de l'armée. Il fut remplacé par Lucien Boué, vieux camarade de Darquier qui avait quitté quelques années auparavant la préfecture de la Seine et avait fait carrière au C.G.Q.J. Les Allemands eux-mêmes le soupçonnaient de corruption[11]. René Dagron, ingénieur des Arts et Manufactures, directeur adjoint du S.C.A.P., céda la place à Pierre Gérard, rédacteur de vingt-huit ans, ami de Darquier depuis 1934 et ancien journaliste au *Jour*[12]. On laissa partir M. Regelsperger, inspecteur détaché de la Banque de France qui avait organisé l'aryanisation dans la zone occupée, comme d'autres responsables qui venaient de la Banque de France et du ministère des Finances. Il en fut ainsi de Jean Giroud, maître des requêtes au Conseil d'État, qui avait été le principal conseiller juridique du C.G.Q.J. en qualité de directeur du service de la législation et du contentieux. On ne peut affirmer catégoriquement que les remplaçants aient été moins compétents ou moins scrupuleux (bien que ce fût le cas de beaucoup d'entre eux), mais il est évident qu'ils avaient moins de liens avec la haute administration. Il était désormais possible de faire son chemin rapidement au C.G.Q.J. Étant l'ami de Gérard, un certain Auguste Mudry, qui n'avait fait que des études primaires, passa d'un emploi rémunéré à raison de 2 000 francs par mois à un emploi qui l'était cinq fois plus.

Le ton fut donné par les nouveaux venus. Le colonel Chomel de Jarnieu, qui avait tenté de mettre de l'ordre dans les activités de Vallat, s'en alla avec lui. Les Allemands refusèrent de le laisser entrer en zone occupée après une querelle au sujet des fournitures nécessaires au premier convoi de déportés, en mars 1942[13]. Darquier le remplaça comme directeur de cabinet par Pierre Gallien, que rien n'arrêtait. Gallien, propriétaire d'une usine de rechapage de pneus à Neuilly, avait été mêlé aux affaires de Darquier dès 1937. Il lui prêta de l'argent et fut codirecteur et principal diffuseur de l'hebdomadaire antisémite la *France enchaînée*. Tous deux avaient été arrêtés ensemble en 1939 pour avoir roué de coups les distributeurs du journal de Bernard Lecache, le *Droit de vivre*. Il ne fallut que cinq mois, en novembre 1942, pour qu'ils en viennent aux mains dans le bureau de Darquier. On ne sait au juste ce qui causa la rupture, mais Darquier paya ses dettes à Gallien et le renvoya, expliquant aux Allemands qu'il était impliqué dans une affaire de corruption[14]. Il ne manque pas de preuves de cette accusation par ailleurs, mais vu la tolérance habituelle de Darquier pour ce genre d'affaires, il est permis de croire qu'il avait d'autres motifs.

Après Gallien, Darquier prit comme chef de cabinet, en novembre 1942, Joseph Antignac. Ce dernier était aussi ardent antisémite que Gallien, mais c'était là leur seule ressemblance. Gallien était un un querelleur et un agitateur, tandis qu'Antignac était un ancien officier de cavalerie élevé au niveau de la caricature. Antignac était l'un des rares officiers de réserve de cavalerie de 1914-1918 qui eût réussi à entrer dans les cadres de l'armée d'active en passant après la guerre par la prestigieuse École de cavalerie de Saumur. Le capitaine Antignac avait été mis à la retraite en 1926 du fait de la réduction des effectifs dans le corps des officiers. Il fut réduit à occuper une série d'emplois de courte durée et de peu d'intérêt. Il trouva vraiment sa voie au C.G.Q.J., après de nouveaux et brillants états de service militaires en 1940. Ses fonctions de directeur régional de la Police aux questions juives à Limoges lui valurent une réputation de rigidité et de dureté. Darquier le fit venir à Vichy en août 1942 pour prendre la tête de toute l'action policière lorsque la Section d'enquête et de contrôle prit la place de la P.Q.J. À partir de novembre 1942 en qualité de chef de cabinet, et de janvier 1943 comme directeur de cabinet, Antignac fut en fait la cheville ouvrière du C.G.Q.J. Il s'acquitta de cette tâche jusqu'à la fin avec une fermeté sans faille. À partir de mai 1944, en tant que secrétaire général sous l'autorité éphémère de du Paty de Clam, il fut en fait Commissaire, sauf en titre[15].

Le C.G.Q.J. avait toujours eu la réputation d'être plus étroitement associé aux Allemands que les autres administrations de Vichy. De fait, certains de ses services, comme le S.C.A.P. et la Police aux questions juives dans la zone occupée, œuvrèrent quotidiennement dès le début en liaison avec leurs vis-à-vis allemands. Vallat s'était efforcé de donner au reste du C.G.Q.J. l'impression extérieure d'une certaine distance par rapport aux autorités d'occupation. Sous Darquier, le C.G.Q.J. instaura avec les Allemands des liens au plus haut niveau. Depuis des années, Gallien fournissait des renseignements à la Gestapo comme agent JII. Devenu directeur de cabinet de Darquier, il leur transmettait régulièrement des documents. Ils appréciaient ses services et Knochen lui-même avait tenté d'intervenir lorsque Gallien fut évincé. En 1943, Antignac faisait couramment parvenir la correspondance interministérielle au « Judenreferent » Röthke, pour son information[16]. Darquier, qui n'était pas homme à s'enterrer à Vichy loin des sensations fortes de la vie nocturne parisienne, passa beaucoup plus de temps dans la capitale que son prédécesseur. Il s'en rapportait constamment au « Judenreferat » et s'efforçait de faire montre aux Allemands de sa rigueur. Il leur rappelait les détails et leur recommandait les solutions les plus sévères. Ainsi, lorsqu'il s'en remit à eux pour savoir si des parents français pouvaient adopter des enfants juifs, il manifesta clairement qu'il attendait une réponse négative au nom de la loi allemande comme de la théorie raciste. Il dit à Röthke qu'il désirait voir des représentants allemands dans le gouvernement de Vichy et leur rapporta des détails compromettants sur la vie de hautes personnalités de Vichy[17].

Les Allemands récompensèrent l'obséquiosité de Darquier par le mépris. Ils ne lui permirent pas la moindre liberté de manœuvre dans l'application de leurs ordonnances antijuives et lui refusèrent généralement les rares dérogations qu'il lui arriva de solliciter[18]. Le C.G.Q.J. devait demander aux autorités d'occupation les faveurs les plus minimes : ouvrir un compte en banque bloqué, disposer de quelques tableaux appartenant à des Juifs ou d'une voiture pour l'un des instituts de propagande de Darquier[19]. Le comble de l'humiliation fut atteint lorsqu'au début de 1944 la Gestapo exigea des employés du C.G.Q.J. qu'ils fournissent les documents les plus précis — leur acte de naissance et le certificat de baptême des quatre grands-parents — pour prouver qu'eux-mêmes n'étaient pas juifs[20]. Deux mois plus tard, Röthke resserra encore davantage l'étau et exigea du C.G.Q.J. qu'il lui fournît un rapport hebdomadaire sur tous les Juifs livrés par la S.E.C. à la police française. Darquier ne gagna pas leur respect et à la fin, ce furent les Allemands eux-mêmes qui se débarrassèrent de lui.

Rien de tout cela n'améliora les relations de Darquier avec ses collègues et ses supérieurs du gouvernement de Vichy. Il ne put jamais passer du rôle de propagandiste et de critique à celui de responsable officiel. Bien loin de devenir le porte-parole d'une politique décidée en bonne et due forme, il ne put renoncer à l'habitude de critiquer Vichy depuis Paris. Il accusait la politique antijuive de Vichy d'être « en pleine confusion », oubliant qu'il en portait désormais la responsabilité officielle. Des Juifs se nichaient encore dans les postes élevés de l'administration. « Partout », les Juifs pouvaient encore compter sur « une camarilla d'enjuivés qui s'efforcent de freiner et de saboter par tous les moyens le statut juif[21] ».

C'est dans le style d'un propagandiste et non dans celui d'un membre du gouvernement que Darquier présenta son nouveau programme. A-t-il discuté ses propositions au préalable avec le chef du gouvernement ou avec ses collègues ? Ces démarches n'ont en tout cas laissé aucune trace. Au contraire, son premier acte de Commissaire général fut de publier, le 6 mai, une déclaration-programme extravagante au sortir d'une réunion au service de la propagande allemande à Paris. Lorsque d'autres idées lui venaient, il organisait des conférences de presse auxquelles il prenait un plaisir évident. Toujours critique à l'égard des lois de Vichy en ces circonstances, il proposa de mettre fin aux échappatoires pour les familles juives installées de longue date dans le pays et pour les anciens combattants, qui, affirmait-il, leur permettaient de s'infiltrer dans l'administration. Il estimait qu'il fallait unifier les programmes antijuifs différents dans les deux zones, indiquant sans ambages que cette unification signifiait un alignement sur le modèle allemand. Il insista pour l'extension du port de l'étoile à l'ancienne zone non occupée, pour la dénaturalisation de tous les Juifs naturalisés depuis 1927 et préconisa une loi réduisant les droits des « demi-Juifs » qui avaient échappé aux lois en vigueur. Il déplorait la faiblesse de la Police aux questions juives et de la Section d'enquête et de contrôle qui lui avait succédé. Le 12 mai, il proclama « son intention de régler la question juive d'une manière définitive ». Il applaudit par la suite aux déportations qui, espérait-il, aboutiraient à « l'expulsion totale ». Le 23 mai, il réitéra ses propositions du 6 et insista pour l'inclusion dans les programmes scolaires d'un exposé antisémite de la question juive. Au début de 1943, il n'avait pas annoncé moins de douze projets de lois qui aboutissaient à une révision complète du programme antijuif de Vichy selon les principes racistes : « C'est une affaire de volonté. Mais il faut vouloir[22]. »

Il n'est pas inutile d'examiner les préoccupations de Darquier au sujet des « demi-Juifs » que jusqu'alors on avait laissés en paix (le statut de 1941 avait exempté ceux qui avaient deux grands-parents juifs et n'étaient pas mariés avec une Juive). L'obsession singulière des « demi-Juifs », que les nazis appelaient « Mischlinge », avait été jusque-là une spécialité des Allemands. Sur ce point, Darquier alla plus loin que les nazis. « Les demi-Juifs sont beaucoup plus nombreux qu'on ne pense, surtout dans le peuple. Ils sont souvent plus dangereux que les juifs purs, en raison même de leur caractère hybride[23]. » Si, comme on l'a vu, il est difficile de démêler les aspects raciaux de l'antisémitisme des aspects culturels chez Vallat, celui-ci s'était montré nettement disposé à récompenser les signes d'un profond enracinement dans la culture française constitués par des générations de service public et d'héroïsme à la guerre. Pour Darquier, comme pour les racistes allemands, plus un Juif était assimilé, plus il semblait dangereux parce que dissimulé. Aucune considération tirée de la raison d'État ou d'ordre religieux ne modifiait son racisme simpliste.

Aucun des projets de loi de Darquier ne fut adopté par le gouvernement. On ignore s'ils y ont même été discutés. De fait, plus rien d'essentiel en fait de législation antijuive ne fut promulgué à Vichy après la loi du 11 décembre 1942[24] exigeant l'apposition de la mention « Juif » sur les cartes d'identité et les cartes d'alimentation, mesure préconisée en son temps par Vallat. Darquier n'avait aucune influence au plan législatif sur le gouvernement vu son rang subalterne. La période législative du programme antijuif de Vichy était passée et il ne pouvait pas la faire renaître.

Au sommet, la place de Darquier dans la hiérarchie de Vichy était certainement bien inférieure à celle de Vallat. Le maréchal Pétain l'évitait et, selon des souvenirs d'après-guerre, se serait adressé publiquement à lui en l'appelant « Monsieur le tortionnaire[25] ». Darquier voyait régulièrement Laval une ou deux fois par mois pendant qu'il dirigeait le C.G.Q.J., mais il n'y avait entre eux aucune cordialité. Laval dénigrait ouvertement Darquier dans ses conversations avec les dirigeants allemands, et dissimulait rarement son ironie et son mépris[26]. Cependant, l'efficacité du C.G.Q.J. comme service officiel ne saurait se mesurer aux bonnes dispositions personnelles ou aux invitations à déjeuner à l'Hôtel du Parc. Il faut revenir à la question suivante : le C.G.Q.J. bénéficiait-il de la coopération des autres administrations ou était-il mis par elles à l'écart ?

Les relations entre le C.G.Q.J. et les autres services n'avaient jamais été sans heurts. Elles se détériorèrent encore sous la direction de l'homme querelleur et exalté qu'était Darquier. Affronté à des magistrats tout à fait disposés à appliquer la loi mais à leur manière, Darquier s'attribua ouvertement le rôle de procureur et adressa aux tribunaux des mémoires destinés à défendre la ligne dure qui était celle du Commissariat dans les affaires en cours[27]. Il dénonça aux

Allemands la réticence du ministère de la Production industrielle à fournir, chichement, des chaussures et des couvertures pour les convois de déportés[28]. Il se querella avec Bousquet au sujet de l'émigration[29]. Il alla jusqu'à entrer en conflit avec les spécialistes antijuifs de la préfecture de Police, s'opposant à ce qu'ils pénètrent dans les appartements placés sous scellés pour procurer les effets personnels nécessaires aux enfants juifs dont les parents avaient été déportés[30]. Dans la fameuse affaire Schloss, il autorisa le transfert à Paris, pour estimation, d'une collection de tableaux juifs découverts dans les coffres d'une banque, sans avoir obtenu la garantie qu'ils resteraient aux mains de la France, en dépit des objections des services financiers, de la police et des services des Beaux-Arts[31]. Il semble que Vichy ait adressé aux préfets des notes confidentielles pour leur conseiller de résister aux projets de Darquier; d'après certains témoignages d'après la guerre, Laval aurait fermé les yeux sur l'action des préfets visant à saper les mesures antijuives ou l'aurait même encouragée[32]. Le gouvernement interdit à la presse de mentionner certaines des propositions les plus indignes de Darquier et rejeta quelques-unes de ses exigences administratives et policières[33].

Cependant, rien n'empêchait les agents de Darquier de continuer leur action lorsque le C.G.Q.J. était perdant dans un de ces affrontements entre les services. Le C.G.Q.J. avait la réputation de ne pas tenir compte des décisions judiciaires ne ratifiant pas son point de vue[34]. La S.E.C. outrepassait couramment ses pouvoirs, en principe limités, en matière policière. Dans la lutte acharnée et prolongée entre le C.G.Q.J. et les ministères économiques sur le contrôle de l'aryanisation, le service de Darquier « oublia » parfois d'obtenir l'autorisation du ministère des Finances avant de permettre à un acheteur étranger (c'est-à-dire allemand) d'acquérir des biens juifs[35]. Tout bien considéré, beaucoup de conflits opposant le C.G.Q.J. à d'autres services avaient trait à des querelles d'attributions plutôt qu'aux principes, ce que dictait peut-être la prudence. En janvier 1944, un préfet pouvait encore se plaindre amèrement de ce que le C.G.Q.J. eût donné des instructions directes à un service local sans passer par lui[36]. Au printemps 1944, lorsque M. Formery, inspecteur général des Finances, rédigea un rapport sur le fonctionnement du C.G.Q.J., il consacra son attention à son amélioration et à la réforme des abus plutôt qu'il ne s'éleva contre ses objectifs fondamentaux[37].

Ainsi, rien dans ces frictions entre le C.G.Q.J. et le reste de l'administration n'empêcha Darquier de continuer à diriger l'appareil antijuif institué par ses prédécesseurs et même d'accélérer le rythme de la persécution. Si le gouvernement de Vichy a fait quelque effort sérieux pour limiter son action, ces entraves ne ressortent pas des crédits alloués au C.G.Q.J. Conformément aux extravagances de son style personnel, Darquier, lorsqu'il entra en fonctions, essaya d'obtenir 4 millions de francs *par mois* pour ses projets de propagande, et des sommes du même ordre pour d'autres programmes[38]. Sans les obtenir, il fit néanmoins en sorte de pouvoir disposer chaque année d'une substantielle augmentation de son budget, signe de l'importance de ses services ainsi que du puissant soutien de Paris. La loi du 31 décembre 1942 fixa le budget du C.G.Q.J. pour l'année suivante à plus de 47 millions de francs (contre près de 30 millions l'année précédente), dont plus de 28 millions pour les traitements. Pour 1944, le C.G.Q.J. se vit allouer plus de 50 millions et certains crédits étaient encore disponibles après la Libération. Comme le fait observer J. Lubetzki en rapportant ces chiffres, « il est difficile d'arrêter une machine administrative en marche[39] ».

Comment Darquier fit-il pour conserver son poste pendant près de deux années, alors que Vallat, plus capable et ayant de meilleures relations, n'a pu rester en fonctions qu'un an ? La question mérite d'être posée. Le soutien, à Paris, de l'ambassade d'Allemagne et du SD fut d'un grand poids, bien que les appuis allemands de Darquier se soient fait peu d'illusions sur ses capacités. Du côté de Vichy, Darquier servait peut-être de paratonnerre pour détourner les critiques du public des aspects les plus sordides de la politique officielle. Enfin et surtout, ce domaine n'était pas ceux à propos desquels Laval souhaitait utiliser sa puissance de négociation, ou ce qui en restait. Pendant plus d'un an, il choisit de ne pas entrer en conflit avec les Allemands au sujet de Darquier.

Le Commissariat en action

Fort de l'appui de l'ambassade d'Allemagne et du « Judenreferat » et considéré, de toute évidence, par le gouvernement comme jouissant d'une position rendant toute attaque difficile, voire périlleuse, Darquier avait sous certains rapports les mains plus libres que Vallat. L'action législative lui étant fermée, il disposait des fonds et du personnel permettant de donner de l'extension à l'appareil administratif antijuif. Non que le détail de l'administration l'ait beaucoup intéressé : il laissait cela à ses subordonnés qui suppléaient à son indolence.

Les déportations étaient en grande partie la tâche de la police. Les arrestations, le regroupement et la remise des victimes aux Allemands étaient organisés et exécutés par des fonctionnaires du ministère de l'Intérieur responsables devant Laval, et dirigés par le secrétaire général pour la police, René Bousquet et son délégué à Paris, Leguay ; cela nous rappelle une fois de plus que la politique antijuive de Vichy était du ressort du gouvernement en tant que tel et non le domaine réservé du C.G.Q.J. Darquier assista aux réunions au cours desquelles furent organisées les premières grandes rafles de Paris en juillet 1942 et il fut même chargé, sur le papier, de la direction de l'opération. Son directeur de cabinet, Gallien, était responsable des préparatifs — ou de l'impréparation — qui rendirent intolérables les conditions de vie au Vélodrome d'hiver. Le C.G.Q.J. entra en jeu pour presser le ministère de la Production industrielle de mettre à la disposition des convois des chaussures et des couvertures ; le personnel du C.G.Q.J. prêtait son concours à Drancy lors de l'embarquement des déportés. Cependant, ce n'était pas la P.Q.J. qui procédait aux arrestations et qui gardait les trains, mais la police régulière et la gendarmerie, et les déportations n'étaient pas la principale activité du C.G.Q.J.

Une grande partie de ses énergies était consacrée à l'aryanisation. La majorité du personnel y était affectée. Dans toute la France, les services du C.G.Q.J. devinrent des agences immobilières. Chaque préfecture régionale comportait un fonctionnaire du commissariat chargé du transfert des biens saisis appartenant aux Juifs. Dans la zone nord, les agents de Darquier assumaient les fonctions que les préfectures avaient remplies lors des premières ordonnances allemandes d'aryanisation en 1940. Reprenant avec insistance les revendications antérieures de ses services contre les ministères économiques, Darquier fit aussi en sorte de supplanter le ministère de la Production industrielle, avec l'appui des autorités allemandes, dans la désignation des administrateurs provisoires. La direction des affaires économiques du C.G.Q.J. et le service de contrôle des administrateurs provisoires (S.C.A.P.) avaient toujours été chargés, pour l'essentiel, du contrôle des administrateurs, et leur autorité n'était limitée que par celle des commissaires aux comptes. En dépit des propositions répétées de l'administration pour transférer l'aryanisation à un service mieux tenu et doté d'une véritable compétence professionnelle tel que l'administration des Domaines, le C.G.Q.J. garda jusqu'au bout son emprise sur le processus d'aryanisation. Les fonctionnaires traditionnels ne furent que des spectateurs impuissants de l'ampleur croissante et de la mauvaise administration de ces mutations de biens[40].

Au mépris de la loi, le C.G.Q.J. étendit l'aryanisation aux biens abandonnés par les Juifs déportés. En principe, ces biens devaient revenir à l'U.G.I.F. ou à des administrateurs désignés par les tribunaux[41]. Pendant près de deux ans, le Commissariat s'appropria sans façons tout ce qu'il voulait. En 1944, un rapport du C.G.Q.J. parle d'« une carence complète de moralité chez de trop nombreux administrateurs provisoires », tant la corruption et le favoritisme imprégnaient la bureaucratie de l'aryanisation. Un fonctionnaire estimait en janvier 1943 que les appartements des Juifs se vendaient à un prix inférieur de 30 % à leur valeur marchande. Personne ne pouvait reprocher aux services de Darquier leur lenteur. À la fin de 1943, selon des rapports des deux zones, la partie la plus importante de la tâche était achevée. On peut douter qu'à l'été de 1944 il soit resté beaucoup de biens aux mains des Juifs[42].

La tentation de frauder était presque irrésistible : le C.G.Q.J. était en effet submergé d'entreprises, de logements et d'effets personnels confisqués. Là encore, l'exemple venait de haut. Gallien était connu, à l'intérieur du Commissariat, pour octroyer des biens juifs à ses amis et pour en récompenser d'autres avec des appartements et des commissions[43]. À la corruption s'ajoutait l'incompétence. L'administration considérait comme allant de soi que les entreprises juives soient ruinées par leurs administrateurs du C.G.Q.J. et que l'économie du pays subisse des dommages correspondants. Le ministère de la Justice écrivit à Antignac, alors secrétaire général du C.G.Q.J., en juillet 1944 : « ... la mise sous administration entraîne le plus souvent l'affaire à son déclin ou à sa ruine. » Antignac fut indigné de ce reproche fait à ses services. Le ministère de la Production industrielle et les Comités d'organisation eux-mêmes n'avaient-ils pas préconisé la liquidation des biens appartenant aux Juifs plutôt que leur vente, de façon à diminuer la concurrence[44] ? Face à ces intérêts rivaux et à ces tentations, le C.G.Q.J. de Darquier n'avait pas la stature voulue, sans parler de l'honnêteté.

Dès 1943, l'attrait de profits rapides dans l'aryanisation commença à être contrebalancé par les inquiétudes au sujet de l'avenir. Les acheteurs et les administrateurs des biens juifs pressentaient que le navire pourrait bien sombrer un jour, en dépit des assurances données par les Allemands selon lesquelles la légitimité de leurs transactions serait garantie dans le traité de paix définitif[45]. Il y avait une solution, qui était de se débarrasser le plus vite possible de ces nouvelles acquisitions ; les nouveaux acquéreurs trouvaient irritantes les restrictions imposées à la revente des propriétés pendant un délai de trois ans. Quant aux administrateurs provisoires, ils envisagèrent de s'assurer contre les actions civiles qui pourraient être intentées par les anciens propriétaires juifs. Pour défendre ces divers intérêts, les acquéreurs et les administrateurs provisoires songèrent à constituer des associations de défense. De Faramond, directeur du S.C.A.P. en 1941, s'était opposé à la formation d'une association des administrateurs provisoires parce qu'il voyait en eux des agents temporaires du service public. En 1943, l'inquiétude était plus vive, et l'autorité administrative moins scrupuleuse. Darquier essaya de rassurer les possesseurs de biens aryanisés (« Souvenez-vous de l'histoire des biens nationaux après la Révolution[46] ») mais il lui fut de plus en plus difficile de le faire. En septembre 1943, pour défendre leurs intérêts, les acquéreurs fondèrent l'Association française des propriétaires de biens aryanisés, et l'Association des administrateurs provisoires de France suivit en janvier 1944[47].

La Section d'enquête et de contrôle, organisation de police parallèle du C.G.Q.J. qui avait succédé à la Police aux questions juives de 1941, s'était vu également lâcher la bride par Darquier. La longue rivalité entre la police régulière et ces auxiliaires souvent gênants s'était achevée par un compromis en août 1942 lorsque Laval, coupant court à la suppression totale de la P.Q.J., autorisa son remplacement par la S.E.C. dans des limites en principe strictes. Restait le problème d'obtenir la coopération de la police régulière. Le secrétaire général pour la police, René Bousquet, était désireux d'exposer aux préfets des limites de l'autorité de la S.E.C. Dans une circulaire qu'il leur adressa le 11 septembre 1942, il les avisa que la S.E.C. était exclue de toutes les opérations judiciaires (arrestations, perquisitions, etc.) et les chargea de se réserver toutes décisions sur les mesures à prendre au sujet des suspects identifiés par elle. Ce faisant, Bousquet lui accordait cependant une sorte de reconnaissance officielle. Joseph Antignac, directeur de la S.E.C., croyait que « les portes des préfectures et des intendances de police » allaient « s'ouvrir à nouveau ». Au début de 1943, une aide supplémentaire advint lorsque des modalités de coopération furent mises au point entre la S.E.C. et la gendarmerie nationale[48].

La S.E.C. devint un centre coordonné au plan national pour la collecte de renseignements contre les Juifs. À sa tête, l'ancien capitaine de cavalerie Joseph Antignac pouvait satisfaire son goût de la lutte et du commandement frustré entre les deux guerres. De ses services parisiens, Antignac dirigeait plusieurs dizaines de responsables qui se déployaient comme des représentants en mission pour exploiter l'instinct « révolutionnaire » des provinces au service d'une croisade dont l'impopularité allait croissant. Les agents de la S.E.C., soumis en principe aux services régionaux du C.G.Q.J., jouissaient d'une large indépendance[49]. Ils faisaient ample usage des indicateurs et attendaient des administrateurs provisoires qu'ils fissent fonction d'auxiliaires en leur transmettant des renseignements intéressants. Ils travaillaient en liaison étroite avec le SD. Ils inspectaient les procédures d'aryanisation, espionnaient les personnes, scrutaient les autres services administratifs pour y découvrir les indulgences coupables, dénonçaient les Juifs qui se cachaient et enquêtaient sur ceux qui les avaient aidés. Pendant le seul mois de janvier 1943, et uniquement dans l'ancienne zone non occupée, les agents de la S.E.C. menèrent 527 enquêtes qui entraînèrent 25 internements administratifs,

411

14 expulsions de centres urbains, 9 assignations à résidence et 48 inculpations[50].

Les agents de la S.E.C. scrutaient les moindres infractions aux lois antijuives avec un pédantisme qu'on ne connaissait jusqu'alors qu'aux SS. À Rennes, ils eurent la tâche redoutable d'explorer toutes les librairies pour s'assurer qu'elles ne conservaient pas des livres d'auteurs juifs. La chasse aux livres juifs était une rude tâche car, surtout dans les régions rurales, de vieux manuels, comme le *Cours d'histoire* — interdit — de Jules Isaac, étaient encore en usage en 1943 bien que Hachette l'ait retiré de la vente en 1941[51]. À Paris, à la requête de la Gestapo, la S.E.C. transmit un long rapport sur les cours d'éducation physique assurés dans deux lycées où Juifs et non-Juifs étaient encore mélangés. Une bonne part du travail de la S.E.C. consistait à fouiller dans les archives paroissiales pour détecter les faux dans les certificats de baptême. À la suite de leurs recherches, il n'était pas rare qu'ils accusent le clergé de falsifier les registres. Ils se plaignaient même parfois que la police ait détruit les archives ou manqué d'énergie pour arrêter les personnes découvertes par la S.E.C.[52].

En dépit des efforts de Laval et de Bousquet pour la contenir, la S.E.C. débordait continuellement des limites fixées en août 1942. Dans la zone nord, dès le début elle procéda à de véritables arrestations. Lorsque Darnand devint secrétaire général au maintien de l'ordre en janvier 1944, le service eut le champ libre pour assumer les pouvoirs longtemps convoités qui lui avaient été refusés jusque-là. En juillet 1944, ceux-ci s'étendirent à la zone sud en un paroxysme final de militantisme antijuif[53].

Le terrain de prédilection de Darquier était la propagande. C'était là, pour cet ancien employé d'une agence de publicité, un monde familier, et il prisait beaucoup l'attention que les moyens d'information pouvaient procurer. Par un curieux renversement de perspectives, il semble avoir été attiré davantage par la forme que par la substance de la persécution antijuive, laissant volontiers à d'autres cette dernière. Tandis que Vallat n'avait consacré à la propagande qu'une activité relativement restreinte et avait laissé l'antisémitisme s'aligner sur les objectifs plus larges de la Révolution nationale, Darquier annonça une vaste campagne publicitaire qui était « indispensable » pour son effort antijuif. Il demanda à cet effet plus de deux millions uniquement pour le reste de l'année 1942. Le gouvernement lui donna satisfaction au bout de quelques semaines[54].

La direction de la propagande, rattachée au cabinet de Darquier et dirigée par Alex Delpeyrou, coordonnait l'activité d'une pyramide d'institutions dont chacune visait à atteindre une clientèle précise. L'Institut d'anthroposociologie présidé par Claude Vacher de Lapouge, fils de l'auteur raciste, visait à satisfaire « les milieux exclusivement scientifiques et spécialisés ». L'Institut d'étude des questions juives et ethnoraciales, dirigé par George Montandon, constituait une sorte d'académie antijuive. L'Union française pour la défense de la race était plus faite pour la masse. Les deux premiers instituts étaient dotés des attributs de la respectabilité scientifique et littéraire : revues et autres publications « sérieuses », conférences, orateurs invités.

Misant encore sur la respectabilité scientifique, Darquier prit l'initiative de créer, parallèlement, une chaire d'histoire du judaïsme à la Sorbonne. En novembre 1942, le ministre de l'Éducation Abel Bonnard y nomma Henri Labroue, agrégé d'histoire qui avait publié une étude sur la Révolution française en Dordogne et avait viré à l'antisémitisme entre les deux guerres avec un pamphlet intitulé *Voltaire antijuif*. Ancien député de droite de Bordeaux, il y avait fondé, après la défaite, un « Institut d'études des questions juives ». Lorsque Labroue, qui avait soixante-deux ans, fit cours dans l'amphithéâtre Michelet, il n'avait devant lui, au dire d'un observateur allemand, que trois à cinq étudiants réguliers[55]. L'amphithéâtre était rempli de personnes venues le conspuer et le C.G.Q.J. dut envoyer des photographes pour permettre de les identifier. On annonça en même temps la création à la Sorbonne d'une seconde chaire consacrée aux « études raciales », et probablement destinée à George Montandon, mais le projet ne fut jamais réalisé[56]. Comme on le verra, Montandon trouva un emploi plus lucratif en effectuant des examens cliniques raciaux.

Darquier lui-même dirigeait l'Union française pour la défense de la race, dont l'attrait populaire convenait à ses goûts et à ses ambitions. Il destinait cette organisation à jouer un rôle central dans son effort de propagande. Il mit sur pied des bureaux régionaux à Marseille, Lyon et Toulouse, et traça, à la fin de 1942, un plan de bataille impressionnant qui ne négligeait aucune arme dans la guerre de propagande : livres, brochures, affiches et cinéma antisémites. Il voulait envoyer des agents antijuifs dans tous les secteurs de la vie sociale, même dans les clubs sportifs. Il proposa de commander des « romans policiers, d'amour, ou de cape et d'épée, où le juif tient un rôle pernicieux[57] ».

Les programmes de radio devinrent la spécialité particulière du nouveau Commissaire général, en contraste marquant avec l'orientation plus traditionnelle vers les contacts personnels, qui était celle de Vallat, ancien député. À partir de l'automne 1942, des causeries antijuives furent diffusées régulièrement de Vichy aux principales heures d'écoute, généralement quatre fois par semaine. Selon une source allemande, Bousquet aida Darquier à obtenir la diffusion de ses causeries[58]. Assisté par d'autres spécialistes comme Léon de Poncins et l'abbé Jacques, Darquier prononça lui-même des dizaines de causeries, souvent en des termes très crus et violents.

Non qu'il négligeât la presse. Le Commissariat versa des milliers de francs à divers journaux pour y faire paraître les avis du C.G.Q.J. Outre les journaux collaborateurs de Paris dont l'antisémitisme était assuré, le C.G.Q.J. pouvait compter sur l'appui d'un certain nombre de quotidiens locaux, parmi lesquels le *Nouvelliste de Lyon*, le *Grand Écho du Midi*, le *Mémorial de Saint-Étienne*, le *Courrier du Centre*, le *Petit Dauphinois* et l'*Éclaireur de Nice*.

Le seul thème permanent de toute la propagande de Darquier était la race. Depuis Gobineau, il y avait certes eu des théoriciens français de la race[59]. Toutefois, contrairement à leurs homologues qui, en Allemagne, recevaient généralement un accueil favorable, ils restaient en marge du discours social et scientifique. En France, l'universalisme tenait encore bon, soutenu à droite par le catholicisme et à gauche par l'idéalisme républicain. Si les préjugés sociaux étaient courants dans les attitudes populaires, on avait l'habitude de faire des exceptions personnelles plutôt que de fonder de tels préjugés sur la biologie. Les champions de la race paraissaient beaucoup trop rigides, étrangers aux traditions nationales de la France. Vallat, dont la pensée était, on l'a vu, teintée d'attitudes racistes, avait délibérément évité les arguments de style nazi fondés sur la biologie. Il était en cela probablement plus proche de la mentalité populaire.

En revanche, les déclarations publiques de Darquier reprenaient à leur compte tous les thèmes du racisme national-socialiste. En décembre 1942, il déclara à la radio que les déportations étaient une question d'«hygiène publique».

Le règlement du problème juif n'est pas une fin en soi, il n'est qu'une préparation, un nettoyage préalable grâce auquel pourra renaître demain (et les circonstances catastrophiques que nous traversons, loin d'être un obstacle, aideront) une *aristocratie de jeunes hommes*, débarrassés de cette crasse juive, qui sera capable de rendre la France à sa véritable destinée.

Sous ses prédécesseurs, à l'entendre, les Français étaient demeurés profondément ignorants du problème juif. Désormais, grâce à l'Union française pour la défense de la race et aux instituts qu'il avait fondés, ils seraient capables de combattre «la sournoise propagande juive». La France était au creux de la vague. Elle avait perdu son armée, sa marine, son empire. « Il ne nous reste plus qu'un capital : la force de notre race[60a]. » C'est de ces perspectives que Darquier tirait son inspiration d'un « programme complet de déjudaïsation » : une nouvelle définition du Juif, l'interdiction des mariages mixtes, d'autres mesures tendant à isoler les Juifs, et, finalement, « l'expulsion totale[60b] ».

Autour de Darquier gravitait un groupe de penseurs racistes dont le sectarisme agressif s'était nourri de longues années de vie à l'écart. Leur discours allait enfin faire loi. René Martial, âgé de soixante-dix ans, donna des conférences à la faculté de Médecine de Paris tout en participant à l'Institut d'anthroposociologie de Darquier. Claude Vacher de Lapouge, qui en était le président, prêta le nom de son père qui avait passé sa vie à spéculer sur la race des maîtres. À l'Institut d'étude des questions juives et ethnoraciales, une série de cours s'offraient aux non-initiés avec des conférenciers pourvus de lettres de créance toutes récentes : « eugénique et démographie », par Gérard Mauger ; « généalogie sociale », par Arnaud Bernardini ; « judéocratie », par Charles Laville, et « philosophie ethnoraciale », par Pierre Villemain.

Nul n'accueillit avec plus d'enthousiasme le nouveau climat que George Montandon. Médecin suisse devenu français en 1936, Montandon avait publié de nombreux écrits sur ses recherches anthropologiques en Éthiopie, en Union soviétique, au Japon et aux États-Unis. À la vérité, il avait la prétention d'être un pionnier dans le domaine de l'identification des Juifs par les caractères physiques. Il critiquait même le célèbre théoricien allemand Hans F.K. Gunther. Contrairement aux esprits simples, qui ne connaissaient qu'une seule race juive, Montandon soutint dans *L'Ethnie française* (Paris, 1935) qu'il y en avait deux : « la race alp-arménienne (à savoir sa sous-race arménoïde ») et « la race méditerranéenne (à savoir la sous-race araboïde »). Parmi les physionomies choisies pour illustrer ces thèses, figurait celle de Léon Blum. Comme l'attention du public s'éveillait à la question juive,

Montandon fabriqua un certain nombre d'ouvrages pour satisfaire de nouvelles curiosités : *Comment reconnaître le Juif, Portrait moral du Juif*, et traduisit le *Manuel d'eugénie* du nazi Othmar von Verschuer[61]. Montandon avait vu s'entrebâiller pour lui la porte du C.G.Q.J. lorsque Vallat avait été pressé par les Allemands d'ajouter à son équipe un théoricien racial. Sous le règne de Darquier, Montandon fut élevé au poste de premier expert du régime sur la race juive. Déjà professeur à l'École (privée) d'anthropologie depuis 1933, il devint désormais directeur de l'Institut d'étude des questions juives et ethnoraciales, et professeur du cours principal, l'ethno-raciologie. Le C.G.Q.J. de Darquier lui offrit l'éblouissante perspective de s'élever du plan purement théorique à l'ethno- racisme appliqué, à savoir des examens physiques permettant de découvrir les Juifs. Le professeur, qui avait reçu sa formation médicale à Zurich, saisit la chance qui lui était offerte. Bien que le gouvernement ne soit pas allé jusqu'à rendre obligatoires de tels examens raciaux, les services de Montandon devinrent essentiels dans des cas douteux, lorsque les intéressés voulaient prouver qu'ils n'étaient pas Juifs. Certains allaient le trouver de leur propre initiative ; d'autres y furent « invités » par le C.G.Q.J. ou la préfecture de Police. Parfois Montandon intervenait au dernier moment à Drancy, où sa décision était, à la lettre, une affaire de vie ou de mort. Bien entendu, l'argent n'était pas absent. En dehors des milliers de francs de pots-de-vin que Montandon demandait souvent pour donner une réponse favorable, ses services comportaient un tarif régulier. L'U.G.I.F. le réglait, contrainte de le faire sous la menace, même lorsque Montandon décidait que la personne examinée n'était pas juive[62].

Les textes des examens de Montandon dont nous disposons aujourd'hui sont rédigés dans une terminologie pseudo-scientifique compliquée. Il exposait d'abord à grands traits les « antécédents ethniques ». Ensuite, pour les hommes, il développait toute son érudition clinique avec une appréciation exhaustive de leur circoncision (il s'agissait de savoir si l'opération, généralement accomplie depuis plusieurs dizaines d'années, avait été « rituelle » ou « chirurgicale »). Puis venait l'examen de la « race biologique », pot-pourri de mensurations grossières (« nez moyen », « pieds faiblement cambrés », « lèvre inférieure un peu plus forte que la supérieure »), d'appréciations savantes (« narine très arquée », « cloison très abaissée », « face plutôt allongée ») et un mélange de données qui pouvaient accuser ou disculper (« expression générale du faciès : pas spécifiquement judaïque » ou « plus ou moins judaïque », « mimique : un peu judaïque »). À partir de tout cela, Montandon présentait sa conclusion — à prix fort : on était tantôt Juif, tantôt non-Juif. Il lui arrivait d'être incertain[63]. Il fut exécuté en juillet 1944 par la Résistance.

Pour finir, deux détails indiqueront l'atmosphère qui régnait dans les bureaux du C.G.Q.J. au temps de Darquier. Désormais aucun Juif ne devait y pénétrer, pas même les dirigeants de l'U.G.I.F. qui travaillaient en liaison avec eux. Peu après son installation au Commissariat, Darquier mit en garde ses employés contre l'usage du terme « israélite » — « le moyen principal de défense de la juiverie, qui consiste à prétendre que le problème juif n'est qu'un problème religieux ». Dorénavant, sur son ordre, la correspondance ne devrait jamais parler d'un Juif en l'appelant « Monsieur », mais seulement en le désignant comme « le Juif un tel[64] ».

L'occupation de l'ensemble de la France et la reprise des déportations

> Dans la zone sud toute l'opération est tributaire, plus que dans l'ancienne zone occupée, de l'action loyale de la police française. Les détachements

spéciaux ne peuvent y exercer qu'une activité restreinte de surveillance.

Heinz Röthke, juillet 1943[65].

« Attila » était le nom de code de l'opération par laquelle l'armée allemande projetait de s'emparer de la zone non occupée en cas de débarquement des Alliés. Cependant, lorsque les forces anglo-américaines débarquèrent le 8 novembre 1942, leur action se limita au Maroc et à l'Algérie. Laval s'efforça pendant plusieurs jours de persuader les Allemands que la France pouvait défendre sa neutralité[66]. Ne tenant nul compte des propositions faites par Laval d'une poursuite de la collaboration en échange de meilleures conditions de vie, Hitler donna le 11 novembre l'ordre à ses armées d'avancer vers le sud jusqu'à la côte méditerranéenne. Au même moment, les forces italiennes gagnèrent le Rhône. Aucune ne rencontra de résistance et en quelques heures le gouvernement se trouva placé devant le fait accompli : la France entière était désormais occupée.

Toujours désireux de n'avoir pas à assumer toutes les charges de l'administration, Hitler déclara que l'armistice était encore en vigueur et le gouvernement de Vichy encore souverain. Il fit quelques menues concessions pour la forme afin de sauver les apparences aussi longtemps que les Français obéiraient. La Commission d'armistice continua à exister : elle était un moyen utile de transmettre des ordres aux Français. Ni l'ambassade d'Allemagne ni le M.B.F. ne virent étendre leur autorité à la zone nouvellement occupée ; celle-ci était placée sous l'autorité un peu moins rigoureuse du haut commandement allemand à l'ouest, le général von Rundstedt (« Oberbefehlshaber West »). Le détachement allemand stationné près de Vichy pour garder le maréchal fut tenu à une discrète distance. D'après les apparences, le gouvernement continuait à gouverner.

En réalité, le changement était radical. Les principaux atouts de Vichy lui échappaient. La flotte de Toulon fut sabordée par ses chefs lorsque les Allemands essayèrent de s'en emparer, le 28 novembre. En même temps, l'armée de l'armistice fut dissoute. À ce moment, la plupart des possessions françaises d'outre-mer étaient passées dans le camp des Alliés. Du point de vue de la question juive, le changement le plus important était l'accroissement des pouvoirs de la police allemande. Auparavant, le SD était limité à un représentant à Vichy, et à de brèves et occasionnelles tournées en zone sud. Désormais, l'autorité du « Höhere SS - und Polizeiführer » s'étendait dans toute l'ancienne zone sud, à l'exception de la zone italienne. Le général Oberg entra aussitôt en relations directes avec le gouvernement français. Au niveau local, les « SS-Einsatzkommandos » de Knochen s'installèrent dans les préfectures régionales, comme dans l'ancienne zone occupée. Le gouvernement de Vichy demeurait extérieurement inchangé, mais sa politique d'indépendance était complètement anéantie.

Les Allemands aimaient penser à l'opération « Attila » comme à une marche foudroyante. Pourtant, après les premiers éléments d'avant-garde de la Wehrmacht, la plupart des unités d'occupation allemandes se déplacèrent avec peine dans la zone sud. Il y avait aussi un sérieux problème d'effectifs quant à la police. Même avant d'occuper la zone sud, les Allemands ne disposaient que de 3 000 membres de l'« Ordnungspolizei » pour tous les territoires qui s'étendaient de la frontière belge à la frontière espagnole. Le même nombre d'hommes avait désormais des dizaines de milliers de kilomètres de plus à contrôler. Les renforts indispensables étaient lents à venir. En février 1943, on indiquait que plusieurs milliers de policiers, certains munis d'armes lourdes, étaient en route, mais leur nombre était encore insuffisant[67]. Des détachements de la police était stationnés à Lyon, Marseille, Montpellier, Toulouse et Vichy, mais il fallut un certain temps pour se déployer et pour que leur présence se fasse sentir ailleurs. La Gestapo ne fit acte de présence à Saint-Étienne par exemple qu'en février 1943 ; pour cette ville d'environ 200 000 habitants, il n'y avait que quatre hommes avec un commandant[68].

Ce manque d'effectifs constitua une difficulté permanente de l'occupation allemande en France. La pénurie relative de personnel allemand dans la zone sud explique l'insistance des Allemands pour que les Français restent « souverains ». Il ne pouvait guère en être autrement pour le maintien de l'ordre public. De plus, cette police allemande à peine déployée était placée chaque jour devant des tâches de plus en plus difficiles. En dehors des rafles et des déportations des Juifs, elle avait à faire face aux débuts des maquis organisés et armés qui se formèrent après la création du S.T.O. La lutte contre les « terroristes » avait exigé une action très énergique, dit Knochen le jour même de l'opération « Attila ». Plus de 200 otages avaient déjà été exécutés grâce à l'aide de la police française, déclara-t-il aux autorités militaires, mais il serait prudent, à l'avenir, d'éviter toute précipitation dans l'exécution des otages, probablement pour ne pas atténuer la force de cette contre-terreur[69].

Si Vichy avait voulu assurer la protection des Juifs et des prisonniers politiques pendant que les Allemands mettaient en place leurs maigres effectifs, il aurait eu largement le temps de le faire. Pendant la guerre-éclair de mai 1940, alors qu'on s'attendait à une occupation totale de la France par l'Allemagne, des responsables de la police et des camps avaient libéré des Juifs et d'autres prisonniers dans certains cas pour leur permettre d'échapper aux nazis[70]. En novembre 1942, ils en avaient à nouveau la possibilité, avec bien plus de raisons encore de le faire, sachant mieux ce que l'avenir réservait. L'ambassade britannique à Madrid a fait état de quelques cas : destruction des registres d'inscription des Juifs sur l'ordre de certains préfets, libération de Juifs internés ou emprisonnés. Certains réfugiés qui parvinrent à la frontière espagnole témoignèrent de l'aide reçue de la police française[71]. Mais c'étaient là des exceptions. Dans sa majorité, la police coopéra avec son vis-à-vis allemand. Les Français continuèrent à garder les camps, à Gurs et ailleurs. On ne fit état ni d'un nombre important d'évasions, ni d'une disparition massive de documents. L'ordre fut maintenu.

Il y a plus : la police s'employa à étendre les mesures de répression contre les Juifs. Hagen vit Bousquet quelques jours après l'opération « Attila » et insista sur l'urgence de régler une fois pour toutes la question juive, maintenant que les forces américaines avaient débarqué en Afrique du Nord. Dans les semaines qui suivirent, alors que les Juifs essayaient de se disperser, craignant l'arrivée des forces allemandes, Bousquet donna l'ordre aux préfets de la zone sud d'appliquer rigoureusement la loi du 9 novembre 1942 qui interdisait aux Juifs étrangers de se déplacer librement ou de quitter leur commune de résidence sans autorisation de la police. Bousquet intima aux préfets de n'accorder qu'avec parcimonie ces autorisations, en particulier au cas où les étrangers ne jouissaient plus « de la protection de leur pays d'origine[72] ». Il s'agissait évidemment de ceux des Juifs apatrides qui, en vertu des accords conclus l'été précédent entre Vichy et les Allemands, étaient destinés en priorité à la déportation. C'est aussi à ce moment que les préfectures s'employèrent, à la suite de la loi du 11 décembre 1942, à apposer la mention « Juif » sur les cartes d'identité et d'alimentation. (Voir le texte de la loi en annexe, p. 637). Sans ces cartes, c'était la faim ; avec elles, le risque d'arrestation. Généralement, surtout dans les grandes villes, le cachet était rouge et très visible ; ici ou là, certains policiers plus humains apposèrent le cachet en noir et en petits caractères. Mais il n'y eut pas de dérogations, même pour ceux qui avaient fait l'objet d'une considération spéciale dans le statut des Juifs. Les rapports mensuels des préfets prouvent à l'évidence que cette opération fut menée avec rigueur pendant les premiers mois de 1943[73].

Le 10 décembre 1942, Hitler ordonna l'arrestation et la déportation de tous les Juifs et autres ennemis de l'Allemagne en France — communistes, gaullistes et autres[74]. Maintenant que les Alliés étaient sur l'autre rive de la Méditerranée, il s'inquiétait de leurs appuis possibles dans l'éventualité d'une invasion de la France. Le même ordre décréta le transfert de Daladier, Gamelin, Reynaud et Blum dans une forteresse en Allemagne. Les Français ne furent pas informés de l'ordre général concernant les Juifs car, comme l'expliquait Knochen dans un long rapport du 12 février 1943 adressé à Müller, chef de la section IV du R.S.H.A. à Berlin, il était toujours préférable de traiter la question juive en France par étapes. Knochen raisonnait ainsi : Pétain s'opposait à ce qu'on se serve de la police française pour arrêter les Juifs français, et il était impossible de rien faire sans elle. Laval serait peut-être d'accord mais il changerait toujours d'avis à la dernière minute en utilisant Pétain ou les Italiens comme alibi. Laval pourrait aussi abandonner les Juifs français en échange de quelque concession politique importante. Dans les circonstances présentes (et aucune autorité allemande digne de ce nom ne proposa jamais de traiter la France en partenaire plutôt qu'en ennemi vaincu), la seule méthode était de procéder par étapes[75].

Les Français ne tardèrent cependant pas à éprouver les effets des ordres de Hitler. Ayant l'intention de regrouper les Juifs avant de les déporter, les SS proposèrent en décembre trois étapes à Bousquet : évacuation de tous les Juifs des départements côtiers ou frontaliers ; internement des Juifs étrangers à l'exception des Anglais, des Américains et des ressortissants de pays neutres, en attendant la déportation à l'Est ; regroupement des Juifs français et étrangers exemptés dans trois ou quatre départements de l'intérieur, où ils seraient assignés à résidence avec l'interdiction de quitter leur commune. Bousquet se plaignit des divers problèmes pratiques entraînés par ces mesures — refus des Italiens de permettre l'application des mesures antijuives dans leur zone d'occupation, efforts de l'Espagne et de la Roumanie pour protéger leurs ressortissants[76] — mais d'une façon générale le gouvernement de Vichy s'inclina. Plusieurs textes pris au début de 1943 interdirent aux Juifs de résider dans une partie de 14 départements, ceux qui étaient situés le long des frontières espagnole et italienne, ainsi que dans l'Allier et le Puy-de-Dôme. Un décret du 16 mars resserra l'étau pour les Juifs étrangers : ils devaient faire viser leur carte d'identité par la police en cas de changement de domicile, fût-ce à l'intérieur d'une même commune. Le ministère de l'Intérieur eut le droit de leur interdire tel département ou de fixer leur résidence en un lieu donné[77].

Conformément à ces nouvelles mesures, les Juifs étrangers furent expulsés des départements côtiers et frontaliers et concentrés dans l'intérieur. Les expulsions se firent dans des conditions très dures, avec un délai de trois jours seulement. Le préfet de la Creuse fournit un rapport particulièrement vivant de l'arrivée de trois convois de ce genre dans son département en janvier ; ces convois venaient de l'Ariège et des départements frontaliers des Pyrénées et comprenaient près de 700 personnes. À leur arrivée on leur donna une boisson chaude, fournie par l'U.G.I.F. et la Croix-Rouge et une brochure, émanant du préfet. Cette brochure était une sorte de recueil des abus généralement attribués aux réfugiés juifs. Le préfet y souhaitait la bienvenue à ses nouveaux administrés et leur demandait avec insistance d'obéir aux lois, de ne faire d'achats qu'au marché et non directement à la ferme, de faire tamponner leurs cartes d'identité et d'alimentation, d'envoyer leurs enfants à l'école et de ne pas quitter la commune où ils étaient assignés à résidence. Tandis que les habitants de l'Ariège « n'ont pas dissimulé leur satisfaction de ce départ » est-il rapporté, l'arrivée de ces personnes dans la Creuse « a entraîné de vives doléances » et réveillé toutes les vieilles craintes de hausse des prix, de marché noir et de pénurie[78].

Tout était prêt désormais pour la reprise des déportations à partir de Drancy. Après plusieurs mois d'attente, le « Judenreferat » disposait à nouveau de trains. Knochen donna l'ordre, le 26 janvier 1943, d'acheminer à Drancy tous les Juifs « déportables », de sorte qu'ils soient prêts pour les premiers trains, à la mi-février[79]. Eichmann revint à Paris en février pour hâter le processus. Les mesures d'expulsion et de concentration déjà décrites rendaient disponibles pour la déportation de nouveaux groupes de Juifs dans la zone précédemment non occupée. Toutes les cartes d'identité et d'alimentation des Juifs de la zone sud portaient maintenant la mention « Juif ». Cette opération permettait d'effectuer un nouveau recensement. Alors que le recensement de mars 1942, dans la zone non occupée, avait indiqué un total de près de 110 000 Juifs, ce sont 140 000 cartes d'alimentation qui furent tamponnées en février 1943, à l'exception des régions sous occupation italienne[80]. L'assassinat de deux officiers allemands à Paris le 13 février entraîna la déportation de 2 000 Juifs de plus par mesure de représailles[81].

Pour remplir ces nouveaux convois, la police exécuta une nouvelle série d'arrestations massives de Juifs étrangers en février 1943 dans la zone sud. Cette rafle ne le céda qu'à celle d'août 1942 en importance et en extension. Lorsque Knochen discuta de cette opération avec Bousquet, celui-ci affirma que la police ferait des difficultés si l'on ordonnait la déportation de Juifs français qu'elle avait arrêtés pour infraction au texte ordonnant le port de l'étoile ou à d'autres lois ; la police, dit-il, avait arrêté 1 300 Juifs étrangers à condition qu'ils soient déportés à la place des Juifs français. Knochen dit en privé à ses supérieurs qu'il déporterait évidemment les uns et les autres[82]. Cependant Bousquet était prêt à aider à la déportation des Juifs étrangers. Le 18 février, le ministère de l'Intérieur donna l'ordre aux préfets régionaux de faire rassembler les Juifs étrangers et de les envoyer à Gurs, première étape vers Drancy et vers l'Est. Comme celle du mois d'août, la rafle de février fut exclusivement l'œuvre de la police française. Dans la seule région de Limoges, 509 Juifs furent envoyés à Gurs entre le 24 et le 27 février[83]. Mais, contrairement à l'opération du mois d'août, celle-ci ne souleva ni clameurs de réprobation du public ni protestations de dignitaires des églises. Seuls étaient impliqués des départements ruraux de l'intérieur où les Juifs avaient été concentrés, et la population semble y avoir été toujours particulièrement sensible aux « étrangers » indésirables et à leurs « abus » ; de plus, en février 1943, elle avait l'esprit préoccupé par ses propres malheurs et par la « vraie déportation », celle des travailleurs français en Alle-magne[84].

Le « Judenreferat » était mécontent de ces résultats. Faisant ses comptes le 6 mars 1943, Röthke calcula que 49 000 Juifs de France avaient été envoyés à l'Est. Mais il en restait 270 000, dont 200 000 dans la zone sud. Avec les apatrides, des Juifs de dix-sept nationalités différentes avaient été déportés, plus de 3 000 Juifs français, soigneusement désignés comme « criminels ». Röthke envisageait désormais un vaste pro-gramme de déportation. Il prévoyait, à partir du mois d'avril, des convois hebdomadaires de 8 000 à 10 000 Juifs. Le transport ne poserait pas de problèmes, mais il y avait d'autres difficultés sérieuses. L'attitude des Italiens dans leur zone d'occupation était « particulièrement révoltante ». Il faudrait faire pression sur les Français, dont la police constituait un appui indispensable, pour disposer d'un plus grand nombre de Juifs pour la déportation, même s'il fallait pour cela retirer leur nationalité à ceux qui étaient naturalisés de fraîche date[85].

La différence principale était évidemment que désormais la police allemande pouvait, pour la première fois, procéder directement à des arrestations dans la zone sud. Pendant le seul mois de janvier 1943, les Allemands appréhendèrent 150 Juifs à Lyon[86]. L'apposition, en vertu d'une loi de Vichy, de la mention « Juif » sur les titres d'identité des Juifs était d'une grande aide pour ces arrestations. Mais le nombre limité de policiers allemands restait un handicap sérieux. Les autorités de la police allemande firent diverses expériences, pour utiliser au maximum ces effectifs restreints. Lorsque la police allemande, qui venait d'arriver à Marseille, estima que le Vieux-Port surpeuplé était le havre tout désigné de l'opposition et de la délinquance, ses réactions se ressentirent fortement de l'impression d'être une poignée d'hommes dans un pays hostile. Écrivant à Oberg le 18 janvier à ce sujet, Himmler lui dit que les effectifs allemands étaient tout à fait insuffisants pour monter la garde indéfiniment dans une telle ville. Il vaudrait mieux détruire les quartiers des taudis, « solution radicale et achevée », qui libèrerait la police allemande pour d'autres tâches[87]. Ainsi la restriction même des effectifs des forces de police allemandes en France encourageait-elle la rigueur dans l'action. Du 22 au 27 janvier 1943, 10 000 policiers français et plusieurs milliers de policiers allemands se concentrèrent à Marseille pour déplacer 22 000 habitants dans d'autres quartiers et pour raser le Vieux-Port[88a].

C'est le même sentiment d'être entourés de toutes parts et pressés par l'urgence qui présida aux arrestations directes des Juifs par les Allemands dans la zone nouvellement occupée. Ils regroupèrent leurs maigres effectifs en unités mobiles, ce qui était le meilleur moyen de concentrer une action radicale sur les objectifs particulièrement fructueux. On peut citer comme exemple les opérations de la Gestapo dans le Midi en avril-mai 1943. Les arrestations massives commencèrent le 19 avril à Nîmes, Avignon, Carpentras et Aix. Des familles entières furent traquées et emmenées à la prison Saint-Pierre de Marseille, puis de là à Drancy, au rythme de quarante par semaine. Après l'arrestation du sous-préfet d'Arles, le rythme s'accéléra. Du 28 au 30 avril, les Allemands montèrent dans les trains et appréhendèrent tous les voyageurs dont les papiers portaient la mention « Juif ». Le Ier mai, deux soldats SS furent blessés dans un attentat dans une maison close de Marseille ; à la suite de cet incident, le 4 mai, la police allemande arrêta tous les Juifs dans les trains en direction ou en provenance de Nice. Les autorités françaises essayèrent d'intervenir en prouvant qu'elles avaient découvert les coupables ; lorsqu'elles se refusèrent à donner les noms de toutes les personnes qu'elles avaient interrogées, les Allemands menacèrent d'arrêter les dirigeants de l'U.G.I.F. si on ne leur communiquait pas une liste de notables juifs. En se fondant toujours sur le postulat que tout attentat exigeait une opération contre les Juifs, la Gestapo envahit le 6 mai les bureaux de l'U.G.I.F. à Marseille et emmena dans deux autobus soixante Juifs, parmi lesquels un bon nombre de personnes âgées et dont 80 % étaient des Français. Une femme sauta par la fenêtre pour tenter en vain de s'échapper. Le 7 mai, les SS reprirent les arrestations dans les trains. Le 8 mai, ils interrompirent un service dans la synagogue de Marseille pour demander si des étrangers étaient présents[88b].

Des opérations du même genre eurent lieu à Clermont-Ferrand après l'assassinat d'un médecin capitaine allemand dans la nuit du 26 au 27 avril. Les autorités allemandes demandèrent aux Français trois listes : celle des suspects interrogés, celle de tous les Juifs étrangers de Clermont et celle de tous les Juifs français de la ville. Après en avoir référé à Bousquet, l'intendant de police fournit les deux premières listes mais refusa la troisième[89].

L'image de la France terre d'asile, qui avait résisté aux chocs des deux dernières années, était détruite. Des milliers de Juifs s'efforçaient de fuir et un grand nombre de ceux qui restaient tâchaient de se cacher. On a pu évaluer à environ 22 000 les réfugiés de tout bord, parmi lesquels de nombreux Juifs, qui passèrent en fraude la frontière espagnole aussitôt après l'opération « Attila ». À la fin de 1942, ce chiffre était monté à 30 000[90]. L'Espagne et la Suisse découragèrent les réfugiés et les refoulèrent souvent. En octobre 1942, les Suisses resserrèrent leur contrôle, refusant de laisser entrer ceux qui n'étaient pas porteurs d'un visa régulier délivré par le consulat de Suisse[91]. Le long des deux frontières commença le trafic du désespoir. Des passeurs faisaient traverser la frontière ; au risque d'être arrêté par la police et les gardes-frontière s'ajoutèrent ceux de la fraude et du détroussement par des profiteurs sans scrupules. On demandait jusqu'à 50 000 francs pour passer en Espagne, et 8 000 en Suisse ; les préfets rapportent que les Juifs étaient parfois victimes du vol pendant ces voyages, ou du chantage des gens qui se faisaient passer pour des policiers[92]. Parmi ceux qui ne tentaient pas de fuir à l'étranger ou qui ne le pouvaient pas, beaucoup essayaient de prendre le maquis. D'autres encore étaient entraînés dans l'illégalité sans l'avoir choisi, incapables de se plier au réseau changeant et enveloppant des réglementations.

Certains Juifs pourchassés trouvèrent refuge dans des maisons ou des institutions religieuses. Ainsi, plus du tiers des Juifs de Roanne étaient cachés dans les maisons particulières de non-Juifs[93]. Souvent une partie seulement de la famille se cachait, le mari ou les enfants au travail étant finalement obligés de se déclarer[94]. C'étaient les jeunes enfants qui avaient le plus de chances de survivre en se cachant. Les très jeunes étaient parfois envoyés chez des nourrices dans des régions rurales, bien que ce genre de soins fût sujet à des abus et à de poignantes querelles sur la garde de l'enfant, comme le constatèrent les assistantes sociales[95a]. Beaucoup d'enfants furent placés dans des institutions catholiques. Là ils étaient obligés de prendre de nouveaux noms (les vrais noms étant conservés en secret par des services sociaux juifs là où cela était possible), et les nouveaux noms menaient parfois subtilement à de nouvelles identités. Dans les plus mauvais cas, il y avait prosélytisme déclaré[95b]. Même dans les meilleurs cas, il n'était pas possible à un enfant de ne pas répondre à l'amour de ses parents d'adoption et de ne pas souffrir de l'ambiguïté qui en résultait pour son identité lorsque la vérité était dévoilée. L'expérience de Saul Friedländer illustre toute cette ambiguïté. La révélation de l'identité et du sort de ses parents à la veille de son ordination sacerdotale le plongea dans un engrenage de changements de nom et d'étude de lui-même qu'il a décrit de façon émouvante dans son livre *Quand vient le souvenir*.

Tous ces événements provoquèrent de sérieuses tensions dans la police française. Les préfets se plaignaient de ce que les arrestations de Juifs français par les Allemands étaient « une atteinte des plus graves à la souveraineté nationale », qui les plaçait dans l'impossibilité de protéger les citoyens français[96]. Cela n'empêcha cependant pas la police de participer aux arrestations de Juifs étrangers. Au contraire, les rapports des préfets font allusion aux arrestations de Juifs étrangers (et même de certains Juifs français) par la police française au moins jusqu'en janvier 1944[97]. De plus, comme un nombre croissant de Juifs français se trouvaient, volontairement ou non, dans une situation irrégulière, la police pouvait considérer leur arrestation comme une affaire de droit commun, sans rapport avec la déportation. Les Juifs ne se contentaient pas d'enfreindre les règlements aux frontières ; ils refusaient de se soumettre au recensement qui continuait dans de nombreux départements, ou bien ils participaient à l'industrie, très active, de faux papiers. La H.I.C.E.M., dont la tâche officielle avait pris fin avec la dernière émigration légale, ferma son bureau de Marseille et se mit à organiser des départs clandestins à partir de Brive-La-Gaillarde, en Corrèze, où elle avait de bonnes relations avec le sous-préfet Chaussade[98]. Au début d'avril 1943, les Allemands prirent eux-mêmes le contrôle de la frontière des Pyrénées, établissant une zone frontalière spéciale où l'autorité de la police française était suspendue[99]. En un certain sens, cela enlevait à celle-ci une responsabilité odieuse, car elle aurait été obligée, sinon, d'assurer la déportation des Juifs qui tentaient de fuir à l'étranger. On ignore le nombre des Juifs qui ont été arrêtés en 1943 alors qu'ils essayaient de franchir clandestinement la frontière, mais on peut l'évaluer si l'on sait que 12 000 d'entre eux réussirent à gagner l'Espagne et 10 000 la Suisse au cours de cette année ; il faut y ajouter le petit nombre qui traversa la

Méditerranée dans de petites embarcations[100]. Mais la perte de la souveraineté aux frontières était une amputation douloureuse pour ceux qui s'étaient employés à maintenir jusqu'au bout le mythe de l'indépendance de Vichy. En avril 1943, Bousquet renouvela les accords de la police avec Oberg, réaffirmant que la police française était disposée à continuer la lutte contre « les terroristes, les communistes, les Juifs, les gaullistes et les agents de l'étranger[101] ». Plus que jamais et avec de bonnes raisons, les Juifs étaient intégrés à la liste des proscrits dressée par Vichy.

Vichy, l'abbé Catry et les sionistes de « Massada »

> « Les immenses avantages du projet Kadmi Cohen.... [il] pourrait lever l'hypothèque terriblement lourde que sa politique antisémite trop violente fait peser [sur la France]. En effet, c'est la France qui, avec l'Allemagne, persécute le plus les Juifs. »
>
> André Lavagne, février 1943[102].

Au tournant de 1942-1943, le gendre de Laval, René de Chambrun, présenta à André Lavagne, chef du cabinet civil de Pétain, un prêtre catholique assez peu orthodoxe. L'abbé Joseph Catry avait quitté la Compagnie de Jésus dans la suspicion, après avoir publié une brochure violemment antisémite, *L'Église et les Juifs*, et était interdit. Il avait travaillé avec le collaborateur de Vallat, Gabriel Malglaive et avec Paul Creyssel, directeur de la propagande pour la zone sud et bientôt au plan national, et il essayait de faire subsister à Vichy pour ses brochures une maison d'édition marginale, les Éditions de la Porte latine.

Catry apportait une lettre émanant d'un avocat juif de Paris, Kadmi Cohen. Né en Pologne et élevé en Palestine par ses parents qui avaient été parmi les premiers collaborateurs de Theodor Herzl, Kadmi Cohen avait été volontaire dans l'armée française en août 1914 et avait été naturalisé en vertu de la loi du 5 août 1914 concernant les volontaires étrangers. Après la guerre, Cohen épousa une Française issue d'un milieu catholique, fit son droit et entra au barreau de Paris. En même temps, il entretenait d'étroites relations avec l'Organisation sioniste mondiale dont il fut un des conseillers pendant les années 30. Il écrivit abondamment sur l'histoire ancienne et moderne du peuple juif et obtint un doctorat d'études orientales ; l'un de ses ouvrages reçut un prix de l'Académie française. Cohen était parmi les notables juifs arrêtés à Paris et emmenés à Compiègne le 10 décembre 1941 ; il fut libéré pour des raisons que nous n'avons pu élucider.

Pendant sa détention à Compiègne, Cohen avait fondé un mouvement auquel il avait donné le nom de « Massada ». Il s'agissait de l'initiative d'une poignée d'intellectuels antiassimilationistes qui, du camp où ils étaient internés, voulaient prouver aux autorités qu'elles avaient intérêt à aider les Juifs à fonder leur propre État. Comme les sionistes en général, Cohen pensait que l'installation dans un État national conduirait à l'élévation morale et intellectuelle des Juifs qui avaient été spirituellement déformés par la vie dans la diaspora. Contrairement à la majorité des sionistes, Cohen se proclamait disciple du révisionniste Vladimir (Zeev) Jabotinsky et adversaire de la direction résolument favorable aux Alliés qu'incarnait Chaïm Weizmann. Il était franchement hostile à ce qu'il regardait comme le matérialisme lâche des Juifs assimilés dans les pays anglo-saxons, comme on pouvait déjà le constater dans son livre *Nomades : essai sur l'âme juive* (Paris, 1929, préface d'Anatole de Monzie) et, de façon plus marquée encore, dans *L'Abomination américaine* (Paris, 1930). Les événements dramatiques de 1940-1941 n'avaient fait que renforcer sa détermination d'aider les Juifs d'Europe à rompre avec leurs dirigeants assimilationistes.

Catry et Cohen avaient tous deux ce qu'il fallait pour

attirer l'attention du milieu de plus en plus inquiet qui entourait le maréchal Pétain. L'antisémitisme authentiquement chrétien que déployait Catry suscitait l'intérêt d'hommes encore marqués par les protestations du clergé contre les déportations d'août-septembre 1942. Catry était aussi hostile à Darquier chez qui il voyait « simplement une complicité criminelle avec l'Allemagne[103] ». Peut-être allait-on trouver une solution de remplacement au « tortionnaire ».

Dans son style décousu et prolixe, l'ancien jésuite présentait un singulier « antijudaïsme chrétien », doctrine et politique qu'il prétendait compatibles avec les enseignements des papes. La politique de Vichy envers les Juifs était « négative et destructrice ». Il était temps, disait-il, de récompenser les Juifs qui avaient gardé le sentiment national plutôt que ceux qui l'avaient perdu. L'exode devait remplacer l'assimilation comme but de la politique française. « La vapeur serait ainsi renversée pour la première fois depuis cent cinquante ans. »

C'est à ce point que le mouvement « Massada » entrait en scène. Ce mouvement prétendait offrir la possibilité de faire quitter la France aux Juifs avec autant d'efficacité que les Allemands, mais ce serait humainement, volontairement et en vertu d'un accord international et non plus par la violence, en wagons à bestiaux, d'une manière qui était gravement dommageable au prestige de la France à l'étranger. Cohen semblait être parvenu à un certain « modus vivendi » avec les Allemands, qui après tout, l'avaient laissé sortir de Compiègne. Peut-être pourrait-il réaliser quelque chose avec eux.

Catry qualifiait son propre programme d'« antijudaïsme chrétien ». Cohen décrivait son projet comme un moyen de « restaurer la dignité du judaïsme et d'opérer sa concentration dans un État juif[104a] ». Dans leur désespoir, ces deux marginaux s'accrochaient à ce qui était complémentaire dans leur antagonisme mutuel, et certains conseillers de Pétain y virent des possibilités.

À Vichy, l'interprétation de la situation mondiale présentée par Catry et Cohen faisait vibrer une corde sensible. Lorsque Catry écrivait que la victoire allemande n'était plus certaine et qu'on allait, selon toute vraisemblance, vers une paix de compromis (il eut l'audace de le dire ouvertement à des responsables allemands en 1943), il touchait à l'espoir éperdu d'un rôle de médiation pour la France, d'une renaissance de la diplomatie française grâce à l'épuisement mutuel des belligérants, auxquels certains à Vichy s'accrochèrent jusqu'à la fin. Pourquoi ne pas prendre l'initiative dans la question de la Palestine et s'en servir comme les Anglais avaient utilisé la Déclaration Balfour pendant la première guerre ? La maladresse de Darquier ne servait qu'à aider par ricochet les Juifs des pays anglo-saxons. Un État juif ami au Proche-Orient serait un antidote à l'expansion des communistes dans la région ; quant aux Arabes (il ne les mentionnait que rarement), ils auraient tout lieu d'être satisfaits par le développement économique[104b] ».

Le ton était un peu différent lorsque Catry s'adressait aux Allemands ; il affirmait que la question juive pouvait se retourner contre l'Angleterre et les États-Unis. Un État juif ami en Palestine pourrait affaiblir l'Empire britannique et procurer une défense contre « le péril majeur, l'impérialisme américain ». Kadmi Cohen poussait ce raisonnement encore plus loin dans une lettre qu'il adressa en janvier 1943 au Dr Klassen, de l'ambassade d'Allemagne[105]. Passer à un « antisémitisme positif, constructif » encouragerait les Juifs européens à opérer la rupture nécessaire avec l'assimilation. Un État juif en Palestine, en Transjordanie et dans le Sinaï immobiliserait à la fois l'Angleterre et la Russie et protégerait les routes du pétrole et du commerce avec l'Orient pour le continent européen. Une telle politique diviserait les Juifs dans les pays anglo-saxons. Les « ploutocrates » y demeuraient évidemment, mais les « otages juifs », la masse qui dans ces pays n'avait jamais eu aucune influence sur les ploutocrates, se rallierait au nouvel État et abandonnerait l'assimilationisme sans caractère que méprisaient à la fois Cohen et les antisémites. Cohen adressa une mise en garde directe au maréchal Pétain en juin 1943 sur les conséquences, pour la France, des mesures antijuives dans l'éventualité de la paix de compromis à laquelle aspirait Vichy : la politique française actuelle à l'égard des Juifs ne pouvait que susciter le désir de la vengeance, une fois la guerre terminée. Il rappelait au maréchal que cette politique ne s'imposait pas. Ni les autres pays vaincus (la Belgique, les Pays-Bas, la Yougoslavie ou la Grèce) ni les alliés de l'Allemagne (la Finlande, l'Italie ou la Hongrie) n'avaient adopté officiellement un antisémitisme actif. Pis encore, la France temporisait en travaillant avec le Consistoire. Cet indice de faiblesse ne ferait qu'enhardir les Juifs à jouer un rôle actif si l'on en venait à une guerre civile en France. Il avertissait Pétain que la seule solution était d'« orienter le dynamisme juif dans le sens nationaliste juif[106] ».

Cohen désirait, en retour de sa coopération avec le gouvernement de Vichy, l'arrêt des déportations, un poste officiel d'attaché auprès du gouvernement français pour la question nationale juive, et un système de cartes d'identité qui permettrait à ses adeptes d'échapper à l'arrestation. Catry désirait l'aide de l'État pour ses Éditions de la Porte latine et pour l'institut et la revue qu'il espérait créer.

André Lavagne s'intéressa aux possibilités offertes par le mouvement « Massada ». Il reçut Kadmi Cohen et confirma son intérêt dans une lettre qu'il lui adressa, probablement destinée à l'aider à recruter des appuis. Lavagne était satisfait d'avoir échangé des idées avec cet avocat juif et déclara : « Si la réalisation de ces projets est possible, elle serait heureuse à bien des égards ». Il promit d'étudier la question plus à fond et exprima l'espoir que son interlocuteur ne rencontrerait « aucun obstacle aux démarches et aux travaux préliminaires[107] ». Il n'y a pas de preuve que le gouvernement de

Vichy ait fait des démarches ultérieures pour donner une accréditation officielle à Kadmi Cohen ou à aucun de ses adeptes, mais les Allemands furent amenés à croire que Catry était un proche conseiller de Pétain et que Cohen avait reçu une lettre officielle d'accréditation[108].

Le projet de « Massada » avait évidemment ses adversaires à Vichy. Le Consistoire rendit à Cohen son hostilité avec usure et son président, Jacques Helbronner, refusa de le voir au printemps 1943. Cohen lui écrivit une lettre insultante, lui proposant une autre rencontre en des termes que Helbronner ne pouvait guère accepter. Quant à Catry, la hiérarchie catholique ne savait que faire de lui. Le cardinal Gerlier, qui avait été le condisciple de Helbronner, était très réservé, et le cardinal Suhard à Paris désigna quelqu'un d'autre lorsque les Allemands le pressèrent de nommer Catry directeur de la *Revue internationale des sociétés secrètes*[109]. Darquier était agacé par cet homme qui se posait en rival de son autorité, et mit les Allemands en garde contre lui.

L'acceptation des Allemands était évidemment de première importance pour le succès d'un tel projet. Avec l'optimisme naïf des hommes d'une seule idée, Catry se figura qu'une remarque contenue dans l'un des discours de Gœbbels, en mars 1943, était l'indice d'un changement de politique des Allemands qui apprécieraient dorénavant la fondation d'un État juif et un exode général vers cet État[110]. Cependant, à Paris même, il n'y avait qu'un seul Allemand, appartenant aux services de Rosenberg, à donner à Catry un soutien cohérent. Aucun responsable allemand, que ce soit dans la police, dans l'armée ou dans la diplomatie, ne vit d'avantage à tirer du mouvement « Massada ». Les représentants du ministère des Affaires étrangères à Berlin trouvaient que le plan « irait contre leur solution radicale[111] ».

À Paris, les Allemands continuèrent, jusqu'en février 1944, à caresser l'idée d'utiliser Catry lui-même pour la propagande antijuive dans les milieux catholiques, mais sans être sûrs qu'il aurait beaucoup d'influence. La Gestapo le surveillait de près. Le dénouement se produisit lorsque Kadmi Cohen fut une fois de plus interné. Lorsque Catry insista pour le faire libérer de façon à pouvoir coordonner leur projet commun, les Allemands passèrent à l'action[112]. Ils rompirent leurs relations avec Catry. Quant à Cohen, ils le placèrent dans le convoi de déportés qui quitta le 27 mars 1944 Drancy à destination d'Auschwitz, d'où il ne revint pas[113].

L'intérêt porté par Vichy au mouvement « Massada » nous apparaît aujourd'hui d'une légèreté totale. Pour comprendre l'attrait qu'il suscita dans l'entourage du maréchal Pétain, il faut faire abstraction de tout ce qui s'est passé depuis lors et reconstituer l'ambiance de 1943 avec ses espoirs et ses craintes. Après avoir misé au début sur la victoire allemande et sur une paix prochaine, le gouvernement de Vichy s'était vu contraint de se contenter du moindre mal, dans la recherche d'une stratégie mondiale, pour s'adapter à une longue guerre d'usure. Les dirigeants de Vichy saisissaient désespérément les moindres possibilités de protéger la France des effets toujours plus désastreux de la guerre — comme par exemple le plan qui consistait à livrer au pape la flotte marchande en échange d'un approvisionnement assuré par cette nouvelle armada du Vatican[114]. De même, le projet « Massada » promit un instant de faire sortir Vichy d'une impasse intolérable. L'entourage du maréchal Pétain était arrivé à la conclusion que les déportations représentaient un lourd passif. Comme Lavagne l'écrivait dans un mémorandum du 18 janvier que Pétain a peut-être vu, Catry et Kadmi Cohen offraient « la seule solution vraiment efficace et parfaitement humaine et chrétienne[115] ». Le plan persista longtemps dans l'imagination de Vichy parce qu'il permettait au régime de concilier, sans l'obliger à des choix pénibles, plusieurs objectifs absolument inconciliables : se débarrasser d'un grand nombre de Juifs, le faire sans heurter l'opinion française et étrangère, reconquérir l'appui de l'Église et changer de politique à l'égard des Juifs sans avoir à s'engager dans de dangereux affrontements avec les Allemands. Cela permet de mesurer la soif des pétainistes, au milieu de la guerre totale, pour les solutions de compromis à bon marché. On était dans le domaine du rêve, non dans celui des réalités.

L'intermède italien

> Selon les explications de Bousquet, Lospinoso a déclaré à ce sujet que les Allemands étaient très rigoureux dans l'exécution des mesures dirigées contre les Juifs et les Français, plus rigoureux que les Italiens, alors que l'Italie aspirait à une solution humaine de la question juive.
>
> Carl OBERG, juillet 1943[116a].

> Les Israélites ont émigré et continuent à émigrer en masse vers cette terre promise qu'est devenue la rive gauche du Rhône.
>
> Alexandre ANGELI, préfet régional de Lyon (mai 1943[116b]).

Lorsque les Allemands étendirent l'occupation à la zone sud en novembre 1942, leurs alliés italiens occupèrent huit départements à l'est du Rhône : la Drôme, l'Isère, les Hautes-Alpes, les Basses-Alpes, les Alpes-Maritimes, la Savoie, la Haute-Savoie et le Var. Rien n'était plus humiliant pour Vichy que cette présence italienne, non pas que le régime d'occupation fût rude, mais parce que la France ne se sentait nullement vaincue par l'Italie. Les armées italiennes n'avaient pu l'emporter sur les divisions françaises de deuxième ligne en 1940. L'occupation par les Italiens d'une partie du territoire français, qui épargnait aux Allemands de précieux effectifs, était pour les Français une humiliation gratuite. Laval alla jusqu'à demander au général von Neubronn si des troupes allemandes ne pouvaient se mêler aux Italiens sur la côte méditerranéenne, par égard pour l'opinion publique. «Les Français supportent mal la présence des Italiens», faisait observer le préfet de la Savoie, faisant état d'«incidents très nombreux» entre la population et les forces d'occupation en janvier 1943[117]. Une querelle éclata bientôt entre les deux gouvernements, mais pour une raison tout à fait inattendue : elle concernait les Juifs.

Contrairement au nazisme, le facisme italien n'avait jamais mis l'antisémitisme au centre de son programme. Jusqu'à ce que Mussolini prît la décision de partager la destinée de Hitler en 1937, le régime ne persécuta pas les Juifs. De fait, il les accueillait volontiers dans ses rangs. Mussolini lui-même parlait des Juifs à tout propos : il faisait d'eux à l'occasion des éloges chaleureux, écrivait sur eux en d'autres circonstances des articles diffamatoires, et négociait aimablement avec les dirigeants sionistes. À l'automne 1933, un groupe de publications juives d'Amérique cita Mussolini parmi douze chrétiens qui avaient été «les plus remarquables par leur opposition à l'antisémitisme[118]». Le Duce était foncièrement indifférent à la question. Il eut toujours d'importantes personnalités juives comme collègues. Il était prêt à se servir de l'antisémitisme quand il lui semblait utile, et également heureux de soutenir les Juifs quand il pouvait en retirer quelque profit.

Les attitudes de Mussolini étaient le reflet de la réalité italienne. Il y avait peu de Juifs en Italie, moins de 50 000 en 1938, minorité fortement assimilée qui ne comptait qu'une faible proportion d'étrangers. L'antisémitisme y existait évidemment, mais il n'approcha jamais, en intensité et en organisation, celui de l'Allemagne ou de la France[119]. Mais lorsque les ambitions européennes et impérialistes du Duce s'orientèrent vers l'alliance allemande, sa politique à l'égard des Juifs marqua un durcissement. En octobre 1938, l'Italie fasciste promulga ses propres lois raciales et donna un nouvel élan à une campagne officielle antijuive.

Même après ce changement capital, l'antisémitisme n'eut

pas de profondes racines en Italie. En dépit du soutien des idéologues du parti et d'une fraction de l'administration, la persécution manqua d'énergie. Elle était affaiblie par le manque d'intérêt, la corruption et même la sympathie pour les Juifs. Dans de nombreuses sphères de la société italienne, le racisme était considéré comme une notion ridicule, forgée par les Allemands dans leur insupportable appétit de domination. L'intérêt personnel contribuait aussi à modérer l'antisémitisme italien. Lorsque Vichy proposa d'étendre l'aryanisation à la Tunisie, la délégation italienne à la Commission d'armistice et le ministère des Affaires étrangères italien protestèrent énergiquement contre la menace qui pèserait sur les 5 000 propriétaires italiens de Tunisie et rappelèrent l'ancienneté de la contribution italienne au développement du pays[120]. Si le programme antijuif de la France fut appliqué moins rigoureusement en Tunisie qu'en Algérie et au Maroc, c'est grâce en grande partie aux efforts déployés par l'Italie pour y préserver ses intérêts. Pendant l'été de 1942, le gouvernement italien obtint l'exemption du port de l'étoile pour ses ressortissants en France occupée : les représentants diplomatiques et militaires italiens firent obstacle à la persécution et à la déportation des Juifs de Croatie, occupée en partie par l'Italie. Le régime italien espérait éviter de couper les ponts avec les Alliés. Lorsque le tournant de la guerre s'esquissa, à la fin de 1942, une opposition fasciste généralisée se manifestait déjà contre la « solution finale ».

Les autorités italiennes se heurtèrent avec le gouvernement de Vichy au sujet des Juifs dès le début de l'occupation des huit départements précités. Lorsque Marcel Ribière, préfet des Alpes-Maritimes, commença à appliquer les mesures françaises de décembre concernant l'expulsion des départements côtiers des Juifs étrangers et apatrides, les Italiens s'empressèrent de faire obstacle à cette mesure. Peu après, ils lui interdirent d'appliquer la loi du 11 décembre 1942 ordonnant l'apposition de la mention « Juif » sur les cartes d'identité et d'alimentation. M. Calisse, consul général d'Italie à Nice, informa Ribière que les dirigeants italiens avaient seuls le pouvoir de s'occuper de la question juive dans la zone italienne d'occupation. Lorsque Ribière affirma que, dans ce cas, les Italiens désireraient peut-être accueillir en Italie tous les Juifs étrangers, le général Avarna di Gualtieri, représentant principal du Haut commandement italien à Vichy, lui répondit que les lois seraient appliquées comme en Italie : il s'agirait d'« une législation humaine[121] ».

Loin de faire bon accueil à la protection que la politique d'occupation italienne offrait à des milliers de Juifs, les dirigeants de Vichy étaient de plus en plus irrités de ce défi porté à leur souveraineté. Laval téléphona à l'ambassade d'Italie à Paris pour demander des explications[122]. Il était disposé à concéder aux Italiens le droit d'intervenir en faveur de leurs ressortissants ; il proposait même aux Italiens de rapatrier leurs nationaux juifs, avec des Juifs étrangers s'ils le désiraient. Mais il ne pouvait admettre leur prétention de s'interposer entre le gouvernement et des ressortissants d'autres pays en territoire français. Lorsque Laval discuta en janvier avec Knochen des entraves posées par l'Italie, il se plaignit de ce qu'elles le mettaient dans une situation embarrassante aux yeux de l'opinion publique. D'après Knochen, Laval demanda aux Allemands un « appui approprié » dans son conflit avec les Italiens[123].

Abetz pressait le ministère des Affaires étrangères allemand depuis quelques mois de soulever le problème avec Mussolini. Au début de 1943, les SS de France envoyèrent à Berlin un flot de plaintes au sujet de l'absence de coopération italienne. Röthke indiqua le 6 mars, en citant une longue liste de « cas particulièrement révoltants » d'obstruction des Italiens, que, si le problème juif devait être résolu, les Italiens devraient abandonner leur attitude actuelle[124]. Le ministère des Affaires étrangères allemand consacra beaucoup de temps, au début 1943, à un plan de rapatriement des Juifs dans des pays non coopérants comme l'Italie. Les Allemands pensaient que, placés devant un afflux massif des Juifs, l'Italie, l'Espagne et d'autres pays obtempèreraient rapidement. À la fin de février, Ribbentrop accepta de soulever toutes ces questions directement avec Mussolini. Lorsqu'il vit le Duce à la mi-mars, il lui dit, entre autres, que les affaires juives en France devaient être laissées à la police française qui, les Allemands en étaient convaincus, menait de sa propre initiative « l'opération de nettoyage » nécessaire. Mais, même après que, à Rome à la mi-mars, Mussolini eut promis à l'ambassadeur Mackensen une « action décisive », tout continua à se passer comme auparavant[125].

De fait, le conflit devint beaucoup plus aigu lorsque les déportations recommencèrent en février 1943. Quand les préfets tentèrent de mettre à exécution l'ordre du 18 février d'arrêter et d'expulser les Juifs étrangers, les Italiens s'interposèrent. En Savoie, ils n'autorisèrent pas le transfert de 25 Juifs étrangers à leur premier point de rassemblement, un camp situé à Bressieux. À Annecy, d'une manière encore plus spectaculaire, ils établirent une zone militaire autour de la prison, exigeant que les Français libèrent les Juifs étrangers qui y avaient été rassemblés en vue de la déportation. Lorsqu'ils installèrent 400 Juifs dans des hôtels de tourisme à Megève, ils refusèrent de livrer 12 d'entre eux que la police française recherchait depuis longtemps. Ils empêchèrent le transfert d'une centaine de Juifs étrangers arrêtés par la police à Grenoble. Le 2 mars, le général Avarna di Gualteri fit parvenir une note à l'amiral Platon : dorénavant non seulement les Juifs étrangers seraient sous la protection italienne, mais également les Juifs français. Aucun Juif de la zone italienne ne pouvait être contraint ou arrêté par quiconque excepté les autorités italiennes, sauf pour les délits de droit commun[126]. Les citoyens britanniques et américains ne pouvaient pas non plus être expulsés des départements côtiers. La rafle de février 1943 manqua complètement son but dans la zone d'occupation italienne.

Au printemps 1943, Rome parut tenir sa promesse d'une

action décisive en envoyant en France un haut fonctionnaire de la police, venant de Bari, l'inspecteur général Guido Lospinoso, sorte de « Judenreferent » italien. Un représentant local de la S.E.C. fut trompé par la réputation d'énergie de Lospinoso. Mais les SS virent plus clairement que les Italiens s'étaient tout simplement engagés dans de nouvelles formes d'obstruction[127a]. Oberg relata avec exaspération, le 1er juillet, que Lospinoso lui avait promis une visite depuis le 18 mai, mais que cet homme était insaisissable. Bousquet réussit finalement à le rencontrer à la fin de juin. Lospinoso exposa un projet d'hébergement pour 6 000 Juifs à Megève, mais Bousquet y objecta, Vichy ayant projeté d'y loger des enfants sinistrés à la suite de bombardements. Lospinoso s'opposa à l'un des principaux projets de Bousquet consistant à améliorer l'armement de la police française ; d'après les comptes rendus allemands de cet entretien, il lui fit une petite conférence sur les qualités plus humaines de la politique antijuive de l'Italie. Bousquet sortit de l'entrevue tout aussi incapable qu'auparavant d'appliquer le statut des Juifs dans la zone italienne[127b].

Pendant la première moitié de l'année 1943, un Juif apatride ou étranger arrêté en France pouvait améliorer ses chances de survie en gagnant un pays fasciste — l'Espagne, le Portugal ou l'Italie. La zone italienne d'occupation était la seule région sous administration fasciste qui fût facilement accessible, et comme la nouvelle de la politique qui y régnait sous l'occupation italienne s'était répandue, des milliers de Juifs s'y rendirent. Avant la guerre, la région ne comptait que 15 000 à 20 000 Juifs. À la fin de l'été 1943, 30 000 Juifs s'entassaient le long de 30 km de côtes dans les Alpes-Maritimes, si l'on en croit les sources préfectorales. Un rapport de Röthke daté du 21 juillet estimait les Juifs à 50 000 dans la zone italienne. Les préfets signalent dans leurs rapports l'afflux des Juifs et le préfet des Alpes-Maritimes observe que « quelle que soit l'hostilité des populations locales à l'égard de l'occupant et leur désapprobation des méthodes de violence employées par les autorités allemandes contre les israélites, un certain antisémitisme commence à se faire jour[128] ».

D'après Knochen, les Juifs et les Italiens faisaient bon ménage dans la zone italienne. Les services de secours juifs intensifièrent leur action au profit des réfugiés. Par exemple 500 Juifs environ avaient trouvé asile dans un camp à Saint-Gervais (Haute-Savoie) après avoir été refoulés de Suisse. Avec leur responsable, Joseph Kott, ils vivaient sans être harcelés, petite colonie juive à l'ombre même de Vichy, aidés par les services américains de volontaires pour l'aide aux réfugiés et adonnés aux projets agricoles des sionistes[129].

Nice devint un centre politique et culturel juif sous le regard bienveillant de l'armée italienne. Les Allemands apprirent, à leur profond mécontentement, que la communauté juive de Nice reconnaissante avait réuni une donation de trois millions de francs pour les victimes italiennes des raids aériens anglo-américains. Les carabiniers stationnés à Nice ne se contentaient pas de monter la garde devant la synagogue du boulevard Dubouchage, qui était un centre d'activité juive clandestine ; ils donnaient encore aux Juifs la possibilité de délivrer leurs propres cartes d'identité. Le capitaine Salvi, commandant les carabiniers, dit au préfet qu'il ordonnerait personnellement l'arrestation de tout policier français qui s'interposerait. Angelo Donati, Juif italien très influent à Rome, était au centre des efforts des Juifs dans la zone italienne. Il fit de son mieux pour obtenir le soutien de son gouvernement à une politique de protection des Juifs, français aussi bien qu'étrangers[130].

Vichy semble s'être résolu finalement à tirer parti de la politique italienne plutôt que de s'en prendre à elle. Contrairement à beaucoup de nationalistes français et à une grande partie de l'administration, Laval n'était pas foncièrement anti-italien. Il avait préconisé la coopération avec l'Italie, dans l'intérêt de la France, depuis les années 30. Désormais, alors que les négociations avec les Allemands s'avéraient particulièrement difficiles, la politique italienne lui fournissait une précieuse occasion d'utiliser l'opposition des deux partenaires de l'Axe. Dans ses rapports de février 1943, Knochen croyait que Vichy se cachait derrière la politique italienne dans ses propres efforts pour empêcher la déportation des Juifs français du reste de la France[131].

Alors que les différences entre les deux puissances occupantes allaient s'élargissant, Laval joua sans hésiter la carte italienne. Il appela bien haut l'attention des Allemands sur la politique italienne comme excuse pour l'incapacité des Français à agir de façon plus décisive contre les Juifs. Mais il ne semble pas avoir présenté sérieusement le problème au gouvernement, une fois apaisé le premier choc de l'intervention italienne. Il apparut bientôt qu'il n'y aurait guère d'avantage à le faire; les Italiens ne changeraient pas d'attitude. En juillet, le gouvernement remplaça comme préfet des Alpes-Maritimes l'ardent pétainiste qu'était Ribière par Jean Chaigneau, qui avait de la sympathie pour les Juifs et était décidé à les aider. Chaigneau réunit les responsables juifs locaux quelques jours après son entrée en fonctions et les assura qu'il ne laisserait pas aux Italiens le privilège d'être les seuls défenseurs de la tolérance et de l'humanité. Le 23 juillet, il ordonna la régularisation de la situation, sans amende, de tous les Juifs étrangers qui vivaient illégalement dans le département[132].

La protection des Juifs par les Italiens dans le Sud-Est ne devait malheureusement pas durer. Lorsque Mussolini fut renversé, en juillet 1943, la situation ne changea guère dans l'immédiat. De fait, Lospinoso se servit de la présence du nouveau gouvernement du maréchal Badoglio pour renforcer sa résistance aux exigences allemandes. Cependant, en août, les Italiens commencèrent à se retirer de la plus grande partie de leur zone d'occupation, entraînant avec eux les Juifs qu'ils rassemblèrent dans la région de Nice. Angelo Donati tenta de négocier une évacuation à grande échelle des Juifs en Italie et dans la partie libérée d'Afrique du Nord. Tout parut être en ordre lorsque le gouvernement italien accepta d'accueillir 30 000 Juifs. Les plans d'évacuation se poursuivirent. Soudain, le 8 septembre, les Alliés annoncèrent prématurément la nouvelle spectaculaire d'un armistice avec l'Italie. Les plans d'évacuation n'étaient pas terminés et Donati fut pris au dépourvu. La panique régna à Nice où la plupart des Juifs avaient été rassemblés. Trois jours plus tard, les Allemands étaient là. Chaigneau détruisit les listes de Juifs qui se trouvaient à la préfecture. Quelques centaines de Juifs réussirent à passer en Italie ; d'autres furent cachés par la population. Des milliers furent pris au piège dans l'une des chasses à l'homme les plus brutales qui aient eu lieu en Europe occidentale pendant la guerre. Dans une « atmosphère de véritable terreur », les Allemands, assistés par des volontaires du P.P.F. — sans parler du banditisme de quelques-uns qui se firent passer pour des policiers allemands afin de détrousser les Juifs riches —, menèrent des « opérations systématiques contre les Juifs[133] ». Il est inutile de dire que les Allemands n'avaient plus de scrupules à l'égard des Juifs français, naturalisés ou Français de naissance. En dépit des protestations des préfets, ces derniers furent, eux aussi, appréhendés. Quelques jours plus tard, ils avaient quitté Drancy pour Auschwitz. Aucune autre protection ne devait remplacer celle des Italiens.

La dénaturalisation (août 1943) : le refus de Laval

Lorsqu'elles passèrent en revue la situation au milieu de l'année 1943, les autorités allemandes responsables de la déportation des Juifs de France n'étaient pas satisfaites. Les Juifs qu'il était facile d'arrêter avaient déjà été retirés des camps ; les autres devenaient plus difficiles à trouver. Beaucoup d'entre eux étaient avertis d'avance lorsque leurs noms apparaissaient sur une liste d'arrestations ; d'autres s'infiltraient dans la zone italienne ou se cachaient. Ainsi, dans le département de l'Allier, un nouveau recensement indiqua 303 Juifs étrangers. Des instructions furent données pour l'arrestation de tous ceux d'entre eux qui étaient âgés de dix-huit à cinquante-cinq ans. Seuls ceux qui étaient enrôlés dans les groupements de travailleurs étrangers, c'est-à-dire ceux qui n'avaient ni argent ni amis et qui étaient déjà sous l'autorité de l'État, furent pris ; tous les autres furent introuvables. Dans l'arrondissement de Vichy, sur 21 Juifs, 12 furent appréhendés ; à Montluçon, deux seulement sur onze. Dans tout le département, 18 Juifs seulement furent emmenés à Gurs[134]. Les Allemands étaient à court de Juifs à déporter.

La police française posait un autre problème. À mesure que les Allemands exerçaient une action policière plus directe dans la zone sud et arrêtaient de plus en plus de Juifs appartenant à des catégories qui avaient bénéficié d'une protection — des citoyens français, y compris les anciens prisonniers de guerre, des notables décorés, et même des membres du personnel de l'U.G.I.F. —, la police française se sentait aussi déchirée que les autres parties de l'administration. En même temps, elle avait, en 1943, à assumer de nouvelles charges en raison du développement rapide de la résistance. La mobilisation, en février 1943, de trois classes au titre du Service du travail obligatoire, fut un tournant capital. Ce fut là, presque certainement, de toutes les mesures prises par le régime de Vichy, celle qui provoqua le plus d'opposition. L'obéissance fut variable : elle alla de la mauvaise grâce d'une minorité à un refus quasi général, selon les diversités d'application de la loi et le caractère des lieux, plus ou moins propices à la défection. Dans certaines régions rurales comme la Corrèze, pendant l'été 1943 « chaque désignation de travailleur pour l'Allemagne aboutit à un départ pour le maquis[135] ». Lorsque les préfets régionaux se réunirent à Vichy le 21 septembre avec Laval et les autres ministres, ils apprirent que 170 000 hommes nés entre 1920 et 1922 étaient partis pour l'Allemagne, tandis que 200 000 étaient « défaillants ou présumés tels » (sans compter les 400 000 autres, exemptés pour divers motifs[136]). La police était désormais entraînée dans ce qu'elle considérait comme une de ses tâches les plus pénibles : la chasse aux réfractaires du S.T.O. C'est avec une « réelle répugnance » que les policiers traquaient leurs jeunes voisins pour le S.T.O., rapportent les responsables du contrôle des communications postales et téléphoniques en septembre 1943 ; de « nombreuses » démissions furent effectivement données, tandis que d'autres en envisageaient sérieusement la possibilité[137]. Les rapports des préfets furent désormais remplis de mentions du ressentiment de leurs administrés à l'égard de la « déportation » : le mot se rapportait toujours aux travailleurs français envoyés dans les usines allemandes.

La tâche des policiers devenait non seulement pénible mais dangereuse. Les sabotages de voies ferrées et de pylônes électriques commencent à figurer régulièrement dans les rapports des préfets, de même que les premiers heurts armés entre la police et des groupes de maquisards et les premières attaques à main armée contre les postes de police. L'été 1943 marqua une ligne de partage très nette dans la détérioration de l'ordre public. Lors d'une réunion des intendants de police, le 29 octobre 1943, il fut relaté que 31 policiers français avaient été tués et 37 blessés jusqu'à cette date pendant l'année 1943, et la plupart depuis le 1er juillet[138].

Il n'est pas étonnant, dans ces conditions, que le recrutement de la police ait commencé à diminuer fortement pendant l'été 1943. Dans la région de Châlons-sur-Marne, les demandes d'admission dans la police tombèrent au cours du mois de mai à 15 par mois, au lieu du chiffre habituel de 50. Les candidats étant moins nombreux, la police devait être moins sévère dans son choix. Dans la région de Bordeaux, quinze candidats sur vingt-deux furent admis en août 1943, onze sur quinze en septembre et huit sur onze en octobre[139].

Au début de 1943, une carrière dans la police était très recherchée car elle exemptait du S.T.O. ; à mesure que l'année s'avançait même ce motif ne suffisait plus à attirer les jeunes Français. Le général Bridoux, secrétaire d'État à la Guerre, exprima son mécontentement, dans son journal en juillet 1943, au sujet de l'« inertie » et de la « complaisance » de la gendarmerie et de la police[140].

C'est au même moment que les appréciations allemandes sur la police commencèrent à devenir sérieusement négatives. Le 19 août, Oberg fit un long rapport sur elle. Il affirmait en conclusion qu'on ne pouvait compter sur elle, « dans les cas graves » pour intervenir en nombre important pour la défense des intérêts allemands. Il reconnaissait que la police française fournissait une coopération « indispensable » contre les communistes, mais trouvait qu'elle manquait d'initiative dans la « lutte contre le judaïsme ». La police essayait de se renforcer, mais il n'avait pas confiance en elle. Bousquet était, selon lui, « avant tout un patriote français[141] ».

Policiers et gendarmes français exécutèrent encore une part notable de l'entreprise de déportation en 1943. Ils accompagnaient les convois et escortaient les trains, pourchassaient les évadés des convois et gardaient les camps. Ils traitaient comme des auteurs d'infractions les Juifs qui enfreignaient telle ou telle des nombreuses réglementations. Mais la déportation par les Allemands de Juifs français qui avaient été arrêtés par elle pour des délits de droit commun suscita en son sein un sérieux mécontentement, comme Bousquet l'expliqua à Knochen le 12 février. À la fin de mars, Bousquet demanda que les Français n'aient pas de part dans la déportation des Juifs français de Drancy[142]. Chose surprenante, les Allemands suspendirent les convois pendant un certain temps : les déportations à l'Est ne reprirent qu'en juin. En avril 1943, Bousquet renouvela ses accords avec Oberg sur l'autonomie de la police dans les conditions nouvelles créées par l'occupation de la zone sud. La police s'engageait à défendre la sécurité des Allemands contre les Juifs, les communistes et autres ennemis ; les Allemands consentaient à ne pas impliquer les Français dans le choix des otages et à ne pas intervenir dans les affaires policières purement françaises. Même ainsi, la police resta très en arrière du rythme de répression établi par les Allemands. Sur 44 000 personnes — Juifs et non-Juifs — arrêtés pour activité politique en France en 1943, 35 000 le furent par les Allemands[143].

C'est dans ce contexte de montée de la résistance et du déclin de la fiabilité de la police française que les Allemands lancèrent, pendant l'été de 1943, un nouveau projet visant à augmenter le nombre de déportés. Ils tournèrent désormais leurs regards vers un groupe de Juifs jusque-là exemptés : les Français récemment naturalisés. Si l'on pouvait amener le gouvernement de Vichy à retirer à ces nouveaux venus leur citoyenneté française, de grandes rafles pourraient à nouveau être opérées. Himmler lui-même pressa le « Judenreferat » d'aller de l'avant en juin 1943[144].

Dépouiller les Juifs de leur citoyenneté n'était pas une idée nouvelle. On se souviendra que l'un des premiers actes du régime de Vichy avait été la loi du 22 juillet 1940 instituant une commission de révision de toutes les naturalisations décidées depuis 1927, afin de proposer le retrait de la citoyenneté de tous ceux qu'on en jugerait indignes. Les Juifs n'étaient pas nommés dans cette loi mais ils furent nombreux — aussitôt après les Italiens — à être ainsi privés de la citoyenneté française[145]. C'est encore au nom de cas individuels qu'Abetz pressa Vallat d'instituer une loi de dénaturalisation, lors de sa première entrevue avec le nouveau Commissaire général aux questions juives en avril 1941 :

Pour que les Juifs établis de longue date puissent aussi, à un stade ultérieur, être inclus dans les mesures qui s'appliquent aux Juifs étrangers et récemment naturalisés, une loi est nécessaire dès maintenant qui autorise le Commissaire aux questions juives à déclarer « étrangers » les Juifs établis de longue date qui ont agi à l'encontre des intérêts sociaux et nationaux de la nation française[146].

Lorsqu'ils commencèrent à dresser le programme de déportations à grande échelle en France, les Allemands songèrent à dénaturaliser des catégories entières de Juifs. Lors de la réunion du 15 juin 1942 à Berlin, à la suite de laquelle commencèrent les déportations systématiques d'Europe occidentale, Dannecker fit observer qu'il amènerait le gouvernement français à adopter une loi inspirée par la deuxième ordonnance sur la citoyenneté allemande, selon laquelle « tous les Juifs résidant à l'extérieur des frontières françaises ou émigrant ultérieurement [c'est-à-dire les déportés] perdront la nationalité française et leurs droits de citoyens français[147] ». Il s'agissait d'un problème général, puisque les régimes inféodés ou collaborateurs d'Europe s'efforçaient de protéger leurs ressortissants ainsi que les biens et les autres droits symbolisés par leurs passeports. Les techniciens allemands de la solution finale essayèrent généralement, pour simplifier leur tâche, de rendre les Juifs apatrides dans tous les pays[148].

La dénaturalisation des Juifs de France exigeait évidemment l'aide des Français. Laval lui-même avait confirmé, lors d'une conversation à dîner avec Oberg le 2 septembre 1942, ce qui semble avoir été un accord, selon lequel seraient livrés tous les Juifs qui avaient acquis la citoyenneté française depuis 1933. Mais les choses en étaient restées là. Darquier aida à mettre la question au programme de 1943. Dès 1938, il avait proposé de donner à toute la population juive de France un statut spécial de non-citoyenneté. Dès qu'il fut nommé Commissaire aux questions juives, il en fit une partie de son programme. Au cours d'une émission de radio, à la fin de février 1943, il déclara que le gouvernement devrait dépouiller de leur citoyenneté tous les Juifs naturalisés depuis le 10 août 1927[149].

La date était importante, car la loi du 10 août 1927 avait rendu beaucoup plus facile l'obtention de la nationalité française, notamment en réduisant de dix à trois ans l'obligation de résidence[150]. Dans le débat qui suivit, 1927 devint l'objectif des « durs ». Bousquet proposa le Ier janvier 1932 et Laval, comme on l'a vu, 1933. Les milliers de Juifs naturalisés entre les deux dates étaient l'enjeu de ce débat. Les Allemands croyaient que 50 000 Juifs avaient été naturalisés entre 1927 et 1932, chiffre qui s'avéra exagéré ; un nombre particulièrement élevé de Juifs avaient été naturalisés en 1932-1933[151]. Darquier et les Allemands restèrent intransigeants sur la date de 1927 et, apparemment, le gouvernement céda. Le 11 juin, Leguay montra à Röthke un projet de loi dénaturalisant tous les Juifs qui avaient reçu la citoyenneté française depuis le 10 août 1927[152].

Röthke et ses collègues se mirent aussitôt au travail pour établir le projet d'une immense rafle de la police à la mi-juillet. Tous les Juifs nouvellement apatrides seraient arrêtés et déportés au moment où la nouvelle loi entrerait en vigueur. Knochen demanda au R.S.H.A. de Berlin 250 hommes de plus pour cette opération, mais les services centraux, débordés, ne purent lui en envoyer que quatre. Röthke observa que la coopération de la police française serait « essentielle ». Les rafles étaient projetées pour le 15 juillet ; la loi n'ayant pas encore été promulguée, elles furent reportées aux 23 et 24 juillet. À la préfecture de police, le commissaire François fut alerté et promit sa coopération. Cependant les Allemands se préoccupaient des fuites possibles de la part de la police et étaient exaspérés par François, qui avait l'intention de passer des mois à vérifier chaque cas dans son fichier. Pourtant, même sans l'aide de la police, disait Röthke dans son rapport du 21 juillet, il devait être possible de terminer les déportations à la fin de 1943[153].

Au début d'août, des bruits contradictoires commencèrent à parvenir aux Allemands au sujet de la loi. On ignorait si elle avait été signée. Bien que Laval et le ministre de la Justice, Gabolde, aient signé le projet de loi, Laval lui retira son appui au début d'août. Lors d'un affrontement brutal avec Knochen, le 7 août, il couvrit sa retraite d'un flot d'excuses. Il lui dit qu'il s'était mépris sur le but de la loi. Il venait d'apprendre que les Allemands avaient l'intention de déporter aussitôt ceux qui auraient été ainsi dénaturalisés. Il ne voulait pas servir de « rabatteur ». Il y avait aussi des difficultés avec les Italiens et avec la police. Finalement, il y avait le maréchal qui n'approuvait pas la loi et qui était particulièrement ému des dénaturalisations de femmes et d'enfants[154]. Pour la première fois dans l'histoire de la solution finale en France, Laval avait dit non.

Il s'ensuivit un débordement d'activité, les Allemands s'efforçant de faire changer d'avis les dirigeants français. Röthke vit Laval le 14 août et lui rappela ses promesses passées. « L'ordre du Führer concernant la solution finale de la question juive dans toute l'Europe était net[155a]. » Knochen dit à Bousquet que les Allemands pouvaient faire le travail eux-mêmes, ayant une division de gendarmerie prête à cet effet[155b]. De Brinon alla voir Pétain, probablement pour essayer de le faire changer d'avis (comme s'il oubliait qu'il représentait le gouvernement de Vichy auprès des Allemands, et non l'inverse). D'après la version de la visite de Brinon à Pétain que Knochen rapporta plus tard à Kaltenbrunner, les objections du maréchal n'étaient pas une pure invention de Laval. Elles étaient réelles. Deux jours auparavant, Mgr Chappoulie, représentant de l'épiscopat, lui avait apporté un message selon lequel le pape était « très inquiet » d'apprendre que le maréchal était sur le point de permettre que l'on prît de nouvelles mesures antijuives en France. Le pape se préoccupait du salut du maréchal. De Brinon rapporta que Pétain avait été « manifestement très impressionné » par cette visite. Pétain dit alors qu'il ne pouvait pas prendre la responsabilité de dénaturaliser des citoyens français pour permettre aux Allemands de les déporter immédiatement. Il acceptait le principe de la dénaturalisation et admettait même de livrer les nouveaux apatrides aux Allemands mais « il ne pouvait admettre une action globale ». Parmi les Juifs en question se trouvaient ceux qui avaient « mérité de la France ». Aussi, « pour sa tranquillité intérieure, il veut examiner chaque cas individuellement ». Il expliqua aussi que son devoir était de maintenir l'ordre en France. La mesure proposée « rendrait la tâche du gouvernement encore plus difficile ». Pétain dit qu'il avait déjà donné assez de preuves de sa disposition à coopérer avec les Allemands. Il dit qu'il travaillerait aussi vite qu'il le pourrait et leur demanda de se contenter de cette assurance[156].

Cette apparente volte-face venait moins de la sollicitude de Vichy à l'égard des Juifs que d'une transformation dans ses relations avec les Allemands. Ceux-ci n'apparaissaient plus invincibles après le débarquement des Alliés en Afrique du Nord. Au printemps et à l'été 1943, les désastres se succédèrent pour les Allemands : la chute de Stalingrad en février, la retraite de Tunisie en mai, la grande avance soviétique autour de Koursk et d'Orel en juillet et l'invasion de la Sicile par les Alliés le même mois. Knochen attribuait à ces événements le raidissement de Vichy sur la question juive[157], et les possibilités d'une paix de compromis ou même d'un rôle de médiation pour la France entraient certainement dans les calculs de Laval comme de Pétain. C'est au printemps 1943 que les deux hommes commencèrent à parler directement aux diplomates allemands de la nécessité de garder les portes ouvertes du côté des États-Unis[158]. Laval et Pétain savaient combien le sort des Juifs touchait l'opinion à l'étranger, en particulier aux États-Unis. Il était périlleux pour eux de paraître tomber trop bas.

Des raisons plus subtiles intervenaient aussi. La remarque de Pétain à de Brinon sur son devoir de maintenir l'ordre en France en donne un indice. Le prix, pour la légitimité de Vichy, de la déportation massive des Juifs de France était trop élevé. Les rapports mensuels des préfets au printemps de 1943 ne pouvaient être d'une lecture très réconfortante pour Laval en tant que ministre de l'Intérieur. Il y était souvent question du « détachement total » de l'opinion publique à l'égard du gouvernement[159]. Il n'était plus possible de prétendre que celui-ci suscitait plus qu'une soumission à contre-cœur.

Tandis que beaucoup donnaient encore leur soutien à des mesures restrictives à l'encontre des Juifs et même à une réduction du nombre des Juifs étrangers en France, les arrestations par les Allemands de Juifs français étaient généralement, d'après les rapports des préfets, ressenties comme un choc par l'opinion publique. Le régime parvenait à la limite du tolérable lorsqu'il ne pouvait plus protéger ses propres ressortissants.

Cela ne signifie pas que l'antisémitisme populaire avait complètement disparu depuis son irruption dans la zone sud pendant l'été de 1942. Il s'exprimait désormais dans des sentiments de jalousie à l'égard des jeunes Juifs, exemptés du S.T.O. redouté qui causait tant d'angoisse dans toutes les familles. Les anciennes remarques sur les « oisifs » recommencèrent à circuler, mêlées au ressentiment provoqué par la « situation privilégiée » des jeunes Juifs. Leur exemption du S.T.O. soulevait de « violentes critiques » et l'« indignation de ceux qui peinent », au point que André Jean-Faure, préfet régional de Limoges, souhaitait que les Juifs adoptent « une attitude moins satisfaite touchant l'avantage qui leur est fait indirectement de ne pas participer aux départs pour l'Allemagne[160] ». Il semblait oublier que les Juifs partaient pour l'Allemagne, à un titre différent.

Au moment où les Français étaient préoccupés par le S.T.O., il y avait une tendance à envisager la question juive dans cette perspective plutôt que dans celle du génocide. Ce point de vue conduisit Pierre Laval, à l'été 1943, à élaborer un curieux projet de service du travail juif. Les Juifs étrangers étaient évidemment déjà soumis à l'enrôlement dans les groupements de travailleurs étrangers, d'où ils étaient aisément prélevés pour composer les convois de déportés. Cependant les jeunes Juifs français en demeuraient exemptés. Pendant l'été de 1943, Laval envisagea un projet de travail obligatoire au profit des Allemands pour les jeunes Juifs français de vingt à trente ans, à titre de remplacement équitable du S.T.O. Ces jeunes seraient « mis à la disposition des autorités d'occupation dans les mêmes conditions que les autres Français », mais accompliraient généralement leur travail en France[161]. Aucun document n'indique que ce plan soit entré en vigueur en aucune partie de la France ou qu'il ait été discuté avec les Allemands. Leur refus immédiat était en tout cas certain. Mais le projet est un signe que l'opinion publique française persistait à percevoir les Juifs comme des privilégiés plutôt que comme des victimes, que Vichy persévérait dans l'intention de faire quelque chose au sujet du « problème juif » et que Laval, pendant l'été de 1943, était impatient de dégager la politique antijuive de Vichy de l'emprise de l'appareil d'extermination des Allemands.

C'est aussi pendant l'été de 1943 que Laval semble avoir envisagé de dissoudre le C.G.Q.J. et de répartir ses fonctions entre des services qui avaient plus de prestige, de correction, et peut-être de capacité à maintenir une politique française autonome : le ministère de la Justice pour les questions de statut personnel, le ministère des Finances et les Domaines pour l'aryanisation et le ministère de l'Intérieur pour les questions d'ordre intérieur et de police. Les Allemands étaient au courant du projet de Laval mais, là non plus, il n'existe pas de preuve qu'il en ait, en fait, discuté avec eux[162].

Ce sont donc là des indications nettes du désir qu'avait Laval à cette époque de libérer la politique juive de Vichy du poids des Allemands, mais aussi de son refus d'entrer en conflit au sujet des Juifs. Pour Laval, les Juifs ne valaient pas la peine qu'il risque de compromettre ses efforts pour persuader les Allemands, par une coopération généreuse, d'intégrer la France dans l'Europe nouvelle[163].

La dénaturalisation fut la seule question sur laquelle il traça une limite. Ce fut un refus important, et, à ce moment-là, il y avait des raisons de penser qu'il pouvait sauver des milliers de Juifs français. D'autre part, il convient de ne pas exagérer sa portée. En premier lieu, les statistiques ont été grossies par tout le monde. L'évaluation du nombre des Juifs naturalisés après 1927 a varié considérablement au cours de l'été 1943, depuis le chiffre, probablement trop bas, de 8 000 donné à Röthke par la police en juillet à celui, certainement excessif, de 200 000 mentionné par de Brinon. Pétain avait promis que la commission chargée des dénaturalisations travaillerait sur les cas individuels aussi rapidement que possible, mais, dans une lettre à Laval fin août, de Brinon se plaignit de ce que les résultats étaient jusqu'alors « dérisoires ». Il ajoutait que si les choses continuaient ainsi il ne serait pas possible « d'obtenir le règlement favorable » envisagé « avec les autorités allemandes[164] ». Finalement, en septembre 1943, de Brinon reçut un rapport de la commission, qu'il transmit immédiatement aux SS. Entre 1927 et 1940, sur plus de 500 000 naturalisations, 23 648 seulement concernaient des Juifs. Jusqu'au 8 septembre, la commission avait examiné 7 055 cas les concernant, et avait maintenu la nationalité de 1984 d'entre eux. Elle avait réservé le cas de 4 800 autres (prisonniers de guerre, Juifs d'Afrique du Nord, internés). Près de 10 000 cas restaient à examiner[165]. L'effort de dénaturalisation atteindrait donc moins du dixième des Juifs qui restaient encore en France. Pour les Allemands, il ne valait pas la peine de faire cet effort. En tout cas la stratégie de Laval, qui voulait agir de manière légale, était pratiquement déjà périmée. Röthke rapporta à son collègue SS de Bruxelles que, en dépit des difficultés de la dénaturalisation, les Juifs français étaient déportés ; la citoyenneté n'était plus une protection. Le « Judenreferent » insistait pour que les Juifs français résidant dans d'autres territoires contrôlés par les nazis soient envoyés à l'Est sans plus de façons[166a].

Par ailleurs, Laval ne fit rien pour freiner l'activité de la bureaucratie du C.G.Q.J. L'une de ses dernières nominations, un peu plus d'un mois avant le 6 juin 1944, fut celle de Joseph Antignac, le dernier des « durs » incorruptibles du Commissariat, devenu son chef en fait, au titre de secrétaire général. Le C.G.Q.J. allait poursuivre son œuvre, avec la bénédiction de Laval, jusqu'à la fin.

Les derniers jours

> Dans la nuit du 10 au 11 janvier (1944), les services de la sécurité publique et de la gendarmerie ont dû procéder, sur l'ordre des autorités allemandes et conformément aux instructions du gouvernement, à l'arrestation d'israélites français, hommes, femmes et enfants. Sur un total de 473 Juifs désignés, 288 ont été découverts et conduits au lieu de rassemblement imposé, la synagogue de Bordeaux.
>
> Le préfet régional de Bordeaux, janvier 1944[166b].

Le conflit sur la dénaturalisation avait conduit le « Judenreferent » Röthke à la conclusion suivante : « Le gouvernement français ne veut plus marcher avec nous dans la question juive[167]. » C'était là une déclaration par trop générale, car le gouvernement de Vichy, tout en étant gêné par la « solution finale », avait aussi résolu de ne pas rompre avec les Allemands à cause d'elle. Néanmoins, les autorités allemandes s'étaient mises de plus en plus à agir directement dans la zone sud depuis qu'elles s'y étaient installées, en novembre 1942. Après l'été de 1943, elles poursuivirent encore plus résolument leur action.

Après juin 1943 il n'y eut plus d'interruption dans les convois de déportation. Ils continuèrent à un rythme régulier, bien que réduit, généralement une ou deux fois par mois, jusqu'à la Libération. Pour remplir ces trains, les Allemands abandonnèrent progressivement toutes les limitations qui avaient été fixées antérieurement. Les anciens prisonniers de guerre, les volontaires étrangers de l'armée française, les membres de la Légion d'honneur, le personnel de l'U.G.I.F., des membres de toutes ces catégories que le régime de Vichy avait, à un moment ou l'autre, essayé d'exempter, pouvaient maintenant être déportés[168].

Alors que s'élaboraient des plans pour la déportation de ceux que le gouvernement de Vichy devait dépouiller de leur citoyenneté, Eichmann envoya l'un de ses collaborateurs en France pour accélérer le mouvement. C'était le SS-Hauptsturmführer Alois Brunner, expert dans l'administration de la « solution finale » et récemment rentré de Salonique, où il avait aidé à la déportation des Juifs grecs et étrangers avec une brutalité et une efficacité exemplaires. Brunner, qui avait un rang supérieur à celui du « Judenreferent » Röthke, arriva avec un détachement spécial de 25 hommes, et l'autorité nécessaire pour agir indépendamment de la hiérarchie de la police allemande. Il recevait en effet ses ordres directement de Berlin.

La stratégie de Brunner était de dégager entièrement la police française des affaires juives. Il lança une violente campagne de presse contre Bousquet et Laval avec l'aide des collaborateurs parisiens, les accusant de protéger les Juifs[169]. Il prit, le 2 juillet, la direction du camp de Drancy ; Vichy perdit ainsi le contrôle du point clef dans la procédure administrative de la déportation. À partir de ce moment-là, la police et l'administration françaises furent exclues de toute influence dans la composition des convois destinés à l'Est.

Brunner organisa des détachements chargés de parcourir le pays pour y opérer des arrestations. Il avait sous ses ordres des forces variées : la Gestapo, la « Feldgendarmerie » et diverses forces françaises sous autorité allemande — S.E.C., doriotistes, francistes et autres auxiliaires — mais en aucun cas la police. Georges Wellers a affirmé que c'était le résultat de la rivalité entre Brunner et Röthke, ce dernier seul ayant autorité pour faire appel à la police française. Vichy retira désormais la coopération de la police aux opérations menées contre les Juifs qui étaient citoyens français. Laval dit aux préfets régionaux, réunis le 21 septembre, qu'ils devaient protester contre les arrestations de Juifs mais ne pas intervenir en faveur des étrangers ; la police ne devait pas « prêter la main » à l'arrestation de Juifs français. En octobre, lorsque la « Sicherheitspolizei » d'Évreux demanda l'aide du préfet pour des arrestations, le préfet, après en avoir référé à Leguay, refusa d'autoriser l'arrestation par la police française de Juifs français par la naissance ou récemment naturalisés. Les Allemands menèrent eux-mêmes les arrestations, tandis que les Français arrêtèrent un étranger[170].

À l'automne, les détachements de Brunner firent irruption dans les régions qui avaient été sous occupation italienne. Leur arrivée en Savoie, le 9 août, provoqua au dire du préfet, une « véritable panique ». En septembre, ils étaient à l'œuvre dans les Alpes-Maritimes, dans « une atmosphère de véritable terreur ». Bien que le préfet ait informé le directeur local du SD de « la décision prise par le gouvernement de protéger les israélites français », beaucoup d'entre eux furent arrêtés. Les protestations du préfet restèrent sans effet[171]. La sinistre marée de la déportation gagnait les départements l'un après l'autre à mesure que des détachements de la Gestapo étaient disponibles. En décembre 1943, ils arrêtèrent des Juifs étrangers en traitement dans des hôpitaux de Perpignan et de Font-Romeu sans en avertir le préfet, qui fut dans l'impossibilité de vérifier le nombre des arrestations. Le 18 février 1944, ils emmenèrent 61 Juifs âgés de soixante à quatre-vingts ans, du Centre d'accueil du service social des étrangers à Alboussière (Ardèche). Les dernières familles juives de la Marne furent arrêtées à la fin de janvier. L'accord Oberg-Bousquet était devenu lettre morte, comme le faisait observer le préfet du Lot-et-Garonne[172].

Ce qui arrivait aux Juifs était encore étouffé, dans une certaine mesure, par l'arrestation et la déportation à la fin de 1943 et au début de 1944 de centaines de personnalités françaises, hommes et femmes, ainsi que par la poursuite de la déportation de milliers de jeunes gens pour travailler dans les usines allemandes. Les préfets firent état de l'indignation du public lorsqu'un notable local comme l'ancien maire d'Épinal, M. Schwab, ou le rabbin Deutsch, de Limoges, furent arrêtés, mais, lorsque 500 Juifs français de la région de

Dijon furent envoyés à Drancy en février 1944, le préfet régional estima que l'émotion populaire avait été reléguée au deuxième plan par les nombreuses autres préoccupations de l'heure[173]. À Vichy, les ministres parlaient désormais aussi peu que possible des Juifs. Bien qu'on ait conservé les notes d'une demi-douzaine de conversations directes en 1943 et au début de 1944 entre le maréchal Pétain et les dirigeants allemands, comme le diplomate Roland Krug von Nidda et l'officier de liaison, le général von Neubronn, la question des Juifs n'était jamais soulevée. La parole était laissée à quelques ultras comme Darquier et de Brinon.

Une autre abstention, singulière, se rapporte à l'organisation des chemins de fer français, qui fit en sorte d'opposer une résistance étendue et bien organisée à toutes les exigences allemandes — exception faite des déportations à l'Est. Tout au long de la guerre, on demanda aux cheminots français de conduire à la frontière allemande des convois de déportés, de prisonniers et de travailleurs forcés. Les équipes des chemins de fer allemandes les y prenaient en charge et le personnel français se retirait[174]. Dans une longue étude sur la résistance à la S.N.C.F., Paul Durand décrit les protestations énergiques élevées par le service du contentieux contre les violations de l'armistice et de la convention de La Haye ; mais il ne fait aucune mention des déportations des Juifs[175]. Les employés aidèrent apparemment environ 50 enfants juifs à s'échapper d'un convoi en septembre 1942, et ont peut-être aussi introduit en fraude des outils dans les wagons pour aider les prisonniers à percer les planchers[176a]. Cependant rien ne s'interposa pour empêcher les transports à Auschwitz, même pendant l'été 1944, lorsque le sabotage provoqua de graves déraillements et affecta d'autres convois. Aucun des 85 convois de Juifs déportés ne dérailla ou ne subit d'autres avaries. Pendant la seule année 1944, quatorze transports quittèrent la France, tous, sauf trois, emmenant un millier de Juifs ou davantage. Les seuls incidents signalés par les officiers SS en fonction furent un certain nombre d'évasions individuelles[176b].

Même pendant ce crépuscule de l'occupation allemande, la police reçut encore parfois des instructions pour obéir au commandement allemand dans des opérations dirigées contre les Juifs. À Bordeaux, en janvier 1944, les SS exigèrent que la police locale prête son assistance pour une rafle massive des Juifs qui comprenait des citoyens français, femmes et enfants. Par l'intermédiaire du préfet, les autorités de la police, qui étaient réticentes, firent appel à de Brinon, à Darnand et à Laval. On leur dit de s'exécuter. « Conformément aux instructions du gouvernement », selon le rapport du préfet régional, la police appréhenda 288 Juifs français sur les 473 qui figuraient sur les listes et les rassembla au lieu indiqué, la synagogue de Bordeaux, avant le départ pour la déportation. Le préfet indiqua que l'un d'entre eux, mutilé à 100 % de la guerre de 1914-1918, tenta de se suicider lorsqu'il fut arrêté, et fut hospitalisé dans un état grave. Le préfet observa qu'à la suite de cette opération, la police « perdra... une partie du crédit dont elle jouissait auprès de la population, hostile à toute action menée contre des personnes n'ayant commis aucun délit ». Il ajoute que, dans toute la région, les arrestations ont provoqué « une émotion d'autant plus vive que l'ordre et le calme n'ont cessé d'y régner et qu'aucune raison particulière ne les a expliquées[177] ». Il semble que cette opération ait été la dernière intervention à grande échelle de la police dans une rafle générale des Juifs sous les ordres des Allemands. Elle était vraisemblablement à mettre en rapport avec l'échec du dernier sursaut d'indépendance du maréchal lorsqu'en novembre 1943 il tenta de prononcer une dramatique allocution à la radio pour annoncer la révocation de Laval et la convocation de l'Assemblée nationale au cas où lui-même viendrait à disparaître ; placé devant le veto inflexible des Allemands, Pétain abandonna son projet et accepta l'entrée au gouvernement d'un certain nombre d'ultras de la collaboration, parmi lesquels Joseph Darnand, au poste nouveau de Secrétaire général au maintien de l'ordre.

Le même remaniement ministériel emporta Darquier. Toutefois ce n'est pas Vichy qui se débarrassa de son Commissaire général aux questions juives ; ce sont les Allemands eux-mêmes qui le limogèrent. Dès les premiers mois, il les avait déçus. Ce n'est pas la corruption du C.G.Q.J. qui les gênait. Il n'existe pas de preuves que l'ambassade ou le SD se soient formalisés d'inconvenances de conduite parmi les dirigeants français, bien qu'ils aient parfois fait des démarches pour couper court à la malhonnêteté dans leurs propres rangs. L'incompétence administrative de Darquier ne les inquiétait pas non plus, puisque les tâches les plus importantes — les rafles et la déportation des Juifs — étaient entre les mains des polices française et allemande. Mais il était manifeste pour tous que Darquier n'avait pas été capable d'imposer sa volonté au gouvernement, ni ses idées à l'opinion. Dès le mois de juin 1942, un responsable de l'ambassade signalait la déception de ses collègues devant l'échec de Darquier qui n'avait pu obtenir de fonds pour étendre à la zone non occupée l'activité de l'Institut d'études des questions juives. En décembre 1942, les observateurs de l'ambassade considéraient que Knochen, informé de l'hostilité portée à Darquier par d'autres ministres de Vichy comme le garde des Sceaux Joseph Barthélemy, était prêt à laisser disparaître le Commissaire jugé incapable[178a]. Le Dr Klassen, chef des services de propagande à l'ambassade d'Allemagne à Paris, écrivit au consul général Schleier que les dirigeants allemands qui s'occupaient des questions juives étaient unanimes à juger que Darquier était « égal à zéro dans tous les domaines[178b] ». Cependant, personne ne semble avoir voulu affronter avant un an le problème de trouver un nouveau Commissaire ni reconnaître ouvertement l'échec de Darquier. C'est seulement le 20 décembre 1943 que le nom de Darquier figure à Paris sur une liste de dirigeants « dont la démission est exigée » par le gouvernement allemand, curieusement associé à un certain nombre de proches collaborateurs du maréchal Pétain, auxquels les Allemands reprochaient le geste d'indépendance du maréchal en novembre (le général Campet, Lucien Romier, Jean Jardel, etc.[179]).

Il faut peut-être voir un signe de la marginalité croissante du C.G.Q.J. dans le fait que Vichy fut autorisé à nommer à sa guise le nouveau Commissaire. Jacques de Lesdain, qu'Abetz avait imposé à *l'Illustration* comme rédacteur politique, et Louis Thomas, ancien officier et « aventurier des lettres[180] » qui avait réussi à devenir administrateur des éditions Calmann-Lévy aryanisées, étaient connus pour jouir de la faveur de l'ambassade d'Allemagne et du SD. Cependant, lorsque la « démission » de Darquier fut annoncée le 26 février 1944, son successeur fut Charles Mercier du Paty de Clam, officier colonial de carrière qui avait passé l'entre-deux-guerres à gravir lentement les échelons de sa carrière à Damas[181].

Le seul titre de du Paty de Clam à occuper cette fonction sembla avoir été son nom : c'était un descendant du célèbre commandant du Paty de Clam, l'officier d'État-major qui avait arrêté Dreyfus en 1894. Il conservait la tradition familiale. Mais, hors ce lien sentimental avec un passé antisémite, du Paty n'apporta à sa fonction ni les aptitudes ni le zèle. Au dire d'un observateur allemand, il s'intéressait plus aux affaires culturelles qu'à l'aryanisation, et quelqu'un d'autre caractérisait son apport comme marquant « plutôt la paralysie qu'une reprise d'activité pour le Commissariat général[182] ». M. Formery, inspecteur général des Finances, chargé d'examiner l'honnêteté et la compétence du C.G.Q.J. en mai 1944, trouvait en du Paty « une étrange sérénité passive[183] ». Lors de sa nomination, l'*Émancipation nationale*, publication violemment antijuive, avait remarqué ironiquement le 11 mars que c'était du moins « une façon de rappeler l'existence du Commissariat général aux questions juives ». *Au Pilori* ne tarda pas à déplorer « son étrange et silencieux effacement, si peu conforme à l'habituelle, générale et même généreuse verbosité qui signale à l'ordinaire les prises de pouvoir ». Du Paty de Clam fut le seul dirigeant du C.G.Q.J. à bénéficier d'un non-lieu lors des procès d'après-guerre.

Au printemps de 1944, les SS menaient pratiquement seuls les déportations. Toute communication avait cessé entre le « Judenreferat » et Vichy. En avril, Knochen donna des instructions secrètes pour l'intensification des arrestations de Juifs en France. Brunner approuva. Tous devaient désormais être arrêtés aussitôt, sans considération de nationalité ou d'autres raisons. Les SS sentaient dorénavant qu'ils ne pouvaient plus compter aucunement sur la police locale pour les aider dans les arrestations massives. Les détachements chargés des arrestations avaient l'ordre d'opérer des descentes de nuit, sans avertissement préalable, dans les camps de travail, les prisons, etc; autrement « les Français libéreraient les Juifs » ou les transféreraient ailleurs. Pour découvrir ceux qui se cachaient, un système de primes offrait des récompenses aux personnes qui dénonceraient des Juifs :

Les primes ne doivent pas être trop élevées ; néanmoins elles doivent l'être assez pour donner un encouragement suffisant. Le montant en sera fixé par le commandant [local]. La prime ne doit pas être la même partout. Elle sera généralement plus élevée dans les villes qu'à la campagne[184].

Les SS pouvaient toutefois encore compter sur une source d'assistance du côté des Français : la Milice, force paramilitaire créée parmi les anciens de la Légion, qui avait acquis plus d'autonomie en 1943 dans sa poursuite des ennemis du régime. Son chef était J. Darnand. Il avait reçu la plus haute distinction militaire, la médaille militaire, des mains de Pétain lui-même en 1918 pour ses exploits dans les corps francs derrière les lignes ennemies, puis avait végété entre les deux guerres, tour à tour garagiste et militant d'organisations d'anciens combattants à Nice. Le recours de plus en plus fréquent de Vichy à la répression policière avait fourni le débouché longtemps recherché à Darnand pour sa violence, son absence de scrupules et son aveuglement absolu dans la conception de l'obéissance aux ordres d'un chef. Darnand était prompt à attaquer toute faiblesse dans la répression, qu'elle fût le fait de la police ou celui du gouvernement. La Milice fournissait aux Allemands ce qui leur avait toujours manqué en France et que Heydrich avait demandé lors de sa visite à Paris en mai 1942 : une police parallèle composée d'hommes choisis pour leurs convictions idéologiques plutôt que pour leur compétence professionnelle, conduite par un chef étranger à la police régulière et prêt à tout. L'étoile de Darnand se leva alors que déclinaient les forces allemandes, et que tout le reste avait échoué pour faire obtempérer les Français. À la fin 1943, les Allemands finirent par destituer Bousquet ; en janvier 1944, Vichy le remplaça par Darnand avec le nouveau titre de Secrétaire général au maintien de l'ordre[185].

La Milice poursuivit les Juifs impitoyablement, s'appropriant ainsi une bonne part de la tâche des forces de police régulières dont l'activité s'était relâchée. Ainsi par exemple, en Savoie, au dire d'un agent de la S.E.C. qui exprimait son mécontentement, la gendarmerie ne tenait pas compte de la présence du petit nombre de Juifs qui y restaient encore, et ne se souciait même pas de les surveiller[186]. Certaines unités militaires allemandes elles-mêmes perdaient leur ardeur à la tâche. Röthke, informé de ce que la police militaire allemande avait refusé en plusieurs circonstances d'agir à l'encontre des Juifs, avertit en mai 1944 que si une telle attitude persistait, les SS devraient reconsidérer leurs relations avec la Wehrmacht[187]. La Milice ne connaissait pas ces hésitations. Les SS trouvaient exemplaires les réalisations de Darnand. De fait, les miliciens étaient certainement les plus dangereux de tous à l'égard des Juifs. Comme l'a remarqué un historien, « alors que la police ordinaire pouvait être bienveillante, ou, tout au moins, neutre, et les Allemands des étrangers que l'on pouvait duper, les miliciens, eux, étaient des hommes rusés, méfiants, totalement dévoués à la mauvaise cause et qui n'étaient que trop bien informés[188] ».

Opérant seuls, exception fait de la Milice et des dénonciateurs, les SS, trop peu nombreux, ne purent atteindre les chiffres de déportations de 1942, lorsque toutes les ressources de la police étaient à leur disposition. 33 500 Juifs environ furent déportés en 1943-1944, contre 42 500 en 1942, avec l'aide des Français. Mais les détachements de SS qui étaient à l'œuvre en 1944 suppléèrent à leur manque d'effectifs par leur férocité. Pour trouver des Juifs, Röthke fit ratisser le monde du spectacle et des boîtes de nuit. Le beau-frère de Brinon fut arrêté, en dépit de son « certificat de non-appartenance à la race juive ». Klaus Barbie, chef de la Gestapo à Lyon, fit un raid contre un orphelinat juif : 41 enfants et 10 adultes furent arrêtés et envoyés à Drancy[189].

De telles atrocités auraient pu peut-être précipiter la fin des activités antijuives de Vichy. Cependant, lorsque du Paty de Clam fut mis en congé en mai, le régime de Vichy ne se contenta pas de laisser le C.G.Q.J. subsister dans sa passivité somnolente. Joseph Antignac, cheville ouvrière du Commissariat, en prit désormais la direction. On lui donna un titre inférieur, celui de secrétaire général, mais il y déploya la même énergie aveugle que celle qui l'avait fait passer du commandement de la P.Q.J. de la région de Limoges en 1942 au poste de directeur du cabinet de Darquier en 1943[190]. Là où du Paty de Clam s'était montré complètement indifférent au Commissariat et à ses objectifs, Antignac faisait preuve d'un esprit de parti absolu : « Antisémite d'abord », dit-il à son cabinet en prenant possession de son nouveau poste ; « partisan de la politique du maréchal ensuite » — peut-être était-ce, sans qu'il le veuille, l'indice d'une nouvelle dichotomie. Un an plus tôt, Antignac avait donné à Röthke l'assurance de son engagement à une idée de la solution finale qui dépassait de loin celle du gouvernement : « Je reste persuadé que la déportation totale simplifierait bien toutes ces questions, notamment le retrait des juifs dans les administrations de l'État[191]. » Pour prouver sa fidélité, Antignac dénonça André Baur et R.R. Lambert, directeurs de l'U.G.I.F. respectivement dans les zones nord et sud, assurant la prompte déportation et l'assassinat à Auschwitz d'hommes choisis par le gouvernement de Vichy lui-même pour administrer les affaires de la communauté juive[192a]. Tel est l'homme auquel Laval confia l'appareil de la persécution dans les derniers jours de Vichy.

On peut se demander pourquoi Vichy a redonné vie au dispositif défaillant du C.G.Q.J. au printemps de 1944. Nous ne pouvons en donner que des explications incomplètes, car les documents tant français qu'allemands sont beaucoup plus nombreux pour les premières années de l'occupation que pour la dernière ; certaines pièces datant de cette période ont peut-être été détruites à la dernière minute en 1944, les dossiers plus anciens restant intacts. L'ambassade et le SD abandonnèrent leur candidat, Jacques de Lesdain, après que Laval eut observé que son séjour en Allemagne pendant la campagne 1939-1940 le rendrait inefficace[192b]. À cette époque, le « Judenreferat » et la « Sicherheitspolizei » agissaient à leur guise. On n'a pas non plus d'indication sur les motifs pour lesquels Laval ou ses ministres voulaient un autre fanatique à la tête des affaires antijuives.

Cependant nous pouvons trouver une indication indirecte dans les efforts du régime de Vichy pour maintenir son autorité et pour empêcher l'effondrement de certaines parties de son administration au printemps de 1944. La stratégie du gouvernement était modelée sur sa perception des menaces naissantes. On s'attendait d'un jour à l'autre au débarquement des Alliés en France. Dans l'optique de Vichy, cet événement ne promettait pas tant de libérer la France que d'en faire un champ de bataille ; le désordre et le défi lancé à la légitimité du gouvernement étaient certains, la guerre civile était vraisemblable. La seule chance de préserver l'ordre public était, pour Vichy, de garder bien en main son administration. Si l'appareil de l'État demeurait intact, il était même possible que le transfert d'autorité pût se faire pacifiquement. C'est ce dernier espoir qui est à l'arrière-plan des efforts de Vichy pendant l'été 1944 pour organiser dans l'ordre le transfert des pouvoirs, de la libération de Herriot et de Jeanneney à l'échec de la mission de l'amiral Auphan auprès du général de Gaulle[193]. Le régime lutta en 1944 pour maintenir l'autorité de l'État et de tous ses services.

Ces préoccupations semblent s'être appliquées tant au domaine antijuif qu'aux tâches plus classiques du gouvernement. Laval prévint à cet effet du Paty de Clam, puis Antignac[194]. Le dispositif antijuif continua à fonctionner, en partie par la vitesse acquise au plan administratif, en partie à la faveur du nouvel élan qu'Antignac lui donna. Le 1er mai 1944, les journaux diffusèrent un avis attirant l'attention sur un arrêté de l'année précédente qui exigeait des Juifs un versement de 360 francs par an à titre de « cotisation de solidarité » pour l'U.G.I.F. On s'aperçut aussi que les bureaux locaux de l'U.G.I.F. manquaient de renseignements précis sur les Juifs de leur localité. Ce fut l'occasion d'un nouveau recensement. Le C.G.Q.J. demanda aux préfets de la zone sud de fournir un « relevé in extenso » de tous les Juifs de chaque département, classés par nationalité ; un rappel suivit le 4 juillet 1944. Trente-six préfets obéirent, la plupart envoyant des listes de 1941 avec diverses excuses concernant les nombreuses adresses périmées. Les préfets de la Creuse et de la Haute-Loire envoyèrent des listes apparemment à jour de Juifs étrangers, en omettant les citoyens français[195]. Le 4 mai également, le *Journal officiel* publia une loi (datée du 23 mars 1944) qui élevait à 20 % le prélèvement de 10 % sur les comptes bloqués des biens juifs, pour remplir les caisses du C.G.Q.J. Le 22 mai, André Parmentier, nouveau directeur général de la police sous Darnand, donna l'ordre aux préfets de l'ancienne zone sud de ne renouveler les cartes d'alimentation des Juifs qu'à la mairie de leur commune de résidence, « en vue de faciliter les investigations concernant les Israélites ». Les lettres de dénonciations de Juifs qui se cachaient et de « maisons enjuivées » continuèrent d'arriver au C.G.Q.J. Le 19 juillet, la S.E.C ouvrit une enquête sur un avocat de Paris, à une époque où, sur les 53 avocats juifs autorisés à exercer leur profession à Paris selon les quotas, 46 avaient déjà été internés ou déportés. Jusqu'en février 1944, d'honorables citoyens adressaient encore des recommandations en faveur de clients ou de parents pour le poste d'administrateur provisoire[196]. La loi restait en vigueur. Quelle que fût leur répugnance pour les rafles massives et générales, beaucoup de policiers croyaient encore de leur devoir d'arrêter les Juifs qui enfreignaient les statuts[197].

Le débarquement des Alliés en Normandie, le 6 juin 1944, ne donna pas non plus le signal de la fin des opérations antijuives de Vichy. Antignac cita les instructions de Laval pour tenter de ranimer ses directeurs régionaux dont l'énergie faiblissait, comme c'était assez compréhensible[198a]. Après la Libération, Antignac prétendit que Laval lui avait dit de temporiser et de se tenir à l'écart des Allemands, « me laissant comprendre que c'était la fin[198b] ». Cependant, ses déclarations à l'époque ne le montrent pas résigné à liquider l'entreprise antijuive aussi discrètement et inoffensivement que possible. À Laval il écrit le 1er juin 1944 qu'il est décidé à éliminer des éléments douteux pour mettre le Commissariat en ordre : « Je me propose d'apporter dans chaque service les améliorations qui s'imposent, tâche qu'il me sera très facile d'accomplir, vu la confiance que vous avez bien voulu m'accorder[199]. » À ses subordonnés réunis au début de juin, il fit un discours qui mettait en relief leur rôle dans la Révolution nationale. « Antisémitisme d'abord » : tel restait encore son mot d'ordre. Tout en admettant que la situation était grave et le Commissariat « agonisant », il adressa un appel vibrant à la discipline et à l'exactitude. Il demandait une obéissance inconditionnelle : « Je m'assurerai personnellement que l'ordre, la confiance, la probité, la justice et l'amour du travail bien fait soient la règle dans cette maison[200]. » À l'adresse du garde des Sceaux, il rédigea une longue lettre le 4 août contenant un plaidoyer vigoureux pour une nouvelle législation afin d'améliorer le fonctionnement de l'aryanisation[201]. Au directeurs du C.G.Q.J. il écrivit le 17 août pour leur rappeler la hiérarchie régionale et insister pour qu'ils se conforment aux instructions écrites des préfets régionaux[202]. Dans le monde chimérique d'Antignac, le Commissariat avait son devoir à remplir même alors que les armées alliées approchaient de Paris.

Tandis que Vichy entrait dans le conflit qu'il avait tant redouté, la propagande gouvernementale prit une tournure violemment antisémite. Il y avait tout d'abord à la radio les éditoriaux de Philippe Henriot, le militant catholique, l'ancien député de Bordeaux, que Laval avait accepté comme secrétaire d'État à l'information et à la propagande en janvier 1944 lors du remaniement gouvernemental consécutif aux projets avortés de Pétain à la fin de 1943. Deux fois par jour depuis lors, Henriot brodait sur un seul thème : la violence et l'égoïsme des prétendus libérateurs de la France, « nos futurs colonisateurs » (12 mai 1944) parmi lesquels « tous ces juifs qui vous entourent » (14 avril 1944) comme Mendès France « aux finances [du gouvernement provisoire à Alger] où on aurait été surpris en effet de ne pas trouver un Juif » (4 avril 1944[203a]). La passion et la verve d'Henriot attiraient les auditeurs bien au-delà du cercle restreint de ceux qui croyaient encore en ce que Vichy essayait de faire. Son émission du soir du 27 juin — dans laquelle il se vantait de n'avoir jamais défendu de Juifs — fut la dernière : cette nuit-là un groupe de résistants déguisés en miliciens pénétra dans son appartement du ministère de l'Information à Paris et l'exécuta. Le cardinal Gerlier assista à l'une des nombreuses messes célébrées pour lui et Pétain, qui avait refusé de signer son décret de nomination, envoya une lettre de condoléances manuscrite à Mme Henriot[203b].

Le successeur d'Henriot ne fut autre que Xavier Vallat, qui partagea le micro avec Paul Marion. L'ancien commissaire général aux questions juives n'hésita pas à donner une teinte antisémite aux 25 éditoriaux qu'il prononça à la radio en juillet 1944. Henriot a été « tué par Londres, Washington, Moscou et Jérusalem », dit-il le 2 juillet. Il déplorait « cette guerre idéologique voulue par Israël » (18 juillet) et conduite par l'Angleterre, « l'ennemi héréditaire » (20 juillet). Il mettait en garde : la victoire des Alliés ne pouvait conduire qu'à la situation qu'on voyait réalisée en Afrique du Nord : « le retour au pouvoir des Juifs et des francs-maçons... qui pendant un demi-siècle ont vécu sur le dos du colon et de l'indigène et dont le maréchal les avait débarrassés » (3 juillet). Il alla jusqu'à attaquer l'honnêteté de Georges Mandel, son vieil adversaire (20 juillet), deux semaines environ après son assassinat par des miliciens[204]. Les inquiétudes de l'été 1944, loin d'atténuer les sentiments antijuifs des dirigeants de Vichy, les avivaient.

Pendant les derniers jours, alors qu'Antignac attribuait à une poignée de mécontents les difficultés du C.G.Q.J. et que Xavier Vallat reprochait la guerre aux Juifs, la bureaucratie de la répression commença à se dissoudre. À la fin de juillet, quarante gendarmes quittèrent leur poste au centre de séjour surveillé de Sisteron, avec les gardes du camp. Les deux tiers des internés s'évadèrent[205]. Les rapports font état d'une multiplication des intrigues et de la corruption. Le délégué régional de la S.E.C. à Rouen fut arrêté à la fin mai, accusé d'avoir cambriolé les appartements de six Juifs étrangers dont il avait découvert la cachette. Au début d'août, un de ses collègues écrivit au C.G.Q.J. pour plaider en sa faveur et faire l'éloge de sa persévérance à reconstituer, après les bombardements des Alliés, les services du C.G.Q.J. de Rouen, dans l'appartement sous séquestre d'un Juif où il habitait[206]. Le dispositif du Commissariat général aux questions juives continuait à fonctionner, et, du moins pour quelques-uns, l'ordre de Laval de maintenir la continuité fut exécuté jusqu'à la fin.

LE GÉNOCIDE EN FRANCE

> En conclusion, nous n'avons pas trouvé de difficulté auprès du gouvernement de Vichy pour appliquer la politique juive.
>
> Helmut KNOCHEN, 1947[1a].

À l'instar des SS qui comptaient méthodiquement les Juifs envoyés à l'Est, nous pouvons calculer le résultat de la solution finale en France. À la fin de l'année 1944, près de 75 000 Juifs avaient été déportés de France vers les centres d'extermination situés sur l'ancien territoire de la Pologne*. À leur arrivée, la plupart d'entre eux ont été immédiatement envoyés dans les chambres à gaz tandis que les autres étaient mis au travail dans des conditions qui signifiaient une mort presque certaine au bout de quelques semaines ou de quelques mois. Environ 2 500, soit moins de 3 %, ont survécu[1b]. Auschwitz fut la destination d'environ 70 000 déportés de France. Les autres furent envoyés dans d'autres camps : Maïdanek, Sobibor et quelques dizaines à Buchenwald en août 1944. Près d'un tiers de ces déportés étaient des citoyens français ; les autres étaient des réfugiés étrangers.

---

* Selon S. Klarsfeld, 815 Juifs au moins ont été arrêtés dans le Nord et le Pas-de-Calais et déportés à partir de la Belgique. Si l'on ajoute ces chiffres à ceux des autres déportés, on peut en conclure que 75 721 Juifs au moins ont été déportés.

Près de 2 000 avaient moins de six ans, plus de 6 000 moins de treize ans ; 8 700 avaient soixante ans ou davantage.

Ces statistiques ont pour source les archives allemandes — les listes nominatives des 79 convois qui partirent de France et les archives de l'administration du camp d'Auschwitz — ainsi que les listes de survivants réunies par le ministère des Anciens combattants et les autorités analogues d'autres pays. Un massacre de cette ampleur ne peut évidemment être évalué en chiffres d'une précision absolue, d'autant plus qu'il alla s'accélérant dans les derniers mois d'une guerre perdue pour les nazis. Mais les totaux sont exacts, compte tenu d'une très petite marge d'erreur. La destruction de la population juive d'Europe a été examinée par les archivistes plus minutieusement que les autres massacres de l'histoire. Un certain nombre de chercheurs français ont étudié ces listes et leurs conclusions ne présentent pas de différences notables. Plus récemment, à la suite d'un dénombrement complet, Serge Klarsfeld a publié les noms de 75 721 déportés, convoi par convoi. Ces centaines de pages font penser à l'annuaire téléphonique d'une ville moyenne ; les longues colonnes de noms sont un témoignage muet de l'ampleur de l'entreprise nazie. Plus modérée que d'autres estimations récentes, et fondée sur une critique sérieuse des sources, l'évaluation de Klarsfeld semble aussi proche qu'il est possible d'un état définitif de la question.

Il faut ajouter que, dans ses déclarations officielles, le gouvernement français préfère ne pas établir de distinction parmi les « déportés raciaux ». Répondant récemment à l'Assemblée nationale à une question au sujet des déportés *juifs*, le Premier ministre cita les documents français en parlant de 120 000 « déportés raciaux » dont 3 000 seulement survécurent[2]. Les divergences entre ces statistiques et celles qui ont été calculées d'après les listes allemandes s'expliquent probablement par le fait que le gouvernement utilise le terme de déportation pour désigner les déplacements forcés de personnes réalisés par les Allemands pour des raisons diverses, autres que la persécution des Juifs. Ses chiffres recouvrent probablement aussi d'autres groupes déportés par les nazis[3] comme les tsiganes (après leur internement, on le notera, par le régime de Vichy).

Si effroyables que soient ces chiffres, ils ne répondaient pas à l'attente des SS. Au milieu de l'année 1942, Dannecker avait espéré déporter 100 000 Juifs pendant les six premiers mois de l'exécution du programme. Son successeur, Röthke, avait escompté que 1943 verrait la déportation de tous les Juifs qui restaient en France et dont il estimait assez exactement le nombre à 270 000[4]. Les Allemands reconnurent bientôt que les déportations étaient inférieures aux prévisions, et vers la fin de la guerre les dirigeants responsables de la « solution finale » se plaignirent en diverses circonstances de la lenteur de son rythme en France.

Après la Libération, les défenseurs de Vichy tirèrent parti de la déception des Allemands. Au moment où le monde était informé de l'énormité de la tragédie des Juifs — l'extermination des deux tiers de la population juive d'Europe, entre 5 et 6 millions de victimes — Laval prétendit avoir limité les dégâts en France. Xavier Vallat indiqua que, par comparaison avec d'autres pays, il était significatif qu'en France tant de Juifs aient été sauvés. Vichy, assurait-on, avait servi de « bouclier » pour des milliers de Juifs, en particulier les Juifs français. On était parfois prêt à reconnaître que Vichy s'était sali les mains ; mais le résultat final était, disait-on, moins terrible qu'ailleurs, où une proportion beaucoup plus grande de Juifs avait été massacrée[5].

Les Allemands eux-mêmes ne savaient pas avec certitude où situer la responsabilité de ces médiocres résultats. Certes, leur police était arrivée, vers la fin de 1943, à la conclusion qu'il ne fallait plus compter sur la police française pour les opérations dirigées contre les Juifs, tout en se servant d'elle avec satisfaction chaque fois qu'elle le pouvait, jusqu'en janvier 1944. À la suite du conflit sur la dénaturalisation en août 1943, Röthke conclut que Vichy ne voulait plus coopérer dans le domaine de la politique antijuive. Mais lorsque Himmler lui-même, en juillet 1944, s'entendit demander par son fidèle lieutenant Mutschmann, « Reichsstatthalter » de Saxe, pourquoi il y avait encore autant de Juifs en Normandie pour aider les Anglais et les Américains, il suggéra une explication d'une toute autre nature : l'évacuation totale des Juifs de France avait été « extrêmement difficile... à cause des relations incertaines avec le commandement militaire local ». Si l'obstruction de la France méritait une part de ses reproches, Himmler oublia de la signaler en juillet 1944[6]. Après la guerre, Helmut Knochen, interrogé par les autorités françaises, affirma qu'il ne pouvait faire état d'aucune difficulté sérieuse avec la France pendant l'occupation en ce qui concernait la question juive.

À quelle version faut-il ajouter foi ? En réalité, la question est plus complexe. Il faut essayer de reconstituer les étapes successives de l'occupation et la perception, par les dirigeants de Vichy, des problèmes concernant les Juifs à chaque époque. Après la guerre, lorsque les collaborateurs préparèrent leur défense en 1945 ou 1946, ils ont pu établir des comparaisons avec la Grèce, la Hollande ou la Yougoslavie. Mais sous l'occupation, personne ne connaissait l'étendue des pertes juives dans les divers pays d'Europe. Aucun exemple de stratégies de remplacement ne se présentait aux dirigeants de Vichy, qui ne savaient rien de ce qui était fait au Danemark ou en Hongrie pour entraver les déportations. En outre, rien n'indique qu'ils aient même envisagé des comparaisons de ce genre en 1942 ou en 1943. Ils ont considéré la politique à l'égard des Juifs en fonction de la politique intérieure et des préoccupations propres au pays à la fin des années 30 et au début des années 40, lorsque l'attitude envers l'accueil des réfugiés se durcit. Sous l'occupation et, en certains cas, peut-être jusqu'à la fin, ils adaptèrent les récentes informations concernant le sort fait aux Juifs aux conceptions qui avaient cours en France à la fin des années 30.

Quant à la théorie du « bouclier », qui consistait à envoyer certains Juifs à une mort certaine afin d'en sauver un grand nombre d'autres, elle suppose une connaissance beaucoup plus claire des intentions à long terme des Allemands que ne l'indiquent les témoignages contemporains. Comme tout le monde, les dirigeants de Vichy furent lents à prendre la mesure de la « solution finale », face à des indications croissantes, et en dépit des déclarations répétées des nazis sur la déportation finale de tous les Juifs de France. Bien que Vichy ait eu les moyens de comprendre, ses dirigeants préférèrent pour la plupart ne pas pousser trop loin leurs investigations. L'attitude dominante fut l'indifférence au sort des Juifs. Il semble qu'en particulier pour Laval les Juifs aient été généralement sans importance, méritant à peine l'effort impliqué par la stratégie du « bouclier ». Il ne fait pas de doute que Vichy ait espéré sauver certains Juifs français de ce que pouvait signifier le « travail » à l'Est. Mais rien n'indique que cet objectif ait été prioritaire dans ses calculs ou ait fait partie d'un plan organisé. Laval se contenta de ne pas insister auprès des Allemands pour conclure un accord en règle limitant la déportation aux Juifs étrangers, même après qu'il eût été averti par eux qu'en dépit des retards ils s'empareraient en fin de compte de tous les Juifs de France. Mais Laval savait-il ce que signifiait la déportation? Savait-il ce qui se jouait pour les Juifs que sa police chargeait dans les wagons à bestiaux?

Que savait Vichy de la « solution finale »?

> ... Je vois la stupeur de chacun quand il m'est demandé des nouvelles et qu'avec torture je dois répondre que Monsieur Roussetzki est déporté.

> Chacun connaît toute l'horreur! Et moi, je ne voulais croire, mais les faits sont là. S'il était traité humainement, il aurait le droit d'écrire, de correspondre avec sa famille...
>
> C'est en ma qualité de Française que j'en appelle à votre ministère et crie toute mon indignation. Où est mon mari? Que devient mon mari?
>
> Lettre au maréchal Pétain, 1943[7].

Immédiatement après la guerre, alors qu'un public bouleversé venait de découvrir les camps de la mort, il était plus courant qu'aujourd'hui de plaider l'ignorance. Les responsables allemands, presque jusqu'au dernier, dirent qu'ils ne savaient pas. Laval dit qu'il ne savait pas:

> J'ai essayé de savoir, en les interrogeant, où les Allemands dirigeaient les convois de Juifs, et leur réponse était invariable: «En Pologne, où nous voulons créer un État juif.» Je savais bien que les Juifs étaient emmenés en Pologne, mais j'ai appris que c'était pour y travailler dans des conditions abominables, le plus souvent pour y souffrir et y mourir[8].

Xavier Vallat dit qu'il ne savait pas, citant à l'appui la stupeur horrifiée des troupes alliées qui, les premières, libérèrent les camps de la mort au printemps de 1945[9]. Le rabbin Jacob Kaplan, donnant à un public américain aussitôt après la guerre une vue d'ensemble des épreuves subies par les Juifs de France, laissa entendre qu'il y avait eu une incertitude réelle, même parmi les dirigeants juifs, jusqu'à la veille de la Libération. «Il vint un moment, *au début de 1944*, où plus aucun doute n'exista sur le fait que le programme hitlérien visait à l'extermination de la communauté juive de France par les déportations et les massacres[10].»

Pourtant, des rapports sur les exterminations massives commencèrent à parvenir à l'Ouest presque dès leur début. De tels massacres, non encore coordonnés, avaient commencé sur le front russe à l'automne de 1941; ils furent systématisés au début de 1942 et étendus à l'Europe occidentale placée sous l'autorité allemande en juillet de cette même année sous la forme de déportations massives à l'Est. Dès le mois de mars 1942, un long mémorandum fut remis au nonce à Berne, Mgr Bernardini, par des représentants de l'Agence juive, du Congrès juif mondial et de la communauté juive de Suisse; il faisait état de l'exécution de «milliers de juifs en Pologne et dans les parties de la Russie occupée par l'Allemagne», et des plaintes, plus familières, relatives aux expulsions, aux internements, à l'exclusion des emplois et de diverses professions, et à des spoliations[11]. On a généralement cru que la première mise en garde contre un programme actif d'extermination totale, une «solution finale» distincte des massacres épisodiques, fut un message envoyé à Londres et à Washington par Gerhardt Riegner, représentant du Congrès juif mondial à Genève, le 10 août 1942 — moins d'un mois après le début des déportations systématiques d'Europe occidentale. Walter Laqueur a démontré récemment qu'un certain nombre de rapports dignes de foi sur les massacres massifs et même sur l'utilisation du gaz étaient parvenus à l'Ouest avant août 1942 à partir de sources diverses : la résistance polonaise, des évadés, des témoins appartenant à l'armée italienne ou aux forces alliées et même des agents de la Gestapo, dont certains étaient juifs. «Il y avait beaucoup plus de gens informés de l'extermination qu'on ne le croit communément, et beaucoup ont été au courant *plus tôt* qu'on ne le suppose en général[12].»

Au début de l'automne 1942, ces rapports firent l'objet de discussions au plus haut niveau. On ne peut pas prouver de manière définitive, sans consulter les archives du Vatican, que celui du colonel SS Kurt Gerstein, témoin oculaire de l'usage du gaz Zyklon-B pour les exterminations massives à Auschwitz, soit réellement parvenu au Vatican par l'intermédiaire des divers ecclésiastiques et des diplomates suédois avec lesquels Gerstein entra en contact dès le mois d'août 1942. Il est certain que Myron C. Taylor, représentant personnel du président Roosevelt auprès de Pie XII, envoya le 26 septembre 1942 au cardinal Maglione, secrétaire d'État, un rapport détaillé sur l'exécution massive en Pologne de Juifs polonais et occidentaux, et demanda quelle serait la réaction du Vatican devant ces événements[13]. Le 17 décembre 1942, à la Chambre des communes, le ministre des Affaires étrangères anglais, Anthony Eden, dénonça l'exécution massive des Juifs dans les camps de Pologne. Le même jour, les gouvernements alliés et le Comité national français publièrent une déclaration commune décrivant avec quelques détails les conditions de vie dans le « principal abattoir nazi », en Pologne, et promettant le châtiment des auteurs de ces crimes après la guerre[14].

En France, les rafles de Juifs et de leurs familles dans les deux zones en juillet-août 1942 furent impossibles à dissimuler, en dépit des efforts de discrétion des préfets. Les préfets de la zone non occupée eux-mêmes ont décrit dans leurs rapports mensuels les réactions de la population — beaucoup plus négatives que positives — face à ces scènes bouleversantes. Les conditions dans lesquelles s'effectuaient les départs étaient évidemment toujours mieux connues que ce qui se passait à l'arrivée, mais la B.B.C. avait diffusé en français, dès le 1er juillet 1942, des informations sur le massacre de 700 000 Juifs polonais. Le sort des Juifs arrêtés en France fit immédiatement l'objet d'articles dans la presse clandestine. Ainsi *J'accuse*, dans son numéro du 20 octobre 1942, déclarait : « Les tortionnaires boches brûlent et asphyxient des milliers d'hommes, de femmes et d'enfants juifs déportés de la France. » Un autre tract de la Résistance rapportait le 15 novembre 1942 « les bruits les plus terribles » sur le sort des déportés : « Selon des lettres parvenues de Pologne, les trains n'y ont amené que des cadavres. Maintenant nous apprenons que quelques convois de femmes, de vieillards, de malades et d'enfants, enfin tous ceux qui n'étaient pas aptes au travail, ont été asphyxiés par les gaz toxiques[15]. » L'*Humanité* clandestine fit état en octobre 1942 de l'information selon laquelle les Allemands auraient expérimenté un gaz toxique sur 11 000 hommes, femmes, vieillards et enfants parmi les Juifs déportés des deux zones[16].

Recevoir des informations était une chose ; y voir de la propagande alliée ou résistante en était une autre. Les préfets étaient portés à rejeter les nouvelles les plus alarmantes comme « invraisemblables », contenant « les bruits les plus fantaisistes ». Le préfet de la Haute-Savoie, Dauliac, exprima son mécontentement de ce que « les adversaires du régime, exploitant le sentimentalisme de la masse, n'ont pas manqué de prétendre... que les pauvres victimes étaient vouées à une mort certaine ». Celui de la Vendée, Gaston Jammet, ne pensait pas que la vague d'arrestations dont il avait été le témoin dans son département en août 1942 entraînerait « des suites graves pour les intéressés[17] ». À la vérité, un scepticisme considérable régnait aussi chez les Alliés. Un analyste du Foreign Office qualifiait de « récit plutôt insensé » le rapport d'août 1942 de Gerhardt Riegner sur la décision allemande relative à la « solution finale » ; l'ambassadeur des États-Unis à Berne faisait le commentaire suivant : « Il existe une rumeur apparemment insensée, inspirée par la crainte des Juifs que les nazis exterminent en une fois à l'automne (probablement avec de l'acide prussique) environ 4 millions de Juifs qu'ils ont rassemblés en Europe orientale. » Walter Laqueur fait observer que « pendant deux ou trois ans [après novembre 1941], l'avis général à Whitehall était que les rapports sur le massacre des Juifs étaient exagérés[18] ».

La réticence des Juifs eux-mêmes à ajouter foi à ces rapports est particulièrement saisissante. Il fallut l'arrivée en Palestine d'un groupe de femmes et d'enfants venant de Pologne qui confirmèrent les rapports sur Treblinka et Sobibor pour que l'Agence juive se juge assez informée pour publier, le 23 novembre 1942, une déclaration capitale sur l'extension des massacres massifs. Même alors, on eut de la peine à croire que ces récits n'étaient pas des exagérations ou de la propagande de guerre. Même ceux qui étaient détenus dans d'autres camps ne pouvaient pas croire les rumeurs sur ce qui se passait dans les camps d'extermination. Léon Blum sortit de Buchenwald (qui était un camp de concentration et non un camp de la mort) sans rien savoir des chambres à gaz[19]. Georges Wellers, alors assistant à la faculté de médecine de Paris, qui avait été arrêté lors de la rafle des mille notables en décembre 1941, avait « quitté Drancy [pour Auschwitz] le 30 juin 1944, sans avoir le moindre soupçon sur le véritable sens de la déportation des Juifs ». Bien qu'il pût communiquer avec les autres détenus et correspondre secrètement avec sa femme, il affirme « d'une façon catégorique que l'on n'avait aucun soupçon [en juin 1944] concernant l'assassinat systématique auquel en réalité étaient voués les Juifs au bout du voyage en déportation[20] ».

Tout se passe comme si cette réalité insoutenable devait être sans cesse redécouverte et réaffirmée pour ceux qui ne pouvaient ou ne voulaient pas y croire. À l'automne 1943, plus d'un an après que le Consistoire central de France ait déjà adressé à Laval une déclaration officielle sur les exterminations dont il pensait qu'elles avaient lieu en Europe orientale, Jacques Helbronner, son président, reçut un rapport détaillé sur les fours crématoires et l'extermination systématique ; il le trouva « tellement inimaginable » qu'il en chercha confirmation auprès de sources neutres[21]. En janvier 1944, l'abbé Joseph Catry, encore avide de persuader les Allemands de se servir de lui comme propagandiste, implora le « Judenreferent » Röthke de lui donner les moyens de réfuter les accusations de génocide qu'il entendait autour de lui : « On s'efforce donc de cacher quelque chose de grave, écrivit-il à Röthke, mais sans succès parce que le subterfuge est maladroit[22]. » Aussi tard qu'en avril 1944, deux Juifs slovaques évadés d'Auschwitz firent sensation par le récit de ce qu'ils avaient vu. Partout, à commencer par le « Judenreferat » de Bratislava, les autorités hésitèrent à les croire, et c'est seulement en juillet que leurs « Carnets d'Auschwitz » furent publiés dans la *Gazette de Lausanne* et le *Journal de Genève*, et en novembre 1944 par le gouvernement américain[23].

À la réflexion, il est naïf de sélectionner rétroactivement, parmi les milliers de nouvelles, de rumeurs et de faits de propagande de guerre contradictoires, les informations conformes à une vérité finalement établie en mai 1945 à l'ouverture des camps, et de déclarer que, une fois ces informations parvenues en Occident, tout homme de bonne foi « savait ». La plupart d'entre nous ne « savons » que ce qui correspond à notre attente et à nos catégories de pensée. On connaît l'exemple célèbre de la surprise causée par l'attaque japonaise de la base navale de Pearl Harbor, dans les îles Hawaï, le 7 décembre 1941. Ayant décrypté les codes japonais, les analystes des services de renseignements américains possédaient d'énormes quantités de données brutes sur les mouvements des forces japonaises, y compris des indications sur une intervention possible dans le Pacifique. Mais ils ne firent pas de cas de ces informations, préférant d'autres sources conformes à leurs prévisions d'une avance japonaise en direction de l'Asie du Sud-Est[24]. L'identification des justes données de l'information parmi la masse des renseignements contradictoires n'est souvent rendue possible que par l'événement lui-même, qui donne un sens aux unes plutôt qu'aux autres.

Si les premiers rapports sur les camps de la mort attiraient l'attention, ils présentaient aussi de nombreux signes contradictoires. Même les exemples déjà cités se contredisaient entre eux. Certains faisaient allusion à des massacres, mais les excès commis localement n'étaient pas nécessairement la preuve de l'existence d'un plan d'extermination totale. D'autres faisaient allusion aux gaz toxiques, mais en tant qu'« expériences » (comme dans l'article de l'*Humanité* précité) ou parlaient d'«acide prussique», ce qui rappelait certains des thèmes de propagande les plus discrédités de la Première Guerre mondiale. Beaucoup se rapportaient aux conditions de départ, ce qui pouvait ne rien prouver sur les conditions régnant à l'arrivée. Un tract de la Résistance de juillet 1942, qui présentait un compte rendu très précis de la grande rafle, faisait une vague allusion à la «déportation par groupes de milliers vers un bagne d'outre-Rhin[25]». En Hongrie, les Allemands réalisèrent un film qui contenait à la fois des scènes réelles montrant les membres des Croix fléchées procédant à l'embarquement brutal des déportés et des scènes fictives illustrant la sollicitude des Allemands qui les prenaient en charge à l'arrivée[26]. En août 1942, Donald Lowrie, qui était extrêmement bien informé, écrivait que «personne ne se (faisait) d'illusions» sur le sort des déportés : «Tomber entre les mains des Allemands signifiait soit le travail forcé, soit la lente extermination dans la "réserve" juive de Pologne.» Mais il n'y avait pourtant pas encore de certitude. Comme on l'a vu, l'Y.M.C.A., en un geste humanitaire, plaçait un paquet de livres dans chaque wagon destiné à Auschwitz. Lowrie écrivait le 7 octobre : «Jusqu'à présent aucune information valable n'a encore été reçue sur la destination ultime de ces convois ni sur ce qui se passe là-bas[27].» Une connaissance approfondie des dures conditions du départ ne prouvait pas par elle-même que les Allemands avaient décidé d'appliquer une politique d'extermination intégrale à l'arrivée.

Les nazis firent de leur mieux pour dissimuler à tous l'assassinat de millions de juifs, sauf à un petit nombre de hauts fonctionnaires et de responsables de la police. Himmler, accusant réception d'un long rapport statistique sur la «question juive» envoyé par Kaltenbrunner en avril 1943, le remerciait de se soucier des objectifs de camouflage et des futurs lecteurs. Ainsi le mot «évacuation» («Evakierung») qui était déjà un euphémisme, est remplacé dans les tableaux statistiques de Kaltenbrunner par celui de

« départ » (« Abwanderung »)[28]. Les services directement responsables de l'extermination préféraient utiliser le terme de « traitement spécial » (« Sonderbehandlung » ou SB) pour définir leur œuvre ; aux procès de Nuremberg, il fallut des interrogatoires répétés pour établir que ce terme à consonance neutre signifiait tout simplement la mise à mort[29].

En France, les autorités d'occupation enjoignirent à leurs subordonnés de s'exprimer avec beaucoup de prudence et de dissimuler les objectifs réels des déportations. Certes, on peut trouver parfois des déclarations d'une franchise brutale dans les communications allemandes à usage interne, en particulier dans celles de Dannecker. En mai 1942 par exemple, ce « Judenreferent » impétueux et inexpérimenté, discutant avec le général Kohl, responsable des transports ferroviaires en France, des buts de la politique allemande à l'égard des Juifs, les décrivait comme « l'anéantissement total de l'adversaire » (« restloser Vernichtung des Gegners[30] »). Mais au cours du même mois, l'administration militaire donna l'ordre d'éviter jusqu'au mot de « déportation », considéré comme une réminiscence trop vive des expulsions en Sibérie sous le règne des tsars. La formule appropriée était désormais « envoi aux travaux forcés » (« Verschickung zur Zwangsarbeit »), expression qui masquait mieux la véritable signification des convois[31]. Dannecker lui-même recourut à l'euphémisme, quelques semaines plus tard, pour conseiller à ses collaborateurs d'utiliser le terme « transfert de populations » (« Umsiedlung »), ce qui permettait d'y inclure les enfants[32a]. Le cabinet de Pétain lui-même s'enquit à l'occasion auprès des Allemands du sort de déportés de marque, par l'intermédiaire de la Délégation des services de l'armistice qui rendait compte à Vichy des mesures coercitives prises par l'occupant. Les Allemands rejetèrent toutes les interventions en faveur des Juifs, même s'il s'agissait de personnalités de marque et d'anciens combattants. Dans son rapport adressé au maréchal au nom de la Délégation en novembre 1943, le général Debeney déclarait : on « a bien l'impression que plus rien ne peut être tenté en leur faveur[32b] ».

On ne peut toutefois expliquer de manière satisfaisante les réactions des dirigeants de Vichy aux informations concernant la solution finale si l'on se limite au caractère contradictoire et incomplet de celles-ci, à la réalité proprement inimaginable qu'elles indiquaient, ou aux efforts des nazis pour garder le secret. Nombreux étaient ceux qui, à Vichy, ajoutaient foi à la version officielle parce qu'elle s'adaptait fort bien aux attitudes adoptées pendant la crise des réfugiés de 1938 à 1941.

Après tout, la version officielle des nazis paraissait en quelque sorte plausible, alors que la réalité défiait le sens commun. Le travail forcé n'était pas chose insolite en temps de guerre. Les Français eux-mêmes y avaient employé des prisonniers allemands pendant et après la Première Guerre mondiale, et le régime de Vichy avait enrôlé de force, comme on l'a vu, des Espagnols, des Juifs et d'autres personnes dans les groupements de travailleurs étrangers après 1940 sans y avoir été nullement incité par les Allemands. Après l'enlisement de la campagne de Russie et l'installation dans une guerre d'usure, les Allemands recrutèrent des travailleurs étrangers, quelquefois par la force, au point qu'à l'été de 1942 près de 3 millions et demi d'entre eux travaillaient en Allemagne. Les Français avaient une expérience approfondie des exigences allemandes en matière de main-d'œuvre étrangère puisque les jeunes Français constituèrent le plus important contingent national masculin après le rappel de plusieurs classes en vue du S.T.O. en février 1943. Si les jeunes Français étaient « déportés » pour travailler dans les usines allemandes (car tel était bien le terme universellement employé pour désigner le S.T.O. abhorré), quoi de plus naturel — et même de plus souhaitable — que de « déporter » à des fins similaires les Juifs originaires d'Allemagne et des pays occupés par elle ? Comme on l'a vu, l'exemption des Juifs français à cet égard n'était pas sans susciter quelque jalousie en France en 1943. Certes des déportés juifs estimés physiquement aptes avaient travaillé quelque temps à l'usine chimique installée par l'I.G. Farben dans le vaste complexe d'Auschwitz afin de profiter d'une main-d'œuvre à bon marché. Même le *Manchester Guardian*, dont les articles faisaient montre, à l'égard du sort des Juifs, de plus de compréhension que ceux de la plupart des journaux, affirmait le 31 août 1942 que « la déportation des Juifs en Pologne (signifiait) que les muscles des Juifs (étaient) nécessaires à l'effort de guerre allemand[33] ». Pourquoi les Allemands, entraînés dans une lutte à mort contre les Russes, auraient-ils gaspillé des ressources et une main-d'œuvre précieuses pour réaliser un projet dépourvu d'avantages matériels et si révoltant qu'il était inavouable aux yeux mêmes de leurs gouvernants ? L'alibi du « travail forcé » avait assez de vraisemblance pour satisfaire les indifférents et même certains de ceux qui étaient inquiets.

En outre, l'idée d'une colonie juive où pourraient se fixer les réfugiés indésirables était à la fois familière et attrayante. La presse et l'opinion publique françaises, de même que l'administration, avaient discuté les diverses possibilités d'implantation outre-mer, comme le projet avorté de Madagascar, avant la guerre et même depuis l'armistice. De plus, le gouvernement français avait activement recherché la coopération allemande depuis 1938 pour alléger la charge des réfugiés, soit en persuadant les Allemands de cesser leurs expulsions, soit au moyen d'un projet international prévoyant l'installation des Juifs dans un territoire donné. Georges Bonnet, alors ministre des Affaires étrangères, en avait parlé avec son vis-à-vis allemand von Ribbentrop lors de la visite de celui-ci à Paris en décembre 1938. Lorsque les Allemands avaient expédié en France, en novembre 1940, plus de 6 000 Juifs du pays de Bade et du Palatinat, Vichy les avait suppliés de les reprendre. Quand le gouvernement allemand annonça soudain, pendant l'été de 1942, que telle était son intention, Vichy s'en félicita hautement. Laval dit à certains visiteurs américains en août 1942 que « le gouvernement français était heureux qu'un changement d'attitude des Allemands à leur endroit [les Juifs étrangers] ait donné à la France l'occasion de s'en débarrasser[34] ». Cet aveu de Laval n'est compréhensible que si l'on oublie tout ce que nous avons appris depuis pour reconstituer, par une sorte d'archéologie de la conscience, les attitudes courantes qui s'étaient formées de 1938 à 1941.

Intellectuellement et affectivement les dirigeants de Vichy étaient donc prêts à accepter comme normales les explications des Allemands et même à les accueillir volontiers. Certains responsables y ajoutèrent même des commentaires de leur cru. Pierre Huguet, intendant de police à Limoges, signa des instructions pour les rafles d'août 1942 où l'on pouvait lire : « 3. Lors de leur arrivée au camp, il conviendra de faire connaître aux Israélites qu'ils seront dirigés sur l'Europe centrale, spécialement en Galicie, où les autorités allemandes envisagent de constituer une grande colonie juive[35]. »

Laval s'efforça d'accréditer cette version rassurante et familière des événements. Le 2 septembre 1942, lors d'un déjeuner avec le général Oberg, il lui fit part de ce que plusieurs diplomates étrangers l'avaient interrogé au sujet des convois de Juifs qui quittaient la zone non occupée. Il dit leur avoir répondu qu'ils partaient pour le sud de la Pologne, mais souhaitait s'entendre sur la réponse à faire (« Sprachregelung ») pour ne pas se trouver en contradiction avec la version allemande. L'adjoint d'Oberg rapporta ce que les Français étaient censés dire :

Il fut convenu que le président Laval répondrait à l'avenir à de telles questions que les Juifs de la zone non occupée livrés aux autorités d'occupation seraient transférés dans des lieux de travail situés dans le Gouvernement général [c'est-à-dire la Pologne[36]].

La police apporta sa contribution à cette fiction en adoptant la formule des Allemands : « Parti pour une destination inconnue[37]. » À cette heure cruciale, alors que les déportations massives venaient de s'étendre à la zone non occupée où elles avaient provoqué les premières protestations importantes contre la politique de Vichy, il est difficile de croire que Laval n'essayait pas d'adopter un alibi et de s'y tenir.

Les conditions mêmes du départ, évidentes pour les témoins et rapportées en détail aux autorités de Vichy, auraient dû susciter le scepticisme à l'égard des versions officielles, française et allemande, faisant état de colonies de travail pour les Juifs à l'Est. Aussi longtemps que les convois de déportation furent composés d'hommes en bonne santé et en âge de travailler, même des internés comme Georges Wellers, attendant leur départ de Drancy, pouvaient garder l'espoir que le travail forcé à l'Est était « certes, une aggravation inquiétante, mais à laquelle est exposée seulement la fraction la plus solide parmi les internés : celle des hommes valides et dans la force de l'âge[38] ». Cette illusion vola en éclats à partir du troisième convoi, le 22 juin 1942, lorsque des femmes commencèrent à en faire partie, parfois dans la proportion de plus de la moitié. À partir du 5 août, les convois comportèrent périodiquement des enfants de moins de quinze ans. Le nonce écrivit au secrétaire d'État le 7 août qu'on ne croyait pas à la version officielle. Le fait que le pays de destination était non pas l'Allemagne mais la Pologne, et qu'il y avait parmi les déportés des malades et des vieillards « excluait le dessein de les utiliser pour le travail ». Tout cela, disait Mgr Valerio Valeri, produisait un sérieux malaise (« malumore ») dans la population[39].

Comme les autres observateurs, les dirigeants juifs savaient que les colonies de travail ne sont pas édifiées par les faibles et les inaptes. À la fin d'août 1942, le Consistoire central adressa un appel désespéré à Laval, fondé sur les informations déjà parvenus en Occident :

Il a été établi par des informations précises et concordantes que plusieurs centaines de milliers d'Israélites ont été massacrés en Europe orientale ou y sont morts après d'atroces souffrances à la suite de mauvais traitements... Ce n'est pas en vue d'utiliser les déportés comme main-d'œuvre que le gouvernement les réclame, mais dans l'intention bien arrêtée de les exterminer impitoyablement et méthodiquement[40].

Le rabbin Kaplan parla d'« exterminations » dans une conversation, le 17 août, avec le cardinal Gerlier[41]. Le même jour, le ministre français à Bucarest rapporta à Laval que des déportations s'y faisaient dans des conditions telles que « peu pouvaient y survivre[42] ». Le pasteur Bœgner, bon nombre de prélats catholiques, des membres des services de secours américains aux réfugiés et le diplomate américain Pinkney Tuck attirèrent l'attention des dirigeants français sur la situation des Juifs de France. Dans une lettre adressée le 20 août au maréchal Pétain, le pasteur Bœgner décrivait la déportation dans les termes suivants :

La « livraison » de ces malheureux étrangers s'est effectuée en maints endroits dans des conditions d'inhumanité qui ont révolté les consciences les plus endurcies et arraché des larmes aux témoins de ces mesures. Parqués dans des wagons de marchandises sans aucun souci d'hygiène, les étrangers désignés pour partir ont été traités comme du bétail...[43]

Bœgner vit Laval le 9 septembre et répéta ce qu'il avait entendu dire sur les massacres. Mais Laval s'en tint à la fiction convenue une semaine plus tôt avec Oberg : les Juifs édifiaient une colonie agricole. « Je lui parlais de massacres, dit Bœgner après la guerre, il me répondait jardinage[44]. »

Les dirigeants de Vichy avaient donc de la tragédie dont les Juifs étaient les victimes après l'été de 1942 une image qui n'était pas plus complète que celle des autres gouvernements occidentaux ou des dirigeants juifs. L'incertitude persistait sur les conditions précises qui régnaient dans les camps d'Europe orientale où les Juifs de France étaient déportés. Cette incertitude n'était pas encore pleinement dissipée en 1943. Mais les informations des dirigeants de Vichy n'étaient pas non plus moins complètes que celles des autres gouvernements. Plus que tout autre, bien entendu, ils possédaient des détails concrets sur les conditions atroces du transport des déportés lors du départ. Les conditions du voyage signifiaient par elles-même la mort pour un grand nombre de victimes. Même la version rassurante adoptée par les Allemands aurait dû suggérer que beaucoup périraient. Les conditions du départ — objet des remontrances de Bœgner et d'autres, déjà citées — étaient en elles-mêmes une raison suffisante pour que les dirigeants de Vichy expriment officiellement leur opposition. Au lieu de cela, ils continuèrent à considérer les déportations comme une étape, après d'autres, du problème des réfugiés. Si les détails en étaient affreux, ce n'était pas à leurs yeux une raison suffisante de laisser cette question secondaire troubler les relations franco-allemandes.

Au cours de l'année 1943, alors que la vérité se faisait peu à peu jour dans la population, ces dirigeants ont certainement dû percevoir davantage les rumeurs qui circulaient sur les massacres perpétrés à l'Est. Mais la pression sur Laval diminua après les protestations concernant les déportations au cours de l'été et de l'automne 1942. Les ministres parlaient désormais le moins possible des Juifs. De plus en plus, les dirigeants pouvaient se retrancher derrière les explications des Allemands. Si, à Vichy, on y a vu plus clair, ces hommes en ont gardé pour eux le terrible secret.

Essai de comparaison

La proportion des Juifs massacrés varia considérablement d'une partie à l'autre de l'Europe sous domination allemande. Elle va de la survie presque complète de la communauté juive du Danemark à la disparition presque totale de celles d'Allemagne, des États baltes, de Pologne et de Tchécoslovaquie. Mais il n'est pas facile, loin de là, de tirer des conclusions d'une comparaison des statistiques. On court en effet le risque de comparer ce qui ne peut l'être. Il n'y avait pas deux situations semblables. Ainsi, on a prétendu parfois que le célèbre sauvetage des Juifs danois prouvait qu'une autre politique était possible pour le gouvernement de Vichy et qu'une détermination semblable de la part des autorités françaises aurait pu sauver des milliers de Juifs. Mais il y avait moins de 8 000 Juifs au Danemark lorsqu'en septembre 1943 les nazis décidèrent de les déporter, en partie du fait d'un refus beaucoup plus énergique des réfugiés juifs qu'en France pendant les années 30. La Suède neutre étant facile à gagner et prête à accueillir les fugitifs, les sauveteurs danois purent faire évader les Juifs par la mer presque sur-le-champ. À cette époque, les perspectives d'une victoire finale des Allemands s'évanouissaient, et la résistance à la « solution finale » s'en trouvait confortée. Ce n'est pas rabaisser l'exploit des Danois que d'observer que les circonstances étaient beaucoup plus favorables dans leur pays qu'en France.

Comme le montre le cas du Danemark, le nombre pouvait être un facteur important. Les Juifs de France étaient beaucoup trop nombreux pour pouvoir disparaître au-delà des frontières suisse ou espagnole ou de l'autre côté de la Manche, même en supposant que ces pays aient accepté de les accueillir. Bien que les Juifs n'aient constitué que beaucoup moins d'un pour cent de la population (42 millions d'habitants au moment de la guerre), cette communauté juive de 300 000 personnes était plus nombreuse que celles de tous les autres pays d'Europe occidentale, qu'ils soient ou non occupés par les Allemands. En effet, notre étude porte sur la période pendant laquelle le centre de gravité de la communauté juive européenne se déplaça vers la France. Celle-ci joue aujourd'hui le rôle vers lequel elle s'orientait pendant les années 30 ; la minorité juive y est aujourd'hui la plus importante d'Europe, la Russie exceptée.

On a avancé que la configuration des lieux et la dispersion offraient aux Juifs d'importantes possibilités d'évasion, et qu'à cet égard la France était beaucoup plus favorisée que des pays plats et à forte densité de population comme la Belgique et la Hollande. Dans les Pays-Bas, au taux d'urbanisation élevé, les deux tiers des 140 000 Juifs étaient concentrés à Amsterdam, et il n'y avait pas de montagnes ni de forêts où se cacher. Les Juifs hollandais ont été pris dans un « piège naturel », dit Raul Hilberg. Au contraire, en France, la dispersion des Juifs pendant la débâcle de 1940 les a aidés à échapper aux polices allemande et française. Vichy favorisa encore plus la dispersion des Juifs, contrairement à la politique de ghetto pratiquée par les Allemands en Europe orientale. Mais son objectif était de pénaliser les Juifs, et non de faciliter leur existence. Les Juifs qui ont été sauvés grâce à cette dispersion ne doivent rien aux autorités de Vichy qui essayèrent de la compenser par les recensements, les fichiers et l'estampillage des cartes d'identité. La géographie aida à l'occasion ceux qui se cachaient. Les quelques milliers de Juifs qui se trouvaient dans la Dordogne (dont une partie importante des Juifs de Strasbourg) échappèrent à la mort dans une proportion beaucoup plus forte que ceux du reste du pays. Bien qu'il y eût un taux élevé de Juifs parmi les otages exécutés en Dordogne pour des raisons diverses, le département ne compta que 79 déportations pour raisons « raciales[45] ».

En général, cependant, de tels facteurs n'étaient pas décisifs lorsque les Juifs étaient vaincus d'avance pour d'autres raisons. Un terrain accidenté et inaccessible n'a pas sauvé les Juifs de Yougoslavie, dont 80 % furent massacrés. Le petit nombre n'empêcha pas non plus en Norvège la moitié de la population juive de Norvège, qui ne comptait que 2 000 personnes, d'être déportée, en dépit d'une frontière d'environ 1 500 km avec la Suède et de la démission de plusieurs notables du parti de Quisling en signe de protestation lorsque les déportations commencèrent.

En dernière analyse, l'étendue des massacres était proportionnée à la possibilité qu'avaient les Allemands de faire sentir leur puissance. C'est en Allemagne, en Pologne et dans les territoires russes occupés que le massacre fut le plus complet et le plus étendu. Ce n'est qu'en septembre-octobre 1943, après la déposition de Mussolini et l'occupation de l'Italie par l'Allemagne que les déportations de Juifs italiens commencèrent : 16 % environ des 45 000 Juifs d'Italie en furent les victimes. De la même manière, c'est seulement en mai 1944, lorsque la Hongrie de l'amiral Horthy passa sous l'occupation militaire directe des Allemands, que commença la déportation d'un grand nombre de Juifs hongrois. La Roumanie et la Bulgarie repoussèrent toutes deux la demande des Allemands de lier leur politique à l'égard des Juifs avec celle de l'Allemagne, bien que ces deux pays aient traité les Juifs beaucoup plus durement que la France dans les territoires nouvellement acquis par eux. Les nazis pouvaient compter sur des régimes satellites comme ceux de Croatie ou de Slovaquie, et les obstacles qu'ils y rencontrèrent étaient surtout d'ordre technique. En Hollande, pays qui était sous l'autorité directe d'un « Reichskommissar », les Allemands avaient pris en 1940 le contrôle de l'administration civile, ne laissant aucune liberté d'action aux autorités locales dans les affaires juives. Au contraire, la monarchie et l'administration danoises furent autorisées à exercer leurs fonctions, à la suite des concessions que le Danemark avait faites à l'Allemagne, et gardèrent un large pouvoir de décision dans le domaine de la politique à l'égard des Juifs.

La situation de la France était tout autre ; les clauses de l'armistice conservaient au gouvernement d'importants attributs de sa souveraineté tandis que les vainqueurs n'occupaient qu'une partie du territoire. Les Hollandais qui se réfugièrent en France en 1940 trouvèrent que le pays semblait jouir d'une liberté remarquable, impression qui encouragea les sionistes clandestins de Hollande à y faire passer les Juifs[46]. Même dans la zone occupée, le fait que les Allemands se reposaient sur l'administration française imposait à leurs pouvoirs des limites plus grandes que dans tous les autres pays d'Europe occidentale ou septentrionale sous occupation directe[47]. Si la France avait moins d'autonomie que les alliés de l'Allemagne comme la Hongrie ou l'Italie, elle en avait plus que les États directement administrés par les Allemands comme la Hollande ou que ceux qui avaient des gouvernants locaux imposés par les nazis, comme la Norvège.

Il serait faux de penser que les Allemands ont essayé d'imposer la même politique partout dans l'espace et dans le temps. Nous avons montré qu'en 1940 les autorités allemandes — exception faite de quelques intellectuels marginaux comme le Dr Friedrich Grimm — ne voyaient pas d'intérêt à faire adopter leur politique antijuive par la France non occupée. Au contraire les Allemands essayèrent en 1940 de se servir de la France comme d'une décharge où envoyer les Juifs allemands ; aux yeux des nazis, c'eût été trop d'honneur pour ces Français vaincus qui appartenaient à une race inférieure que de les autoriser à se joindre à l'Allemagne parmi les peuples « judenfrei ». À ce point, on ne pressait même pas les alliés de Hitler d'imiter les lois de Nuremberg, bien que sans nul doute les milieux du parti aient dûment apprécié leur imitation par l'Italie, la Hongrie, la Croatie et la Slovaquie. Les pressions allemandes étaient toujours plus fortes dans les régions proches du front — front réel ou possible — le long des côtes de la Manche et de la mer du Nord en 1940, le front de l'est à partir de juillet 1941 et le long de la côte méditerranéenne à partir de novembre 1942, lorsque les Alliés débarquèrent en Afrique du Nord. Les nazis avaient une crainte maladive des concentrations de Juifs près des zones où l'armée allemande opérait. Lorsque l'extermination remplaça l'émigration dans leur politique et que l'Allemagne eut à affronter la guerre sur de multiples fronts, les nazis s'efforcèrent d'imposer leurs objectifs dans beaucoup plus de territoires.

Ceux dans lesquels ils pouvaient davantage mettre leurs volontés à exécution ont varié considérablement selon les époques et le cours de la guerre. Si la guerre s'était terminée subitement en avril 1944, la comparaison aurait été beaucoup plus défavorable à la France et la Hongrie aurait pu revendiquer les chiffres les plus bas dans l'extermination des Juifs. Si par contre la guerre en Europe avait duré un an de plus après mai 1945, les Juifs qui restaient encore dans toutes les régions occupées auraient probablement été mis à mort et la comparaison se serait établie sur d'autres bases. L'évolution de la guerre et les occasions variées qu'elle donnait au R.S.H.A. d'arriver à ses fins sous l'égide de la puissance allemande ont eu plus d'influence sur les chiffres définitifs que des variables telles que la configuration des lieux, la dispersion, l'importance numérique de la population juive ou les attitudes locales. Plus on compare les statistiques, plus il apparaît que les chiffres bruts ne sont pas significatifs s'ils ne sont pas assortis d'une étude approfondie des situations locales.

Bien que la capacité des nazis à mettre leur volonté à exécution ait été le facteur prépondérant du sort des Juifs d'Europe, il est néanmoins important de déterminer comment les Allemands se sont liés ou se sont heurtés aux politiques nationales à l'égard des Juifs. Il est extrêmement rare — le cas du Danemark en est l'unique exemple — que les autorités locales aient contrecarré un effort déterminé des Allemands. En Hollande, l'absence presque totale de soutien populaire pour les mesures antijuives et les manifestations d'hostilité qu'elles suscitèrent en février 1941[48] — acte de résistance publique à l'antisémitisme beaucoup plus osé que tout ce que la France a connu — ne purent pas sauver les

Juifs de ce pays. D'un autre côté, les politiques nationales pouvaient faciliter l'action des Allemands ou l'entraver jusqu'à un certain point. De quelle manière des mesures prises localement contre les Juifs, comme celles de Vichy, aidèrent-elles le R.S.H.A.? Quelle comparaison peut-on établir entre Vichy et les autres pays à cet égard?

Une telle comparaison oblige à porter le regard dans des directions inhabituelles. Parmi les pays d'Europe occidentale occupés par les Allemands, la France est absolument la seule à avoir adopté une politique antisémite propre. Aucun autre pays occupé d'Europe occidentale n'a fait, de lui-même, le moindre pas dans cette direction, bien qu'un petit nombre d'entre eux, comme la Norvège ou le Danemark aient été assez autonomes pour le faire s'ils l'avaient voulu. Cependant, certains alliés de Hitler, comme la Hongrie et l'Italie en 1938 et la Roumanie en 1940 — mais non l'Espagne ou le Portugal qui demeurèrent neutres — ont adopté des mesures antisémites qui leur étaient propres. Pétain a donc plus de points communs à cet égard avec Horthy et Antonescu qu'avec Franco et Salazar. Aussi est-ce vers la Hongrie et la Roumanie qu'il faut se tourner pour établir une comparaison plus précise.

Les trois pays n'étaient certes pas dans une situation identique; la France était l'ennemi vaincu de l'Allemagne, tandis que la Hongrie et la Roumanie étaient ses alliées. Une partie du territoire français était occupée depuis l'armistice de juin 1940 et sa totalité à partir de novembre 1942; quelques divisions allemandes stationnaient en Roumanie à la suite d'un accord conclu en octobre 1940; la Hongrie ne reçut qu'occasionnellement, jusqu'en mars 1944, des troupes allemandes en transit. La Roumanie avait une tradition antisémite beaucoup plus virulente que la France; même la Hongrie, tolérante par comparaison avec sa voisine, avait pris en 1919-1920 des mesures dirigées contre l'importante bourgeoisie juive. Ces pays n'étaient dépassés que par la Pologne et la Lituanie pour l'importance numérique et la concentration urbaine, professionnelle et commerciale de leur minorité juive : les Juifs hongrois (5,1 % de la population) constituaient 34,4 % des médecins et 49,2 % des avocats ; les Juifs roumains (de 4 à 5 % de la population) constituaient 14,3 % de la population urbaine et près de la moitié de celle de Czernowicz, en Bukovine[49]. Les Juifs de France n'ont jamais dépassé 1 % de la population du pays entre les deux guerres. Le régime nationaliste et autoritaire de la Hongrie avait déjà imposé un numerus clausus en 1921 ; la Roumanie, tout en proclamant officiellement sa parenté latine avec la France entre les deux guerres, était un pays où l'on fermait les yeux sur les violences commises envers les Juifs ; le parti antisémite — le plus puissant d'Europe si l'on excepte l'Allemagne et l'Autriche — y avait obtenu 15,5 % des voix et était devenu le troisième parti du royaume en décembre 1937. Au contraire, la France de la Troisième République prenait des mesures contre sa minorité antisémite et la discrimination y était si peu autorisée dans la vie publique que les Juifs n'étaient même pas identifiés comme tels à l'état civil, obstacle déploré par la police allemande après 1940[50].

En dépit de ces disparités, toutefois, les lignes générales de la politique antijuive de ces trois pays avaient beaucoup de points communs. Partout l'antisémitisme avait été fortement aiguisé par la défaite, celle de 1919 en Hongrie, celle de 1940 en France, et en Roumanie par la perte, au cours de l'été et de l'automne 1940, des deux tiers de son territoire au profit de la Hongrie et de l'U.R.S.S. Les dirigeants des trois pays prêtèrent leur autorité personnelle, qui était considérable, à des mesures antijuives nationales qui devaient plus au protectionnisme religieux et culturel qu'au racisme nazi. Ces hommes crurent, tous trois, qu'ils œuvraient dans l'intérêt national, et ils espéraient que les Allemands seraient assez impressionnés par ces mesures pour s'en tenir là. Tous trois prirent leurs distances par rapport à la solution finale lorsqu'elle commença en 1942 et firent certaines tentatives pour protéger leurs nationaux juifs. Dans chaque cas, les Allemands essayèrent d'exercer sur eux un chantage en les menaçant de les remplacer par des rivaux plus radicaux — Doriot, la Garde de Fer, les Croix fléchées. Les trois régimes réalisèrent des spoliations sans précédent et contribuèrent directement à la mort d'un très grand nombre de Juifs. On peut donc poursuivre la comparaison.

Les législations antijuives des trois pays présentent des ressemblances. Elles partagent un protectionnisme économique et culturel qui, dans une économie diminuée, cherchait à réserver le plus de places pour le groupe national dominant, à expulser les minorités jugées inassimilables et à hâter l'assimilation des autres au nom de l'homogénéité culturelle. L'amiral Horthy ouvrit la voie en 1938 par une loi qui limitait le nombre de juifs à 20 % dans les professions libérales et les entreprises privées et restreignait dans certains cas le droit de propriété ; il accentua considérablement ces restrictions en 1939, ramenant respectivement ces chiffres à 6 et 12 % et y ajoutant des interdictions absolues en ce qui concerne l'administration et les secteurs exerçant une influence culturelle tels que l'édition et la direction des théâtres[51]. Poursuivant la campagne antijuive de ses prédécesseurs, le général Antonescu promulgua une série de lois similaires pendant les six mois qui suivirent son arrivée au pouvoir, en septembre 1940, dans ce qui restait d'une Roumanie amoindrie[52]. La législation de Vichy n'était pas moins dure, bien que chaque régime eût ses priorités propres. En Roumanie, pays agricole, la propriété foncière fut interdite aux Juifs dans l'une des premières lois (4 octobre 1940), tandis que Vichy ne prit cette mesure, à l'égard des Juifs n'exploitant pas eux-mêmes leur propriété, qu'à la fin de 1941. Antonescu n'exclut les Juifs de l'enseignement que le 8 mars 1941, alors que Pétain y veilla dès le premier statut des Juifs du 3 octobre 1940. En 1941, la Roumanie et la Hongrie imposèrent aux Juifs les rigueurs du travail forcé, mesure que Laval n'envisagea qu'en 1943. En

1941 aussi, la Hongrie copia les lois de Nuremberg qui interdisaient les mariages mixtes, ce qu'aucun dirigeant français, même Darquier, n'osa jamais faire[53]. Par contre, la définition de la judéité par Vichy allait plus loin que les autres, et dépassait même les ordonnances allemandes en zone occupée et les lois de la même période en Hongrie et en Slovaquie[54]. Si le régime de Vichy avait adopté, par exemple, la définition hongroise de la judéité (englobant ceux qui pratiquaient la religion juive et leurs enfants, à l'exclusion des anciens combattants et de ceux qui s'étaient convertis ayant 1919), les effets de ses deux statuts des Juifs en auraient été considérablement atténués.

Les trois régimes firent certains efforts pour protéger leurs nationaux juifs de la « solution finale » et tous trois furent accusés par les nazis de « politique d'obstruction[55] ». Contrairement à ce qu'on aurait pu attendre de la tradition française, le maréchal Pétain déploya dans ces efforts moins d'énergie que l'amiral Horthy. À l'exception d'un incident qui se produisit en 1941, lorsque la Hongrie expulsa de 11 000 à 18 000 réfugiés étrangers dans la Galicie récemment occupée — épisode du conflit dont les réfugiés étaient l'enjeu plutôt que de la « solution finale » —, le régime de Horthy ne livra pas de Juifs aux Allemands jusqu'à l'arrivée des troupes d'occupation allemandes le 22 mars 1944, deux ans après que Vichy ait commencé à livrer des Juifs de la zone non occupée. Peu après le commencement des déportations massives en mai 1944, Horthy répondit aux protestations des églises et des organisations humanitaires et retira son accord au début de juillet. Les déportations ne recommencèrent qu'après son éviction du pouvoir, lorsque les Croix fléchées eurent les mains libres, en octobre 1944, sous le gouvernement de Ferenc Szalasi. Elles entraînèrent la mort de la moitié environ de la population juive de la Hongrie d'avant 1940 qui s'élevait à 400 000 personnes, et une proportion énorme des 250 000 Juifs des parties de la Transylvanie attribuées à la Hongrie par l'arbitrage de

Vienne du 30 août 1940[56]. Cette hécatombe était évidemment plus lourde que celle de la France avec ses 75 000 Juifs déportés, soit le quart de la population juive, mais elle fut réalisée en 1944 par une concentration importante des forces allemandes. Les Allemands auraient-ils pu ou voulu utiliser des forces comparables en 1944 dans un pays d'Europe occidentale? La question reste posée et on ne peut qu'imaginer ce qu'une obstruction aussi vigoureuse de la part de Pétain aurait pu réaliser.

Antonescu a réussi presque autant que Pétain à protéger une partie des Juifs roumains de la « solution finale », contrairement à ce qu'on aurait pu attendre d'un pays possédant les antécédents antisémites de la Roumanie. Celle-ci est, avec l'Allemagne, le seul État européen à avoir pratiqué l'extermination de sa propre initiative, du moins dans les territoires conquis sur les Russes après juin 1941. Lorsque les armées roumaines coopérèrent avec les Allemands dans l'invasion de l'Union soviétique, les Juifs de Bessarabie et de la Bukovine du Nord occupées furent parqués dans des camps ou des ghettos, ou bien envoyés à l'Est de l'autre côté du Dniestr en « Transnistrie ». La presque totalité de ces 250 000 personnes succombèrent au travail forcé, aux misérables conditions de vie ou furent exécutés par des « Einsatzkommandos » allemands ou roumains[57]. Cependant Antonescu arrêta la déportation des Juifs du Regat, le cœur du pays. En outre, il ne craignit pas d'aller à contre-courant dans ses relations avec les extrémistes racistes de Roumanie, menés par la Garde de Fer. Bien qu'il ait pris le pouvoir en liaison avec cette dernière en septembre 1940, il se retourna contre elle en janvier 1941 après qu'elle se fut livrée à une frénésie de pillage et d'assassinats contre les Juifs et autres « ennemis ». Avec l'accord des Allemands, il la chassa du gouvernement et exerça contre elle une répression sanglante. Il prouva ainsi à qui voulait ouvrir les yeux que Hitler préférait, chez ses satellites, l'ordre à l'ardeur idéologique et que les satellites étaient moins menacés par des nazis de l'intérieur qu'ils ne semblent l'avoir redouté. Lorsque la « solution finale » commença, Antonescu fit obstruction à la déportation dans le Regat, bien que le chef de la Garde de Fer, Horia Sima, fût gardé en réserve à Berlin. Il fit des tentatives répétées pour persuader les Allemands d'autoriser le départ des Juifs pour la Palestine et la Syrie. Les Allemands estimèrent évidemment trop difficile ou trop coûteux de se charger seuls de la déportation. Finalement, la plupart des 300 000 Juifs assimilés du cœur du pays échappèrent à la mort[58].

Les efforts de Vichy pour assurer une protection aux Juifs français furent donc moins énergiques que ceux de Horty, et ne furent ni plus énergiques ni plus efficaces que ceux d'Antonescu en ce qui concerne le Regat. L'évolution de la guerre fut telle que les chances de survie furent meilleures pour les Juifs de France que pour ceux de Hongrie ou de Roumanie, mais il est difficile de le mettre au crédit du régime de Pétain. Vichy commença par adopter, de sa propre initiative, un vaste programme d'incapacités juridiques et de spoliations et par les imposer aux Juifs en donnant de ceux-ci une définition plus large que ne le faisaient à l'époque les satellites de l'Allemagne. Il interna des milliers de Juifs étrangers dans des camps dont les conditions de vie étaient, on l'a vu, plus dures que celles des camps de concentration nazis des années 30. Les premières victimes juives du génocide en France ont péri en territoire français. Serge Klarsfeld a rassemblé dans les archives départementales et préfectorales les noms de plus de 2 000 Juifs qui sont morts dans les camps français, et le total est probablement plus proche de 3 000[59].

Lorsque commença la mise en œuvre de la « solution finale », le régime de Vichy offrit volontairement de traquer et de livrer aux Allemands les Juifs étrangers de la zone non occupée. Une telle démarche n'a pas beaucoup d'équivalents. Un seul autre régime européen a livré des Juifs aux Allemands, hors de la région occupée militairement par eux ;

il s'agit de la Bulgarie, qui a déporté systématiquement les Juifs de Macédoine et de Thrace, pays récemment conquis, tout en refusant de déporter les Juifs du territoire de l'ancien royaume[60].

Ces exemples rappellent à quel point la distinction entre Juifs nationaux et Juifs étrangers était essentielle dans la détermination de la politique antijuive des États alliés ou occupés. Là où les Juifs réfugiés ou étrangers étaient en nombre, les gouvernements étaient plus que désireux de se débarrasser d'eux. Cela était particulièrement vrai des pays qui éprouvaient un sentiment d'insécurité ou de menace, ou qui tentaient de réaffirmer leur autorité et de faire revivre leur culture sur des territoires contestés. Les efforts de la Roumanie pour éliminer les Juifs des régions récemment reconquises de la Bessarabie et de la Bukovine du Nord ont été cités. Les Juifs non magyarisés de la Galicie et de la ville serbe de Novi Sad eurent à souffrir des Hongrois. Les Bulgares livrèrent volontairement aux Allemands pour la déportation les Juifs de la Macédoine et de la Thrace qu'ils venaient de conquérir. Les Juifs étrangers qui avaient trouvé refuge en Hollande ou en Belgique pendant les années 30 étaient plus vulnérables que les Juifs de ces pays car ils étaient moins protégés par leurs voisins et par les responsables officiels, quand ils n'étaient pas en butte à leur hostilité. Seuls les Italiens et les Danois ont fait exception à la règle. Les Italiens ont défendu les Juifs étrangers aussi bien que ceux qui étaient italiens, non seulement dans leur propre pays, mais aussi en France, en Tunisie, en Croatie ct en Grèce. Cette attitude, qui contraste heureusement avec le comportement général, est à mettre en relation avec le fait que ces deux pays avaient des communautés juives restreintes, relativement homogènes et fortement assimilées. Il n'y avait qu'environ 1 500 réfugiés juifs au Danemark, et la plupart des Danois n'avaient probablement jamais entendu parler d'eux[61].

Les Juifs étrangers qui, d'après Hilberg, constituaient en

moyenne 25 % des Juifs d'Europe occidentale, formaient la moitié de la population juive de France[62]. Certes, il entra en France beaucoup moins de Juifs étrangers pendant les années 30 qu'on ne l'a souvent cru à l'époque ; les « étrangers » étaient souvent en France depuis des décennies et n'étaient restés des étrangers que parce que les Français les considéraient comme tels. Mais la France a accueilli plus de 300 000 réfugiés d'Europe centrale pendant les années 30, beaucoup plus que tous les autres pays, y compris les États-Unis qui en ont reçu 136 900. De plus, le gouvernement français fut un des rares à avoir dépensé des fonds publics au profit des réfugiés pendant l'entre-deux-guerres[63a]. Le mouvement de réaction qui commença en 1940 n'en fut que plus aigu.

Si nous nous sommes attardés dans cette étude à la crise des réfugiés des années 30, c'est qu'elle nous a paru essentielle pour comprendre l'abandon généralisé de la tolérance à l'égard des étrangers, dans lequel s'intégra l'antisémitisme spécifique des années 40. Aucun pays ne possède de bilan très honorable en ce qui concerne l'accueil des réfugiés au cours des années 30 ou le traitement des minorités suspectes après le début de la guerre. Malgré son étendue, le Canada ne laissa entrer qu'une poignée de réfugiés juifs avant septembre 1939[63b]. Après Pearl Harbor et l'entrée en guerre des États-Unis en décembre 1941, les autorités américaines firent une rafle générale de tous les Japonais dans les États de la côte du Pacifique (Californie, Oregon et Washington) : 120 000 personnes, dont certaines établies depuis deux générations aux États-Unis, furent internées dans des camps et leurs biens vendus à vil prix. Le gouvernement canadien fit de même pour ses résidents japonais. En septembre 1939, lorsque la guerre éclata en Europe, le gouvernement britannique, comme le gouvernement français, interna tous les possesseurs de passeports allemands ou autrichiens, bien que la plupart d'entre eux fussent des réfugiés juifs. Le régime de Vichy ne fit donc qu'imiter après 1940 la plupart des pays du monde placés devant des masses d'étrangers dans des conditions aggravées par la crise et par la guerre. Cependant Vichy alla plus loin que la plupart d'entre eux, car les réfugiés étaient déjà en France et non aux frontières. Le drame fut que ces mesures vinrent à point pour servir l'entreprise meurtrière de l'Allemagne nazie.

Les dirigeants de Vichy voulaient se débarrasser des Juifs de France. S'ils avaient été laissés à eux-mêmes, du moins jusqu'à l'époque de Darquier, ils ne les auraient pas mis à mort. Ils étaient prêts à accepter les Juifs disposés à renoncer à toute race de distinction culturelle et à se fondre dans le reste de la population, pourvu qu'ils aient prouvé leur adaptation par une présence remontant à de nombreuses générations et des états de service militaires, et sous réserve de restrictions particulières concernant certains emplois et certaines professions. Ceux qui auraient persisté dans leur différence ou les nouveaux venus auraient été envoyés outre-mer dans une colonie lorsque la situation internationale l'aurait permis. Le refus d'autres pays comme les États-Unis et la Suisse d'accueillir un grand nombre de réfugiés avait déjà rendu plus difficile, avant 1940, la réémigration des Juifs étrangers à partir de la France. L'extension de la guerre après 1940 la rendit presque impossible. Bien que le gouvernement de Vichy encourageât officiellement l'émigration des Juifs, le désordre, l'esprit de vengeance et le formalisme administratif empêchèrent de partir même ceux qui avaient des visas pour l'Amérique du Nord ou du Sud. L'émigration, objectif officiel de la Troisième République et des premières années de Vichy, n'était plus praticable après 1940.

Condamné à conserver ses réfugiés indésirables, le régime de Vichy se mit en devoir de réduire les Juifs à un rôle subalterne — tous les Juifs et non seulement les immigrés ou les réfugiés — de les dépouiller de leurs biens et de les soumettre à d'humiliantes restrictions. Le cauchemar de l'ancienne communauté juive assimilée s'était réalisé : ce que l'on percevait comme un flot incontrôlable de Juifs d'Europe orientale marqués d'exotisme avait compromis la situation de tous.

Il est frappant de voir avec quelle hâte le régime de Vichy, qui jouissait au commencement d'un appui populaire plus fort que la plupart des gouvernements précédents, adopta délibérément une politique antijuive après la défaite de 1940. Nous estimons qu'aucune confusion n'est plus possible quant au rôle des Allemands dans le lancement de cette politique. On ne trouve aucune trace de tentatives de leur part pour étendre leur politique antijuive à la zone non occupée pendant l'été de 1940 ; ils considéraient au début la France comme un déversoir pour leurs propres réfugiés. La politique antijuive de Vichy ne fut pas seulement indépendante de la politique allemande ; elle en fut la rivale. Vichy lutta contre l'autorité occupante pour affirmer sa souveraineté dans les affaires antijuives et pour conserver les avantages des confiscations et du contrôle des réfugiés.

Toutefois l'antisémitisme de Vichy n'était pas préventif. Il faisait partie d'un effort national plus vaste pour remplacer par l'homogénéité les divisions affaiblissantes des années 30. Le pluralisme culturel a traditionnellement été perçu comme dangereux par la gauche comme par la droite, par le jacobinisme comme par le nationalisme intégral. Après la défaite de 1940, tout ce qui avait divisé les Français dans les années 30 : les classes sociales, la politique, les étrangers et les doctrines étrangères paraissait presque mortel. Les dirigeants de Vichy s'attelèrent à restaurer une homogénéité qu'ils imaginaient traditionnelle pour la France (nonobstant un souci simultané de restaurer, dans certaines limites, les cultures régionales), et à la perte de laquelle au XXe siècle ils attribuaient la défaite. Ils se proposèrent de noyer la lutte des classes dans le corporatisme, de remplacer les querelles politiciennes par l'obéissance et la hiérarchie et, quant aux étrangers et à ceux qui étaient perçus comme tels, de mettre fin à l'hospitalité cosmopolite et facile de la Troisième République. Les Juifs n'étaient pas les seuls à être inquiétés. Les tsiganes furent traqués et internés, souvent dans des conditions très dures[64]. Les réfugiés espagnols suscitèrent une hostilité populaire considérable dans le sud-ouest[65] et on projeta d'envoyer le plus grand nombre possible d'entre eux au Mexique. Il était dangereux à cette époque d'être différent.

L'antisémitisme français traditionnel n'explique pas par lui-même ce qui s'est passé. Les explosions d'antisémitisme n'ont pas été plus fréquentes dans l'ensemble de l'histoire de France que dans celui d'autres histoires nationales, et les possibilités d'accueil et de réussite des Juifs n'ont pas été plus limitées en France qu'ailleurs. Il est vrai que pendant les années 30 l'antisémitisme est devenu beaucoup plus virulent qu'auparavant. L'empressement mis à reprocher aux Juifs la défaite de 1940 avait été préparé par celui des années 30 à leur reprocher le chômage, la guerre et l'affaiblissement de la culture française. Au-delà du cercle des antisémites actifs se développait un milieu plus large qui éprouvait de l'antipathie pour les étrangers en général et qui approuva les mesures antijuives de Vichy ou du moins y resta indifférent. Le problème des réfugiés dans les années 30 avait largement répandu ces antipathies dans l'administration et dans le grand public. Si le changement d'attitude à l'égard des réfugiés put se répandre si largement au-delà du cercle restreint des antisémites actifs, c'est parce qu'il s'appuyait sur un élément de la tradition républicaine, la doctrine de l'assimilation.

Cette doctrine avait un aspect positif. La langue et les valeurs françaises étaient censées être universelles et ouvertes à tous ceux qui voulaient les adopter. Par une tradition qui va des citoyens d'honneur de la Révolution à l'hospitalité accordée aux exilés au XIXe siècle et à l'accueil chaleureux réservé à des intellectuels d'Afrique noire comme Léopold Sedar Senghor au XXe siècle, l'assimilationisme français a ouvert ses portes à tous ceux qui souhaitaient y être accueillis. Michel Debré a écrit récemment qu'un État national doué d'un puissant dynamisme assimilateur, comme la France, est moins vulnérable au racisme que des fédérations pluralistes qui laissent subsister en leur sein des langues et des cultures multiples[66]. Il a peut-être raison en ce qui concerne les périodes de tranquillité. Mais en temps de crise, quand la vie nationale semble prête à être submergée par une foule d'étrangers exotiques, l'obligation de l'assimilation culturelle peut prendre un sens exclusif. La différence semblait une menace à partir de 1940, et le pluralisme une forme de faiblesse. Malheur, alors, aux Juifs, aux tsiganes, et à tous ceux qui sont réfractaires à l'assimilation. Une différence délibérée, obstinée, provocante, semble en ce cas non seulement un rejet mais une menace.

Par comparaison, la bienveillance relative du régime de Vichy à l'égard des Noirs est instructive. Contrairement au creuset américain, l'assimilationisme français a toujours tendu à se satisfaire de critères purement intellectuels : la disposition à noyer complètement sa propre identité culturelle en devenant français. Les Noirs assimilés en petit nombre ont toujours été accueillis avec plus d'empressement en France que dans les pays anglo-saxons. Le régime de Vichy eut même un ministre noir, l'avocat martiniquais Henry Lémery, ami du maréchal Pétain depuis 1934, qui fut ministre des Colonies jusqu'en septembre 1940. Il n'y avait évidemment plus de place pour les troupes sénégalaises dans la petite armée que l'armistice avait laissée à la France[67]. Le régime de Vichy appliqua aussi les exigences allemandes qui interdisaient aux « gens de couleur » de franchir la ligne de démarcation pour se rendre dans la zone occupée, et imposaient aux Noirs d'autres restrictions, comme le déplora le député et conseiller national noir Gratien Candace[68]. Mais le régime de Vichy n'ajouta aucune limitation de son cru pour les Noirs de la zone non occupée, ce qui tranche nettement avec les mesures dont il prit l'initiative à l'encontre des Juifs. Les tsiganes, minorité irréductible, furent internés dans des camps pour être « stabilisés ». Les Juifs ont toujours été les cibles traditionnelles lorsque la différence semblait devenir une menace ; ils ont souffert, plus qu'aucun autre groupe identifiable, de la proclamation en 1940 d'une politique de repli sur les valeurs « nationales ».

L'opinion ne réclamait pas des mesures antijuives pendant l'été de 1940. Elle était trop accablée pour chercher autre chose qu'être dirigée. Quelques antisémites convaincus comme Raphaël Alibert et Xavier Vallat s'emparèrent de cette direction. De leurs postes proches du centre du pouvoir à Vichy, ils donnèrent une légitimité aux soupçons selon lesquels les Juifs avaient joué un rôle essentiel dans la dégradation de la France, et mirent sur pied un dispositif visant à les punir. Ces activistes antisémites étaient nationalistes et hostiles à l'Allemagne. Ils détestaient le nazisme et ne se sentaient aucune parenté avec son racisme biologique. Même si leurs partisans déclarés n'ont peut-être jamais été majoritaires dans la France de Vichy, ils jouirent d'une exceptionnelle liberté grâce au discrédit des valeurs de la Troisième République, au désarroi des premiers mois qui suivirent la défaite, à l'approbation générale qui entourait tout ce que couvrait l'autorité du maréchal Pétain, à l'aversion et à la suspicion générales qui s'étaient répandues pendant les années 30 à l'égard des étrangers en général et des Juifs en particulier.

L'action persuasive d'hommes tels qu'Alibert et Vallat était renforcée par les avantages que le régime de Vichy aux abois croyait pouvoir récolter en échange de la persécution des Juifs. Par ce qui s'avéra être une colossale erreur de calcul, les dirigeants de Vichy pensèrent que les autorités allemandes seraient reconnaissantes aux Français de poursuivre une politique antijuive parallèle à la leur, et y répondraient en concédant à la France une plus grande autorité dans ce domaine et dans d'autres. En réalité, l'objectif des Allemands était tout différent. Ils souhaitaient tout d'abord évacuer vers la France un grand nombre de Juifs allemands. Ensuite, ils s'engagèrent dans un jeu subtil pour prendre Vichy au piège. Ils se débarrassèrent d'une grande part des difficultés de leur politique raciale en exploitant le désir de Vichy de reprendre l'autorité administrative dans la zone occupée, entraînant ainsi les Français toujours plus à fond dans les mesures contre les Juifs. Même lorsque ces mesures suscitèrent des réserves personnelles parmi les ministres et les fonctionnaires de Vichy, aucune dissension déclarée ne se manifesta à l'intérieur, aucun refus systématique d'appliquer telle ou telle des nouvelles lois, mais tout au plus quelques exceptions discrètes en faveur de personnes dotées de bonnes relations. Une fois l'orientation de la politique établie par Laval ou Darlan, le prestige du maréchal Pétain et les sollicitations de l'unité administrative, du devoir en temps de péril national, et le poids de l'habitude firent que l'ensemble du gouvernement et de l'administration fonctionna avec une rigueur implacable contre les Juifs.

Les horreurs de la « solution finale » ont tendu à laisser dans l'ombre la politique antijuive française de 1940-1942. Les mesures de ces deux premières années ont eu des effets catastrophiques pour les Juifs de France. Vichy a brisé les liens matériels qui rattachaient les Juifs à la société française, confisquant leurs bien par l'aryanisation, les écartant des services publics, les excluant des professions libérales et de l'enseignement supérieur. Des milliers de Juifs français furent ainsi transformés en réfugiés, venant grossir les rangs de ceux qui avaient déjà été déracinés par d'autres États et semblant valider l'animosité populaire contre les « parasites ». Vichy brisa aussi les liens juridiques qui offraient normalement une protection aux citoyens et aux étrangers. Ceux qui étaient chargés de faire observer les garanties constitutionnelles en ont dépossédé une partie des Français pour des raisons qui avaient trait à leur ascendance et non à aucun de leurs actes. La voie était ouverte aux incapacités juridiques sans limites, selon la commodité administrative ou la volonté des dirigeants. Enfin, Vichy a brisé les liens de la solidarité morale entre les peuples. Tout en n'ayant jamais prononcé le mot « Juif » dans une déclaration publique, le maréchal Pétain a prêté implicitement son immense prestige à une propagande systématique de dénigrement collectif. Deux années de mesures gouvernementales liant la renaissance nationale à l'antisémitisme émoussèrent les consciences de beaucoup de Français à l'égard d'un groupe qui était l'objet de reproches officiels dans tous les domaines, des prix élevés jusqu'à la défaite. Les deux premières années de Vichy rendirent difficile de voir dans les Juifs des victimes plutôt que la source d'un problème.

Lorsque les Allemands commencèrent en 1942 la déportation et l'extermination systématiques des Juifs, l'antisémitisme rival de Vichy leur offrit une aide plus importante que celle qu'ils reçurent dans tout autre pays d'Europe, plus même que de la part de pays alliés tels que la Hongrie et la Roumanie. Après avoir demandé aux Allemands, pendant des années, de reprendre leurs réfugiés, les dirigeants de Vichy leur offrirent de leur livrer les Juifs étrangers de la zone non occupée, ce que seule la Bulgarie, en Europe orientale, fit dans les mêmes proportions. Ils avaient déjà entassé une foule de Juifs étrangers dans les camps d'internement et dans les bataillons du travail. Ils avaient systématiquement dénombré et identifié les Juifs de la zone non occupée comme ceux de la zone occupée, consacrant à ce projet le meilleur de la nouvelle technologie statistique de la carte perforée[69] et mettant au point des fichiers détaillés qui simplifièrent la tâche des SS et des policiers français chargés d'arrêter les Juifs en vue de la déportation. Après décembre 1942, ils firent apposer sur les cartes d'identité et d'alimentation de tous les Juifs, français ou étrangers, la mention « Juif », les exposant ainsi tous aux rafles de plus en plus générales des SS. Le Commissariat général aux questions juives, organe officiel, accomplit une grande part du travail administratif qui était assigné ailleurs aux Conseils juifs ou « Judenräte ». La police française était indispensable. Comme l'écrivit le général SS Oberg au chef de la police, Bousquet, en juillet 1942, lorsque les deux polices confirmèrent leur accord de collaboration : « Je vous donne volontiers acte, en outre, de ce que la police française a accompli jusqu'ici un travail louable[70]. » Les Allemands n'auraient jamais pu en faire autant à eux seuls.

Existait-il, raisonnablement, d'autres choix ? Les apologistes de Vichy affirment qu'un refus catégorique, dans un domaine qui mettait si profondément en jeu les passions des nazis, aurait précipité « le pire ». Les Allemands auraient livré la France aux fanatiques de la droite à Paris et les nazis auraient intensifié les arrestations et les déportations. Sur le premier point, il est acquis que Vichy a fait une erreur de calcul. Dans toute l'Europe, les Allemands ont eu la sagesse de préférer les dirigeants conservateurs et nationalistes aux aventuriers fascistes. Les nazis savaient que leurs satellites fascistes opèreraient une nouvelle saignée dans les ressources de l'Allemagne en plongeant leur pays dans le chaos, la guerre civile et l'expansionnisme. Tempérant son propre fanatisme par un calcul judicieux, Hitler pouvait être sensible aux limites politiques. Dans ses propos de table nocturnes, il parlait des plans grandioses qui débarrasseraient le monde des Juifs ; mais dans la sobre lumière du matin, il prenait du recul, tant que l'aggravation de la situation ne semblait pas exiger une domination totale. Les Allemands n'ont pas dépensé beaucoup d'énergie pour obtenir l'alignement des Italiens en ce domaine, en dépit du sabotage manifeste par ceux-ci de la « solution finale »[71]. En Finlande, pays allié beaucoup plus faible, la résistance du gouvernement à la politique de déportation resta ferme devant les menaces de Himmler et la présence d'une puissance armée allemande. Finalement, les Juifs finlandais ne furent pas déportés[72]. Horthy empêcha la déportation des Juifs de Hongrie jusqu'en 1944, et Antonescu, qui s'était retourné avec succès contre le principal parti pronazi du pays en 1941, refusa la déportation des Juifs du centre de la Roumanie, quels qu'aient été ses procédés barbares à l'égard des Juifs des provinces reconquises. Accablé par la débâcle, le gouvernement de Vichy ne sut pas évaluer les limites de la puissance allemande. En France, l'intimidation allemande réussit admirablement. De même, Vichy jugea mal la capacité des Allemands d'exécuter eux-mêmes leurs mesures contre les Juifs. Étant donné la pénurie de leurs effectifs à l'ouest, les Allemands auraient dû, s'ils n'avaient pas disposé de l'aide de la police et de l'administration françaises, soustraire d'importantes forces à des utilisations militaires pour pouvoir déporter par eux-mêmes le même nombre de Juifs.

Un certain nombre d'actes modestes auraient pu entraver la déportation des Juifs en 1942 même sans susciter d'affrontement majeur avec les Allemands. Les camps auraient pu être vidés avant l'arrivée des Allemands en novembre 1942. L'émigration des Juifs étrangers, qui était la politique déclarée de Vichy, aurait pu être facilitée et simplifiée et l'hostilité bureaucratique à l'égard des émigrants potentiels éliminée au niveau local. Surtout, le régime aurait pu s'abstenir de l'estampillage des cartes d'identité et d'alimentation. Un grand nombre de réfugiés juifs auraient pu être autorisés à gagner l'Afrique du Nord. Cette dernière option fut exclue par le souci qu'avait Vichy de l'opinion des Européens de cette région; les autres le furent par formalisme administratif. Aucune d'entre elles n'était imaginable dans le climat de sentiments antijuifs délibérément entretenu par le régime.

On peut se demander comment, dans ces conditions, les trois quarts des Juifs de France ont pu échapper à la mort. Certains Juifs français observèrent scrupuleusement toutes les lois, portant l'étoile en zone occupée, faisant estampiller leurs cartes, ne faisant leurs achats qu'aux heures indiquées, exerçant un métier modeste sans relations directes avec le public et n'employant personne. Les dossiers de la police antijuive de Vichy, la section d'enquête et de contrôle (S.E.C.) contiennent quelques-uns de ces cas trop modestes même pour ces fanatiques[73]. Beaucoup d'autres bénéficièrent de l'aide ou de la complicité d'un ami ou d'un voisin — parfois intéressé, parfois bienveillant — qui reprit un magasin ou abrita des jeunes dans une ferme (où leur travail était des plus nécessaires), garda les objets de valeur de la famille ou choisit tout simplement de ne rien dire. Les Juifs français bénéficièrent parfois de la préférence du gouvernement de Vichy pour le départ des étrangers, bien que très souvent les SS aient arrêté tous ceux qui étaient à leur portée. L'évolution de la guerre sauva ceux dont Vichy avait seulement différé le départ. Quant aux étrangers, leurs chances de trouver un ami ou un voisin secourable étaient moins grandes. Les possibilités de quitter l'Europe étaient principalement réservées aux riches et à ceux d'entre eux qui avaient des relations et de la chance. Même ceux qui s'étaient engagés dans l'armée en 1940 et dont le sort engageait l'honneur du gouvernement français ne purent être sauvés par les efforts timides déployés par Vichy. Les étrangers les plus heureux échappèrent aux mesures françaises grâce à un passeport favorable, anglais ou américain évidemment, ou émanant d'une possession britannique comme l'Égypte ou d'un des États tels que la Turquie, l'Italie ou la Hongrie qui refusaient de laisser déporter leurs nationaux. Une autre manière d'échapper aux mesures de Vichy était, par une ironie du sort, de gagner un pays fasciste : la zone italienne d'occupation aussi longtemps que les Italiens en eurent la responsabilité, l'Espagne ou le Portugal. Les plus vulnérables étaient de loin ceux qui avaient été les moins bien accueillis en France, les réfugiés d'Allemagne et d'Europe orientale en faveur de qui personne ne voulait plus prendre position ; à l'intérieur de cette dernière catégorie, les plus pauvres étaient les plus vulnérables de tous.

Pendant l'été et l'automne de 1942, lorsque la police et l'administration françaises se prêtèrent à la tâche, près de 42 500 Juifs furent déportés dont un tiers peut-être de la zone non occupée à l'initiative de Vichy. Lorsque Vichy commença à freiner le mouvement, en 1943, le chiffre des déportés diminua, passant à 22 000 pour l'année 1943. Après que les Allemands eurent utilisé, pour la dernière fois, la police française en janvier 1944, et en dépit des efforts fiévreux de dernière minute, le nombre des déportés fut jusqu'en août 1944 de 12 500. Combien de morts y aurait-il eu en moins si les nazis avaient été contraints d'identifier, d'arrêter et de transporter eux-mêmes, sans aucune assistance française, chacun des Juifs de France qu'ils voulaient assassiner ? On ne peut que le conjecturer.

NOTES

1. *J.O.*, 18 octobre 1940.
2. *Id.*, 30 août 1940.
3. *Id.*, 25 avril 1939.
4. Pascal ORY, *Les Collaborateurs, 1940-1945*, Paris, 1976, p. 158. Un communiqué de presse de l'époque appelle la loi Marchandeau une « loi d'exception... qui n'était plus compatible avec les nouvelles directives qui doivent présider à la création du nouvel État français » (Jacques POLONSKI, *La Presse, la Propagande et l'Opinion publique sous l'occupation*, Paris, 1946, p. 60).
5. *J.O.*, 23 juillet 1940.
6. Haute Cour de Justice, Ministère public contre Alibert, p. 9; *Les Procès de la collaboration*, Paris, 1948, p. 119.
7. *J.O.*, 18 juillet 1940.
8. *Id.*, 19 août 1940.
9. *Id.*, 11 septembre 1940.
10. *Id.*, 18 octobre 1940.
11. *Id.*, 8 octobre 1940.
12. *Le Monde*, 18 février 1977.
13. Jérôme CARCOPINO, *Souvenirs de sept ans, 1937-1944*. Paris, 1953, p. 245. La plupart des mémoires des participants manquent de précision sur ce point, en particulier celles de Carcopino : « Si abominable qu'elle [la loi] nous parût, écrite ou non dans les conventions, elle découlait inexorablement de l'armistice : comme celui-ci, elle était le fruit empoisonné dont, pour le moment, la défaite nous forçait de mâcher l'amertume », *ibid.*
14. Haute Cour de Justice. Ministère public contre Alibert, *op. cit.*, p. 43.
15. Christopher BROWNING, *The Final Solution and the German Foreign Office*, New York, 1978.
16. U.S. Department of State 851.00/2048 ; *D.G.F.P.*, Série D, vol. SI, n° 368.
17. BDC ; Theodor Dannecker, Sippenakte.

18. AA, Inland II g, p. 189, *passim*.

19. *V.O.B.I.F,* 30 septembre 1940.

20. Maurice LAGRANGE, « Le rapatriement des réfugiés après l'exode (juillet-septembre 1940) », *R.H.D.G.M.* 27 (juillet 1977), pp. 48-49.

21. C.D.J.C., CCXLVI-20.

22. *V.O.B.I.F.,* 21 juin 1940.

23. *V.O.B.I.F.,* 20 octobre 1940.

24. Faramond à Blanke, 14 novembre 1941.

25. Joseph BILLIG, *Le Commissariat général aux questions juives (1941-1944),* 3 vol., Paris 1955-1960, I, pp. 35-38.

26. C.D.J.C. : CXIV-22. Joseph BILLIG, *Le Gouvernement de l'État français et la question juive,* s.d., p. 11.

27. *Le Procès de Xavier Vallat présenté par ses amis,* Paris, 1948, p. 325.

28. Paul BAUDOUIN, *Neuf mois au gouvernement: avril-décembre 1940,* Paris, 1948, p. 341. Selon Baudouin, la question des Juifs a été examinée « pour la première fois » au conseil de cabinet du 10 septembre.

29. Mémorandum de Heydrich, 5 février 1941, AA, Inland II A/B 80-41, Sdh III.

30. Luther à l'ambassade d'Allemagne, Paris 8 mars 1942, AA, Deutscher Botschaft Paris 1318.

31. BILLIG, *Le Commissariat...,* op. cit., I, p. 24.

32. Alain MILWARD, *The New Order and the French Economy,* Oxford, 1970.

33. AA, Inland II A/B 80-41 Sdh III.

34. Bericht über Verschickerung von Juden deutscher Staatsangehörigkeit nach Südfrankreich, 30 octobre 1940, AA Inland II g 189; Kurt R. GROSSMANN, *Emigration. Geschichte der Hitler-Flüchtlinge, 1933-1945,* Francfort-sur-le-Main, 1969, p. 204; intervention de Mme Barot dans *Églises et chrétiens dans la Deuxième Guerre mondiale. La région Rhône-Alpes. Actes du colloque tenu à Grenoble du 7 au 9 octobre 1976,* sous la direction de Xavier de MONTCLOS, Monique LUIRARD, François DELPECH et Pierre BOLLE, Lyon, 1978, p. 210; Zosa SZAJKOWSKI, *Analytical Franco-Jewish Gazeteer, 1939-1945,* New York, 1966, pp. 241-243; Mémorandum de Luther, 31 octobre 1940, *Trials of War Criminals Before The Nuremberg Military Tribunals,* 13 vol., Washington, D.C., 1951-1952, XIII, p. 165.

35. *D.F.C.A.A.,* II, pp. 244-245; III, pp. 37, 87-89; IV, pp. 98, 308-309.

36. AA, Deutscher Botschaft Paris 1318; *D.F.C.A.A.,* III, p. 88.

37. *Ibid.; D.F.C.A.A.* IV, p. 98.

38. Le sous-préfet de Bayonne au ministère de l'Intérieur, 7 avril 1941, A.N., F ICIII, 1180.

39. *Le Statut des Juifs en France, en Allemagne et en Italie,* Express-Documents, Lyon, s.d., p. 64.

40. *Cf.* les conversations rapportées par l'ambassadeur des États-Unis, Bullitt, au Département d'État, 1er juillet 1940, *F.R.U.S.*, 1940, II, p. 462 sq.

41. Mémorandum de Hemmen, 2 août 1940, T-120/3527 H/EO21556.

42. Conversation Laval-Grimm, 28 août 1940, T-120/2624 H/D525934-947.

43. Billig, *Le Commissariat..., op. cit.,* I, p. 31.

44. *Le Figaro*, 6 juillet 1940.

45. Hencke à l'Auswärtiges Amt, N° 245, 19 novembre 1940, AA: Inland II g 189. Le texte français, publié dans *D.F.C.A.A.,* III p. 87, est un peu moins tranché.

46. Rapport Woermann, 25 juillet 1940, *D.G.F.P.*, série D, X, pp. 292-293.

47. Monique Luirard, « Les Juifs dans la Loire pendant la Seconde Guerre mondiale », *Cahiers d'histoire*, XVI (1971), pp. 193-194.

48. T-120/3697/EO36091-2; *D.F.C.A.A.*, IV, p. 98.

49. Direction générale de la Sûreté nationale, note du 9 mars 1941 au sujet de l'institution par décret d'un comité directeur de l'émigration, A.N.: AG 11520CC104F.

50. *Le Temps*, 24 juillet 1940.

51. *Le Temps*, 18 octobre 1940; Jean Thouvenin, *Une année d'histoire de la France 1940-1941*, Paris, 1941, pp. 256-257; Hubert Thomas-Chevalier, *La Protection légale de la race: essai sur les lois de Nuremberg*, Paris, 1942, pp. 200-201.

52. Le préfet de l'Oise, 30 octobre 1940, A.N.: F ICIII 1176; le préfet du Loiret, 10 novembre 1940, A.N.: F ICIII 1163; le préfet de la Sarthe, 5 juillet 1940, A.N.: F ICIII 1186.

53. A.N.: F ICIII 1190. Préfet du Front populaire, M. Billecard fut limogé le 18 septembre 1940.

54. Roger Langeron, *Paris, juin 1940*, Paris, 1946, pp. 136, 141, 168-169, 173.

55. Pierre Pierrard, *Juifs et catholiques français: de Drumont à Jules Isaac (1886-1945)*, Paris, 1970, p. 288. Les services britanniques font des rapports similaires en septembre 1940, PRO: FO 371/24313 (C10842/67/17).

56. Le préfet de l'Aube, 28 juillet 1940, A.N.: F ICIII 1140; le préfet de l'Ain, 30 octobre 1940, A.N.: F ICIII 1135; le préfet de la Seine-et-Oise, 5 août 1940, A.N.: F ICIII 1190.

57. Thouvenin, *op. cit.*, p. 216.

58. *L'Œuvre du Maréchal, juillet 1940-juillet 1941*, Vichy, 1941, p. 24.

59. *Le Temps*, 20 septembre 1940.

60. BA: R 70/Frankreich/32, n° 28. Mémorandum de Hagen, 21 juin 1943.

61. André Lavagne à M. Guionin, 13 octobre 1941, A.N.: AG 11487

CC 64 bis. M. Lavagne intervient, de fait, en faveur d'un certain nombre de Juifs, parfois en termes tout à fait empreints de sympathie.

62. Mme Pardee à B. Ménétrel, 29 mars et 10 avril 1941, A.N. : AG II 76 SP 3.

63. BAUDOUIN, *op. cit.*, p. 366.

64. Murphy au secrétaire d'État, 15 août 1940, *F.R.U.S.*, 1940, II, p. 565.

65. AA : Inland II g 81.

66. Voir ci-dessus pp. 17-18.

67. Fred KUPFERMAN, *Pierre Laval*, Paris, 1976, p. 88 ; *cf.* Geoffrey WARNER, *Pierre Laval and the Eclipse of France*, Londres, 1968, p. 147.

68. Marc BOEGNER, « Rapport » dans *Les églises protestantes pendant la guerre et l'occupation. Actes de l'assemblée générale du protestantisme français*, Paris, 1946, p. 18.

69. Conversation Marquet-Abetz, septembre 1940, T-120/364/ 206021 ss. ; pour une défense de l'attitude de Marquet, voir Levi ELIGULASHVILI, « How the Jews of Gruziya in Occupied France Were Saved », *Yad Vashem Studies*, VI (1967), pp. 252-253.

70. Maurice MARTIN DU GARD, *Chronique de Vichy*, Paris, 1948, p. 55.

71. Xavier VALLAT, *Le Nez de Cléopâtre : souvenirs d'un homme de droite (1919-1944)*, Paris, 1957, pp. 244-245.

72. Le préfet de l'Oise, 15 novembre, 15 décembre 1940, A.N. : F ICIII1176.

73. Le préfet de l'Indre, 30 janvier 1941, A.N. : F ICIII1157.

74. *Journal des Débats*, 25 octobre 1940.

CHAPITRE II. — *Les origines de l'antisémitisme* 47

1. *Die Zeit*, 3 novembre 1978 ; Rita THALMANN et Emmanuel FEINERMANN, *La Nuit de cristal*, Paris 1972. Chose incroyable, Herschel Grunszpan survécut à une série d'emprisonnements en Allemagne et ne fut jamais jugé. Pour une étude détaillée des suites obscures de l'assassinat voir Helmut HEIBER, « Der Fall Grynszpan » (« L'affaire Grynszpan »), *Vierteljahrshefte für Zeitgeschichte*, 5 (1957), pp. 134-172.

2. Marquis DE LA TOUR DU PIN LA CHARCE, *Vers un ordre social chrétien : Jalons de route, 1882-1907*, Paris, 1907 ; 6e éd., Paris, 1942, pp. 331, 337 et 339-340.

3. Vendredi saint. Au deuxième nocturne, 5e leçon. *Le Bréviaire romain*, 4e édition, Desclée de Brouwer, Paris, 1935, pp. 701-702. Le 17 mars 1959, le pape Jean XXIII a modifié la prière *pro conversio Judaeorum*.

4. Zeev STERNHELL, *La Droite révolutionnaire, 1885-1914 : les origines françaises du fascisme*, Paris 1978, pp. 23-24.

5. Georges VACHER DE LAPOUGE, *L'Aryen : son rôle social*, Paris, 1899, p. 467.

6. VERDÈS-LEROUX, *Scandale financier et antisémitisme catholique ; le krach de l'Union générale*, Paris, 1969, p. 207 et *passim*.

7. P. SORLIN. *« La Croix » et les Juifs (1880-1899). Contribution à l'histoire de l'antisémitisme contemporain*, Paris, 1967, p. 219.

8. Dan S. WHITE, *The Splintered Party. National Liberalism in Hessen and the Reich, 1867-1918*, Cambridge, (Mass.), 1976, pp. 134-147 et 171-172.

9. Pierre PIERRARD, *Juifs et catholiques français : de Drumont à Jules Isaac (1886-1945)*, Paris, 1970, pp. 235-236.

10. Jacques PETIT, *Bernanos, Bloy, Claudel, Péguy : quatre écrivains catholiques face à Israël*, Paris, 1972, p. 25.

11. PIERRARD, *op. cit.*, p. 298.

12. Rapport de Xavier Vallat, C.D.J.C. : CIX-106.

13. Voir Marcia Graham SYMNOTT, *The Half-Opened Door. Discrimination and Admission at Harvard, Yale and Princeton, 1900-1970*, Westport, (Conn.), 1979.

14. Geoffrey ALDERMAN, « The Anti-Jewish Riots of August 1911 in South Wales », *The Welsh History Review*, VI, (décembre 1972), 2, pp. 190-200. Nous remercions le Dr Tim Mason de cette conférence.

15. Stephen WILSON, « The Antisemitic Riots of 1898 in France », *The Historical Journal*, XVI (1973), 4, pp. 789-806.

16. Jules ISAAC, *Expériences de ma vie, I. Péguy*, Paris 1959, pp. 20, 43 et 64-66.

17. Joseph BONSIRVEN, *Juifs et chrétiens*, Paris 1936, p. 7. Le R. P. Bonsirven publiait régulièrement dans *Études* une chronique sur le judaïsme.

18. Jean-Louis LOUBET DEL BAYLE, *Les non-conformistes des années 30 : une tentative de renouvellement de la pensée politique française*, Paris, 1969, p. 11.

19. Georges DUPEUX, *La société française, 1789-1960*, Paris, 1964, p. 231.

20. Jean-Charles BONNET, *Les Pouvoirs publics français et l'immigration dans l'entre-deux-guerres*, Lyon 1976, pp. 190-193.

21. Georges MAUCO, *Les Étrangers en France : leur rôle dans l'activité économique*, Paris, 1932, p. 134.

22. BONNET, *op. cit.*, p. 19 ; Arieh TARTAKOWER et Kurt R. GROSSMANN, *The Jewish Refugees*, New York, 1944, pp. 132-133.

23. Kurt R. GROSSMANN, *Emigration...*, *op. cit.*, p. 161, met la France au quatrième rang des États qui ont accueilli des réfugiés juifs entre 1933 et 1945, avec le chiffre de 55 000 après les États-Unis (190 000), la Palestine (120 000), et l'Angleterre (65 000). Voir aussi Werner ROSENSTOCK, « Exodus 1933-1939 : A Survey of Jewish Emigration

from Germany », *Leo Baeck Year Book*, I (1956), pp. 373-390 ; Yehuda
BAUER, *My Brother's Keeper : A History of the American Joint
Distribution Committee*, Philadelphie, 1974, pp. 138 et 237-239.

24. *Annuaire statistique abrégé*, Paris, 1943, I. p. 12.

25. Haïm GENIZI, « James G. McDonald : High Commissioner for
Refugees, 1933-1935 », *Wiener Library Bulletin*, XXX (1977), n° 43/44,
p. 45.

26. MAUCO, *op. cit.*, p. 145.

27. Eugen WEBER, *L'Action française*, Paris, 1964, pp. 552 et 317.

28. Paula HYMAN, *From Dreyfus to Vichy : The Remaking of French
Jewry, 1906-1939*, New York, 1979, p. 104.

29. Procès-verbal, 17 décembre 1933, cité par HYMAN, *op. cit.*,
p. 131.

30. Sénateur Raynaldi, *J.O.*, Doc. parl., Sénat, 8 novembre 1934,
p. 865, cité par BONNET, *op. cit.*, p. 213.

31. HYMAN, *op. cit., p. 107.*

32. Centre de documentation et de vigilance, *Bulletin*, novembre
1938, p. 9. JTS : XII, 26.

33. *Loc. cit.*, p. 12.

34. *Loc. cit.*, pp. 7-8.

35. Robert BRASILLACH, *Notre avant-guerre*, Paris, 1942, p. 189.

36. Jérôme et Jean THARAUD, *Quand Israël n'est plus roi*, Paris, 1933,
p. 199.

37. Louis-Ferdinand CÉLINE, *Bagatelles pour un massacre*, Paris
1937, p. 182. Eugen Weber estime que l'antisémitisme de Céline, absent
de son œuvre antérieure, a été dû en partie au rejet de son projet de
ballet pour l'Exposition de 1937 par Jean Zay, ministre de l'Éducation.
Par la suite, Céline fit sans cesse allusion à un complot juif. *L'Action
française, op. cit.*, p. 412, note b. Les détails n'ont jamais embarrassé
ceux qui croyaient à un « complot juif » : Zay, dont l'un des parents était
juif, était converti en protestantisme.

38. Joseph BONSIRVEN, « Y a-t-il en France un réveil d'antisémitisme ? », *Études*, CCXXII, (1935), p. 110.

39. Jean LACOUTURE, *Léon Blum*, Paris, 1977, p. 306.

40. S. WEIL, *Écrits historiques et politiques*, Paris, 1960, pp. 283-
289.

41. *Le Matin*, 19 novembre 1938.

42. P. ORY, *op. cit.*, p. 32. Selon D. WEINBERG, les Juifs de Paris
n'étaient pas particulièrement antimunichois : *Les Juifs à Paris de 1933
à 1939*, Paris, 1974, pp. 225-226.

43. Centre de documentation et de vigilance, *Bulletin*, 6 octobre 1938,
p. 6. JTS : XII, 26.

44. Cité de PIERRARD, *op. cit.*, p. 260.

45. Centre de documentation et de vigilance, *Bulletin*, 6 octobre 1938,
p. 6. JTS : XII, 26. Les rapports consulaires allemands concernant les
saccages de magasins et autres manifestations antijuives à Épinal, Lyon

et Dijon au début d'octobre 1938 se trouvent dans AA : Pol. 36 Frankreich.

46. « Le problème juif », *Le Temps*, 17 novembre 1938.

47. « La police des étrangers », *Le Temps*, 9 novembre 1938 ; « Surveillance et contrôle des étrangers », *ibid.*, 14 novembre 1938.

48. Préface à *Gilles*, Paris, 1939 ; rééd., Paris, 1973, p. 16.

49. Lucien REBATET, *Les Décombres*, Paris, 1942, p. 127.

50. Louis-Ferdinand CÉLINE, *L'École des cadavres*, Paris, 1938, p. 264.

51. *Les Pavés de Paris*, n° 26, 9 décembre 1938 ; *ibid.*, n° 22, 11 novembre 1938. Berl devait par la suite rédiger certains discours de Pétain pendant l'été et l'automne 1940.

52. Marcel JOUHANDEAU, *Le Péril juif*, Paris, 1939, p. 13.

53. *Cf.* un autre appel à l'action dans Paul PLONCARD, *Le Juif démasqué*, Paris, 1937, autre ouvrage publié par l'Office de propagande nationale de Henry Coston.

54. *Bulletin municipal officiel de la Ville de Paris*, 7 avril 1938.

55. Raymond MILLET, « Visites aux étrangers de France », *Le Temps*, 5 mai, 22 mai, 24 mai 1938, *et al.*, publié aussi sous le titre *Trois millions d'étrangers en France : les indésirables, les bienvenus*, Paris, 1938. Pour séparer ces deux catégories, Millet proposait un « filtrage » qui choisirait ceux « dont le coefficient sanguin et la psychologie se rapprochent le plus des nôtres ». *Le Temps*, 24 mai 1938.

56. *Les Pavés de Paris*, n° 21, 4 novembre 1938.

57. Alfred KUPFERMAN, « Le Bureau Ribbentrop et les campagnes pour le rapprochement franco-allemand, 1934-1939 », dans *Les Relations franco-allemandes, 1933-1939*, Paris, 1976, pp. 87-98 ; A. ALPERIN, « Die antisemitische propagande in Frankreikh erev der milkome », dans *Yidn in Frankreikh*, sous la direction d'E. TCHERIKOWER, New York 1942, II, pp. 264-280 (en yiddish).

58. Notes de juillet 1939 et du 1er août 1939, APP (Seine), 37022-B.

59. *Gilles, op. cit.*, p. 562.

60. Congrès juif mondial, « Le problème juif et l'opinion catholique française », ronéotypé. Archives du Congrès juif mondial, Institute of Jewish Affairs, Londres.

61. Léon MERKLEN, « Le problème juif et l'universalité de la Rédemption », *La Croix*, 1er septembre 1938 ; PIERRARD, *op. cit.*, pp. 266-285 ; François DELPECH, « La persécution des Juifs et l'Amitié chrétienne » dans *Églises et chrétiens dans la deuxième guerre mondiale : la région Rhône-Alpes, op. cit.*, p. 152.

62. *Ce soir*, 19 février 1939.

63. H. DE KERILLIS, « L'antisémitisme, ciment des dictateurs », *L'Époque*, 12 novembre 1938 ; « Une solution pour les Juifs allemands », *ibid.*, 16 novembre 1938.

64. *Les Pavés de Paris*, 23 septembre 1938 ; P.E. FLANDIN, « Risques de guerre et chances de paix », *Revue politique et parlementaire*, 10 avril

1939. A la fin de 1940, Flandin avait rejoint le chœur de ceux qui attribuaient aux Juifs et aux francs-maçons la responsabilité de la défaite de la France. Voir la note du 20 novembre 1940, W.L. PC6 3b4.

65. *L'Époque*, 14 novembre 1938; Maurice PUJO, *Comment La Rocque à trahi* (s.d.); *La Rocque et les Juifs: un nouveau scandale!* (s.d.) a été publié par les services de Henry Coston, l'un des publicistes antisémites les plus actifs.

66. Dieter WOLF, *Doriot: du communisme à la collaboration*, Paris, 1969, p. 313. Le parti populaire français rattrapa largement le temps perdu par la suite.

67. On trouve la signature de Déat sur un appel au général Sikorski, à Londres, de la part des responsables d'un « Comité pour la défense des droits des minorités israélites opprimées » C.H.D.G.M.: « Questions juives », A.6.1.

68. William D. IRVINE, « French Conservatives and the New Right during the 1930s. », *French Historical Studies*, VIII (1974), pp. 534-562.

69. Centre de documentation et de vigilance, *Bulletin*, juillet 1938, pp. 10-11. JTS: XII, 26.

70. *Loc. cit.*, 13 janvier 1939. Cf. *La Liberté*, 7 octobre 1938 et *Le Petit Journal*, 19 octobre 1938, qui plaident en ce sens.

71. « Le statut des commerçants étrangers » *Le Temps*, 15 avril 1939.

72. Centre de documentation et de vigilance, *Bulletin*, 3 novembre 1938.

73. « Le problème des étrangers », *Le Temps*, 15 avril 1939.

74. MAUCO, *Les Étrangers, op. cit.*, pp. 490, 598. *Cf.* aussi Georges MAUCO, « Le général de Gaulle et le Haut Comité de la population et de la famille », *Espoir*, n° 21, décembre 1977, pp. 20-27.

75. *Le Temps présent*, 9 septembre 1938.

76. *Le Matin*, 12 novembre 1938. Simone Weil fit des prédictions du même genre sur des mesures antisémites au cas où la guerre éclaterait. S. PETREMENT, *La Vie de Simone Weil*, Paris, 1973, II, p. 186.

77. Jean GIRAUDOUX, *Pleins pouvoirs*, 3ᵉ éd., Paris, 1939, pp. 59-76.

78. BONNET, *op. cit.*, pp. 235-236.

79. Alan MITCHELL, « The Xenophobic Style: French Counterespionage and the Emergence of the Dreyfus Affair », *Journal of Modern History*, 52, septembre 1980, pp. 414-425.

80. Donald N. BAKER, « The Surveillance of Subversion in Interwar France: the Carnet B in the Seine, 1922-1940 », *French Historical Studies*, X, (1978), pp. 486-516.

81. *J.O.*, 12 août 1932.

82. BONNET, *op. cit.*, p. 292.

83. Sir John Hope Simpson, *The Refugee Problem: Report of a Survey*, Londres, 1939, p. 275.

84. Bonnet, *op. cit.*, IIe partie, *passim*; Barbara Vormeier, « Quelques aspects de la politique française à l'égard des émigrés allemands, 1933-1942 » dans Hanna Schramm et Barbara Vormeier, *Vivre à Gurs: un camp de concentration français, 1940-1941*, Paris, 1979, pp. 213-214.

85. Rapport du préfet de Police (Seine) au ministre de l'Intérieur, 23 juillet 1937. APP (Seine): B/A 1714.

86. Décret-loi du 2 mai 1938, *J.O.*, 1er-3 mai 1938, p. 4967; décret d'application du 14 mai 1938, *ibid.*, p. 5492.

87. « La police des étrangers », *Le Temps*, 5 mai 1938; « Questions sociales: le travail des étrangers », *ibid.*, 20 novembre 1938; Bonnet, *op. cit.*, p. 350.

88. Arthur Koestler, *La Lie de la terre*, Paris, 1947, p. 248.

89. *J.O.*, 13 novembre 1938, p. 12.920.

90. J. Lubetzki, *La Condition des Juifs en France sous l'occupation allemande, 1940-1944*, Paris, 1945, p. 9.

91. Décret-loi relatif à l'organisation des brigades de gendarmerie-frontière, *J.O.*, 13 novembre 1938, p. 12.920.

92. *J.O.*, 12 avril 1935, pp. 4101-4116.

93. Bonnet, *op. cit.*, pp. 338-339.

94. Bauer, *op. cit.*, p. 337.

95. *La Nouvelle Revue française*, août 1941.

96. « Le problème des réfugiés », *Le Temps*, 8 juillet 1938; Shlomo Z. Katz, « Public Opinion in Western Europe and the Évian Conference of July 1938 », *Yad Vashem Studies IX* (1973), pp. 105-132; Eliahu Ben Elissar, *La diplomatie du IIIe Reich et les Juifs (1933-1939)*, Paris, 1969, p. 240 s.

97. Rapports de George Rublee et de Myron Taylor, 23 août, 25 août et 19 novembre 1938, *F.R.U.S.*, 1938, I, pp. 769-772, 834.

98. Centre de documentation et de vigilance, *Bulletin*, 1938, p. 15. JTS: XII, 26.

99. Mémorandum de Woermann, 24 octobre 1938, *D.G.F.P.*, Série D, vol. V, pp. 902-903; « L'action antijuive en Allemagne: le sort des réfugiés », *Le Temps*, 20 novembre 1938; « L'aide aux réfugiés d'Allemagne et d'Autriche », *ibid.*, 22 novembre 1938.

100. Rapport sur les conversations anglo-françaises, Quai d'Orsay, 24 novembre 1938, *D.Br.F.P.*, 3e série, III, p. 294-6. L'affaire Grynszpan hantait Bonnet sous l'occupation. Au début de 1942, l'ambassade allemande à Paris rapportait que l'ancien ministre des Affaires étrangères français « était prêt à témoigner » des pressions exercées par les Juifs pour la guerre en 1938-1939 lorsque le procès de Grynszpan se préparait en Allemagne. Le procès n'eut jamais lieu. AA: Botschaft Paris 1125 a.

101. *D.G.F.P.*, Série D, vol. IV, pp. 451-452. On a cru généralement

que le dîner donné pour Ribbentrop et sa suite au Quai d'Orsay le 6 décembre avait entraîné une discrimination contre deux ministres juifs, Georges Mandel et Jean Zay. Pour une réfutation récente de cette interprétation, voir Anthony ADAMTHWAITE, *France and the Coming of the Second World War, 1936-1939*, Londres, 1977, p. 290.

102. Georges BONNET, *Fin d'une Europe*, vol. II. *De Munich à la guerre*, Paris, 1967; Roger ERRERA, « De l'indifférence en matière de génocide », *Esprit*, juin 1969, pp. 1095-1100, et la controverse qui suivit entre ERRERA et BONNET, *ibid.*, décembre 1969, pp. 952-958 et février 1970, pp. 445-447.

103. Le chargé d'affaires en France (Wilson) au secrétaire d'État, 15 décembre 1938. *F.R.U.S.*, 1938, I, pp. 871-3. Dans le compte rendu britannique, « M. Bonnet dit [à Ribbentrop] que la France ne pouvait pas continuer indéfiniment à accueillir des Juifs ». Phipps à Halifax, 8 décembre 1938, *D.Br.F.P.*, 3ᵉ série, III, p. 397.

104. *Cf.* Philip FRIEDMAN, « The Lublin Reservation and the Madagascar Plan : two Aspects of Nazi Jewish Policy during the Second World War » dans *Studies in Modern Jewish Social History*, sous la direction de Joshua A. FISHMAN, New York, 1972, pp. 165-167, et le document sur Madagascar dans : Questions juives. Mesures antisémites. C.H.D.G.M.

105. J.B. Trant au Foreign Office, 4 avril 1946. PRO : FO 371/57690/1085.

106. BAUER, *op. cit.*, p. 193.

107. Mandel à Bonnet, 25 mai 1938, Archives du ministère des Affaires étrangères.

108. George Rendel, chef du département oriental au Foreign Office, avait des vues similaires ; il croyait en 1937 que les Juifs de Palestine étaient fermement attachés à l'Allemagne et qu'un État juif pouvait par la suite devenir une « colonie spirituelle » de l'Allemagne : Martin GILBERT, *Exile and Return : the Emergence of Jewish Statehood*, Londres, 1978, p. 188.

109. Kennedy au secrétaire d'État, 3 décembre 1938, *F.R.U.S.*, 1938, I, p. 851. M. de Tessan, sous-secrétaire d'État aux Affaires étrangères, passa plusieurs mois aux États-Unis pendant l'été 1939 à suivre la question. Hamilton Fish, membre de la Chambre des représentants, se rendit à Paris en août 1939 porteur de promesses d'aide de source privée.

110. *ibid.*, p. 852.

111. « Audition de M. Georges Bonnet à la Commission des Affaires étrangères » *Le Temps*, 16 décembre 1938.

112. « Le contrôle de l'entrée des étrangers sur notre territoire », *Le Temps*, 20 octobre 1938.

113. « Discours de M. Albert Sarraut, ministre de l'Intérieur », *Le Temps*, 6 février 1939.

114. Cité dans BONNET, *op. cit.*, p. 358.

115. « Nos hôtes et nous », *Le Temps*, 9 mars 1939 ; « La leçon espagnole » *ibid.*, 12 mars 1939.

116. Louis STEIN, *Beyond Death and Exile ; The Spanish Republicans in France, 1939-1955*, Cambridge (Mass.), 1979, p. 85.

117. WORMEIER, *op. cit.*, p. 260.

118. BONNET, *op. cit.*, p. 364.

119. Ces deux lois sont toujours en vigueur et utilisées plus de quarante ans plus tard.

120. « Les étrangers en France », *Le Temps*, 26 mars 1939.

121. *J.O.*, Débats. Chambre des députés, 8 décembre 1939, pp. 2120-2121. Le gouvernement britannique lui aussi fit interner des ressortissants allemands et autrichiens en septembre 1939, sans distinction d'opinion politique, comme le firent les gouvernements américain et canadien pour tous les Japonais en décembre 1941.

122. Leo LANIA, *The Darkest Hour : Adventures and Escapes*, traduit par Ralph Marlowe, Boston, 1941, chapitre III.

123. Maurice LAGRANGE, « Le rapatriement des réfugiés après l'exode (juillet-septembre 1940) », *R.H.D.G.M.* (27) juillet 1977, pp. 39-52 ; Malcolm J. PROUDFOOT, *European Refugees, 1939-1952 : a Study in Forced Population Movement*, Londres, s.d. [1957] ; WL : P III, 1 (France), nᵒ 635.

124. Heinz POL, *Suicide of a Democracy*, New York, 1940, pp. 232-233.

125. AA/Inland II A/B 80-41 SDH III. B. Queller au ministère des Affaires étrangères allemand, Berlin, 20 novembre 1940. La lettre a été remise au Dr Kundt qui visitait les camps d'internement français pour rechercher les réfugiés politiques.

126. Joseph WEILL, *Contribution à l'étude des camps d'internement dans l'anti-France*, Paris, 1946, p. 154 ; WL P III, I (France), nᵒ 635 ; Lion FEUCHTWANGER, *The Devil in France and my Encounter with Him in the Summer of 1940*, New York, 1941, p. 141.

127. VORMEIER, *op. cit.*, pp. 304, 323 ; René KAPEL, « J'étais l'aumônier des camps du sud-ouest de la France (août 1940 - décembre 1942) », *Le Monde juif*, nᵒ 78 (juillet-août 1977), pp. 97-100.

128. VORMEIER, *op. cit.*, pp. 254-255.

129. H.I.C.E.M. HH 2-FR 2-119. Ce chiffre de 40 000 comprend les 6 500 Juifs expulsés du sud-ouest de l'Allemagne en octobre. L'estimation de 70 % est de Pierre PIERRARD, *op. cit.*, p. 316.

130. William A. NIELSON, *We Escaped : Twelve Personal Narratives of the Flight to America*, New York, 1941, p. 115.

131. KOESTLER, *op. cit.*, p. 106. Koestler fut interné au Vernet.

132. Robert O. PAXTON, *Parades and Politics at Vichy*, Princeton (N.J.), 1966, pp. 176-177.

133. Le lieutenant-colonel Puaud, président d'honneur de la Fédération des Amicales des volontaires étrangers, soumit au maréchal Pétain en juillet 1942 un plan pour « le reclassement et la rééducation

morale et professionnelle » des étrangers en France qui impliquait la ségrégation des Juifs « indésirables », l'établissement à Madagascar ou en Indochine de Juifs soigneusement sélectionnés dont l'activité serait limitée à l'agriculture, et l'achèvement de la « mission morale » de la France en ramenant les Juifs de France à l'agriculture, tout cela en attendant la solution internationale, après la guerre, du « problème juif ». Voir AN, AG II 26. Selon P. Ory (*op. cit.*, pp. 245 et 267), Puaud fut plus tard responsable militaire de la Légion tricolore, dont l'idée fut lancée par Laval en juillet 1942, puis, en 1944, Oberführer SS, c'est-à-dire général de brigade, à l'État-Major de la brigade, devenue en février 1945 la 33ᵉ division SS, « Charlemagne », engagée sur le front russe.

134. Zoja SZAJKOWSKI, « The Soldiers France Forgot », *Contemporary Jewish Record*, V, (1942), pp. 589-596 et *Jews and the French Foreign Legion*, New York, 1975. Szajkowski a travaillé pendant des mois au chemin de fer transsaharien. Voir aussi Michel ANSKY, *Les Juifs d'Algérie : du décret Crémieux à la Libération*, Paris, 1950, pp. 261-262.

135. *J.O.*, 1ᵉʳ octobre 1940.

136. TARTAKOWER et GROSSMANN, *op. cit.*, pp. 145, 181 et 208-209.

137. Compte rendu de la réunion du Comité de coordination, Nîmes, 15 avril 1941. LBI.

138. Rapport du Dr Kundt, 1ᵉʳ novembre 1940, AA : Inland II A/B 80-41 Sdh III.

139. *D.F.C.A.A.*, I, pp. 84-85 et 361-365.

140. Pour les protestations antérieures de la France, voir *Ambassadeur de France à Berlin*, nᵒ 156, 15 mars 1938. AA : Pol. 36 Frankreich.

141. Le général Doyen au général Stülpnagel, 10 février 1941, *D.F.C.A.A.*, IV, p. 98.

142. *Ibid.*, 10 février 1941, *D.F.C.A.A.*, IV, p. 98.

CHAPITRE III. — *La stratégie de Xavier Vallat* 111

1. Haute Cour de Justice. Procédure suivie contre Raphaël Alibert. A.N. : W III46.

2. Pour le général Bloch et le chef d'escadron d'artillerie Brisac, voir les deux décrets du 10 décembre 1940, *J.O.*, 13 décembre 1940, p. 6097 et 1ᵉʳ janvier 1941, p. 10. Les professeurs Robert Debré, Louis Halphen et Marc Bloch bénéficièrent également de dérogations. Pour Jacques Rueff, voir le décret du 22 janvier 1941, *J.O.*, 24 janvier 1941, p. 377. Pour Raymond Berr, ingénieur des mines, voir le décret du 15 avril 1941, *J.O.*, 19 avril 1941, p. 1693. Par la suite, six professeurs de lycée, cinq professeurs d'université et une poignée de savants s'ajoutèrent à ces noms.

3. *Cf.* plus loin pp. 147-153 et 217-229.

4. « Polizeiverwaltung unter dem MBF », BA : R 70 Frankreich/13, p. 170.

5ᵃ. Hans UMBREIT, *Der Militärbefehlshaber in Frankreich, 1940-1944*, Boppard-am-Rhein, 1968 ; Lucien STEINBERG, *Les Autorités allemandes en France occupée : inventaire commenté de la collection de documents conservés au C.D.J.C.*, Paris, 1966, pp. 11-28 ; Joseph BILLIG, *Le Commissariat général..., op. cit.*, I, pp. 22-24 ; Jacques DELARUE, *Histoire de la Gestapo*, Paris, 1962, pp. 347-369. Voir les intéressantes esquisses biographiques de quelques importantes personnalités allemandes par Serge Klarsfeld dans Joseph BILLIG, *La Solution finale de la question juive : essai sur ses principes dans le IIIᵉ Reich et en France sous l'occupation*, Paris, 1977, pp. 189-201.

5ᵇ. BDC : SS-Personal-akte, (Carl-Theo Zeitschel) ; Zeitschel à Abetz, 21 août 1941, C.D.J.C. : V-8.

6. Dossier Dannecker. BDC : Sippenakte.

7ᵃ. BILLIG, *Le Commissariat..., op. cit.*, I, p. 27.

7ᵇ. *Ibid.*

8. Le 3 juillet 1943, Müller (RSHA, Berlin) informa Oberg et Knochen à Paris que 4 soldats SS seulement pouvait être envoyés au lieu des 250 qui étaient demandés. Le 7 juillet, Röthke (remplaçant de Dannecker) fit observer que les arrestations projetées des Juifs « devaient être opérées presque exclusivement par les forces de police françaises ». BA : R 70 Frankreich/23, pp. 36-39.

9. Mémorandum de Dannecker du 1ᵉʳ juillet 1941. ND : RF 1207, dans *La Persécution des Juifs en France et dans les autres pays de l'Ouest présentée par la France à Nuremberg*, sous la direction d'Henri MONNERAY, Paris, 1947, p. 85.

10. Notes de Dannecker, 3 février 1941 et 22 février 1941. C.D.J.C. : XXIV-13 et XXVI-80.

11. BILLIG, *Le Commissariat..., op. cit.*, I, pp. 45-58 ; Zeitschel, note du 14 février 1941, C.D.J.C. : V-60.

12. Abetz à Ribbentrop, 6 mars 1941. *D.G.F.P.*, série D, Vol. XII, p. 228.

13. Dr Kurt Ihlefeld, Notiz für Herrn Botschafter, 1ᵉʳ mars 1941. A.N. : Wᴵᴵᴵ212² nᵒ 46 (17).

14. *J.O.*, 31 mars 1941.

15. Note du contrôleur général de Faramond, 15 décembre 1941, C.D.J.C. : CXIV-22.

16. Keitel au général Thomas, 10 janvier 1941. O K W/2012 : T-77/851/5, 596, 112.

17. Jérôme CARCOPINO, *Souvenirs de sept ans*, Paris, 1953, p. 359. Darlan à Moysset, 15 janvier 1942, A.N. : A G ᴵᴵ536 C C 130 B.

18. A.N. : AGᴵᴵ82 SP 10 M.

19. A.N. : AGᴵᴵ610 CM 26-D. *Cf.* René GILLOUIN, *J'étais l'ami du maréchal Pétain*, Paris, 1966, pp. 156-157.

20. Zosa SZAJKOWSKI, *Analytical Franco-Jewish Gazetteer, 1939-1945*, New York, 1966, pp. 49-50 ; Philippe ERLANGER, *La France sans étoile : souvenirs de l'avant-guerre et du temps de l'occupation*, Paris, 1974, pp. 99-100. Lavagne à Helbronner, 13 novembre 1941 et 24 novembre 1943. C.D.J.C. : CCXIII-7 et 9. Si la date de cette dernière lettre est exacte, elle n'a pas été reçue par Helbronner. Il fut, avec sa femme, déporté le 20 novembre 1943 à Auschwitz où ils moururent tous les deux. Voir SZAJKOWSKI, *op. cit.*, p. 60, n. 269 et Serge KLARSFELD, *Le Mémorial de la déportation des Juifs de France*, Paris, 1978, non paginé.

21. Note du Dr Bernard Ménétrel, 17 novembre 1942. A.N. : AG[II]617 MP 3 ; Pour 1943, voir les rencontres de Pétain avec le diplomate allemand Roland Krug von Nidda, 9 février 1941 (T-120/1832 H/418618 f) et 22 août 1943 (T-120/3546 H/EO 22155 f).

22. H. Du Moulin de Labarthète, témoignage du 19 octobre 1946, Haute Cour de Justice, procédure suivie contre Xavier Vallat, A.N. : W[III]213[l] (59).

23. Ménétrel à de Brinon, 3 juillet 1942. A.N. : F[60] 1485.

24. Jardel à Guérard, 19 juillet 1943. A.N. : AG[II]488CC66. Nous n'avons aucun indice permettant de penser que Laval ait jamais soulevé ce sujet avec les Allemands.

25. Pétain à Alibert, 4 février 1942. A.N. : AG II24 SG 2 ; Barthélemy à Pétain, 6 juin 1942. A.N. : Ag[II]609 CM 25-A.

26. Pétain à de Brinon, 12 juin 1942. A.N. : AG[II]24 SG 1.

27. C.D.J.C. : XLIX-42 ; BA : R 70 Frankreich/27, p. 35.

28. C.D.J.C. : LXXI-85 a.

29. AA : Inland II A/B 83-26, vol. 4 ; *ibid.*, vol. 5 ; Deutscher Botschaft Paris 1318. L'ambassadeur d'Allemagne reçut des instructions pour différer sa réponse jusqu'à ce que les familles de Salonique soient déjà en route vers Auschwitz.

30. Discours du 9 août 1941, Toulouse. C.D.J.C. : CCXXXIX-30.

31. Xavier Vallat, Préface à Gabriel MALGLAIVE, *Juif ou Français ? Aperçus sur la question juive*, s.l., 1942, p. 8.

32. D'après Robert Debré, Vallat devait la vie à un médecin juif, Gaston Nora (qui témoigna à décharge au procès de 1947). G. Nora et R. Debré rendirent visite à Vallat en 1941 pour protester contre la politique antijuive. Vallat les reçut poliment mais resta sourd à leurs arguments. « Ni cœur, ni intelligence » : tel fut le jugement porté par Debré sur l'homme : Robert DEBRÉ, *L'Honneur de vivre*, Paris, 1974, p. 221.

33. Haute Cour de Justice. Procédure suivie contre Xavier Vallat, A.N. : W[III]211[l] n° 5. Voir aussi VALLAT, *Le Nez de Cléopâtre : souvenirs d'un homme de droite*, Paris, 1957, p. 232 ; VALLAT, préface citée, pp. 5-7.

34. *Le Temps,* 7 avril 1941, 15 juin 1941 ; *Le Matin*, 5 avril 1941 ;

Charles MAURRAS, *La Seule France: chronique des jours d'épreuve*, Lyon, 1941, p. 194.

35. Coston à Vallat, 23 avril 1941. C.D.J.C.: CXCV-75; PIERRARD, *op. cit.*, p. 303; BILLIG, *Le Commissariat..., op. cit.*, I, p. 93. Sur les liens de Coston avec les Allemands, voir par exemple, *ibid.*, II, p. 335.

36. *Paris-Soir*, 4 avril 1941; *La Dépêche marocaine*, 6 avril 1941.

37. Conférence de presse de Vallat, citée dans Michel ANSKY, *Les Juifs d'Algérie: du décret Crémieux à la Libération*, Paris, 1950, pp. 149-150. Le *New York Herald Tribune* du 14 juin 1941 le citait dans les mêmes termes: « Une solution complète du problème juif ne peut être trouvée que sur une base internationale ou du moins européenne, mais elle doit être différée jusqu'à la conclusion de la paix. »

38. MALGLAIVE, *op. cit.*, pp. 11-12. « Le problème juif: conférence prononcée par M. Xavier Vallat devant les stagiaires de la 3e session », A.N.: W III2111 n° 5.

39. A.N.: WIII2111 n° 5. Il employa des termes identiques lors de son procès en 1947.

40. BILLIG, *Le Commissariat..., op. cit.*, II, p. 153.

41. Vallat à Best, 23 juin 1941, C.D.J.C.: CX-65.

42. A.N.: WIII 2112 n° 33 (2); AJ38 1143 I JA/9-14.

43. Bœgner à Vallat, 4 juillet 1941; Vallat à Bœgner, 10 juillet 1941, C.D.J.C.: CXCV-44. Joseph Barthélemy et Darlan ont aussi soulevé cette question avec Vallat, A.N.: AJ38 1143 I JA/9 14.

44a. VALLAT, « Le problème juif », A.N.: WIII 2111 n° 5; Vallat au préfet de Police (Paris), 30 août, A.N.: AJ38 62 M 75. Voir aussi C.D.J.C.: XXXII-39 et s.

44b. Warren GREEN, « The Fate of Oriental Jews in Vichy France », *Wiener Library Bulletin*, XXXII (1979), n° 49/50, pp. 40-50.

45. VALLAT, « Le problème juif », A.N.: WIII2111 n° 5; *Le Figaro*, 14 juin 1941. Pour l'opinion de Vallat sur ce point et sur d'autres, voir aussi Henri BAUDRY et Joannès AMBRE, *la Condition publique et privée du Juif en France (Le statut des Juifs), étude théorique et pratique*, Lyon, 1942. Baudry était à l'époque professeur à l'École nationale de police; il est devenu directeur de l'école en 1963. Me Ambre, avocat à la cour d'appel de Lyon, a reçu après la guerre, la médaille de la Résistance.

46. BA: R 70 Frankreich/31, pp. 55-56, 62.

47. Les précisions qui suivent sont tirées de A.N.: Aj38 1143 I JA/9-14.

48. Vallat à Moysset, 7 février 1942. A.N.: W III2121 n° 24 (2).

49. BAUDRY et AMBRE, *op. cit.*, p. 49.

50. Best, Aktenzeichen, 5 avril 1941. BA: R 70 Frankreich/32, pp. 9-13. Voir aussi C.D.J.C.: LXXV-145.

51. Carl-Theo Zeitschel, « Besprechung mit Kriegsverwaltungschef Ministerialdirektor Dr Best », 5 avril 1941. BA: R 70 Frankreich/23, pp. 3-5. Voir aussi C.D.J.C.: V-81.

52. Abetz à Ribbentrop, 3 avril 1941. T-120/221/149 195-6. Voir aussi C.D.J.C. : CXXIV-41.

53. *J.O.*, 14 juin 1941.

54. Vallat, « Rapport à M. le maréchal de France, chef de l'État, sur la modification de la loi du 3 octobre 1940 portant statut des Juifs », 26 mai 1941. A.N. : AJ[38] 1143 I JA/1-4.

55. *Ibid.*

56. Par exemple, pour les avocats : décret du 16 juillet 1941, *J.O.*, 17 juillet 1941 ; les chirurgiens-dentistes : décret du 5 juin 1942, *J.O.*, 11 juin 1942 ; les médecins : décret du 11 août 1941, *J.O.*, 6 septembre 1941 ; les étudiants : loi du 21 juin 1941, *J.O.*, 24 juin 1941 ; les architectes : décret du 24 septembre 1941, *J.O.*, 25 septembre 1941 ; les sages-femmes : décret du 26 décembre 1941, *J.O.*, 21 janvier 1942 ; les pharmaciens : décret du 26 décembre 1941, *J.O.*, 21 janvier 1942 : les acteurs : décrets du 6 juin 1942, *J.O.*, 11 juin 1942.

57. *La Patrie*, n° 1, cité dans J. Lubetzki, *op. cit.*, p. 15.

58. C.H.D.G.M. : « Statut des Juifs ».

59a. Par exemple, un fonctionnaire subalterne du tribunal d'Alger qui était le père d'un prisonnier de guerre, A.N. : AJ[38] 1143 1 JA/1.

59b. Sur le Conseil d'État, voir H. du Moulin de Labarthète, *le Temps des illusions : souvenirs (juillet 1940-avril 1942)*, Paris, 1946, p. 168.

59c. Loi du 2 Juin 1941, *J.O.*, 14 juin 1941.

60. J. Lubetzki, *op. cit.*, p. 60. Pour les réactions juives, voir le rapport de police de Vichy du 10 juillet 1941, C.D.J.C. : LXI-38, et Adam Rutkowski, *La Lutte des Juifs en France à l'époque de l'occupation (1940-1944)*, Paris, 1975, p. 54.

61. La Tour du Pin, *op. cit.*, p. 343.

62. Chavin à MM. les préfets, 12 juillet 1941. A.N. : AJ[38] 1144 2 JA/2.

63. *J.O.*, 26 août 1941. La publication de cette loi fut précédée d'un communiqué absolument trompeur qui impliquait que seules les entreprises *prohibées* seraient placées sous administration provisoire ; en fait, toutes les entreprises juives furent sujettes à saisie.

64. ND : HG-4893, *Trials of War Criminals before the Nurnberg Military Tribunals*, 13 vol., Washington D.C., 1951-1952, XIII, p. 159.

65. Billig, *Le Commissariat...*, *op. cit.*, III, p. 75. *Cf.* aussi Ambassade d'Allemagne, Paris (Dr Kuntze) au ministère allemand des Affaires étrangères, Berlin, 20 juillet 1942. AA : Pol. II. Richtlinien. Allgemeines.

66. En août 1940, les autorités françaises à Paris dirent au MBF que le gouvernement n'était pas prêt à prendre des mesures économiques contre les Juifs ; il faudrait onze mois pour préparer l'opinion publique et pour tracer un plan général d'organisation. Billig, *Le Commissariat...*, *op. cit.*, III, p. 119.

67. Vallat, « Le problème juif ». A.N. : W[III]211[1] n° 5.

68. « Polizeiverwaltung unter dem MBF. » BA : R 70 Frankreich/13, p. 157.

69. Jacques Delarue, *Trafics et crimes sous l'occupation*, Paris, 1968, p. 70 ; Jean Cassou, *Le Pillage par les Allemands des œuvres d'art et des bibliothèques appartenant à des Juifs de France*, Paris, 1947, pp. 67-68, 96-97, 206-207, 227. *France-Soir* a rapporté, le 30 juillet 1950, à l'ouverture du procès des membres du groupe de Rosenberg, que les Allemands avaient pris, estimait-on, 10 890 toiles, 583 sculptures, 2 437 pièces de mobilier, 583 tapisseries, 5 825 porcelaines, etc.

70. Carcopino, *op. cit.*, pp. 364-367.

71. Cassou, *op. cit.*, pp. 96-97. Voir aussi T-120, série 3 840 H et 7 236 H.

72. Vallat à Moysset, 7 février 1942. A.N. : WIII211[1] n° 24 (2).

73. Comptes rendus des réunions, 7 et 17 mai 1941. A.N. : AJ[38] 116 ; voir aussi C.D.J.C. : XXXIX-137.

74a. Joseph Barthélemy, « Observations concernant le projet de loi relatif aux entreprises, biens et valeurs appartenant aux Juifs », 15 juin 1941, A.N. : AJ[38] 124 84 JA/1.

74b. Vallat à Darlan, 7 juillet 1941, C.D.J.C. : CVI-23. Vallat le présenta comme si les pouvoirs conférés ne devaient être utilisés qu'avec mesure, et affirma qu'on n'avait en vue aucune spoliation.

75. Vallat au Militärbefehlshaber in Frankreich, 9 octobre 1941. A.N. : W III213[1] n° 36.

76. Vallat, *Le Nez de Cléopâtre...*, *op. cit.*, p. 225.

77. Lubetzki, *op. cit.*, p. 86.

78. C.D.J.C. : CCXXXVIII et s. ; Chavin à Vallat, 20 mai 1941. A.N. : AJ[38]4 ; A.N. : W III212[1] n° 29.

79. Lettre du 30 juin 1941, C.D.J.C. : CXCV-80.

80. Procédure suivie contre Vallat. A.N. : W III213[1] n°s 89, 90, 101, 203-208.

81. Vallat à Bousquet, 30 mai 1941. A.N. : AJ[38] 62 M75.

82. Billig, *Le Commissariat...*, *op. cit.*, II, pp. 44-46 ; A.N. : AJ[38] 19 M2 ; pour un exemple de débat sur la détermination de la judéité, *cf.* « Note de M. Borione pour M. X. Vallat, juillet 1941 ». A.N. : AJ[38] 129.

83. Procédure suivie contre Vallat : Commissions rogatoires, Algérie, Maroc. A.N. : WIII212[1] n° 30, 28.

84. « Vichy Extends Anti-Jewish Laws to this Hemisphere », *The New York Herald Tribune*, 16 novembre 1941 ; « Vichy Extends Jewish Ban to Colonies in Western World », *Christian Science Monitor*, 29 novembre 1941.

85. Dépêches de l'A.T.J. des 13 juillet 1941 et 31 mars 1942.

86. Richard Kuisel, *Ernest Mercier : French Technocrat*, Berkeley et Los Angeles, 1967, p. 145.

87. Vallat, « Rapport à M. le Maréchal de France, chef de l'État, sur

la modification de la loi du 3 octobre 1940 portant statut des Juifs », 26 mai 1941, A.N. : AJ^{38} 1143 1 JA.

88. *J.O.*, 2 décembre 1941.

89. Loi du 17 novembre 1941, *J.O.*, 2 décembre 1941.

90. A.N. : AJ^{38} 405, « Artisanat » ; W^{III}212^2 n° 3 ; avant 1940, Vallat avait, à chaque session du Parlement, proposé une loi supprimant les S.A.R.L.

91. R.R. Lambert, « Compte rendu de mes voyages à Vichy » (20 septembre 1941-janvier 1942), entretien avec Vallat le 27 novembre 1941, YIVO : VG II-1.

92. Vallat au MBF, 6 septembre 1941, A.N. : W^{III} 213^1 n° 6 ; *J.O.*, 2 décembre 1941.

93. René Mayer à Vallat, 2 décembre 1941, A.N. : W^{III}212^2 n° 42 (2).

94. A.N. : AG^{II} 487 CC 64 bis.

95. Vallat au MBF, Verwaltungsstab (pour le Ministerialrat Dr Storz), 24 septembre 1941, A.N. : W^{III}213^1 n° 5 (2).

96. Georges Edinger, « Rapport sur l'U.G.I.F. » (1946), A.N. : W^{III}211^1 n° 1 ; *id.*, « Déclaration au Consistoire » (mars 1942?), A.N. : W^{III}212^2 n° 42 (2). Voir aussi Zosa Szajkowski, « The Organisation of the "U.G.I.F." in Nazi-Occupied France », *Jewish Social Studies*, 9 (1947), pp. 239-256, et « Glimpses on the History of Jews in Occupied France », *Yad Vashem Studies*, II (1958), 133-57 ; Billig, *Le Commissariat..., op. cit.*, I, p. 106 s. Le livre de Maurice Rajsfus sur l'U.G.I.F, *Des Juifs dans la collaboration. L'U.G.I.F. (1941-1944)*, préface de Pierre Vidal-Naquet, Paris, 1980, a été publié après la mise au point finale du texte du présent ouvrage. Nous n'avons pu, de ce fait, le consulter.

97. Billig, *Le Commissariat..., op. cit.*, I, pp. 197-198.

98. La première tranche de 250 millions fut prélevée sur 18 grands comptes, les 50 millions suivants sur 218 autres, A.N. : AJ^{38} 1155, "U.G.I.F." : Caisse des dépôts et des consignations ». Voir aussi : Y. Regelsperger au Directeur général de la Caisse des dépôts et des consignations, 7 février 1942, A.N. : AJ^{38} 329 ; AJ^{38} 675.

99. *J.O.*, 18 janvier 1942.

100^a. Billig, *Le Commissariat..., op. cit.*, III, pp. 224-225 ; du même auteur, *Le Gouvernement de l'État français et la question juive*, Paris, 1961, p. 12.

100^b. MBF, Wi 1/2, mémorandum du 11 novembre 1941, A.N. : W^{III}213^2 n° 4 (1).

100^c. Rapport de M. Lautman, H.I.C.E.M. : HH2 FR2-53.

101. Mémorandum de Schellenberg, 20 mai 1941. AA : Inland II g 189, « Akten betreffend Juden in Frankreich von 1940 bis 1943 ».

102. *D.F.C.A.A.*, IV, p. 213 ; Lubetzki, *op. cit.*, p. 161.

103. Zeitschel à Abetz, 12 août 1941, C.D.J.C. : V-15.

104. Comptes rendus des conversations de M. Lautman à Foix, Vichy et Clermont-Ferrand, du 29 septembre au 6 octobre 1941.

H.I.C.E.M.: FR2-109; lettre du commissaire adjoint à la lutte contre le chômage, Vichy, au directeur de la H.I.C.E.M., 6 mars 1942, H.I.C.E.M.: HH2 FR2-109.

105. « Une déclaration de M. Xavier Vallat sur la question juive », *Le Temps*, 7 avril 1941.

106. C.D.J.C., *L'Activité des organisations juives en France sous l'occupation*, Paris 1947.

107. L'Administrateur-délégué de l'U.G.I.F. à la H.I.C.E.M., 19 mars 1942. H.I.C.E.M.: HH2 FR2-71.

108. H.I.C.E.M. à Louis Oungre, Vichy, 22 août 1940, H.I.C.E.M.: HH2 FR2-109; Varian Fry, *Surrender on Demand*, New York, 1945, pp. 85, 127-128 et 206; Henry L. Feingold, *The Politics of Rescue: the Roosevelt Administration and the Holocaust, 1938-1945*, New Brunswick, (N.J.). 1970, pp. 159-161.

109. Carl Ludwig, *La Politique pratiquée par la Suisse à l'égard des réfugiés au cours des années 1933 à 1955.* Annexe au rapport du Conseil fédéral à l'Assemblée fédérale sur la politique pratiquée par la Suisse à l'égard des réfugiés au cours des années 1933 à nos jours, Berne, 1957, p. 77 et *passim*. Jean-Baptiste Mauroux, *Du bonheur d'être Suisse sous Hitler*, Paris, 1968, pp. 161-198.

110. Bernard Wasserstein, *Britain and the Jews of Europe, 1939-1945*, Oxford, 1979.

111. « Rapport pour 1941 sur notre activité en faveur des personnes internées », H.I.C.E.M.: HH2 FR2-33; la H.I.C.E.M. au ministre de l'Intérieur, 28 février 1942, H.I.C.E.M.: HH2 FR2-19; « Rapport de la Commission d'émigration », octobre 1941, LBI-98.

112. « Action de la H.I.C.E.M. en faveur des internés des différents camps », sans date, H.I.C.E.M.: HH2 FR2-39; « Relations avec l'administration française au cours des mois d'octobre à décembre 1941 », H.I.C.E.M.: HH2 FR2-11.

113[a]. Szajkowski, *Analytical...*, op. cit., p. 90.

113[b]. A.N.: AG II536-CCI 30-B.

114[a]. Billig, *Le Commissariat...*, op. cit., I, p. 53.

114[b]. Vallat à Best, 23 juin 1941, C.D.J.C.: CX-65; Vallat au MBF, 9 octobre 1941, A.N.: AJ[38] 9; A.N.: AJ[38] 121.

115. Vallat au MBF, 9 octobre 1941, A.N.: W[III]213[1] n° 36; MBF, Verwaltungsstab, à Vallat, 25 novembre 1941, A.N.: W III213[2] n°s 9-10.

116. C.D.J.C.: XXIII-78.

117. Darlan à Moysset, 15 janvier 1942, A.N.: AG II536 CC 130-B.

118. Barthélemy à Vallat, 27 janvier 1942, A.N.: AJ[38] 118.

119. Dr Best, note du 20 février 1942. C.D.J.C.: LXXV-148.

120. Vallat à Moysset, 7 février 1942. A.N.: W III212[1] n° 24 (2).

121. Vallat à Best, 23 décembre 1941. A.N.: AJ[38] 9; Billig, *Le Commissariat...*, op. cit., I, p. 221.

122. Vallat (à Blanke), 3 décembre 1941. A.N.: AJ[38] 9.

123. Vallat, « Compte rendu de ma réunion du 22 janvier au Majestic avec le Ministerialrat Dr Gelbhaar ». A.N. : W III2112 n° 33 (3). Les représentants des SS quittèrent la réunion.

124. Aktennotiz, 17 février 1942. A.N. : W III2131 n° 6.

125. Best à Knochen, 31 mars 1942. A.N. : W III2122 n° 48 (4). Voir aussi C.D.J.C. : LXXV-148.

126. BILLIG, *Le Commissariat...*, *op. cit.*, I, p. 184.

127. ND : RF-1210 : International Military Tribunal, *Trial of the Major War Criminals*, 42 vol., Nuremberg, 1947-1949, XXXVIII, p. 742.

CHAPITRE IV. — *Le système à l'œuvre : 1940-1942* 175

1. *Journal politique : septembre 1939-juillet 1942*, Paris, 1972, p. 282.

2. *J.O.*, 24 juin 1941. La majeure partie des paragraphes suivants est tirée de C.G.Q.J., Service de la législation et du contentieux, « Enseignement » A.N. : AJ38 1144 5JA.

3. A.N. : AJ38 4 ; BILLIG, *Le Commissariat...*, *op. cit.*, III, pp. 45-46.

4. Weygand à Pétain, 15 mai 1941. A.N. : AJ38 4.

5. C.G.Q.J., Service de la législation et du contentieux, « Statut des Juifs », A.N. : AJ38 1143 1 JA.

6. Par exemple, le général François et le général Martin, qui était à la tête de la Légion des combattants en Algérie, avertirent en janvier 1942 que les Juifs étaient encore autorisés à soumissionner pour les marchés d'approvisionnements militaires, ce qui pouvait les mettre à même d'obtenir des secrets de la défense. Le C.G.Q.J. au ministre-secrétaire d'État à la Guerre, 30 janvier 1942. A.N. : AJ38 64 M76.

7. Le vice-amiral Bourragué à Vallat, 5 novembre 1941. A.N. : AJ38 64.

8. Le général de la Porte du Theil à Vallat, 7 février 1942. A.N. : AJ38 64 M 7641. Le MBF recommanda, le 4 février 1942, que les Juifs soient exclus des Chantiers de la jeunesse, mais le général de la Porte du Theil a tenu à exposer ses propres motifs : C.D.J.C. : CCXLVI-11.

9. Vallat au MBF, 27 janvier 1942. C.D.J.C. : CXC III-108. Les rapports détaillés des ministères (A.N. : AJ38 64) montrent que ces chiffres ne sont pas excessifs.

10. Le Gouverneur général de l'Algérie au ministre de l'Intérieur, 13 octobre 1941. A.N. : W III2121 n° 30 (18).

11. A.N. : AJ38 64.

12. Le préfet des Landes au délégué général du gouvernement français dans les territoires occupés, 3 août 1942. A.N. : F ICIII1160.

13. Loi du 19 mai 1941, *J.O.*, 31 mai 1941.

14. Loi du 6 mai 1942, *J.O.*, 14 mai 1942.

15. Billig, *Le Commissariat...*, *op. cit.*, I, p. 146. On trouve des chiffres de traitements à la page 147.

16. Faramond à Vallat, 21 août 1941. A.N. : AJ[38] 69 M70.

17. « Mémoire sur la situation des agents du C.G.Q.J. », 16 mars 1944. C.D.J.C. : CVI-128.

18. « Spoliations », *La Documentation française*, n° 1, 107, 2 avril 1949, p. 19. Le budget du C.G.Q.J. était en 1944 de 50 169 000 francs, dont 36 500 000 pour les traitements. Cependant l'inflation réduisit l'effet de l'accroissement du budget.

19. Colonel Chomel de Jarnieu, « Essai de réorganisation du C.G.Q.J. », 30 juin 1942. A.N. : AJ[38] I ; *ibid.*, Note pour le Commissaire général, 1er septembre 1941. A.N. : AJ[38] 69 M70 ; Dr Werner Best, note, 20 février 1942. C.D.J.C. : LXXV-148.

20. « Mémoire sur la situation des agents du C.G.Q.J. », 16 mars 1944, C.D.J.C. : CVI-128.

21. *Ibid.*

22. Billig, *Le Commissariat...*, *op. cit.*, III, p. 9.

23. Joseph Barthélemy, note sur le projet de loi modifiant l'article 2 de la loi du 29 mars 1941 créant le C.G.Q.J. C.H.D.G.M. : Statut des Juifs.

24. Rapport de la réunion du 23 juillet 1941 ayant pour but d'examiner l'application aux fonctionnaires du statut du 2 juin 1941. C.D.J.C. : CXCV-48.

25. Billig, *Le Commissariat...*, *op. cit.*, III, pp. 247-248.

26. Billig, *ibid.*, pp. 249-250.

27. Léon Poliakov, *L'Étoile jaune*, Paris, 1949, pp. 55-58.

28. Billig, *Le Commissariat...*, *op. cit.*, I, pp. 165-166.

29. Réunion du 17 mai (1941) dans le cabinet de M. Bouthillier, A.N. : W III213I n° 117 (2).

30. MBF à Vallat, 16 juillet 1941 ; MBF à Bichelonne, 18 juillet 1941. A.N. : W III213I n°s 34, 33.

31. Dr Elmar Michel, projet de note Wi 1/2 4165/41, 19 novembre 1941. A.N. : W III213I n° 65.

32. Par exemple, l'achat par Krupp des usines de machines agricoles Austin et l'achat par Wetzel des cosmétiques Hélèna Rubinstein en 1943, après des années de discussion. Réunion interministérielle du 4 mars 1943. A.N. : AJ[38] 566.

33. Le préfet des Alpes-Maritimes à M. le ministre de l'Intérieur, 4 août 1941 et n.d. (début de novembre 1941). A.N. : FICIII 1137.

34. Le préfet des Hautes-Pyrénées à M. le ministre de l'Intérieur, 4 février 1941, 2 mars 1941. A.N. : F ICIII 1182.

35. Haute Cour de Justice. Ministère public contre Bousquet, fascicule 1, p. 118. Pour l'État nazi, voir Hans Buchheim, Martin Broszat, Hans-Adolf Jacobsen et Helmut Krausnick, *Anatomie des SS-Staates*, Olten et Fribourg-en-Brisgau, 1965.

36. Arrêté du ministre de l'Intérieur du 19 octobre 1941, non publié

au *J.O.* On peut en trouver le texte dans Commission rogatoire Antignac, n° 78 (C.D.J.C.: XCVI).

37. Sur le recours à des tribunaux d'exception à l'automne de 1941 et la crise des otages, voir R. PAXTON, *La France de Vichy*, Paris, 1973, p. 215 s. et H. LAMARRE, *L'Affaire de la section spéciale*, Paris, 1975.

38. A.N.: W III213I n° 53.

39. Dannecker, « Juifs », 22 février 1942. ND: FR-1210, dans *La Persécution...*, *op. cit.*, pp. 118-119; BILLIG, *Le Commissariat...*, *op. cit.*, pp. 80-81, 203-204; II, pp. 9-15.

40. Rapport du 18 février 1942, in BILLIG, *Le Commissariat...*, *op. cit.*, II, p. 31.

41. « Instructions sur l'organisation du Service de police des questions juives », 22 octobre 1941. C.D.J.C.: CXCIV-I.

42. BILLIG, *Le Commissariat...*, *op. cit.*, II, p. 26.

43. A.N.: F ICIII1183-4.

44. BILLIG, *Le Commissariat...*, *op. cit.*, II, pp. 31, 39-44. D'un autre côté, il y eut souvent coopération, car la P.Q.J. déchargeait la police régulière de bien des tâches désagréables. *Ibid.*, I, p. 228.

45. « Die Aufgaben der Verwaltungsaufsicht über die französische Polizei », s.d. (probablement mars 1942). BA : R70 Frankreich/13.

46. « Préparation psychologique et politique pour la journée du 1er mai ». A.N. : AG II27 SG7F ; C.I.A.F. Notizario n° 11, 16 mai 1941 (T 586/441/023520).

47. Archives du chef de l'État, cabinet civil, « Opérations de police ». A.N.: AG II520 CC104C.

48. « Les institutions de la France nouvelle », vol. I, *Droit public*, Paris, s.d., mai 1941, I, IV.

49. Wladimir RABI, « Les interventions de la hiérarchie en faveur des Juifs : une constatation et une question », dans *Églises et chrétiens dans la deuxième guerre mondiale. La région Rhône-Alpes, op. cit.*, p. 198.

50. Roger BONNARD, « La reconstruction de la France », *Revue du droit public*, LVII (1941), pp. 141-142.

51. *Ibid.*

52. *Ibid.*, p. 141.

53. E.H. PERREAU, « Le nouveau statut des juifs en france », *La Semaine juridique*, 1941, doctrine, 216. C'est nous qui soulignons. *Cf.* du même auteur, « Les mesures complémentaires concernant le statut des juifs », *id.*, 1942, doctrine 244. Pierre LEPAULLE, expert en matière de « trust », appliqua ses talents à « L'aryanisation des entreprises », *Gazette du Palais*, 1943, 2e semestre, pp. 1-18.

54. *Revue du droit public* (1944), pp. 74-81.

55. H. BALAZARD, C.A. COLLIARD, M. DOUBLET, P.M. GAUDEMET, M. HUBERT, R. VOUIN, J. HAMELIN, *Études de droit allemand. Mélanges Oflag II B*, préface de G. Ripert, Paris, 1943. Ce curieux ouvrage est un recueil de cinq études de droit allemand contemporain écrites par des juristes prisonniers de guerre.

56. Georges Burdeau, *Cours de droit constitutionnel*, Paris, 1942, pp. 189-191. *Cf.* aussi René Floriot, *Principaux textes des lois, décrets, circulaires et ordonnances parus entre l'armistice et le 20 novembre, classés d'après leur objet, commentés et expliqués*, Paris, 1940.

57. Baudry et Ambre, *La Condition publique..., op. cit.* Le contre-amiral Ven y parle du statut des Juifs comme d'« un des mouvements caractéristiques du système législatif en voie d'élaboration dans la France nouvelle », p. 9.

58. André Broc, *La Qualité de Juif*, Paris, 1943. Le jury était présidé par M. Mestre ; il comprenait, en outre, MM. Scelle et Lampué. La thèse a été présentée et soutenue le 15 décembre 1942.

59. Dannecker à Vallat, 6 octobre 1941. A.N. : AJ[38] 1144 2JA/2. Vallat à Darlan, 28 mars 1942. AJ[38] 1143 1JA 9-14.

60. A.N. : F[ICIII] 1142.

61. Lubetzki, *op. cit.*, p. 131.

62. *Ibid.*, p. 38.

63. On peut en trouver la liste dans les documents relatifs au procès de Vallat. A.N. : W [III]213[1] n° 130.

64. Danièle Loschak, *Le Rôle politique du juge administratif français*, Paris, 1972, p. 289.

65. Du Moulin de Labarthète, *op. cit.*, p. 268.

66. Carcopino, *op. cit.*, pp. 249, 358-359.

67. Séance du 6 décembre 1941. A.N. : AJ[38] 122 : 33.

68. A.N. : AJ[38] 120.

69. Jeze, « La définition légale... », *loc. cit.*, p. 78.

70. Le C.G.Q.J. au directeur de la S.E.C. (Lyon), 25 juillet 1943. C.D.J.C. : CXCV-201.

71. Arrêt Ferrand, du 9 juillet 1943, *Rec. Lebon*, p. 176. Le Conseil d'État prit position en fonction de raisons étroites et techniques, évitant d'affirmer qu'il y avait là une violation du principe de liberté de conscience. Ce dernier point de vue a été soutenu avec force par Jean Carbonnier dans une excellente note publiée au *Recueil Dalloz*, 1944, p. 160.

72. 21 janvier 1944, Darmon, *Rec. Lebon*, p. 22. Voir « Juifs » dans *Recueil Sirey*, Tables quinquennales, Paris, 1941-1945, pp. 179-280 ; Jèze, « La définition légale... », pp. 80-81 ; Lubetzki, *op. cit.*, p. 115 s. ; Loschak, *op. cit.*, p. 289. Sur l'attitude du Conseil d'État pendant la guerre, voir T. Bouffandeau, « Le juge de l'excès de pouvoir jusqu'à la Libération du territoire », *Études et documents du Conseil d'État*, 1947, p. 23 ; *Le Conseil d'État. Son histoire à travers les documents d'époques, 1799-1974*, Paris, 1974, en particulier « Le Conseil d'État sous le gouvernement de Vichy », pp. 799-815.

73. P. Chauveau, « Juifs », *La Semaine juridique*, 1942, II, 1800 ; Lubetzki, *op. cit.*, pp. 30-31.

74. Joseph Haennig, « Quels moyens de preuve peuvent-ils être fournis par le métis juif pour établir sa non-appartenance à la race

538

juive ? » *Gazette du Palais*, 1943, 1ᵉʳ semestre, p. 31. Haennig était avocat à la cour d'appel de Paris. *Cf.* aussi Hubert THOMAS-CHEVALIER, *La Protection légale de la race : essai sur les lois de Nuremberg*, Paris, 1942. Thomas-Chevalier était avocat à la cour d'appel de Nancy. Voir aussi C.G.Q.J., note du 10 décembre 1941. A.N. : AJ³⁸ 19 M2 ; Maurice CAILLEZ, « Les lois du 2 juin et du 17 novembre sur les Juifs », *Gazette du Palais*, 1941, 2ᵉ semestre, p. 122.

75. *J.C.P.*, 1941, III, 1646.

76. LUBETZKI, *op. cit.*, p. 76.

77. A.N. : AJ³⁸ 118.

78. Edmond BERTRAND, « Du contrôle judiciaire du dessaisissement de juifs et de la liquidation de leurs biens (étude critique de jurisprudence) », *J.C.P.*, 1943, I, 354.

79. BILLIG, *Le Commissariat..., op. cit.*, III, p. 159.

80. *Ibid.*, pp. 258-259.

81. Maurice DUVERGER, « La situation des fonctionnaires depuis la Révolution de 1940 », *Revue du droit public*, LVII (1941), p. 227 s.

82. Haute Cour de Justice. Ministère public contre Bousquet, fascicule 1, p. 38.

83. Dr M. Kahany, rapport, Genève, 26 décembre 1940. PRO : FO 371/28461 (Z821/821/17).

84. Procès-verbal d'interrogatoire, 8 août 1945. A.N. : W III212¹ n° 14 (1).

85. Donald A. LOWRIE, *The Hunted Children*, New York, 1963, pp. 52-53.

86. Rapport de Pontzen du 2 mars 1941. H.I.C.E.M. : HH2 — FR2 — 82.

87. Rapport de Charles Kauffmann. WL : PIII, i (France) n° 542.

88. Le directeur régional, Clermont-Ferrand au C.G.Q.J., 21 novembre 1941. C.D.J.C. : CII-74.

89. S.E.C. (Lyon), rapport du 2 juin 1943. C.D.J.C. : LXXIX-86.

90. A.N. : F ICIII1188. Le préfet de la Seine-Inférieure à M. le ministre de l'Intérieur, 31 octobre 1942.

91. Monique LUIRARD, « Les Juifs dans la Loire pendant la seconde guerre mondiale », *Cahiers d'histoire*, XVI, (1971), pp. 193-194.

92. *J.O.*, 7-8 décembre 1942, p. 4026.

93. *Memento de la législation des questions juives à l'usage des maires et des brigades de gendarmerie*, Vichy (1943).

94. A.T.J., dépêche de Toulouse, 17 janvier 1945.

95. Philip HALLIE, *Le Sang des innocents. Le Chambon-sur-Lignon, village sauveur*, Paris, 1979.

96. Le délégué du conseil auprès de la 6ᵉ direction de l'U.G.I.F., 25 février 1943. H.I.C.E.M. : HH2 FR2-73.

97. Jules JEANNENEY, *Journal politique : septembre 1939-juillet 1942*, Paris, 1972, pp. 278-287 ; A.N. : AJ³⁸ 64.

98. JEANNENEY, *op. cit.*, p. 282. Il poursuivait en ces termes : « Ce

n'est pas à elle (la loi) que je résiste, mais à un ordre que vous n'avez pas le droit de me donner. »

99. *J.O.*, 18 juillet 1940.

100. « Note sur le fonctionnement du service administratif des étrangers de la Préfecture de police depuis le 14 juin 1940, 1er jour de l'occupation, jusqu'au 1er octobre 1940. » APP : B/A 1714. De même, le ministère des Affaires étrangères avait un bureau chargé des intérêts des apatrides, qui, à l'occasion, s'occupait de la qualité de Juif de certaines personnes. Voir ministère des Affaires étrangères au C.G.Q.J., 16 avril 1943. C.D.J.C. : CCXXXVII-54.

101. Jérôme CARCOPINO, *Souvenirs de sept ans, 1937-1944*, Paris, 1953, p. 248.

102. *Ibid.*, pp. 247-249.

103. Procès-verbal de la séance du Bureau tenu à Châtel-Guyon le 30 juin 1942, cité dans JEANNENEY, *op. cit.*, p. 278, n. 5.

104. *Ibid.*, pp. 277-278. L'intervention en faveur de personnes en difficulté à cause du statut des Juifs semble parfois dépendre davantage des opinions remontant aux années 30 que de la « qualité de Juif ». *Cf.* la lettre d'un fonctionnaire du ministère de l'Intérieur au C.G.Q.J., le 9 janvier 1942, assurant le C.G.Q.J. qu'un certain Fels, qui prétendait être catholique, mais n'avait pas les documents nécessaires pour le prouver, pouvait être aidé parce qu'il n'avait « jamais été Front populaire ». C.D.J.C. : CCXXXIX-139.

105. *Cf.* par exemple, Knochen au RSHA (Berlin), « Endlösung der Judenfrage in Frankreich », 12 février 1943. BA : R70 Frankreich/23.

106. Le ministre-secrétaire d'État à la Guerre au général commandant la 15e division militaire, 12 décembre 1940. JTS : Box 13,1.

107. « Vichy Hotels Ban Jews », *New York Herald Tribune*, 29 juin 1941.

108. Pour un exemple d'un certificat de ce genre voir BA : R70 Frankreich/31, 70.

109. Vallat au président du groupement national de l'ameublement, s.d., mais datant du printemps 1942. A.N. : AJ38 405 XXX-78.

110. Discours de Vallat aux stagiaires d'une école nationale des cadres, s.d., mais datant de mars 1942. A.N. : W III211¹ n° 5.

111. Loi du 22 juillet 1941. *J.O.*, 26 août 1941.

112. « Spoliations et restitutions », La Documentation française, n° 1 107, 12 avril 1949, p. 19. Voir aussi AJ38 608 pour les statistiques à jour au 1er mai 1944 : 825 sur 5 522, soit 15 %, étaient dans l'ancienne zone non occupée.

113. A.N. : AJ38 608.

114. Le dossier « Caisse des Dépôts et des consignations », A.N. : AJ38 608, contient les relevés de comptes mensuels des comptes 501 et 511 pour l'année 1943. Environ 20 000 comptes de Juifs y étaient tenus, d'un montant total d'environ 3 milliards de francs, au titre des « prélèvements ». « Spoliations et restitutions », *loc. cit.*, p. 20.

115. A.N. : AJ[38] 608.

116. Roger Lehideux, circulaire aux sections de l'Union syndicale des banquiers de Paris et de la province, 17 septembre 1941 ; *ibid.*, 3 décembre 1941 ; Association professionnelle des banques, réunion du 19 décembre 1941 à Vichy ; JTS : Box 14, n° 15.

117. C.G.Q.J. à M. l'Amiral de la Flotte, vice-président du Conseil, Secrétariat général, 2 mars 1942. A.N. : W III213[1] n° 89. Voir aussi : Vallat à M. le Directeur de la Mutuelle générale française-Société Vie, s.d., [mars 1942]. *Ibid.*, n° 90.

118. C.G.Q.J. au Syndicat des exportateurs français d'Indochine, 28 février 1942 ; *ibid.*, n° 87.

119. Vallat au Dr Blanke, 16 décembre 1941, A.N. : W III213[2] n° 17.

120. Vallat au MBF, 9 octobre 1941. A.N. : W III213[1] n° 36.

121. Bichelonne à Michel, 7 août 1941, C.D.J.C. : LXXV-48 ; Billig, *Le Commissariat..., op. cit.*, III, pp. 98-99, 114, 180.

122. A.N. : AJ[38] 124 : 81.

123. Darlan à Vallat, 26 août 1941. A.N. : AJ[38] 70M9.

124. Billig, *Le Commissariat..., op. cit.*, III, p. 317.

125. Rapport du 6 juin 1941. C.D.J.C. : CCXXXVIII — 64.

126. C.D.J.C. : XCVI — 37, 40.

127. Billig, *Le Commissariat..., op. cit.*, III, pp. 267-268.

128. Rapport Formery, 12-13 mai 1944. A.N. : W III212 n° 19 (1-4). Créés par la loi du 11 août 1941, les Commissaires du pouvoir étaient chargés d'exercer, sous l'autorité directe du vice-président du Conseil puis, à partir de décembre 1942, du chef du gouvernement, le contrôle général des services publics ; ils devaient veiller à l'application des lois et des décrets « dans l'esprit de la Révolution nationale ».

129. Rapport Houël, 27 avril 1944. *Ibid.*, n° 19 (8).

130. Henry W. Ehrmann, *La Politique du patronat français, 1936-1955*, Paris, 1959, p. 80.

131. A.N. : AJ[38] 405 XXX-78. Des conclusions plus développées sur les Comités d'organisation seront fournies par la thèse de doctorat de Henri Rousso. La matière de ces paragraphes est tirée en grande partie du Fonds Braun (C.D.J.C. ; CCC LXXIX-48) et des dossiers du C.G.Q.J. qui s'y rapportent ; A.N. : AJ[38] 329, 330, 405, 566, 675.

132. A.N. : AJ[38] 405 XXX-78.

133. Le délégué général responsable du Comité général d'organisation du commerce (P. Benaerts) au directeur général du S.C.A.P. (M. de Faramond), 24 octobre 1942. C.D.J.C. : CCCLXXIV-48. Il semble que le S.C.A.P. avait demandé au Comité quelles étaient ses idées d'ensemble.

134. Le syndicat des fabricants français de lampes électriques (président M. de Saléon-Smith), au C.G.Q.J., s.d. A.N. : AJ[38] 405. Le consortium d'avant-guerre fut bien entendu dans le Comité d'organisation par Auguste Detœuf.

135. Le Comité des industries du bois, groupement national de

l'ameublement (président A. Ducros), à Vallat, 24 janvier 1942. A.N. : AJ³⁸ 405 XXX-74. Bichelonne accepta la dissolution des Galeries Barbès en février 1942, démarche insolite de la part de ce technocrate, partisan de la concentration. A.N. : AJ³⁸ 566.

136. M. Voisin, président de la Chambre syndicale de la nouveauté de Rouen, au S.C.A.P., 30 mars 1942. A.N. : AJ³⁸ 229 ; AJ³⁸ 405 XXX-81.

137. Henri Rousso, *Les Comités d'organisation : aspects structurels et économiques, 1940-1944*, mémoire de maîtrise, université de Paris I, 1975-1976, p. 132.

138. Le président-délégué général du Comité d'organisation des pelletiers et fourreurs (Roger E. Binet) au secrétariat d'État à la Production industrielle, 14 septembre 1942. A.N. : AJ³⁸ 675.

139. Rousso, *op. cit.*, p. 209.

140. C.D.J.C. : CCCLXXIX-48.

141. Xavier Vallat, témoignage du 17 janvier 1947. A.N. : W III213¹ n° 30.

142. Le préfet des Alpes-Maritimes à M. l'Amiral de la Flotte, ministre de l'Intérieur, 31 mai 1941. A.N. : F ¹ᶜᴵᴵᴵ1193.

143. A.N. : AJ³⁸ 405.

144. A.N. : AJ³⁸ 405.

145. Le préfet du Tarn-et-Garonne à M. l'Amiral de la Flotte, ministre de l'Intérieur, 31 mai 1941. A.N. : F ¹ᶜᴵᴵᴵ1193.

146. *Cf.* par exemple le mémorandum de la Direction générale de la Sûreté nationale, 9 mars 1941. A.N. : AG ᴵᴵ520 CC104 F.

147. Donald N. Baker, « The Surveillance of Subversion in Interwar France : the Carnet B in the Seine, 1922-1940 », *French Historical Studies*, X (1978), pp. 486-516.

148. Zosa Szajkowski, *Analytical Franco-Jewish Gazetteer*, New York, 1966, pp. 90-91.

149. Valerian Fry, *Surrender on Demand*, New York, 1945, p. 86.

150. Rapport de la Commission d'émigration, séance du 31 octobre 1941. LBI.

151. Les paragraphes qui suivent sont tirés des archives de la H.I.C.E.M. : HH2-FR2-18 à 96 ; Fry, *op. cit.*, chapitre ix ; Joseph Weill, *Contribution à l'histoire des camps d'internement dans l'anti-France*, Paris, 1946, pp. 148-140 ; Szjakowski, *op. cit.*, pp. 90-94.

152. Rapport de la Commission d'émigration, séance du 31 octobre 1941. LBI. C'est nous qui soulignons.

153. Suite des rapports sur l'activité du 2ᵉ trimestre 1942. H.I.C.E.M. : HH2-FR2-18.

154. Les bateaux qui partaient de Lisbonne faisaient escale à Casablanca. Voir Tartakower et Grossmann, *The Jewish Refugees, op. cit.*, pp. 201-202.

155. Simon Hertz au Dr Bernard Ménétrel, 4 janvier 1942 : demande

d'aide pour obtenir des visas de sortie pour les parents de sa fiancée. A.N. : AG II75 SP2.

156. A. Plédel, pharmacien parisien à M. Allix, 27 février 1941, au sujet de sa visite à un ami, médecin allemand emprisonné à Gurs, A.N. : AG II520.

157. *Le Nez de Cléopâtre, op. cit.*, p. 269.

158. Gilbert BADIA, «Camps répressifs ou camps de concentration?», dans Gilbert BADIA et al., *Les Barbelés de l'exil: études sur l'émigration allemande et autrichienne* (1938-1940), Grenoble, 1979, pp. 289-332.

159. La commission Kundt fut autorisée, en vertu de l'article 19 de la convention d'armistice, à visiter les camps français et à retirer les prisonniers que les Allemands recherchaient. *Cf.* «Rapport de la commission Kundt sur les camps situés en zone non occupée» dans Barbara VORMEIER, «Quelques aspects de la politique française à l'égard des émigrés allemands (1933-1942)» dans Hanna SCHRAMM et Barbara VORMEIER, *Vivre à Gurs. Un camp de concentration français* (1940-1941), Paris, 1979, pp. 317-323.

160. WEILL, *op. cit.*, pp. 21-22; SZJAKOWSKI, *op. cit., passim.*

161. WEILL, *op. cit.*, p. 15.

162. *Ibid.*, p. 16; les chiffres pour l'Afrique du Nord viennent du Haut-Commissaire adjoint aux réfugiés de la Société des Nations, le Dr Kullmann, en 1941. «Refugee Statistics for France». PRO: FO/371/32681/W 15789/4555/48.

163. WEILL, *op. cit.*, p. 22; Mémorandum de Dannecker, 28 février 1941, N.D. : NG-4895 ; A.N. : AG II520.

164. «Refugee Statistics for France». PRO: FO/371/32681/W 15789/4555/48.

165. BAUDRY et AMBRE, *op. cit.*, pp. 110-111. Les mots sont soulignés dans l'original.

166. *Ibid.*, p. 111.

167. GROSSMANN, *Emigration..., op. cit.*, p. 206.

168. Le Comité de coordination pour l'assistance aux camps au secrétaire d'État des États-Unis, 9 janvier 1941. LBL.

169. Voir Hillel KIEVAL, *From Social Work to Resistance: Relief and Rescue of Jewish Children in Vichy France*, mémoire de B.A., non publié, université Harvard, 1973, et «Legality and Resistance in Vichy France: The Rescue of Jewish Children», *Proceedings of the American Philosophical Society*, 124 (octobre 1980), p. 350.

170. Le préfet de la Seine-Inférieure à M. le délégué général du gouvernement dans les territoires occupés, 1er octobre 1942. A.N. : F ICIII1188 ; le préfet des Alpes-Maritimes à M. le ministre de l'Intérieur, 1er novembre 1940, A.N. : FICIII1137.

171. C.D.J.C. : CXIII — 125.

172. Schleier au ministre des Affaires étrangères, 24 mars 1941, *D.G.F.P.*, Série D, XII, p. 347.

173. WL : PIII i (France), n° 60.

174. Voir *Memento..., op. cit.*, p. 10, pour les termes des instructions adressées aux autorités locales.

175. Le préfet de la Haute-Savoie à M. l'Amiral de la Flotte, ministre de l'Intérieur, 11 avril 1941. A.N. : F[ICIII]1187.

176. Rapport d'André Dupont, 9 août 1941. A.N. : AJ[38] 4.

177. *Ibid.*,

178. Le préfet délégué du ministre de l'Intérieur dans les territoires occupés au C.G.Q.J., 6 juin 1941. C.D.J.C. : CXI-[I].

179. Le préfet des Alpes-Maritimes à M. le ministre de l'Intérieur, 6 novembre 1941, 4 décembre 1941. A.N. : F [ICIII]1137.

180. Circulaires de Pucheu aux préfets régionaux, 3 novembre 1941 et 26 janvier 1942. C.D.J.C. : LXV — 54, 64.

181. Loi du 17 septembre 1940. *J.O.*, 1er octobre 1940.

182. Szajkowski, *op. cit.*, p. 27 ; Z. Szajkowski, *Jews and the French Foreign Legion*, New York, 1975, p. 82.

183. Ministère de l'Intérieur, circulaire n° 76, 2 janvier 1942. Voir aussi la circulaire n° 431, 25 novembre 1941. A.N. : AJ[38] 1150 71JA/4.

184. Note pour le C.G.Q.J., s.d. [1941], A.N. : AJ[38] 1144.

185. Lowrie, *op. cit.*, p. 152.

186. « Note pour M. Schah (Marseille), 20 octobre 1941. H.I.C.E.M. : HH2-FR2-11 ; le directeur de la H.I.C.E.M. au Commandant Doussau, Inspecteur général des formations de travailleurs étrangers, 6 février 1942. H.I.C.E.M. : HH2-FR2-38.

187. *New York Times*, 11 janvier, 26 janvier, 23 février et 29 mars 1941 ; Proudfoot, *European Refugees..., op. cit.*, pp. 49 ss. ; Lowrie, *op. cit.*, p. 133.

188. A.N. : F [ICIII3]1137.

189. André Lavagne à M. Jean-Faure, 28 février 1942. A.N. : AG[II]550 CCIO4E.

190. C'est nous qui soulignons. Les pages suivantes se fondent, sauf indication contraire, sur les rapports envoyés par André Jean-Faure au cabinet du maréchal Pétain. A.N. : AG[II]27.

191. AA : Inland 11 g 189.

192. Le préfet des Pyrénées-Orientales, « Rapport mensuel d'information », 3 janvier 1942. A.N. : F [ICIII]1181-2.

193. Arthur Koestler, *La Lie de la terre*, Paris, 1947, pp. 148-149 et 154.

194. A. Plédel à M. Allix, 27 février 1941. A.N. : AG[II]520.

195. Serge Klarsfeld, *Le Mémorial..., op. cit.* ; Tartakower et Grossmann, *The Jewish Refugees, op. cit.*, p. 168 ; Weill, *Contribution à l'histoire des camps..., op. cit.*, p. 38. H.R. Kedward, *Resistance in Vichy France: A Study of Ideas and Motivations*, Oxford, 1978, p. 116.

196. Honoré Baradat, *Le Pays basque et le Béarn sous la botte allemande, 1940-1944*, Pau, 1968, p. 45.

1. Témoignage du 19 octobre 1946, instruction de Xavier Vallat. A.N. : W III2131 n° 59.

2. *Le Procès de Xavier Vallat présenté par ses amis*, préface de Marie-Madeleine Martin, Paris, 1948, pp. 59-77.

3. « A la recherche de la gauche : une enquête de l'Institut français d'opinion publique », *Les Temps modernes*, mai 1955, pp. 1588-1589. Ce sondage a été effectué sous la direction de professionnels de l'I.F.O.P. ; si l'échantillon comprenait diverses catégories socio-professionnelles, il n'était composé que de 208 personnes habitant Paris et la banlieue ; les résultats n'ont pas été analysés par âge ou par sexe et les critères de la répartition entre la droite et la gauche ne sont pas nets. *Ibid.*, pp. 1624-1625.

4. Léon POLIAKOV, « An Opinion Poll on an Anti-Jewish Measures in Vichy France », *Jewish Social Studies*, XV, 2 (avril 1953), pp. 135-150.

5. « Rapport statistique des renseignements recueillis dans les interceptions postales, télégraphiques et téléphoniques pendant le mois de décembre 1943 » ; A.N. : AGII461 CCXXXVI-G.

6. Service civil des contrôles techniques, « Synthèse hebdomadaire des interceptions des contrôles télégraphiques, téléphoniques et postaux », n° 197, 25 août 1942, A.N. : AGII461 CCXXXVI-G.

7a. Sauf indication contraire, les pages qui suivent ont pour base les rapports mensuels des préfets. A.N. : F ICIII1 135-1 204. Les contacts des préfets étaient peut-être limités aux personnes favorables au régime, et ces fonctionnaires souhaitaient peut-être démontrer à quel point ils avaient les populations en mains ; d'un autre côté, ils prenaient professionnellement de gros risques s'ils omettaient de préparer le gouvernement aux mauvaises nouvelles. A tout prendre, le régime préférait les rapports honnêtes à la flatterie. Ainsi trouve-t-on dans les rapports des préfets des opinions franchement exprimées sur la méfiance publique à l'égard de Laval ou sur la préférence pour la B.B.C. qui n'ont guère dû plaire au ministre de l'Intérieur. Nous prenons les rapports des préfets comme une source sérieuse, si elle est utilisée avec toute la prudence requise.

7b. *Cf.* par exemple « Les Juifs et le marché noir », *L'Action française* (Lyon), 16 juillet 1942.

8. Karl BRANDT, *The Management of Agriculture and Food in the German-Occupied and Other Areas of Fortress Europe*, Stanford (Calif.), 1953 ; Robert O. PAXTON, *La France de Vichy*, Paris, 1973, pp. 290-291 et 334-335.

9. Voir Pierre LIMAGNE, *Éphémérides de quatre années tragiques, 1940-1944*, 3 vol., Paris, 1945-1947, I, p. 540, notes du 10 mai 1942 : « Darquier de Pellepoix définit son programme d'action antisémite. Malheureusement il a une chance d'être applaudi en parlant de la

place tenue par les Juifs dans le "marché noir", le seul d'ailleurs qui reste facilement accessible à ces commerçants-nés. »

10. A.N.: AG[II]28 SG9F. Pour les activités du marché noir du groupe d'espionnage allemand connu sous le nom de « Bureau Otto », voir Jacques DELARUE, *Trafics et crimes sous l'occupation*, Paris, 1968, pp. 32-35.

11. Le préfet régional de Limoges, rapport mensuel, 11 juillet 1942. F[ICIII]1197. Voir aussi Synthèse des contrôles, 5 août 1942, A.N.: AG[II]461.

12. Synthèse des contrôles, n° 194, 5 août 1942. A.N.: AG[II]461 CCXXX.

13. ROUGERON, *Le Département de l'Allier...*, op. cit., pp. 257-258.

14. Vallat à Ollivier (Bourbon-L'Archambault), 9 juin 1941. A.N.: AJ[38] 4.

15. Vallat au ministre de l'Intérieur, 16 septembre 1941. A.N.: AJ[38] 4.

16. « Rapport Antignac », A.N.: AJ[38] 253.

17. Notables locaux de Megève à Vallat, 14 février 1942. C.D.J.C.: CXCV-86; Rapport de Devèze, 9 mars 1942. C.D.J.C.: CCXXXIX-59.

18. André SIEGFRIED, « Le problème de l'assimilation des immigrants », *Le Temps*, 6-7 décembre 1941.

19. Bœgner à Gillouin, 23 août 1941, A.N.: AG[II]610 CM26-D.

20. Le Comité de coordination (Paris) à l'U.G.I.F., UG I-32, 12-12.

21. Pierre TISSIER, *The Government of Vichy*, Londres, 1942, p. 153, 155-156. Xavier Vallat cita, au cours de son procès, certains passages de l'ouvrage de Tissier pour prouver à quel point ses idées étaient répandues.

22. Georges BORIS, *Servir la République : textes et témoignages*, Paris, 1963, pp. 268 et 299.

23. André GILLOIS, *Histoire secrète des Français à Londres de 1940 à 1944*, Paris, 1973, p. 72; René CASSIN, *Des hommes partis de rien*, Paris, 1975, pp. 136, 151, 403.

24. « Les minorités nationales », *Cahiers (O.C.M.)*, juin 1942, p. 171. Voir Arthur CALMETTE, *L'O.C.M.: organisation civile et militaire: histoire d'un mouvement de résistance de 1940 à 1946*, Paris, 1961, p. 54. L'article n'a pas été inclus dans le recueil de documents de l'O.C.M. publié en 1945.

25. « Minorités nationales », op. cit., pp. 179-187. Le Dr René Martial faisait un cours d'anthropobiologie des races à la faculté de médecine de Paris en 1938-1939; sous le gouvernement de Vichy, il fut membre du comité directeur de l'Institut d'anthroposociologie de Darquier de Pellepoix. *Cf.* René MARTIAL, *Vie et constance des races, 4e éd.*, Paris, 1939, et *Français, qui es-tu?*, Paris, 1942.

26. Simone Petrement, *La Vie de Simone Weil*, Paris, 1973, II, pp. 476-477.

27[a]. « Rassemblement », *Le Franc-Tireur* (Lyon), décembre 1941. Pour une interprétation plus positive de ce texte, voir Dominique Veillon, *Le Franc-Tireur : un journal clandestin, un mouvement de résistance, 1940-1944*, Paris, 1977, p. 73.

27[b]. Marie Granet et Henri Michel, *Combat. Histoire d'un mouvement de résistance de juillet 1940 à juillet 1943*, Paris, 1957, p. 121.

28. Maurice Eisenbeth, *Les Juifs d'Afrique du Nord : démographie et onomastique*, Alger, 1936, pp. 16-22 ; Moses Jung, « Jews in Northern Africa », *Contemporary Jewish Record*, V, (1942), pp. 618-625. Pour une excellente discussion de la situation des Juifs en Algérie, voir l'ouvrage récent de Charles-Robert Ageron, *Histoire de l'Algérie contemporaine*, vol. II, *De l'insurrection de 1871 au déclenchement de la guerre de libération (1954)*, Paris, 1979.

29[a]. Eisenbeth, *op. cit.*, p. 66.

29[b]. *Le Réveil algérien* (Oran), 23 février 1898, cité dans C.-R. Ageron, *Les Algériens musulmans et la France (1871-1919)*, 2 vol., Paris, 1968, I, p. 596.

30. Ageron, *op. cit.*, I, pp. 586-605, et *Histoire de l'Algérie contemporaine (1830-1973)*, 5[e] éd., Paris, 1974 ; Michel Ansky, *Les Juifs d'Algérie : du décret Crémieux à la Libération*, Paris, 1950 ; Sternhell, *La Droite révolutionnaire...*, *op. cit.*, pp. 232-234. *Cf.* l'intéressante discussion des stéréotypes populaires dans Emmanuel Sivan, « Colonialism and Popular Culture in Algeria », *Journal of Contemporary History*, 14 (1979), pp. 21-53.

31. Ansky, *op. cit.*, pp. 82-85 ; Ageron, *op. cit.*, pp. 89-90 ; « The Jews of Algeria », Institute of Jewish Affairs, *World Jewish Congress Reports*, II (octobre 1949), p. 7 ; World Jewish Congress, *The Abrogation of the Cremieux Decree*, New York [1943], pp. 13-14.

32. Ansky, *op. cit.*, pp. 88-98 ; Ageron, *op. cit.*, p. 91. Pour la situation différente de la Tunisie, voir Jacques Sabille, *Les Juifs en Tunisie sous Vichy et l'occupation*, Paris, 1954.

33. *Le Républicain de Constantine*, octobre 1940, cité par Ansky, *op. cit.*, p. 93.

34. Darlan au C.G.Q.J., 27 juin 1941. A.N. : AJ[38] 5.

35[a]. Ansky, *op. cit.*, pp. 105, 107-137 ; Billig, *Le Commissariat...*, *op. cit.*, III, pp. 40-41. L'institution d'écoles distinctes était un sujet d'inquiétude particulier pour les dirigeants juifs français qui négociaient avec Vallat au sujet de l'U.G.I.F., à la fin de l'automne 1941.

35[b]. Ansky, *op. cit.*, p. 96 ; Yves-Maxime Danan, *la Vie politique à Alger de 1940 à 1944*, Paris, 1963, p. 30.

36. Danan, *op. cit.*, p. 46.

37. Ansky, *op. cit.*, pp. 296-297. Pendant la session d'avril 1943 du

conseil général d'Oran, tous les conseillers généraux musulmans signèrent une déclaration affirmant leur « sincère entente amicale avec les Français de confession israélite » et leur soutien aux efforts visant à mettre fin à l'abrogation du décret Crémieux, *ibid.*.

38. ANSKY, *op. cit.*, p. 249.

39. « The Government of North Africa : M. Peyrouton's Reply to Criticism », *Manchester Guardian*, 8 février 1943.

40. ANSKY, *op. cit.*, p. 253.

41. Noguès à Darlan, 2 avril 1942, A.N. : AJ^{38} 67 : 92. Conservation Roosevelt-Noguès, Casablanca, 17 janvier 1943, *F.R.U.S.*, Conferences at Washington 1941-2 and Casablanca, 1943, 608. Roosevelt tint les mêmes propos à Giraud ce jour-là, *ibid.*, 611.

42. Les préfets de plusieurs départements (Aude, Eure-et-Loir, Lozère, Cher avec un avis mitigé) ont fait état dans leurs rapports d'une forte désapprobation à l'égard de l'abrogation de la législation antijuive en Afrique du Nord. Bousquet dit à Hagen que les États-Unis commettraient une grave erreur s'ils y changeaient la politique de Vichy. Mémorandum de Hagen, 18 novembre 1942. C.D.J.C. : XXVI-68 b.

43. Lettre pastorale, citée par le pasteur Roland de PURY, « Engagé dans la lutte », *Sens*, n° 9-10 septembre-octobre 1978, p. 31.

44. PIERRARD, *op. cit.*, p. 298.

45. « Dans un vibrant discours, Mgr Gerlier engage tous les Français à s'unir autour du Maréchal », *Journal des Débats*, 28 décembre 1940 ; Roland de PURY, *op. cit.* Voir Claude LANGLOIS, « Le régime de Vichy et le clergé d'après les Semaines religieuses des diocèses de la zone libre », *Revue française de science politique*, XXII (1972), pp. 750-774.

46. Renée BEDARIDA, *Les Armes de l'Esprit : Témoignage chrétien (1941-1944)*, Paris, 1977, p. 14 ; Jacques DUQUESNE, « Defensor Judœorum-the French Episcopate, 1940-1944 », *Wiener Library Bulletin*, XXI, (printemps 1967), p. 19.

47. Xavier VALLAT, *Le Nez de Cléopâtre...*, *op. cit.*, pp. 240, 264 ; *Le Procès de Xavier Vallat...*, *op. cit.*, pp. 65 et 110-111.

48. Jacques DUQUESNE, *Les Catholiques français sous l'occupation*, Paris, 1966, p. 252.

49. LANGLOIS, *op. cit.*, p. 757.

50. François DELPECH, « La persécution des Juifs et l'amitié chrétienne », dans *Églises et chrétiens..., op. cit.*, p. 158.

51. *Ibid.*, p. 159 ; Wladimir RABI, « L'Église catholique sous l'occupation », *Le Monde juif*, 33 (janvier-mars 1977), pp. 39-40. Quelques historiens ont estimé, à tort, que cette protestation avait effectivement été élevée. Voir par exemple Duquesne, *op. cit.*, p. 255. *Cf.* les interventions de F. Delpech et de W. RABI dans *Églises et chrétiens..., op. cit.*, pp. 201 et 195-199.

52. 18 juillet 1941, A.N. : AG[38] 609 CM 25-A.

53. Jean-Marie MAYEUR, « Les évêques dans l'avant-guerre », dans *Églises et chrétiens..., op. cit.* ; « Pierre-Marie Gerlier, Cardinal Archbishop of Lyons », PRO : FO371/31944 (Z 8960/81/17) ; « Le cardinal Gerlier associe dans un même hommage le maréchal Pétain et le général Franco », *Le Figaro*, 14 juin 1941.

54. DELPECH dans *Églises et chrétiens..., op. cit.*, p. 161 ; FRY, *Surrender on Demand, op. cit.*, pp. 234-235 ; DUQUESNE, *op. cit.*, p. 254 ; « Rapport sur la situation des centres d'hébergement et des camps en zone non occupée », 1941 ; H.I.C.E.M. : HH2-FR2-38.

55. C.D.J.C. : CIX-106.

56. C.D.J.C. : CCXXXVIII-61.

57. Parmi les diverses publications du rapport Bérard, voir L. PAPELEUX, « Le Vatican et le problème juif, II, 1941-1942 », *R.H.D.G.M. 27* (1977), 75-84 ; *Le Procès de Xavier Vallat..., op. cit.*, pp. 500-509 ; L. POLIAKOV, « Le Vatican et la question juive », *Le Monde juif*, n° 2 (décembre 1950), pp. 11-14 ; G. WELLERS, « Dans le sillage du colloque du C.D.J.C. (mars 1979) », *Le Monde juif*, n° 94 (avril-juin 1979), pp. 40-51 ; J. NOBECOURT, « *Le Vicaire* » *et l'histoire*, Paris, 1964, pp. 356-362.

58. *Actes et documents du Saint-Siège relatifs à la Seconde Guerre mondiale*, vol. 8. *Le Saint-Siège et les victimes de guerre, janvier 1941-décembre 1942*, Cité du Vatican, 1974, pp. 295-297, 333-334.

59. C.D.J.C. : CIX-106.

60. Communiqué de presse du C.G.Q.J., 11 octobre 1941, A.N. : AJ[38] 62 M75 ; C.D.J.C. : XLII-110.

61. *Cf.* l'opinion de Marcel DÉAT, selon laquelle l'Église pouvait et devait vivre avec le racisme : « Catholicisme et racisme », *L'Œuvre*, 27 juillet 1943.

62. DUQUESNE, *op. cit.*, p. 264.

63. Charles KLEIN, « Le clergé et les chrétiens de France tels que les voyaient certains dirigeants nazis sous l'occupation », dans *Églises et chrétiens..., op. cit.*, p. 9.

64. Lettre du 25 août 1942, C.D.J.C. : XXXVIII-60.

65[a]. C.D.J.C. : XXXVIII-70.

65[b]. *Un évêque français sous l'occupation. Extraits des Messages de S. Ex. Mgr Saliège, archevêque de Toulouse*, Paris, 1945, p. 72.

66. Marc BŒGNER, « Rapport », dans *Les Églises protestantes pendant la guerre et l'occupation. Actes de l'assemblée générale du protestantisme français, 1945*, Paris, 1946, p. 16.

67. Bœgner à Gillouin, 23 août 1941, A.N. : AG[II]610 CM26-D.

68. A.N. BERTRAND, « Rapport », dans Violette MOUCHON et al., *Quelques actions des protestants de France en faveur des Juifs persécutés sous l'occupation allemande* (s.d.), p. 18.

69. Marc BŒGNER, « Rapport », in *op. cit.*, pp. 4-5. Le texte de la

lettre est reproduit dans L. Poliakov et J. Wulf, *Le IIIe Reich et les Juifs*, Paris, 1959, pp. 416-417.

70. *Les Églises protestantes...*, *op. cit.*, pp. 22-26.

71. Bœgner, « Rapport » dans Mouchon, *op. cit.*, p. 7.

72. Gillouin à Pétain, 29 août et 23 août 1941, A.N.: AGII610 CM26-D. D'après son ouvrage *J'étais l'ami du maréchal Pétain*, Paris, 1966, Gillouin voyait Pétain presque quotidiennement de juillet 1940 à mai 1942. Il partit pour la Suisse en 1943.

73. Bœgner, dans *Les Églises protestantes...*, *op. cit.*, p. 26; *id.*, « Rapport » dans Mouchon, *op. cit.*, pp. 7-8.

74. Marc Bœgner, dans Henri Manen, *Le Pasteur A.N. Bertrand, témoin de l'unité évangélique, 1876-1946*, Nîmes, s.d., p. 187.

75. Pierrard, *op. cit.*, p. 316; *Un évêque français...*, *op. cit.*; Bedarida, *op. cit.*, pp. 21-23.

76a. Steinberg, *op. cit.*, p. 229; Charlotte Wardi, *le Juif dans le roman français, 1933-1948*, Paris, 1973, p. 243. Le texte intégral de la lettre de P. Claudel au grand rabbin figure dans les *Cahiers Paul Claudel*, 7, « La Figure d'Israël », Paris, 1968, p. 324.

76b. Billig. *Le Commissariat...*, *op. cit.*, II, pp. 114-116.

77a. Bedarida, *op. cit., passim*; Pierrard, *op. cit.*, pp. 312-319; Marialetizia Cravetto, « Il problema ebraico nella resistenza cristiana. L'attività dem Gruppo di « Témoignage chrétien » durante la seconda guerra mondiale », *Rivista di storia e letteratura religiosa*, VI, (1970), pp. 3-64.

77b. Adam Rutkowski, *La Lutte des Juifs en France à l'époque de l'occupation (1940-1944)*, Paris, 1975, p. 96.

78. Voir Richard Cobb, « A Personal State of War », *The Times Literary Supplement*, 10 mars 1978, pp. 270-271.

79. G. Ribière, dans *Églises et chrétiens...*, *op. cit.*, pp. 205-207.

80a. P. Hallie, *Le Sang des innocents. Le Chambon-sur-Lignon, village sauveur*, Paris, 1980.

80b. Annie Kriegel, « Résistants communistes et Juifs persécutés », *H-Histoire*, n° 3 (novembre 1979), pp. 93-123.

81. Discours de Brazzaville, 27 octobre 1940. Charles de Gaulle, *Œuvres complètes. Discours et messages. Pendant la guerre: juin 1940 - janvier 1946*, Paris, 1970, pp. 38-39.

82. *Ibid.*, 10 décembre 1940, p. 41 et 18 septembre 1941, p. 105.

83. Maurice Schumann, *La Voix du couvre-feu*, Paris, 1964, p. 33. Si M. Schumann lança d'autres attaques contre les lois racistes de Vichy en 1941, elles ne figurent pas ici. Le recueil *Ici Londres — Les voix de la liberté, 1940-1944*, Paris, 5 vol., 1975, ne contient qu'une seule émission de la B.B.C. concernant les Juifs pour les années 1940-1941: René Cassin, « Message aux Israélites de France », mars 1941, I, p. 217, texte qui ne mentionne pas les Juifs étrangers. Plusieurs émissions furent consacrées en 1942 aux persécutions antisémites.

84. Le C.G.Q.J. au ministre de l'Éducation nationale, 14 mars

1942. C.D.J.C.: CIX-125; Rapport du 25 septembre 1943. C.D.J.C.: LXXIX-102; BILLIG, *Le Commissariat..., op. cit.*, II, pp. 49, 120-123; III, p. 48.

85. Haguenau à Vallat, 31 juillet 1941, cité dans David KNOUT, *Contribution à l'histoire de la résistance juive en France, 1940-1944*, Paris, 1947, p. 55.

86. Cité dans Robert E. HERTZSTEIN, « Le nazisme et la France (1939-1942): population et racisme », *R.H.D.G.M.*, 115 (1979), p. 14.

87. Knochen au MBF, 28 janvier. C.D.J.C.: V-64. Knochen préconisait l'internement de 100 000 Juifs parisiens ce qui, disait-il, permettrait à un plus grand nombre de Français d'effectuer leur ascension sociale au sein de la bourgeoisie.

88. J. Bellemin au C.G.Q.J. (Lyon), 30 juillet 1942, A.N.: AJ^{38} 4. Les mots sont soulignés dans l'original.

89. Par exemple, BILLIG, *Le Commissariat..., op. cit.*, I, p. 201.

90. Darlan au délégué général du gouvernement français dans les territoires occupés, 21 janvier 1942, C.D.J.C.: V-64.

91. P. MENDÈS FRANCE, *Liberté, liberté chérie*, New York, 1943, p. 432; Paris, 1977, pp. 321-322.

92. « Acheter un immeuble juif est une excellente opération qui ne comporte aucun risque », *Le Matin*, 23 juillet 1942. Un officier allemand assura à la Chambre de commerce de Troyes le 26 février 1941 que les ventes de biens seraient garanties dans le traité de paix. C.D.J.C.: CCXLVI-15.

93. Rapport de septembre 1940. PRO: FO 371/24313 (C10842/67/17).

94. Leahy au secrétaire d'État américain, 16 juin 1941, *F.R.U.S.*, 1941, II, pp. 508-509.

95. LUBETZKI, *op. cit.*, pp. 116-119; ROUGERON, *op. cit.*, pp. 258-259.

96. Joseph BILLIG, *L'Institut d'étude des questions juives: officine française des autorités nazies en France*, Paris, 1974.

97. André KASPI, « Le Juif et la France: une exposition à Paris en 1941 », *Le Monde juif*, n° 79 (juillet-septembre 1975), pp. 8-20.

98. Pour le budget allemand d'un total de 1 285 786,30 francs, voir AA: Deutscher Botschaft Paris, Paket Nr 1192, Judenfragen 30 b. Pour les autres aspects de l'exposition, voir AA: Inland II A/B 83-26 Frankreich.

99. KASPI, *op. cit.*.

100. Sézille à François, 15 janvier 1942. C.D.J.C.: XIC-656.

101. KEDWARD, *op. cit.*, p. 168; BEDARIDA, *op. cit.*, p. 30, n. 1; Claude BELLANGER et al., *Histoire générale de la presse française*, vol. IV: *De 1940 à 1944*, Paris, pp. 78-79; DUQUESNE, *op. cit.*, p. 225; *Esprit*, n° 101 (juin 1941); Michel WINOCK, *Histoire politique de la revue Esprit, 1930-1950*, Paris, 1975, p. 228.

102. Malglaive, « Projet de revue mensuelle », s.d. ; C.D.J.C. : CXCV-III ; Billig, *Le Commissariat..., op. cit.*, II, pp. 268-269.

103. Cité dans Wardi, *op. cit.*, p. 244.

104. Le C.G.Q.J. au secrétaire général à la jeunesse, 13 mai 1942. A.N. : AJ[38] 4 ; Kedward, *op. cit.*, p. 170. Hillel Kieval ; « Legality and Resistance in Vichy France : The Rescue of Jewish Children », *loc. cit.*, pp. 342-350 et 360-361.

105. Uwe Dietrich Adam, *Judenpolitik im Dritten Reich*, Dusseldorf, 1972, p. 341, affirme que, comme les Juifs ont été progressivement coupés du reste de la société allemande, notamment par les mesures de 1941-1942, ils disparurent progressivement de la conscience publique.

106. A.T.J., dépêche du 23 mars 1942, WL : PC6 3 b 4.

107. Le préfet du Gers, 3 décembre 1941, A.N. : F [ICIII]1155.

1. A.N. : F [60] 1485.

2. H.I.C.E.M. : HH2-FR2-71.

3. A.N. : AJ[38] 70 M85.

4. BDC : SS-Personalhauptamt, Personal-Akte Werner Best.

5. Il y était secrétaire général.

6. Edward L. Homze, *Foreign Labor and Nazi Germany*, Princeton, (N.J.), 1967, pp. 194-200 ; Eberhard Jäckel, *La France dans l'Europe de Hitler*, Paris, 1968, pp. 319-334 ; Fred Kupferman, « Le gouvernement Laval et les tentatives de relance de la collaboration », *Le Monde juif*, 32 (octobre-décembre 1976), pp. 133-152.

7. Haute Cour de Justice, ministère public contre Bousquet, audience du 21 juin 1949, fascicule 1, p. 118 ss.

8[a]. ND : PS-710, reproduit dans Raul Hilberg, *Documents of Destruction*, Chicago, 1971, p. 88. *Cf.* Martin Broszat, « Hitler und die Genesis der Endlösung : aus Anlass der Thesen von David Irving ». *Vierteljahrsheft für Zeitgeschichte*, 25 (1977), pp. 739-775.

8[b]. Hans Buchheim, « Der Ausdruck "Sonderbehandlung" », *Gutachten des Instituts für Zeitgeschichte* (Munich 1958), pp. 62-63.

9. ND : NG-2586, reproduit dans Hilberg, *op. cit.*, pp. 88-99, Lucy Dawidowicz, *A Holocaust Reader*, New York, 1976, pp. 73-82 et Robert M.W. Kempner, *Eichmann und Komplizen*, Zurich, 1971, pp. 133-147

10. Abetz à von Ribbentrop, 20 août 1940. ND : NG-2433.

11. « Zentrales Judenamt in Paris », 21 janvier 1941. C.D.J.C. : V-59.

12. Best au MBF, 4 avril 1941, BA : R70 Frankreich/32, 9-13 ; voir aussi C.D.J.C. : LXXV-14 ; *La persécution des Juifs en France et dans*

les autres pays de l'ouest représentée par la France à Nüremberg, recueil de documents publié sous la direction de H. MONNERAY, Paris, 1947, pp. 137-138. Best voulait faire interner en zone occupée de 3 000 à 5 000 Juifs de toutes nationalités, y compris des Français, « qui sont particulièrement dangereux ou indésirables pour des raisons d'ordre politique, criminel ou social ».

13. BILLIG, *Le Commissariat...*, *op. cit.*, I, p. 59.

14. GROSSMANN, *Émigration...*, *op. cit.*, 1969, p. 203.

15. Claude LÉVY et Paul TILLARD, *La Grande Rafle du Vel d'hiv (16 juillet 1942)*, Paris, 1967, p. 249.

16. *V.O.B.I.F.*, n° 39, 22 août 1941. Pour les protestations françaises du 11 janvier et du 18 avril 1942, C.D.J.C.: LXI-63, et A.N.: AJ[38] 64 M76.

17. BILLIG, *Le Commissariat...*, *op. cit.*, II, pp. 17-18; « Arrestation des Juifs dans le XIe arrondissement », *Le Matin*, 21 août 1941.

18. « Réunion hebdomadaire du Secrétariat général à la Délégation française », A.N.: AJ[38] 67 M75.

19. Schleier à von Weizsäcker (Berlin), 30 octobre 1941, ND: NG-5 095.

20. JÄCKEL, *op. cit.*, pp. 269-171; Hans UMBREIT, *Der Militärbefehlshaber in Frankreich, 1940-1944*, Boppard-am-Rhein 1968, pp. 128-133; Hervé LAMARRE, *L'affaire de la section spéciale*, Paris, 1975.

21. JÄCKEL, *op. cit.*, p. 273; Marcelle ADLER-BRESSE, « La répression de la résistance française par les autorités allemandes d'occupation, 1940-1945 », étude non publiée, 1963.

22. UMBREIT, *op. cit.*, p. 263; Ralph FEIGELSON, *Le Crime du 15 décembre: témoignage*, Paris, 1964, pp. 28-30.

23. « Une note officieuse du gouvernement français », *Le Figaro*, 15 décembre 1941.

24. *Les Procès de la collaboration: Fernand de Brinon, Joseph Darnand, Jean Luchaire. Compte rendu sténographique*, Paris, 1948, pp. 114-118.

25. 10 décembre 1941. *Cf.* Jean d'ORSAY, « Une mesure bien accueillie », *Le Matin*, 16 décembre 1941.

26. *Le Temps*, 11 décembre 1941; LUBETZKI, *op. cit.*, 187, n. 1 et 204.

27. Pucheu aux préfets régionaux, 2 janvier 1942. C.D.J.C.: LXI-61.

28. *Le Temps*, 11 décembre 1941.

29. Darlan à de Brinon, 11 octobre 1941, A.N.: F[60] 1485 et C.D.J.C.: CII-11a.

30[a]. Le C.G.Q.J. à Darlan, 20 août 1941, A.N.: AJ[38] 67 M75; de Brinon au secrétariat d'État à la Guerre, 26 mars 1942. A.N.: F[60] 1485.

30[b]. Best à Knochen, 2 janvier 1942, BA: R70 Frankreich/23, 8-9.

31. ND : RF-1241, et C.D.J.C. : XXVI-19 dans Steinberg, *Les Autorités allemandes..., op. cit.*, p. 249.

32. Serge Klarsfeld, *Le Mémorial de la déportation des Juifs de France*, Paris, 1978, non paginé. Cet ouvrage contient la liste des déportés.

33. Jackel, *op. cit.*, pp. 325-326.

34. 12 mars 1942, C.D.J.C. : XXVb — 10.

35. Schleier à AA, Berlin, 11 septembre 1942. AA : Inland IIg 187, et ND : NG-5109.

36. Note de Dannecker pour Knochen et Lischka, 13 mai 1942. C.D.J.C. : XXVb — 29, dans Steinberg, *op. cit.*, p. 111.

37. Abetz à Knochen, 21 mai 1942, C.D.J.C. : XLIXa-41. L'AA (Martin Luther) demanda l'opinion d'Abetz sur les premières déportations, le 10 mars 1942. BA : R70 Frankreich/23, p. 13.

38[a]. Note de Dannecker, 15 juin 1942. ND : RF-1217 dans *La Persécution..., op. cit.*, pp. 126-127.

38[b]. Zeitschel au BdS, 27 juin 1942. ND : RF-1220, dans *La Persécution..., op. cit.*, pp. 138-139.

39. Thompson au secrétaire d'État, 7 août 1942, *F.R.U.S.*, 1942, I, p. 464.

40. Il était ministre des Travaux publics.

41. Fred Kupferman, *Pierre Laval*, Paris, 1976, pp. 6-7, 88.

42. Geoffrey Warner, *Pierre Laval and the Eclipse of France, 1931-1945*, Londres, 1968, p. 147. Philippe Erlanger affirme que Laval, alors qu'il était président du Conseil en 1935, lui avait demandé un exemplaire des Protocoles des Sages de Sion, et semblait y attacher de l'importance : *La France sans étoile : Souvenirs de l'avant-guerre et du temps de l'occupation*, Paris, 1974, pp. 120-121.

43. Abetz à Berlin, 23 mai 1942. T-120/422/217099 ss.

44. Knochen, Memorandum betreffend der Endlösung, 12 février 1943, BA : R70 Frankreich/23.

45. *Ibid.*

46. Zeitschel à Schleier, 28 février 1942, C.D.J.C. : LXXI-84 dans Steinberg, *op. cit.*, pp. 108-109.

47. « On prétendra, je le sais, que la France ne fait que prendre à l'Allemagne des Juifs que celle-ci a envoyés en automne 1940. » Le pasteur Bœgner à Pétain, 20 août 1942, A.N. : AG[11]495 CC 77-C.

48. Schleier à AA (Berlin), 11 septembre 1942, ND : MG-5109.

49. « Réunion du conseil des ministres », 26 juin 1942, C.H.D.G.M. : Gouvernement de Vichy.

50[a]. *Ibid.*, 3 juillet 1942.

50[b]. Cité par Jacques Delarue, « La police et l'administration », colloque du C.D.J.C., Paris, 1979, p. 15.

50[c]. Dannecker à Knochen, 1er et 6 juillet 1942, dans Joseph Weill, *Contribution à l'histoire des camps d'internement dans l'Anti-France*, Paris, 1946, pp. 193-195.

51. Rapport de Dannecker, 6 juillet 1942. ND : RF-1225 dans *La Persécution..., op. cit.*, p. 140. C'est nous qui soulignons.

52. Note de Röthke, 13 août 1942. ND : RF-1234, *ibid.*, p. 152.

53. Dannecker au BdS (Bruxelles), 9 juillet 1942, C.D.J.C. : XXVb.

54. Dans Steinberg, *op. cit.*, p. 117 ; Adam, *Judenpolitik..., op. cit.*, pp. 334-338.

55. Darlan à de Brinon, 21 janvier 1942, C.D.J.C. : CCXVI-4, reproduit dans Ansky, *op. cit.*, p. 371.

56. Léon Poliakov, *L'Étoile jaune*, Paris, 1949, pp. 24-27.

57. Steinberg, *op. cit.*, pp. 57-58 ; Philip Friedman, « The Jewish Badge and the Yellow Star in the Nazi Era », *Historia Judaica*, XVII (1955), p. 45.

58. *Ibid.*, p. 61 ; Billig, *Le Commissariat..., op. cit.*, I, p. 238.

59. Huitième ordonnance du 29 mai 1942, *V.O.B.I.F.*, 1er juin 1942 ; Poliakov, *op. cit.*, pp. 41-42.

60. Allaire au C.G.Q.J., 11 juin 1942, C.D.J.C. : XLIXa-83.

61. Poliakov, *op. cit.*, p. 38.

62. Abetz à Berlin, 2 et 7 juillet 1942, C.D.J.C. : XLIXa-41 ; AA : Inland IIg 187. Akten betreffend Judenfrage in Frankreich, 1942-1944.

63. Pétain à de Brinon, 12 juin 1942, C.D.J.C. : XLIXa-90a et Poliakov, *op. cit.*, p. 61.

64. Ménétrel à de Brinon, 3 juillet 1942, A.N. : F[60]1 485 ; Poliakov, *op. cit.*, p. 62, n. 2.

65. Les services du cardinal Suhard à de Brinon, 14 octobre 1942, A.N. : F [60] 1 485.

66. La dérogation accordée à Mme de Brinon fut limitée, selon une note de Hagen datée du 13 juillet 1942, « à son domicile dans la propriété de Brinon dans les Basses-Pyrénées près de Biarritz. L'ambassadeur de Brinon apprendra par l'ambassadeur Abetz de vive voix qu'il est souhaitable que sa femme séjourne sans interruption dans leur domaine... au cas où elle n'habite pas en zone occupée », C.D.J.C. : XXVa-174.

67. Oberg au commandant des sapeurs-pompiers de Paris, 15 juin 1942, C.D.J.C. : XLIXa-89, dans Steinberg, *op. cit.*, p. 65.

68. Rapport du général Reinecke, 10 août 1942, ND : NOKW-3538.

69. Neuvième ordonnance du 8 juillet 1942, *V.O.B.I.F.*, 15 juillet 1942 et avis successifs.

70. « Impudence juive », *Le Matin*, 1er juillet 1942 ; « Un seul choix pour les Juifs : l'étoile jaune ou la prison », *Ibid.*, 3 août 1942 ; A.T.J., 3 août 1942 ; « The Jews of France », *Manchester Guardian*, 23 juillet 1942 ; Pierre Limagne, *op. cit.*, I, p. 581. Voir aussi la réaction du professeur Robert Debré, *L'Honneur de vivre..., op. cit.*, p. 231.

71. « Étoiles filantes », *Le Matin*, 6 août 1942 ; LIMAGNE, *op. cit.*, I, p. 584.

72. A.N. : F ICIII 1172, 1190, 1197, 1198.

73. A.T.J., 5 juin 1942 ; Philippe GANIER RAYMOND, *Une certaine France : l'antisémitisme, 1940-1944*, Paris, 1975, p. 70.

74. POLIAKOV, *op. cit.*, pp. 80 et 83 ; Oberg à Schleier, 28 octobre 1942, ND : RF-1231 dans *La Persécution...*, *op. cit.*, pp. 175-176.

75. POLIAKOV, *op. cit.*, pp. 78-86.

76. « Visas for Refugees », *Manchester Guardian*, 4 août 1942 ; A.T.J., 7 juin, 3 juillet et 31 août 1942.

77. POLIAKOV, *op. cit.*, pp. 86-89.

78. *Les Églises protestantes pendant la guerre...*, *op. cit.*, pp. 27-28.

79. M. DUVERGER, *L'Autre Côté des choses*, Paris, 1977, pp. 86-88.

80. Jean GALTIER-BOISSIÈRE, *Mon journal pendant l'occupation*, Paris, 1944, p. 133.

81. Note de Moritz, 17 juin 1942, C.D.J.C. : XLIX-66.

82. Le MBF au Dr Bock, 1er juin 1942, ND : RF-1232.

83. La police française de Poitiers distribua 1 257 étoiles pendant l'été 1942. Le préfet de la Vienne, rapport mensuel du 4 juillet 1942, A.N. : F ICIII1197.

84a. *J.O.*, 12 décembre 1942, rectif., 27 janvier 1943.

84b. Schleier à Berlin, 11 septembre 1942 ; AA : Inland II g 187 et aussi ND : NG-5 109.

85. Otto ABETZ, *Histoire d'une politique franco-allemande, 1930-1950 : mémoires d'un ambassadeur*, Paris, 1953, p. 308 ; HILBERG, *The Destruction...*, *op. cit.*, p. 407 ; Lucien STEINBERG, « La collaboration policière, 1940-1944 », étude non publiée, 1978.

86. Müller (RSHA IV B 4, Berlin) à Oberg et Knochen, 3 juillet 1943, BA : R70 Frankreich/23, 36-37.

87. Werner Best écrivait le 19 novembre 1941 que la politique allemande visait à faire assurer l'ordre intérieur « avant tout » par la « police du pays », C.D.J.C. : CCCXLV-7.

88. Loi du 19 avril 1941 instituant les préfets régionaux (*J.O.* du 22 avril) et loi du 23 avril 1941 portant organisation générale des services de police en France (*J.O.* du 6 mai).

89. Dannecker, « La question juive en France et son traitement », 1er juillet 1941, ND : RF-1 207 dans *La Persécution...*, *op. cit.*, pp. 104-105.

90. Dannecker, « Juifs », 22 février 1942, ND : RF-1 210, *ibid.*, pp. 117-118 ; LÉVY et TILLARD, *op. cit.*, pp. 243-244, 249-251 ; BILLIG, *Le Commissariat...*, *op. cit.*, I, pp. 250 et 255 ; II, pp. 195-196 ; Jacques DELARUE, *Histoire de la Gestapo*, Paris, 1962, p. 373. Voir le rapport des Allemands hostile à Tulard en 1943 dans C.D.J.C. : XXVII-29, et la note de Röthke, 10 février 1943, C.D.J.C. : XXVc-204.

91. Billig, *Le Commissariat...*, *op. cit.*, I, p. 36 ; II, pp. 195-196.

92. Ordonnance du 10 décembre 1941, *Bull. mun.*, 17 décembre 1941 et A.N. : AJ^{38} 62 M75.

93. Sixième ordonnance, du 7 février 1942, *V.O.B.I.F.*, 11 février 1942. *Cf.* le Commandant du Grand Paris, État-major administratif au préfet de police, 16 février 1942, C.D.J.C. : CXCV-21.

94. Oberg à Bousquet, 29 juillet 1942, AA : Botschaft Paris (secret) 2468 ; Warner, *P. Laval...*, *op. cit.*, p. 304.

95. BA : R70 Frankreich/13, « Polizei in Frankreich : allgemeines » pp. 112-113 ; AA : Botschaft Paris (secret) 2468, « Akten betreffend der Höhere SS-und Polizeiführer im Bereich des Militärbefehlshabers in Frankreich », *passim* ; Tribunal militaire de Paris, procès Oberg-Knochen, C.D.J.C. : LXIV-1 ; Haute Cour de Justice, ministère public contre Bousquet.

96. Delarue, *op. cit.*, pp. 509-512, donne une interprétation charitable de ces accords, du point de vue de Bousquet.

97. Steinberg, « La collaboration policière... », *loc. cit.*, p. 28.

98. Billig, *Le Commissariat...*, *op. cit.*, II, pp. 51-63 ; Darquier à Laval, 31 juillet 1942, C.D.J.C. : CXIV-25 ; Bousquet aux préfets régionaux, C.D.J.C. : XXXIII-16.

99. Note de Röthke, 19 juillet 1942, ND : RF-1226 dans *La Persécution...*, *op. cit.*, pp. 131-132.

100. *Ibid.*

101. Note de Dannecker, 3 août 1942, C.D.J.C. : XXVb-113. *Cf.* aussi Michel Mazor, « L'influence nazie sur le sort des Juifs dans la zone non occupée de la France », *Le Monde juif*, avril-juin 1971, p. 34.

102. Mémorandum de Heinrichsohn, 27 août 1942 dans *La Persécution...*, *op. cit.*, p. 154. Pour l'appréciation du C.G.Q.J. sur les implications des horaires, *cf.* C.G.Q.J. au préfet délégué du ministère de l'Intérieur, 31 juillet 1942, C.D.J.C. : C II-61.

103. *Cf.* par exemple le préfet des Bouches-du-Rhône, 4 avril 1942, A.N. : F ICIII1143 ; le préfet de la Haute-Garonne, 8 avril 1942. A.N. : F ICIII1154.

104. H.I.C.E.M. : HH2-FR2-19 ; H.I.C.E.M. : HH2-FR2-40. « Action en faveur des internés durant le 1er semestre 1942 » : ce texte insiste sur les nouveaux obstacles mis par les Américains, depuis leur entrée en guerre, à l'admission de Juifs venant des pays de l'Axe.

105. Documentation, mars 1942, H.I.C.E.M. : HH2-FR2-19. Ces chiffres ne comprennent que ceux qui ont émigré avec l'aide de la H.I.C.E.M.

106. C.G.Q.J. (Jarnieu) à Laval, 4 juin 1942, A.N. : AJ^{38} 61 M46 ; Laval au C.G.Q.J., 5 septembre 1942. A.N. : AJ^{38} 62 M72.

107. Adam, *op. cit.*, pp. 306-310 ; AA : Inland 11 g 189, « Verhaftungen auslandischen Juden in Frankreich, 1941 », 8/1 ; Best

au MBF, 4 avril 1941, C.D.J.C.: LXXV-145; Schellenberg au ministère des Affaires étrangères à Berlin, 20 mai 1941, ND: NG-3104; *La Persécution...*, *op. cit.*, pp. 165-167.

108. RSHA (Berlin) aux quartiers généraux SS en Belgique et en France, 23 octobre 1941, C.D.J.C.: XXVb-7.

109. Circulaire du MBF, 4 février 1942, C.D.J.C.: XXVI-10; ND: RF-1203; AA: Botschaft Paris, 1318; Müller au MBF, 19 janvier 1942, C.D.J.C.: XXVb-5.

110. Suite des rapports sur l'activité de la H.I.C.E.M. au cours du 2e semestre 1942, H.I.C.E.M.: HH2-FR2-18; Commission d'information confessionnelle, compte rendu de la séance du 26 juillet 1942, JTS, n° 1, boîte 13; U.G.I.F. au ministère de l'Intérieur, 27 juillet 1942, H.I.C.E.M.: HH2-FR2-110. *Cf.* aussi H.I.C.E.M.: HH2-FR2-40.

111. Cado aux préfets régionaux, 4 août 1942, C.D.J.C.: CII-62.

112. L'U.G.I.F. au secrétaire général pour la police, 3 août 1942. H.I.C.E.M.: HH2-FR2-110.

113. « Laval Losing Confidence », *The Manchester Guardian*, 30 septembre 1942.

114. H.I.C.E.M. : HH2-FR2-15 et 72.

115. Rapport de l'American Friends Service Committee, « Activities in France, 1940 - november 1942 », LBI: 741.

116. Dannecker à Knochen, 6 juillet 1942, reproduit dans J. WEILL, *op. cit.*, p. 195; voir aussi ND: RF-1225 dans *La Persécution...*, *op. cit.*, pp. 139-141.

117. Note de Dannecker, 8 juillet 1942, dans *La Persécution...*, *op. cit.*, pp. 142-145; Dannecker à Oberg, Knochen et Lischka, 7 juillet 1942, C.D.J.C.: XXVb - 55 dans STEINBERG, *op. cit.*, pp. 116-117.

118. François Bondy, « Rapport sur le camp de Vernet (Ariège) et sur les conditions de l'arrestation et de l'internement de nombreux étrangers en France », (1940), WL: PIIIh (Camp du Vernet - France), n° 629.

119. Hennequin, « Consignes pour les équipes chargées des arrestations », 12 juillet 1942, dans *La Persécution...*, *op. cit.*, pp. 145-147.

120. LÉVY et TILLARD, *op. cit.*, pp. 23 et 37-38.

121. *Ibid.*, p. 45.

122. « Les réceptions du président Laval », *Le Temps*, 17 juillet 1942; Pierre NICOLLE, *Cinquante mois d'armistice*, Paris, 1947, I, p. 477.

123. « Réunion du conseil des ministres », 18 juillet 1942, C.H.D.G.M.: gouvernement de Vichy.

124. « Frühlingswind ».

125. Rapport de Röthke, 18 juillet 1942, C.D.J.C.: XLIX - 67.

126. KLARSFELD, *op. cit.*.

127. C.H.D.G.M.: Camps d'internement, Drancy, A II. Voir aussi Jacques DARVILLE et Simon WICHENÉ, *Drancy-la-Juive ou la deuxième inquisition*, Cachan, 1945; Georges WELLERS, *De Drancy à Auschwitz*, Paris, 1946; LÉVY et TILLARD, *op. cit.*, pp. 247-249; WEILL, *op. cit.*, pp. 213-226.

128. Le préfet de la Seine au ministère de l'Intérieur, 21 août 1941, C.D.J.C.: CII - 8.

129. Rapport du 9 décembre 1941, C.D.J.C.: CII - 18. Le Dr Joseph Weill estime que la mortalité s'est élevée à 950 décès au cours des dix premiers mois, *op. cit.*, p. 216.

130. WELLERS, *op. cit.*, pp. 91-93.

131. DELARUE, « La police... », *loc. cit.*, p. 11.

132. Le commandant de Drancy au sous-directeur chargé de la direction des étrangers et des affaires juives, 26 juin 1942 dans KLARSFELD, *op. cit.*

133. C.H.D.G.M. : Camps d'internement, Drancy, A II.

134. Note (signature illisible), 12 septembre 1942, C.H.D.G.M.: camps d'internement, Drancy, A II.

135. WELLERS, *op. cit.*, pp. 121-122; KLARSFELD, *op. cit.*.

136a. Rapport mensuel d'information, 3 septembre 1942. A.N.: F ICIII1186.

136b. Rapport mensuel d'information, 3 septembre 1942. A.N.: F ICIII1156.

137. Note de Dannecker, 6 juillet 1942. ND: RF - 1225 dans *La Persécution...*, *op. cit.*, p. 141; note de Zeitschel, 28 février 1941, C.D.J.C.: LXXI - 84.

138. Note du 28 février 1941, C.D.J.C.: V - 62, dans MAZOR, *loc. cit.*, p. 30, et STEINBERG, *op. cit.*, p. 102. Notes de Dannecker, 26-29 juin 1942, C.D.J.C.: XXVb - 41, 43, 44 et XXVI - 33.

139. Rapport de Dannecker, 20 juillet 1942 dans *La Persécution...*, *op. cit.*, p. 160.

140a. *Ibid.*, p. 162.

140b. Rapport de Röthke, 28 juillet 1942, C.D.J.C.: XXVb - 96. Le document est reproduit dans MAZOR, *loc. cit.*, pp. 32-33.

141. Note de Röthke, 13 août 1942, ND: RF - 1234, dans *La Persécution...*, *op. cit.*, p. 152.

142. Dannecker à Knochen, 3 août 1942, C.D.J.C.: XXVb - 113; note de Hagen, 3 août 1942, C.D.J.C.: XXVI - 54; dans STEINBERG, *op. cit.*, pp. 123-124; note de Dannecker, 29 juillet 1942, C.D.J.C.: XXVb - 112.

143. Note de Darquier de Pellepoix, 31 août 1942, A.N.: AJ[38] M75; Haute Cour de Justice, ministère public contre Bousquet, audience du 21 juin 1949, fascicule 2, 73; LUBETZKI, *op. cit.*, p. 231.

144. Note de Heinrichsohn, 27 août 1942, dans *La Persécution...*, *op. cit.*, pp. 153-154.

145. Voir ci-dessus p. 244. La plupart des rapports mensuels d'information des préfets de la zone non occupée contiennent quelque allusion à cette opération. A.N. : F ICIII1 135 ss.

146. Le préfet de l'Hérault, rapport mensuel d'information, 3 septembre 1942, A.N. : F ICIII1 156.

147. Le préfet de la Haute-Garonne, rapport mensuel d'information, 5 octobre 1942. A.N. : F ICIII1 154.

148. Donald A. Lowrie, mémorandum, 17 septembre 1942, P.R.O. : FO371/32056 (Z 8804/1716/17).

149. LOWRIE, mémorandum, août 1942, *ibid.*

150. Note de Dannecker, 21 mars 1942, C.D.J.C. : XXVb - 17, dans STEINBERG, *op. cit.*, p. 271 ; Röthke à Eichmann, 20 juillet 1942, C.D.J.C. : XXVb - 86, *ibid.*, p. 120 et dans RUTKOWSKI, *op. cit.*, p. 101.

151a. Le *Figaro* indique le 28 août 1942 son remplacement sans en donner d'explication. *Cf.* C.D.J.C. : CCXIV - 88 ; Henri AMORETTI, *Lyon capitale, 1940-1944*, Paris, 1964, p. 150.

151b. Le préfet du Tarn-et-Garonne, 5 octobre 1942, A.N. : F ICIII1 193.

152. Le préfet de la Gironde à de Brinon, 1er octobre 1942, A.N. : F 60 1 485 ; LIMAGNE, *op. cit.*, passage daté du 11 septembre 1942, II, p. 771.

153. Höhere SS - und Polizeiführer in Bereich des MBF, 19 août 1943, B.A. : R70 Frankreich/13, « Polizei in Frankreich : allgemeines », 110-114.

154a. Le préfet de l'Ardèche, 31 août 1942, A.N. : F ICIII1 137 ; le préfet de la Haute-Savoie, 1er septembre 1942, A.N. : F ICIII1 187 ; le préfet régional de Lyon, septembre 1942, A.N. : F ICIII1 200.

154b. Bousquet à Darquier de Pellepoix, 31 août 1942, C.D.J.C. : CV - 61 ; Schleier à Berlin, 11 septembre 1942, AA : Inland II g 187 ; note de Zeitschel, 16 septembre 1942, C.D.J.C. : LXXI -106.

155. Note de Röthke, 18 août 1942, C.D.J.C. : XXVb - 132 ; Giessler (SD - Vichy) à Knochen, 29 août 1942, C.D.J.C. : XXVI - 58.

156. LOWRIE, *loc. cit.*, 17 septembre 1942, PRO : FO371/32056 (Z8804/1716/17).

157. Note de Hagen, 3 août 1942, C.D.J.C. : XXVb - 112 dans STEINBERG/ *op. cit.*, p. 124 ; note de Hagen, 3 septembre 1942, C.D.J.C. : XLIX - 42.

158. Note de Röthke, 1er septembre 1942, ND : RF - 1228 ; note de Ahnert, 3 septembre 1942, ND : RF - 1227 ; les deux documents figurent dans *La Persécution...*, *op. cit.*, pp. 157 et 192.

159. Note pour le dossier de Zeitschel, 16 septembre 1942, C.D.J.C. : LXXI - 106, dans STEINBERG, *op. cit.*, p. 130.

160. Gallien à Laval, 23 juillet 1942, C.D.J.C. : XXVb - 92, dans

STEINBERG, *op. cit.*, p. 121; note de Hagen, 3 août 1942, C.D.J.C.: XXVI - 54, *ibid.*, p. 124.

161. Procès-verbaux du comité de coordination (Nîmes), 9 septembre 1942, LBI: 90; Thompson au secrétaire d'État, 7 août 1942, *F.R.U.S.*, 1972, I, p. 464.

162. Tuck au secrétaire d'État, 26 août 1942, *F.R.U.S.*, 1942, II, 710.

163. Knochen à Eichmann, 25 septembre 1942, C.D.J.C.: XXVb - 177; note de Hagen, 3 septembre 1942, C.D.J.C.: XLIX - 42(1).

164. Rapport de Donald Lowrie, août 1942, PRO: 371/32056 (Z8804/1716/17) et un rapport similaire du même auteur, 10 août 1942 dans Z. SZAJKOWSKI, *Analytical...*, *op. cit.*, p. 119; procès-verbaux du Comité de coordination (Nîmes), 9 septembre 1942, LBI: 90; WEILL, *op. cit.*, p. 175.

165. Rapport manuscrit d'André Lavagne, 24 juillet 1942, A.N.: AG^{II}495 CC77 - I.

166. Baur au C.G.Q.J., 28 août 1942, U.G.: CVIII - 10.

167. Rapport du 29 septembre 1942, A.N.: AG^{II}492 CC72 - A.

168. KLARSFELD, *op. cit.*

169. Note de Dannecker, 15 juin 1942, ND: RF - 1217 dans *La Persécution...*, *op. cit.*, p. 126.

170. Dannecker à Eichmann, 6 juillet 1942, C.D.J.C.: XLIX - 35.

171. Note de Röthke, 18 juillet 1942 dans *La Persécution...*, *op. cit.*, p. 150.

172. Note de Dannecker, 21 juillet 1942, C.D.J.C.: XXVI - 46 dans STEINBERG, *op. cit.*, p. 120; voir aussi ND: RF - 1233 dans *La Persécution...*, *op. cit.*, pp. 197-198.

173. WELLERS, *op. cit.*, pp. 56-57.

174. Notes de Germain Bleckman, C.H.D.G.M.: Camps d'internement, Drancy, A.12, I.

175. Rapport (non daté) de Donald Lowrie à Paul Anderson, LBI: 552.

176. Leguay à Darquier de Pellepoix, 3 août 1942, C.D.J.C.: CII-61.

177. Rapport d'André Lavagne, chef du cabinet civil du maréchal Pétain, rédigé d'après les informations transmises par un responsable du Secours national, 24 juillet 1942, A.N.: AG^{II}495 CC77-D.

178. Alfred MALLET, *Pierre Laval*, 2 vol., Paris, 1955, II, *De la reconquête du pouvoir à l'exécution*, p. 261; WARNER, *op. cit.*, p. 307.

179. Hillel KIEVAL, « From Social Work to Resistance: Relief and Rescue of Jewish Children in Vichy France », mémoire de B.A., inédit, université Harvard, 1973.

180. U.G.I.F., 6e direction, à Bousquet. H.I.C.E.M.: HH2-FR2-

109; Tuck à Hull, 11 septembre 1942, et Hull à Tuck, 28 septembre 1942, *F.R.U.S.*, 1942, II, 712-713.

181. BŒGNER, in *op. cit.*, p. 33.

182. Abetz à Berlin, 15 septembre 1942, AA: Inland II g 187: Akten betreffend Judenfrage in Frankreich von 1942 bis 1944; Abetz à Berlin, 12 et 24 octobre 1942, AA: Politische Abteilung, Pol II: Politik Frankreich. Akten betreffend Judenfragen: «Politik 36: Judenfragen.»

183. Comptes rendus de la réunion du 16 octobre 1942 par Donald Lowrie et Lindsley Noble, LBI: 597-8, et 601-4.

184. Lindsley H. Noble, «Diary of Emergency Emigration of Jewish Refugee Children», 26 octobre et 5 novembre 1942, LBI: 599 et 594-595.

185. SZAJKOWSKI, *op. cit.*, p. 74.

186. *Cf.* LÉVY et TILLARD, *op. cit.*, pp. 103-105.

187. BILLIG, *Le Commissariat...*, *op. cit.*, III, p. 319.

188. *Id.*, I, p. 255; III, pp. 316-318.

189. *Cf.* Haute-Garonne, A.N.: F ICIII1154; Lozère, A.N.: F ICIII1164.

190. Warren au secrétaire d'État, 28 août 1942, *F.R.U.S.*, 1942 I, 467; mémorandum de Lois Kellog Jessup, 3 janvier 1943, LBI: 853.

191. Krug von Nidda à Paris, 9 septembre 1942, AA: Botschaft Paris 1318.

192. Enquête du S.E.C., 4 novembre 1942, C.D.J.C.: LXXXIX-43.

193. Rapport du 29 septembre 1942, A.N.: AGII492 CC72 A.

194. «Coup de filet dans toute la France», *Le Matin*, 15-16 août 1942.

195a. A.T.J., 14 septembre 1942.

195b. La mesure créa une «véritable sensation» en Haute-Garonne: A.N.: F ICIII1187. Le préfet du Vaucluse dit qu'elle toucha plus profondément que les déportations des Juifs, 5 octobre 1942. A.N.: F ICIII1195.

195c. A.N.: AGII492 CC72-A; Jacques DUQUESNE, *Les Catholiques français sous l'occupation*, Paris, 1966, p. 256.

196. François DELPECH, «La persécution des Juifs et l'Amitié chrétienne», dans *Églises et chrétiens dans la deuxième guerre mondiale. La région Rhône-Alpes...*, *op. cit.*, p. 168.

197. DUQUESNE, *op. cit.*, p. 257; L. PAPELEUX, «Le Vatican et le problème juif. II. 1941-42», *R.H.D.G.M.*, 27 (juillet 1977), p. 78.

198. «Mgr Théas», *La Documentation catholique*, 1er mai 1977, p. 447; DUQUESNE, *op. cit.*, p. 260.

199. DUQUESNE, *op. cit.*, p. 261.

200. Cité dans Renée BEDARIDA, *op. cit.*, p. 125.

201. Danielle DELMAIRE, «Le cardinal Liénart devant la persécu-

tion des Juifs de Lille pendant la Seconde Guerre mondiale».
Colloque du C.D.J.C., 1979.

202. DUQUESNE, *op. cit.*, p. 262.

203. *La Revue des Deux Mondes*, 1er janvier 1942; André
SAUVAGEOT, *Marseille dans la tourmente, 1939-1944*, Paris, 1949,
p. 157 n. 2.

204. Abetz l'avait déjà appelé le «Primat de de Gaulle» en
novembre 1941, mais c'était un anticlérical congénital et il était mal
informé. T-120/4640/E 209249.

205. Régnier à de Brinon, 23 juillet 1942. A.N.: F 60 1485;
LUBETZKI, *op. cit.*, p. 120.

206. L'U.G.I.F. à M. le Grand Chancelier de la Légion d'honneur,
27 octobre 1942, UG: CIX-I, p. 5; SZAJKOWSKI, *op. cit.*, p. 118.

207. Édouard Patin à de Brinon, 1er juin 1943, A.N.: F 60 1485.

208. Abetz à Berlin, 2 septembre 1942, T-20/434/220345; le préfet
du Tarn-et-Garonne, rapport mensuel d'information, 5 septembre
1942, A.N.: F ICIII1183-4; Henri CADIER, *Le Calvaire d'Israël et
la solidarité chrétienne*, Genève, 1945, p. 49; KEDWARD, *op. cit.*,
pp. 182-183; BILLIG, *Le Commissariat...*, *op. cit.*, II, pp. 96-97.

209. Bernard AULAS, *Vie et mort des Lyonnais en guerre, 1939-
1945*, Roanne, 1974, p. 212, n. 11.

210. Le préfet du Tarn-et-Garonne, rapport mensuel d'information, 5 octobre 1942, A.N.: F ICIII1154; DUQUESNE, *op. cit.*, p. 257.

211. «Note d'orientation du 4 septembre 1942», C.D.J.C.: CIX-
123; DUQUESNE, *op. cit.*, p. 270.

212a. Jacques POLONSKI, *op. cit.*, pp. 68-69; LIMAGNE, *op. cit.*, II,
pp. 737, 753-759.

212b. Abetz à Ribbentrop, 28 août 1942, ND-4578; voir aussi
C.D.J.C.: CXXVI a-12; PAPELEUX, *loc. cit.*, pp. 79-80. Mgr de
Solages essayait déjà d'expliquer le silence du pape à «une foule
immense» à Montauban en juin 1942 — avant les déportations — en
soutenant que le communisme et le racisme étaient, à titre égal, les
ennemis du catholicisme et que la doctrine catholique avait toujours
soutenu l'égalité des droits, qu'il s'agisse des Juifs et des aryens, des
Blancs et des Noirs. Le préfet du Tarn-et-Garonne, juin 1942, A.N.:
F ICIII1193.

212c. Abetz à Ribbentrop, 28 août 1942, ND: NG-4578 et aussi
T-120/434/220323-4. Valerie à Maglione, 14 août 1942. *Actes et
documents du Saint-Siège relatifs à la Seconde Guerre mondiale*, Cité
du Vatican, 1970-1975, VIII, pp. 620-621.

213. Le préfet du Rhône, rapport mensuel d'information, 5 sep-
tembre 1942, A.N.: F ICIII1183-4; Abetz à Ribbentrop, 2 septembre,
ND: NG-5127; note de Hagen, 4 septembre 1942, C.D.J.C.:
LXV-15.

214. Préfets de la Corse (A.N.: F ICIII1147), des Bouches-du-Rhône
(A.N.: F ICIII1143) et du Tarn-et-Garonne (A.N.: F ICIII1193).

215ᵃ. Préfet de l'Isère, rapport mensuel d'information, 4 septembre 1942, A.N. : F ᴵᶜᴵᴵᴵ1157-8.

215ᵇ. Le préfet de la Lozère, 2 septembre 1942, A.N. : F ᴵᶜᴵᴵᴵ1164 ; le préfet des Bouches-du-Rhône, 7 octobre 1942, A.N. : F ᴵᶜᴵᴵᴵ1143. Opinion similaire en Haute-Garonne, 5 octobre 1942, A.N. : F ᴵᶜᴵᴵᴵ1154.

216. *La Semaine catholique de Toulouse*, 82ᵉ année, nᵒ 39 (27 septembre 1942), p. 603.

217. « L'Église affirme à nouveau son loyalisme envers les pouvoirs publics. Une conférence du cardinal Suhard. » *Le Moniteur*, 5 octobre 1942.

218. Rapport (non signé), 29 septembre 1942), A.N. : AGᴵᴵ492 CC72.

219. NICOLLE, *Cinquante mois...*, *op. cit.*, II, p. 48 ; « Second Cardinal to see Laval », *Manchester Guardian*, 29 octobre 1942.

220ᵃ. A. Lavagne à R. Brian, 14 décembre 1942, A.N. : AGᴵᴵ543 CC141 ; A.N. : AGᴵᴵ495 CC77-C ; Loi du 24 octobre 1942, *J.O.*, 6 janvier 1943.

220ᵇ. Note de Hagen, 4 septembre 1942, C.D.J.C. : LXV-15.

221. Lavagne à Bérard, 4 janvier 1943, et Valeri à Lavagne, 5 janvier 1943, A.N. : AGᴵᴵ492 CC72-A.

222. Bérard à Laval, 18 janvier 1943, A.N. : AGᴵᴵ492 CC72-A.

223. Suhard à Pétain, 22 février 1943, A.N. : AGᴵᴵ492 CC72-A.

224. Chappoulie à Bérard, 15 mai 1943, *ibid.*, *Cf.* PAPELEUX, *loc. cit.*, p. 80.

225. Par exemple le préfet du Tarn, rapport mensuel d'information, 5 octobre 1942, A.N. : F ᴵᶜᴵᴵᴵ1193.

CHAPITRE VII. — *L'ère de Darquier : 1942-1944* 392

1. « Le problème juif », conférence prononcée par M. Xavier Vallat devant les stagiaires de la 3ᵉ session, École nationale des cadres civiques (probablement mars 1942), A.N. : W ᴵᴵᴵ211¹ nᵒ 5.

2. *La France enchaînée*, 22 et 29 avril 1938. Le développement qui suit s'appuie en grande partie sur le dossier d'instruction de Darquier de Pellepoix : A.N. : W ᴵᴵᴵ141.

3. Note de Zeitschel, 4 avril 1941, A.N. : W ᴵᴵᴵ212² nᵒ 46 (26) ; voir aussi BA : R70 Frankreich/23, 3-5. Après son départ du C.D.J.C., Vallat occupa un emploi au ministère des Affaires étrangères.

4. Eugen WEBER, *L'Action française*, Paris, 1964, p. 414, note d.

5. AA : Pol. II, « Innere Politik : Parlament - und Parteiweisen », Frankreich 5, 1936-40 (T-120/753/269596 - 604) ; rapport du 1ᵉʳ juillet 1939, A.P.P. : 37022 - B.

6ᵃ. *Bulletin municipal officiel*, 7 avril 1938.

6[b]. Cour d'appel de Paris, 25 novembre 1940. A.N.: W III141[2] cote 194.

7. Dr Kurt Ihlefeld, Notiz für Herrn Botschafter, 1er mars 1941, A.N.: W III212[2] n° 46 (17); Schleier à Best, 21 mars 1942 et Zeitschel à Achenbach, 28 janvier 1942, AA: Botschaft Paris 1318 et aussi T-120/4636/E 208941 - 3, E 208948; R. Gillouin, *op. cit.*, p. 159.

8. *Le Procès de Xavier Vallat présenté par ses amis, op. cit.*, pp. 144-147; J. Isorni, *Philippe Pétain*, Paris, 1973, II, p. 211, n. 2; J. Billig, *Le Commissariat...*, *op. cit.*, I, p. 130; A.N.: AG[II]536. M. Monier quitta son poste au bout de quelques semaines.

9[a]. *J.O.*, 8 mai 1942.

9[b]. C.D.J.C.: XLIX - 42.

10. «Le problème juif vu par M. Darquier de Pellepoix», *L'Œuvre*, 12 octobre 1943.

11. Billig, *Le Commissariat...*, *op. cit.*, I, pp. 127-129.

12. A.N.: W III213[1] III 30 (1-9).

13. BA: R70 Frankreich/32, pp. 3-8, 17-21.

14. Billig, *Le Commissariat...*, *op. cit.*, I, pp. 116-120; Gérard, «Irrégularités», 1942, A.N.: AJ[38] 4; Darquier à Gallien, 18 novembre 1942, *ibid.*

15. Commission rogatoire: Antignac, C.D.J.C.: XCVI; Billig, *Le Commissariat...*, *op. cit.*, I, pp. 120-125.

16. A.N.: W III141[1] 53, p. 188; AJ[38] 9.

17. Le C.G.Q.J. à Röthke, 29 septembre et 5 octobre 1942, A.N.: AJ[38] 67 M9.

18. BdS à Darquier, 9 janvier 1943, dans David Rousset, *le Pitre ne rit pas*, Paris, 1948, pp. 130-131; réédé., Paris, 1979, pp. 115-116.

19. Par exemple Darquier à Achenbach, 19 décembre 1942, A.N.: AJ[38] 18.

20. Darquier, note de service, 31 janvier 1944, A.N.: AJ[38] 1,9; tous les officiers SS devaient fournir de tels documents avant de se marier. BDC: Sippenakte.

21. «La question juive est facile à résoudre, mais il faut le vouloir», *Le Matin*, 13-14 mars 1943.

22. «Exposé de Darquier de Pellepoix sur l'état de la question juive au moment de sa nomination comme Commissaire général», A.N.: W III211[1] n° 10; Transocean News Service, 6 et 23 mai 1942; A.T.J., dépêches des 8, 11 et 12 mai 1942, et 13 et 27 mars 1943; Billig, *Le Commissariat...*, *op. cit.*, II, p. 297. «La question juive est facile...», *loc. cit.*

23. «La question juive est facile...», *loc. cit.*

24. *J.O.*, 12 décembre 1942.

25. *Le Procès de Xavier Vallat..., op. cit.*, p. 329; Robert Aron, *Histoire de Vichy, 1940-1944*, Paris, 1954, p. 528.

26. Note de Hagen, 3 septembre 1942, C.D.J.C.: XLIX - 42.

27. Le C.G.Q.J. au Conseil d'État, 7 mai et 9 juillet 1943. Instruction de Darquier de Pellepoix, A.N.: W III1412; cotes 184-6.

28. Darquier au ministère-secrétariat d'État à la Production industrielle, 21 septembre 1942; C.D.J.C.: CXIV - 96; Billig, Le Commissariat..., op. cit., I, p. 262.

29. Le secrétariat général de la Police au C.G.Q.J., 19 mai 1942, A.N.: AJ38 123 : 66.

30. Direction des étrangers, Préfecture de Police (Paris) au C.G.Q.J., 28 novembre 1942, C.D.J.C.: CII-75.

31. Le préfet régional de Limoges, rapport mensuel, avril 1943, A.N.: F ICIII1 200 ; WIII1411 53, pp. 167-187.

32. J. Delarue, « La police et l'administration », Colloque du C.D.J.C., Paris, 1979, p. 13.

33. Laval à Darquier, 30 octobre 1942, A.N.: AJ38 67 M9; Limagne, op. cit., II, p. 1023.

34. Cf. le refus du C.G.Q.J. d'accepter la compétence du tribunal d'Amiens, en juin 1943, pour la détermination de la judéité en ce qui concerne l'application du statut des juifs, A.N.: AGII521.

35. Par exemple les établissements Austin et Helena Rubinstein. Cf. Compte rendu, Conférence hebdomadaire au ministère de la Production industrielle, 4 mai 1943, A.N.: AJ38 566.

36. Le préfet régional de Nancy, rapport mensuel, janvier 1944. A.N.: F ICIII1 202.

37. A.N.: W III2121 no 19.

38. « Note concernant un plan d'ensemble de législation antijuive » [1942], A.N.: AJ38 116.

39. J. Lubetzki, op. cit., p. 101; Billig, Le Commissariat..., op. cit., I, pp. 150-152.

40. J. Billig, Le Commissariat..., op. cit., III, pp. 180-185.

41. Ibid., pp. 237-238.

42. Ibid., pp. 287-304.

43. Gérard, « Irrégularités » (non daté) et « Note concernant M. Gallien », 23 novembre 1942, A.N.: AJ38 4.

44. Billig, Le Commissariat..., op. cit., II, pp. 313-315.

45. Kmdr, Verwaltungsgruppe 531 à la Chambre de commerce de Troyes, 26 février 1941. C.D.J.C.: CCXLV-15.

46. YIVO: UG, CVIII-20; A.N.: AJ38 61 M49, M70; L'Œuvre, 12 octobre 1943.

47. Billig, Le Commissariat..., op. cit., III, pp. 306-309; A.N.: AJ38 565; Gérard à Klassen, 18 mars 1943, AA : Botschaft Paris 1 190.

48. Billig, Le Commissariat..., op. cit., I, pp. 300-301; II, pp. 92-94.

49. Circulaire du C.G.Q.J., 28 octobre 1943. A.N.: AJ38 253; Billig, Le Commissariat..., op. cit., II, pp. 66-68; Darquier aux directeurs de la S.E.C. [avril] 1943, A.N.: AJ38 2.

50. « Activités de la S.E.C. du 1er au 31 janvier 1943 », 7 février 1943, Billig, *Le Commissariat...*, *op. cit.*, I, pp. 302-303.

51. BA : R70 Frankreich/II, pp. 202-238.

52. A.N. : AJ38 253, 281 ; Rapport d'enquête du 6 mars 1944, C.D.J.C. : XLII-130 ; Instruction générale du C.G.Q.J., 11 février 1943, C.D.J.C. : CXCV-188, 189 ; Rapport du 16 mars 1943, C.D.J.C. : LXXIX-71 ; J. Billig, *Le Commissariat...*, *op. cit.*, II, pp. 99-127.

53. Billig, *Le Commissariat...*, *op. cit.*, I, pp. 305-306.

54. *Ibid.*, I, p. 115 et II, p. 227 ; Limagne, *op. cit.*, III, p. 709 ; Jean Laloum, *La France antisémite de Darquier de Pellepoix*, Paris, 1979.

55. Rapport au RSHA [probablement 1943], BA : R58/1223.

56. Jacques Polonski, *op. cit.*, pp. 138-145 ; Pascal Ory, « L'Université française face à la persécution antisémite », Colloque du C.D.J.C., 1979, pp. 9-11.

57. Darquier de Pellepoix, « Propagande antijuive », texte soumis au Dr Klassen de l'ambassade d'Allemagne, 12 décembre 1942, A.N. : AJ38 18.

58. Note de Hagen, 4 septembre 1942, C.D.J.C. : LXV-15 ; C.D.J.C. : CXCV-114 et ss.

59. George L. Mosse, *Towards the Final Solution: A History of European Racism*, Londres, 1978, chap. IV, « From Gobineau to de Lapouge ».

60a. C.D.J.C. : CIX-89, cité dans Billig, *Le Commissariat...*, *op. cit.*, II, pp. 319-320, souligné dans le texte.

60b. « L'expulsion totale est le but à atteindre », *Le Matin*, 13-14 mars 1943.

61. George Montandon, lauréat de l'Institut (Académie des Sciences morales et politiques : participation au prix Audiffret), *L'Ethnie française*, Paris, 1935, pp. 139-143 ; P. Ory, *Les Collaborateurs, 1940-1945*, Paris, 1976, pp. 154-155 ; *Titres et travaux scientifiques du Dr George Montandon, Professeur d'ethnologie à l'École d'anthropologie* (inédit, 1941, BN : 4° Ln27 69894).

62. Le C.G.Q.J. à l'U.G.I.F., (Paris), 23 février 1944, YIVO, UG, CVIII-1, 13 ; J. Billig, *Le Commissariat...*, *op. cit.*, II, pp. 242-244.

63. J. Billig, *ibid.*, pp. 244-248.

64. Note de service, 9 septembre 1942, A.N. : AJ38 71.

65. Memorandum betreffend Festnahme-Aktion von Juden, 7 juillet 1943, BA : R70 Frankreich 23.

66. E. Jäckel, *La France dans l'Europe de Hitler*, Paris, 1968, pp. 335-361 ; Robert O. Paxton, *op. cit.*, pp. 295-300.

67. Dalüge à Wolff, 28 février 1943, ND : NO 2861 cité dans Raul Hilberg, *The Destruction of the European Jews*, Chicago, 1961, p. 413.

68. M. Luirard, *op. cit.*, p. 206.

69. Knochen à l'O.K.W., au KdS (France), au RSHA et au HSSPF, 11 novembre 1942, C.D.J.C.: VII-9 et 12, dans STEINBERG, *op. cit.*, p. 244.

70. TARTAKOWER et GROSSMANN, *op. cit.*, p. 153. Le procureur général près la cour d'appel de Bourges fut arrêté en 1940 pour avoir fait libérer H. Crynszpan.

71. Rapport du 12 décembre 1942, PRO: FO 3194 (Z 10348/81/17).

72. Bousquet aux préfets de la zone sud, 12 décembre 1942, A.N.: AJ[38] 281.

73. Le préfet du Tarn-et-Garonne au ministère de l'Intérieur, 4 février 1943, A.N.: F [ICIII]1193.

74. Reichsführer SS-Persönlicher Stab, T-175/103/625028; *cf.* aussi ND: PS 1994, C.D.J.C.: CCLXI-6.

75. Knochen à Müller, 12 février 1943, BA: R70/Frankreich/23, pp. 26-30, et C.D.J.C.: I-38.

76. Schleier au SD (Berlin), 22 janvier 1943, C.D.J.C.: XXVa-254a; Röthke à l'Oberbefehlshaber West, 3 février 1943, C.D.J.C.: XXV a-260.

77. *J.O.*, 18 avril 1943, p. 1071; J. LUBETZKI, *op. cit.*, pp. 115 et 215-216; Z. SZAJKOWSKI, *op. cit.*, p. 83.

78. Le préfet de la Creuse au ministère de l'Intérieur, 31 janvier 1943, A.N.: F [ICIII] 1138.

79. Knochen à Eichmann, 31 décembre 1942, ND: RF-1229; C.D.J.C.: XXVI-69; STEINBERG, *op. cit.*, pp. 193-194; Knochen aux Kommandos du SD, 26 janvier 1943, BA: R70 Frankreich/23, p. 25.

80. J. LUBETZKI, *op. cit.*, p. 111; P. LIMAGNE, *op. cit.*, II, pp. 937 et 971.

81. AA: Pol. Abt. Pol. II, Politik FR: Betreffend Judenfragen, Po 36; *cf.* aussi T-120/3466/EO17871.

82. Knochen à Müller, 12 février 1943 (voir note 75). Juifs français et Juifs étrangers partirent pour Auschwitz le lendemain, dans un train gardé par des gendarmes français. Notes de Röthke, 16 et 19 février 1943, C.D.J.C.: XXVC-207 et LXV-13.

83. Le préfet régional de Limoges au ministère de l'Intérieur, rapport de février 1943, A.N.: F [ICIII]1 200.

84. Voir les rapports des préfets de la Creuse, de la Haute-Loire, de la Lozère, du Rhône, de la Saône-et-Loire et de la Savoie pour février 1943. A.N.: F [ICIII]1150, 1162, 1165 et 1183-1186. L'ordre a été donné aux préfets régionaux par la circulaire du ministère de l'Intérieur n° 56 du 18 février 1943.

85. Note de Röthke, 6 mars 1943, C.D.J.C.: XXVc-214.

86. Le préfet régional de Lyon, janvier 1943, A.N.: F [ICIII]1200.

87. Reichsführer SS-Persönlicher Stab, T-175/65/580606.

88ᵃ. Le préfet régional de Marseille, février 1943, A.N. : F ᴵᶜᴵᴵᴵ1200.

88ᵇ. Jardin à Guérard, 19 mai 1943, rapport sur les événements de Marseille du 28 avril au 9 mai 1943 et lettre de Jacques Helbronner au maréchal Pétain, A.N. : W ᴵᴵᴵ141² n° 180.

89. Rapport du préfet régional de Clermont-Ferrand, 5 mai 1943, A.N. : F ᴵᶜᴵᴵᴵ1199.

90. PROUDFOOT, *op. cit.*, p. 56.

91. Radio-Lyon, émission du 5 octobre 1942, WL : PC6 3 B4.

92. *L'Activité des organisations juives en France sous l'occupation*, Paris, 1947, p. 95 ; Haim AVNI, *Sefarad veha Yehudim bi Yemai ha Shoah veha Emansipatzyah* (en hébreu), Tel-Aviv, 1975, p. 115. Pour les rapports des préfets, voir note 133, *infra*.

93. Monique LEWI, *Histoire d'une communauté juive. Roanne : étude historique et sociologique d'un judaïsme*, Roanne, 1976, p. 54.

94. LUIRARD, *op. cit.*, p. 186.

95ᵃ. SZAJKOWSKI, *op. cit.*, pp. 73-75, 234-235, 256 et *passim*.

95ᵇ. Nicolas BAUDY, « The Affair of the Finaly Children », *Commentary*, 15, n° 6 (juin 1953), pp. 547-558 ; Moïse Keller, *L'Affaire Finaly, telle que je l'ai vécue*, Paris, 1960.

96. Le préfet du Tarn-et-Garonne au ministère de l'Intérieur, 1ᵉʳ août 1943, A.N. : F ᴵᶜᴵᴵᴵ1 194.

97. Voir *infra*, p. 305.

98. *L'Activité des organisations...*, *op. cit.*, p. 96.

99. *J.O.*, 18 avril 1943 ; le préfet de la Haute-Garonne au ministère de l'Intérieur, 5 avril 1943, A.N. : F ᴵᶜᴵᴵᴵ1154 ; le préfet des Pyrénées-Orientales au ministère de l'Intérieur, 29 avril 1943, A.N. : F ᴵᶜᴵᴵᴵ1181-1182.

100. GROSSMANN, *op. cit.*, p. 211 ; TARTAKOWER et GROSSMANN, *op. cit.*, p. 200.

101. L. STEINBERG, « La collaboration policière, 1940-1944 » (11 mai 1978), étude inédite, C.H.D.G.M. ; pour l'exemplaire d'Oberg du texte des accords voir BA : 70 Frankreich/13, pp. 112-113.

102. Note d'André Lavagne, 6 février 1943, A.N. : AGᴵᴵ495.

103. Note de Catry, 18 janvier 1943, A.N. : AGᴵᴵ495.

104ᵃ. Kadmi Cohen à Pétain, 28 juin 1943, A.N. : AGᴵᴵ495.

104ᵇ. Note de Catry, 18 janvier 1943, A.N. : AGᴵᴵ495.

105. Kadmi Cohen, lettre au Dr Klassen, 6 janvier 1943 ; lettre d'introduction de Joseph Catry, 18 janvier 1943, AA : Inland II g 187, et aussi T-120/2257H/478637-40.

106. Kadmi Cohen à Pétain, 28 juin 1943, A.N. : AGᴵᴵ495.

107. André Lavagne à Kadmi Cohen, 18 janvier 1943, A.N. : AGᴵᴵ495.

108. Joseph Catry, lettre d'introduction du 18 janvier 1943, *cf.* note 105.

109. SD (Paris) au SD (Francfort), 4 novembre 1943, ND : NG-1729.2 (C.D.J.C. : CXVIII-19).

110. Catry à Erwin Reifenrath (Weltdienst, 10 juin 1943 et à Röthke, 22 janvier 1944 ; note de Rolan Krug von Nidda, 1er avril 1943. Pour l'ensemble voir T-120/2257H/478623-36.

111. Legationsrat von Thadden, note du 15 octobre 1943, AA : Inland II g 187 (et aussi T-120/2275H/478611-14).

112. L'ambassade d'Allemagne à Paris à von Thadden (Berlin), T-120/2257H/478619-20.

113. Serge KLARSFELD, op. cit.

114. Pétain au pape Pie XII (projet de lettre), 5 août 1942, A.N. : AG^{II}495 CC77.

115. André Lavagne, « Note sur le mouvement Massada », 18 janvier 1943, A.N. : AG^{II}495.

116^a. Oberg à Himmler et à Kaltenbrunner, 1er juillet 1943, BA : R70 Frankreich/23, et aussi C.D.J.C. : XXVII-22.

116^b. Le préfet régional de Lyon au ministère de l'Intérieur, 9 mai 1943, A.N. : F ^{ICIII}1200.

117. Rapport du général von Neubronn, 15 novembre 1942, O.K.W./133 : Wehrmachführungsstab : Sonderakte, Vorgänge Frankreich (T-77/770/5502117); le préfet de la Savoie au ministère de l'Intérieur, 5 janvier 1943. A.N. : F ^{ICIII}1186.

118. John P. DIGGINS, Mussolini and Fascism: The View from America, 1972, p. 202.

119. Meir MICHAELIS, Mussolini and the Jews: German-Italian Relations and the Jewish Question in Italy, 1922-1945, Oxford, 1978, p. 187 ; Michel MAZOR, « Les Juifs dans la clandestinité sous l'occupation italienne en France », Le Monde juif, juillet-septembre 1970, pp. 21-31 ; Renzo de FELICE, Gli Ebrei Italiani sotto il fascismo, Turin, 1961, p. 13.

120. Luther à Paris, 7 septembre 1942, AA : Inland II g 187 ; C.D.J.C. : XLVIII passim ; MICHAELIS, op. cit., p. 316.

121. Rapport du préfet des Alpes-Maritimes, no 145, 14 janvier 1943, C.D.J.C. : XXVa - 324/325.

122. L. POLIAKOV and J. SABILLE, Jews under the Italian occupation, Paris, 1955, pp. 25-26.

123. Knochen à Müller, 13 janvier 1943, C.D.J.C. : L-35 et L. POLIAKOV et J. SABILLE, op. cit., pp. 49-50.

124. AA : Inland II g 187 ; L. STEINBERG, op. cit., pp. 198-204 ; Note de Röthke, 6 mars 1943, N.D. : RF-1230 dans La Persécution..., op. cit., p. 195.

125. Eichmann à Knochen, 26 février 1943 dans L. POLIAKOV et J. SABILLE, op. cit., p. 67 ; Christopher BROWNING, The Final Solution and the German Foreign Office, New York, 1978, pp. 168-169 ; Mackensen au ministère des Affaires étrangères (Berlin), 18 mars 1943, C.D.J.C. : CXXIII-91.

126. Note de Lishka, 22 février 1943, C.D.J.C.: XXVa-274a; Barbie à Röthke, 15 mai 1943, C.D.J.C.: XXVa-331; N.D.: NG-5087; C. Browning, *op. cit.*, pp. 167-168; le préfet de la Haute-Savoie, 4 mars 1943, A.N.: F [ICIII]1187; Le préfet de la Savoie, 27 février 1943, A.N.: F [ICIII]1186; Gualtieri à Bourragué, 29 mars 1943 dans L. Poliakov et J. Sabille, *op. cit.*, p. 87.

127[a]. Note de Müller (Marseille), 10 juillet 1943, rapport de la S.E.C. du 2 août 1943 dans L. Poliakov et J. Sabille, *op. cit.*, pp. 101-103 et 107-111.

127[b]. Voir note 116[a].

128. Zanvel Diamant, « Jewish Refugees on the French Riviera », *YIVO Annual of Jewish Social Science*, VIII (1953) pp. 264-280; M. Lewi, *op. cit.*, Z. Szajkowski, *op. cit.*, p. 260; le préfet des Alpes-Maritimes, 8 septembre 1943. A.N.: F [ICIII]1137; le préfet de la Savoie, février-août 1943, A.N.: F [ICIII]1186.

129. M. Lewi, *op. cit.*, p. 53.

130. Z. Diamant, *loc. cit.*; Rapport Donati, juin-juillet 1945 dans Adam Rutkowski, *La Lutte des Juifs en France à l'époque de l'occupation (1940-1944)*, Paris, 1975, pp. 319-320.

131. Knochen à Müller, 12 et 22 février 1943, C.D.J.C.: I-38 XXVI-71 dans L. Steinberg, *op. cit.*, p. 202, et L. Poliakov et J. Sabille, *op. cit.*, pp. 62-63.

132. Z. Diamant, *op. cit.*, C.D.J.C.: XXVa-247; L. Poliakov et J. Sabille, *op. cit.*, pp. 30-31.

133. Le préfet des Alpes-Maritimes, septembre-octobre 1943, A.N.: F [ICIII]1137; le préfet de la Savoie, 27 octobre 1943, A.N.: F [ICIII]1186.

134. Rougeron, *op. cit.*, p. 262.

135. Le préfet régional de Limoges, rapport mensuel, août 1943, A.N.: F [ICIII]1200.

136. Réunion des préfets régionaux, 21 septembre 1943, A.N.: AG[II]490 9/S.A.

137. Synthèse mensuelle des contrôles téléphoniques, télégraphiques et postaux, n° 52, du 10 août au 10 septembre 1943, A.N.: AG[II]461 CCXXXVI.

138. A.N.: AG[II]460 CC 35 K.

139. Le préfet régional de Châlons-sur-Marne, 4 mai 1943; le préfet régional de Bordeaux, rapport mensuel, septembre 1943, A.N.: F [ICIII]1199.

140. Journal du général Bridoux, 23 juillet 1943.

141. BA: R70 Frankreich/13, pp. 110-131; voir les notes de Röthke, 31 juillet et 14 août 1943, C.D.J.C.: XXVII-31 et 36, et L. Steinberg, *loc. cit.*, p. 33.

142. Knochen à Müller, 12 février 1943, C.D.J.C.: XXVI-71; note de Hagen, 25 mars 1943, C.D.J.C.: XXVc-232.

143. Voir *supra* note 101; Hans Umbreit, *Der Militärbefehlshaber*

in Frankreich, 1940-1944, Boppard-am-Rhein, 1968, p. 143; Jacques Delarue, *op. cit.*, pp. 532-533.

144. Hagen à Röthke, 16 juin 1943. C.D.J.C.: XXVII-17, cité dans J. Billig, *La Solution finale...*, *op. cit.*, p. 181.

145. Voir *supra*, p. 18.

146. Abetz au ministère des Affaires étrangères allemand, 3 avril 1941, D.G.F.P., Série D, vol. 12, p. 438.

147. Note de Dannecker, 15 juin 1942, ND: RF - 1217, dans *La Persécution...*, *op. cit.*, p. 127.

148. Le ministère des Affaires étrangères allemand fut impliqué dans l'affaire par les efforts de certains gouvernements visant à protéger leurs ressortissants juifs. Voir C. Browning, *op. cit.*, *passim*. Même le gouvernement de Vichy intervint en faveur de Juifs français à Salonique; le gouvernement allemand choisit de ne pas répondre jusqu'à ce que les Juifs en question soient déjà déportés. AA: Inland II A/B 83-26, vol. 5: Deutscher Botschaft, Paris, 1318.

149. Dépêche de l'A.T.J., 27 février 1943.

150. J.-C. Bonnet, *op. cit.*, p. 159.

151. Knochen à Oberg, 21 mai 1943, C.D.J.C.: XXVI-74 dans Steinberg, *op. cit.*, p. 144; Bonnet, *op. cit.*, p. 162.

152. Röthke à Knochen, 11 juin 1943, C.D.J.C.: XXVII-13, dans Steinberg, *op. cit.*, p. 145.

153. Voir *supra*, note 65; BA: 70 Frankreich/23, pp. 42-43; L. Steinberg, *op. cit.*, pp. 148-149.

154. Notes de Hagen, 6 et 11 août, et de Röthke, 14 août 1943, C.D.J.C.: XXVII-33, 35, 36 dans Steinberg, *op. cit.*, pp. 150-151.

155a. C.D.J.C.: XXVII-36, *ibid.*, p. 151.

155b. Note de Hagen, 25 août 1943, C.D.J.C.: XXVII-39.

156. Knochen à Kaltenbrunner, 25 août 1943, C.D.J.C.: XXVII-40 dans J. Billig, *Le Commissariat...*, *op. cit.*, I, pp. 271-272; Pétain à de Brinon, 24 août 1943, A.N.: AG[II]24 SG2.

157. Note de Hagen, 25 août 1943 dans Steinberg, *op. cit.*, p. 152.

158. Warner, *Pierre Laval...*, *op. cit.*, pp. 359-360, 365-366, 391 et 419.

159. Le préfet régional de Montpellier (3 décembre 1942, A.N.: F [ICIII]1201) et celui de Marseille (9 septembre 1943, A.N.: F [ICIII]1200) employèrent les mêmes termes.

160. Le préfet des Alpes-Maritimes, 12 juillet et 8 septembre 1943, A.N.: F [ICIII]1137; le préfet de la Haute-Vienne, 3 février 1943, A.N.: F [ICIII]1197; le préfet régional de Limoges, rapport mensuel, mai 1943, A.N.: F [ICIII]1200.

161. Réunions des préfets, 24 juin, 18 août et 21 septembre 1943, A.N.: AG[II]460 CC35-G. Le préfet André Jean-Faure faisait de Limoges des propositions similaires depuis le mois de mai.

162. Déposition de Vallat, 6 novembre 1945, A.N.: W [III]212[I]

nº 22; le Dr Klassen à Schleier, 5 avril 1943, A.N.: W III141³ X nº 4.

163. G. WARNER, *op. cit.*, pp. 366 et 419.

164. Röthke à Lischka, 31 juillet 1943, C.D.J.C.: XXVIII-31 dans L. STEINBERG, *op. cit.*, p. 149: de Brinon à Hagen, C.D.J.C.: XXVII-44; de Brinon à Laval, 26 août 1943 dans *Les Procès de la collaboration*; F. de Brinon..., *op. cit.*, p. 119.

165. De Brinon à Knochen, 8 septembre 1943, C.D.J.C.: XXVII-47.

166ª. Röthke à Ehlers, 15 juillet 1943. C.D.J.C.: XXVII-31 dans L. STEINBERG, *op. cit.*, p. 149.

166ᵇ. Le préfet régional de Bordeaux, rapport mensuel, janvier 1944, A.N.: F ICIII1199.

167. Rapport de Röthke, 14 août 1943, C.D.J.C.: XXVII-36 dans L. STEINBERG, *op. cit.*, p. 151.

168. L'U.G.I.F. au service 37, 10 janvier 1943, YIVO: UG, XVI-16, p. 7; Darquier aux préfets, 18 décembre 1942, A.N.: AJ³⁸ 61 M45; le C.G.Q.J. à l'U.G.I.F. (Marseille), 16 janvier 1943, YIVO UG, CVIII-19, p. 1; «Statut du personnel», U.G.I.F., 24 mars 1943, H.I.C.E.M.: HH2-FR2-65.

169. J. DELARUE, *Histoire de la Gestapo, op. cit.*, p. 389; André BRISSAUD, *La Dernière Année de Vichy, 1943-1944*, Paris, 1965, pp. 42-43.

170. G. WELLERS, *op. cit.*, pp. 108-109; Réunion des préfets régionaux, 21 septembre 1943, A.N.: AG III460 CC35-G; le préfet de l'Eure au ministère de l'Intérieur, 3 novembre 1943, A.N.: F ICIII1152; le préfet régional de Rouen, rapport mensuel, octobre 1943, A.N.: F ICIII1204.

171. Le préfet de la Savoie, rapport sur la période du 1ᵉʳ juin au 30 août 1943, A.N.: F ICIII1186; le préfet des Alpes-Maritimes, rapport bimensuel, septembre-octobre 1943, A.N.: F ICIII1137.

172. Le préfet des Pyrénées-Orientales au ministère de l'Intérieur, 31 décembre 1943, A.N.: F ICIII1181-1182; le préfet régional de Lyon au ministère de l'Intérieur, 15 mars 1944, A.N.: F ICIII1200; le préfet de la Marne au ministère de l'Intérieur, 29 février 1944, A.N.: F ICIII1166; le préfet du Lot-et-Garonne au ministère de l'Intérieur, 1ᵉʳ décembre 1943, A.N.: F ICIII1164.

173. Le préfet régional de Dijon, rapport de février 1944. A.N.: F ICIII1199. Quinze Dijonnais avaient été condamnés à mort pour un attentat à la même époque.

174. O. WORMSER-MIGOT, *Le Système concentrationnaire..., op. cit.*, pp. 222-223.

175. Paul DURAND, *La S.N.C.F. pendant la guerre: la résistance à l'occupant*, Paris, 1968, pp. 210-215.

176ª. O. WORMSER-MIGOT, *op. cit.*, p. 223.

176ᵇ. KLARSFELD, *op. cit.*, O. STEINBERG, *op. cit.*, pp. 161-163.

177. Le préfet régional de Bordeaux à Laval, Brinon et Darnand, 11 janvier 1944, A.N.: F⁶⁰ 1485; le préfet régional de Bordeaux, rapport mensuel, janvier 1944, A.N.: F ¹ᶜᴵᴵᴵ1199.

178ᵃ. Legationsrat Buscher, Aufzeichnung, 25 juin 1942, AA: Deutscher Botschaft Paris 1125ᵃ; Aufzeichnung für Herrn Gesandter Rahn, 18 décembre [1942]. AA: Deutscher Botschaft Paris 1318. Nous ne trouvons pas de preuve de l'affirmation selon laquelle Darquier aurait été arrêté par Vichy pour « malversations ». *Cf.* J. LALOUM, *La France antisémite de Darquier de Pellepoix*, Paris, 1979, p. 25.

178ᵇ. Klassen à Schleier, 5 avril 1943, A.N.: W ᴵᴵᴵ141³X n° 4.

179. Ambassade d'Allemagne à Paris, télégramme à l'ambassadeur Rintelen, 20 décembre 1943, A.N.: W ᴵᴵᴵ213² n° 253 (1).

180. ORY, *op. cit.*, p. 154.

181. *J.O.*, 27 février 1944; Laval informa Abetz de la nomination le 28 janvier et les Allemands se hâtèrent de se procurer des informations sur les antécédents du nouveau Commissaire. T-120/5549H/E 387672.

182. AA: Botschaft Paris, Paket 143/43, Pol. 3 Nr.5; BILLIG, *Le Commissariat...*, *op. cit.*, I, pp. 125-126.

183. A.N.: W ᴵᴵᴵ212ᴵ n° 19 (3).

184. 14 avril 1944, ND: NO-1411. *Cf.* A. RUTKOWSKI, « Directives allemandes ».

185. Bertram GORDON, « Un soldat du fascisme: l'évolution politique de Joseph Darnand », *R.H.D.G.M.*, n° 108 (octobre 1977), pp. 43-70.

186. Rapport de la S.E.C., 3 janvier 1944. A.N.: AJ³⁸ 281.

187. Note de Röthke, 17 mai 1944, C.D.J.C.: XLVI-chemise M, dans L. STEINBERG, *op. cit.*, p. 161.

188. M.R.D. FOOT, *SOE in France: An Account of the Work of the British Special Operations Executive in France, 1940-1944*. Londres, 1966, p. 120; pour la Milice en général, voir Jacques DELPERRIE DE BAYAC, *Histoire de la Milice, 1918-1945*, Paris, 1969.

189. Note de Röthke, 21 mars 1944, C.D.J.C.: XLVI-chemise I-J; dossier Guy Frank, 21 mars 1944, C.D.J.C.: XLVI-chemise F; Barbie au GdS, 6 avril 1944, C.D.J.C.: VII-10, dans STEINBERG, *op. cit.*, pp. 158-160; « Programme... ou pas », *Au Pilori*, 20 avril 1944.

190. Voir *supra*, p. 400; Rapport Antignac (non daté). A.N.: AJ³⁸ 253; J. BILLIG, *Le Commissariat...*, *op. cit.*, I, pp. 120-126.

191. Antignac au BdS, 15 mars 1943, C.D.J.C.: XXXIII-17b.

192ᵃ. L. POLIAKOV, « Le Commissariat général aux questions juives devant la Cour de Justice », *Le Monde juif*, août-septembre 1949, p. 4.

192ᵇ. Télégramme d'Abetz à Berlin, 17 janvier 1944, A.N.: W ᴵᴵᴵ141³X n° 7.

193. Robert O. PAXTON, « Le régime de Vichy en 1944 » dans

Comité d'histoire de la deuxième guerre mondiale, *La libération de la France : actes du colloque international tenu à Paris du 28 au 31 octobre 1974*, Paris, 1976, pp. 323-342.

194. Instruction de du Paty de Clam, 29 avril 1944, A.N. : AJ[38] 281 ; Antignac au directeur régional du C.G.Q.J. (Lyon), 23 juin 1944, A.N. : AJ[38] 69 M70.

195. « Recensement des Juifs-Z.S. (1944) », A.N. : AJ[38] 147.

196. Parmentier aux préfets, 22 mai 1944, A.N. : AJ[38] 147 ; A.N. : AJ[38] 565 ; Pierre Taittinger au C.G.Q.J., 3 février 1944, A.N. : AJ[38] 330.

197. Sur une liste de près de 700 Juifs arrêtés pour infraction au statut, 11 l'ont été en 1944. A.N. : W [III]213[I] nº 130.

198[a]. Antignac au directeur régional du C.G.Q.J. (Lyon), 23 juin 1944, A.N. : AJ[38] 69 M70.

198[b]. Cité dans BILLIG, *Le Commissariat...*, *op. cit.*, III, p. 304.

199. Antignac à Laval, 1er juin 1944, A.N. : AJ[38] 4.

200. BILLIG, *Le Commissariat...*, *op. cit.*, I, pp. 124-125.

201. Antignac au garde des Sceaux, 4 août 1944, A.N. : AJ[38] 67 M9.

202. Note d'Antignac, 17 août 1944, C.D.J.C. : CXCV-215.

203[a]. A.N. : AG[II]81 S.P. 9 A, « Émissions Philippe Henriot » ; Philippe AMAURY, *Les deux premières expériences d'un ministère de l'Information en France*, Paris, 1969, pp. 272-279 ; l'auteur est muet sur tous les aspects de la propagande antijuive.

203[b]. Note manuscrite de Pétain à Mme Henriot, A.N. : AG[II]24 SG 1 A nº 467.

204. A.N. : W [III]211[2] Dossier C. « Éditoriaux prononcés à la radio ».

205. Le préfet des Basses-Alpes au ministère de l'Intérieur, 31 juillet 1944, A.N. : F [ICIII]1136.

206. Le préfet régional de Rouen au C.G.Q.J., 27 mai 1944, A.N. : AJ[38] 4 ; J. BILLIG, *Le Commissariat...*, *op. cit.*, III, p. 305.

1[a]. Knochen au commissaire de police Marc Berge, 4 janvier 1947. A.N. : W [III]141[2] nº 193.

1[b]. KLARSFELD, *op. cit.*, Martin BROSZAT, « Selektion der Juden in Auschwitz », *Gutachten des Instituts für Zeitgeschichte*, Munich, 1958, pp. 231-233 ; Adam RUTKOWSKI, « Les déportations des Juifs de France vers Auschwitz-Birkenau et Sobibor », *Le Monde juif*, janvier-juin 1970, pp. 35-75 ; L. STEINBERG, « Statistiques de la déportation des Juifs de France d'après les dossiers de la Gestapo à Paris », *id.* janvier-mars 1966, pp. 26-30 ; du même auteur, *Les autorités...*, *op. cit.*, pp. 167-173.

2. *J.O.*, Assemblée nationale, 10 février 1979, p. 857.

3. Jäckel, *La France dans l'Europe de Hitler, op. cit.*, p. 433.

4. Rapport de Röthke, 21 juillet 1943, C.D.J.C.: I-54, dans L. Steinberg, *Les Autorités..., op. cit.*, p. 149.

5. *Laval parle... Notes et Mémoires rédigés à Fresnes d'août à octobre 1945*, Paris, 1948, pp. 105-106; *Le Procès de Xavier Vallat..., op. cit.*, pp. 117-118. Cette manière de voir a été adoptée par bon nombre d'historiens, dont certains n'étaient pas prédisposés à favoriser Vichy. *Cf.* Gerald Reitlinger, *The Final Solution: The Attempt to Exterminate the Jews of Europe, 1939-1945*; New York, 1961, p. 328: « Avec la perte de moins de 25 % [de la population juive] aucune communauté juive de l'Europe occupée ne s'en tira aussi bien, excepté celle du Danemark, et cela fut dû dans une large mesure à la tactique de Laval. »

6. Himmler à Mutschmann, 21 juillet 1944, Persönlicher Stab, Reichsführer SS, T-175/155/685770-3.

7. Mme Roussetzki à Pétain, 1943, A.N.: AJ[38] 70 M85.

8. *Laval parle..., op. cit.*, p. 102.

9. Vallat, *Le Nez de Cléopâtre..., op. cit.*, pp. 271-272.

10. Jacob Kaplan, « French Jewry under the Occupation » *American Jewish Yearbook*, 47 (1945-1946), p. 108. C'est nous qui soulignons.

11. Saul Friedländer, *Pie XII et le IIIe Reich*, Paris, 1964, pp. 104-109.

12. *Ibid.*, p. 115; Walter Laqueur, « The First News of the Holocaust », The Leo Baeck Memorial Lecture, n° 23 (New York 1979), p. 29, et *The Terrible Secret: An Investigation into the Supression of Information about Hitler's Final Solution*, Londres, 1980.

13. *F.R.U.S.*, 1942, III, pp. 775 ss.

14. Friedländer, *op. cit.*, pp. 121-122; John P. Fox, « The Jewish Factor in British War Crimes Policy in 1942 », *English Historical Review*, XCII (janvier 1977), pp. 82-106.

15. Rutkowski, *op. cit.*, pp. 115-121.

16. Wellers, *L'Étoile jaune, op. cit.*, p. 229.

17. Le préfet du Gard, 1er octobre 1942, A.N.: F [ICIII]1153; le préfet régional de Marseille, 7 septembre 1942. A.N.: F [ICIII]1200; le préfet de la Haute-Savoie, 1er septembre 1942, A.N.: F [ICIII]1187; le préfet de la Vendée, 3 septembre 1942, A.N.: F [ICIII]1196.

18. Laqueur, « The First News... », *loc. cit.*, p. 30.

19. Jean Lacouture, *Léon Blum*, Paris, 1977, p. 504.

20. Wellers, *op. cit.*, pp. 4-5.

21. *Ibid.*, p. 231.

22. Catry à Röthke, 22 janvier 1944, T-120/2257 H/478626.

23. John S. Conway, « Frühe Augenzeugenberichte aus Auschwitz: Glaubwürdigkeit und Wirkungsgeschichte », *Vierteljahrshefte für Zeitgeschichte*, 27 (1979), pp. 260-283; G. Wellers, *op. cit.*, p. 230 ss.

24. Roberta WOHLSTETTER *Pearl Harbor: Warning and Decision*, Stanford, (Calif.), 1962.

25. A. RUTKOWSKI, *op. cit.*, p. 103.

26. C.A. MACARTNEY, *October 15: A History of Modern Hungary*, Edimbourg, 1957, II, p. 286, n. 3.

27. Rapport de Donald Lowrie, août 1942 et 7 octobre 1942, PRO: FO 371/32056 (Z 8804/1716/17).

28. Himmler à Kaltenbrunner, 9 avril 1943, Persönlicher Stab, Reichsführer-SS, T-175/003/625028.

29. Hans Buchheim, dans son étude « Der Ausdruck 'Sonderbehandlung' », *Gutachten des Instituts für Zeitgeschichte*, Munich, 1958, pp. 62-63, démontre sans aucun doute possible la signification de ce terme.

30. Dannecker à Knochen et Lischka, 13 mai 1942, C.D.J.C.: XXVb-29.

31. 13 mai 1942, ND: FR-1215 dans *La Persécution...*, *op. cit.*, pp. 121-122.

32ᵃ. Note de Dannecker, 15 juin 1942, dans L. STEINBERG, *op. cit.*, pp. 111-112.

32ᵇ. Debeney, « Étude sur la question des arrestations en France » 12 novembre 1943, A.N.: AGᴵᴵ530 CC 119.

33. LAQUEUR, « The First News », *loc. cit.*, p. 27.

34. Voir ci-dessus, p. 243.

35. David KNOUT, *Contribution à l'histoire de la résistance juive en France, 1940-1944*, Paris, 1947, pp. 62-63.

36. Note de Hagen, 3 septembre 1942, C.D.J.C.: XLIX-42 et aussi L. STEINBERG, *op. cit.*, p. 128.

37. STEINBERG, *op. cit.*, p. 135.

38. WELLERS, introduction à A. Rutkowski, *op. cit.*, pp. 16, 21-22.

39. Valeri au cardinal Maglione, 7 août 1942, dans *Le Saint-Siège et les victimes de la guerre, janvier 1941-décembre 1942*, Cité du Vatican, 1974, p. 614.

40. Cité dans J. BILLIG, *La Solution finale de la question juive: essai sur ses principes dans le IIIᵉ Reich en France sous l'occupation*, Paris, 1977, pp. 176-177. A l'automne 1943, le Consistoire essayait cependant encore de vérifier l'existence des chambres à gaz et d'un plan d'extermination totale. WELLERS, *L'Étoile jaune...*, *op. cit.*, p. 231.

41. *Églises et chrétiens...*, *op. cit.*, pp. 167-168.

42. C.D.J.C.: LXXXVIII-27.

43. Bœgner à Pétain, 20 août 1942, dans Pierre BOLLE, « Les protestants et leurs Églises devant la persécution des Juifs en France », Colloque du C.D.J.C., 1979, pp. 23-24.

44. *Les Églises protestantes...*, *op. cit.*, pp. 32-33.

45. M.G. Morquin, *La Dordogne sous l'occupation allemande*, vol. I, *Déportations, fusillades*, Périgueux, [1961], p. 15.

46. Haïm Avni, « The Zionist Underground in Holland and France and the Escape to Spain » dans *Rescue Attempts during the Holocaust: Proceedings of the Second Yad Vashem International Historical Conference, Jerusalem, april 8-11 1974*, sous la direction d'Yisraël Gutman et Efraïm Zuroff, Jérusalem, 1977, p. 562.

47. Une étude de Werner Best en août-septembre 1941 indique que 2 898 membres du personnel civil allemand étaient affectés en France occupée contre 3 192 en Hollande et 18 724 en Bohême-Moravie. Citant la maxime de von Stein, « gouverner peu », Best recommandait qu'on laissât les pays occupés s'administrer eux-mêmes aussi complètement que possible. T-501/101/1367.

48. Jacob Presser, *The Destruction of the Dutch Jews*, New York, 1969, pp. 56-57; B.A. Sijes, *De Februari-Staking*, La Haye, 1954. Nous remercions Jacob Willem Smit de son aide sur ce point.

49. Mario D. Fenyo, *Hitler, Horthy and Hungary*, New Haven, (Conn.), 1972, pp. 68-69 n.; Joseph Rothschild, *East Central Europe between the Wars*, Seattle, 1974, p. 289.

50. « Die Polizeiverwaltung unter dem MBF », BA: R70 Frankreich/13, pp. 167-168.

51. Macartney, *op. cit.*, I, pp. 218-229, 324-325 et 330.

52. Martin Broszat, « Das Dritte Reich und die Rumänische Judenpolitik », *Gutachten des Instituts für Zeitgeschichte*, Munich, 1958, p. 135.

53. Randolph L. Braham, *The Hungarian Labor Service System*, 1939-1945, New York, 1977; Macartney, *op. cit.*, II, p. 15.

54. Lubetzki, *op. cit.*, p. 29; R. Hilberg, *The Destruction of the European Jews*, Chicago, 1961, pp. 459-460 et 512-513; C.A. Macartney, *op. cit.*, I, pp. 218-219, 324-325. La Hongrie et la Slovaquie renforcèrent ultérieurement leur définition au-delà d'un critère strictement religieux.

55. Broszat, *op. cit.*, p. 139: il s'agit de plaintes des nazis contre la Roumanie.

56. Les statistiques de Hilberg sont généralement admises aujourd'hui. Voir aussi les appendices statistiques dans Nora Levin, *The Holocaust: The Destruction of European Jewry, 1939-1945*, New York, 1973, pp. 715-718 et Lucy Dawidowicz, *The War against the Jews*, New York, 1975, pp. 483-544.

57. Les documents essentiels sont contenus dans Matatias Carp, *Cartea Neagra*, 4 vol., Bucarest, 1947. Voir aussi Broszat, *op. cit.*, pp. 102-183. Nous remercions Peter Black de son aide sur ce point.

58. Broszat, *op. cit.*, pp. 167, 176; Andreas Hillgruber, *Hitler, König Carol und Marschall Antonescu: Die Deutsch-Rumänische Beziehungen, 1938-1944*, 2ᵉ éd., Wiesbaden, 1965, pp. 236-246.

59. Klarsfeld, *op. cit.*

60. Frederick B. CHARY, *The Bulgarian Jews and the Final Solution, 1940-1944*, Pittsburgh, 1972, chap. IV; « Deportation from the New Territories ». *Cf.* aussi l'expulsion en Galicie, à l'automne 1941, des réfugiés juifs étrangers de Hongrie, qu'il faut considérer en fonction du conflit concernant l'accueil des réfugiés. Ce sont les Allemands qui ont arrêté ce mouvement : MACARTNEY, *op. cit.*, II, pp. 37-38.

61. Leni YAHIL, *The Rescue of Danish Jewry: Test of a Democracy*, Philadelphie, 1969, pp. 19-20; *id.*, « Methods of Persecution: A Comparison of the Final Solution in Holland and Denmark », *Scripta Hierosolymita*, 23 (1972), pp. 279-300.

62. HILBERG, *op. cit.*, p. 364.

63a. PROUDFOOT, *op. cit.*, pp. 27-30. Beaucoup de réfugiés qui avaient gagné la France quittèrent le pays peu après leur arrivée.

63b. Irving ABELLA et Harold TROPER, « The Line Must be Drawn Somewhere: Canada and Jewish Refugees, 1933-1939 », *Canadian Historical Review*, LX (1979), pp. 180-209.

64. Voir les rapports du préfet André Jean-Faure sur les camps de « nomades » de Poitiers, Jargeau (Loiret) et Saliers (Bouches-du-Rhône) et ses espoirs de « stabilisation » des intéressés, A.N. : AGII27.

65. Le préfet régional de Bordeaux au ministère de l'Intérieur, juillet 1943, A.N. : F ICIII1199.

66. Michel DEBRÉ, « De nouveau, le racisme... », *le Figaro*, 11 décembre 1978; *cf.* la réponse de Bernard de FALLOIS, « Contre le racisme », *Le Monde*, 19 janvier 1979.

67. Robert O. PAXTON, *Parades and Politics at Vichy*, Princeton, (N.J.), 1966, p. 45.

68. Gratien Candace à Pétain, 2 septembre et octobre 1942, A.N. : AGII543.

69. Le contrôleur général René Carmille au C.G.Q.J., « Exploitation mécanographique du recensement juif », 2 juin 1942, A.N. : AJ38 147.

70. Oberg à Bousquet, 29 juillet 1942, AA : Botschaft Paris (g) 468, « Akten betreffend der Höhere SS - und Polizeiführer im Bereich des Militärbefehlshaber in Frankreich. »

71. Meir MICHAELIS, *Mussolini and the Jews: German-Italian Relations and the Jewish Question in Italy, 1922-1945*, Oxford, 1978, p. 179.

72. Félix KERSTEN, *The Kersten Memoirs, 1940-1945*, Londres, 1956, pp. 141-145.

73. Voir le rapport de la S.E.C. sur un horloger de Limoges, juin 1943, A.N. : AJ38 565.

ANNEXES

Liste des abréviations

Organigramme des autorités d'occupation allemandes participant à la politique dirigée contre les Juifs.
Équivalence des grades SS.

Liste des abréviations

AA — Auswärtiges Amt (ministère des Affaires étrangères allemand).

AFSC — American Friends Service Committee (Quakers).

A.N. — Archives nationales, Paris.

A.P.P. — Archives de la Préfecture de police, Paris.

A.T.J. — Agence télégraphique juive.

BA — Bundesarchiv (Archives fédérales allemandes), Coblence.

BDC — Berlin Document Center (Centre de documentation de Berlin).

BdS — Befehlshaber der Sicherheitsdienstes (commandant en chef de la Sécurité).

CIAF — Comissione italiana dell'armistizia con la Francia (Commission italienne d'armistice).

C.D.J.C. — Centre de documentation juive contemporaine, Paris.

C.G.Q.J. — Commissariat (ou Commissaire) général aux questions juives.

C.H.D.G.M. — Comité d'histoire de la Deuxième Guerre mondiale, Paris.

C.O. — Comité d'organisation.

D.Br.F.P. — *Documents on British Foreign Policy* (Documents relatifs à la politique extérieure anglaise).

D.F.C.A.A. — Délégation française auprès de la commission allemande d'armistice. *Recueil de documents publié par le gouvernement français*, 5 vol., Paris, 1947-1952.

D.G.F.P. — *Documents on German Foreign Policy* (Documents relatifs à la politique extérieure allemande).

F.R.U.S. — *Foreign Relations of the United States* (Documents relatifs aux relations extérieures des États-Unis).

G.T.E. — Groupements de travailleurs étrangers.

H.I.C.E.M. — Organisation internationale juive d'aide aux réfugiés.

J.O. — *Journal officiel.*

JTS — Jewish Theological Seminary, New York.

LBI — Leo Baeck Institute, New York.

MBF — Militärbefehlshaber in Frankreich (Commandement militaire allemand en France).

ND — Nuremberg Document (Document du procès de Nuremberg).

PRO — Public Record Office, Londres.

R.H.D.G.M. — *Revue d'histoire de la Deuxième Guerre mondiale.*

RSHA — Reichssicherheitshauptamt (Service central de la Sécurité).

S.C.A.P. — Service de contrôle des administrateurs provisoires.

SD — Sicherheitsdienst (Service de la sécurité).

S.E.C. — Section d'enquête et contrôle (Police antijuive spéciale du C.G.Q.J.).

T — Séries de microfilms, Archives nationales des États-Unis, Washington.

U.G. — Archives de l'U.G.I.F., Institut YIVO, New York.

V.O.B.I.F. — *Verordnungsblatt des Militärbefehlshabers in Frankreich* (Bulletin officiel du Commandement militaire allemand en France).

WL — Wiener Library, London.

YIVO — YIVO Institute for Jewish Research, New York.

YMCA — Young Men's Christian Association (Association chrétienne de jeunes hommes).

PRINCIPALES AUTORITÉS ALLEMANDES PARTIC

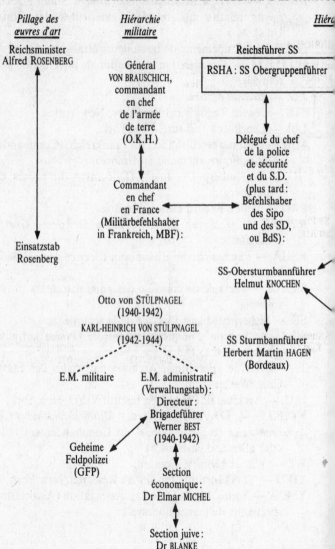

Pillage des œuvres d'art	*Hiérarchie militaire*	*Hiéra*
Reichsminister Alfred ROSENBERG		Reichsführer SS
	Général VON BRAUSCHICH, commandant en chef de l'armée de terre (O.K.H.)	RSHA : SS Obergruppenführer
		Délégué du chef de la police de sécurité et du S.D. (plus tard : Befehlshaber des Sipo und des SD, ou BdS) :
	Commandant en chef en France (Militärbefehlshaber in Frankreich, MBF) :	
Einsatzstab Rosenberg		
		SS-Obersturmbannführer Helmut KNOCHEN
	Otto von STÜLPNAGEL (1940-1942) KARL-HEINRICH VON STÜLPNAGEL (1942-1944)	
		SS Sturmbannführer Herbert Martin HAGEN (Bordeaux)
	E.M. militaire E.M. administratif (Verwaltungstab) : Directeur : Brigadeführer Werner BEST (1940-1942)	
	Geheime Feldpolizei (GFP)	
	Section économique : Dr Elmar MICHEL	
	Section juive : Dr BLANKE	

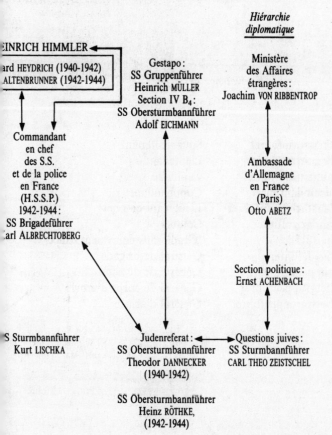

Hiérarchie diplomatique

EINRICH HIMMLER

ard HEYDRICH (1940-1942)
ALTENBRUNNER (1942-1944)

Gestapo :
SS Gruppenführer
Heinrich MÜLLER
Section IV B₄ :
SS Obersturmbannführer
Adolf EICHMANN

Ministère
des Affaires
étrangères :
Joachim VON RIBBENTROP

Commandant
en chef
des S.S.
et de la police
en France
(H.S.S.P.)
1942-1944 :
SS Brigadeführer
arl ALBRECHTOBERG

Ambassade
d'Allemagne
en France
(Paris)
Otto ABETZ

Section politique :
Ernst ACHENBACH

S Sturmbannführer
Kurt LISCHKA

Judenreferat : :
SS Obersturmbannführer
Theodor DANNECKER
(1940-1942)

SS Obersturmbannführer
Heinz RÖTHKE,
(1942-1944)

Questions juives :
SS Sturmbannführer
CARL THEO ZEISTSCHEL

Équivalence des grades des SS

Untersturmführer	Sous-lieutenant
Obersturmführer	Lieutenant
Hauptsturmführer	Capitaine
Sturmbannführer	Commandant
Obersturmbannführer	Lieutenant-colonel
Standartenführer	Colonel
Oberführer	(Grade sans équivalent exact)
Brigadeführer	Général de brigade
Gruppenführer	Général de division
Obergruppenführer	Général de corps d'armée
Oberstgruppenführer	Général d'armée

Source : L. Steinberg, *Les Autorités allemandes en France occupée*, Paris, 1966, p. 39 (avec une correction concernant le grade d'Oberführer).

DOCUMENTS

1. Décret-loi du 2 mai 1938 sur la police des étrangers.

2. Décret-loi du 12 novembre 1938 relatif à la situation et à la police des étrangers.

3. Loi du 3 octobre 1940 portant statut des Juifs.

4. Loi du 4 octobre 1940 sur les ressortissants étrangers de race juive.

5. Loi du 2 juin 1941 remplaçant la loi du 3 octobre 1940 portant statut des Juifs.

6. Loi du 2 juin 1941 prescrivant le recensement des Juifs.

7. Loi du 22 juillet 1941 relative aux entreprises, biens et valeurs appartenant aux Juifs.

8. Consignes de la préfecture de police de Paris pour les équipes chargées des arrestations : 11 juillet 1942.

9. Loi du 11 décembre 1942 relative à l'apposition de la mention «Juif» sur les titres d'identité délivrés aux Israélites français et étrangers.

Décret sur la police des étrangers[*]

RAPPORT

AU PRÉSIDENT DE LA RÉPUBLIQUE FRANÇAISE

Paris, le 2 mai 1938.

Monsieur le Président,

Le nombre sans cesse croissant d'étrangers résidant en France impose au Gouvernement, investi du pouvoir législatif dans un domaine nettement défini, d'édicter certaines mesures que commande impérieusement le souci de la sécurité nationale, de l'économie générale du pays et de la protection de l'ordre public.

Il convient d'indiquer, dès l'abord — et pour bien marquer le caractère du texte qui est soumis à votre haute approbation — que le présent projet de décret-loi ne modifie en rien les conditions régulières d'accès sur notre sol, qu'il ne porte aucune atteinte aux règles traditionnelles de l'hospitalité française, à l'esprit de libéralisme et d'humanité qui est l'un des plus nobles aspects de notre génie national.

La France reste toujours aussi largement ouverte à qui vient, chez elle, recueillir les enseignements de ses richesses intellectuelles et morales, visiter ses sites incomparables, apporter fraternellement sa contribution au travail de la nation. Elle reste toujours aussi largement ouverte à la pensée, à l'idéal persécutés, qui lui demandent asile, à la condition toutefois qu'il ne soit pas fait du titre respectable de réfugié politique un usage illégitime qui serait un abus de confiance, et qu'une conduite exempte de tout reproche, une

* Source : *Journal officiel*, 3 mai 1938, p. 4967.

attitude absolument correcte vis-à-vis de la République et de ses institutions, soient l'inflexible règle pour tous ceux qui bénéficient de l'accueil français.

Cet esprit de générosité envers celui que nous nommerons l'étranger de bonne foi trouve sa contre-partie légitime dans une volonté formelle de frapper désormais de peines sévères tout étranger qui se serait montré indigne de notre hospitalité.

Et tout d'abord, la France ne veut plus chez elle d'étrangers «clandestins», d'hôtes irréguliers : ceux-ci devront, dans le délai d'un mois fixé par le présent texte, s'être mis en règle avec la loi ou, s'ils le préfèrent, avoir quitté notre sol. C'est ainsi que, dans une pensée d'ordre et de sécurité qui domine les dispositions ci-dessous, nous avons cru devoir faire disparaître ce que nous appellerons le «non-délit impossible». Il peut, en effet, se produire — le cas est plus fréquent qu'on ne le croit généralement — qu'un étranger frappé par un arrêté d'expulsion se trouve hors d'état d'obtenir le visa étranger qui lui permettrait de quitter notre pays et d'aller ailleurs ; contre sa volonté, il se trouve en état de délit permanent, ce qui constitue évidemment une situation inadmissible. Il y a là un état de fait qu'il faut aborder en face et qu'il faut régler ; c'est pourquoi un article spécial dispose que, dans un tel cas, le ministre de l'intérieur pourra assigner à l'intéressé une résidence déterminée qui rendra sa surveillance possible. Si l'étranger indésirable ne se soumet pas, il sera frappé des mêmes peines que l'expulsé rentré irrégulièrement en France, peines que le texte rend justement sévères.

Pour déceler et identifier les étrangers clandestins et ceux qui ne sont pas en règle, il nous a paru indispensable d'étendre à tout logeur, professionnel ou bénévole, l'obligation de déclarer, dans des formes d'ailleurs extrêmement simples et commodes à fixer par voie réglementaire, qu'il héberge un étranger. Rien de vexatoire dans une telle obligation, simple mesure d'ordre dont on aperçoit toute la portée pratique comme toute l'efficacité.

Ajoutons encore que le nouveau texte, en son article 4, permet d'atteindre, par des sanctions rigoureuses, toutes les officines louches, tous les individus qui, gravitant autour des étrangers indésirables, font un trafic honteux de fausses pièces, de faux passeports, sont les complices d'actes irréguliers souvent très graves, dans leurs conséquences, pour la sécurité publique ; en outre, par l'article 12, se trouve sanctionné, d'une manière sévère, l'usage par un étranger d'une fausse identité, d'un faux état civil.

A côté de ces dispositions, dont la rigueur, nécessaire à la sauvegarde de la sécurité nationale, ne peut atteindre ou inquiéter que celui qui n'est pas digne de l'hospitalité française, l'article 10 apporte une innovation considérable par sa portée morale : si cette sécurité nationale, si l'ordre public ne sont pas directement en jeu, tout étranger n'ayant subi aucune condamnation de droit commun et se trouvant en situation régulière, mais dont l'éloignement de notre sol aura paru désirable, sera avisé à l'avance de la mesure qui peut être prise contre lui et pourra, s'il en exprime le désir, être personnellement entendu, dans ses explications, par un délégué, spécialement choisi, du préfet. Procès-verbal de son audition sera joint au dossier et soumis au ministre de l'intérieur qui statuera en toute connaissance de cause. Ainsi l'étranger intéressé, si modeste qu'il soit, trouvera, dans cette disposition libérale, une garantie qu'il n'avait pas jusqu'ici et qu'il nous a paru légitime d'accorder dans les limites qui viennent d'être définies.

S'il fallait résumer, dans une formule brève, les caractéristiques du présent projet, nous soulignerions qu'il crée une atmosphère épurée autour de l'étranger de bonne foi, qu'il maintient pleinement notre bienveillance traditionnelle pour qui respecte les lois et l'hospitalité de la République, mais qu'il marque enfin, pour qui se montre indigne de vivre sur notre sol, une juste et nécessaire rigueur.

Nous vous prions d'agréer, monsieur le Président, l'hommage de notre respectueux dévouement.

Le président du conseil,
ministre de la défense nationale
et de la guerre,
Édouard DALADIER.

Le ministre de l'intérieur,
Albert SARRAUT.

Le garde des sceaux, ministre de la justice,
Paul REYNAUD.

Le ministre des finances,
Paul MARCHANDEAU.

Le Président de la République française,

Sur le rapport du président du conseil, ministre de la défense nationale et de la guerre, et des ministres de l'intérieur, de la justice et des finances,

Vu la loi du 13 avril 1938 autorisant le Gouvernement à prendre par décret toutes dispositions ayant force de loi pour faire face aux dépenses nécessitées par la défense nationale et redresser les finances et l'économie de la nation,

Le conseil des ministres entendu,

Décrète :

Article 1er. — Tout étranger qui séjourne en France plus de deux mois doit être titulaire d'une carte d'identité d'étranger ou de tourisme demandée et délivrée dans les conditions d'âge, de délais et de formes fixées par voie réglementaire.

Le délai de deux mois peut être modifié par décret.

Tout étranger doit, pour rentrer en France, être muni des documents exigés par les conventions internationales en vigueur et tous textes réglementaires.

Art. 2. — L'étranger qui aura pénétré en France

irrégulièrement, clandestinement ou non muni de ces documents revêtus des timbres et visas réglementaires, sera passible d'une amende de 100 à 1 000 F et d'un emprisonnement de un mois à un an.

Toutefois, avant toute poursuite à engager en vertu du paragraphe précédent, les réfugiés politiques qui auront, à leur entrée en France, au premier poste frontière, revendiqué cette qualité dans les formes et conditions qui seront déterminées, feront l'objet d'une enquête administrative sur le vu de laquelle le ministre de l'intérieur statuera.

Celui auquel la carte d'identité aura été refusée ou retirée et qui, malgré ce refus ou ce retrait, sera trouvé séjournant sur le territoire, ou celui dont la situation n'aura pas fait l'objet d'une régularisation administrative, sera puni d'une amende de 100 à 1 000 F et d'un emprisonnement de un mois à un an.

Cet étranger sera, en outre, à l'expiration de sa peine, expulsé du territoire français par le ministre de l'intérieur.

Art. 3. — L'étranger qui, sans excuse valable, aura omis de solliciter dans les délais réglementaires la délivrance d'une carte d'identité, sera, sans préjudice des amendes fiscales, passible d'une amende de 100 à 1 000 F et d'un emprisonnement de un mois à un an.

Art. 4. — Tout individu qui par aide directe ou indirecte aura facilité ou tenté de faciliter l'entrée, la circulation ou le séjour irréguliers d'un étranger sera puni des peines prévues à l'article précédent.

Art. 5. — Les étrangers possédant les pièces justifiant qu'ils sont en règle avec la législation les concernant, doivent en être porteurs de manière à pouvoir les présenter à toute réquisition sous peine d'une amende de 5 à 15 F.

Art. 6. — Toute personne logeant ou hébergeant un étranger en quelque qualité que ce soit, même à titre gracieux, ou louant des locaux nus à un étranger, devra, dans les vingt-quatre heures de l'arrivée ou de la location, pour les hôteliers, logeurs et gérants responsables de pensions de famille, et dans les quarante-huit heures au plus, pour les particuliers, en faire la déclaration au commissariat de police du quartier ou de la commune dans laquelle résidera l'étranger ou à la gendarmerie, ou à défaut à la mairie.

Les infractions à cette obligation seront punies d'une amende de 5 à 15 F, sans préjudice des poursuites qui pourront être intentées en application de l'article 4 du présent décret-loi et des mesures d'expulsion qui pourront être prises à l'encontre des logeurs de nationalité étrangère, qu'ils soient professionnels ou particuliers.

Art. 7. — Tout étranger autorisé à séjourner en France changeant de domicile ou de résidence, même dans les limites d'une même commune si celle-ci compte plus de 10 000 habitants, doit faire connaître sa nouvelle adresse en faisant viser sa carte d'identité au départ et à l'arrivée au commissariat de police, ou à défaut à la mairie, sous peine d'une amende de 16 à 1 000 F.

Ces dispositions ne sont pas applicables aux titulaires de la carte de tourisme et à ceux qui ne font pas en France un séjour dont la durée les astreint à demander la délivrance d'une carte d'identité.

Art. 8. — Le ministre de l'intérieur pourra, par mesure de police en prenant un arrêté d'expulsion, enjoindre à tout étranger domicilié en France ou y voyageant de sortir immédiatement du territoire français et le faire conduire à la frontière.

Dans les départements frontières, le préfet aura le même droit, à charge d'en référer immédiatement au ministre de l'intérieur.

Art. 9. — Tout étranger expulsé qui se sera soustrait à l'exécution des mesures énoncées dans l'article précédent ou dans l'article 272 du code pénal, ou qui, après être sorti de France, y aura pénétré de nouveau, sans autorisation, sera condamné à un emprisonnement de six mois à trois ans. A l'expiration de sa peine, il sera conduit à la frontière.

Art. 10. — L'étranger à même de justifier qu'il est entré en France dans des conditions régulières, qu'il n'a encouru aucune condamnation correctionnelle ou criminelle de droit commun, auquel l'autorisation de séjour aura été accordée par la délivrance d'une carte d'identité de validité normale, ne pourra être expulsé qu'après avoir été entendu personnellement par un délégué du préfet s'il en manifeste le désir.

Un procès-verbal constatant les explications et justifications de l'intéressé sera dressé et transmis au ministre de l'intérieur.

L'étranger aura huit jours à partir de la notification de la mesure administrative envisagée à son encontre pour exercer le droit qui lui est donné par le présent article.

Cette procédure ne sera pas applicable si la mesure d'éloignement est provoquée par des motifs touchant à l'ordre public ou à la sécurité nationale dont le ministre de l'intérieur ou les préfets des départements frontières restent seuls juges.

Art. 11. — L'étranger pour lequel il sera démontré qu'il se trouve dans l'impossibilité de quitter le territoire français ne sera pas assujetti aux dispositions des articles 8 et 9 du présent décret-loi ; toutefois, le ministre de l'intérieur pourra astreindre ledit étranger à résider dans des lieux qu'il fixera et dans lesquels l'intéressé devra se présenter périodiquement aux services de police ou de gendarmerie.

Les étrangers ainsi visés qui n'auraient pas rejoint, dans le délai prescrit par le ministre de l'intérieur, la résidence assignée, ou qui ultérieurement auraient quitté cette résidence sans autorisation du ministre de l'intérieur, seront passibles d'un emprisonnement de six mois à trois ans.

Art. 12. — La fausse déclaration d'état civil, en vue de dissimuler sa véritable identité, ou l'usage de fausses pièces d'identité entraînera pour l'étranger délinquant la condamnation au maximum des peines prévues dans les différents articles du présent décret-loi.

Art. 13. — La loi du 26 mars 1891 n'est pas applicable aux peines prévues par le présent décret-loi.

Les dispositions de l'article 463 du code pénal ne sont applicables qu'aux cas visés par l'article 7.

Art. 14. — Sont abrogées toutes dispositions contraires au présent décret qui est applicable à l'Algérie et qui entrera en vigueur dès sa publication au *Journal officiel.*

Les étrangers actuellement en France devront avant le 31 mai 1938 s'être mis en règle avec les dispositions du présent décret.

Art. 15. — Le président du conseil, ministre de la défense nationale et de la guerre, les ministres de l'intérieur, de la justice sont chargés, chacun en ce qui le concerne, de l'exécution du présent décret qui sera publié au *Journal officiel* de la République française et soumis à la ratification des Chambres, conformément à la loi du 13 avril 1938.

Fait à Paris, le 2 mai 1938.

Albert LEBRUN.

Par le Président de la République :

Le président du conseil,
ministre de la défense nationale
et de la guerre
Édouard DALADIER.
Le ministre de l'intérieur,
Albert SARRAUT.
Le garde des sceaux, ministre de la justice,
Paul RAYNAUD.
Le ministre des finances,
Paul MARCHANDEAU.

Décret relatif à la situation
et à la police des étrangers*

RAPPORT

AU PRÉSIDENT DE LA RÉPUBLIQUE FRANÇAISE

Paris, le 12 novembre 1938.

Monsieur le Président,

Les décrets des 2 et 14 mai dernier, qui réglementent en France la situation des étrangers, ont clairement marqué la discrimination que le Gouvernement entendait faire entre les individus moralement douteux, indignes de notre hospitalité, et la partie saine et laborieuse de la population étrangère.

Ces textes, qui répondaient à un vœu unanime, ont déjà eu les effets les plus utiles. Nous estimons qu'il serait opportun d'en faciliter encore l'application et d'en compléter les très importants résultats par un certain nombre de mesures les unes nouvelles, les autres destinées à fixer certains points essentiels d'application des principes généraux posés dans les décrets de mai 1938.

Tout d'abord, il est indispensable de formuler une définition du domicile et de la résidence des étrangers se trouvant sur le territoire, définition qui n'existe actuellement dans aucun texte. Il en résulte qu'actuellement peuvent être données toutes les interprétations de la notion de domicile et qu'une simple résidence de fait, même irrégulière, peut conférer à des étrangers les mêmes droits qu'un domicile

* Source : *Journal officiel*, 13 novembre 1938, p. 12920.

légal. Il convient donc de déterminer très explicitement les conditions d'acquisition du domicile et de la résidence.

Nous avons, en même temps, réglementé le mariage des étrangers en subordonnant sa célébration à la domiciliation régulière en France. Nous avions constaté, en effet, le nombre croissant des étrangers qui n'hésitaient pas, pour faire échec à des mesures d'éloignement, à contracter des mariages de pure forme, afin d'acquérir des attaches françaises. Il fallait mettre un terme à ces abus.

Puis, tout en précisant les droits dont jouissent les étrangers naturalisés, nous avons déterminé les modalités suivant lesquelles certains étrangers pourraient accéder de plein droit à la nationalité française, en raison, soit de leur naissance en France, soit de leur mariage avec un de nos nationaux. Il importe, en effet, d'enlever à cette accession son caractère trop « automatique »; ici plus qu'ailleurs, il convient de faire le partage entre les bons éléments et les indésirables qui, pour être exclus de notre territoire, ne doivent évidemment pas pouvoir s'intégrer dans la collectivité française.

Cette préoccupation nous a également amené à simplifier la procédure de déchéance de nationalité, car, si notre législation se montre des plus libérales pour attribuer aux étrangers la qualité de Français, il importe que les autorités responsables aient à leur disposition des moyens prompts et efficaces pour retirer notre nationalité aux naturalisés qui se montreraient indignes du titre de citoyen français.

Par ailleurs, nous avons pensé que la naturalisation ne devait plus comporter l'octroi immédiat du droit de vote ; le nouveau français doit faire son éducation de citoyen de la République, avant d'y exercer un droit souverain. Des dispositions précédentes l'avaient déjà écarté pour dix ans, des fonctions publiques et électives ; il nous a paru qu'il convenait de ne conférer la qualité d'électeur qu'au bout d'un délai de cinq ans, à moins qu'il n'ait accompli effectivement le temps de service actif dans l'armée française. Cette disposition n'a, évidemment, pas de caractère rétroactif.

Enfin, s'il fallait strictement réglementer les conditions d'acquisition de la nationalité française, il n'était pas moins indispensable d'assurer l'élimination rigoureuse des indésirables. Sans doute le ministre de l'intérieur a-t-il le droit d'expulser les étrangers résidant en France, ou, s'ils sont dans l'impossibilité de trouver un pays qui les accepte, peut-il leur assigner une résidence dans une localité déterminée, mais il est de ces étrangers qui, en raison de leurs antécédents judiciaires ou de leur activité dangereuse pour la sécurité nationale, ne peuvent, sans péril pour l'ordre public, jouir de cette liberté encore trop grande que leur conserve l'assignation à résidence. Aussi est-il apparu indispensable de diriger cette catégorie d'étrangers vers des centres spéciaux où elle fera l'objet d'une surveillance permanente que justifient leurs infractions répétées aux règles de l'hospitalité.

En outre, à l'égard des étrangers expulsés qui, ayant parfaitement la possibilité de quitter la France, s'obstinent à enfreindre les ordres de départ, la peine de la relégation est la seule sanction efficace pour éviter la violation répétée des mesures d'éloignement prises par les autorités françaises.

Telles sont les diverses réformes que réalise le présent décret que nous avons l'honneur de soumettre à votre haute approbation.

Veuillez agréer, monsieur le Président, l'hommage de notre profond respect.

Le président du conseil,
ministre de la défense nationale et de la guerre,
Édouard DALADIER.

Le ministre de l'intérieur,
Albert SARRAUT.
Le garde des sceaux, ministre de la justice,
Paul MARCHANDEAU.

Le Président de la République française,

Sur le rapport du président du conseil, ministre de la défense nationale et de la guerre, du ministre de l'intérieur, du garde des sceaux, ministre de la justice,

Vu la loi du 5 octobre 1938, tendant à accorder au Gouvernement les pouvoirs pour réaliser le redressement immédiat de la situation économique et financière du pays ;

Vu le décret du 2 mai 1938, sur la police des étrangers ;

Vu la loi du 10 août 1927 sur la nationalité française ;

Le conseil des ministres entendu,

Décrète :

TITRE Ier

CONDITIONS DANS LESQUELLES LES ÉTRANGERS PEUVENT BÉNÉFICIER DES DROITS SUBORDONNÉS A L'EXISTENCE D'UN DOMICILE OU D'UNE RÉSIDENCE EN FRANCE.

Article 1er. — Les étrangers ne peuvent bénéficier des droits dont l'acquisition, l'exercice ou la jouissance sont subordonnés par les textes législatifs ou réglementaires à des conditions de domicile ou de résidence en France que si, au moment de l'acquisition, de la jouissance ou de l'exercice de ces droits, ils sont autorisés par les autorités administratives compétentes à séjourner sur le territoire français, pendant une durée supérieure à un an. Les permis de séjour accordés pour un an, ou moins d'un an, ne peuvent, même s'ils ont été renouvelés, tenir lieu de l'autorisation ci-dessus exigée.

Les étrangers qui auront, soit cessé volontairement d'avoir leur domicile ou leur résidence régulière en France, soit reçu l'ordre des autorités administratives compétentes, de quitter le territoire, ne pourront plus se prévaloir du bénéfice de l'alinéa précédent.

Art. 2. — Les mineurs étrangers qui ne sont pas soumis à la réglementation relative au séjour des étrangers en France, ne peuvent bénéficier des droits visés à l'article 1er, que si leur représentant légal, au cas où il serait lui-même étranger, remplit personnellement les conditions exigées par ledit article.

Art. 3. — La preuve de l'autorisation de séjour prévue par l'article 1er sera rapportée par la production, soit de la carte d'identité réglementaire d'étranger, soit d'un certificat délivré par la préfecture du lieu du domicile ou de la résidence de l'intéressé, mentionnant la date à laquelle celui-ci a été admis à s'établir sur le territoire français et la durée de l'autorisation accordée.

Art. 4. — Les étrangers soumis à des mesures prises en application de l'article 11 du décret du 2 mai 1938 ne pourront se prévaloir des droits susmentionnés.

Art. 5. — Les dispositions qui précèdent sont applicables aux étrangers ayant pénétré en France antérieurement à la mise en vigueur du présent décret.

Art. 6. — Il n'est pas dérogé par le présent décret au décret du 17 juin 1938 tendant à assurer la protection du commerce français.

TITRE II

RÈGLES RELATIVES
AU MARIAGE DES ÉTRANGERS

Art. 7. — Sans préjudice de l'application des dispositions du titre V du livre 1er du code civil, le mariage de l'étranger ne pourra être célébré en France, que si l'étranger remplit les conditions exigées par l'article 1er du présent décret.

Art. 8. — L'officier de l'état civil qui célébrerait le

mariage d'un étranger en violation des dispositions de l'article précédent sera passible de l'amende prévue à l'article 192 du code civil.

L'étranger qui, sans remplir les conditions exigées par l'article précédent, aura contracté mariage en France, sera puni d'une amende de 16 à 300 F et d'un emprisonnement de trois mois au moins et de six mois au plus.

Art. 9. — Les dispositions des titres Ier et II ne sont pas applicables aux agents diplomatiques et aux consuls de carrière.

TITRE III

MODIFICATION DE LA LOI DU 10 AOUT 1927 SUR LA NATIONALITÉ FRANÇAISE

Chapitre 1er

Modification des règles d'acquisition de la nationalité française.

Art. 10. — Le chiffre 7 de l'article 1er de la loi du 10 août 1927 est modifié comme suit :

« 7. Tout individu, né en France de parents inconnus. »

Art. 11. — Le dernier alinéa de l'article 2 de la loi du 10 août 1927 est modifié comme suit :

« Les dispositions du présent article ainsi que celles des alinéas 2°, 3°, 5° et 6° de l'article 1er ne sont pas applicables aux enfants nés en France des agents diplomatiques et des consuls de carrière de nationalité étrangère qui, s'ils y sont domiciliés, auront la faculté, à partir de l'âge de seize ans, jusqu'à l'âge de vingt-deux ans accomplis, de réclamer la qualité de Français aux conditions fixées par l'article 3. »

Art. 12. — L'alinéa 5 de l'article 3 de la loi du 10 août 1927, est modifié ainsi qu'il suit :

« Les dispositions du présent article ne sont pas applicables à l'individu contre lequel a été pris un arrêté d'expulsion ou un arrêté d'assignation à résidence, qui n'aura pas été expressément rapporté dans les formes où il est intervenu. »

Art. 13. — L'alinéa *b* de l'article 4 de la loi du 10 août 1927 est modifié ainsi qu'il suit :

« L'individu contre lequel a été pris un arrêté d'expulsion ou un arrêté d'assignation à résidence qui n'aura pas été expressément rapporté dans les formes où il est intervenu. »

Art. 14. — Le chiffre 1°, de l'alinéa 4 de l'article 7 de la loi du 10 août 1927, est modifié ainsi qu'il suit :

« 1° Aux individus qui, âgés de moins de vingt et un ans, auraient fait l'objet d'un arrêté d'expulsion ou d'un arrêté d'assignation à résidence, qui n'aura pas été expressément rapporté dans les formes où il est intervenu. »

Art. 15. — Le 3ᵉ alinéa de l'article 5 de la loi du 10 août 1927 est abrogé.

Art. 16. — L'article 5 de la loi du 10 août 1927 est complété ainsi qu'il suit :

« La participation aux opérations de recrutement dans les conditions prévues à l'alinéa 4 de l'article 3, confère la qualité de français à dater du jour de la comparution volontaire de l'intéressé devant le conseil de révision ».

Art. 17. — L'alinéa 2, du chiffre 1° de l'article 6 de la loi du 10 août 1927, est modifié comme suit :

« Est assimilé à la résidence en France :

« *a)* Le séjour en pays étranger pour l'exercice d'une fonction conférée par le Gouvernement français ou l'exercice d'une fonction ou d'un emploi au siège d'une ambassade ou légation française ;

« *b)* Le séjour dans un pays en union douanière avec la France. »

Art. 18. — Il est inséré entre les articles 7 et 8 de la loi du 10 août 1927 un article *7 bis*, ainsi conçu :

« Lorsqu'un étranger aura sciemment fait une fausse déclaration, présenté une pièce contenant une assertion mensongère ou erronée, ou employé des manœuvres frauduleuses quelconques à l'effet d'obtenir sa naturalisation ou sa réintégration, le décret intervenu pourra, sous réserve des droits ouverts au profit des tiers de bonne foi, être rapporté par décret rendu sur avis conforme du conseil d'État. L'intéressé dûment appelé, aura la faculté de produire des pièces et mémoires.

« Le décret devra être rapporté dans un délai de dix ans à partir de la découverte de la fraude, délai qui court seulement à dater de la mise en vigueur de la présente disposition si la découverte de la fraude est antérieure à sa mise en vigueur. »

Art. 19. — L'article 8 de la loi du 10 août 1927 est abrogé et remplacé par les dispositions suivantes :

« La femme étrangère qui épouse un français n'acquiert la qualité de française que sur sa demande expresse, formulée par voie de déclaration souscrite avant la célébration du mariage.

« Les dispositions du présent article ne sont pas applicables :

« a) A la femme contre laquelle a été pris un arrêté d'expulsion ou d'assignation à résidence qui n'aura pas été expressément rapporté dans les formes où il est intervenu ;

« b) A la femme qui aura contracté mariage en France sans remplir les conditions exigées par la loi pour le mariage avec des étrangers en France ;

« c) A la femme qui, dans le délai prévu à l'alinéa 2, se sera vu refuser l'acquisition de la nationalité française par décret rendu à la demande du ministre de l'intérieur, sur la proposition du garde des sceaux, ministre de la justice, et sur avis conforme du conseil d'État. »

« Art. 8 bis. — La femme française qui épouse un étranger conserve la nationalité française à moins que par déclaration souscrite avant la célébration du mariage, elle ne déclare expressément vouloir acquérir, en conformité des dispositions de la loi nationale du mari, la nationalité de ce dernier. »

Art. 20. — Les alinéas 5 et suivants de l'article 6 de la loi du 10 août 1927 sont abrogés et remplacés par les dispositions suivantes :

« L'étranger naturalisé jouit de tous les droits attachés à la qualité de Français.

« Néanmoins, lorsque la qualité de citoyen français est nécessaire pour permettre l'inscription sur des listes électorales quelles qu'elles soient, il ne devient électeur qu'à l'expiration d'un délai de cinq années, à dater du décret de naturalisation.

« Lorsque l'exercice de fonctions ou de mandats électifs est conditionné par la qualité de citoyen français, le naturalisé ne pourra être investi de ces fonctions ou mandats, que dix ans après le décret de naturalisation. »

Toutefois, il jouira de tous les droits énumérés aux deux paragraphes précédents, s'il a accompli effectivement le temps de service actif dans l'armée française, correspondant aux obligations de sa classe d'âge.

« Il pourra, cependant, à l'expiration des cinq années après lesquelles il devient électeur, obtenir, pour des motifs exceptionnels, que le délai de dix ans prévu ci-dessus soit abrogé par décret, dans la forme prescrite pour les règlements d'administration publique, sur rapport motivé du garde des sceaux, ministre de la justice.

« Pendant dix ans, à partir du décret qui lui a conféré la naturalisation, l'étranger ne peut être nommé à des fonctions publiques rétribuées par l'État, inscrit à un barreau ou nommé titulaire d'un office ministériel.

« Cette incapacité ne frappera pas les naturalisés qui auront accompli cinq ans au moins de service militaire. »

Art. 21. — L'article 14 de la loi du 10 août 1927 est complété ainsi qu'il suit :

« L'incapacité établie par l'alinéa 6 de l'article 6 ne frappe pas les étrangers naturalisés antérieurement au 15 novembre 1938.

« L'incapacité établie à l'alinéa 10 dudit article 6 ne frappe pas les étrangers naturalisés antérieurement au 20 juillet 1934 et qui ont accompli effectivement le temps de service actif dans l'armée française correspondant aux obligations de leur classe d'âge. »

Chapitre 2

Modifications des règles de la perte de nationalité française.

Art. 22. — Les articles 9 et 10 de la loi du 10 août 1927 sont ainsi modifiés :

« Art. 9. — Perdent la nationalité de Français :

« 1° Le Français naturalisé à l'étranger ou celui qui acquiert sur sa demande une nationalité étrangère par l'effet de la loi, après l'âge de 21 ans.

« Toutefois, jusqu'à l'expiration d'un délai de dix ans à partir soit de l'incorporation dans l'armée active, soit de l'inscription sur les tableaux de recensement en cas de dispense du service actif, l'acquisition de la nationalité étrangère ne lui fait perdre la qualité de Français que si elle a été autorisée par le Gouvernement français ;

« 2° Le Français qui a répudié la nationalité française dans le cas prévu à l'article 2 ;

« 3° Le Français même mineur, qui, possédant une nationalité étrangère, est autorisé, sur sa demande, par le Gouvernement français à la conserver ;

« 4° La Française, même mineure, qui a opté pour la nationalité étrangère de son mari, dans les cas prévus à l'article 8 *bis* ;

« 5° Le Français qui, remplissant à l'étranger un emploi dans un service public, le conserve nonobstant l'injonction de le résigner dans un délai déterminé qui lui aura été fait par le Gouvernement français. Cette mesure pourra être étendue à la femme et aux enfants mineurs par décret rendu dans les formes prévues à l'article 10 ;

« 6° Le Français qui, possédant la nationalité d'un pays étranger dont il se comporte en fait comme le national, est déclaré avoir perdu la nationalité française par décret rendu dans les formes prévues à l'article 10. Cette mesure pourra, dans les mêmes formes, être étendue à la femme et aux enfants mineurs ;

« 7° Le Français déchu de la nationalité française dans les cas prévus à l'article 10 ci-après.

« Art. 10. — L'étranger devenu Français sur sa demande ou celle de ses représentants légaux, ou par application de l'article 4, peut être déchu de cette nationalité à la demande du ministre de l'intérieur, par décret rendu sur la proposition du garde des sceaux, ministre de la justice, et sur avis conforme du conseil d'État. L'intéressé dûment appelé a la faculté de produire des pièces et des mémoires.

« Cette déchéance sera encourue :

« 1° Pour avoir accompli des actes contraires à l'ordre public, à la sûreté intérieure ou extérieure de l'État ou au fonctionnement de ses institutions ;

« 2° Pour s'être livré, au profit d'un pays étranger, à des actes incompatibles avec la qualité de citoyen français.

« 3° Pour s'être soustrait aux obligations résultant pour lui des lois de recrutement ;

« 4° Pour avoir, en France ou à l'étranger, commis un crime ou un délit ayant entraîné une condamnation à une peine d'au moins une année d'emprisonnement.

« Le décret devra intervenir dans les dix ans du décret de naturalisation si les faits sont antérieurs audit décret et dans les dix ans de la perpétration des faits s'ils sont postérieurs à la naturalisation.

« Cette déchéance sera encourue quelle que soit la date de

l'acquisition de la qualité de Français, même si elle est antérieure à la mise en vigueur de la présente disposition mais à condition que les faits s'ils sont postérieurs à la naturalisation, aient été commis avant l'expiration d'un délai de dix ans à compter de cette acquisition.

« Cette mesure pourra dans les mêmes formes être étendue à la femme et aux enfants mineurs. »

Art. 23. — Le dernier alinéa du décret du 17 juin 1938 relatif à la condition des fils d'étrangers nés en France et résidant en Tunisie est modifié ainsi qu'il suit :

« Les dispositions du présent article ne sont pas applicables à l'individu contre lequel a été pris un arrêté d'expulsion qui n'aura pas été rapporté expressément dans les formes où il est intervenu. »

TITRE IV

MESURES RELATIVES A
CERTAINS ÉTRANGERS INDÉSIRABLES

Art. 24. — L'article 9 du décret-loi du 2 mai 1938 sur la police des étrangers est remplacé par les dispositions suivantes :

« Tout étranger expulsé qui se sera soustrait à l'exécution des mesures énoncées dans l'article précédent, ou dans l'article 273 du code pénal, ou qui, après être sorti de France y aura pénétré de nouveau, sans autorisation, sera condamné à un emprisonnement de six mois à trois ans. A l'expiration de sa peine, il sera conduit à la frontière.

La disposition suivante est insérée dans l'article 4 de la loi du 27 mai 1885, entre le paragraphe 4° de l'alinéa 1er et l'alinéa 2 :

« Pourra être relégué tout étranger frappé d'un arrêté d'expulsion et qui, dans un intervalle de dix ans, non compris les peines subies, aura encouru trois condamnations prononcées en application soit de l'article 8 de la loi du 3 décembre 1849, soit des articles 9, paragraphe 1er, et 11, paragraphe 3, du décret du 2 mai 1938 sur la police des étrangers, à la condition toutefois que l'une au moins de ces condamnations soit supérieure à un an d'emprisonnement. »

Art. 25. — L'article 11 du décret du 2 mai 1938, sur la police des étrangers, est remplacé par les dispositions suivantes :

« L'étranger pour lequel il sera démontré qu'il se trouve dans l'impossibilité de quitter le territoire français bien qu'assujetti aux dispositions des articles 8 et 9 du présent décret, pourra, jusqu'à ce qu'il soit en mesure de déférer, être astreint à résider dans les lieux fixés par le ministre de l'intérieur, et dans lesquels il devra se présenter périodiquement aux services de police ou de gendarmerie.

« Tout étranger visé à l'alinéa précédent qui, dans l'intérêt de l'ordre ou de la sécurité publique, devra être soumis à des mesures de surveillance plus étroites que celles dictées à l'alinéa précédent, sera astreint à résider dans un des cantons dont la désignation sera faite par décret et dont l'organisation sera établie par les ministres de l'intérieur et, s'il y a lieu, par le ministre des colonies.

« Les étrangers, ainsi visés dans les deux premiers alinéas, qui n'auraient pas rejoint, dans le délai prescrit par le ministre de l'intérieur, la résidence assignée, ou qui, ultérieurement, auraient quitté cette résidence sans autorisation du ministre de l'intérieur, seront passibles d'un emprisonnement de six mois à trois ans. »

TITRE V

Art. 26. — Des décrets préciseront, en tant que de besoin, les modalités d'application du présent décret.

Art. 27. — Des décrets simples fixeront les conditions d'application du présent décret en Algérie et dans les colonies y compris les Antilles et la Réunion.

Art. 28. — Le président du conseil, ministre de la défense nationale et de la guerre, les ministres de l'intérieur, de la justice, sont chargés, chacun en ce qui le concerne, de l'exécution du présent décret qui sera publié au *Journal officiel* de la République française et soumis à la ratification des Chambres avant le 1er janvier 1939, conformément à la loi du 5 octobre 1938.

Fait à Paris, le 12 novembre 1938,

Albert LEBRUN.

Par le Président de la République :

Le président du conseil,
ministre de la défense nationale
et de la guerre,
Édouard DALADIER.

Le ministre de l'intérieur,
Albert SARRAUT.

Le garde des sceaux, ministre de la justice,
Paul MARCHANDEAU.

LOI portant statut des juifs*

Nous, Maréchal de France, chef de l'État français,
Le conseil des ministres entendu,

Décrétons :

Article 1er. — Est regardé comme juif, pour l'application de la présente loi, toute personne issue de trois grands-parents de race juive ou de deux grands-parents de la même race, si son conjoint lui-même est juif.

Art. 2. — L'accès et l'exercice des fonctions publiques et mandats énumérés ci-après sont interdits aux juifs :

1. Chef de l'État, membre du Gouvernement, conseil d'État, conseil de l'ordre national de la Légion d'honneur, cour de cassation, cour des comptes, corps des mines, corps des ponts et chaussées, inspection générale des finances, cours d'appel, tribunaux de première instance, justices de paix, toutes juridictions d'ordre professionnel et toutes assemblées issues de l'élection.

2. Agents relevant du département des affaires étrangères, secrétaires généraux des départements ministériels, directeurs généraux, directeurs des administrations centrales des ministères, préfets, sous-préfets, secrétaires généraux des préfectures, inspecteurs généraux des services administratifs au ministère de l'intérieur, fonctionnaires de tous grades attachés à tous services de police.

3. Résidents généraux, gouverneurs généraux, gouverneurs et secrétaires généraux des colonies, inspecteurs des colonies.

4. Membres des corps enseignants.

5. Officiers des armées de terre, de mer et de l'air.

6. Administrateurs, directeurs, secrétaires généraux dans

* Source : *Journal officiel*, 18 octobre 1940, p. 5323.

les entreprises bénéficiaires de concessions ou de subventions accordées par une collectivité publique, postes à la nomination du Gouvernement dans les entreprises d'intérêt général.

Art. 3. — L'accès et l'exercice de toutes les fonctions publiques autres que celles énumérées à l'article 2 ne sont ouverts aux Juifs que s'ils peuvent exciper de l'une des conditions suivantes :

a) Être titulaire de la carte de combattant 1914-1918 ou avoir été cité au cours de la campagne 1914-1918 ;

b) Avoir été cité à l'ordre du jour au cours de la campagne 1939-1940 ;

c) Être décoré de la Légion d'honneur à titre militaire ou de la médaille militaire.

Art. 4. — L'accès et l'exercice des professions libérales, des professions libres, des fonctions dévolues aux officiers ministériels et à tous auxiliaires de la justice sont permis aux juifs, à moins que des règlements d'administration publique n'aient fixé pour eux une porportion déterminée. Dans ce cas, les mêmes règlements détermineront les conditions dans lesquelles aura lieu l'élimination des juifs en surnombre.

Art. 5. — Les juifs ne pourront, sans condition ni réserve, exercer l'une quelconque des professions suivantes :

Directeurs, gérants, rédacteurs de journaux, revues, agences ou périodiques, à l'exception de publications de caractère strictement scientifique.

Directeurs, administrateurs, gérants d'entreprises ayant pour objet la fabrication, l'impression, la distribution, la présentation de films cinématographiques ; metteurs en scène et directeurs de prises de vues, compositeurs de scénarios, directeurs, administrateurs, gérants de salles de théâtres ou de cinématographie, entrepreneurs de spectacles, directeurs, administrateurs, gérants de toutes entreprises se rapportant à la radiodiffusion.

Des règlements d'administration publique fixeront, pour chaque catégorie, les conditions dans lesquelles les autorités publiques pourront s'assurer du respect, par les intéressés, des interdictions prononcées au présent article, ainsi que les sanctions attachées à ces interdictions.

Art. 6. — En aucun cas, les juifs ne peuvent faire partie des organismes chargés de représenter les progressions visées aux articles 4 et 5 de la présente loi ou d'en assurer la discipline.

Art. 7. — Les fonctionnaires juifs visés aux articles 2 et 3 cesseront d'exercer leurs fonctions dans les deux mois qui suivront la promulgation de la présente loi. Ils seront admis à faire valoir leurs droits à la retraite s'ils remplissent les conditions de durée de service ; à une retraite proportionnelle s'ils ont au moins quinze ans de service ; ceux ne pouvant exciper d'aucune de ces conditions recevront leur traitement pendant une durée qui sera fixée, pour chaque catégorie, par un règlement d'administration publique.

Art. 8. — Par décret individuel pris en conseil d'État et dûment motivé, les juifs qui, dans les domaines littéraire, scientifique, artistique, ont rendu des services exceptionnels à l'État français, pourront être relevés des interdictions prévues par la présente loi.

Ces décrets et les motifs qui les justifient seront publiés au *Journal officiel*.

Art. 9. — La présente loi est applicable à l'Algérie, aux colonies, pays de protectorat et territoires sous mandat.

Art. 10. — Le présent acte sera publié au *Journal officiel* et exécuté comme loi de l'État.

Fait à Vichy, le 3 octobre 1940.

Ph. Pétain.

Par le Maréchal de France, chef de l'État français :

Le vice-président du conseil,
Pierre Laval.

Le garde des sceaux,
ministre secrétaire d'État à la justice,
Raphaël ALIBERT.

Le ministre secrétaire d'État à l'intérieur,
Marcel PEYROUTON.

Le ministre secrétaire d'État,
aux affaires étrangères,
Paul BAUDOUIN.

Le ministre secrétaire d'État
à la guerre,
Général HUNTZIGER.

Le ministre secrétaire d'État
aux finances,
Yves BOUTHILLIER.

Le ministre secrétaire d'État
à la marine,
Amiral DARLAN.

Le ministre secrétaire d'État
à la production industrielle et au travail,
René BELIN.

Le ministre secrétaire d'État
à l'agriculture,
Pierre CAZIOT.

LOI sur les ressortissants étrangers de race juive*

Nous, Maréchal de France, chef de l'État français,
Le conseil des ministres entendu,

Décrétons :

Article 1er. — Les ressortissants étrangers de race juive pourront, à dater de la promulgation de la présente loi, être internés dans des camps spéciaux par décision du préfet du département de leur résidence.

Art. 2. — Il est constitué auprès du ministre secrétaire d'État à l'intérieur une commission chargée de l'organisation et de l'administration de ces camps.

Cette commission comprend :

Un inspecteur général des services administratifs ;

Le directeur de la police du territoire et des étrangers, ou son représentant ;

Un représentant du ministère des finances.

Art. 3. — Les ressortissants étrangers de race juive pourront en tout temps se voir assigner une résidence forcée par le préfet du département de leur résidence.

Art. 4. — Le présent décret sera publié au *Journal officiel* pour être observé comme loi de l'État.

Fait à Vichy, le 4 octobre 1940.

Ph. PÉTAIN.

Par le Maréchal de France, chef de l'État français :
Le ministre secrétaire d'État à l'intérieur,
Marcel PEYROUTON.
Le ministre secrétaire d'État
aux finances,
Yves BOUTHILLIER.
Le garde des sceaux,
ministre secrétaire d'État à la justice,
Raphaël ALIBERT.

* Source : *Journal officiel*, 18 octobre 1940, p. 5324.

LOI du 2 juin 1941 remplaçant
la loi du 3 octobre 1940
portant statut des juifs*

Nous, Maréchal de France, chef de l'État français,
Le conseil des ministres entendu,

Décrétons :

Article 1er. — Est regardé comme Juif :

1° Celui ou celle, appartenant ou non à une confession quelconque, qui est issu d'au moins trois grands-parents de race juive, ou de deux seulement si son conjoint est lui-même issu de deux grands-parents de race juive.

Est regardé comme étant de race juive le grand-parent ayant appartenu à la religion juive ;

2° Celui ou celle qui appartient à la religion juive, ou y appartenait le 25 juin 1940, et qui est issu de deux grands-parents de race juive.

La non-appartenance à la religion juive est établie par la preuve de l'adhésion à l'une des autres confessions reconnues par l'État avant la loi du 9 décembre 1905.

Le désaveu ou l'annulation de la reconnaissance d'un enfant considéré comme Juif sont sans effet au regard des dispositions qui précèdent.

Art. 2. — L'accès et l'exercice des fonctions publiques et mandats énumérés ci-après sont interdits aux Juifs :

1. Chef de l'État, membres du Gouvernement, du conseil d'État, du conseil de l'ordre national de la Légion d'honneur, de la cour de cassation, de la cour des comptes, du corps des mines, du corps des ponts et chaussées, de l'inspection générale des finances, du corps des ingénieurs de l'aéronautique, des cours d'appel, des tribunaux de première

* Source : *Journal officiel*, 14 juin 1941, p. 2475.

instance, des justices de paix, des tribunaux répressifs d'Algérie, de tous jurys, de toutes juridictions d'ordre professionnel et de toutes assemblées issues de l'élection, arbitres.

2. Ambassadeurs de France, secrétaires généraux des départements ministériels, directeurs généraux, directeurs des administrations centrales des ministères, agents relevant du département des affaires étrangères, préfets, sous-préfets, secrétaires généraux des préfectures, inspecteurs généraux des services administratifs au ministère de l'intérieur, fonctionnaires de tous grades attachés à tous services de police.

3. Résidents généraux, gouverneurs généraux, gouverneurs et secrétaires généraux de colonies, inspecteurs des colonies.

4. Membres des corps enseignants.

5. Officiers et sous-officiers des armées de terre, de mer et de l'air, membres des corps de contrôle de la guerre, de la marine et de l'air, membres des corps et cadres civils des départements de la guerre, de la marine et de l'air, créés par les lois du 25 août 1940, du 15 septembre 1940, du 28 août 1940, du 18 septembre 1940 et du 29 août 1940.

6. Administrateurs, directeurs, secrétaires généraux dans les entreprises bénéficiaires de concessions ou de subventions accordées par une collectivité publique, titulaires de postes à la nomination du Gouvernement dans les entreprises d'intérêt général.

Art. 3. — Les juifs ne peuvent occuper, dans les administrations publiques ou les entreprises bénéficiaires de concessions ou de subventions accordées par une collectivité publique, des fonctions ou des emplois autres que ceux énumérés à l'article 2, que s'ils remplissent l'une des conditions suivantes :

a) Être titulaire de la carte du combattant, instituée par l'article 101 de la loi du 19 décembre 1926 ;

b) Avoir fait l'objet, au cours de la campagne 1939-1040,

d'une citation donnant droit au port de la Croix de guerre instituée par le décret du 28 mars 1941 ;

c) Être décoré de la Légion d'honeur ou de la médaille pour faits de guerre ;

d) Être pupille de la nation ou ascendant, veuve ou orphelin de militaire mort pour la France.

Art. 4. — Les juifs ne peuvent exercer une profession libérale, une profession commerciale, industrielle ou artisanale, ou une profession libre, être titulaires d'une charge d'officier public ou ministériel, ou être investis de fonctions dévolues à des auxiliaires de justice, que dans les limites et les conditions qui seront fixées par décrets en conseil d'État.

Art. 5. — Sont interdites aux juifs les professions ci-après :

Banquier, changeur, démarcheur ;

Intermédiaire dans les bourses de valeurs ou dans les bourses de commerce ;

Agent de publicité ;

Agent immobilier ou de prêts de capitaux ;

Négociant de fonds de commerce, marchand de biens ;

Courtier, commissionnaire ;

Exploitant de forêts ;

Concessionnaire de jeux ;

Éditeur, directeur, gérant, administrateur, rédacteur, même au titre de correspondant local, de journaux ou d'écrits périodiques, à l'exception des publications de caractère strictement scientifique ou confessionnel ;

Exploitant, directeur, administrateur, gérant d'entreprises ayant pour objet la fabrication, l'impression, la distribution ou la présentation de films cinématographiques, metteur en scène, directeur de prises de vues, compositeur de scénarios ;

Exploitant, directeur, administrateur, gérant de salles de théâtre ou de cinématographie ;

Entrepreneur de spectacles ;

Exploitant, directeur, administrateur, gérant de toutes entreprises se rapportant à la radiodiffusion.

Des règlements d'administration publique fixeront pour chaque catégorie les conditions d'application du présent article.

Art. 6. — En aucun cas, les juifs ne peuvent faire partie des organismes chargés de représenter les professions visées aux articles 4 et 5 de la présente loi ou d'en assurer la discipline.

Art. 7. — Les fonctionnaires juifs visés aux articles 2 et 3 sont admis à faire valoir les droits définis ci-après :

1° Les fonctionnaires soumis au régime de la loi du 14 avril 1924 recevront une pension d'ancienneté avec jouissance immédiate s'ils réunissent le nombre d'années de service exigé pour l'ouverture du droit à cette pension.

Si, sans remplir cette condition, ils ont accompli au moins quinze années de services effectifs, ils bénéficieront avec jouissance immédiate d'une pension calculée à raison, soit d'un trentième du minimum de la pension d'ancienneté pour chaque année de services de la catégorie A, soit d'un vingt-cinquième pour chaque année de services de la catégorie B ou de services militaires. Le montant de cette pension ne pourra excéder le minimum de la pension d'ancienneté augmenté, le cas échéant, de la rémunération des bonifications pour services hors d'Europe et des bénéfices de campagne ;

2° Les fonctionnaires soumis au régime de la caisse nationale des retraites pour la vieillesse obtiendront, s'ils comptent au moins quinze ans de services effectifs, la jouissance immédiate d'une allocation annuelle égale au montant de la rente vieillesse qui leur serait acquise à l'époque de la cessation de leurs fonctions si leurs versements réglementaires avaient été effectués dès l'origine à capital aliéné. Cette allocation cessera de leur être attribuée à compter de la date d'entrée en jouissance de leur rente sur la caisse nationale des retraites ;

3° Les fonctionnaires des départements, communes ou établissements publics qui possèdent une caisse spéciale de retraites bénéficieront, avec jouissance immédiate, de la pension d'ancienneté ou de la pension proportionnelle fixée par leur règlement de retraites, s'ils remplissent les conditions de durée de services exigées pour l'ouverture du droit à l'une de ces pensions ;

4° Les agents soumis au régime de la loi sur les assurances sociales et comptant au moins quinze années de services effectifs recevront, de la collectivité ou établissement dont ils dépendent, une allocation annuelle égale à la fraction de la rente vieillesse constituée par le versement de la double contribution durant toute la période où ils sont restés en service. Cette allocation cessera de leur être attribuée à compter de la date d'entrée en jouissance de ladite rente ;

5° Les fonctionnaires tributaires de la caisse intercoloniale de retraites ou des caisses locales, et comptant au moins quinze années de services effectifs, bénéficieront d'une pension dans les conditions qui seront déterminées par un règlement d'administration publique ;

6° Les fonctionnaires et agents ne remplissant pas les conditions requises pour pouvoir bénéficier des pensions et allocations ci-dessus recevront leur traitement pendant une durée qui sera fixée par un règlement d'administration publique ;

7° La situation des ouvriers des établissements militaires et industriels de l'État sera réglée par une loi spéciale.

Les fonctionnaires ou agents juifs visés par les articles 2 et 3 de la loi du 3 octobre 1940 sont considérés comme ayant cessé leurs fonctions à la date du 20 décembre 1940.

Les fonctionnaires ou agents qui sont atteints par les nouvelles interdictions édictées par la présente loi cesseront leurs fonctions dans le délai de deux mois après la publication de celle-ci.

L'application des dispositions de la présente loi aux

619

prisonniers de guerre est différée jusqu'à leur retour de captivité.

Les fonctionnaires ou agents juifs visés aux articles 2 et 3 et actuellement prisonniers de guerre cesseront d'exercer leurs fonctions deux mois après leur retour de captivité.

Les dispositions de la présente loi ne seront applicables aux ascendants, conjoint ou descendants d'un prisonnier de guerre que dans un délai de deux mois après la libération de ce prisonnier.

En ce qui concerne les personnels en service outre-mer, un décret rendu sur la proposition des secrétaires d'État intéressés déterminera les conditions de la cessation de leurs fonctions.

Art. 8. — Peuvent être relevés des interdictions prévues par la présente loi, les juifs :

1° Qui ont rendu à l'État français des services exceptionnels ;

2° Dont la famille est établie en France depuis au moins cinq générations et a rendu à l'État français des services exceptionnels.

Pour les interdictions prévues par l'article 2, la décision est prise par décret individuel pris en conseil d'État sur rapport du commissaire général aux questions juives et contresigné par le secrétaire d'État intéressé.

Pour les autres interdictions, la décision est prise par arrêté du commissaire général aux questions juives.

Le décret ou l'arrêté doivent être dûment motivés.

Les dérogations accordées en vertu des dispositions qui précèdent n'ont qu'un caractère personnel et ne créeront aucun droit en faveur des ascendants, descendants, conjoint et collatéraux des bénéficiaires.

Art. 9. — Sans préjudice du droit pour le préfet de prononcer l'internement dans un camp spécial, même si l'intéressé est Français, est puni :

1° D'un emprisonnement de six mois à deux ans et d'une amende de 500 F à 10 000 F, ou de l'une de ces deux peines seulement, tout juif qui s'est livré ou a tenté de se livrer à une activité qui lui est interdite par application des articles 4, 5 et 6 de la présente loi :

2° D'un emprisonnement de un an à cinq ans et d'une amende de 1 000 F à 20 000 F, ou de l'une de ces deux peines seulement, tout juif qui se sera soustrait ou aura tenté de se soustraire aux interdictions édictées par la présente loi, au moyen de déclarations mensongères ou de manœuvres frauduleuses.

Le tribunal peut, en outre, ordonner la fermeture de l'établissement.

Art. 10. — Les fonctionnaires ayant cessé leurs fonctions par application de la loi du 3 octobre 1940 et qui peuvent se prévaloir des dispositions de la présente loi, sont admis à solliciter leur réintégration dans des conditions qui seront fixées par décret en conseil d'État.

Art. 11. — La présente loi est applicable à l'Algérie, aux colonies, pays de protectorat, en Syrie et au Liban.

Art. 12. — La loi du 3 octobre 1940, modifiée par les lois du 3 avril et du 11 avril 1941, est abrogée ; les règlements et les décrets pris pour son application sont maintenus en vigueur jusqu'à ce qu'ils soient modifiés s'il y a lieu par des règlements et des décrets nouveaux.

Art. 13. — Le présent décret sera publié au *Journal officiel* et exécuté comme loi de l'État.

Fait à Vichy, le 2 juin 1941.

Ph. PÉTAIN.

Par le Maréchal de France, chef de l'État français :

L'amiral de la flotte,
vice-président du conseil,
ministre secrétaire d'État
aux affaires étrangères,
à l'intérieur et à la marine,
Amiral DARLAN.

Le garde des sceaux,
ministre secrétaire d'État à la justice,
Joseph BARTHÉLÉMY.

Le ministre secrétaire d'État
à l'économie nationale et aux finances,
Yves BOUTHILLIER.

Le général d'armée,
ministre secrétaire d'État à la guerre,
Général HUNTZIGER.

Le ministre secrétaire d'État
à l'agriculture,
Pierre CAZIOT.

LOI du 2 juin 1941
prescrivant le recensement des Juifs*

Nous, Maréchal de France, chef de l'État français,
Le conseil des ministres entendu,

Décrétons :

Article 1er. — Toutes personnes qui sont juives au regard de la loi du 2 juin 1941 portant statut des juifs doivent, dans le délai d'un mois à compter de la publication de la présente loi, remettre au préfet du département ou au sous-préfet de l'arrondissement dans lequel elles ont leur domicile ou leur résidence, une déclaration écrite indiquant qu'elles sont juives au regard de la loi, et mentionnant leur état civil, leur situation de famille, leur profession et l'état de leurs biens.

La déclaration est faite par le mari pour la femme, et par le représentant légal pour le mineur ou l'interdit.

Art. 2. — Toute infraction aux dispositions de l'article 1er est punie d'un emprisonnement de un mois à un an et d'une amende de 100 à 10 000 F, ou de l'une de ces deux peines seulement, sans préjudice du droit pour le préfet de prononcer l'internement dans un camp spécial, même si l'intéressé est Français.

Art. 3. — Des dispositions particulières fixeront les conditions dans lequelles la présente loi sera appliquée en Algérie, dans les colonies, dans les pays de protectorat, en Syrie et au Liban.

Art. 4. — Le présent décret sera publié au *Journal officiel* et exécuté comme loi de l'État.

---

* Source : *Journal officiel*, 14 juin 1941, p. 2476.

Fait à Vichy, le 2 juin 1941.

Ph. Pétain.

Par le Maréchal de France, chef de l'État français :

L'amiral de la flotte,
vice-président du conseil,
ministre secrétaire d'État à l'intérieur,
Amiral Darlan.

LOI du 22 juillet 1941 relative aux entreprises, biens et valeurs appartenant aux Juifs*

Nous, Maréchal de France, chef de l'État français,
Le conseil des ministres entendu,

Décrétons :

Article 1er. — En vue d'éliminer toute influence juive dans l'économie nationale, le commissaire général aux questions juives peut nommer un administrateur provisoire à :

1º Toute entreprise industrielle, commerciale, immobilière ou artisanale ;

2º Tout immeuble, droit immobilier ou droit au bail quelconque ;

3º Tout bien meuble, valeur mobilière ou droit mobilier quelconque, lorsque ceux à qui ils appartiennent, ou qui les dirigent, ou certains d'entre eux sont juifs.

Toutefois, ces dispositions ne s'appliquent pas aux valeurs émises par l'État français et aux obligations émises par les sociétés ou collectivités publiques françaises,

Et, sauf exception motivée,

Aux immeubles ou locaux servant à l'habitation personnelle des intéressés, de leurs ascendants ou descendants, ni aux meubles meublants qui garnissent lesdits immeubles ou locaux.

TITRE Ier

RÔLE ET POUVOIRS
DES ADMINISTRATEURS PROVISOIRES

SECTION I

Dispositions générales.

Art. 2. — La prise en charge de l'administrateur

---

* Source : *Journal officiel*, 26 août 1941, p. 3594.

provisoire est précédée d'un inventaire descriptif et estimatif des biens.

Cet inventaire est établi en trois exemplaires, dont l'un est conservé par l'administrateur provisoire, les deux autres étant respectivement remis au commissaire général aux questions juives et à l'administré.

Art. 3. — La nomination de l'administrateur provisoire entraîne le dessaisissement des personnes auxquelles les biens appartiennent, ou qui les dirigent.

L'administrateur provisoire a de plein droit, dès sa nomination, les pouvoirs les plus étendus d'administration et de disposition ; il les exerce au lieu et place des titulaires des droits et actions, ou de leurs mandataires, et, dans les sociétés, au lieu et place des mandataires sociaux ou des associés, avec ou sans leur agrément.

Ses pouvoirs s'étendent à la totalité ou à une partie seulement de l'entreprise.

Art. 4. — Les actes d'administration ou de disposition qui seraient passés en ce qui concerne les biens et entreprises administrés, sans le consentement de l'administrateur provisoire après la publication de sa nomination au *Journal officiel*, sont nuls de plein droit.

Les actes antérieurs à cette publication sont annulables s'ils n'assurent pas la transmission des biens en vue d'en éliminer toute influence juive.

L'action en annulation est poursuivie à la requête de l'administrateur provisoire devant les juridictions compétentes. Elle se prescrit dans le délai de six mois à compter de la date à laquelle l'administrateur provisoire a eu connaissance de l'acte, et en tout cas dans le délai de deux ans après la passation de cet acte.

Art. 5. — A partir de la publication de la nomination de l'administrateur provisoire au *Journal officiel*, toutes poursuites ayant trait aux biens soumis à l'administration sont introduites ou reprises exclusivement par cet administrateur provisoire ou contre lui.

Art. 6. — Il est fait mention au registre du commerce de toute nomination d'administrateur provisoire d'une entreprise astreinte à l'immatriculation à ce registre.

Art. 7. — L'administrateur provisoire doit gérer en bon père de famille. Il est responsable, devant les tribunaux judiciaires, comme un mandataire salarié, conformément aux règles du droit commun.

Art. 8. — L'administrateur provisoire qui, dans un but personnel, a, de mauvaise foi, fait des pouvoirs dont il disposait un usage contraire aux intérêts qui lui étaient confiés ou aux obligations résultant de ses fonctions, est puni des peines portées à l'article 405 du code pénal.

Art. 9. — Toutes les actions en matière civile ou commerciale contre l'administrateur provisoire, relatives à l'accomplissement de sa mission, se prescrivent par dix ans à dater de la notification par ses soins du compte de gestion et de liquidation au commissaire général aux questions juives et à l'administré.

Art. 10. — Les administrateurs provisoires exercent leurs pouvoirs sous le contrôle du commissaire général aux questions juives qui fixe notamment les conditions de leur recrutement, de leur nomination, de l'établissement des inventaires de prise en charge, et des comptes de gestion et de liquidation.

Un arrêté contresigné par le ministre vice-président du conseil, le garde des sceaux, ministre secrétaire d'État à la justice, et le ministre secrétaire d'État à l'économie nationale et aux finances détermine les conditions de rémunération des administrateurs provisoires.

SECTION II

Règles spéciales à l'administration des domaines.

Art. 11. — L'administration des domaines est de plein droit administrateur provisoire des actions et parts bénéficiaires que le commissaire général aux questions juives décide de placer spécialement sous administration provisoire.

Cette administration est représentée à cet effet par le directeur des domaines du département dans lequel le propriétaire a son domicile, ou lorsque le lieu du domicile est indéterminé, par le directeur départemental de la Seine.

Si la société émettrice des actions et des parts bénéficiaires a été pourvue d'un administrateur provisoire, ce dernier est administrateur provisoire des actions et des parts bénéficiares appartenant à des juifs tant que le commissaire général aux questions juives n'a pas pris une décision spéciale concernant ces titres en vertu de l'alinéa 1er ci-dessus.

Art. 12. — En qualité d'administrateur provisoire, l'administration des domaines est chargée, avec les pouvoirs les plus étendus, d'administrer et de vendre dans les conditions fixées au titre II, avec ou sans le consentement des intéressés, les titres qu'elle est chargée d'administrer en vertu de l'article 11.

Art. 13. — A compter du jour de la publication au *Journal officiel* de la décision du commissaire général aux questions juives, visée à l'article 11 et jusqu'au jour du versement par l'administration des domaines, à la caisse des dépôts et consignations, du produit de la vente des titres, toutes significations ou autres actes émanant des créanciers, et généralement de tous les intéressés en ce qui concerne les titres administrés par les domaines, sont valablement notifiés à cette administration.

Toutefois, ceux de ces actes ou significations qui concerneraient de simples créanciers chirographaires ne vaudront que comme actes interruptifs de prescription, et ne pourront en aucun cas mettre obstacle à la réalisation des titres à laquelle l'administration des domaines pourra procéder sans qu'il ait été statué sur les actes et significations.

En cas de réalisation des titres, les droits des créanciers chirographaires et ceux de tous autres intéressés sont reportés sur le produit de cette réalisation.

A compter du versement à la caisse des dépôts et consignations tous payements aux créanciers ou toute répartition amiable ou judiciaire des fonds versés seront faits dans les formes légales à l'encontre ou par les soins d'un mandataire de justice désigné par ordonnance sur requête rendue par le président du tribunal civil à la demande du créancier le plus diligent.

Toute procédure engagée par les créanciers ou tous autres intéressés sera poursuivie exclusivement contre ce mandataire de justice.

TITRE II

RÈGLES APPLICABLES À LA TRANSMISSION
DES BIENS ADMINISTRÉS

SECTION I

Ventes.

Art. 14. — Toute aliénation d'une entreprise, d'un bien immobilier ou mobilier quelconque, placé sous administration provisoire, à l'exception des titres vendus en bourse, n'est valable qu'après approbation par le commissaire général aux questions juives, qui vérifie notamment si l'élimination de l'influence juive est effective et si le prix de vente est normal.

A cet effet, le commissaire général aux questions juives a qualité pour provoquer éventuellement toutes expertises amiables ou judiciaires, ainsi que toutes enquêtes nécessaires, et obtenir des administrations financières la communication de tous renseignements et documents utiles.

Art. 15. — Un comité consultatif dont la composition sera fixée par arrêté est institué auprès du commissaire général aux questions juives. Celui-ci peut prendre son avis sur toutes les questions soulevées par l'application de la présente loi.

Art. 16. — Si les biens administrés appartiennent à des personnes incapables, la réalisation des biens peut avoir lieu sans le concours des mandataires légaux, mais il doit être procédé dans les formes prescrites par les lois en vigueur. Toutefois, l'administrateur provisoire est dispensé tant de l'autorisation du conseil de famille que de l'assistance ou du concours du mari.

Arti. 17. — Dans toutes les hypothèses prévues, aux articles 14 et 16, lorsqu'il s'agit d'immeubles ou de fonds de commerce l'acte de vente ou le cahier des charges devra comporter une clause obligeant l'acquéreur ou l'adjudicataire à ne pas céder l'immeuble ou le fonds à lui vendu ou adjugé avant un délai de 3 ans.

En outre, la vente devra avoir lieu autant que possible au comptant. L'administration des domaines sera chargée du recouvrement pour le compte de l'administré du solde du prix revenant à ce dernier qui ne sera pas payé comptant.

Liquidation amiable ou judiciaire.

Art. 18. — Un liquidateur doit être désigné par une ordonnance sur requête du président du tribunal de commerce, dès que l'administrateur provisoire se trouve dans l'impossibilité de vendre à l'amiable en totalité les éléments du fonds de commerce dépendant des biens administrés.

Art. 19. — Si les biens administrés ont été ou viennent à être pourvus d'un syndic ou d'un liquidateur judiciaire, l'administrateur provisoire reste, dans la procédure, substitué au liquidé pour tous les actes concernant ce dernier.

Art. 20. — Lorsque des biens sont dans l'indivision ou en communauté entre des juifs et des non-juifs, ces derniers pourront, que la part des juifs ait été ou non placée sous administration provisoire, demander, dans un délai de quatre mois à dater de la publication de la précédente loi, la dissolution de cette indivision ou communauté, et la liquidation de leurs droits et ce, nonobstant toute convention contraire.

Un administrateur pourra être temporairement nommé par le président du tribunal civil pour gérer les biens indivis ou communs tant que le partage n'en aura pas été effectué.

S'il s'agit d'une communauté conjugale, la liquidation en sera poursuivie à la requête du conjoint non juif, suivant les formes prévues par les articles 1443 et suivants du code civil pour la séparation de biens judiciaire.

L'épouse, qu'elle soit juive, ou non, pourra accepter ou refuser la communauté, conformément aux mêmes articles.

En même temps qu'il prescrira la séparation de biens le jugement désignera un notaire qui sera chargé de procéder à la liquidation et au partage de la communauté, suivant les règles du droit commun.

TITRE III

PRODUIT DES RÉALISATIONS

Art. 21. — Le montant du prix de vente ou de cession des titres vendus ou cédés par l'administration des domaines est versé par cette dernière à un compte de dépôt ouvert au nom de l'administré à la caisse des dépôts et consignations, sous déduction des frais de régie perçus au profit du Trésor au taux et dans les conditions qui seront fixés par arrêté et sous réserve des droits des créanciers.

Sont également versés sous la même réserve à la caisse des dépôts et consignations, au compte de l'administré sur l'ordre du commissaire général aux questions juives :

1° Le produit des réalisations de toutes sortes opérées par les administrateurs provisoires nommés en vertu de l'article 1er ;

2° Les soldes des comptes de dépôt et généralement toutes sommes dont les propriétaires sont juifs.

Art. 22. — Un prélèvement préalable de 10 % du montant, après extinction du passif, des sommes dont le versement à la caisse des dépôts et consignations est prévu par l'article précédent, est effectué par le commissaire général aux questions juives et versé à un compte de dépôt à ouvrir dans les écritures de la caisse des dépôts et consignations.

La moitié de ce prélèvement est perçue à titre provisionnel, dès le versement des sommes à la caisse des dépôts et consignations, sur le montant brut sous réserve de régularisation ultérieure.

Sur le compte ainsi ouvert, le commissaire général aux

questions juives prélève les sommes nécessaires au payement des frais d'administration provisoire et de contrôle des entreprises déficitaires ou dont les disponibilités ne permettent pas de supporter cette charge ; le surplus constitue un fonds de solidarité destiné à venir en aide aux juifs indigents.

Art. 23. — Avec l'autorisation du commissaire général aux questions juives, des acomptes peuvent être remis aux administrés ou aux ayants droit par les administrateurs provisoires sur les produits de leur gestion ou par la caisse des dépôts et consignations sur les fonds versés.

TITRE IV

DISPOSITIONS DIVERSES

Art. 24. — Les dispositions de la présente loi sont applicables de plein droit aux administrateurs provisoires déjà nommés ou qui seront nommés ultérieurement en vertu de la loi du 10 septembre 1940 prévoyant la nomination d'administrateurs provisoires des entreprises privées de leurs dirigeants, modifiée par la loi du 14 août 1941 lorsque les propriétaires ou les dirigeants des entreprises sont juifs.

Art. 25. — Des décrets détermineront les règles applicables aux biens des juifs en Algérie, aux territoires relevant du secrétaire d'État aux colonies, aux pays de protectorat, à la Syrie et au Liban.

Art. 26. — Le présent acte sera publié au *Journal officiel* et exécuté comme loi de l'État.

Fait à Vichy, le 22 juillet 1941,

Ph. PÉTAIN.

Par le Maréchal de France, chef de l'État français:

L'Amiral de la flotte,
ministre vice-président du conseil,
Amiral DARLAN.

Le garde des sceaux,
ministre secrétaire d'État à la justice,
Joseph BARTHÉLEMY.

Le ministre secrétaire d'État
à l'économie nationale et aux finances,
Yves BOUTHILLIER.

Le secrétaire d'État
à la production industrielle,
François LEHIDEUX.

Le secrétaire d'État aux colonies,
Amiral PLATON.

Le secrétaire d'État à l'intérieur,
Pierre PUCHEU.

La préparation de la rafle du Vél d'hiv :
juillet 1942

PRÉFECTURE DE POLICE
Direction de la Police Municipale

État-major
1° Bureau B

Paris, le 12 juillet 1942.

CONSIGNES POUR LES ÉQUIPES
CHARGÉES DES ARRESTATIONS*

1°) Les gardiens et inspecteurs, après avoir vérifié l'identité des Juifs qu'ils ont mission d'arrêter, n'ont pas à discuter les différentes observations qui peuvent être formulées par eux.

En cas de doute, ils les conduisent de toute façon au Centre, dont l'adresse leur sera donnée par le Commissaire de Voie Publique, et en s'assurant qu'ils ont bien pris les objets indiqués plus loin. Seul, le Commissaire de Voie Publique est qualifié pour examiner les situations. Pour les cas douteux, les gardiens mettent sur la fiche la mention « à revoir ».

2°) Ils n'ont pas à discuter non plus sur l'état de santé. Tout Juif à arrêter doit être conduit au Centre primaire.

3°) Les agents chargés de l'arrestation s'assurent, lorsque

---

* Source : *La Persécution des Juifs en France et dans les autres pays de l'Ouest présentée par la France à Nuremberg*, recueil de documents publié sous la direction de Henri Monneray, substitut au Tribunal militaire international. Préface de René Cassin, vice-président du Conseil d'État, introduction de Edgar Faure, procureur général adjoint au Tribunal militaire international, Éditions du Centre, Paris, 1947, p. 145.

tous les occupants du logement sont à emmener, que les compteurs à gaz, de l'électricité et de l'eau sont bien fermés. Les animaux sont confiés au concierge.

4°) Lorsque tous les occupants du logement sont emmenés, les clés sont remises au concierge (s'il n'en existe pas, au plus proche voisin) en signalant que ce dernier est considéré comme responsable de la conservation des meubles, objets et effets restés dans le logement. Dans les deux cas il sera mentionné, comme il sera indiqué plus loin, les nom et adresse de la personne dépositaire des clés.

5°) Les Juifs arrêtés devront se munir :

a) de leur carte d'identité d'étranger, de tous autres papiers d'identité et de famille jugés utiles ;

b) de leurs cartes d'alimentation, feuilles de tickets et cartes de textile ;

c) des effets et ustensiles suivants :

2 couvertures,	1 paire de draps,
1 paire de chaussures,	1 gamelle,
2 paires de chaussettes,	1 gobelet,
2 chemises,	1 bidon (si possible),
2 caleçons,	1 jeu de couverts pour les
1 vêtement de travail (ou	repas,
usagé),	1 nécessaire de toilette
1 tricot ou pull-over,	(le rasoir est autorisé) ;

d) de deux jours de vivres au moins. Ils peuvent en emporter davantage s'ils le veulent (pas plus d'une valise grandeur moyenne, ne contenant que des provisions de bouche) ;

e) les couvertures seront portées en bandoulière, les effets et objets de la liste ci-dessus seront placés dans un seul sac ou valise ; soit au total 2 valises ou paquets, dont un pour les vivres.

6°) Les enfants vivant avec la ou les personnes arrêtées seront emmenés en même temps, si aucun membre de la famille ne reste dans le logement. Ils ne doivent pas être confiés aux voisins.

7°) Les gardiens et inspecteurs sont responsables de l'exécution. Les opérations doivent être effectuées avec le maximum de rapidité, sans paroles inutiles et sans aucun commentaire.

8°) Les gardiens et inspecteurs chargés de l'arrestation rempliront les mentions figurant au dos de chacune des fiches :

indication de l'arrondissement ou de la circonscription du lieu d'arrestation ;

« Arrêté par », en indiquant les noms et service de chacun des gardiens et inspecteurs ayant opéré l'arrestation ;

le nom et l'adresse de la personne à qui les clés auront été remises ;

au cas de non-arrestation seulement de l'individu mentionné sur la fiche, les raisons pour lesquelles elle n'a pu être faite et tous renseignements succincts utiles ;

et selon le tableau ci-après :

SERVICE :

Agents capteurs :

Nom _____ Service _____

Nom _____ Service _____

Clés remises à M. _____

N° ___ rue _____

Renseignements en cas de non-arrestation :

_____

_____

Le Directeur
de la Police Municipale

Signé : HENNEQUIN.

LOI n° 1077 du 11 décembre 1942
relative à l'apposition de la mention « Juif »
sur les titres d'identité délivrés
aux Israélites français et étrangers*

Le chef du Gouvernement,
Vu les actes constitutionnels 12 et 12 *bis* ;
Le conseil de cabinet entendu,

Décrétons :

Article 1er. — Toute personne de race juive aux termes de la loi du 2 juin 1941 est tenue de se présenter, dans un délai d'un mois à dater de la promulgation de la présente loi, au commissariat de police de sa résidence ou à défaut à la brigade de gendarmerie pour faire apposer la mention « Juif » sur la carte d'identité dont elle est titulaire ou sur le titre en tenant lieu et sur la carte individuelle d'alimentation.

Art. 2. — Les infractions aux dispositions de l'article 1er de la présente loi seront punies d'une peine d'un mois à un an d'emprisonnement et d'une amende de 100 à 10 000 F ou de l'une de ces deux peines seulement, sans préjudice du droit pour l'autorité administrative de prononcer l'internement du délinquant.

Toute fausse déclaration ayant eu pour objet de dissimuler l'appartenance à la race juive sera punie des mêmes peines.

Art. 3. — Le présent décret sera publié au *Journal officiel* et exécuté comme loi de l'État.

Fait à Vichy, le 11 décembre 1942.

Pierre LAVAL.

* Source : *Journal officiel*, 12 décembre 1942, p. 4058.

INDEX

Blocus britannique, 35.

BLUM (Léon), 41, 134, 277, 416 ; politique algérienne, 273 ; campagne antisémite dirigée contre lui, 64, 65, 82, 351, 394 ; à Buchenwald, 482 ; déportation de, 423 ; opposition de Laval à, 322 ; et le projet d'installation de Juifs à Madagascar, 96.

BOEGNER (Pasteur Marc), 41, 126, 136, 377, 389, 490, 491 ; et l'Amitié chrétienne, 293 ; dénonce les lois antisémites, 267, 289, 293 ; et la déportation des enfants, 374, 376, 377 ; et le Comité interconfessionnel pour les réfugiés, 98.

Boghari (Camp de concentration de), 237.

Bohême (Émigration des Juifs de), 348.

Bolchevisme, 310.

BONNARD (Abel), 413.

BONNET (Georges), 67, 83, 93, 94-95, 96, 99, 487 ; Ribbentrop et, 94, 95, 96, 108.

BONSIRVEN (R.P. Joseph), s.j., 57.

Bordeaux ; antisémitisme à, 35 ; arrestations de Juifs à, 458, 462 ; déportation de, 365 ; P.Q.J. à, 195 ; résistance à la persécution des Juifs à, 336 ; RSHA (Bureau du), 116, 117 ; faculté de droit, 197.

BORIS (Georges), 268.

BORON (Paul), 128.

BOTHEREAU (André), 75.

BONDY (François), 103.

Bou-Arfa (Camp de concentration de), 237-238.

BOUÉ (Lucien), 398.

BOULANGER (Général), boulangisme, 52.

BOUMENDJEL (A.), 275.

Bourbon-L'Archambault (Réfugiés à), 265.

Bourbonnais républicain (Le), 83.

BOURRAGUÉ (Vice-Amiral), 180.

BOUSQUET (René), 154, 307, 341, 342, 343, 344, 345, 347, 350, 354, 360-361, 365-366, 373, 374, 438, 460 ; nommé secrétaire général pour la police au ministère de l'Intérieur, 307 ; campagne de Brunner contre, 459 ; Darquier et, 405, 414 ; et la dénaturalisation, 452 ; désaccord avec Vallat sur l'aryanisation, 222 ; émigration des enfants bloquée par, 373-375 ; Laval et, 341 ; Lospinoso et, 443 ; procès (1949), 207 ; quitte ses fonctions, 466 ; rôle dans les déportations, 320, 328, 341, 342, 343-344, 345, 347, 354, 360, 361, 365, 374-375, 389, 407, 449 ; la S.E.C. et, 410-411, 412 ; attitude après l'occupation de la zone sud, 422, 425, 428, 431.

BOUTHILLIER (Yves), 151.

BRALLEY (Louis), 223, 398.

BRASILLACH (Robert), 63, 70-71, 74.

Bressieux (Camp de concentration de), 442.

BRIAND (Aristide), 58.

BRIDOUX (Général), 449.

Brigades internationales, 100, 236, 246, 250.

Chambre de commerce de Paris, 80.

Chambre des Députés, 52, 104 ; antisémitisme à la, 64 ; identification des députés juifs, 212-213.

Chambre des métiers, 90.

CHAMBRUN (René de), 431.

Chantiers de la Jeunesse, 274, 322.

CHASSELOUP-LAUBAT (Marquise de), 127, 333.

CHAPPOULIE (Mgr), 391.

CHÂTEL (Yves), 274, 275.

CHAUSSADE (Pierre), 430

CHAUTEMPS (Camille), 90.

CHAVIN (Henri), 146, 196, 243,

CHENEAUX DE LEYRITZ, 385.

CHEVALIER (Jacques), 322.

CHOLET (Mgr), 279.

Chômage, secrétariat au, 191 ; commissariat général à la lutte contre le, 244.

CHRISTENSEN (D^r), 252.

CIMADE, 293.

Circoncisions (Vérifications par Montadon), 417-418.

CITROËN (Mme André), 128.

CLAUDEL (Paul), 292.

CLAUDIUS-PETIT (Eugène), 270.

Clermont-Ferrand, police allemande à, 428 ; opposition à l'antisémitisme à, 295.

Club national contre les métèques, 394.

COHEN (Kadmi), 431-437.

Collège cévenol, 294.

Colomb-Béchar (Camp de concentration de), 237.

Colonies (Ministère des), 178.

Combat, 384.

Comité de coordination des œuvres de bienfaisance israélites à paris, 158.

Comité de Nîmes, 231, 232-234, 366-367.

Comité France-Allemagne, 21, 73.

Comité interconfessionnel pour les réfugiés, 98.

Comité intergouvernemental d'aide aux réfugiés, 91.

Comité national français, 480.

Comités d'organisation, 224-229.

Commissariat général aux questions juives (C.G.Q.J.), 122, 138, 140, 175-195, 209, 288, 233 ; sous Antignac, 266, 457, 468-471, 472 ; antisémitisme d'État et, 162 ; aryanisation, 217-229 ; budget du, 406 ; attitude de l'Église catholique, 283, 287-288 ; création du, 122, 289, 312 ; sous Darquier, 347-348, 397-418 ; rôle à Drancy, 355 ; relations avec les groupements de travailleurs étrangers (G.T.E.), 244 ; conflits de compétence avec les autres administrations, 185-192 ; imposition d'un numerus clausus dans les universités, 176-181 ; plaintes individuelles, 296 ; projet de dissolution préparé par Laval, 456 ; attitude des tribunaux, 200-204 ; — des autorités locales, 211-212 ; — envers des non-Juifs, 154 ; sous du Paty de Clam, 464 ; protestation du C.G.Q.J. contre le pillage des œuvres d'art, 149 ; police spéciale, 193-196 ; propagande, 298 ;

déportation, 476; survie des Juifs du, 492, 494, 497; nomination de W. Best au, 115, 307.

« Demi-Juifs », 139, 403.

Dénaturalisation, 446-453, 456-458; Darquier et la, 403.

Déportation, levée de toutes les limitations à la, 458; préconisée par Antignac, 468; lien avec l'aryanisation, 408; début, 479; des Juifs de Bordeaux, 462; coopération du gouvernement bulgare, 503; dirigée par Brunner, 459-460; exécutée par les SS, 307; opposition des catholiques, 282-283, 288; des enfants, 369-377; question d'« hygiène publique » (Darquier), 415; lien avec la dénaturalisation, 450-452, 456-458; directives d'Himmler, 309; départs de Drancy, 354-358; remplace l'émigration, 348-350; appréciation de sa signification, 477; première informations sur la, 480; les cheminots et la, 461; politique allemande, 172-173, 175, 207; en Hongrie, 498-500; arrestations massives en vue de la, 351-369; opposition italienne, 438-440; actions en justice se poursuivant pendant la, 203; préparatifs, 320; Afrique du Nord, 277; de Norvège, 497; dissimulation de ses objectifs, 484-485; désapprobation publique de la, 378-391, 454-455, 480-481, 491; attitude de l'opinion publique, 258, 264-266, 270; problèmes ferroviaires, 345-347; décidée en représailles d'attentats, 316-319; attitude de la police française, 339-345, 350; attitude de la Milice, 365-367; ségrégation la précédant, 334; hébergement des Juifs, 212; statistiques, 473-475; suspension temporaire des convois, 449; après l'occupation totale de la France, 422-430; en zone non occupée, 359-369; demandée par Vichy, 327.

DEUTSCH (Rabbin), 460.

Devisenschutzkommando, 220.

Diamantaires, 228.

DIDKOWSKI, 387.

Dijon, arrestation de Juifs à, 262; incidents antisémites à, 66.

DITTE (Jacques), 216.

Djelfa (Camp de concentration de), 237.

Dominicaine (République), 377.

Domaines (Administration des), 222.

DOMMANGE (René), 396.

DONATI (Angelo), 444, 445.

DORIOT (Jacques), 206, 322, 324, 395, 499; P.P.F. en Algérie, 273; aide fournie à la police par ses partisans, 352; subventions italiennes, 76.

DORTEN (Adam), 108.

DOUSSAU (Commandant), 244.

DOYEN (Général), 29, 32.

Drancy (Camp de concentration de), 127, 237, 314, 319, 353, 354-358, 424-425; dirigé par Brunner, 459; enfants internés à, 358, 371-373, 467;

déportations à partir de, 354-358, 408, 424, 425, 437, 446, 449, 482 ; Juifs français à, 460-461 ; Juifs de la zone non occupée envoyés à, 361, 364 ; manifestants non juifs internés à, 336 ; examens médicaux raciaux pratiqués à, 417 ; témoignage de G. Wellers, 489.

Dreyfus (Affaire), 46, 52, 55, 56, 75, 464.

DRIEU LA ROCHELLE (Pierre), 67, 74, 79.

Droit de vivre (Le), 399.

DRUMONT (Édouard), 51, 54, 73, 272.

DRUON (Maurice), 19.

DU MOULIN DE LABARTHÈTE (Henri), 127, 128, 196, 201, 253.

DUMOULIN (Georges), 195.

DUPONT (André), 243.

DUPUY (Étienne), 282.

DURAND (Paul), 461.

DUVERGER (Maurice), 205-207, 337.

Éclaireur de Nice (L'), 415.

Éclaireurs israélites de France, 302.

École de cadres, 130, 132, 137, 148.

École nationale de police, 199.

ÉDEN (Anthony), 480.

EDINGER (Georges), 160.

Édit de Nantes (Révocation de l'), 290.

Éditions de la Porte latine, 431, 435.

Éducation nationale (ministère de l'), 176, 178.

Église catholique, 279-288 ; et l'antisémitisme, 51, 63-65, 75, 81 ; Catry, 437 ; protestations contre les déportations, 288, 379-391 ; enfants juifs cachés par, 429 ; opposition à l'antisémitisme, 292-293 ; baptême, 135 ; S.E.C., 412 ; universalisme, 415.

Église réformée évangélique, 389.

EICHMANN (Adolf), 309, 311, 346, 425, 459 ; et la déportation des enfants, 370, 376 ; objectifs chiffrés de la déportation, 319-321 ; et la « solution finale », 309, 311 ; et Hagen, 117 ; obligation du port de l'étoile, 331 ; insiste pour le maintien du rythme des déportations, 346 ; lance une campagne de terreur contre les Juifs d'Autriche, 90-91.

Einsatzgruppen, 310, 312.

Einsatzstab Rosenberg, 24, 117, 149-150.

EINSTEIN (Albert), 61.

EISENBETH (Grand rabbin Maurice), 271.

EL-OKBI (Cheik), 275.

Émancipation nationale (L'), 464.

Émigdirect, 165.

Émigration, 163-167, 229-235 ; émigration « verte », 109 ; obstruction administrative à l', 233-234 ; des enfants, 374-378 ; attitude de Darquier, 405 ; remplacée par la politique de déportation, 342-343, 495 ; attitude des nazis, 309-

124; nomme Darquier à la tête du C.G.Q.J., 395; impopularité grandissante, 454-455; dénaturalisation, 368, 450-452, 456-457; dénoncé comme « juif » par Sézille, 299; et la déportation des enfants, 369-370, 373-377; et les déportations, 347, 362, 367-368, 385-386, 388-390, 407; relations avec Darquier, 183, 397, 404-407; envisage la dissolution du C.G.Q.J., 456; et la politique d'émigration, 347-350; derniers efforts de propagande, 471; et la « solution finale », 321, 326-329, 478; et les exigences allemandes en matière de main-d'œuvre, 308; et l'obligation du port de l'étoile, 332-334; indifférence à l'égard des Juifs, 477; informé des déportations par des diplomates français à Bucarest, 490; interventions en faveur de certains Juifs, 127; et l'occupation italienne, 438, 441, 444-445; négociations avec les Allemands, 446-447; éviction en 1940, 111, 123; après le débarquement en Normandie, 468-471; déclaration du Consistoire sur l'extermination, 482, 489-490; déclarations en 1945, 474; carrière politique avant la guerre, 90, 322-323; et les protestations contre les déportations, 382, 491; arrivée au pouvoir, 307-308, 322; et la résistance au S.T.O., 448; et la S.E.C., 411-412; après l'occupation totale de la France, 422-423; pendant l'opération « Vent printanier », 353.

Laval (Mme), 377.
Laville (Charles), 416.
Lazard frères (Banque), 24.
Lazare (Bernard), 130, 137.
Leahy (Amiral), 298.
Ligue de la Patrie Française, 53.
Ligue des Droits de l'homme, 100.
Lebas (Jean), 87-88.
Lecache (Bernard), 67, 155, 392, 399.
Le Gentil (René), 191-192.
Légion étrangère, 241.
Légion française des combattants, 129, 249, 274; propagande antisémite, 298; en Afrique du Nord, 274.
Légion d'honneur, radiation de la, 155; arrestation de titulaires de la, 447, 458.
Leguay (Jean), 307, 329, 361, 407, 460; et la dénaturalisation, 452; et les enfants de déportés, 372; et les programmes de déportation, 347, 361-362, 372.
Lehideux (Roger), 219.
Le Mans, 34.
Lémery (Henri), 508.
Lesdain (Jacques de), 464, 468.
Les Milles (Camp de concentration de), 237, 250, 260.
Lévi (Grand rabbin Israël), 98.
Lévitan, 226.
Lévy (Albert), 160, 305.
Lévy (Jean-Pierre), 270.
Leynaud (Mgr), 275.
Liberté (La), 62.

Mont-Valérien (Exécutions d'otages au), 317-318.

MONZIE (Anatole de), 432.

Moravie (Émigration de Juifs de), 348.

MORÈS (Marquis de), 272.

MORINAUD, 274.

MOSER (Aspirant), 314.

MOUNIER (Emmanuel), 300-301.

MOUTET (Marius), 96, 104.

MOYSSET (Henri), 140, 171.

MUDRY (Auguste), 299.

MÜLLER (Heinrich), 348, 423.

Munich (Crise de), 76, 80, 93.

Mur de l'Atlantique, 244-245.

MURPHY (Robert), 39.

MUSSOLINI (Benito), 61, 76, 285, 439, 441, 445.

Musulmans (Algérie), 272-276.

MUTSCHMANN, 476.

Nancy, incidents antisémites à, 66 ; résistance aux mesures antijuives à, 336.

Nantes, arrestation de Juifs, 362 ; attentat, 315.

Naturalisations, loi de 1927, 44 ; mesures de retrait, 89 ; restrictions apportées aux droits des naturalisés, 18 ; révision des, 22, 33, 37, 80 ; *Voir aussi :* Dénaturalisation.

Nazis, nazisme, camouflage des exterminations, 484-489 ; opposition des catholiques, 293 ; objectifs, 172-173 ; déportation des enfants, 369-370 ; attitude raciale envers les Français, 495 ; résistance des Danois, 492 ; « solution finale », 307, 489-491 ; impo-sition progressive de leur politique, 494-495 ; hostilité des nationalistes français, 509 ; parallèle avec le fascisme italien, 438-439 ; réfugiés juifs, 71-72 ; système juridique, 198 ; crise de Munich, 93 ; attitude envers les « demi-Juifs », 403 ; multiplication des organismes parallèles, 193 ; persécution des catholiques, 75 ; projet pour l'avenir de l'Europe, 114 ; police, 309-310 ; propagande du parti, 73 ; régimes satellites, 494 ; racisme, 336, 415, 498 ; politique de ségrégation, 330 ; relations de Vallat avec les, 161-163, 170-172 ; attitude de Vichy, 316, 511 ; machine de guerre des, 208

NEUBRONN (Général von), 461.

New Republic (The), 245.

New York Times (The), 245.

Nice, attitudes antisémites, 258 ; arrestations de Juifs, 427-429, 445 ; Dannecker à, 361 ; occupation italienne, 440-446.

Nîmes, arrestation de Juifs à, 427 ; comité de, *voir :* comité de Nîmes.

NOBLE (Lindsley), 367.

Noé (Camp de concentration de), 237, 377, 381.

NOGUÈS (Général), 278, 322.

Noirs (attitude du régime de Vichy), 508.

Nomades : Essai sur l'âme juive (Livre de K. Cohen), 432.

Norvège, 497 ; déportation des Juifs, 493-494 ; « solution finale », 312 ; régime satellite, 495.

Nouvelle-Calédonie, 97.

Nouvelliste de Lyon (Le), 414.

Nuremberg (Lois de), 273, 330, 495, 500 ; procès de, 485.

OBERG (Carl-Albrecht), 128, 307, 308, 488 ; accords O.-Bousquet, 343, 354, 431, 460, 512 ; et la dénaturalisation, 366 ; et la destruction du Vieux-Port à Marseille, 426-427 ; et la police française, 328, 340, 343 ; et Lospinoso, 442-443 ; et le port de l'étoile, 336 ; après l'occupation totale de la France, 420.

Office central juif, 120-121.

Office central de répartition des produits industriels, 227.

OLMER (David), 160.

Ombre de la Croix (L'), 63

Ordre des médecins, 228.

Orel (Offensive soviétique d'), 454.

Organisation civile et militaire (O.C.M.), 269.

Organisation de secours aux enfants (O.S.E.), 247.

Organisation sioniste mondiale, 432.

Orléans, pillages successifs, 34.

ORY (Pascal), 18.

Osservatore Romano (L'), 223.

Otages, 315, 319, 343-344, 421 ; crise des, 193, 196 ; en Dordogne, 493.

O.T.A.N. (Organisation du Traité de l'Atlantique Nord), 115.

OUALID (William), 160.

Oued-Zem (Camp de concentration de), 238.

Palatinat (Expulsion des Juifs du), 28.

Palestine, 502 ; position du mouvement « Massada », 435 ; réfugiés polonais en, 481 ; immigration juive en, 97, 167 ; projet d'installation de Juifs en, 33.

PAQUIS (Jean-Hérold), 299.

PARDEE (M. et Mme), 38.

Paris, mesures antijuives et antimaçonniques, 36 ; arrestation de Juifs à, 313-314, 317, 319, 339, 342, 350, 354, 407, 432 ; attentat contre des officiers allemands, 314-315 ; service des étrangers à la préfecture de police, 214 ; Chambre de commerce, 80 ; premières arrestations massives de Juifs, 314 ; propagande allemande, 73 ; internement de réfugiés, 101 ; biens juifs, 217-218 ; conseil municipal, 71, 394-395 ; manifestations antisémites en 1938, 66-67 ; police municipale, 340 ; résistance aux persécutions antijuives, 336 ; SS à, 307 ; université, 176, 181 ; faculté de droit, 89, 197, 199.

Parlement (Identification des parlementaires juifs), 212-213.

PARMENTIER (André), 469.

Parti populaire français (P.P.F.), 76, 206, 258, 273, 322, 352.

Parti social français (P.S.F.), 76, 273.

PATY DE CLAM (Charles Mercier du), 400, 464-467.

Paul IV, 383.

Paul VI, *voir :* Montini (Mgr).

Pavés de Paris (Les), 66.

Pays-Bas, 435, 476 ; déportation des Juifs, 320 ; émancipation des Juifs, 48 ; administration directe par les nazis, 495 ; Juifs des, 493 ; réfugiés des, 102 ; résistance à l'antisémitisme, 496 ; port de l'étoile, 331.

Pearl Harbor, 483, 504.

PÉRI (Gabriel), 317-318.

Périgueux (Dannecker à), 361.

Perpignan (Arrestations de Juifs à), 460.

PERREAU (E.H.), 198.

PÉTAIN (Maréchal), 18, 26, 36-38, 45, 125-128, 143, 170, 195, 302, 324, 327-328, 333, 431, 461, 511 ; Algérie (Soutien des Français d'), 275 ; appel de l'U.G.I.F. à, 305 ; Antonescu (comparaison avec), 500-502 ; attitude envers l'arrestation de Juifs français par la police, 423 ; informations sur les conditions de vie dans les camps de concentration, 245-248 ; décore Darnand, 465 ; attitude envers Darquier, 404 ; attitude de l'Église catholique envers, 279-288, 380-386, 388-391 ; et les déportations, 366-368, 372, 377, 378-379 ; attitude de l'opinion publique, 454-455 ; informations sur l'état de l'opinion publique, 256 ; Dommange, 396 ; collections artistiques appartenant à des Juifs, 149 ; politique de dénaturalisation, 453-454, 457 ; rapports de la Délégation des services de l'armistice, 485 ; demande des dérogations pour certains Juifs, 201, 333-334 ; et la fondation de la Légion, 129 ; politique antisémite, 497-502 ; informé du caractère des déportations, 490-491 ; relations avec la justice, 197-198 ; éviction de Laval, 123 ; projet de seconde éviction de Laval, 462 ; retour au pouvoir de Laval, 307-308 ; Lémery, 508 ; lettres de familles de déportés adressées à, 306, 477-478 ; et le plan d'installation de Juifs à Madagascar, 33 ; et le mouvement « Massada », 431-433, 435-437 ; sursaut d'indépendance en 1943, 458, 471 ; objections à la création d'un office central juif, 121 ; favorise les Juifs français par rapport aux émigrés, 326-327 ; et l'antisémitisme populaire, 257 ; opposition communiste à, 294 ; opposition protestante à, 288-293 ; tâches confiées à Vallat, 140-141.

Petit Dauphinois (Le), 414-415.

PETLIOURA (Semyon), 44.

PEYROUTON (Marcel), 274, 276, 277, 322.

Pie XI, 54, 75.

Pie XII, 390.

PIERRARD (Pierre), 53, 279.

PIERRE-BLOCH (Jean), 275.

PIGUET (Mgr), 280.

Pilori (Au), 131, 142, 289, 464.

Pithiviers (Camp de concentration de), 237, 243, 314, 355; déportations à partir de, 350.

Plan de quatre ans, 22, 311.

PLATON (Amiral), 442.

PLEDEL (A.), 236.

Pleins pouvoirs, 83.

POINCARÉ (Raymond), 58.

Police anticommuniste (Service de), 315.

Police française, Brunner et la, 459; critiques allemandes, 449; aide apportée à des réfugiés juifs, 421; résistance opposée à la, 448; rôle dans les déportations, 339-345, 350-354, 358, 362-365, 372, 376, 379-381, 397, 407-408, 425-426, 430-431, 447-449, 452, 462-463, 511-512; dans la zone d'occupation italienne, 442.

Police aux questions juives (P.Q.J.), 192-195, 315, 344-345, 360, 400, 403, 410, 467.

Police des sociétés secrètes, 315.

Pologne, déportations en, 354, 358, 488-489; émigration des Juifs de, 60; centres d'extermination, 310, 473, 480-481; extermination des enfants juifs en, 369; informations fournies par la Résistance polonaise, 480-481; invasion de la, 309; travail forcé en, 487; installation de Juifs à Madagascar, 96; conquête par l'Allemagne, 114; proportion de Juifs assassinés en, 493; réfugiés de, 102, 394; antisémitisme dans la Résistance, 269; ségrégation des Juifs en, 330; importance numérique des Juifs en, 497; SS en, 307.

PONCINS (Léon de), 395, 414.

PORCHÉ (Alfred), 201.

Portugal, Juifs y trouvant un refuge, 443, 514; visas de transit, 167, 232.

Presse (Antisémitisme dans la), 18, 414; loi de 1881 sur la, 17-18.

Production industrielle (Ministère de la), 21, 178, 222, 225, 227; et l'aryanisation, 409; conflits de compétence avec le C.G.Q.J., 189, 222, 408.

Professions (Exclusion des Juifs de certaines professions), 144, 154, 156, 176, 211, 228, 278.

Professions libérales (Arrestations de membres des), 317.

Propagandaabteilung, 23.

Propagande, antisémite, 298, 300-301; Catry, 431; destinée à contrebattre les informations sur les camps d'extermination, 488; Darquier, 394, 402, 412-416; Henriot, 471; après le débarquement de Normandie, 472.

Protestations, contre les déportations, 368; opposition à l'antisémitisme, 288-290, 292-294, 336.

Protocoles des Sages de Sion (Les), 54.

PROUDHON, 50, 254.

Provence (Juifs de), 136.

PROZIC (du), 375.

Prusse orientale, exécutions en masse, 310; SS en, 307.

P.T.T., 187-188 ; contrôle postal, 256.

Pucheu (Pierre), 151, 192-193, 244, 315, 317, 322.

Pujès, 210.

Quakers, 238, 245-247, 367, 373, 375-376.

Quand vient le souvenir..., 429.

Quisling (Vidkun), 494.

Quotas, dans l'enseignement secondaire et dans l'enseignement supérieur, 176-182.

Rabi (Wladimir), 197.

Racisme, avant la guerre de 1914-1918, 48-53 ; Darquier, 401-403, 415-416 ; hostilité de l'Église catholique, 75, 284-285, 293 ; hostilité des protestants, 288-291 ; Italie, 339-340 ; limites à son acceptation par l'opinion française, 297, 508-510 ; Montandon, 416-417 ; Vallat, 133-138.

Radio-Marseille, 153-154.

Radio (Programmes antijuifs), 414.

Radom (Oberg à), 307.

Rahn (Rudolf), 321, 327, 328.

Rassemblement antijuif (Le), 63, 394.

Rath (Ernst vom), 44.

Rebatet (Lucien), 41, 68, 71, 301.

Récébédou (Camp de concentration de), 337, 362, 377, 381.

Recensement des Juifs, 145-146 ; lien avec les déportations, 328, 362, 425 ; par les nazis, 312 ; informations provenant du, 341 ; rôle des préfets, 209.

Redressement, 66.

Reeder (Général), 331.

Réfugiés, 90-110 ; afflux dans les années 1930, 58-64 ; assignation à résidence, 88 ; arguments en faveur de leur admission, 77 ; attitude des Juifs assimilés, 69-70 ; antipathie populaire, 253-254, 257-258, 262-269 ; comparaison entre les diverses politiques à leur égard, 505-506 ; coopération de Vichy à leur déportation, 326-327 ; décrets de mai 1938, 88 ; émigration, 229-235 ; influence du problème des réfugiés sur la politique adoptée, 504 ; internement, 101-107, 236-241, 244, 250 ; inquiétudes des préfets, 210 ; projets d'installation à Madagascar, 487 ; politique allemande, 94-97 ; rapatriement, 88-91, 103 ; regroupement à l'intérieur, 423-424 ; restrictions apportées à leur emploi, 87 ; réfugiés espagnols, 33, 59, 65, 99, 236-237, 244, 246, 250, 252, 486, 507 ; total des déportés, 473.

Regelsperger, 299.

Régis (Max), 272.

Reichsvereinigung der Juden in Deutschland (Association regroupant les Juifs d'Allemagne), 157-158.

Reinach (Collection), 149.

Reinecke (Général), 334.

Rennes (Agents de la S.E.C. à), 411.

République (La), 62.

Résistance, et l'antisémitisme, 268-270 ; exécution de Philippe Henriot, 472 ; exécution de Montandon, 418 ; cheminots, 461 ; développement en 1943, 447-450 ; informations sur les exterminations, 479-482 ; attitude des musulmans d'Algérie, 275-276 ; représailles, 314-316.

Réveil algérien (Le), 272.

Révolution française, 47, 410, 413.

Révolution nationale, 294.

Revue des Deux Mondes, 36.

Revue du droit public, 206.

Revue internationale des sociétés secrètes, 436.

REYNAUD (Paul), 83 ; déportation, 423.

RHEIMS (Maurice), 19.

RIBBENTROP (Joachim von), 21, 67, 94, 442 ; Bonnet et, 94-95, 108, 487.

RIBIÈRE (Germaine), 393.

RIBIÈRE (Marcel), 191, 243, 441, 445.

RIEGNERT (Gerhardt), 479, 481.

Rieucros (Camp de concentration de), 103, 237.

RIPERT (Georges), 197, 199.

Rivesaltes (Camp de concentration de), 236, 248-250, 360.

Roanne, 430.

ROCHE (Charles-Émile), 127.

ROCHE (Jean), 247-248.

ROMIER (Lucien), 195, 464.

ROOSEVELT (Franklin Delano), 91, 278.

ROSENBERG (Alfred), 117, 150, 299, 436.

Rosengart (Fonderie), 192.

ROSSÉ (Joseph), 82.

RÖTHKE (Heinz), 307, 329, 354, 426, 441 ; et Antignac, 401-402 ; et Catry, 482 ; rapports adressés par le C.G.Q.J. à, 401-402 ; dénaturalisations, 452-453, 475-476 ; déportation des enfants, 370 ; obstruction italienne, 441 ; convois de déportés, 346, 361 ; programmes de déportations, 426, 475.

ROTHSCHILD (Mme Philippe de), 128.

ROTHSCHILD, banque, 24 ; famille, 50, 149 ; collection, 149.

Rouen, arrestation du délégué de la S.E.C., 472 ; arrestations de Juifs, 362.

Roumanie, déportation des Juifs, 501-502 ; politique antisémite, 497-499, 503, 511, 513 ; protection de ses ressortissants, 281.

ROUSSEAU (Jean-Jacques), 47, 198.

ROUSSETZKI, 478 note 7.

RSHA, 21, 22, 116, 117, 157, 192, 309, 311, 423, 452 ; aide apportée par Vichy, 497 ; déportations, 318-320, 321 ; puissance, 496-497.

RUBLEE (George), 91.

RUNDSTEDT (Général von), 419.

Russell (Loi), 167.

Russie, 163 ; assassinat des Juifs en masse, 478-479 ; échec de la guerre-éclair, 308 ; échecs militaires allemands, 398, 454; invasion allemande, 314, 316, 323, 340, 345, 348; guerre d'usure, 486, 487; politique allemande d'extermination, 309-311; et la Palestine, 434; proportion de Juifs massacrés, 494; SS en, 307; territoires conquis par la Roumanie, 501-503.

Saint-Cyprien (Camp de concentration de), 28, 103.
Saint-Étienne, Gestapo à, 420-421; incidents antisémites, 66.
SAINT-GERMAIN (Jacques), 60.
Saint-Gervais, 444.
Saint-Malo (Arrestation de Juifs à), 362.
Saint-Pierre et Miquelon (Recensement des Juifs à), 155.
SAINT-VINCENT (Général Robert de), 365.
Salamander (Chaussures), 115.
SALAZAR, 497.
SALENGRO (Roger), 87.
SALIÈGE (Mgr), 75, 288, 291-292, 381, 384-386, 388.
Salonique, 459; déportation de Juifs français, 128.
SALVI (Capitaine), 444.
SARRAUT (Albert), 99, 101, 236, 307.
SAUCKEL (Fritz), 308, 323, 325, 346.
Saumur (École de cavalerie), 400.
SAVART, 355.
Savoie (Haute), arrestation de Juifs, 365.
SCAPINI (Georges), 334.

SCHLEIER (Rudolf), 117, 141, 314.
SCHLOSS (Affaire), 405.
SCHUMAN (Robert), 80.
SCHUMANN (Maurice), 294.
SCHWAB, 460.
SCHWARTZBARD (Scholem), 44.
SCHWEBLIN, 194, 360.
Secours national, 149, 248, 368.
Secours suisse, 247.
Section d'enquête et de contrôle (S.E.C.), 377, 405, 466, 470, 514; arrestation de son délégué à Rouen, 472; et Brunner, 459: sous Darquier, 410-412; collabore avec le SD, 410-412; en zone d'occupation italienne, 443; comportement, 405; succède à la P.Q.J, 344-345, 400; informations transmises à Röthke, 402.
Sections spéciales, 192, 196.
Ségrégation des Juifs, 163, 330-338.
Semaine juridique (La), 198.
Semaine religieuse (La), Évreux, 383.
Sénat, identification des sénateurs juifs, 212-213; éviction des fonctionnaires juifs, 215-216; commission des affaires étrangères, 92.
SENGHOR (Léopold Sédar), 507.
Sépharades (Juifs), dérogations, 145.
SERRE (Philippe), 90-91.
SERT (José-Maria), 149.
Service de contrôle des administrateurs provisoires (S.C.A.P.), 24-26, 42, 148, 151, 189, 223, 225; collaboration avec les Allemands, 400-

tions au, 295; attitude de l'opinion, 35-36, 257; application dans les ministères, 111-112; application aux fonctionnaires, 181; attitude des juristes, 196, 206-207; application, 207-208; attribution aux Allemands, 295-298; conceptions de Vallat, 133-139; attitude des catholiques, 281-282, 285-286; « contrefeu » (théorie du), 26; Conseil d'État, 201-202, 215; définition du Juif, 30, 134-136, 154, 500; appels en faveur d'un, 70-71; dérogations, 228; dénonciation par la France libre, 294; internement pour infraction au, 239; Jeanneney, 175, 212-213; enseignement, 176, 499; P.Q.J., 193; Révolution nationale, 197; dans la zone d'occupation italienne, 442-443; opposition des protestants, 288-291; révision du, 142-147, 174.

Stavisky (Affaire), 67-68, 84.

Stinnes (Société), 115.

STORA (Marcel), 160.

Strasbourg, propagande allemande à, 73; communauté juive, 493; université de, 295.

STREICHER (Julius), 394.

STRONG (Tracy), 368.

STÜLPNAGEL (Général Karl-Heinrich von), 306, 318.

STÜLPNAGEL (Général Otto von), 115, 141, 306, 318, 330.

Suède, 494; évacuation des juifs danois vers la, 492.

SUHARD (Cardinal), 280, 333-334, 380, 388-391.

Suisse, terre d'accueil pour les Juifs, 293; immigration, 61; Congrès juif mondial, 479; et les réfugiés juifs, 165, 167; limites à l'admission des réfugiés, 505; réfugiés en, 78, 428-429, 430.

Sunday Times (The), 245.

Syrie, 502.

SZALASI (Ferenc), 500.

TAITTINGER (Pierre), 129.

Tarbes (Fonderie Rosengart), 192.

TARDINI (Mgr), 286.

TAYLOR (Myron C.), 480.

Témoignage chrétien, 292, 380, 384.

Temps (Le), 33, 67, 81.

Temps nouveau, 300-301.

TERRACHER, 178.

THARAUD (Jérôme et Jean), 63, 301.

THÉAS (Mgr), 381, 383, 385.

THEIS (Pasteur André), 294.

THOMAS (Louis), 464.

THOMAS D'AQUIN (Saint), 284.

THOMPSON (Tyler), 321.

Thrace (Déportation des Juifs de), 503.

TISSIER (Pierre), 268.

TIXIER-VIGNANCOUR (Jean-Louis), 41.

TORCHAUSSÉ (D^r), 395.

TORRÈS (Henry), 44, 278.

Toulon (Sabordage de la flotte), 419-420.

Toulouse, faculté de droit, 198; Gestapo à, 420; opposition à l'antisémitisme, 292; P.Q.J., 195; Direction régionale du C.G.Q.J., 209; Délégation à la propagande du C.G.Q.J., 414 ; protestations contre les déportations, 385.

Table

IMPRIMÉ EN ESPAGNE PAR LIBERDUPLEX
Barcelone
Dépôt légal éditeur : 44721-05/2004
Édition 3
LIBRAIRIE GÉNÉRALE FRANÇAISE - 43, quai de Grenelle - 75015 Paris
ISBN : 2-253-05247-7   ◈ 42/4115/4